洛陽堂河本亀之助小伝

こうもと かめのすけ

損をしてでも良書を出す・ある出版人の生涯

田中英夫

左から２人目が河本亀之助
右から２人目が高島平三郎
（高島禎子氏提供）

燃焼社

凡例

・年月日の表記は、引用文を除き、十、百、千を省いた。

・漢字を除き、引用文の旧かなづかいや言いまわしには、手を加えないのを原則とした。読者をまどわすような表記でも、意味をつかめると判断したものは原文のまま引用している。（　）内もまた原文どおりで、著者によるものは〔　〕内に記した。

・脚注は省いた。よりどころにした資料は、各省末に示している。本文と照らし合わせれば、たやすく項目を見つけられるように工夫したつもりである。

はじめに

一九一一〔明治四四〕年一月一八日、大審院において幸徳秋水ら二十四名に死刑判決が下された同じ日に、洛陽堂は山口孤剣『明治百傑伝　第壹篇』を出版した。山口は、社会党がとりくんだ東京市電車賃値上反対運動による兇徒聚集事件で一年半獄中に在った。一〇年一月に刑期を終えたものの職はなく、幸徳に相談して平民社以来保ってきた縁を絶つことで、ようやく雑誌社にもぐりこめた。そうして執筆した評論をまとめた著書だった。洛陽堂からはこの年に、山口より半年長く獄中に在った西川光次郎の著書も出版した。西川は、幸徳らが捕えられたあと、運動から離れる宣言書を出版していたが、山口とともになお尾行をつけられる身だった。

初の社会主義政党創立者でありながら、運動から離れたためにただひとり伝記を著わされなかった西川と、一時期運動から離れたのち戻りながら、筆一本で暮らしを立てるために新聞雑誌記者で終わった山口の生涯をたどってみて、気になってしかたがなかったのが、洛陽堂主河本亀之助（こうもとかめのすけ）だった。

創業一年余りしかたたぬ出版業者として、手をひろげるゆとりがさほどあったわけではない。竹久夢二の画集があたりをとったとはいえ、価は一冊五十銭、増刷を重ねるにしろ、千部きざみにすぎない。一世を風靡したと伝えられるけれども、一説に百万部といわれる『西国立志編』や、『学問のすゝめ』七十万部とは、そもそも桁が二つも三つもちがった。名義発行元となった雑誌『白樺』はといえば、まだ歩みがおぼつかない。負債をかかえてあくる年には千円に達したがために、同人は経営を洛陽堂へゆだねるにいたる。さらにもう一誌、『良民』を創刊するのが一一年紀元節で、内務官僚の支えをえて青年団運動をすすめる山本瀧之助が主宰した。こちらは二十頁ほどで一冊十五銭、良民社を別におこしてこれから育てようとする時期であった。

著訳書が語られるとき、出版社名は出る。夢二画集は洛陽堂が出版した、白樺叢書も洛陽堂が出した。しかし出版者はついでのあつかいで、どんな人物だったかまで言いおよばれたりはしない。出版業そのものが裏方であった。山本夏彦が示したとおり岡茂雄『本屋風情』には、まえがきに書名の由来が記されており、塙作楽『岩波物語』には、かつて白樺同人であった小説の神様に、帝大を出たのになぜ本屋の丁稚なんかになったのかと言われた逸話がおさめられている。こちらは敗戦後の話だ。さかのぼれば、丁稚、小僧、車夫、馬丁、下婢、下女なんぞ当たりまえに呼びすてられた時代であった。四民は平等ではなく、華族と士族と平民には別があり、官と民にも別があり、官には勅任、奏任、判任といった別があり、藩閥以外から抜擢されると新聞種になる、そういう時代だった。

当時の人名辞典に河本亀之助は出てこない。平民は金を払って載せてもらう側だから、頼まなかったようだ。出版にかぎった人名辞典はどうか調べると、当時も今も名がない。同業者小川菊松が書いた『出版興亡五十年』に、今はない出版社として洛陽堂がとりあげられたわけは本文で明かすとして、なお亀之助その人に筆はおよんでいない。略歴をとどめるのは郷里広島県『沼隈郡誌』だ。

河本亀之助　慶応三年十月二十一日今津村に生る。幼にして同村大成館に学びしが、在学中学大いに進み小学校助教となり今津・松永・高須等に教鞭を執る。後今津郵便局の事務員たりしが、明治二十四年如月二十七日奮然として東都に出づ。上京当初は牛乳配達、新聞売子等の苦役をなせしが、国光社印刷所の設置せらるゝや入りて雇となり励精怠らざりしを以て年と共に要職に挙げらる。明治四十一年故ありて退社、翌四十二年千代田印刷所を創設せしが同年末洛陽堂と命名して出版業を始め今日の大を致す。大正九年十二月十二日日本赤十字病院に逝く。享年五十四。

小学校助教、牧牛、新聞売子、印刷工、千代田印刷所、洛陽堂と、すべてに関わるのが、江戸福山藩邸に生まれた高島平三郎だった。亀之助が兄事した二歳年長の高島は、小学校卒にして心理学児童学者として立った。高島は亀之助を、「将来見込みのあると云ふものには、自分の財産を投出してもやると云ふ人である」と評した。山本瀧之助は、「無名の士を社会に紹介したい」という亀之助の言葉を伝えた。トルストイ紹介者として知られた加藤一夫は、「損得を超越して無名の士を紹介することを楽しみとする種類の人だつた」とふりかえった。そのとおり亀之助は、在学中だったり卒業したばかりであったり、内務省嘱託であるような、若い人々の著訳書を出版した。しかしながら、もうけを度外においた出版業は綱わたりだった。加藤は「洛陽堂から印税をまともに払はれたことはなかつた」といい、商売が上手ではなかったと重ねる。亀之助の出版事業をめぐって関わりをもった人々が、つながりを断つか、保つかをわけるのは、そこにかかる。

歯がゆいのは亀之助が書いたものはほとんど残されていないことだ。十数年にわたる日記は、亡くなる直前まではあったとされ、追悼録にぬき書きされたものの一部に限られた。亀之助自叙にもとづく記述は、本書の一割どころか、一分、一厘にもおよばない。ほとんどを、印刷や出版を通じて亀之助とつながりをもった人々が書きとどめたことやできごとを、寄せ集めつなぎ合わせてつづった。小えびを大きな衣で揚げていながら、えび天だといつわるのを予めことわっておく。

基礎資料

①河本亀之助がなした出版事業についてつぎの研究がある。
荒木瑞子「洛陽堂主人河本亀之助のこと」正続二編（『らぴす』一五号一六号二〇〇一年秋二年冬アルル書店）。荒木氏は竹久夢二研究から画集発行元である洛陽堂に関心を寄せられた。

②河本亀之助が書きあらわしたものは極めて少ないので、本文で引用に努める。

③関寛之編輯『河本亀之助追悼録』（一九二一年河本テル私刊は、関寛之「河本亀之助氏の生涯」、永井潜「誄詞」、高島平三郎「追想録」、帆足理一郎「河本亀之助氏を憶ふ」から成る。追悼録はつぎの資料によって読める。

・全編複写　福山市松永図書館架蔵、河本本家現当主母堂故千代子氏が寄贈された。

・関寛之「河本亀之助氏の生涯」抜萃、村上育郎「温古（五）「河本亀之助追悼録」の紹介（その一）（一九八九年執筆）（その二）（一九九五年執筆）」（松永沼隈地区医師会機関誌『松韻』所載）。筆者は河本本家現当主義兄、故人。同稿において亀之助夫妻の養女書翰も紹介されたほか、亀之助に関わる注記がくわしい。

・高島平三郎「追想録」全文、佐藤楽之「温故知新（2）＝高島平三郎先生と河本亀之助＝」（『備後春秋』七〇号二〇〇〇年七月所載）。佐藤氏は郷土史研究者。高島平三郎「追想録」のほか、追悼録書影や高島平三郎顕彰碑写真などを収める。

・全編デジタル画像、小川都弘氏ブログ。福山市今津在住河本亀之助研究家である氏は、二〇一三年八月、福山市松永図書館で洛陽堂発行図書をもとに、河本亀之助と東京洛陽堂、と題して展示された。

④河本亀之助が兄事し、生涯にわたって亀之助を支えた高島平三郎については、次の資料による。

・丸山鶴吉編『高島先生教育報国六十年』一九四〇年高島先生教育報国六十年記念会〔一九八八年大空社伝記叢書三二巻〕

高島が学習院で教えた武者小路公共が発行者となった。高島が自宅を開放した教え子ら交流と修養の場である楽之会に、弟実篤と共に参加したのが、洛陽堂から雑誌『白樺』を発行するのにつながった。

目次

一章　離　郷
一　備後国沼隈郡今津村　1
1　幕末　1
2　明治四年大一揆　4
3　私塾大成館　7
4　小学校助教　10
①高島平三郎　②今津　松永　高須
5　高島東遊　20
二　離郷　26
1　キリスト教信仰　26
2　離郷　36
3　牧夫　39
4　新聞売子　41
5　移民申込　43
6　書生　44
一章　註　46

二章　印刷業
一　国光社印刷工　56
1　創立者西沢之助　56
2　印刷部　59
3　経世社併営　63
4　小学校教科書出版　68
5　築地移転　71
6　印刷業組合加入　73
7　東京活版印刷業組合　75
二　株式会社改組　78
1　経営の転機　78
2　改組と日本女学校開校　80
3　日本労働者懇親会　84
4　印刷工慰安遠足　87
三　社長交代　90
1　社長橋本忠次郎と高瀬真卿　91
2　『女鑑』続刊　94
3　社業再編　国光書房　97

4 小学校教科書事業 101
5 結婚 103
6 通俗宗教談発行所 108
7 週刊『平民新聞』印刷受注 111

四 亀之助の裁量 116
1 社をめぐる紛紜 116
2 山本瀧之助『地方青年』 119
①沼隈の青年山本瀧之助 ②亀之助とのつながり ③国光社刊『地方青年』
3 週刊『平民新聞』堺美知追悼記事 124
4 小泉三申主宰『経済新聞』 129
5 週刊『平民新聞』筆禍 132
6 印刷器械没収余波 134
7 亀之助と平民社をめぐる人々 137

五 国光社退社 139
1 金尾文淵堂主 金尾種次郎 139
2 金尾文淵堂店員 141
3 店員中山三郎と国光社 143
4 仏教大辞典予約出版の頓挫 147

5　辞表提出　149
6　俊三と獅子吼書房　153
7　『出版興亡五十年』代筆者中山三郎　155
六　千代田印刷所　157
1　創業と金尾種次郎　157
2　印刷発注者　161
二章　註　164
三章　洛陽堂草創期　一九〇九年～一九一一年
一　洛陽堂顧問高島平三郎　187
1　創業前の著書　188
2　つなぎ役　191
3　創業後の編著　196
二　初出版　山本瀧之助『地方青年団体』　197
1　山本と内務省　197
2　青年団中央機関　200
3　出版交渉　201
4　初出版　205

5　出版以後　205

三　竹久夢二　206

1　投書家時代　206

2　『直言』投稿と国光社　209

3　竹久と国光社　212

①月刊『スケッチ』　②『ヘナブリ倶楽部』　③『法律新聞』

④早稲田文学社『少年文庫　壹之巻』　⑤社会主義諸誌　⑥国光社発行雑誌『女鑑』

⑦竹久と『絵葉書世界』三好米吉

4　『夢二画集　春の巻』　224

①出版　②売行き　③反響

四　『白樺』名義発行元　234

1　創刊　234

2　同人による経営　238

3　無印税　武者小路実篤『お目出たき人』　239

4　広告と紹介記事　242

5　宣伝誌週刊『サンデー』　243

五　『夢二画集　夏の巻』から　245

1　夏の巻　出版遅延　245

2　番外企画　花の巻と旅の巻　248
3　帳尻合わせ　秋の巻と冬の巻　250

六　大逆事件前後　良民社創業　253
1　山本瀧之助編輯『良民』創刊　254
2　良民社刊『親と月夜』　260
3　良民社と松本恒吉　261
①松本家農場　②亀之助夫妻と松本
4　山口義三　263
5　良民文庫　良民講話　267
6　西川光二郎『悪人研究』　269
7　『良民』山本と天野藤男　274

七　大逆事件前後　竹久夢二　275
1　平民社と竹久夢二　275
2　新企画　277
①『夢二画集　野に山に』　②『絵ものがたり　京人形』　③柴田流星
④初の発禁　柴田著竹久画『東京の色』　⑤共著画文集

八　東京書籍商組合加入　287
三章　註　290

四章　俊三と千代田印刷所　一九一二年～一九一三年

一　夢二人気のかげり　310
1　引き潮と予約不履行　310
2　印税をめぐるゆきちがい　313
二　夢二画会　318
1　竹久夢二と展覧会　318
2　第一回夢二作品展覧会　320
3　ブルックリン美術館キュウリン　324
4　第二回展　327
5　第三回展　329
6　夢二画会事務所と第四回展　331
7　夢二画会の頓挫　337
三　雑誌『白樺』経営　340
1　経営委任　341
2　白樺叢書　343
3　価格設定のゆきちがい　349
4　原稿紛失　352
四章　註　356

五章　洛陽堂印刷所改称以後　一九一四年〜一九一六年
一　白樺同人をめぐる人々　364
1　木村荘八　364
①美術評論　②R堂主人　③福士幸次郎『詩集　太陽の子』
④木村荘八岳父　福田和五郎
2　加藤一夫　371
①『ベェトオフェンとミレエ』　②主宰雑誌『科学と文芸』
二　永井潜をめぐる人々　378
1　永井潜　378
①永井と高島平三郎　②亀之助と永井
2　書生　小酒井光次　381
3　書生　児玉昌　385
4　児玉の友　津田左右吉　387
三　公刊『月映』　388
1　『良民』さし絵と月映同人　389
2　『月映』前史　391
3　公刊『月映』　393
4　売りこみ　398

①諸紙誌広告　②配本　集金
5　反響　403
6　創刊以後　408
①印刷事情　②亀之助への謝辞　③月映社作品小聚と告別七輯
7　田中恭吉遺作集　413
四　亀之助と加藤好造　415
1　経営難と宇野浩二の回想　415
2　『泰西の絵画及彫刻』　416
3　『縮刷　夢二画集』　421
4　蜻蛉館書店加藤好造　427
①加藤と宇野　②加藤と洛陽堂図書装本
5　哲夫帰国と加藤古本店主人　430
五　『都会及農村』　433
1　亀之助と天野藤男　433
2　創刊準備　436
3　天野による編輯　438
①投書募集　②都会非難　③鋒先と筆致
六　山本瀧之助と一日一善　442

1　一日一善　442
2　後藤静香　447
五章　註　449

六章　雑誌経営の転機　一九一七年～一九一八年
一　『都会及農村』編輯者交替　462
1　洛陽堂主河本亀之助「本誌の改善に就て」　462
2　新編輯者山中省二　464
①原阿佐緒　②三ケ島葭子　倉片寛一　③婦人欄創設　④水町京子
⑤亀之助と柳田国男
二　『白樺』経営辞任　471
1　ゆきちがいの近因　473
①有島武郎著書出版　②特価販売
2　ゆきちがいの遠因　477
3　経営辞任後　482
①引きつぎのゆきちがい　②白樺同人の著訳書と洛陽堂
4　『泰西の絵画及彫刻』続刊と木村荘八　488

三 『科学と文芸』経営引きつぎ 492
1 トルストイ民話集 492
2 一九一七年の『科学と文芸』 494
3 『土の叫びと地の囁き』発禁 496
4 洛陽堂経営『科学と文芸』 500
5 『土の叫びと地の囁き』改版と半年間の『科学と文芸』経営 503
6 加藤一夫をめぐる人々 505
①中山昌樹 ②上澤謙二 ③山本秀煌 ④龍田秀吉
六章 註 509

七章 亀之助経営の最後 一九一九年～一九二〇年
一 吉屋信子 514
1 亀之助とつないだ人物 515
①沼田笠峰 ②高島平三郎
2 大阪朝日新聞懸賞小説「地の果まで」 519
3 『地の果まで』洛陽堂版と新潮社版 521
4 絶版事情 吉屋信子をめぐる人々 524
5 吉屋にとっての稿料印税 529

6　出版者と著者　木村荘八の場合　532
二　『良民』終刊　535
1　井上友一急逝　535
2　『良民』終刊　537
3　見舞　539
三　葬儀・追悼　542
1　麹町教会　542
2　追悼録　543
①関寛之　②永井潜　③高島平三郎　④帆足理一郎　⑤恩地孝四郎　⑥竹久夢二
3　山本瀧之助　560
4　武者小路実篤　563
5　今津村における追弔会　566
七章　註　570
八章　歿後
1　後継　洛陽堂・洛陽堂印刷所　580
2　一九二一年　洛陽堂をめぐる紛議　582
3　洛陽堂の一九二二年　585

①東京まこと会　②創業十五週年紀念特価販売　③破産
4　一九二三年　震災　590
5　津田左右吉事件　593
①前ぶれ　森戸事件　②津田左右吉事件
八章　註　598
略年譜　602
発行図書初版一覧　616
おわりに　637
人名索引　巻末

装幀・畔　芳久

一章　離　郷

一　備後国沼隈郡今津村

1　幕末

河本亀之助（こうもとかめのすけ）は、譜代阿部家が治める福山藩領備後国沼隈郡今津村に、慶応三年一〇月二一日、父膳左衛門、母ダイの長男として生まれた。邸前を通るは西国街道、その今津本陣分家にあたる。本家は、参勤大名をはじめとする公用旅行者に、人馬継ぎたての役を負っていた。また代々庄屋として村治にあたり、分家である膳左衛門もそれをたすけた。郷土誌によれば、村内寺子屋のひとつとして膳左衛門邸で読み書きを教えたという。

亀之助が生まれる七日前、慶応三年一〇月一四日、徳川十五代将軍慶喜が大政奉還を朝廷に上表した。聴許されたのは一五日、幕府の独裁を改めて、諸藩がくわわった公議政体へ移すのをめざすものだった。朝廷は十万石以上の諸侯を召集して意見をもとめていたが、代々幕閣を出した福山藩主九代阿部正方は、これに応えられなかった。先年、長州再征において病を得たためだった。一一月に入って重篤になり遂に死去、継嗣が定まらぬまま藩は喪を秘した。主を失った藩は、家老ら重臣によるか

高諸神社〔今津の産土神お剣さん　河本本家遠祖をまつる〕

じ取りによって乗り切ろうとした。

　薩長が朝廷を動かして王政復古の大号令を発したのは一二月九日だった。幕府を廃して諸藩連合政権をうちたてたのだ。ついで慶喜に辞官と納地を迫った。譜代大名らはこの徳川氏処分に強く反撥して、慶喜が朝議にくわわるみちを開かんとするまでに押し返す。あくまでも討幕をめざす薩長は巻き返しをはかるために、京ばかりでなく各地に兵を進めており、今津村から一里余りへだてた芸州領尾道西国寺には、およそ二千の長州藩兵を集結させた。福山城を攻める気配を察した藩は、領内四ケ所に総勢八百余の郷兵を警備に当たらせている。半ばは街道の要衝である宿駅、神辺と今津に配置し、家中の武士は今津から西、尾道あたりへ出向くのを禁じられた。村民らも同様である。亀之助生後およそ三ケ月の慶応三年が暮れようかというころだった。

　情勢を一転させてしまったのは大坂城に拠っていた幕軍で、薩長はこの機をのがさずにとらえて鳥羽

河本家歌碑〔河本本家現当主母堂が神社改築のおり奉納〕

伏見に迎えうった。慶応四年一月三日、干支から戊辰戦争とよばれる火ぶたが切られた。日ならずして幕軍は敗退して、慶喜は大坂から江戸へのがれた。勝報に接すると、尾道西国寺に待機していた長州藩の一隊が東上を開始した。七日に今津村へ入り、剣神社に司令部をおいた。ここは今津本陣河本本家の遠祖をまつる。攻略のうわさどおり一帯に駐屯した藩兵二千は、ほぼ村民の数におよぶ。福山へ向かう九日未明まで、これだけの兵が村内にうごめいていた。三里余りへだてた福山城下では、すでに町人や武家の婦女子は難を避けて去った。ここ今津村は、兵のほかに人の動きは絶えただろう。

　九日に福山城をめぐって開かれた戦端は、藩論を講和にまとめた重臣が勤王を誓うことで夕刻には収められた。同盟和親の約をむすぶ一一日、長州藩兵は城下から大半の撤収をおえて、今津をへて尾道にもどった。福山藩は、長州藩だけでなく、海路から城下をうかがった薩摩藩とも同じように応接している。京をめざした薩長両藩につづき、東上したのが芸州藩だった。藩主浅野長勲（ながこと）は、新政府の議定である。福山討伐と旧幕領を接収せよとの朝命をうけ、錦の御旗をさずけられた百五十の兵が二六日に入城した。今津と神辺にもそれぞれ五百人が止宿して、つぎの備中松山討伐へと向かっている。

そして三月、福山藩は、芸州藩主長勲の弟元次郎に阿部正弘第六女を配して、九代正方生前の養子として相続させた。最後の藩主十代正桓（まさたけ）である。譜代が勤王を誓う証となった。五月に福山城入部、七月、朝廷は徳川慶喜に従おうとした福山藩脱藩士二十五名の死一等を減じて処分を藩主に一任、正桓は閉門を言い渡したのち罪を許して身分を旧に復した。九月に入って箱館警衛を命ぜられたのは、榎本武揚らが五稜郭にたてこもったからである。明治改元はその月八日だった。

亀之助が生まれてから一年足らずにして、福山藩ではこれだけのことが起こった。

2　明治四年大一揆

邸前西国街道を往きかった長州芸州藩兵を知らずとも、すじ向かい奥にある本家今津本陣が、一揆によって焼かれたのを亀之助は覚えていただろう。明治四年九月二二日（一八七一年一一月四日）、亀之助五歳、満で数えればやがて四歳になるときだった。

福山藩で幾度か一揆が起ったのは、藩主阿部氏が多くの幕閣を出したのによる。藩主は江戸づめだから、国もとと併せて多くの藩士をかかえねばならず、その分出費がかさんだ。城をひらいた水野氏のころは、江戸づめが五十余人だったのに、阿部氏は九百をこえた。国もとがおよそ千四百なので、総家中の四割におよぶ。江戸常在の藩主は藩治に通じておらず、重臣に任せきりだった。

四代正倫（まさとも）の時に起った天明大一揆は、凶作が続いたのにかかわらず、なお取りたてを強いて領民を追いつめたがためだった。鎮圧が容易でないところから、正倫はようやく、大本が苛政にあったのを悟るのだった。建て直すために責任者を罰して藩政をあらためるなど講じた諸策のひとつが、村落上層を士分にとりたてることや、長寿、孝行、善行者の表彰であり、今津村庄屋河本富太郎左衛門〔六十一代四郎左衛門か〕はそうした処遇をうけたひとりだった。苗字帯刀御免、扶持米褒美受領にあずかっている。

庄屋は藩治に深く関わりをもった。その職務は、藩命令その他諸布令の下達や諸手続、旅行者の行倒れや病人の処置にいたるまで、多岐にわたる。もっとも重要なのは年貢や夫役の皆済だった。苛政におよぶとき、村民と直に対する村役人である庄屋が矢面に立つ。

ペリー来航以来、老中である七代正弘が重責をになう江戸表との往返が繁くなり、かさむ出費を領内の富豪から小前にいたるまで、献金、調達を課していた。明治二年、土地と人民を朝廷に返納する版籍奉還によって、朝廷から知事という地方長官に任ぜられた十代正桓は、藩財政たてなおしに手をつけなければならなかった。濫発した藩札を整理するために報国両替社をつくり、天札とよばれた太政官札と両替することで回収をはかった。世話役にかりだされたのが庄屋で、明治四年、今津と松永村戸長となる六十三代河本保平も周旋方に任ぜられている。

戸長は、徴税、徴兵の基本台帳となる戸籍を編製する。明治四年四月四日〔一八七一年五月二一日〕、太政官布告によって定められた。福山藩では他にさきがけて独自に戸籍調査をおこなったのは、勤王を明らかにすることこそ藩を安泰にみちびくと考えた、少壮藩士の施策だと考えられている。三月から四月にかけて作成された戸籍表は、当主、家族の名、性別、続柄、年齢、生国、家持借家の別、田畑の面積石高、山藪反別、業体、出稼入稼、雇人、宗旨などを一家族一枚に書きこむものだった。それまでの宗門改帳にかわって戸毎に番号をつけたこの調査は、村民の不安をかきたてた。

天明以来の大一揆をひき起こすきっかけは、七月一四日廃藩置県の詔勅で九月中に知事を帰京させる命令が発せられたのによる。わずかな直轄地と直属軍しか持たぬ太政官政府が藩を廃して全国を直轄支配する、わけても薩長両藩出身官員による政治変革だった。名は福山県とかわった旧福山藩領民に、藩主が置き捨てにして江戸へ上るとうけとめる者が出た。それからさまざまな流言がうまれる。戸毎に番号をつけたさきの戸籍調査は、異人に女子供を売渡すもの、伝信機敷設はキリシタンの魔術だなど、みだれとんだ。そのいくつかが戸長にからむ。

伝信機敷設は、一揆の数日前、外国人技師が県の役人らを引き連れて西国街道に測量杭を立てたものだ。案内したのは戸長や副役、宿泊したのが神辺、山手、今津の戸長宅などだった。そのいずれであるかはっきりしないが、旅舎を囲んで怒号をあびせたり測量機を撤去するなどの妨害があったと、逓信省の記録にある。また、上京にあたって旧藩主から下賜された涙金、つまり献金や御用金上納に対する藩からの給付を戸長が懐にしたとの流言は、江木鰐水が聞きおよんで日記にしたためていた。長州藩による福山城攻めのおり、亡き藩主正方の柩を護った藩士である。

旧藩主引留め嘆願に発した一揆は、さきに隣藩芸州で起っていた。福山ではそれにならい、日取りをもれ聞いた領民が城下にかけつけたのに始まる。これをきっかけに、両替会社関係者、地主、戸長、酒造家、商家などが、焚きだしを強いられたり、うちこわしや放火に遭った。今津本陣が表門などをわずかに残して焼失したのは九月二二日だった。

なお、旧福山藩領をそのまま引き継いだ福山県は、山陰山陽両道を整理統合する新県改置によって、一一月一五日に深津県と改称し、政府によって大分県士族矢野光儀が県令に任ぜられた。旧藩や県出身者が退けられたのは、地元との情実を断つためだったといわれる。

3　私塾大成館

流言や風聞に動かされたのは、煎じつめれば無知にゆきつくのだと、県は明治四年大一揆をうけとめた。知識を磨くのは学問だから、学制が定められる明治五年より早く旧藩がすすめてきた啓蒙所による教育へ、さらに力を注いでいった。

身分、貧富、男女を問わず七歳から十歳まで啓蒙所で学ばせようと考えたのは安那郡粟根村の窪田次郎だった。知恵は習うことで身につくとする窪田は、家産にゆとりある富める者はそれがかなうのに、貧しい者は七つ八つの子に牛馬を飼わせ小使いをさせ子守に使いして、教えることなきありさまに通じた医者だった。藩校誠之館が庶民にまで門戸を開いたのを、さらに藩全域にひろげるよう建議したのである。

費用をまかなうため、窪田は藩の役人と協議をかさねて明治四年正月に啓蒙所大意並規則を定めて、献金をもとめた。その啓蒙社周旋方には村の有志者が名を連ねる。もちろん今津村戸長河本保平も加わった。二月には深津郡深津村に石井英太郎らの尽力で、初めて啓蒙所を開くところまでこぎつけたのである。

県内各地へ啓蒙所を広めてゆくのを妨げたのは、子どもを取られた寺子屋と漢学の私塾だった。啓蒙所はそのうえ、教員の不足になやんだ。それで寺子屋や私塾主任者を集めて説得するかたわら、仮講習所をもうけて読書算術を習わせて、教員や助教に採用する道をひらいた。これらは啓蒙社だけでは成らず、県に助力をもとめたのだが、啓蒙社発起人のひとり、藩の校務掛から県の学務課長となった杉山新十郎が果した役わりは大きい。この人は徳川慶喜に従おうとして脱藩し、藩主正桓によって赦された二十五名のうちのひとりだ。杉山は後年、啓蒙社及啓蒙所設立の由来、と題していきさつを伝えている。

そこに名があらわれるのが三吉熊八郎、号を傾山という今津村に私塾大成館をひらいた漢学者だった。啓蒙所の教育は簡易浅薄で、有為の人物をして小成に甘んぜしむるおそれがあると批難していたのだが、やがて説得が通じて、附近の範となる成果をあげたという。三吉は福山藩士の子として生まれ、江戸で医学を学んだ。寄宿舎をもうけた大成館には、遠く輌あるいは因島など各地から塾生が集まり来り、多きは四十名を数えたとされる。膳左衛門邸から街道に沿ってすぐ西にあった。

亀之助追悼録は、「君が幼時は維新復古の際とて、明治の新教育機関未だ発達せず、幕末の名残の寺子屋に学ぶ者多かりき。君幼にして学に志せしも、時勢は完全なる学制を与へず、十歳の頃まで厳

私塾大成館三吉傾山冠山墓碑〔真言宗薬師寺〕

父の膝下に経書算筆を修めたり」、続けて「後、三吉傾山先生の大成館に習び、先生の歿せらるゝや其養嗣子観山〔冠山〕先生につきて修学怠りなく、かくて約五年の歳月を送れり」とある。亀之助は十歳から十五歳ごろまで私塾大成館に学び、学制による新教育機関、すなわち小学校へ通わなかったとしている。

しかしながら、福山藩がひらいた啓蒙所は自他ともに認める新教育機関だった。他藩、他県から視察者をむかえ、県令矢野光儀は啓蒙所を小学校とみなす告諭を発した。明治六年に〔和暦明治五年一二月三日が明治六年元日＝西暦一八七三年一月一日〕文部省大丞が来県して杉山らの案内によって視察、文部省もいささか先手を打たれたる感ありと、百八十余校にも増えた小学校の実情をたたえる語をのこした。亀之助が学齢満六歳に達した年である。

追悼録と郷土誌とをつきあわせると、亀之助が十歳になるころまで経書算筆を父のもとで修めたというのは、自邸におかれた寺子屋で学んだのだ。村内には啓蒙所が二ケ所開かれ、一八七四〔明治七〕年には今津小学校の前身である公立児童教育所が設けられている。そこで一年半ほど子どもらを教えたのが三吉熊八郎で、大成館とは兼務であった。三吉が大成館における指導に専念するようになってから亀之助を托したのだから、膳左衛門は新教育に背を向けていた。洋学より漢学を重んじたのだろう。

ともかくも、亀之助は十歳から十五歳あたりまで、漢学塾大成館に学んだ。師をうしなうのは十三歳の七九〔明治一二〕年だった。享年四十有二、墓碑には嗜酒無日不飲、と刻まれている。嗣子なきため翌年に他家から迎えられて継いだのが冠山だった。

4　小学校助教

満二十歳、丁年にいたるまでおよそ五年のあいだ、亀之助は大成館に学ぶかたわら小学校の助教をつとめた。一八八一〔明治一四〕年、亀之助「十五歳の時厳父病あり。篤学至孝なる君は、午前四時、暁の霜を履みて塾に講義を聴き、帰りて病父を慰め、食して更に小学校に至るを毎とし、刻苦精励殆ど寝食を忘れたりといふ」。こう追悼録は記す。

小学校へ通うのを許さなかった父膳左衛門が、小学校で教えるのを認めたのは、病身によって家計を長男亀之助に頼らなければならなかったためだろう。しかしながら、たとえ亀之助に師範学校で資格を得る望みがあったとしても、福山の分校は、備後六郡の帰属そのものが変転したのと、小学校教員養成は県に一校で足るとされたために、七九年六月に廃されていた。そのうえ、学制にかわる同年九月の教育令によって、教員の資格は男女ともに十八年以上、師範学校卒業証書を得た者に限られることになった。亀之助はこれに達していなかった。

その亀之助が、休みごとに訪ねたのが、一里へだてた神村（かむら）小学校須江分校につとめる二歳年長十七歳の高島平三郎だった。

①高島平三郎

高島平三郎は慶応元年、江戸本郷の福山藩中屋敷に生まれた。慶応四年四月、江戸城明け渡し、五月に上野で彰義隊がやぶれて徳川氏処分の決着をみ、駿河へと移された。九月改元、明治とあらたまってから、福山藩は常府の士を家族ぐるみ藩地に移すため、米商船を借りきって品川沖から乗船させて備後鞆津に上陸した。

福山での暮らしむきは豊かではなかった。家禄を奉還して得た一時賜金は借金のかたに取られた。くわえて阿部家右筆であった父は大患に罹って臥床の身となった。手内職で一家をささえたのは母加寿である。米はない。荒麦を挽き、塩がゆにした。それすら手に入らぬときはまったく食を絶った。食でさえそうであるならば、衣は望むべくもない。厳冬の夜寒をしのぐに、蚊帳を覆って眠ることさえあった。それでもなお母は怨みごとを言わず、失望もせず落胆もせず、家事をおえた深更に書を繙き自ら学ぶのをやめなかった。高島がこの母を亡くしたあと旬日にして著した追悼文のその第一に、母より受けし感化、をかかげている。

ありて体にいへば余の心身のすべては、殆んど母の艱難苦労によつて今日に至つたのである。随つて母より受けたる精神上の感化は、他の何れより受けた感化よりも偉大である。余の気質余の趣味等あらゆる精神上の発動は、殆んど母に植ゑ付けられた嫩芽の発育せしものに過ぎぬ。されば余は常に母の偉大を思ひ、之を敬愛せずには居られなんだのである。

福山移住の明くる年、八歳にして高島は藩校誠之館に入門したのだが、やがて通えなくなってしまった。居宅を手放さざるをえなくなり、城下を離れた農家を借りたためだった。誠之館はやがて、各地啓蒙所の教員養成へと役割をかえていった。

九歳、一八七三〔明治六〕年に福山西町上小学校へうつる。教科書はない。友に見せてもらうが、家で復習ができぬ。平身低頭して借り、土曜の晩に借りては夜を徹してしき写し、幾週もかかって一冊をしあげたという。校長に認められて、十四歳にして授業生に挙げられたのが七八年のことだった。月俸一円五十銭、高利貸へ父が返す一円を差し引かれて、月々五十銭で勤めた。家産にゆとりある級友が上の学校に進むのを横目にしながらであった。

高島は負けぬ気で師を求めて和算や漢学を学び、漢詩の才を門田重長（もんでん）に認められた。重長の父朴斎は頼山陽門弟で、儒者として藩に仕えた人である。門前の小僧ではないけれども、私宅で門田が講義するのを傍聴させてもらって学んだのだった。高島は後年、問われた愛読書のひとつに中村敬宇訳西国立志編をあげ、この書によって自殺を救われたと語っている。

こうして八一年三月、高島は沼隈郡神村（かむら）小学校に勤めてから九月に須江分校へ移った。須江は、古代須恵器の窯跡がのこるところから陶作部の居住に由来する地名とされる。はじめは高島ひとりで須江へ赴任した。福山から西へ三里、安部家が、自宅納屋座敷を仮校舎に供した。青年教師高島の心意気はこの家に伝わる。

私の祖父母が、私に申しますに「御前は十六歳になりて、まだ学校に行く外は、何も仕事がないか、納屋へ来て居られた高島平三郎先生は、十七歳の時、御独身で御いでになり、学校の先生として、一般生徒を教へつゝ、独学して何もかも、一切を御自分でなされ、時としては、日暮時から、福山の御両親様の処へ御出かけになつて、朝三四時頃、御帰りになり、私等が寝て居れば、今帰りましたと云はれた事が幾度有たかわからない。其の位御両親様を御大切に、御先祖を御尊びなさる御方で有つたから、学校にはあまり行かれなくても、今は　御天子様の御子様を、御教育なさるやうな、偉いお方になられた」と聞かされた時、十六歳の私は、はづかしいやうな気がして、其の時、自力更生と云ふ気持が、私の頭にうかびそれから、四十年後の今日まで、離れません。

高島によれば、分校に通う子どもの数は十九人にすぎなかったものを、就学を勧めて一年の後には九十に及んだという。須江へ呼び寄せた父母の力ぞえもあった。父は習字を、母は裁縫を教えたりしたが、もちろん報酬はない。さまざまな教科の学習を望まぬ親たちには、習字だけをもとめて子を送ってきたが、高島は無理強いをしなかった。幾月もたつと、習字ばかりの子どもらが他教科をも学ぶ子らをうらやましがるようになるのだ。学ぶ意欲がわきあがるまで待つという、高島のねらいどおりだったという。
　高島は子どもを教えるだけで終わるつもりはなかった。老、壮、青と村ぐるみをつなごうとした。高島のことばでその目ざすところをみる。

私はその頃から、学校を子供の授業時間丈け来て居る所たるに止めず、青年男女や、老壮年の人も寄り来るやうにしたいと思ひ、学校の庭にいろ〳〵の草花などを栽え、四時村民が立ち寄つて休息する所としたいと思ひ之を試みて、或る点まで成功した。又村役場から、いろ〳〵の達しが廻附されて来ると、各方面の組頭など、老壮年の人々が集つて来て、私がそれを読んで講釈する事になつて居たので、少くとも、月に一度は、かういふ代表的の村民とも相逢ふ機会があつたのである。随つて、近所の人々とも懇意にし、湯がわいたといふては招いて呉れ、米が取れた、大根が出来たといふては持つて来て呉れ、薪に焚附に、皆生徒が親の命を受けて、持参して呉れ、物は乏しくとも、心は富んだ生活をして居た。

　須江に高島を訪ねた亀之助は、西国街道を東へ羽原川まで来ると、北へ折れて小高い岡を東西にながめつつ谷あいの道をさかのぼっただろう。高島は往時をしのんで亀之助との出会いをこう記す。

忘れもせぬ、余が十七歳の頃、沼隈郡神村の字末〔須江〕といふ所に在る小学校の分校に教師として奉職しつゝある頃、河本君は、余より二つ年下の十五歳にして、日曜日には、今津より約一里を隔て、居る末の分校に、よく余を尋ねて来た。その初、どうして交際するやうになつたかは、今分明に記憶して居らぬが、恐らくは、其頃盛んに流行した演説会からであつたらうと思ふ。当時、河本君は、今津なる三吉傾山先生の開かれた大成館といふ漢学塾に学んで居つて、演説などには、熱心な少年であつた。さうして、漢詩も作れば、漢文をも能くし、余の許を訪づれる時には書いたものを持つて来るか、又は議論を提げて来て、余の書斎に於て、日南北向をしながら、盛んに弁論したり、又は附近なる地蔵堂の景色のよい所に往つて、二人で忌憚なく討論したものであつた。今日から思へば、二人ながら、如何にも早熟の言動であつた。されば、その論ずる所は文章の事もあれば、英雄豪傑の批判もあり、時の政府の攻撃もあれば、大臣大官の罵倒もあつた。余が基督教の研究に熱心するに及んでからは、何時も談論は宗教的方面に傾いた。

時の政府攻撃といえば、須江赴任直後に開拓使官有物払下げをもとに明治十四年政変がおこっていた。開拓使長官黒田清隆と同じ薩摩出身である五代友厚らがからむ事件で、追及した参議大隈重信が罷免された。国会が開かれないからこうした政商癒着をうむと、開設運動に火をつけた一件だった。それよりも大きかったのは、亀之助をキリスト教へ導いたことである。

備後におけるキリスト教史は、福山城開祖水野勝成就封二十年めの島原派兵で語られる。禁教はそののち二百数十年をへて、新政府によっても続けられ、明治三年に長崎で捕らえられた三千四百余人が、尾張以西十万石以上の三十四藩に流配され改心を迫られた。福山藩はそのひとつだ。條約交渉先で指摘を受けて、ようやく明治六年の太政官布告によって高札は撤去された。

維新後、キリスト教信仰をえた人々のなかに士族が多かったのは、身分と秩禄をうしない、心のよりどころを求めたからだといわれる。高島は、一般普通の青年の如くに宗教的煩悶が起った、とするのだが、已れひとりにとどめなかった。まず母加寿が入信した。加寿は夫を導き、酒を節するにいたらしめた。さらに高島は竹馬の友内田政雄を同志社に学ばせて伝道師に、そして亀之助を信仰の人にしたのである。

②今津　松永　高須

いっぽう高島は、「科学哲学を修むるに従ひ、漸く宗教の馬鹿気たことを感じ、何時とはなく基督教とも遠ざか」ったという。心理学の歌、哲学の歌、と題した新体詩は、須江から松永小へ転じた一八八三〔明治一六〕年十九歳の作だったから、この時すでに宗教的煩悶というゆらぎは収まった。後ろ髪をひかれてなお松永へ移ったのは、自ら語るところによれば、勉学の事や、経済の事情によるものだった。父母を福山へ帰し、単身で赴任した。亀之助からすれば、隣村に高島がやってきたのだ。

高島は和漢の学をいしずえにして、洋学を積み上げると定めたものか、勤務のかたわら儒者長谷川恭平〔桜南〕に学んだ。長谷川は石井四郎三郎〔竹荘〕が私財を投じて開いた浚明館に、三原から招かれて子弟教育にあたっていた。五十名をこえる学生が集まったのだが、その多くは地方富豪の子弟か学校教員だという。長谷川が高島に与えた詩からぬけば、「久しく陶校に居り　こゝに来りて僅に両旬　老幼皆思慕し　頸をのばして君の還るをまつ　薫陶して頑を廉に化す　服膺する誼と恩とを一身才徳をかぬ君の如きもの幾人かあらんや」、そして白髪にして知己を得たことをよろこぶのだった。

小学校教員として確たるものを得た高島は、浚明館で永井潜を知る。竹原から入塾した九歳の少年である。父は、小学校教員の学識が浅薄だからわが子を托すに、学徳を兼ねそなえた長谷川がひらく私塾をもってしたのだ。高島はこれを肯んぜず、父の説得にかかり、夜を徹するをいとわずして、ついに潜を小学校へ入学させるにいたる。のちに医学者となり、洛陽堂からいくつかの著作を出版して学生らに迎えられた永井を、亀之助はすでにこのとき知っていたものと思われる。亀之助と永井とがつながる源には高島があった。また高島が松永小学校で教えた高橋立吉は、のちに亀之助がおこす千代田印刷所と洛陽堂にかかわりをもった人である。

さて亀之助が赴任したのは、今津小、松永小、高須小など、とされているが、松永小で高島と同僚であったなら、高島はそう書いたはずである。亀之助が松永小で勤めるより先に、高島は金見小に転じたようで、その赴任中八五年四月に創刊されたのが雑誌『教育時論』である。ペスタロッチ開発主義教授法から社名をとった開発社が発行した旬刊誌で、進んだ教育説を学ぼうとした高島にとって、飢えを充たすものだった。高島は同誌へさかんに寄稿を始め、沼隈郡における教育活動がいくたびも報じられた。亀之助の名が一度だけあらわれるのは八六年一一月号、沼隈郡の教員を集めた教育祭で演説をなしたとの記録である。発起したのは西川国臣と高島だった。西川は、高島赴任前年から松永小学校長だった人である。

備後国沼隈郡西部の教育家諸士は去月〔一八八六年一〇月〕六日（陰暦の重陽）をトし松永村の承天精舎にて教育祭を施せり其景況は藤原粛、物部徂徠、伊藤仁斎、孔丘、孟軻、朱子、「ペスタロッヂ」「フレベル」、「スペンサル」等和漢西洋の教育家の画像若くは書幅を掲げ地方有志者に案内して参会を乞ひ各立ちて諸家の履歴及功績抔を説き来会者には教育祭膰と書せる煎餅一袋づつを配ちたり又当日の演説者及演題は次の如し

（一）教育祭発企の趣旨（西川国臣）（二）人命の長短は食物の善悪にあり（岡田菊五郎）（三）ペスタロッヂ小伝（若林庸一）（四）義を見て為ざるは勇なきなり（河本亀之助）（五）教育家の善有性（高島平三郎）（六）五感（内田虎三郎）（七）死物は活物を使用する能はず（井口往次郎）

しかし、亀之助は、義を見て為ざるは勇なきなり、と演説したこの年あたりで教員生活の幕を閉じた。四月に公布された師範学校令による教員養成制度が確立したのが一因となったかもしれない。

気にかかるのは『教育時論』への報告記事や論文に、高島や亀之助の勤務校をめぐって、接しているはずの被差別部落について語られていないことである。旧幕時代、一揆をおさえつけるのに藩が庄屋に命じたのは、被差別部落民を向かわせ、暴徒を召捕り差出すべし、というものだったとは郡誌にある。高島は明治の世とかわってからも侍の子として育てられた。亀之助は庄屋をつとめた本家から分れた家に生まれていたのだ。

回顧を多くのこした高島によれば、数え四歳で、江戸詰めの藩士が家族ぐるみ米船で藩地に移住したとき、武士の魂である短刀を腰に差していたという。この短刀をなくした折り、母にうちあけたところ、父には内聞にしてやるから心配せぬようになぐさめられ、胸をなでおろしてもいた。士分以下の子弟に門戸を開いた誠之館に学んだ明治五年、八歳のとき、遊びなかまはたいてい侍の子だった。

石合戦は、危なく好ましくないとしながらも「弓馬槍剣を以て、武士必修の技芸として、殺伐の風習を尚びし時とて、別に異(あやし)みもせなかつた」とふりかえった。祭礼のおり、上流士族の子がいたぶる相手は町人子弟だった。「之を侮辱し、之を打擲して、喧嘩を売」ったのだ。「今日の少年青年が堕落したといふが、なる程、竊盗掏摸の如き恥づべき不良行為をしたり、又婦人に対する猥褻行為などをなす者は、或は今日の方が殖えたかも知れぬが、階級的に乱暴の事をなして、故なく弱者を虐げしことは、今より五十年前の我が社会の方が、余程多かつた」とは、還暦における境地だ。

沼隈における教育にもどせば、高島が須江分校に勤め亀之助が助教として訪ねていたころ、神村にはもうひとつ分校があった。割石忠典「神村尋常小学校『沿革誌』と部落問題」に採り上げられた「部落学校」である。郡誌は啓蒙所から小学校に改称されたとき分教場が設けられたと記すのに対し、氏は沿革誌を示して七二年当時からすでに分校を設置していた事実を明らかにされた。氏は差別の厳しさを指摘しつつ、「むしろ、学制発布以前に差別の中で対等・平等を願い啓蒙所を設置した教育要求の強さと闘いの成果としての側面をみておく必要があ」り、地元の人々の物心両面の支えにより分校を開いたと信ずる、とされる。たしかに須江分校が私宅の開放であったように、被差別部落の分校も同様に村民の支えがなければ開校されなかったにちがいない。

須江とは別にもうひとつあった分校に勤務したのは、被差別部落出身教師だった。七六年一〇月から八一年三月末まで、つまり高島が本校に勤め始めたときである。この教師が転任した府中でも分校勤務だった。後任は神村の被差別部落出身教師だったが、本校へ統合されたときに解雇されている。被差別部落と被差別部落外を、子どもたちだけでなく教師をも分断したのだ。

後任の被差別部落出身教師は、高須小にも勤めたことがあった。九九年以前であるとまでは判っているが特定はできず、亀之助の同小在任期間も明らかではない。郡誌には記されていないが、高須小分校は義務教育年限をのばした一九〇八年まで存続した〔神村は前年まで〕。高須小学校へ統合した初年度は一教室にまとめられる、「部落学校」から「部落教室」に変えただけの仕打ちをうけ、次年度にようやく各組にふりわけられるものの机や椅子を片隅に置かれるなどの屈辱を被っていた。

被差別部落の子どもたちの就学率が低いのは、親が働き手をとられるのを拒んだという一面だけをとらえる誤りは、聞取りによって明らかである。証言のうちには七五年生まれや同年輩の人々のものがあり、駅名を見上げて「マ・ツ・ナ・ガ」「ヲ・ノ・ミ・チ」と一所懸命覚えようとしたことが記録されている。高島や亀之助が教えた子どもたちはちょうどこの年代にあたる。たとえ本校や被差別部落をふくまない分校で勤務していても、身近にこうした問題が起こっていたのだった。

5　高島東遊

高島が東京へ行くのは、広島師範学校長峰是三郎に知られたことが縁となった。師範学校中の学者と称される峰は安政五年佐賀藩士の子、幼少より学を好み、苦学多年とされる。児童用模範学校とよばれた附属小学校訓導を兼務する峰が、学務課長の権限をもってその人材を求めていた。

師範学校長が学務課長を兼ねるのは、初代文部大臣森有礼による教育制度改革による。一八八六〔明治一九〕年四月一〇日、師範学校令によって東京に文部大臣が管理する一校の高等師範学校、各府県に一校の尋常師範学校をおき、その校長に府県学務課長を兼務させた。広島県広島師範学校は広島県尋常師範学校と改称され、その初代校長となったのが、かねて『教育時論』誌上で高島に注目していた峰是三郎である。

高島の名が誌上にあらわれるはじめは、創刊されてまだ日の浅い八六年一月二五日号で、福山近郷三郡の小学生徒学術共進会組織を呼びかけて、三十余名が集まった記事に、会員の一人なる高島平三郎君は教員は心理学に通ぜざるべからざることを演べたる由と、ただ一人名を挙げられている。投稿したのは、八七年はじめまでの金見小在任二年半のあいだに、禁酒論など四編、蜻洲生や蜻蛉子など筆名による寄稿をくわえれば、その数十五編におよぶ。ほかに沼隈郡教育のようすを報告した記事に高島の名があらわれたから、誌上で広く知られたのだった。さきに亀之助が高島とともに演壇に立った松永村に開いた教育祭は八六年一一月五日号に載ったが、ほかの例をひとつとりあげれば八七年一月二五日号に次の記事がある。

通俗学術演説会　是れ亦教育家中の有志者を以て成れる会にしてその目的は小学校教育のみに偏せず広く通俗の人に学術の思想を得せしむるにありて時には他の有名なる弁士を聘して一般の父兄に傍聴せしむることあり毎月第三日曜を以て会日とす本会の発起者は若林庸一、西川国臣、高島平三郎の三氏なり

青年歓話会　会所を松永に設け教育者中青年のもののみ集合して各種学術の新説を案じ次ぎには卑猥ならざる落語滑稽等を談じ又各種の遊技をもなし知識と愉快を同時に収得するを目的とす発起者は高島平三郎氏なり

峰は沼隈郡をまわり、高島が校長をつとめる金見小に立ち寄った。高島のことばで、八七年三月、金見小から広島尋常師範学校附属小学校に転任するまでのいきさつをみる。六十年後の回顧である。

先生は、当時普通教育社会に於ける錚々たる大家で、夙に教育時論誌上に於て、同学の友山縣悌三郎氏等と、常に尖端を行き、最も進んだ教育説を紹介論議して居られたのである。その頃、私も盛んに投書して居たので、私の姓名や思想は疾くに先生の知る所であつた。それに〔明治〕十九〔一八八六〕年の秋であつたと思ふが、先生が師範学校長として、公に沼隈郡を巡回し、金見にも来られ、半日も在校して、ゆる〳〵私の授業振、その他を観て帰られた。私は、つまりその時のテストに及第して、師範学校に呼ばれたのであつた。

蛸洲、蛸蛉による投稿が高島のものであると、ここで明かしたかもしれない。新体詩をつくるに井上哲次郎から受けた感化を語り、公刊された『倫理新説』を手に入れる苦労を口にしたかどうか。新刊書を購うには、福山から書店員が各村小学校をめぐり歩くのを待って、高島は知識をもとめたのだった。

峰に認められて訓導兼助教諭試補として赴任した高島が親しんだ同僚は、同じ備後の人である土肥健之助と、駒場出身の片田豊太郎ら、茗渓会つまりは高等師範出ではない人たちだった。ところが、茗渓会員にあらざればとても幅のきかぬ時代に頼るべきその峰は、四月に学習院へ転任してしまった。

高島は後楯をうしなう。これも高島のことばで伝えたほうがよかろう。

私に対する理解が、前校長程ある訳がないのは、当然であるが、それに乗じてといふのでもあるまいが、私には資格が無い故、他に転ぜしめるがよいといふ者があつたとかで、新校長は、その頃開かれた郡長会議に、私をどこぞの小学校に採用して呉れと頼んだといふ噂を聞いたので、私は早速、大河内校長を尋ね、私が金見で、父兄等が泣いて止めたのを振り切つて来た所以、及び父兄等が若しも他に転ずるやうな事があつたら是非とも再びこゝに帰つて呉れと懇請し、私は県下に移るなら、必ず又来ると約束したのである故、あなたが他に世話して下さつても、私はお断するると、きつぱり話して引き取つたのであつた。

新旧ふたりの校長を知る師範学校生がふりかえるには、大河内校長から一年余、一回の講話にも引見にも接したおぼえがないという。さらに風聞とことわりながら、豊かな暮らしぶりと、宴会を好み尺八の吹奏に巧みであったと記す。校長代理もまた新校長にならって高島を遇した。それが高島に生涯をつらぬく堅い決意をなさしめる。

或る時校長が留守で、同氏が代理して居た時であつたと思ふが、何でも、草津に鯨が上つたといふので、先生達は皆見に行きたいと見え、生徒を引率してゆくのに、誰か一人学校に残つて留守する者が居らねばならぬといふので、一番新参の私を、校長室に呼び出し、それは〳〵儼然たる態度で、「自分は校長代理として、他の教師は、それ〴〵の生徒を率ゐて、実地見学にゆく故、君は一同の帰校するまで、本校に在つて、日直代理を勤務せらるべし。余は校長代理として之を命じます」と、威丈高に命令した。その有り様が、約五十年後の今日も、あり〳〵と眼前に浮んで来るのである。私は、初めてかういふ体験をして、いよ〳〵官僚が嫌ひになつた。私が、その後、仮令官公立の学校に奉職しても、本官にならなんだのは、この第一印象が、余程力あることゝ思ふ。

頼るべきは、小学校卒の学歴しかなくとも人物とその才能を認めて抜擢する峰である。学習院に勤めていた峰に事情をくわしく書き送ると、峰は母校高等師範学校の附属小学校主事をつとめる学友岡五郎に頼んで、高島の赴任を決めた。それとて確たるものではなく、雇教師として採用し訓導とともに練習せしめる、という条件だった。高島はこれをありがたく受けて、直ちに辞表をだしたのだった。

亀之助は八七年九月二六日の日記にこう書いた。

午前七時家を出で丶高島先生を福山に訪ふ。「げんごや」といふ宿屋に山田・桜田・高島の三氏居らる。先生近日東遊の趣、余聞くこと始てなれば、心中忽ち驚き、忽ち悲哀と欣喜の感を生じたり。

小林篤右衛門三時頃来る。

午後六時迄種々愉快なる談話をなし、晩飯を食して八時出で丶帰る。途中小林氏と共に車を命じて九時吾が宅に帰りたり。此日吾等、三氏の談話を聞き大に感奮する所あり。先生は奮然大成を期して東遊の途に就き、二氏は農業視察のため近日の内全国漫遊の由。嗚呼、彼も我も同じく人なり。然るに彼等は已に此愉快の途に就かんとす。反て吾等の心を考ふれば、前途茫々望洋の歎を発するのみ。吾等益々神の力に依りて希望の成就を速かならしめざるべからざるを感じたり。又先生の此行につき二氏及び其他朋友知己の尽力するは感ずるに余りあり。先生余に告げて、君等後来事業を起さんには、須らく卑々屈々の朋友を絶ちて、早く己が益友たるべき者を求めよ、と云はれたり。余心に感銘せり。併し先生の此行も、先生に於ては困難なる事情種々ありて、万感一身に蝟集するの有様なれば、先生の心情も憮悄然たらんと察す。

余や君の東遊の為には、大声疾呼、神に禱りて願くは神は此人をして希望を遂げしめよ、此人は信ある人なればなりと云はんとす。

余今宵帰りて母に対して先生東遊のことより種々感心の話をなして先生の此の行あるを羨み、吾が兄弟の日々貧苦に陥るを嘆ぜり。而かも亦奮て先生も耐ふべからざる程の苦辛を耐へ、漸く此行に就くの期に際せられしなり。然るに吾等無暗に天に階して昇らんとするが如き思を為すは浅慮なりと思ひ、今の艱難こそ後の快楽なり、泣くことあれば笑ふこともありと思ひ、身に如何なる苦あるも敢て避けじと決心す。

高島二十三歳、持つのはただ小学校訓導の免許のみ、順風をうけての東上ではなかった。吾が兄弟の日々貧苦に陥る、その暮らしを支える長男亀之助は、このころ本家が経営する郵便局事務員になっていた。貯金業務取扱をはじめて間もないときだった。大小の事務悉く之を自ら処理せり、とあるから、後年の印刷業、出版業の実務をこなす力はすでにあらわれていた。

二　離郷

1　キリスト教信仰

高島が一八八七〔明治二〇〕年秋に高等師範学校附属小学校で勤めはじめてから数年のあいだ、音信が絶えたという。亀之助を気にかけようにも、そのゆとりはなかった。茗渓会員にあらざればとても幅のきかぬという時代に、その本山である附属小学校に赴任したのだ。しかも口利きにあずかった峰是三郎は学習院に勤務していたから、いくらその友人である岡五郎主事のもとで働こうとも、居心地が良かろうはずはない。

亀之助がキリスト教信仰をいっそう深め、尾道教会を足場にして布教活動をすすめたのは、取り残された思いを満たすためには、それしか考えられなかったからにちがいない。追悼録はいう。

> 時に歳甫めて十六。それより弁当を腰にし、尾道の教会に至りて多くの信者と共に神前に禱り、夜更けて家に帰るを毎とし、父母をして途上の異変を憂へしむ。厳父異教を忌みて君に改宗を迫る。君屈せず。終に其熱心に感じて信教を許さる。其頃君は新島先生を慕ひ、且つ布教に一身を委ねんとて、同志社入学を希ひしも、家情許さず。同侶留岡幸助氏あり。共に図りて一家を借受

け、仮りに会堂として布教に努む。

亀之助十六歳、一八八二（明治一五）年に尾道教会はなかった。大久保真次郎がいしずえを築くのは八七年だった。大久保は新島に背いた中途退学組のひとりで、なかまには徳富猪一郎、家永豊吉、湯浅吉郎らがいた。大久保の妻は猪一郎の姉音羽である。娘は久布白落実、苦境落ち目だったとき授かって命名したという逸話をのこす。

背いてから八年の越し方をつづり、新島に宛てて宣教師派遣をもとめたのは八七年四月一二日だった。新島はこれに応えた。五月一九日書翰によれば、寄り来ったのは、郡役所役員、代書代言人の類、学校教員、医者、商人だと伝え、聖書五十冊送付を願いでた。八月一四日には久保町に仮会堂を設けるにいたった。こうした尾道における教報が『基督教新聞』にさかんに載りはじめるのは九月一四日号からだった。しかし、大久保は神学を修めるため同志社へ復帰し、また仮会堂献堂式に参列した留岡幸助も丹波第一教会へ赴いたため、一時勢いがおとろえかけた。気運をとりもどすのは、伝道会社から守田幸吉郎を定住伝道者にむかえた一二月だった。

亀之助が尾道教報にあらわれるようになるのはこの頃で、高島が東京へ発って数月をへていた。

当地を距る二里程なる今津村（戸数六百斗）と云へる所ありて昨（一八八七）年十二月下旬より該地伝道を始め講義所を設けて毎水曜日伝道者守田氏外兄弟一両人同伴出張して説教するに聴衆毎会五六十人より七八十人にて頗ぶる好景況なり該地の有志者岡本籌之助河本亀之助の両氏が専

●備中笠岡教會　當地非常に聖靈の恩寵に浴せり目下求道者絶へ間なき程なり田ハ色づけり只刈り入れ人を與へられんことを祈り居れり（桑田氏報）

●備後今津通信　當地ハ昨年八月の頃尾の道に傳道せられし留岡幸助氏を聘し當地の小學校を借りて一夜の說教會を催ふせるを以て主の慈愛の種を播くの始とせり爾來尾の道に傳道士なき爲め遺憾にも何事もなくして打過ぎたりしが主ハ我等を捨て給ハず客冬尾の道に傳道士守田幸吉郎氏を送り給ひたれば我等ハ喜び禁ずる能ハず直に二三の贊成家と共に假講義所を設けて毎水曜日に說教會を開けるに毎會多數の聽衆あり殊に小兒輩の六十名計喜び集ひて說教を聞き又ハ巧みに讚美歌を誦ずる等ハ大に父兄の感覺を引起したり且つ贊成せる人々の懇話會聖書研究會等ありて大に地方人士の注意を喚起せり之と共に又佛徒の周章狼狽を見るハ可笑しきと限りなし我等實に僻遠の地無賴の徒より撰まれて此の榮光を受く豈に深く感悟警醒して主の爲に大に尽くす所なかるべけんや（河本龜之助氏報）

●伊豫今治通信　嘗て久しく當教會の牧師たりし

亀之助布教活動報
〔一八八八〔明治二一〕年六月二〇日『基督教新聞』二五六号〕

ら尽力せらる、により不日必ず好結果を見るなる可し（一信徒報）

同志社在学名簿を調べると、岡本籌之助は織之助の誤りかと思われる。岡本織之助は松永村に生まれた。父は松永銀行専務取締で、代々製塩業をいとなみ、織之助を備中興譲館から同志社英学校に学ばせた。今津に講義所を設けたのは、岡本が帰省したときに亀之助と力を合わせたものと思われる。その誘いによってだろう、亀之助が同志社文学会会友になったと紹介されたのは、八八年四月二七日発行の同会機関誌上だった。

同志社文学会は、八七年三月に機関誌を創刊していた。会員には岡本のほか、高島の友内田政雄、教え子小林峰蔵〔峰三〕が名を連ねている。文久三年に生まれた内田政雄は慶応元年生まれの高島より一歳年長、亀之助からすれば三つ年上である。誠之館に学び福山師範学校に進んで小学校に勤めた。内田の回想「「竹馬の友」高島先生と私」には、「附近の小学校に教鞭をとつてゐると、先生も亦隣村の小学校に、先生をつとめられたので、休日毎に会合しては、互に気焔を吐いたものです」とある。高島はキリスト教の優越性を説いたというから、神村須江に勤めたころだ。

内田は高島に反撥した。「非常に反感を覚え、如何にもして其欠点を看破せんとつとめたものでしたが到底目的を達し難きを感じ」たというから、高島がいうように宗教的煩悶をキリスト教によって安心を得たどころではなかった。亀之助ばかりか、内田へも強く迫る力を持っていたのだ。ひき寄せられた亀之助とちがって、内田は教界の中へ入りこんだうえで欠点をみつけだして、高島に酬いようとした。ところが八五年に転勤した大阪で宮川経輝牧師に出会った内田は、まったくその考えを改めた。受洗によって学校を追われ、伝道者たる決心をなして数月ののち同志社に入学したのだった。亀之助は、おそらくは須江で顔見知りとなっていた内田の消息に通じていたものと察する。

こうして布教を始めた亀之助署名による、唯ひとつの通信が『基督教新聞』八八年六月二〇日号に載った。小学校をやめて、本家が経営する郵便局事務をとるころだ。全文をひく。

備後今津通信　当地は昨年八月の頃尾の道に伝道せられし留岡幸助氏を聘し当地の小学校を借りて一夜の説教会を催ふせるを以て主の慈愛の種を播くの始とせり爾来尾の道に伝道士なき為め遺憾にも何事もなくして打過きたりしが主は我等を捨て給はず客冬尾の道に伝道士守田幸吉郎氏を送り給ひたれば我等は喜び禁する能はず直に二三の賛成家と共に仮講義所を設けて毎水曜日に説教会を開けるに毎会多数の聴衆あり殊に小児輩の六十名計喜び集ひて説教を聞き又は巧みに讃美

歌を誦する等は大に父兄の感覚を引起したり且つ賛成せる人々の勧話会聖書研究会等ありて大に地方人士の注意を喚起せり之と共に又仏徒の周章狼狽を見るは可笑しきこと限りなし我等実に僻遠の地無頼の徒より撰まれて此の栄えを受く豈に深く感悟警醒して主の為に大に尽くす所なかるべけんや（河本亀之助氏報）

内田が大阪で小学校退職をせまられたように、亀之助もまたキリスト教徒であるのを理由にされたと考えられる。それでも説教会には子どもたちが集まった。話し上手を、追悼録は母から聞き出して伝えている。母ダイが語る亀之助は、これひとつしか残されていない。

亀之助は幼い頃から近所の子供を集めてお話をして聴かすのが最も上手でした。殊に歴史譚が得手で、近隣の子供達は弟妹朋友達を引きつれて、其話を聴かうと椽側へ集りました。話の最中に、子供達の誰かゞ其家人から呼びにでも来られると、其子は大変うるさがつて、話の面白い最中だのにと、こぼすのでありました。

こうした才を活かして説教をきかせたのだったが、順境はさほど長くつづかなかった。亀之助が備後今津通信を送ってほどなく、尾道教会伝道士守田幸吉郎が病を得て岡山で静養するために去り、今津における伝道は尾道教会をあてにはできなくなった。八九年、明けて半年の間、何をなしえたかを自問する六月三〇日の日記が追悼録に収められた。

三十日、安息日、晴

前五時起、聖書日課、祈禱／…………（三節略）…………

吾人が心身を委託するのエホバよ、実に吾人は口に信仰を言ふのみ未だ実際の働に乏しきなり。何卒常に聖霊に満さしめ給へアーメン

指を屈して往時を回想し見れば、実に悲痛胸間に溢れたり。そは何ぞや。本年も既に半ば過ぎ去りて、明日は最早七月一日を迎へんとす。嗚呼吾人は過ぎし半年間は如何なることをなして過ぎしか。何事も神に依て進退する身なるに、時には全く主を離れて罪悪の淵に溺れ、祈禱すれども感覚なく、聖書を読めども不解なり。実に失望無極の有様なり。然るに神はいとも至愛なる故に、斯る失望せる中にも、聖霊を与へ給ひて、全く悪魔の手に渡さゞらしめられたり。感謝不少なる吾人をして常に失望の淵に至らしむるものは、一家生活上の困難にして、これぞ最も憂ふる所なり。此肉体の困難が精神の健康を害するは何より不愉快なり。さりながら吾人は、如何なる饑寒困難に至るも、決して主より離るゝの所為は為すべからず。辛苦来るに従ひて益々信仰に依頼し、主の救助を求むべきなり。吾人の決心は潔白なる生涯即ち信仰の生涯を送らんとする者なれば、世の金銭・名誉・目前の快楽等に意を注ぐべきに非ざるなり。吾人に必要なる心志は、堅き信仰／盤石の上に建設せる堅牢なる家屋は、決して大風雨のために破壊せられざるなり。信仰堅固なれば、世の罪悪如何に勢力強きも、恐るゝに足らざるなり。

勇気／優柔不断にして貴重なる光陰を送る世に立ちて、勇壮活潑なる運動なきは、吾人信徒の最

も注意すべき所なり。基督に依て得たる真正の勇気は直進不屈なり。

忍耐／これは事業を成すに最大なる功益あり。艱難辛苦を忍ぶの強からざれば、如何で目的の位置に進むべけんや。

潔白なる生涯／吾人は世に基督教的の主義を顕はすの身なれば、世俗的の愉快を以て生涯を送るべからず。唯基督が教へ給ふ世の属とならずして、神の属となるにあり。

祈禱／自己が目的を成さんとするの途中も、成業の時も、生涯精神に喜悦と希望を与ふるものは祈禱の外なきなり。

勤勉／忍耐と寸時も離るべからざるものなり。車の両輪の如きものならん。

摂生／精神をして活潑に愉快に送らんとならば、是非共摂生に注意して、飲食・運動・勤勉等の過度・時間を注意すべきなり。


この日記に相接して「青年ノ希望及ビ信仰」が『DOSHISHA文学会雑誌』七月三一日発行二四号に載った。会友亀之助による同誌寄稿は、最初で最後のものだった。表題からすると二年前の八七年に徳富猪一郎が著した『新日本之青年』に励まされた感がする。天保の老人に代わる明治の青年が社会を動かしてゆくとする、徳富二十四歳にして世に問うたこの著作は読者数万を得たという。

亀之助が寄稿したのは、半年を為すことなく過ごしたあせりと、六月二九日から七月一〇日まで、四百数十名を集めて第一回基督教青年会夏期学校が同志社で開かれており、取り残された感があったからだと察せられる。亀之助が残した数少ない文なので、全てをかかげる。強いてふるい立たせようとあがく文章だとうけとった。

衣ハ損シテ寒ヲ凌グニ足ラズ財ハ尽キテ食ヲ求ムルニ由ナク朝ニハ破窓ノ下ニ泣キ夕ベニハ孤燈ノ辺リニ歎ズ嗚呼此ノ万感ヲ誰レニ向フテ語ラン乎嗚呼此ノ千憂ヲ慰ムルモノハ何者乎一身ニ蝟集スルコノ万感千憂ハ吾人ヲ駆テ常ニ失望ノ境ニ彷徨セシメタリ然リ吾人ハ信ズ今ヤ落魄ノ身失望ノ境遇ニアルヲ確信ス然リト雖此ノ落魄ヤ此失望ヤ吾人ヲシテ希望ノ境裡ニ至ラセ吾人ニ与フルニ真正ノ愉快ヲ以テスルナリ是レ吾人ノコノ境遇ニアルヲ甘ズル所以ナリ

吾人ハ今日身ヲ明治青年ノ籍ニ入ル、モノナリ今日ノ青年ハ新日本ノ基礎ナリ新日本ノ元動力ヲ有スル最モ希望アルノ青年ナリ見ヨ青年ナル文字ノ如何ニ多忙ナルヤ近時新聞ニ雑誌ニ演説ニ青年ナル問題程忙ガシキモノアラザルナリ而シテ終ニ青年ハ輿論ノ焼点トナリ社会万般ノコト細大トナリ悉ク青年ニ委シタリ此ノ故ニ奮テ新日本ヲ組織スルト否ト一ニ青年ノ専有トナリ則チ輿論ハ青年ノ位置ヲシテ最モ高尚ニ価値ヲシテ最モ高大ニ希望ヲシテ最モ絶大ナラシメタリ

嗟呼吾人ト共ニ明治青年ノ籍ニ在ルモノ此ノ輿論ノ焼点ニ当リタリコノ輿論ヲシテ空シカラシメズ旧日本ヲシテ一大新生ノ新日本タラシムルノ希望ヲ成就スルノ期ハ果シテ何ノ時ニアルカ来レ吾人ト思慮ヲ同フシ行為ヲ一ニシ共ニ悲ミ共ニ喜ブノ同胞好青年ヤ吾人ハ世ノ光トナリ世ノ塩トナリコノ暗黒ナル社会ヲシテ光明トナシ此ノ汚穢ナル社会ヲシテ潔白トナスノ一大希望ヲ有セリ何ゾ吾人青年ノ任ノ重且大ナルヤ然リト雖吾人ハ今日ノ青年ニ向ツテ一ノ注意ヲ喚起セントス何ゾヤ他ナシ青年元気ノ衰頽セルコトナリ見ヨ現今青年ガ満足セル境遇ヲ肉体的ヲ最上ノ愉快トナ

セリ即チ飽食暖衣安困〔閑〕トシテ歳月ヲ徒過スルニ非ズヤ且ツ傲慢ニ冷笑ニ無信仰ニ軽卒ニ勇気ナク忍耐ナク希望ナク満腔唯ダ情慾ノ奴隷タルノ一念アルノミ此故ニ一旦一大艱難ノ眼前ニ来ルアラバ畏怖戦栗〔慄〕其措ク所ヲ知ラサル卑怯心アルニアラズヤア、新日本ノ元動力ヲ有スル青年ニシテ此ノ如ク元気ノ衰頽セルイカデ其希望ヲ成就スルノ期アランヤ

吾人ハ信ズ吾人ガ希望ヲ成就スルノ中途ニハ必然艱難辛苦ノ来テ試ムルアルヲ然レトモ吾人ガ希望ヲ遂ゲントスルノ満腔ノ鉄腸ハ患難モ困苦モ迫害モ飢饉モ裸裎モ危嶮モ刀剣モ決シテ奪ヒ去ル能ハザルナリ聖経ニ云ズヤ患難ニモ欣喜ヲナセリ蓋艱難ハ忍耐ヲ生シ忍耐ハ練達ヲ生シ練達ハ希望ヲ生スト吾人ハ今日失望落魄ノ境遇ヲ甘ゼリ此ノ境遇コソ吾人ニ希望ヲ与フレバナリ此ノ境遇ニ泰然タルモノハ吾人ト共ニ働クベキノ好青年ナリ此ノ境遇ヨリ避易スルモノハ吾人ノ敢テ知ラザル所ナリ

少女不言花不語英雄心腸乱如絲ト嗚呼十九世紀青年社会ノ驚慌ハ潮勢最モ急激ナリ吾人青年ヲ駆テ狂瀾怒濤ノ中ニ陥レントセリ此ノ狂瀾ニ怒濤ニ青年ノ境遇亦多事ナリ真ニ心腸紛々乱絲モ啻ナラズ多事ナリ繁雑ナリ故ニ吾人ノ志望確固ナラズ確固ナラザルノ志望如何デ新日本ノ青年タルヲ得ンヤ

吾人ハ己〔已〕デニ青年ノ進路ニハ失望アリ落胆アリ艱難辛苦ノ蝟集スルアリ而カモ不屈不撓ノ精神モテ始メテ希望ノ成就スルコトヲ論ゼリ而シテ今ヤ吾人ニ最大ノ勢力ヲ与フル信仰テフ心志ノ必要ナルヲ説カントス信仰トハ何ゾヤ則チ此ノ字〔宇〕宙ヲ主宰シ給フ全智全能ナル真神ヲ敬拝スルノ云ナリ

吾人ハ現今ノ青年ニ就テ殊ニ失望スルハ信仰ノ冷談〔淡〕ナルコトナリ見ヨ青年有為ヲ以テ自任スル彼等ノ心情チ〔ヲ〕政治ニ文学ニ宗教ニ満腔ハ唯愛国ノ一塊ニシテ真ニ社会ノ元動力ヲ有スルガ如シ併カモ沈思熟考能ク彼等ガ進退ニ留意セバ其運動ノ結果ヤ疎暴的ナリ破壊的ナリ社会ヲ汚毒スルノ狂風ト云フベシ現今ノ青年ニシテ此ノ狂風ニ吹捲カレザル者殆ンド無之ト言テ可ナランカ是レ吾人ノ憂憤措ク能ハザル所ナリ吾人ハ信ズ此ノ如キノ青年決シテ新日本ヲ組織スル能ハザルヲ苟クモコノ青年ヲシテ真ニ国ヲ愛シ真ニ青年ノ位置ヲ有セシメンニハ一日モ信仰ノ熱火モテ凡テノ悪魔ヲ焼キ払ハザルベカラズ吾人ハ須カラク高尚ナル信仰ト潔白ナル精神ヲ有シ温和ニ謙遜ニ活潑ヲ以テ社会ヲ潔白ニスルノ真正ノ青年タラザル可ラズ吾人前途ニハ実ニ最大ナル希望アリコノ希望ヲ成就スルニハ必ズ種々困苦ニ遭遇スルモノナリ困苦ニ耐ヘテ失望落胆ヲ慰シ不屈不撓ノ勇気ヲ起サシムルハ真正ノ信仰ナカルベカラズ

嗚呼現今ノ青年ハ旧日本ノ腐敗ヲシテ純正ナル新日本タラシムルノ重任アルニアラズヤコノ重任アルモノニシテ何ンゾ世俗ノ快楽ニ恋々シテ可ナランヤ基督吾儕ニハ教ヘテ曰ク芥種ノ信仰山ヲ移スベキナク凡テノ事能ハザルナシト又吾儕ヲ責シテ〔責メ〕テ嗚呼信仰薄キモノカナト真ニ然リ吾人ガ黒烟暗淡〔澹〕タル境遇ニアリテ遠ク希望ノ光輝ヲ認知スルハ唯其固キ信仰ニ職由セザル可ナラザルナリ

亀之助は寄稿してからさらに半年をへて、新島襄をうしなった。一八九〇年一月二三日だった。

2　離郷

今津に在って二十四歳となった亀之助の、はやる気持ちが動いたのは一八九〇（明治二三）年だと追悼録はいう。

君が故郷生活は明治二十三年の頃より漸く動き初め、負笈の情転々往来せしが如し。同年の師走、君は職を他国に求め一は以て家計を助け、他は一身の開運を努めむと、肌薄ら寒き征衣を飜しつゝ岡山に出で、其姻戚たる子爵花房義質氏の先考端蓮氏に縁る。乃ち其添書を得て神戸に出で、職を求む。然れども時機尚ほ至らず、望に添はずして帰る。

花房端連（はなぶさまさつら）は、初代岡山市長を辞したばかりだった。花房は岡田藩士徳田尚二の二男で、岡山藩士花房義連の養嗣子となった。亀之助の姻戚というのは、端連の妹浦が今津本陣河本家六十二代惣四郎に嫁したのによる。惣四郎が若くして亡くなったあと浦は、本陣焼失のとき当主であった六十三代保平と再婚した。

然るべき職につけなかった亀之助が頼ったのは、しばらく音信を断っていた高島平三郎である。居心地が良かろうはずがない高等師範学校を一年足らずでやめて、峰是三郎がつとめる学習院へ転じていた。東京暮らしはあしかけ五年になる。小学校卒という学歴しか持たぬ高島をむかえたのは教頭嘉納治五郎だった。時に高島二十四、嘉納二十九歳だった。新任の礼を述べるとともに、番町塾に入るのを請うと即座に快諾された。「容易に人に許さぬ人であると聞いて居たのに、殆んど初対面の私に、保証人の事も聞かれ」なかった。それで居所が定まったのである。

　高島にとって一八八八〔明治二一〕年から九六年、二十四歳から三十二歳におよぶ学習院時代は、賢斎を亡くした母加寿を東京へ迎えて戸主となり、三十歳にして結婚しただけで終わってはいない。このころ得た知己知友によって高島が進むみちをかため、さらに亀之助の人生を左右するつながりを持ってゆくのだった。そのひとりが牧牛を営む同僚だった。牧牛が国家的に必要だと説かれたのに感激した高島は、便りを往来させること繁くなった亀之助に伝えた。亀之助は「起たむか。家郷の眷族を如何せむ。止まむか。青春欝勃の征意を如何せむ」と悩んでいたけれども、遂にふみきった。一八九一〔明治二四〕年二月だった。

二十七日、金曜、雨
午前、石井憲吉、石井一郎、石井豊太、小川恒松諸氏を訪うて別を告げ、余一家将来の事を依頼したり。葛岡伝道師より葉書着す。前十一時頃葛岡氏来訪せらる。

午後一時頃より車にて尾道に赴く。別に臨みて河本幹之丞氏よりは餞別として金五拾銭を賜りたり。林、村上、河本諸氏見送られたり。降雨漠々として一層出郷に際して感慨を起さしめたり。

午後二時頃乗船す。尾道にて井口、葛岡二氏を訪ふべきも、汽船の都合にて面会せざりき。尾道港を出でしより不絶降雨にて、時々甲板上に昇りて遙に故郷の山河に対して心腸転々凄然たり……

………。

後事をたくした人のうち、わかっているかぎりを記すと、石井憲吉はのちに松永町会議員や町長をつとめ、石井豊太は小学校長から東村村長になった。小川恒松は今津では草分けの家筋で屋号を大前、公儀名を松蔵と称した。餞別に名がでた本家六十四代河本幹之丞は、今津村松永村戸長をへてこのとき今津村村長であった。尾道教会葛岡伝道士は同志社に学び、亡き新島を知る人である。足りない学資を補うため、校正の仕事を葛岡に与えるため、夜中わざわざ二条の日之出新聞社へ行かれて相談して来て下さったと師を偲んでいる。尾道で逢うべき葛岡ともう一人井口とは、教育祭でともに演説した井口往次郎だろう。

船のつごうで逢えぬまま出港というのも、鉄道は未だ通じてはいなかったためだった。山陽鉄道が西へ伸び、福山尾道間に松永停車場が設けられて開業したのは、一一月に入ってからである。新橋に着いたのは尾道出港から四日めの朝だった。

三月二日、月曜、晴

午前九時頃新橋に着す。鉄道馬車にて上野に赴き、高島先生宅を訪へり。先生出勤中。杉江兄に面会したり。暫時にして先生帰寓せられたり。

郷里へ着京の葉書を出したり。

夜、杉江兄と共に上野辺を散歩す。杉江兄と種々丹心を吐けり。兄も亦余の境遇に似て非常の困難に処せり。而かも不屈不撓将来社会のため一大事業を成すを期せり。

出迎えてくれた亀之助の友杉江俊夫は、高島の食客だった。広島城下出身だから、高島が広島師範附属小学校につとめたときに知りあったのかもしれない。ただし同小卒業者名簿にはない。亀之助より三歳ほど年少、同志社に学び、亀之助が同志社文学会会友になるより一年おくれて八九年、普通科二年のとき入会していた。誌上において亀之助は杉江を知り、手紙のやりとりをしていたかもしれない。

杉江は同志社を卒業しなかったようで名簿にはない。九〇年にはすでに東京へ出ていた。それは講道館麹町分場の名簿で知れる。さきに高島は嘉納治五郎門下生になっていたから、杉江の上京もまた高島を追ってのものと考えられる。

3　牧夫

亀之助が高島に紹介された大久保百人町にある牧場に、牧夫、搾夫、牛乳配達人として入ったのは着京翌日、一八九一〔明治二四〕年三月四日だった。

四日、水曜、雨
午前一時頃臥床を起きて、三時頃まで三宅氏及び牧夫と共に牛乳搾取の手伝を為せり。
此日は終日三宅妻君の指揮にて牧牛上の要事等実に余が今日まで精神上にて種々困苦を極めし事ありしも、肉体上労働此度の如きは意想外なり。……余が生来経験なき賄……牧牛に就ての労働は、転た人をして凄然たらしむ。かく艱難して其結果は反て失望に陥るが如きことはなきかと疑はしむ。殊に余が今日まで嘗て労働なき身を以て、壮健虎の如き牧夫等と労を共にするは、身体上非常に痛苦を覚えしむ。衣類の如きは牛グソまみれにて、不潔無極なり。余は真正に此業に意なきに、甘じて服従するも不結果なれば、此等の事は……高島先生に相談すべきなり。

夜八時過ぎ漸く要事を済まして寝所に入れり。

聞くと見るとでは大きくちがっていた。高島が三宅からふきこまれていた牧場経営は、新文明を実感させる産業だった。当時の欧化政策という風を背にうけて、各牧場の出資者には顕官が名をつらねていた。都市化や病疫対策の必要上、市街地から周縁郡部に追いやられるのは、十余年のちのことだった。

安請けあいのようになってしまったためか、高島がただ学習院の同僚とだけしか書かなかったのが、助教授三宅捨吉である。現今の教育上必要なる事項に就て、と題する三宅の演説記録によれば片手間の感がする。三宅が書物に頼らぬ教育の必要を説くひとつの例としてあげたのが牧畜で、牛を飼いはじめると「十間も」離れて近づかなかった妻が「私が留守の時は拠ろなく、飼草を恐る〳〵やりましたが、次第に好きになツ」たと語っている。そのような三宅の妻にしたがって、亀之助は働いたのだ。

あまりの辛さを伝えられた高島は、杉江にようすを見にいかせた。報告に驚いた高島は、亀之助もひきとって住まわせることにしたのだった。ただ、そこは叔母と一家を借りた仮寓だった。杉江が亀之助通夜の席で語った往時の食客ぐらしが、追悼録に収められている。

その頃河本君は大久保の牧場に、私は高島先生の仮寓をして居られる其一室に置いて頂きました。たゞです。何分月に五円あれば一切の学資に足りたのですが、私は少し足りないので、高島先生が恰も学習院の教科書を編纂して居られたので、其筆稿〔耕〕をさせて頂いてから、大に助かりました。其頃先生は二十五円ばかり俸給を頂いて居られたさうで、それで国許の御両親に貢ぎ、生活から被服まで出来てゐたのですから、私共はまだ世間の事は知らず、先生を非常に裕福だと思うて厄介をかけました。

杉江に何ほどかの学資を補わせた教科書編纂とは、三浦梧楼院長が徳育を重んじ、全科をとおして道徳の養成をはかる方針のもとに、学習院独自の読本をつくらせたのをいう。原案作成に、教授峰是三郎、助教授三宅捨吉、傭教員高島平三郎ら六名を任命したのだった。

4　新聞売子

ふたりの食客をかかえた高島は、さらに切りつめた暮らしを強いられるに、よりどころを自助にもとめた。

元来、余は河本君とは違つて幼時より貧乏士族の家に育ち、貧苦に就いては、到底普通の人の経験せざる困難を嘗めて来たのであつて、幾度か精神的に破産せんとしたのを、中村敬宇先生の西国立志編の為めに励まされ、よく耐へ難き苦痛に耐へて来たので、河本君にも、以前からこの事を話し、君も西国立志編は熟読して居た筈である。そこで、余も杉江君も、君を励ます為めに、何時も敬宇先生の所謂「真成学士賤業をなすを恥ぢず。之を恥づる者は真成の学士にあらず」と記された事を引き合ひに出しては、何でも自ら身を立つる事を期し、自ら自己の運命を開拓すべきことを毎夜のやうに話し合つたのである。河本君は、若き血潮を躍らして、毎日〳〵踴躍しては、何等か職業を見付けんと、新聞の広告を手寄りに、東京市中を馳せ歩けども、適当の事業を探り得ず、終に決心して新聞売子となるに至つたのである。

牧場を辞した亀之助は、墨田川に桜咲くころには新聞売子になっていた。一円の元手で新聞を買って売り歩く。はじめのうちはどうしても大きな声を出せない。ただただ腰につけた鈴を鳴らして歩くばかりだった。わずかな稼ぎで盛り切りの飯を食べ、売れ残りが多い日は食べずにすますことしばしばだった。がっかりして帰ってきた亀之助から残りを買い取るのは高島だった。亀之助が「何人にも同情ある温い性格は、かゝる艱難の中から、養成された」と、高島はとらえた。

亀之助は十年ののちこうふりかえっている。

新聞の売子となりて、八百八街をかけまわり声の続くかぎり「今日の新聞はなんでも一銭」〳〵と怒鳴り廻はり、日曜のあくる日などは一日一食で済まし、疲労のあまり浅草公園の共同椅子の上で居眠り際中、巡査君のためにオイコラ〳〵を頂戴せしことは、幾度だか分からなかツた。

牧夫から新聞売子になった亀之助は二十五歳、いつまでも続けられるなりわいではない。新聞売子をしながら、高島の勧めで申込んだのが移民だった。

5　移民申込

政府が移民を認めたのには、松方デフレによる農村の窮状があった。ハワイ王国の要請による官約移民は、やがてその糖業より稼ぎのよい北米へと移民先がかわってゆく。北米をめざす海外移住同志会の動向は、亀之助が東京に出てきた一八九一〔明治二四〕年の七月あたりから報じられていた。朝野新聞に記事がある。

近来移住殖民の論朝野に喧しく全国到る所其要を説かざるもの殆んど稀なるに布哇出稼の外未だ一として移住殖民会の実体を表顕したるものなかりしが此の事業は今般海外移住同志会となりて発表するに至れり本会の発起人は多年本事業に関して調査する所ありと聞きたる板垣退助、星亨の諸氏其の他実業界に於て有名なる某々等資本主なりと云へば尋常一様山師の事業と異なるべし

記事後段には、大津事件により引責辞任した青木周蔵のあと外相となった陸奥宗光が、移住民保護奨励を打出したとある。自由党の板垣や星がこの時期に取組み始めた思惑は判らない。星らの動きは時事新報の後追い記事があり、準備委員を「ブリチシ　コロンビア、ワシントン、オレゴン等」に派遣して起業準備に着手し、土地購入や渡航費用、それに収支見込などの見積もりをかかげた。

陸奥外相の方針をうけたものか、官側の東京日日新聞は趣意書全文を収載している。狭い国土における人口増加を懸念する論の上に立てられた策だった。しかも沙汰止みにはなっておらず、翌年五月には、北米ワシントン州へ十名の渡航計画が発表されてはいた。

「時に星亭南米移民を企画す。君も亦高島先生の勧に従ひて申込を為せしが、中止に遭ひて止みぬ」と追悼録はいう。これが編まれた一九二〇年代は北米の日本人排斥によって、移民先を南米へ転換せざるを得なくなっていたから、ひきずられて南米移民としたのだろう。それはおき、たとえ沙汰やみにならず渡航するにしても支度金を要したはずで、新聞売子の亀之助が蓄えを持っていたとは考えにくい。

6　書生

亀之助にとっての悩みは、どうして食にありつくかだった。ある時は軍人の召使となりておさんどんの務をしたこともある、とは亀之助の言、これまた高島の世話によるものだった。

併し、新聞売も将来の見込なく、決して永遠の事業とすべきものでは無いので、何等か適当の仕事をといろ〳〵探索して居る間に、余の知人に川崎虎之進といふ陸軍歩兵中尉があつて、独身生活をして居り、一人書生が欲しいといふので、君をそこに推薦した。そこでも、君は慣れぬ飯焚き、拭き掃除までして、非常に気に入られて居た。

書生とて永遠の事業ではない。かせぎが定まらぬ新聞売子よりはましで、とりあえず食いつなぐには足りた。高島と川崎がどこでつながったかをさぐると、旧福山藩学生会にゆきつく。これを発起したのが川崎の兄らしき寿太郎と、小田勝太郎である。旧福山藩学生会は、東京で学ぶなかまを結ぶためにつくられた。「明治十六〔一八八三〕年春某君某君ノ寓居ニ会ス談偶々郷人ノ事ニ及フ」、大患にかかって大学病院に入院しているという。すぐさま出かけたところ、誰ひとり見舞う者がなかったのを知る。某君を見舞った某君が、発起人を代表する小田勝太郎だった。

小田は文久二年に福山で生まれた。藩校誠之館に学び、十七歳にして松永小学校につとめている。東京に出たのは八二年、このとき二十一歳、嘉納治五郎に師事して独逸学を学び柔道に心身を練ったとされる。福山出身者と講道館をつないだのはこの人だろう。講道館入門者名簿でその入門年を調べると、小田勝太郎は八五年、高島平三郎と川崎虎之進は八八年、麹町分場には杉江俊夫が九〇年に入門していた。

小田らは、同郷先輩の支えがないのを嘆きつつも、東京へ学びにやってきた学生を受けいれる施設づくりに動きだしたのは、八九年秋に開かれた親睦会席上だった。このとき、初めて高島平三郎の名が現われる。翌九〇年に竣工したのが誠之舎で、舎生の幹事についたのが、小田勝太郎と川崎寿太郎両名だった。なかまが評したところによれば、小田は柔術家、高島は文学家、川崎は能文家だった。

こうして九一年八月、『旧福山藩学生会雑誌』創刊にこぎつけた。亀之助が牧場を辞して新聞売子となり、移民申込を考えていたころだ。その創刊号におさめられた消息記事に、川崎虎之進が載っていた。「先般歩兵少尉に任せられ広島歩兵第二十一聯隊仰付けられたる処間もなく近衛第二聯隊に転隊を命せられ去る四月出京せられたり」、亀之助にひと月おくれて東京暮らしをはじめていたのだ。会員名簿によれば、宿所は麹町区富士見町一丁目一八番地鈴木田方だから、はじめは下宿住まいだった。書生をさがすのはその後になる。九一年一二月発行『旧福山藩学生雑誌』二号会員転居欄に、川崎虎之進は寿太郎とともに神田区猿楽町三丁目一番地へひき移っていた。寿太郎は誠之舎からである。兄弟だろうというのは、その後もしばしば住所を同じくしたからだ。

亀之助が川崎虎之進の書生になったのは、寿太郎と同居していたこの猿楽町三丁目一番地だろう。川崎虎之進は亀之助と同じく慶応三年に福山藩士の子として生まれた。亀之助より数ケ月年長にあたる。

このように亀之助の身のふりかたに関わったのは、異郷にあって支えあう福山の青年たちであった。亀之助が会員名簿に載ったのは、九二年七月三〇日発行『旧福山藩学生会雑誌』五号で、宿所は麹町区平川〔河〕町五丁目一六番地国光社だった。通常会員（在京之部）四月十日以降入会者欄にある。

一章 註 離郷

一 備後国沼隈郡今津村

本章参照資料はつぎのとおり

『福山市史』中編近世編と下巻近現代編、『広島県史』近代1

森本繁『福山藩幕末維新史』一九八二年私刊〔初出『山陽新聞』連載一九八〇年四月〜八二年三月末〕

広島県沼隈郡役所編『沼隈郡誌』一九二三年広島県沼隈郡松永町先憂会
今津町郷土誌編集委員会編『ふるさと今津』二〇〇五年今津学区町内連合会・今津町ふれあい事業推進委員会

1　幕末

・父膳左衛門が本家に準じて公務に関わったのは、明治期における邸地変転からうかがい知れる。平家白壁造りで、今津小学校、今津村役場、今津町公民館となり、さらに隣接する松永市農協今津支所の駐車場とする際に取り壊された〔村上育郎〕。
・『ふるさと今津』は、現在判明している寺子屋として「吉本屋河本膳左衛門氏邸（中、現農協のところ）」をあげている。中、は中町、現農協とは福山市農協今津支店をさす。

2　明治四年大一揆

・芸州藩に続く旧知事引留め一揆史料
小野武夫編著「備後の旧知事引留騒動」『維新農民蜂起譚』一九三〇年改造社
土屋喬雄／小野道雄編著『明治初年農民騒擾録』一九五三年勁草書房
「明治四年芸備両国一揆」『日本庶民生活史料集成』一三巻騒擾一九七〇年三一書房〔県が発した布告を含み、流言が人民の無知にもとづくとして教育に力を注ぐのをうかがい知れる〕
・伝信敷設妨害は、『明治後期産業発達史資料』五八七巻〔二〇〇一年龍溪書舎・覆刻『通信事業五十年史』一九二一年逓信省〕、涙金に関わる流言は、東京大学史料編纂所編『大日本古記録』江木鰐水日記下明治四未日記二福山県乱民始末〔一九五六年岩波書店〕による。
・藤井高一郎「今津宿本陣炎上」に、被害のもようが図示されている〔『文化財ふくやま』三五号二〇〇〇年六月一五日福山市文化財協会〕。

3　私塾大成館

・窪田次郎が福山における啓蒙所設置に果した役割は
有元正雄／頼祺一／甲斐英男／青野春水『明治期地方啓蒙思想家の研究　窪田次郎の思想と行動』一九八一年

渓水社
菅波哲郎「医師・窪田次郎と四民平等」『人権と平和ふくやま』創刊号一九九七年八月三〇日福山市人権平和資料館
県官として力をつくした杉山新十郎は「啓蒙社及啓蒙所設立の由来」をのこした〔『福山学生会雑誌』五八号一九二三年一〇月三一日・所収有元共著〕。脱藩については森本繁『福山藩幕末維新史』にある。杉山は後に初代尾道市長をつとめた。
・三吉傾山、冠山墓誌を収めたのが『沼隈郡誌』で、『ふるさと今津』は、塾前に立つ三代め三吉謙助の写真を収める。

4　小学校助教

・福山における小学校教員養成は、佐久間信榮編『広島県立福山誠之館中学校沿革史大要』〔一九三二年〕によると、広島師範学校福山分校があった一八七五〔明治八〕年から七九年六月まで四年間に在籍した者はのべ百七十二名、卒業したのが百一名。これとは別に各地で勤務していた教員に授業法を伝習し、訓導補授業生に合格したのが七十五名だった。年数からして少ないのを、管轄替えや度々おこなわれた教則諸規則変更が原因だとする。
・学制にかわる教育令〔一八七九〔明治一二〕年九月二九日太政官布告第四〇号〕第三十七條は、教員は男女別なく年齢十八年以上とし、第三十八條で、公立小学校教員は師範学校卒業証書を得たものとした。ただし同條には相応の学力があればこれを妨げぬと附した。
①高島平三郎
・高島平三郎「懐旧瑣談」〔『児童研究』児童研究発行所・編輯兼発行者高島平三郎〕は、還暦にあたる一九二五年一月一日二八巻四号から二六年三月一日二九巻六号まで、休載四回をはさみ十一回連載された。小学校授業生として勤める十代半ばあたりまでを回顧する。
・高島はしばしば母を語った。歿後間もないのが「母の教訓」高島加寿子追悼録『涙痕』所収〔一九〇九年高島平三郎私刊〕、引用は高島禎子氏蔵に拠った。初出未見、『成民』三巻二号・三号〔一九〇八年一〇月一五日・一一月一五日〕、主宰者増野悦興（ましのよしおき）は、高島と同年慶応元年津和野生、同志社に学び組合教会牧師となった。増野のもとめに応えて高島が稿を寄せた。

同じころ「少年時代ノ追懐」が『児童研究』に掲載された〔一二巻四号一九〇八年一〇月二五日日本児童研究会〕。小見出し、教科書ハ皆借リテ写ス、貧困イヨ〳〵骨ニ徹ス、強キ西国立志編ノ刺激、貧キ者ハ幸ナリ、からなる。

・高島が小学校へ勤めるのは、教育令施行に重なる。資格を得るため戸籍を十八歳に改めて受験したとは「学校時代の思ひ出（その八）十四歳にして助教に」〔『帝国教育』六〇七号一九三二年八月一日〕において語る。

・神村小須江分校仮校舎と高島宿所を供した安部家については安部亮仁「父母より聞きし事ども」〔『高島先生教育報国六十年』所収〕、高島「半世紀前を回顧して」がある〔『まこと』一二三巻九号一九三三年九月一〇日先憂会・再録『備後史談』九巻一二号一九三三年一二月一五日備後史談会〕。後者は教え子らにより『広島県沼隈郡神村青年団光栄誌』を編むのを機に、もとめられて往時をふりかえったもの。

・土肥勲は、「配流地福山のキリシタン物語」「備後福山におけるキリスト教伝道史（Ⅱ）」において〔『文化財ふくやま』二五号一九九〇年八月一六日福山市文化財協会、同二八号一九九三年六月八日〕、伝道開始を、教会堂礎石に刻まれた一八八〇〔明治一三〕年とする。同氏によると、他教会の当地伝道開始は順に、聖フランシスコ教会一八九六年、美以教会九七年、日本基督教会一九一〇年、アライアンス教会一七年だった。

高島の母入信は、永井潜が「高島加寿子刀自逸事」に記した〔追悼録『涙痕』〕。

②今津　松永　高須

・高島がいったん宗教を離れたと回顧したのは「如是我感」〔『心理学上より観たる日蓮上人』一九一四年洛陽堂〕

・漢学塾浚明館については、村田露月〔静太郎〕編『松永町誌』〔一九五二年〕、松永市立図書館長石井亮吉「櫻南長谷川先生と浚明館」〔『まこと』第四二巻五号一九五七年五月一〇日先憂会〕、同館に学ぶ永井潜の父を高島が説得した逸話は、高島「医学ト哲学ノ巻首ニ書ス」永井潜『医学ト哲学』序〔一九〇八年吐鳳堂〕に語られている。

・亀之助が今津小に勤めた期間は不明、『福山市立今津小学校百周年記念誌』に名を記されているものの〔一九七四年刊・福山市松永図書館蔵〕、一八八一年以降赴任一覧にない。正教員つまり訓導ではなかったからだろう。
・高島が武士の子として育てられたについては、「懐旧瑣談〔二〕唐人め切つてやるぞ」、「〔四〕石合戦」、「〔六〕祭礼の喧嘩」〔『児童研究』二八巻五号一九二五年二月一日児童研究発行所、同巻九号同年六月一日、同巻一一号同年八月一日〕にある。
・沼隈における被差別部落の子どもたちの教育については、割石忠典「神村尋常小学校『沿革誌』と部落問題」〔『人権と平和　ふくやま』七号二〇〇〇年八月三〇日福山市人権平和資料館〕、天野安治「教育における部落差別の実態」〔広島県部落解放研究所編『広島県被差別部落の歴史』一九七五年亜紀書房〕に拠った。

5　高島東遊

・高等師範学校は当初、尋常師範学校の校長教員を養成した。一九〇二年、広島に高等師範学校を設置したため、東京高等師範学校と改称した。
・広島師範における高島の処遇については「旧職員　約半世紀前の回顧」、在任期間は「判任以下ノ職員〔本校之部〕」が『六十年回顧録』に収められている〔一九三五年広島師範学校〕。一八八七〔明治二〇〕年三月から七月までだが、一〇月までとするのは『東雲附小百年史』だ〔一九七七年広島大学教育学部附属東雲小学校〕。
一八八六年九月三日に校内掲示された職員一覧に示された俸給は、校長峰是三郎が年棒六百円、舎監兼任助教諭試補が月棒七円だった。当時小学校教員の俸給は、月棒三円から六、七円を普通としたという。
・峰是三郎校長と雑誌『教育時論』とのつながりは、高等師範学校旧友山縣悌三郎がつくった。ともに安政五年生。山縣が埼玉の師範学校で教えたのが主筆西村正三郎だった〔『児孫の為に余の生涯を語る　山縣悌三郎自伝』一九八七年弘隆社〕。
峰が金見小に高島を訪ねたころ、高島が新刊書を購うのに行商書店員を待ったのは、飯田宮子「蜻洲　高島平三郎の児童研究」〔『東京立正女子短期大学紀要』二九号二〇〇一年〕によって知った。還暦回顧「懐旧瑣談」があるのも同様。

・峰の後任校長は大河内輝剛（てるたけ）、安政元年十一月生（『昭和新修華族家系大成』上巻一九八四年霞会館）、慶應義塾卒、群馬県高崎市選出衆議院議員第七回第八回当選、一九〇九年歿（『議会制度七十年史』衆議院議員名鑑一九六二年衆議院）。大河内を知る生徒佐伯秀太郎に「五十年来の回顧」がある（『六十年回顧』広島師範学校）。

・岡五郎は、中学師範学科を一八八二年二月に卒業した。峰は七九年七月だった（東京高等師範学校『昭和二十六年会員名簿』）。

・小学校を辞した亀之助が勤めた郵便局は、明治五年元日、今津村七七五番地に今津村郵便取扱所として開設、八五年貯金取扱業務を開始した（「金融機関　備後今津郵便局」『ふるさと今津』）。開設以来の局長に本家六十四代河本幹之丞の名がある（『沼隈郡誌』）。

二　離郷

1　キリスト教信仰

・尾道教会を築いた大久保真次郎が新島襄に宣教師派遣を求めた書翰は全集に翻刻所収（『新島襄全集』九巻上一九九四年同朋舎出版、同書の表記は一貫して真二郎）、尾道における布教は『基督教新聞』に報じられ（二一六号一八八七年九月一四日、二一七号同年九月二一日）、やがて亀之助の名があらわれる（二四三号一八八八年三月二一日）。亀之助による備後今津通信（二五六号同年六月二〇日）にある、会場を借りた小学校は、今津小（沼隈小学区第八簡易小学校）なら校長は岡本一二、松永小（同第七簡易小学校）なら西川国臣だった。西川は八六年松永における教育祭発起者。伝道士守田幸吉郎については『津山教会百年史』にある（一九九一年日本基督教団津山教会）。

・同志社在学名簿に岡本籌之助はみあたらない。岡本織之助が普通学校五年生のとき、予備学校に岡本籌吉郎が在学した（『同志社学校一覧（明治二三年九月～明治二四年六月）　明治廿三年五月調』『同志社百年史』資料編一巻一九七九年）。

岡本織之助は一九二五年アライアンス松永教会設立に力をつくした。『松永教会六十年史』（一九八五年日本キリスト教団松永教会）に収められた召天者名簿に、岡本織之助一九三六年八月一八日六十五歳、妹有馬イト四一年一二月二三日六十六歳、妻岡本為五〇年一月一五日六十八歳、とある。長男は四一年に応召して四五年に戦死、妻類が「亡き父を偲んで」を六十年史に寄せている。

なお小林峰蔵（峯蔵）を、高島は峯三とする。一九〇〇年夏、福井へ講演に出かけた折り十余年ぶりに再会した。「同志社を卒業し横浜に神戸に商業界に在りて活学問をなし、今は此の地に在りて信用ある商人として立てる」、「余が小学校にて教育せし小林峯三」、とある（蜻蛉子「鴻爪録（上）」『児童研究』四巻三号一九〇〇年一〇月三日日本児童研究会）。

・同志社文学会創立時会員は、「同志社文学会々員会友及役員氏名表／ヲノ部岡本織之助／ウノ部内田政雄／コノ部小林峰蔵」『同志社文学雑誌』一号（一八八七年三月一二日）、亀之助入会は「入会報告／会友之部／備後　河本亀之助」『DOSHISHA文学会雑誌』一二号（一八八八年四月二七日）、寄稿は「青年ノ希望及ビ信仰」『DOSHISHA文学会雑誌』二四号一八八九年七月三一日）、本文引用にあたっては正誤表によって誤植をあらため、合字を開いた。

2　離郷

・花房端連を「はなふさ　たんれん」と読む人名辞典があるが、祖孫孝太郎が理事をつとめる『昭和新修華族家系体系』に拠った（下巻一九八四年霞会館）。岡山市長在任期間は一八八九（明治二二）年九月一七日から九〇年一〇月三〇日まで一年余だった。

・高島が学習院に在任した期間は「旧職員名簿」にある（『開校五十年記念　学習院史』一九二八年）。教頭嘉納治五郎への新任あいさつは「嘉納先生を偲びまつりて」においてふりかえった（『大日本柔道史』一九三九年講道館、初出は『中等教育』八九号か）。嘉納は番町塾を一八八六年に借受けて宗像逸郎に監督させていた（横山健堂『嘉納先生伝』年譜一九四一年講道館）。宗像の回想では九段坂上富士見町品川弥二郎邸に置かれた嘉納塾隣室に高島がいたという（「我が敬愛する高島先生」『高島先生教育報国六十年』）。

・離郷にあたって亀之助があいさつした石井憲吉の松永町長在任期間は一八九二年三月～四月〔『松永町誌』一九五四年〕、石井豊太は一九〇一年九月～一二年八月浦崎小学校長、一二年九月～一六年四月佐戸島小学校長、一八年二月～二三年一月東村村長〔『沼隈郡誌』〕、小川恒松に関しては小川都弘氏ご教示による。本家六十四代当主河本幹之丞は一八七二年～九九年四月今津村戸長、一八七七年一一月～七八年一月松永村戸長、九九年六月～一九〇九年五月今津村村長〔『沼隈郡誌』〕。葛岡龍吉は同志社時代を「新島先生」に語っている〔翻刻『同志社談叢』別刷『創設期の同志社　卒業生たちの回想録』一九八六年〕。

・杉江俊夫に関する資料はつぎのとおり

ア、同志社

「生徒族籍氏名一覧（明治二二年一月調査）〔ス之部〕広島県安芸国広島区平田屋町士族／仝〔普通科二年生〕杉江俊夫」〔『同志社百年史』資料編一巻一九七九年〕。一八九〇年五月調の在学者名簿に、普通科三年に進んでいるはずの杉江俊夫は載っていない。同窓に和歌山粉河出身児玉亮太郎がいる。児玉は原敬秘書官、衆議院議員をつとめた。

イ、同志社文学会

「本会報告　入会々会〔員〕及会友／会員　杉江俊夫」〔同志社『文学会雑誌』二二号一八八九年五月三〇日〕

ウ、訃報記事

「杉江俊夫氏／挫傷御治療中の処九月二十二日午後六時長逝せられたり、行年七十三歳、同氏は本邦のセルロイド工業界に貢献せられたる処多し、嗣子杉江漁夫殿、東京都中野区住吉町廿七」〔『同志社時報』八三号一九四三年九月・翻刻同志社資料室『追悼集Ⅶ同志社人物誌昭和十三年～昭和十八年』一九九四年〕

エ、講道館

「講道館入門者名簿／麹町分場／明治二十二年九月十七日至明治二十四年三月二十二日／〔出生〕広島〔入門年・明治〕二三〔姓名〕杉江俊夫」〔丸山三造編著増補再版『大日本柔道史』一九三九年講道館

オ、東京高等商業学校

一八九三年安芸竹原講義所において、東京高等商業学校（後身一橋大学）夏期休暇帰省中だった杉江が「我が特色」と題して演説したと『福音新報』に記事がある（一一五号一八九三年八月四日）。九五年『同志社文学』消息記事に杉江は「志す方に向ふて修学中」とあるのは、同校在学をさすと思われる（六七号九五年四月二〇日）。卒業したかどうかは不明。

カ、セルロイド工場経営

一九二八年六月現在東京セルロイド同業組合名簿に、牛込区砂土ケ原三ノ八杉江俊夫との記載がある（川上進一『日本セルロイド商工大鑑』セルロイド新報社）。

キ、雑誌寄稿

「婦人病・動脈硬化・胃腸病一切に卓効ある／断食療法の秘訣／医者が匙をなげた不治の眼病を治した体験から」『婦女界』五九巻三号一九三九年三月一日婦女界社

3　牧夫

・学習院関係者と牧場経営者との関わりは浅くない。森乳業創業者森脩は、学習院教頭職についた嘉納治五郎とは同人社で塾生としてともに中村敬宇に学んだ。学習院院長だった大鳥圭介は牧場経営者でもあった（『森乳業九十五年史』一九八二年）。

大蔵省が内藤頼直邸を買収して試験場を設けたのは一八七二年、三宅農場があった大久保百人町に近い内藤新宿である。ここに芥川龍之介の父新原敏三が耕牧舎を開業するのは八七年だった。乳業史、文学史にしばしばふれられる。牧場経営出資者には山縣有朋、松方正義、由利公正、榎本武揚、細川潤次郎らがいた（『大日本牛乳史』一九三四年牛乳新聞社）。

・「教授陣容」一八九一年八月末現在教職員に（『学習院百年史』一巻一九八一年）、院長　宮中顧問官陸軍中将三浦梧樓（以下摘記）／教授　峯是三郎／助教授　三宅捨吉／傭教員　高島平三郎、とある。三宅の演説をおさめたのは、「国家教育社第五回大集会」（『国家教育』五七号一八九六年一二月二八日）だった。

4　新聞売子

・亀之助がふりかえったのは「天然と労働」(『かまくら及江の嶋』一九〇一年私刊)、関寛之「河本亀之助氏の生涯」は、桜咲くころに新聞売子になったと書きつつ、別のところで「昼は搾取せる牛乳を市に運び、夜短く昼長き炎夏の候は、函車の梶棒を握りつゝ、睡魔と闘ひ、耐へずしては路傍の緑蔭夏草の上に微睡みたり」と、夏になお牧夫であったように記す。

5　移民申込

・新聞報道は以下のとおり、「海外移住同志会の発表」(朝野新聞一八九一年七月一七日)、「海外移住同志会」(時事新報同月三一日)、「海外移住同志会」(時事新報八月一日)、「星亭氏の海外移住計画」(東京日日新聞同日)。

6　書生

・旧福山藩学生会をつくったいきさつは「旧福山藩学生会起原并ニ其来歴」「誠之舎起原并来歴」(『旧福山藩学生会雑誌』一号一八九一年八月七日)、発起者については「追悼録(小田勝太郎氏略歴)」(改題『福山学生会雑誌』八一号一九三五年一二月三〇日)、会員評は天目居士投「会員見立鏡」(『旧福山藩学生会雑誌』三号一八九二年一月三一日)、会員どうしをつないだと考えられる講道館入門者は「自明治十五年至明治四十二年講道館入門者名簿」(前出『大日本柔道史』)にある。

・亀之助が書生となった川崎虎之進は、大植四郎『明治過去帳　物故人名辞典』に「広島県深安郡福山町字西町八一〇士族にして慶応三年生る」とあり(一九三五年・新訂七一年東京美術)、軍歴については、陸軍士官学校第一期生(歩兵科)、陸軍歩兵中尉昇進は一八九五年一月八日で、この年七月一日現在二十七歳十一ケ月だった(「陸軍現役将校・同相当官実役停年名簿」に基づく二〇〇九年一月一四日防衛研究所図書館史料室相談係回答)。

・旧福山藩学生会会員川崎寿太郎と川崎虎之進が兄弟らしいと思われる住所の一致は、神田区猿楽町三丁目一番地(「会員転居」『旧福山藩学生会雑誌』二号一八九一年一二月八日)、麹町区元園町一丁目五〇番地(「会員姓名并ニ宿所(イロハ順)」同五号一八九二年七月三〇日)、牛込区砂土原町三丁目三番地(「彙報　会員名簿」同二一号一八九九年一一月五日)の三度あった。

二章　印刷業

一　国光社印刷工

1　創立者西沢之助

牧夫となり、新聞を売り、軍人の書生として飯たきやそうじなど家事をこなした亀之助が、印刷業にたずさわるのは東京暮らしをはじめてまる一年になる、一八九二〔明治二五〕年だった。このときも高島平三郎が世話をした。

同じく余の知人で、川崎又次郎といふ人が、その義兄西沢之助氏を助けて、印刷所を起すに就き、人を要するといふので、河本君を更にその方に転ぜしめることになつたのである。これが抑も河本君が、将来印刷業の権威者となり、一転して現代の我国に隠れ無き大出版業者となる始めであつた。

川崎虎之進や寿太郎と縁戚かどうかはわからない川崎又次郎は、講道館麹町分場に入門していた。

亀之助の友人杉江俊夫が九〇年、川崎又次郎は九一年だった。出身地を広島と記している。分場が開かれていたのは八九年から九一年三月までで、亀之助が新聞売子に転じたころに廃された。おそらくは、講道館本拠に合流して高島と知りあったものと思われる。

川崎又次郎の義兄西沢之助は、ペリーが来航した嘉永元年、安芸国豊田郡戸野村に生まれた神官で、国体尊崇の念篤き人だった。民権論擡頭の風潮に山村の一神官としてとどまることができず、八二年広島に皇典講究所分所が開設されたのを機に活動を始めた。尊王愛国の宣布は、外に仏教界の反撥あり、内に祭神をめぐる伊勢派出雲派の対立あって力を削がれているのを坐視できなかったのだ。各地の地方官や師団長らに面接をもとめて所信を披瀝するという、家産を傾けての行脚は、高山彦九郎の再来を思わせるものだったとされる。川崎又次郎が編んだ西の遺稿集にこうある。

西先生の足蹟は、殆全国に普く、国体尊崇の同志も、広く各地方に散布するに至れるも、これを糾合して、質実鞏固なる国礎を築かむには、常に気脈を通ずる機関がなくてはならぬとの所信から、国光社を興して雑誌「国光」を発刊すること丶なり、明治二十二年八月一日に、その初号を発刊された。その当時、雑誌界で発行部数の多かつたのは、「国民の友」が第一であつた。その主張は、平民主義、藩閥打倒を強調する政治雑誌で、其の筆致も変つて居たので、都鄙の青年に喜ばれた。其以外には数種の経済雑誌と、流行小説の月刊雑誌くらゐのものであつた。此間に立ちて、世風に逆行し、皇室中心国体尊崇を叫んで出現した「国光」は、世間から、藩閥政事家の御用雑誌とか、貴族の陳腐思想の産物とか評して、寧、冷笑を以て迎へられるさまであつたけれども、各地方に於ける共鳴者たち、並に、巡遊中に接触された有力者の斡旋によりて、相当の読者があつて、発刊の号数を重ねることが出来た。

八九年八月創刊『国光』の誌名が、明治天皇侍講を二十余年つとめた元田永孚の撰になるとは、川崎又次郎が記憶するところ、その進講草案を西の遺稿集に収めた。元田は薩長による参議政治を退けた天皇親政を唱えた。井上毅とともに教育勅語を起草したほか、大隈重信がすすめる條約改正案の内地雑居や外国人裁判官任用に反対した人である。『国光』創刊のころは樞密院顧問官をつとめている。元田を仰ぐ西は、同誌発刊のたびに特製して宮中に献納した。

西沢之助をめぐって『国光』を支えたひとりに、元田を明治第一の功臣と称えた樞密院顧問官副島種臣がいる。副島は佐賀の人、征韓論による下野ののち侍講を命ぜられ、年余にして辞意をもらすや宸翰によって慰留されるほど天皇の信に厚かった。弟子がすすめた鉱山開発保証人になったことから、当時三万という債務をかかえ、勅使を雨もりのする邸に迎えて平然たりと伝えられる。権勢をはなれて久しい副島の門下生となったのが、川崎又次郎である。

副島とともに新政府の参与となったのが、『国光』誌寄稿家であり、国光社の小学校教科書編纂に深くかかわる東久世通禧（みちとみ）だ。文久三年三條実美らと太宰府に落ちた尊王攘夷派七卿のひとりで、王政復古によって帰洛し、開国に舵をとりなおした新政府の外交を命ぜられた。戊辰戦争のさなかに起きた神戸事件や堺事件など、外国人殺傷事件の始末にあたり、築地居留地をめぐる対外折衝の役も仰せつかったという。『国光』創刊前後は樞密顧問官、貴族院副議長をつとめた。国光社創立にあたって東久世が果した役割は大きいが、財政を支えたのは仙台の七十七銀行だった。西とは同郷芸州藩士船越衛が、九一年四月から三年ほど宮城県知事をつとめたとき、仙台商業会議所を創設している。その第二代会頭となる遠藤敬止や、東京支店設置に力をつくした大野清敬ら、同行頭取とをつないだのは船越だろう。

2　印刷部

西沢之助が興した国光社が印刷を発注したのは、業界では草分けである東京築地活版製造所や秀英舎だった。『国光』一誌ならそれでよかったが、一八九一〔明治二四〕年に女子教育誌『女鑑』を、ついで九二年二月に少年子弟教育に資せんとして『精華』を創刊するにいたって、自社印刷を決めた。九二年二月九日に、十五歳以下にして尋常小学科卒業の者五名、と国光社が東京朝日新聞に出した求人広告は、どうやら印刷工場要員らしい。国光社印刷部の名が発行雑誌に現われるはじめは、同年二月二〇日『女鑑』九号で、二月二五日『国光』三巻九号にも明記された。こうしたことから高島平三郎が知人川崎又次郎の求めに応じて亀之助を紹介したのが九二年とされる、その時期を二月前後にしぼりこんでよかろう。

亀之助在社がはっきりするのは、さきに示した七月三〇日発行『旧福山藩学生会雑誌』五号だ。

会員姓名并ニ宿所（イロハ順）／通常会員（在京之部）四月十日以降入会者
麹町区平川〔河〕町五丁目十六番地国光社　河本亀之助

赤坂見附にある華族女学校に近い平河町五丁目一六番地は、国光社社屋だったらしい。ここに編輯所をおき、社員が寝起きする居室としたのだろう。というのも、ここを寄留の地とした国光社関係者は亀之助のほかにもいたからだ。工場はとなり町の隼町二二番地にあったので、亀之助はそこへ通う暮らしを始めたのだった。

しかしながら、印刷業は亀之助にとっては見知らぬ仕事である。牧夫、新聞売子、書生、それに印刷工、その間には移民応募をもはさむのだが、いずれも食うためにはどんな職にでもつく意気の裏づけがあった。そして二十六歳で就いたこの仕事が、まる十五年をへて、四十一歳にして追われるように退社したのち独立自営し、やがて出版業を併営するのだから、生涯を決める転機になったのだ。

亀之助が入りこんだ活版印刷は新しい時代の産業である。それまで印刷といえば、板に文字や絵を彫りつけて刷る木版が主だった。木活字を使った新聞も次第に金属活字にとって代わられていた。さきがけをなしたのは、長崎出島で阿蘭陀通詞の任にあった本木昌造だった。出島の阿蘭陀印刷所や、長崎製鉄所内の活版伝習所で西欧の印刷技術を学んだ本木は、研究の末に和文活字の鋳造を果たして活版所を創業したのだった。創刊以来しばらく『国光』や『女鑑』を印刷した東京築地活版製造所は、本木の弟子平野富二がその礎をきずいた。平野は長崎製鉄所機関手見習をへて蒸気船乗組員となったとき、本木艦長と出あってその事業をつぐのだ。初の日刊紙横浜毎日新聞を発行したのもまた、本木の弟子陽其二らだった。いずれも幕臣である。

国光社が印刷部を設けるまで、印刷を請負ったのは東京築地活版製造所のほかに秀英舎があったが、その創業者のひとり佐久間貞一もまた彰義隊に加わった幕臣だった。読み書き能力がありながら定まった仕事を持たぬ旧幕臣ら「不平分子の暴発をふせぐために、それを財政的にも、精神的にも、積極的に支援していた、首魁ともいえる人物が勝海舟だった」との私見を、片塩二朗『活字に憑かれた男たち』が示している。業界はほとんど士族が占めていたのだ。

さて印刷作業は、活字をひろう文選、それを組む植字、試刷りの誤りを正す校正をへて、植え替えたのちの印刷機操作、解版にわかれる。国光社印刷部は、十年の後には百人をこえる工場となったが、創業のときは数人ほど、つまりは新聞で五人募集して寄り来った人たちが働く家内工業に近かったのだろう。亀之助は活字をひろい機械を動かして刷り、製本所へ運ぶまでの作業すべてをこなしたものと思われる。

当時の印刷機はほとんどが人力廻しだった。手動か足踏みによる人力印刷機は、ハンド、あるいはフートとよばれた。早くにガス機関を設置した秀英舎にして九〇年、国光社は九一年になってから導入した。作業はどのようなものだったか、印刷工の仕事を亀之助が書き残したものを見出せないので、績文社という十人ほどの工場につとめた片山潜の回想をみる。国光社印刷部も創業時はこれくらいだったろう。

　此工場は房州から来た年増夫婦の経営であった。七八名の文選をする子供を房州から連れて来て皆寄宿さして妻君が面倒をみて一人の下女を置いてやっていた。主人は校正をやる。これに植字工が二人いる。印刷工場は下〔煉瓦造り二階建西洋館〕の一部で二台の手摺機と二人の印刷工と二人の子供紙取り兼インキつけがいる。〔略〕予は印刷機の車を廻すので力さえあればよいようであるが、中々そうは行かない。余り早くても又遅くてもいけない。丁度よく廻さないとインキの着きが悪い。〔略〕活版印刷機の車廻しの生活は不足はなかったが、績文社の主婦は予に親切をする考えで予を文選工場の方に上げてくれた。予は始めは嬉しかった。由来文選の小僧共は印刷の小僧を馬鹿にする風がある。

すでに下積みに慣れた亀之助は、印刷工であるのを誇りにかえたと思われる。しかし、刷り上げた自社発行雑誌の論調にはなじめなかっただろう。新島襄にあこがれて同志社入学をのぞんだ亀之助にとって、経営者西沢之助は尊王敬神家で、キリスト教を認めず、政府の欧化政策を批判する人物だった。

キリスト教徒である亀之助は、国光社に入るには覚悟を要したはずだ。教育勅語をめぐって内村鑑三不敬事件がおこったのは入社前年、九一年一月だった。勅語奉読式における拝礼をめぐって、内村は第一高等中学校の職をうしなっている。国家の後ろ楯をもってキリスト教を排撃したのは、高島平三郎が感化をうけた帝大教授井上哲次郎〔巽軒〕である。井上には文部大臣芳川顕正の委嘱を受けた著書『勅語衍義』があった。勅語起草者による修正と天皇の内覧をへて公刊された解説書で、師範学校で修身教科書に用いられたものだった。井上が『教育ト宗教ノ衝突』を著して、勅語の精神に反するとキリスト教攻撃をしたのは、亀之助が国光社に入社して一年になろうかという、九三年四月だった。国光社発行雑誌は、それに与する記事を載せ続けた。亀之助は、かくれキリシタンを已れに重ねたものかどうか。

ともかく社は今や三雑誌を持った。国光社が印刷工場新設移転を発行誌上に告げたのは、入社した九二年晩秋だった。

本社微衷幸に大方の御賛襄を忝し近来頓に発刊の部数大に増加し到底従来の印刷工場にては諸事弁し兼ぬるの境に相達し候に付今回新工場に移転し更に数台の印刷機関〔械〕と数百万の活字を増設致候処之れか据付運搬等の為非常の混雑を来し為めに今回の国光は発行の期日を遅延し誠に恐懼に堪へさる次第に御坐候右事情を開陳し謹謝仕置候

それまで麹町区隼町二二番地にあった工場から、赤坂区赤坂田町二丁目一五番地へ新設移転したのだ。亀之助の宿所平河町五丁目と隼町はとなり町だったから、工場はやや遠くはなった。数台増設とあるのは、おそらく人力機だろう。およそ十年後、さらに京橋区築地二丁目へ移転してからの工場新築落成広告には、独逸新式五十馬力／瓦斯発動機据附成る、と謳っているから、動力機ならそう宣伝したにちがいない。

3　経世社併営

新築移転は、社主西沢之助が事業をひろげて経世社を併営したためである。ここから一八九二〔明治二五〕年一一月に政論新聞経世を発行した。九三年元日号に「謹賀新年　経世社内　河本亀之助」

と一面左上に一行、下半には三段ぬき国光社発行修身教科書広告が載った。西はさらに、経世社内においた日本赤十字発行所の準機関誌である『日本赤十字』にも関わりを持ちはじめた。亀之助も、四、五年さきには同誌発行兼印刷人、さらに発行人をつとめることになる。

経世社前身である経世新報社は、政論日刊紙経世新報発行元だった。筆禍によって九二年九月末ごろに廃刊した破綻処理のため、西が新たに経世社を興してもとの経世新報社員の一部を受け入れ、事業を引き継いだ。隼町から赤坂田町へ印刷工場新築移転というのは、それを条件に資金を引き出したのだろう。

経世新報は九一年九月九日創刊、出資したのは、時の首相松方正義だった。社長が松方に提出した規約には、政府ノ攻略ヲ妨害セザルヲ務ムルハ勿論、と明記されている。政権運営のための機関新聞である。

松方の基盤はことのほか弱かった。前任山縣有朋は民党が多数を占める第一議会で予算削減を迫られ、自由党土佐派切り崩しによってやっと凌いでいた。山縣が政権を投げ出したあとで後継に推されたのは伊藤博文だが、苦戦が明らかな議会運営に政治生命をかけず、これに応じなかった。なり手がないところへすげられたのが松方である。深手を負いたくない実力者が閣外から力を及ぼす、世にいう黒幕内閣、緞帳内閣であった。

政権運営のために握った言論機関だが、経世新報のかじ取りはうまくいかなかった。蔵相を兼任した松方が社の指揮監督を任せていたのは、大蔵次官渡辺国武だったが、松方はその渡辺に、議員や大臣を誹謗する記事に対してその管理責任を糺す書翰をのこしている。伊藤博文があやつる新聞や内務官僚がにぎる新聞との暗闘は、首相直系紙でありながら発行停止処分を受けるまでにおいこまれた。休刊をくりかえしたのち、およそ一年で命脈を絶つ。

経世新報社が創刊した『日本赤十字』についても、発行所や責任者の変更を度々おこなったのは、本紙経営が定まらなかったのを証する。西が、松方内閣と相前後して破綻した経世新報社の再建に関わって新たに経世社をおこすについて、つながりを考えられるのは大蔵省において渡辺国武のもとで知遇を得た旧紙経世新報主筆北村〔川崎〕三郎と、副島種臣である。副島がつくった東邦協会に、渡辺や北村が関わっており、西もまた会員となっていた。西欧の支配を免れて独立を保った自負にたつ東邦協会設置趣旨にいう。未開の地は以て導くべく不幸の国は以て扶くべし、と。民間学術団体ではあるが、国策の背後における役割を果したとされる。

さて、西による経世社経営はかんばしくはなかった。経世新報にかわる経世創刊は九二年一一月二六日、その四ケ月のちに、西は松方内閣内相だった品川弥二郎に、松方への面談とりつぎを頼んでいる。九三年三月二六日松方宛、品川書翰にこうある。

サテ、御願申上度事ハ、経世新聞の社主西沢之助事、非常の熱心家ニテ、国光社ヲ先年興シ、国光、女鑑の二雑誌〔精華を併せて三誌〕ヲ発行シ、国光ハ学校斗リモ六千余の得意先キアリ、然ルニ、経世新聞ヲ随分六ケ敷経済中よりヤリクリシテ引受け、不屈不撓勉強致シ居申候、平山書記官長よりも御談可申上とハ存候得とも、不相変ウルサキ事申上、恐縮ナレとも、本人之志願、御序之節、御聞取可被下候様、奉願候、国民協会ニハ少しも縁も無之、純粋ナル国体主義ニテ、新

聞其外発行仕候間、此段御了承置可被下候、

紙名を四月一日一〇〇号から日刊新聞経世に改めるのとつながりがあるのかどうか、用向きはおそらく資金援助と国光社事業へのいっそうの協賛だっただろう。あるいは『日本赤十字』発行にも言いおよんだかもしれない。経世社が社内に日本赤十字発行所をおいて『日本赤十字』一一号を発行したのがこの年一月一五日だった。

西にとって安定部数を見こめる、こちらの方に力を注ぎたかったのではなかろうか。歿後門弟による西略伝が経世社にふれていないのは、長続きしなかったためだけとは思われない。『日本赤十字』が経世新報社から九一〔明治二四〕年一二月二九日に創刊されたのに、略伝はつぎのように記している。

明治二十六七年頃、先生は、日本赤十字社々長佐野伯爵、其他同社の幹部諸氏と謀りて、雑誌「日本赤十字」を創刊して、社旨の普及と、社業の発達とに貢献された。この「日本赤十字」は、後、同社の機関誌として、全国の津々浦々に至るまで、殆ど本誌の影を見ざる地なきまでに発達した。西先生は日本赤十字社の報国恤兵主義普及に関しては、実に隠れたる功労者であつた。

日本赤十字社前身博愛社は、一八七七年西南戦争における負傷者救護を目的に設立された。元佐賀藩士佐野常民と元信州龍岡藩主松平乗謨（のりかた）改め大給恒（おぎゅうゆずる）という二人の元老院議官が与って力あった。

パリとウィーン両度の万博に派遣された佐野は、欧州諸国赤十字社の活動をつぶさに見ていた。渡欧経験のない大給は青年期に仏語を学び、陸軍総裁としてナポレオン三世の仏軍に学んで改革をめざし、通訳を介さずに軍事顧問と話せたと伝えられる。佐野の理念「大義ヲ誤リ王師ニ敵スト雖モ皇国ノ人民タリ、皇家ノ赤子タリ」は、朝敵を排する招魂社〔のち靖国神社〕とは相容れない。当時賊軍をもへだてぬ救護は迎えられず、白虎隊が散った会津若松における瓜生岩や、榎本武揚が拠った函館における高松凌雲はともに貫くに勇を鼓したとされる。敬神尊王家西沢之助がこれに賛同したのは、楠公を始めとし我が武将が夙に実行されて居たことであったから、と略伝はいい、さらに西の言を伝える。

この国粋精神を発揮して、現代に適応するやうな機構として、陛下の負傷罹病兵を救護するのは、我々臣民の本分であらねばならぬ。且、之をおし拡めて、万国赤十字事業に加盟して、人道のために尽すのであるから、決して、欧米の博愛主義を模倣したものではない。中外に施して悖ることなき皇道精神を、大に普及徹底せしむるためには、日本赤十字の任務は重且大なるものがある、と常々熱心に語つて居られた。

やがて『日本赤十字』発行人となる活版工亀之助が、仕事を通じて関わったのは、西沢之助をめぐるこうした人々である。赤十字社社長佐野常民の後任は松方正義、佐野のときから副社長であったのは亀之助にとって縁戚にあたる花房義質(よしもと)だった。さきの松方宛品川弥二郎書翰にある平山書記官長は、非公式にもたれた選挙干渉対策本部に、白根専一内務次官、小松原英太郎警保局長、大浦兼武警保局主事とともに加わった平山成信、のちに赤十字社社長をつとめる。西沢之助が創立した女学校後任校長でもあった。

4　小学校教科書出版

経世社併営に前後して西沢之助は、小学校教科書出版に事業をひろげていた。教科書制度は、出版業者と文部省の間に交渉があって幾度か改変されている。欧米で用いられていた啓蒙書翻案翻訳ものが主だった初期は、自由発行自由採択がおこなわれた。その後、欧化から国粋への揺りもどしと自由民権運動との対決によって、国憲に反する記述などを排する審査基準をもうけてゆく。一八八一（明治一四）年、民間書肆から届出を受けてこれを指導監督する開申制へと改め、さらに認可制をへて検定制へふみこんだのは八六年、初代文部大臣森有礼のときだった。民間の水準向上をもとめ、文部省編纂教科書は範型を示すにとどめた。

検定をとおった教科書は府県の審査委員会に諮られて採択される。九一年には、採択された教科書は以後四年間使用を認められた。変更が度重なると保護者にとって負担が大きくなり、就学が進まなくなる。これを出版業者からみると、いったん採択されたならば四年分の売上につながることになる。四百五十万を数える就学児童の教科書をめぐる裏工作は、盛んにおこなわれたのだった。醜聞が絶えないのを承知したうえで修身と国史教科書出版を国光社が手がけるには、当然ながら志があった。

修身からみる。節目となるのは九〇年、教育ニ関スル勅語下附だった。九一年、松方内閣大木喬任文相は、徳育をはかるため修身教科書使用を認めた。その検定基準が定まると、西は、東久世通禧著、副島種臣閲による出版をきめた。欧化を退け国粋をひろめる素志によってのものだった。九二年、国光社は修身書を編んで『国光』一一月一〇日号に広告を出した。尋常科生徒用全四冊既刊、高等科生徒用全四冊嗣刊とある。

国史教科書を手がけるひきがねとなったのは、久米邦武による、神道は祭天の古俗筆禍事件だった。九一年に発表された論文が問題となったのは年明け、田口卯吉主宰『史海』が一括転載してからである。岩倉具視に随行した公式報告『特命全権大使米欧回覧実記』で知られる久米は、帰国後太政官修史館で、考証を重んじる歴史学者重野安繹のもとで編纂事業にしたがった。そうした研究によって古代の神道が宗教と呼べるものではないと、国体と結びつける思潮を批判した。これに国光社は深くかかわる。『国光』誌上において論難し、論文掲載誌の発禁と帝大教授休職へ追いこんでいる。そのあと七月には宮内省掌典宮地厳夫著『祭天古俗説弁義』を刊行して、久米攻撃の一翼をになったのだ。この間、検定申請本について尋常用『小学国史談』全二巻を三月二五日に、『高等小学国史』全三巻を四月五日に印刷している。

このように国光社が修身と国史教科書を手がけていったのだが、文部省の検定審査は進まなかった。東京書籍出版業組合は六月に、検定出願後六ケ月以内の指令を要請している。図書課長更迭をみたが、その後任課長沢柳政太郎が大木元文相に修身書検定情報をもらす事件を起した。一〇月二五日、伊藤内閣の河野敏鎌文相は、修身教科書審査採定を先延ばしする訓令を発する。多くの検定済本から良いものを選ぶよう九四年四月以後に審査採定せよというもので、九三年春から採用されるように検定を求めていた教科書肆はまる一年待たされた。

臆測をよんだこの訓令は九三年一〇月、井上毅文相によってくつがえされ、修身教科書の審査採定が解禁された。国光社が見本本をつくり、検定を受け、供給本として印刷製本するまで、すでにまる二年経とうとしていた。国光社は東久世通禧に著述名義を貸して飾りとしたのではない。「伯、退公の余暇、教育実験の士を其門下に招き、自ら指示統督して、編纂の労をとられたり。小学国史と小学修身書とは、実に、伯が慨世憂時の余情に成り、之を以て、世の反朴還淳を企図せられたるもの也」。国光社は発行誌『精華』九三年九月号に「国礎徳育論」をかかげて、修身国史教科書編述の由来を説いた。さらに本社の所任を示して、とかくの噂ある出版業界に参入する覚悟を語った。

社主西は、維新の元勲を著者と校閲者にむかえ、内容にすぐれた教科書をとどけたいとの一心によって成る自信作紹介を求めて、新聞各社に送った。正攻法である。そのひとつ東京朝日新聞は一二月一九日、完璧の賛辞を以てするに躊躇せざる、とくる記事でこたえた。

尋常高等小学修身書（各四巻）東久世伯著、副島伯閲／京橋区築地二丁目国光社発行
小学修身の書は斉家治国の基を為すもの故に其書は著者其人の行実に依て大に之が軽重の関係を為すや言を須たず今此書已に東久世伯の著なりといひ又加ふるに副島伯の閲を以てす著者の地位に於ては遺憾とする所なし

記者の意をむかえたのは、俚諺格言事実其総て本邦のものを採った、のにある。唐詩より万葉の古

歌のほうが解しやすく感じやすいと称え、しかも教育に関する勅語を掲げて注釋を下して、忠君愛国孝貞信義の徳性を涵養せんとするの精神が、児童を導くのは疑いないとしたうえに、挿絵の妙に及ぶから完璧といってためらわぬのだ。

しかしながら、手放しの評だけではなかった。東久世が貴族院議員を動かし、県知事へ周旋した風聞があると、新聞や教育雑誌がとりあげている。源はもとから小学校教科書を出版してきた書肆か、それとも火種があって煙がたちのぼったか、やがて国光社も泥沼にはいりこむのだった。

5　築地移転

国光社が築地へ社を移したのは、修身や国史教科書編纂を進めていた一八九三（明治二六）年八月ごろだ。築地本願寺の向かい、京橋区築地二丁目二〇番地と二一番地で七百余坪におよぶ。元東久世通禧邸だった。それまで転々としていた国光社が、ようやくにして居を定めるのだ。教科書出版に向けて協議を重ねていた時期からして、西か東久世かいずれから出た話かはわからぬが、親密の度は増していた。

東久世が築地をひきはらって麻布本村町へ移ったのは、九〇年秋だった。築地旧邸にしばらく住んだのが、国光社小学校教科書校閲者副島種臣伯爵である。副島の知人、ロシア正教宣教師ニコライがつぎの話をのこしている。

一八九三年。新年。

副島が名刺を送ってきた。ということはきょう昼食後に行ってこなければならんというわけだ。〔略〕副島伯爵のところへ行ったが、家は売られてしまっており、築地二丁目本願寺裏の東久世家にいた。老人が言うには、身内の者を四〇人も養っており、そのため貧窮している、息子は来年ケンブリッジを卒業する、ということだ。

東久世家のくだりには、「ニコライの記憶違いではないかと思われる個所」として翻刻監修者による疑問符が付されている。

ニコライがたどり着いた築地の邸は、あくる九四年正月には主が代わっていた。副島邸のつもりで年始のあいさつに出かけた牛込に住む或る人がとまどう逸話を、読売新聞「年始の門違ひ」が伝える。

取次の者に誘はれて一室に通り主人伯爵の来り接するを待つ間程なく戸を開いて未だ見知らぬ人出で来り何某に向ふて何の御用ぞと問ふ、御主人伯爵御在邸なりやと反問すれば其人不思議なる顔して其様なる人は居らずと答ふ、客も不思議に思ふて然らば御身は何人に候ぞと尋れば、小生は此家の主人西沢之助と申して先月此の家に移り住みたる者なりと云ふにさては伯爵は已に転居したまひしかと忽々に暇乞ひして立帰りぬ

この記事によれば、西は一二月に引越したことになる。国光社としては、それより前、八月ごろから業務を築地に移しはじめていた。はじめに置いたのは三雑誌発行所だ。ひと息にかたづけられな

かったようすは、一〇月発行『精華』によってわかる。発行兼印刷人川崎直衛の住所は麹町区平川〔河〕町五丁目一六番地、編輯人山根勇蔵は京橋区築地二丁目二一番地、これを印刷した国光社印刷部は赤坂区赤坂田町二丁目一五番地と記されていた。三ケ所に点在していたのだ。

邸とは別に工場や倉庫などが築地に建てられてから、印刷部も引越したようだ。亀之助からすれば、入社二年にして隼町、赤坂田町、そして築地へと勤務地がかわった。以後十五年ほど、この地を動くことなく働けるようになった。現在は中央区立京橋築地小学校が建つ。旧国光社が占めるのは、小学校敷地のほぼ半ばにあたる。

6　印刷業組合加入

一八九三〔明治二六〕年八月ごろから国光社は築地に移転をはじめ、一二月に社主西沢之助が転居してようやく腰をすえることができた。東京活版印刷業組合へ国光社印刷部が加入し、初めて総会に参加したのが九四年一月である。代表者は川崎又次郎で、総会出席者は大多和勝忠だった。

大多和は経世新報社印刷部門にあたる汽関社員だった。経世新報社破綻後、西が併営した経世社に移り、さらに国光社に入ったが、ちりぢりになった汽関社員は新たな印刷会社から代表として組合に参加している。評議員には三協舎のちの三協合資会社の橘磯吉、常務員に佐久間貞一の指名によって厚信舎仁科衛がなった。国光社印刷部の組合加盟は、元汽関社員の働きかけがあったのかもしれない。

大多和は、日本赤十字発行所『日本赤十字』の発行あるいは印刷責任者にその名が記されている。実際の発行を経世新報社が行なっていたときから、西経営になる経世社にうつって以後もつとめており、経世新報後身経世発行兼編輯人だった。国光社発行図書については九四年片岡正占『皇統系譜拾遺』印刷者と、西『万国公私権解』発行兼印刷者になっている。

この年、気にかかるできごとがあった。印刷工の解雇である。六月一三日、国光社から組合へ、十一名を雇入れて二十五名を解雇したという報告だけがのこされている。人手不足からとみられる『国光』の定期刊行遅延が告げられたのは、七月一〇日に発行するはずの八巻六号だった。毎月一〇日二五日二回発行の同誌が十日遅れて、七月二〇日になり、五日後に次の号を出していたのだった。

大多和を継いで亀之助が国光社に重きをなしはじめたのは、この後である。入社三年め九四年の末、国光社発行図書に印刷者河本亀之助と記されるのだ。一二月二七日三輪田真佐子著『女子の本分』がそれで、住所は築地二丁目二一番地とされ、これは発行者山根勇蔵や国光社と同番地だ。これ以降、教科書を除いて印刷者あるいは印刷人に、亀之助の名が記されるようになる。

印刷者は出版法における責務を負う。出版法は九三年四月一三日、政治活動を取締まる集会及政社法と同日に公布された。第二十六條に、政体ヲ変壊シ国憲ヲ紊乱セムトスル文書図画ヲ出版シタルトキハ著作者、発行者、印刷者を二月以上二年以下ノ軽禁錮ニ処シ二十円以上二百円以下ノ罰金ヲ附加ス、とある。責任者を明らかにするため、発行者と印刷者の氏名を記載するよう命ぜられ、従わなければ罰金に処せられた。図書でいえば奥付への明記である。亀之助は国光社在職中、印刷者となった発行図書によって出版法の責めを負ってはいないが、受注した週刊新聞が新聞紙條例に問われた時、証人喚問を受けている。

ともかくも、亀之助の働き場所はようやくひとつ所に落ちついた。築地に国光社の四部門、編輯部、会計部、図書部、印刷部を置いたから、書面にはその別を書くよう求める社告が出たのは、九五年五月だった。ひと段落つけられた社は、九五年六月に印刷部代表川崎又次郎を渡米させる。亀之助にとっては入社を導いた恩人であり、社主西沢之助にとって義弟の川崎は、印刷部創設と雑誌編輯に与った人物である。『国光』『女鑑』『精華』三誌のうち、『精華』は五月一日発行四一号がどうやら最終号らしいので、川崎が編輯した雑誌はこれだったのだろう。

川崎はニューヨークにある実業学校に通いつつ、報告記事を『国光』に送ってよこした。帰国してからは「商家の事務」を連載している。其一の表題が、商売に殿様風を去るべし、であるように理にかなった実務を学んだ。キリスト教徒亀之助にとって、敬神尊王家西沢之助との間に川崎又次郎あってこそ、勤めつづけられたと思わせる。西と川崎が幕末に青年であったなら、西は尊王攘夷をつらぬこうとし、川崎は攘夷では立ちゆかぬのを覚って討幕に動いたろう。

7　東京活版印刷業組合

一八九六〔明治二九〕年七月五日創刊の教育家向け新雑誌『国光叢誌』は、川崎が編輯人、印刷人を亀之助がつとめた。亀之助が川崎の代理として東京活版印刷業組合の会合に出席するはじめはそのころである。そこで発言をなした記録がのこっている。八月一六日、決算報告など満場一致で認められたあとに開かれた相談会席上である。

川崎又次郎氏代河本亀之助氏ヨリ文撰職工ノ改良ヲ為スベキ旨ノ説出デタルモ終ニ宏虎童氏ノ発

言ニテ右ハ各自意見書ヲ認メ来ル九月中ニ事務所エ可差出コトニ可致旨ヲ述べ西郷氏、山崎氏ノ
賛成アリ依テ意見書ヲ出スコトニ決セリ

漢字を読んで活字をひろう文選職工が、力仕事の印刷職工を下に見たのは、動力印刷機が少ないころの風潮だったとされる。文選ならひとつ所にとどまらずとも困ることなく、厚遇をもとめて渡り歩くのがめずらしくはなかった。雇い主もまた引き抜きをおこなっていた。つぎの山室軍平の回想は、亀之助の憂慮をうらづけるものになろう。山室は養父とかわした遊学の約束を反故にされて出奔、築地活版製造所に走り使いの小僧として雇われて、はじめ日給八銭、のち二十七銭で文選や検字の仕事をした。キリスト教路上伝道で信仰を得て同志社神学校に学ぶ決意をなすころを想い起していう。

同じ活版所に働いて居つた男女職工の数は、約二百人ばかりであつたが、彼等の風儀は概して余り宜しくなかつた。其のうたふ歌、語る言語、又日頃の身持等は、決して私に善いお手本を見せてくれるものではなかつた。私は彼等の間に在つて、日毎夜毎にさうした不純な空気を吸ひ、又さうした感服し難き言語動作を見聞し、自分も追々、さうした感化を身にうけ始めたのであつた。

山室は『西国立志編』に活版職工出身の偉人をさがしたという。九五年に英国救世軍が来日したのを機に、山室は従軍して士官となる。亀之助が国光社で重きをなしはじめたころだ。亀之助が求めた文選職工改良というのは、じっくり腰をおちつけて質の高い仕事ができる職人を育てることだろう。

国光社印刷部には大多和勝忠から実務を引き継いだころ、十一名雇入れ二十五名解雇の例があった。職工が定着しないとなれば、たちまち業務にさしさわりを生ずる。十年後に職工数は百数十名いたから、この時百名前後としても、数十名の異動は小さくない。

亀之助が発言した席上、各事業所意見書をまとめて組合事務所へ提出するように、その扱いを決定づけた明教活版所経営者宏（ひろし）虎童は秀英舎創業者のひとり宏仏海の養子だった。東京活版印刷業組合をつくるにあたって、大きく与ったのは同じく秀英舎創業者のひとりで、組合頭取をつとめる佐久間貞一だった。佐久間は職工の生活向上に心をくだいた経営者だった。八時間労働の試みや寄宿舎設置、習業生養成、近郊への小旅行などは、そうした考えに基づいている。のちに亀之助が国光社印刷部工員をひきつれて観梅や鎌倉江の島旅行へ出かけたのは、佐久間に学んだものと思われる。

東京活版印刷業組合における亀之助の発言は、もうひとつ記録されている。九七年三月に開かれた九六年度下半期定式総会席上、佐久間は多忙と病躯を理由に辞意をあらわすが、満場一致をもって役員全員再選によって閉会、ついで行われた臨時会の討議におけるものだ。

> 三協合資会社ノ橋氏ノ提出ニ係カル価格標準ノ内規ヲ定ムルノ議ハ忠愛社間室氏築地活版所野村氏等ノ極力反対説アリ又国光社河本氏績文舎松本氏ノ賛成アリ結局橋氏ノ動議ハ反対者多数ノ為メニ脆クモ否決セラレタルハ気ノ毒ノ至リナリ橋氏ノ此提議ヲ為スニハ随分綿密ナル調査ヲ経ラレタル者ト思ハル仮令其賛成演説ノ薄弱者ナリシニモセヨ橋氏ニシテ充分説明ノ労ヲ採リ熱心此議ノ成立ヲ勉メザリシ感アリシハ遺憾ニ思ハル

価格標準の内規を定めよとの動議とは、廉価受注の抜けがけを指すのだろう。極力反対の築地活版所は業界最大手で、賛成した国光社印刷部を代表する亀之助らの意見は通らなかった。このさきも亀之助が組合の会合に出席したと思われるが、半期あとの定式総会報告記事からは出席者名をかかげず、社名だけしか判らなくなってしまった。

二　株式会社改組

1　経営の転機

文部省検定を受けたころ、国光社は醜聞を嘆くがわにあった。亀之助が川崎又次郎代理として東京活版印刷業組合の会合に出席していた一八九七〔明治三〇〕年になると、ようすが変わる。二月、新潟県で小学校教科書審査委員会が開かれると、大手金港堂が、他社との競合によって一社だけ採用される困難をさとり、併用をはたらきかけるよう呼びかけたのに発する。これが功を奏して、単用に賭けた国光社はわずかな採用にとどまったのである。そこで県知事に不正行為の存在を報告して審査委員会の解散を要求したのに応じてもらえず、警察署へ密告したのだと、県教育史にある。ところが勾引されたのは国光社のがわだった。

返り討ちにあった裏の事情が判らぬままに記せば、官吏収賄被告事件の裁判記録には、新潟尋常師範学校教諭が国光社員から働きかけられたとある。すなわち、審査委員に命ぜられたら国光社の修身書に賛成してほしい、採用されたら「相当ノ報酬ヲ為スヘシ」ともちかけられたのだ。首尾よく採用されたから、「前約ニ従ヒ金壹百円ヲ贈与シタルニ被告人ハ之レヲ収受シタリ」、これが事実と認定された。贈賄がわの罰則規程が定められる前年なので、このときは収賄者だけが罪を問われている。

国光社主西沢之助にすれば、東久世通禧伯爵が著した修身と国史にくわえて手がけた読本などは、その添書をもって府県知事や書記官に働きかければ採用されるはずだった。内容には自信があったのだ。しかしながら業界では冨山房などとともに新規参入組である。西から頼まれた各地の有志は、他書肆と競うて、同じ手口をまねていった。国光社はこれをおさえられず成行きにまかせたのだ。

それは新潟だけにとどまらなかったのでわかる。一九〇〇年二月七日東京朝日新聞には、静岡県教科書審査会の大怪聞と題して、金港堂、集英堂、冨山房などの動きが実名でくわしく報道された。そこからぬきだせば、「国光社は又東久世、副島両伯の添書を携帯せし運動員を小野田知事の許に派出して抜目なく運動を努め」、「金港堂と国光社とは遂に旨くも小野田知事を其の掌中に丸め込みぬ、斯くて此の両者は交渉の上読書の方は金港堂、修身は国光社の分を採用せんに決して略ぼ其手筈整ひたれば」、「小野田知事は其委員に厳正を守らしむるなりと称して委員一同を県庁外に出さず勿論他の人にも面会を許さず一々巡査に附して県庁内に宿泊せしめたり」。審査委員は栄転を約束されて知事の命に従った。知事の力がおよばぬ委員への対策は怠りなく、金港堂が「尋常読本五千円、高等読本三千円、国光社は尋常修身書二千円、高等修身書一千円にして合計一万一千円の運動費は知事其他の懐中に入るべく」見込まれている。知事に反した委員は左遷が待つとして、この記事はくくられた。

このように教科書審査をめぐる新潟県の事件がおこった一八九七年から、静岡県でとかくの噂がたった一九〇〇年にかけて、国光社は転機をむかえていた。静岡の報道はたまたま表に出ただけで、二年一二月にひと息にふき出るまで、他書肆と同じように国光社も運動員を各地に派遣して採定工作をおこない、贈賄に手をそめていたのだ。新聞種になったものには、社主西沢之助の名が出ており、証拠不十分のために収賄の嫌疑を受けた者が免訴となったりしてはいるが、島根県知事をめぐる一件はちがった。西が船越男爵を介して知事に数百円を数度わたしたとされる。知事は返すつもりで借りたと言うが、認められていない。大審院まで争われたものの量刑は変わらなかった。

西は、教科書出版事業から軸足を移そうとした。女学校開設である。義弟川崎又次郎といえば、一八九八年六月、師事していた副島種臣の教えを筆録した『蒼海先生講話　精神教育』をまとめていた。築地二丁目の西邸からやや隔たった築地飯田河岸に私塾正志舎を開いて門弟の指導に余念がなかった。西を通じ、三河稲武の豪農古橋家から道紀(ちのり)をあずかった一九〇〇年四月に舎生は数名あり、川崎はともに自炊生活を送っていた。毎週日曜日には、川崎が舎生を引率して青山千駄ケ谷にある副島種臣邸に伺候し、その薫陶を受けたという。教科書事件に川崎の名は出てこない。亀之助は果して印刷業務だけに専念できただろうか。

2　改組と日本女学校開校

国光社の株式会社改組と、女学校開設は同時に進められた。西沢之助にとって国光社と女学校経営はひとつながりのものだった。キリスト教主義の女学校が国を害すると考えて『女鑑』を発行してきた西に、ふみ出すきっかけをつくったのは一八九九（明治三二）年二月、高等女学校令が定められたのによる。これを株式会社定款にくみいれた。

農商務大臣に株式会社国光社発起認可申請書を呈出したのは、五月一六日だった。仮定款第四條会社の目的は、国体ノ扶植発揮ヲ謀リ以テ邦家ノ富強開進ヲ期スルニアリ、これを受けて第五條に図書出版雑誌発行印刷製本などによる営業をかかげた。そして第六條に、第四條ノ目的ニ適応シタル学校ヲ設立スルモノトス、と明記した。発起人十九名の筆頭は西ではない。仙台藩士だった富田鉄之助で、この人は第七十七国立銀行を株式会社へ改組するにあたって力をつくした。ついで品川弥二郎とつづく。西は六番めで、古橋源六郎も発起人だった。代々当主は源六郎を名のっており、この人は七代源六郎義真、川崎又次郎にあずけた道紀は八代源六郎となる。

設立は一九〇〇年四月一六日、登記は八月六日、資本金三十万、一株五十円、取締役五名の筆頭が西、古橋は監査役についた。資本主数四百六十五人、持株数は西が二千、北岡文兵衛が五五〇、北岡は申請時発起人の三番めで、登記時取締役だった。越後高田藩士二男の北岡は、日本銀行において第二代総裁富田鉄之助と行を共にした。富田は同行を「罷むるや、政府労するに五万円を以てす、曰く功なくして賞を受くるは悪例なりと遂に受けず」という人物だった。株式会社改組によって、国光社は仙台人脈とのつながりを強めた。富田につらなる役員は、七十七銀行第二第四代頭取遠藤敬止、第五代頭取大野清敬である。

定款に明記した学校設立については、一九〇〇年五月ごろ、私立日本高等女学校設立願を文部大臣に提出した。校地が定まらず校舎また設計中とあって六月二一日に各種学校として、私立日本女学校設立願を東京府知事へ提出しなおしている。前日発行『女鑑』にかかげた広告は「日本高等女学校設立の趣旨」のままだった。

『女鑑』寄稿を縁にして学監にむかえられた三輪田真佐子は、それをまとめた『女子の本分』を一八九四年に国光社から出版していた。九六年『女子処世論』、九七年『女子教育要言』、ともに印刷者は亀之助だった。

教員師岡須賀子は落合直文門下の才女として知られ、『女鑑』文苑欄の常連だった。天地人の天、つまりは最優秀作品と認められるのが稀ではなかった。漢学を副島種臣に学んだとされる。三輪田の夫元綱と師岡の父正胤は尊王家で、足利将軍木像梟首事件によって幽囚の身となった人物である。さきの日本高等女学校設立賛成員に、中江兆民の弟子幸徳伝次郎の名があるのは、前年に師岡須賀子の妹千代子と結婚していたからだった。千代子も『女鑑』寄稿家だった。

九月一日をめざした日本女学校開校は一〇月一八日にのびた。西が病中にあったのが一因とされる。教員面接には川崎があたった。

直接試問して下さったのは、川崎又次郎とおっしゃる先生でした。あとで承れば、西先生の奥様の舎弟に当る方とのことでした。まだお若い温厚そうな先生でした。問題は宗教方面、主にキリスト教について、キリスト教と日本教育との関係など、当時私どもにとっては、可なり大きな問題でありました。私はそのころ西先生の火の玉のような熱烈な敬神、尊皇主義の先生ということを、少しも存じませんでしたし、一方孤独で悲境がちな私でしたので、精神の慰安を求めるため、時おり教会へも行ったりしていた所から、自然問題が難行して、あとから考えるのでしたが、この川崎先生が欧米に学ばれ、他山の石で充分お心を磨かれた先生であられたからこそと、心づいて見れば、ずいぶん危ない運命であったのでした。

キリスト教徒である亀之助が国光社に勤め続けられたのは、川崎又次郎が西沢之助との間にあってこそだった訳がここにもあらわれている。代理校長を任された川崎は、西が復帰するまでおよそ一年半つとめた。

西が病を得たのは、教科書事業がうまくいかぬ心労が重なったためだろうか。採用をめぐって泥沼に入りこんだばかりでなく、納本もはかばかしく進められなかった。四月二八日東京朝日新聞に、国光社の利己的行為、という記事があらわれた。

府下の市並に私立各小学校教科書中修身（東久世通禧氏編）理科の二書は築地三〔二〕丁目の書肆商国光社の発売に係るものなるが同社は本年より静岡県の教科書販売を引受たるに反し東京府の教科書は本年限にて改正となるべき噂あるより静岡他一県の教科書に重を置き本府を度外視して修理二書の製本を等閑に附せしかば本月七日より新学期を開始したる市内各小学校に於ては修身理科の二書殆ど品切となりたるを以て教員生徒の迷惑一方ならずされば従来同社の図書販売に従ひある静思館は同社に代り右二書の印刷製本に従事し居るが是とても来月上旬ならでは一般に供給する都合に至らざるべしといふ如何に利を射るが営業の旨なればとて然りとては不都合極まる行為と謂ふべし

その静思館へ、『国光』発売業務を国光社雑誌部から移した稟告は、同誌一〇月一八日発行二〇四号に載った。日本女学校開校と同日である。もうひとつ、西が併営する日本赤十字発行所を一一月一五日発行『日本赤十字』九二号から、静思館と同じ京橋区南伝馬町一丁目七番地へ移転させた。編輯人である門人鴨島実ともどもの引越だった。『国光』よりはるかに部数が多い『日本赤十字』を鴨島に経営させ発行人名義は亀之助のままにし、印刷もまた国光社印刷部にさせて教科書事業と切り離した部門の収益を日本赤十字発行所と静思館へまわす。こうして、学校は川崎、こちらは鴨島に任せて、憂いを減らして病を養おうとしたのだろう。

3　労働者懇親会

数年来、教科書採用をめぐって新聞沙汰ならぬ、勾引される社員まで出していた国光社の社風が印刷工に及ばぬように、亀之助が心をくだいたのは慰安だった。一九〇一〔明治三四〕年春、二六新報社が第一回日本労働者大懇親会開催を紙上で宣伝すると、亀之助は国光社印刷部を代表して酒料五円を寄附した。時は神武天皇祭を卜して四月三日、所は隅田川堤向島と定めた。花見である。

新聞界は日清戦争報道による部数増加がひと段落し、読者層をひろげる才覚を要する時代に入っていた。発起したのは社長秋山定輔の書生から記者になった小野瀬不二人で、普通選挙期成同盟会常任幹事をつとめ、運動を通じて幸徳伝次郎〔秋水〕や労働組合期成会の片山潜〔深甫〕、高野房太郎と相識った。小野瀬が片山に労働者大懇親会の相談をしたのは、三年前上野公園を会場とする労働組合期成会主催春季運動会の経験による。委員長片山、委員高野で計画したのだが、警察に禁止されていた。警視に中止撤回を求めたのが、秀英舎を経営しつつ東京活版印刷業組合頭取をつとめた佐久間貞一である。

二六、十二万部を日々発行する二六新報が、向島の二六、一万二千坪を会場に、十二万会員をつのって開催するなどと、語呂合わせの宣伝は三月の二六、すなわち一二日に始めた。先年の警察干渉を頭において小出ししながら、一八日になってようやく、会費十銭、申込しめ切り二五日、会員十二万人までとその規模を示した。式次第は二〇日、会員心得は二一日、あいつぐ工場主や篤志家からの寄贈に謝したのが二二日、寄附者寄贈品披露をはじめるのが二四日、国光社印刷部河本亀之助の分は二九日であった。同業の東京築地活版製造所は三十円、東京印刷株式会社深川分社は十五円、矢尾活版所は当日百五十人が揃いの帽子で参加するとの記事が出た。

警備体制の困難から応募者五万人にたいして参加者を五千に減らせ、との厳命がくだったのは三一日だった。巡査ひとりが取締まれるのは五人、非番の巡査をかりあつめて千人がやっとだから、はじき出されたのが五千人だという。秋山社長は「労働者と云へば賤しい者、下等な者、寄れば必ず騒がしいもの、むしろ社会の邪魔物であるくらゐにしか考へてゐな」かったから打ち出された取締方針だとふりかえっている。

厳しい取締が明らかになってから様相は一変する。雇主は出かけるならくびにするとおどし、同日に潮干狩をするから参加せよとせまる。代表が酒料百円を寄贈していた靴工同盟会は、別に園遊会を開くと決めた。これに対し片山が主宰する『労働世界』は、活版工の諸君は誠友会の諸君と合して一隊となって千余名でやって来た、と報じた。国光社印刷部工員は参加をみとめられたかどうか定かではないが、出かけたものとみて話をすすめる。

当日開会は午前七時、五千人を集めた会場で主催あいさつを編輯長福田和五郎が大会幹事としておこない、ついで労働者代表片山潜が演説、高知県労働会代表者門脇宗光の祝詞朗読があった。来賓に招かれたさきの靴工同盟会名誉幹事小川平吉は「日本第一の富豪〔三井〕をも一枝の筆もて叩き伏せたるは豈に二六新報にあらずや、二六新報にして存在せん限りは彼の社会党のごとき忌むべきものを我が帝国に生ぜざるべきことを余は確信す」と、演説をしめくくった。

日をあらためて二六新報紙上に、同業者活版工組合誠友会、国文社活版工花沢八郎から寄せられた祝詞と、活版工岡村鐘太郎提出労働会議所設置提案が載った。それより先に紙面にとり上げられていたのが、黒龍会総代内田甲と青年有志総代高橋秀臣の祝詞だった。肩書を異にするが高橋も黒龍会員である。黒龍会は二月に発起会を開き、西比利亜及ビ満州、朝鮮ニ於ケル百般ノ事物問題ヲ探究解釈シ之レガ経営ヲ為スヲ以テ目的トス、と定めた。もとは露仏独三国干渉による遼東半島還付に発する。当のロシアが駐留を続けるのに対して、いずれは戦端を開かんと、内田が主唱して結成した。福田和五郎がこれに入会していたから、祝詞は福田を通じて寄せられたと考えられる。

二万余の弁当を渡しきり、演説のあといったん閉会したのが午前八時だった。会そのものは一時間で終え、すぐ余興にうつって数万人の入場者をむかえた。芝居に剣舞、撃剣、角力は飛び入りあり、風船を飛ばし花火をうちあげ、禁じられていた豚追いは、豚が垣をやぶって逃げだしたので仕方なしにつかまえる、との口実で楽しんだ。そう誠友会岸上克巳の回想にある。しかし、そのあと会場は荒れた。主催者は、社が取り組んだ吉原娼妓自由廃業の仕返しだといい、他紙は底をついた弁当にありつけぬ不満をあげつらった。昼前、五十人ほどが会場に仮設した芝居小屋や角力場や模擬鉄道停車場などをこわしつくし、後味のわるい幕切れとなった。翌日、雨中を社員が片づけに追われたという。

　こうして労働者懇親会は数万人を集めて、ともかくも開催された。ところが翌年同日に計画された第二回は、禁止命令をくだされた。桂内閣の倒れるまで延期すると広告したため新聞は発行停止処分を受け、社員三十八人が勾引されたという。

4　印刷工慰安遠足

　参加したが荒れもように終わったからか、それとも参加をさしとめられたか、一九〇一〔明治三四〕年四月一五日に、亀之助は印刷工員をひきつれて、二十四人で第二回遠足会をおこなった。十五日は月曜なので、国光社印刷部の休日は、一日、十五日だったようだ。二六新報社主催労働者懇親会から十余日あとだから、穴うめしたように思われる。

　前年か当年かはっきりしないが、第一回遠足会は十余名で杉田村〔現横浜市磯子区〕へ観梅に出かけたとある。入社あしかけ十年、三十五歳の亀之助は、これを記録する『かまくら及江の嶋』一篇をまとめた。「天然と労働」は、こう書きだす。


　　吾々は今日身を労働界に投じて居るものである。過ぎし十年前のことを思へばそゞろに涙がこぼれるのである。一度身を労働社界に寄せてより淋しき大久保の片田舎に牛乳配達夫となり、或る

国光社印刷部第二回遠足会集合写真
〔前列中央が亀之助『かまくら及江の嶋』所載　国会図書館蔵〕

時は軍人の召使となりて、おさんどんの務をしたこともある。或は新聞の売子となりて、八百八街をかけまわり声の続くかぎり「今日の新聞はなんでも一銭」〳〵と怒鳴り廻はり、日曜のあくる日などは一日一食で済まし、疲労のあまり浅草公園の共同椅子の上で居眠り際中、巡査君のためにオイコラ〳〵を頂戴せしことは、幾度だか分からなかツた。〔略〕如何なる苦しきことに遇ふても、始終心に思ふことは、どうかして我国に於ける労働界のために、何にか有益なる事業に尽くさんとの一念である。喜ぶものと共に喜び、悲しむものと共に悲しむと云ふことは、書物や学者の議論にては、度々見たり聴いたりする処であるが、実際それを身に行ふ人は、世間誠とに少くないのである。

追悼録において関寛之は亀之助の『かまくら及江の嶋』をつぎのように評した。

世の辛酸を甞め尽したる者は、能く彼等労働者の心事を解し、夙に労働問題の根本たる正当の労力に対する利益分配の均等を主張し、慈愛を以て彼等に臨み誠実を以て彼等を導き、或は講演により、或は印刷物を配布して、一向に彼等の向上を図り、会社即家庭を実現するに至れり。君が遺稿たる「かまくら及江の島」は、労働者の為に慰安の清遊を試みたる時の紀行なり。君の慈愛は斯くして能く彼等職工の胸臆に浸潤し、終に君が為には身命を賭するも辞せじといふ者あるに至れり。

労働運動がさかんになった時代に書かれた追悼文は、二十年前の亀之助の心事を映したとはいえない。活版印刷業組合の会合で、亀之助が文選職工改良意見をのべたのは、資本と労働の調和をはかる佐久間貞一頭取の主張に沿うもので、正当の労力に対する利益分配の均等を主張したものではない。『かまくら及江の嶋』にもどれば、同情厚き資本家の許で一生懸命に仕事をするのが、この上もない愉快だというのだ。

今日の様に徳義が地に落ちた時には、学者、政治家、宗教家の議論などは、何の役に立たぬのである。而し彼の西洋に行はれてある、社会党とか、共産党、虚無党とか云ふ一種奸譎の徒が、労力神聖の名のもとに、資本家や労働者を困らし、自分の腹を肥すを以て目的とするやうなることは、我々はどこまでも反対するのである。唯吾々が善き資本家と共に、我が労働界の革新を図ると同時に、社会に向ふて徳義の刷新を叫ぶ決心が、一番必要と思ふのである。

徳義が地に落ちたと亀之助に思わせるひとつには、国光社が贈賄に手をそめたひっかかりがあろう。社会党のくだりに、あるいはと思わせる人物は、国光社員桜井一義である。数年のちに摘発される教科書事件に名があらわれるのだが、直接の容疑は一九〇〇年前後になした金品授受だった。桜井は同年三月に社会主義協会に入会していた。

亀之助の社会党評は、『かまくら及江の嶋』を額面どおりに受けとってよかろう。三月二八日二六新報が「社会党／日本労働者大懇親会を催すの深意」に、吾徒は只政体文物悉く西洋化し去る日本に独り社会党に於てのみ西洋化せざらんことを切望する、と主張したのに賛同して、印刷部活版工員慰安をはかったようだ。

なお『かまくら及江の嶋』著者であり発行人である亀之助は、住所を築地一丁目一八番地としている。印刷人岩崎福松も同じ番地だった。長屋を借りて社宅としたのだろうか。それまで印刷人をつとめてきた亀之助は、国光社発行図書には所在地である築地二丁目二一番地としていたのだった。

三　社長交代

1　社長橋本忠次郎と高瀬真卿

亀之助が職工慰安に力をそそいだ一九〇一〔明治三四〕年、雑誌『国光』が六月一八日号からあと発行されなくなった。社の基となった看板雑誌だけに、異変を感じさせるものだった。

西沢之助から新社長橋本忠次郎に代わったのが七月末だとは、教科書採択をめぐる贈収賄事件によって明らかになった。島根県知事金尾稜厳予審決定書である。中国新聞社に対する債務を肩代わりするよう金尾から依頼を受けた西が、新社長橋本に引きついで依託したのをそのころだとしている。ところが、橋本が社員を広島へ派遣したのは一二月だとされるから、右から左へと事を運んではいなかった。教科書出版や雑誌発行業務の内情に通じてから動こうとしたようだ。社長に就任するについて新聞が報ずるところはこうであった。

> 国光社は始め西沢之助社長となり、伯爵東久世等にも少からぬ迷惑を掛け、毎期損失のみ打続きしかば、同社唯一の金主なる仙台の第七十七銀行総会に於て、株主橋本長二郎〔忠次郎〕より激しき攻撃出でしが、銀行より橋本に同社の整理を相談せしに、橋本は之を引受け西に代りて国光社々長となれり、

西沢之助を教育者とみれば、橋本忠次郎は運輸、土木業などで財をなした実業家だった。安政三年熊本生まれ、大倉組に入って仙台支店創設にあたったのが仙台と縁をむすぶはじまりで、やがて県土

木課長早川智寛を知った。早川組をおこすとこれに加わり、東北本線など鉄道敷設工事にたずさわった。当時早川にしたがう者数百人、人夫数千人におよんだという。早川は知友が鉄道局長官に抜擢されると、四囲の嫉妬よりして不測の累を彼に及ぼすことなきを保たず、と廃業を決めて資産数十万を組員に分与している。橋本らはこれに応え、残務をかたづけおえると早川に銅像をつくって贈った。

橋本は早川組での経験をいかして奥羽本線をはじめとする鉄道事業に参入し、土木請負業橋本組をおこして財をなす。七十七銀行金主になったのは、仙台の実業家ならば関わりは当然であろうが、それとは別に、船越衛知事時代に創設した仙台商業会議所初代会頭に早川が就く、という縁があった。

橋本は事業経営にあたり、早川にならって部下を信任した。総支配人を置いて切り盛りをさせ、土木現場は腹心に統制を任せている。手さぐりで始めなければならぬ出版業で頼りにしたのが、かつて仙台で新聞経営にあたった高瀬真卿である。高瀬によれば、鉄道敷設以前に、仙台福島間をつなぐ馬車路線を設計して橋本に譲ったという。市史に記される万里軒だ。

高瀬は水戸出身、父は藩財政を支えて士分にとりたてられた米穀商で、山川〔青山〕菊栄『覚書幕末の水戸藩』は、米国船と密貿易によって巨利を得た噂を聞書きしている。訛伝としりぞけるのは高瀬日記編集者長沼友兄で、著書『近代日本の感化事業のさきがけ　高瀬真卿と東京感化院』に、入獄は国事に関わったためだとする。

同著巻頭に特記されたのが、高瀬から大義名分論をたたきこまれた末永雅雄だった。大阪新報に連載された高瀬の回顧談をきっかけとして高瀬に師事した末永は、学問は名利のためにするものではなく、費用を惜しみなくつかい、報酬をもとめるものではない、という教えを守って考古学を究めたのだった。橿原考古学研究所を退任したとき、ある新聞に、名は所長であっても終わりまで奈良県嘱託であったと報じられたのを、そんなことはどうでもよく、五十余年にわたって学問を続けられたのがうれしかったと書いた。

水戸藩が非常に損の立場にあったとは、山川と縁戚にあたる久木東海男〔独石馬〕が言う。高瀬に拾われて出版事業に携わった人で、党争に明け暮れて、新政権に位地を占められなかったのを嘆く。これも高瀬をなかだちとして国光社へ入った友部伸吉〔鉄軒〕は、高瀬を評して「君をして元亀天正の間に生れ、織豊二公に会はしめむか、黒田如水、石田治部等と轡を並べて中原に馳騁し、十万の提封を得ること地に俯して芥を拾ふよりも易かりしならむ」と、時を得なかった高瀬を惜しんだ。

仙台から東京へ出た高瀬は、顕官につながりをもとめて事業をすすめていた。感化院を移すについては、宮内大臣土方久元にはたらきかけて渋谷羽沢御料地七千余坪を四十ケ年無償貸出によって得た。後援組織として慈善会をつくり、会長に帝大総長渡辺洪基を迎えたのも高瀬であった。東久世通禧の知遇を得たのは、七卿落ちに従った土方を通じてであろうか。幕末維新史料蒐集にあたった史談会に同席したほか、その実歴談を聞きとって、のちに『竹亭回顧録　維新前後』を編んでいる。

このような人脈をもち交渉に長けた高瀬は、橋本が相談するに足る人物だった。国光社をめぐって高瀬日記に橋本が出てくるはじめは一九〇一年六月二七日で、西から社長を引き継ぐひと月ほど前にあたる。『国光』最終号らしきは六月一八日発行だった。

その三ケ月のち九月一九日東京朝日新聞に、印刷工場新築落成広告をかかげたのは、西の残務か、橋本が手がけたものか、いずれか判断がつかない。

新築落成／業務拡張
独逸新式五十馬力／瓦斯発動機据附成る／弘く大方の御注文に応す
東京築地貳丁目／株式会社国光社印刷部／（特電話新橋八八）

2 『女鑑』続刊

国光社を創業した西沢之助にとって、雑誌『国光』を失うのはたえがたかったろう。せめて『女鑑』を、経営する日本女学校を宣伝するのに残したかったものと察する。橋本忠次郎に社長をひきついだ一九〇一（明治三四）年七月末から一年足らずは、望むとおりつながりを持ち得た。生徒や職員が寄せた歌稿や、教員師岡須賀子「舟木の大神」、西沢之助「礼法講習について」、それに妹婿川崎重陽（又次郎）「日本女訓」が載った。

新社長橋本は、その間に着々と業務を改めていった。深く関わったのは東京感化院長高瀬真卿である。一二月に友部伸吉入社を周旋して、出版部を担当する話をつけた。二五日「国光社ニいたる、出版部協議之件也」、二六日「午后友部氏来話、女鑑出版之件也、阿多上京之報アリ」、橋本を交えて暮れおしつまるまで話し合いを重ねた阿多は高等師範出身で、新潟県高田師範学校長をつとめていた。のちに友部は出版部長、阿多は総務部長に起用される。

こうした人を得て出版業務を建て直してゆく。『女鑑』については、発売元を年明け一月一日号より静思館から国光社出版部に代えた。西門人鴨島実から取りもどしたのだ。ついで一月二〇日号に同部で編輯をもおこなうと、それまで編輯にあたっていた田島利三郎が至急稟告を載せた。これをもって、西から『女鑑』販売、編輯ともに切り離したのである。

その一月二〇日号巻頭「女鑑の将来」は、告げていう。創刊にあたって志したのは、欧化の風潮を退けるのにあった。條約改正に向けて諸事欧風になびき、鹿鳴館をさす「夜会園遊会、或は、舞踏会抔云へるもの、大に流行し」たのを嘆きつつも、十余年たった今を語る。

時勢は、日に月に進み行きて、政教文物百度一新し、我大八洲も、亦旧日の面目にあらず。申すも畏こかれど、　雲の上に於ける日常の御衣食住を始めとして、万般の事項、遠く、海外諸邦の長所を採り、用ゐ給ふ折柄なるに、臣民、豈に、頑固の保守説を主持する者あらんや。

本誌は漸進と中庸をとるとは、深読みをすれば西に向けて発せられた言であった。この号には東京感化院広告と、院務をおこなう書記清水橘村「新体詩」、それに高瀬真卿「実験家庭の教育」が載った。二月二〇日号寄稿は、鉄軒居士「鶯の歌梅の画」、阿多広介「女子の教育は如何なる主義方針に拠るべきか」と続く。新たな方向を示した『女鑑』は、三月五日号に工場内部写真をかかげる。

雑報　口絵について／国光社印刷工場の内部

現にわが女鑑を印刷する所なり。去年九月業務を拡張せし以来、数十台の器械を据附けことに独逸より、尤も斬新なる瓦斯発動器を購入し熟練の職工を増加し工場略整備せり。

国光社印刷工場
〔一九〇二〔明治三五〕年三月五日『女鑑』二四八号所載〕

三月一七日に、高瀬は大阪朝日新聞所有印刷器械四台購入など用務をおびて京阪へ出向いた。西が出る幕はなくなったのだ。退社を公告するのは、三月二〇日号だった。

生義国光社創立以来各位の賛同を忝し十数年間拮据罷在候処不得止事情有之同社との関係を断ち目下教育に従事専心従来の主義を鼓吹致候間不相変御芳情を賜り度此段辱知各位に謹告仕り候也／東京本郷区駒込蓬莱町六番地　西沢之助

国光社と関係を断つというのは、前後する二月一五日発行『日本赤十字』一〇七号まで発行人をつとめていた亀之助に代わり、それまで編輯人だった鴨島実が三月一五日発行一〇八号から編輯兼発行人になったのにも現われている。つまり国光社ではなく、西のもとで発行するようにしたのだ。

右の公告にしるされた駒込蓬莱町は、国光社所在地に住んでいた西が移ったさきである。校史によれば、四月から始まる新年度に設けた寄宿舎は、築地の邸宅を処分して草津温泉旅館の建物を買い求め、その自宅を開放して生徒を収容したのだった。築地本願寺向かいにある国光社所在地といえば、もとは東久世通禧邸であり、副島種臣がしばらく住まい、西へ譲られたものだった。これを処分したというのは、国光社がかかえる負債によって社長を交替したいきさつからして、所有株譲渡がからんでいただろう。総株数六千のうちおよそ二千を持つ筆頭株主であった西は百三十に減らし、橋本は三千余と過半を占めるにいたった。

こうして西の身辺は大きく動いた。日本女学校は学監三輪田真佐子が去り、病気療養中代理校長をつとめてきた義弟川崎又次郎が、『女鑑』四月五日号を最後に寄稿を終えて、六月に福岡県立東筑中学校に嘱託として赴任した。そこで二年余つとめてから下関商業へ移り、東京へ戻ることはなかった。西が持ち続けたのは女学校と日本赤十字発行所だった。

亀之助入社に深く関わった西沢之助と川崎又次郎が去り、新社長橋本忠次郎のもとで働くことになった。

3　社業再編　国光書房

橋本忠次郎新社長は、印刷部についてはさきに工場を新築したばかりでなく、顧問というべき高瀬真卿を大阪へ器械買付に行かせていた。一九〇二〔明治三五〕年『女鑑』七月五日号は、そうして増強した工場内部写真を再びかかげていた。説明の筆を執ったのは亀之助と考えるのが至当だが、高瀬日記に石油インジン器械と書いてあるのからすると、仙台で新聞経営をして印刷事情に通じた高瀬によると思われる。

雑報　口絵に就て

国光社印刷部　　本社印刷部は、嘗て其一部を示したることありしが、今又、内部の写真を掲載して、諸媛の一覧に供せむ。

前一葉は二階にして、左方は文選課なり。原稿を受付くるや、直にこゝに廻して、文字を拾ひ、右方植字課にて、之を組み立て版なりて前面中央なる校正課にて、之を正しかくて再び植字課にてその差替をなす。さて完全に出来上りたるものは、階下なる器械場に下し、器械にかけて印刷する也。左方は一度に三十二面、右方は十六面八面ずり等合せて数十台あり。皆瓦斯インジンの力を以て廻転し、夜を日に継ぎて業務に従事せり。此外鋳造、紙型等種々の工場あれども、此には略しぬ。

このように印刷工場を整備したのは、他社から受注するのを増やし、さらに自社教科書や雑誌だけでなく一般図書出版に力を入れようとしたのからうかがえる。前年一二月、すでに出版部協議と日記に書いた高瀬は、新体制による出版部長に友部伸吉〔鉄軒〕をおいた。総務部長は阿多広介、営業部長遠藤栄治、そして印刷部長が亀之助だった。

こうして国光社は、新体制で一般図書発行をはじめた。発行者は橋本ではなくもっぱら渡辺素一がつとめて、少年武士道史伝と名づけた読物八編を手がける。これとは別に、国光社発行図書や雑誌販売をあつかう別会社国光書房でも出版した。なぜふたつに分けたかは不明で、橋本が国光社の発行者となるのは、国光書房が出版をやめて国光社に一本化してからだった。法律上責任を負う意味をみきわめた期間だろうか。

特色あるのが、八月から一一月にかけてわずか数ケ月間出版した国光書房で、宮崎寅蔵〔滔天〕『三十三年之夢』、同じく『狂人譚』、安田直『西郷従道』と三点、発行者は遠藤栄治、つまり国光社営業部長、印刷者は亀之助であった。

宮崎は孫文の民族革命を支援した人物として知られる。いわゆる大陸浪人には利を求め名を求めた輩が少なくなかったなかで、宮崎は私腹を肥やさず、頭目となって覇を唱えず、孫らに盟友をもって対した。兄はいずれも一途で、八郎は西郷の薩軍に投じて戦死、民蔵は土地復権同志会をおこしてその均享を説いて各地をめぐり、弥蔵は革命運動において寅蔵を感化したとされる。『三十三年之夢』は、支援をめぐる失敗を、寄席芸人から下にみられていた浪曲師となって出直す、宣言書の意味を持つと言われる。二六新報社編輯長福田和五郎が宮崎に寄稿をもとめ、同紙に連載されたのを一冊にまとめたものだった。同じ滔天著『狂人譚』の編者である高瀬魁介は、真卿の子だ。子の名を借りただけだと思われる。

宮崎には清藤幸七郎という友がいた。宮崎は清藤を『黒龍』連載「続三十三年の夢」にこう語る。

君は熊本の市に生れ、予は僻村に産る、されど君の慈君〔母〕は、予が郷村の出にして、その叔父君は西南の戦役に亡兄八郎と共に賊軍に与し、同じく謀叛を働きし人なれば、君と予との因縁固より尋常ならず、友人としても甚も古く、同志として時にその道を異にし、或は屢々殊にせんとしたることなきにあらざるも、然も前号に紹介したる二君〔宮崎民蔵と宮崎弥蔵〕を外にして、尤も古き同志たる所以、蓋し偶然にあらず。

宮崎と橋本を友人とするのが清藤である。黒龍会『東亜先覚志士記伝』には、一時友人橋本忠次郎と提携して印刷会社国光社を起したとあるが、下中弥三郎と平凡社を創立したとも記すところから、話を大きくしたと受けとれる。ただ、『三十三年之夢』出版から一年たって、清藤が編纂兼発行者となった新進社刊吉州牛〔吉倉汪聖〕著『天佑俠』を、国光社が発売元となったのは、橋本とつながりがあったからだといえよう。同書印刷者はもちろん亀之助である。

清藤はまた、雇っていた老婆が大山捨松の馬車に轢かれたのに対して謝罪を求め、裁判にうったえた。西川光次郎は週刊『平民新聞』誌上「貴族富豪の馬車（是れ亦殺人の具なり）」によって支持する。時の参謀総長、満州軍総司令官である大山巌を相手にした裁判は、控訴棄却によって清藤が断念したのを平民社へ報告し、後継誌週刊新聞『直言』が収載した。のちに記すとおり、ともに国光社が印刷する機関誌だ。記事にある清藤の住所は麹町区中六番町二四番地、四年後に亀之助が住んだのが中六番町二五番地であるのは、たまたまだと考えておく。

宮崎寅蔵『三十三年之夢』にもどすと、初刊から一年のちに八版を重ねていた。ところが四半世紀のちにはすでに、古書店頭に現われることが稀になっていた。これを惜しんだ吉野作造が宮崎の息龍介に復刻をうながして、主宰する明治文化研究会から再び世に送った。一方孫文の母国では国光書房による出版から時をおかずして訳本が出版され、孫文の名が忘れられない限り読みつがれるだろうと伝えられる。平凡社から出た宮崎全集は発行者遠藤栄治の名をとどめて亀之助にふれず、岩波文庫解説にようやく両名が記されるけれども、国光書房がどのような出版社であったかまでは言いおよばれていない。

4　小学校教科書事業

橋本忠次郎は、西沢之助がすすめてきた各府県審査会採定工作をさしあたっては引き継いだ。しかし、業界は別の動きを始めていた。大手金港堂は贈賄によるゆきづまりから、一般図書雑誌発行に力を注ぎ、小学校教科書出版は別会社帝国書籍株式会社へ移し、三社を合同して発足させていた。教科書トラストとよばれた再編である。

これに対して橋本が打った手はふたつ、一九〇二〔明治三五〕年三月四日高瀬日記にある坂上半七店との合同だ。もうひとつが告発だった。帝国書籍に拠る三社出版教科書が、見本と異なり紙質粗悪であるとうったえたのだ。橋本は弁護士北井波治目に依頼した。築地に開業した縁で橋本とは春に知り合っていた北井は、これを受けて訴訟をおこし、高瀬は文部省へ陳情、根本正は衆議院で問いただす演説をなした。政友会に属する根本は、かねてから小学校授業料撤廃を主張し、また禁酒同盟でも知られた。茨城選出代議士なので、水戸出身の高瀬を介してこの問題にかかわったのかもしれない。それでも教科書事業は手づまりとなった。橋本は向きを変えて、いったんは断っていた帝国書籍との合同を図る。交渉を高瀬に任せ、四ケ月かけて契約にこぎつけた。亀之助が国光書房から出版する三点を印刷したのは、まるごとこの期間にはいる。一一月八日高瀬日記にこうある。

本日国光社蔵版譲渡之件及六社合同之件、共ニ公証人面前にて契約相整、午前国光社の件ニ立会、橋本、小林〔清一郎・帝国書籍株式会社社長〕等ト東亭にて昼餐、午后帝国会社にいたり夕景帰宅、此合同之件ニ付は七月十四日以来奔走大方ならす力を尽しぬ、茲に至りて文学社の外悉く合同成る

橋本と会って報酬を談じ、六千円と定めたのが一〇日、すでに交渉中受け取った分などを引きさった四千二百円を受けとったが一九日だった。帝国書籍からの報酬は一万円だと書きとめている。新聞が、冨山房、国光社、坂上半七店買収を報じたのは二六日になってからだった。東京朝日新聞は、「国光社は十七万五千円にて売買の約成り其内三分一強は当座にて支払ひ残金は二ケ年皆済とし猶国光社は帝国書籍会社の出版物にして今後採用せらるゝものに対し三百万部を限り年々利益の百分の十一を受くる」契約をなして教科書トラストの一員になったとする。

ところが北井弁護士によれば、おもむきをことにする。そもそも帝国書籍が国光社を買収したのではなく、その逆で、「高瀬真郷〔真卿〕氏を参謀とし、予を裁判所方面に使用し、遂に参社をして橋

本氏に提携を申込の余儀なきに到らしむ、其間氏の策動は毎夜待合料理屋に集合し、結局橋本氏単独に参社と握手し」た。「表面は国光社所有の教科書数種の版権を代金拾万円にて売却し、帝国書籍株式会社々長原亮一郎振出約束手形数通を受取り、之れを直に自己銀行〔七十七銀行〕にて割引名義にて取立て、七万円の現金を受取り残額参万円に到り原氏、小林氏の異議にて支払停滞し、其時其手形を予に示し請求方法を依頼せられたり」そうして橋本は十万円を手にしたのだという。

賄賂による消耗戦から逃れる教科書会社再編に与してひと月ほどすると、金港堂からはじまった贈収賄事件捜査は各社におよび、国光社は西前社長と橋本現社長のほか、運動員らが訊問をうけて、検挙される者もでた。

高瀬は、帝国書籍構成社が捜索を受けるさなかに教科書出版参入を思いつき、編輯者を決めるところまで踏みこんでいた。しかし文部省は国定化に舵をきり、事件の審理が進む三年四月に改正小学校令とそれに伴う施行規則を公布した。帝国書籍は施行されるまで一年の間に、手持ち処分を迫られることになった。国光社とて力を注いできた修身や国史教科書出版ができなくなるのだから、建て直しを図らねばならなくなった。

5　結婚

亀之助が赤十字看護婦でキリスト教徒である鈴木テルとの結婚にふみきったのは、ひとつにキリスト教を排撃する西沢之助が去り、橋本忠次郎社長が引き継いでから印刷部長としてさらに位地が高まったからであろう。一例を示す。一九〇三〔明治三六〕年『法律新聞』元日号広告である。謹賀新禧／東京市京橋区築地二丁目二十番地／河本亀之助、とかかげられた。

『法律新聞』は、弁護士高木益太郎が二年余り前に創刊した。條約改正により内地雑居をひかえ、領事裁判権を撤回して司法権を拡大するという時代に応じた、法知識を広く知らしめる雑誌だった。本所活版所にかわって国光社が印刷を始めたのは工場新設後で、二年二月一〇日発行七三号からだった。新年を祝う広告に社長橋本忠次郎や取締役が名を連ねていないのは、十日ほど前に始まった教科書事件の一斉捜索がひびいている。連日新聞がとりあげたから、はばかるのは当然だった。このとき社を代表して得意先にあいさつできたのが亀之助であり、社名を明かさずとも法律新聞社は事情を汲みとったはずだった。

またこの年春に開いた運動会も、亀之助が重きをなしたのがうかがえる。『女鑑』五月一日号に記事がある。

国光社春季運動会　去月十九日午前八時より向島八州園跡にて開会せしが同社印刷工場なる三百余人の男女職工が旗取、提灯、球杓子、鈴割、網曳など番組によりて各々得意の技を闘せしことなれば中々に目覚ましかりき、余興には丸一大神楽粟餅曲搗、福引等もありて退散したるは午後三時過ぐる頃なりしといふ此日は連日の雨晴れて気候暖和なるに遅桜のなほ咲き残れるもありて墨堤十里の道は士女絡繹として引きも切らざる有様なりしとぞ

当時職工数は百六十人ほどだったから家族ぐるみだ。文選、植字、解版など、それぞれ職長が種目

ごとに役割を分担しただろうが、束ねたのは印刷部長である亀之助だ。「明治三十六年四月、鈴木てる子を迎へて室となす」、そう日を示さずに関寛之は追悼録に記した。一九日の運動会前か後かはわからない。亀之助三十七歳、テル三十歳だった。縁を結んだ高島平三郎が、関よりくわしく語っている。

君の令閨は、備後甲山町の人で鈴木てる子といひ、余が母の上京する際伴ひ来つたのである。河本君は、その頃にも余が家に絶えず出入して相識の間であつた。てる子氏はその後赤十字病院に入り、看護婦となり、卒業後婦長として台湾に赴任したが二年にして帰り、河本家に嫁ぐ事となつたのである。嫁いで幾ばくもなく、日露戦役が始まり、令閨は従軍して勲章を拝受した。

盆地である備後甲山町はもと芸州藩領、今高野山門前町で石見路宿駅として栄えた。幕領である銀山と江戸を結ぶ街道で、甲山から瀬戸内がわ尾道への道のりは八里ほど、町を流れる芦田川は府中から福山へと下る。

高島が峰是三郎に見出されて勤めた広島師範から、両親を福山にのこして学習院へ転じ、亀之助を同僚経営の牧場に世話をしたのは一八九一〔明治二四〕年だった。高島が父を九二年三月に亡くしたため、母をひきとるにあたり、伴われて上京したのがテルだった。テルは七四年一月三日生、そのとき十九歳だった。四月に高島は本郷区弥生町に居を定めて戸主となっている。

テルはしばらく高島宅に同居したのか、別に住まいを得ていたかどうかはわからない。高島が黒田寿子と結婚したのは九四年四月、長野師範に招かれて家族ぐるみで移ったのは九六年秋である。テルが赤十字看護婦養成所に入学したのがいつかはっきりしないけれども、卒業したのは九九年一〇月二八日だった。期間三年半という定めから逆算すれば九六年四月下旬となる。高島にすればテルを残しても、寄宿生活が義務づけられ給費の定めがあるのだから憂いなく長野へ赴任できるのだった。テルの入学が決まってから高島がふんぎったか、高島のつごうでテルの決断が迫られたのかいずれかだ。

赤十字看護婦になるには覚悟がいる。前身である博愛社が西南戦争負傷者救護のために設立されたように、看護婦養成にもその目的がつらぬかれていた。

第一條　本社看護婦養成所ヲ設ケ生徒ヲ置キ卒業後戦時ニ於テ患者ヲ看護セシムル用ニ供ス
第二條　看護婦生徒ヲ志願スル者ハ修学年間専ラ之ニ従事シ且ツ卒業后二ケ年間病院ニ於テ看護婦ノ業務ニ服シ後二十年間ハ身上ニ何等ノ異動ヲ生スルモ国家有事ノ日ニ際セハ速ニ本社ノ召募ニ応シ患者看護ニ尽力センコトヲ誓フ可シ

第十九條には卒業後毎年一回の召集点呼を定め、東京在住者は本社で、地方在住者はそれぞれの本部において行なうとした。規則がしばしば改められたのは、時の要請による。九一年の濃尾大地震のあと、養成目的に天災による傷病者看護が加えられ、日清戦争をへて修学期間を三年にちぢめて多数の応募を求めた。

応じたテルにはもうひとつ、キリスト教信仰の問題があった。日本赤十字社設立にあたって、大給恒や佐野常民は、十字章がキリスト教と誤解嫌悪されるのを防ぐために、仏教者島地黙雷や神道家平山省斎らを説得して協力を求めたとされる。敬して遠ざけられるキリスト教信者はテルの同僚に多くはなく、秘して語らぬとは後年の処しかただった。

テルの背中をおしたのは何か。ひとつは広島支部の活動だろうか。看護婦養成は本部東京だけでなく各地で独自にすすめられたが、ことに広島は初めて支部を組織した地として知られる。第五師団がおかれ、陸軍の海外派兵は宇品港が拠点となっていた。千田知事によって広島博愛社を創設、看護婦養成も全国にさきがけておこなっていた。本社委託養成制度によって広島から派遣された看護婦の中に、第一回ナイチンゲール記章受章者も出ている。

もうひとつは先達高山盈である。福山藩士に嫁した高山は、テル入学よりさき九四年六月から日本赤十字病院に赴任して看護婦養成にあたっていた。慶応四年長州藩兵が朝廷への向背を問うて福山城を攻めた時、懐妊の身でありながら、城中に入って糧食の運搬や弾薬の補給などに立ちはたらいたとされる。亀之助生まれて二ケ月、長州藩兵が未明に今津村を発した一月九日のできごとである。

華族女学校や宮城県尋常師範学校舎監をつとめた高山を、日本赤十字病院の看護婦監督にあたらせたいと求めたのは、院長橋本綱常だった。橋本と高山は執刀医と患者として出逢っていた。麻酔を断って自若たるは高山、これに感服したのが橋本である。橋本の使者に立ったのは石黒忠悳、交渉したのが宮城県知事船越衛だった。

高山の働きは橋本がみこんだとおりだった。風紀の乱れをおそれた陸軍の反対をおしきって戦時看護のため広島に派遣したのが野戦衛生長官石黒、その日清戦争における任務を終えて高山は看護婦養成に復したのである。規則によるテル卒業後二年間の病院勤務は九九年一〇月からだった。高山の教えを受けたはずだ。

規則どおりに病院勤務をおえて台湾へ赴任したとすれば、一九〇一年秋以降となる。台湾における支部設置は台南が一八九六年、台北、台中が九七年、七支部統廃合による台湾支部ができるのは一九〇二年四月だった。これを下関條約による台湾割譲の歴史にかさねると、上陸以来半年の一八九五年一一月全島平定を宣言するものの、抗日軍は各地にあらわれた。反抗に対するに武断弾圧でのぞむのではなく、撫順つまりは懐柔を以てする策に転換してなお、戦闘は絶えなかった時期にあたる。

児玉源太郎総督のもとで民政長官をつとめ、招降策をすすめた後藤新平伝によると、「帰順の式場において妄動したため、一斉に殺戮」したこともあった。一九〇二年は、捕虜となし裁判の上死刑とした者五百三十九名、臨機処分に附して殺戮した者四千四十三名の多きを数えた。郵便配達が護衛つきでおこなわれたというから、銃声がひびかぬ地にテルが勤務できたかどうか定かでない。

6　通俗宗教談発行所

教科書事件によって小学校教科書は国定化へとすすみ、一九〇三（明治三六）年四月に小学校令が改められた。教科書会社帝国書籍は基盤を失い、版権を譲渡した国光社は残金回収をひきずる。橋本忠次郎社長は、交渉を高瀬真卿にゆだね、教科書出版から軸足を移す業務転換へも関わりをもたせた。

各部長へ意見を求めていた国光社改革である。高瀬日記は、しばらくの間、交渉と改革という文字によって埋められてゆく。高瀬が社内外で会って話をしたのは、総務部長阿多広介、出版部長友部伸吉、営業部長遠藤栄治で、印刷部長河本亀之助は出てこない。亀之助が現われるのは別件でだった。

五月二九日、「午后橋本忠二〔次〕郎ニ面会、同人より国光社改革之話とも前日之如シ、社員減給之事を勧告す、一夕話感化読本を河本へ依頼ス」と、高瀬がつくった五車堂書房から出版する『修身一夕話』と『感化読本』印刷業務に関わるものだった。教科書事件によって各社が捜索を受けたとき、高瀬は教科書編輯出版をめざしていたが、文部省による国定化方針が打ち出されたため監獄図書専門に切りかえを図った出版である。

印刷業務で多忙をきわめていたためか、亀之助は高瀬にとって改革を語る相手ではなかったようだ。『修身一夕話』は七月一八日、印刷者河本亀之助と記して出版された。しかし近刊を予告した『感化読本』は、二二日「国光社ニ至り友部〔出版部長〕ニ面会、読本印刷ノコトヲ相談」していて、担当者である亀之助を通していない。

このころ亀之助がなした仕事でわかっているのは、通俗宗教談発行所をおこして、六月二五日創刊『通俗宗教談』編輯兼発行人になったことである。通俗宗教談発行所所在地は、国光社所在地とは隣番地である京橋区築地二丁目二〇番地、すなわち亀之助の住所だ。法律のうえで責任を負う編輯兼発行人は亀之助がつとめたが、実務にあたったのは、カトリック教会東京大司教教区最初の司祭となった前田長太〔越嶺〕だった。

前田は亀之助より一歳年長、慶応二年に越後で生まれた。築地教会におかれた東京カトリック神学院に学んでいた一八九二年、井上哲次郎が『教育時論』誌上において、教育勅語に反対したのはキリスト教徒だけであると論じ、九三年に『教育ト宗教ノ衝突』を出版して攻撃した。これに対して神父リギョルと前田は『宗教ト国家　前篇　一名教育と宗教の衝突論の反駁』によって迎え撃った。亀之助が国光社に入社して一年になろうかというときだった。亀之助が前田著三才社発兌『ルーソー及其文学』を印刷したのはそれから九年をへた一九〇二年二月だったから、校正作業などで面識があったと思われる。まだ西沢之助が退社を公告する前だった。新刊紹介は『女鑑』六月五日号に、リギョル著『余の家庭観』とともになされた。「婚姻哲学」連載を始めるのが一〇月五日号からだった。

三年六月二五日、カトリック布教の手だてとなる『通俗宗教談』発刊あいさつはつぎのとおりだった。

無き智慧を絞り、無き財布を傾けて、専ら神学と聖書と教会史と聖人伝とを主眼といたし、傍ら修徳の一助として黙想資料を供し、心霊上の娯楽として宗教講談を掲げ、成る可く旨味を附けて教の真理を知らしむるに在る

無き財布を承知で引き受けたのは、亀之助が後年雑誌経営をするにあたって、もうけを度外においたさきがけをなすから、『女鑑』寄稿を前田に求めたのは亀之助かも知れない。いわば国光社の軒先を借りて設けた通俗宗教談発行所から、亀之助は一冊五銭の月刊雑誌を三年ほど四〇号まで発行した。最終号におけるあいさつは、読者に感謝したあと、亀之助へ向けられていた。

次に私は本誌一切の事務費用を一身に担当して下された河本亀之助君の友誼を深く感謝しなければなりませぬ、君は吾教の信者にもあらざるに、余が貧をあはれみ、余が志をたすけ、三年間私をして何等の心配もなく本誌に筆を執らしめて下さいました、私は永く君の高誼を忘れませぬ、今後君の恩に報ゆる機会のあらんことを期待して居ります。

そのとおり縁はこれで切れず、一四年に『パスカル感想録』と、妻雪子訳『フランス文豪小品』を、洛陽堂から出版するのだった。

7　週刊『平民新聞』印刷受注

亀之助が通俗宗教談発行所をつくってから数ケ月をへて、一九〇三〔明治三六〕年盛夏をむかえるころ、橋本忠次郎は文教社社長についた。文部省が著作権をもつ教科書を翻刻する会社である。さきに動いたのは新規参入をはかった博文館で、同業に呼びかけて日本書籍を発足させた。既存各社が連合した帝国書籍は主要教科書国定化によって編輯発行の道をふさがれたので、別に文教社を起したのである。七月末から高瀬日記に、帝国書籍と国光社とが交渉を進める記述があらわれるのは、文教社への株払いこみをめぐるものだろう。

しかしながら、未だひきずっていたのは版権譲渡における残金未払い問題である。万朝報が、「帝国書籍会社より買収さるゝや其の売価十二万円の内、十万円は七十七銀行宛の約束手形にて払込める儘今に正金を支払はず、此の債務上の関係より橋本を新設の文教社々長としたる也」と報ずるところである。高瀬が、「対帝国会社の件不調、橋本更に応求の件あり、不条理の事たり」と嘆いたのは八月二日だが、一七日に創業総会を開いて橋本が社長に選ばれたのだった。この間、日本書籍が文教社へ合同を申入れたが、受けいれなかった。

九月に入ると、残金未払問題は、帝国書籍清算へ舞台を移してゆく。高瀬は帝国書籍が抱える教科書を、まだ採用を取り消していない県へ売りこんで資金回収を図ろうとした。一二月八日に帝国書籍の商号を改め、これまで高瀬が経営してきた書肆五車堂の名をもって引き継ぐまで、日記はほぼ交渉でうめつくされた。ある時は、仙台へ帰った橋本を追って早朝五時半に駅へ降りたち、無道理を言張って調印しない橋本を説きふせ、腹を立てて乗込んできた原亮一郎が面罵詰問におよぶのを、抱腹の至りなりと取り合わず、重役協議の上調印遣す、と突きはなすなどねばり強くことにあたったのである。

こうしたやりとりのさなかに、国光社は非戦論に立つ週刊『平民新聞』印刷を受注した。万朝報社主黒岩涙香が主戦論に転じたため、退社した堺利彦〔枯川〕と幸徳伝次郎〔秋水〕が平民社をおこして、自由、平等、博愛を旗じるしとした社会主義機関新聞である。創刊は、一一月一五日だった。幸徳の妻千代子につぎの回想がある。

> いよいよ週刊『平民新聞』を発行することになつて、編輯人や発行人の署名者を定める時、秋水の病弱なると老母あることを考慮して、堺氏は無理やりに秋水を説き伏せ予期される弾圧の矢面

に進んで立たれたが、その時には、さすがの秋水も堺氏の友情を泣いて感謝した。当時に於いても、このことを知つて居る人は稀れであつたらうと思ふが、頑として応じない秋水を説き伏せやうとして、幾日も〳〵も苦心して居られる堺氏を、私はこの眼で見て好く知つて居る。

西前社長のまわりには、対外硬論者が多くおり、実業家橋本が引き継いだとはいえ、国論である対露主戦に反する新聞印刷に手を貸すのだ。社長橋本にしろ調停者高瀬にしろ、それどころではなかったようだ。

印刷現場責任者である亀之助が平民社をどう考えていたかをさぐれば、二年前『かまくら及江の嶋』にはこう書いていた。「彼の西洋に行はれてある、社会党とか、共産党、虚無党とか云ふ一種奸譎の徒が、労力神聖の名のもとに、資本家や労働者を困らし、自分の腹を肥すを以て目的とするやうなることは、我々はどこまでも反対するのである」。となると、平民社と交渉にあたった国光社員は誰か。出版部長友部伸吉は、入社の世話になった高瀬から「国光社は橋本社長已に阿多広介を信用して、今は阿多の全権時代なれば君の如きも早晩追出さるべく、今の中に辞して退くに如ず」、と言われ九月に仙台へ帰っていた。橋本が総務部長阿多広介を信任したのは、教科書贈収賄事件で多く検挙者を出した高等師範学校出身でありながら、関わりがうすかったためだろう。その阿多にして平民社とのつながりを見出せない。

つなぎそうな人物をさがせば、女子新聞社中川良平〔愛氷〕がいる。国光社発行雑誌『女鑑』創刊以来の読者寄稿者で、のちに国光社から譲り受ける。読者だった中川が、編輯者水主増吉〔青眼〕を知るのは、『女子新聞』経営にあたって賛助者を求めたときだった。三輪田女学校長三輪田真佐子や華族女学校学監下田歌子ら女学校関係者、それに雑誌主筆主宰者として『女鑑』水主のほか『家庭雑誌』堺利彦らの賛同を得たのが九月だった。中川が女子新聞社を移転した先が麹町区有楽町三丁目一番地で、一一月に平民社が同番地で創業する。中川は週刊から日刊にあらためた四年元日号にこう記した。

旧臘二十四五日の頃、この広告をせばやと、程近き平民新聞社に参り候、其の広告文の上に、日刊家庭新聞の元祖と書入れ候ところ、同社の幸徳秋水君の云はるゝには、元祖といふことは、他にも類のあつて、はじめて元祖と云ふものもあるなり、今の所、唯一と云ふべき所ならずや、こは此日本のみならず世界を通じてなり、どうせ大袈裟に行くならば、世界唯一の日刊家庭新聞としては如何にと

近くに引越してきた平民社を、女子新聞社長中川が国光社に紹介したとの臆測はこれにとどめる。それよりも大事なのが、週刊『平民新聞』創刊号にある、社会改良団体直行団がつくられたという記事だ。

直行団なる者新たに築地二丁目廿番地を事務所として起れり主唱者は加藤時次郎氏なり四海同胞一視同仁の主義より社会改良運動を為し其機関として「直言」と題する雑誌を発行する筈にて大

沢天仙氏之れが編輯を担任すべしと伝ふ吾人は其発達を祈る

気にかかるというのは、直行団事務所所在地だ。国光社発行図書には、発行人橋本忠次郎の居所が築地二丁目二一番地、印刷人河本亀之助のそれを二〇番地と表記していた。二〇番地は社員の住居にあてられたらしい。亀之助が編輯兼発行人になった通俗宗教談発行所をおいたのは、二一番地ではなく二〇番地だったのだ。となれば、直行団と亀之助につながりがあると思わせる。

直行団事務所を築地においたという記事はこれだけで、四年一月五日発行直行団機関誌『直言』創刊号は、事務所を当分芝区明舟町一九番地に設けたとしている。ほぼ月刊だった『直言』四号まで印刷したのが国光社であれば、亀之助の関与を証明できるのだが、記載されていない。五号からは他社印刷所が明示された。

なお、直行団は二十代の文学青年が主力で、平民社が幸徳伝次郎や堺利彦ら新聞記者として鳴らした三十代だったのとはひと世代へだたりがあった。平民社の非戦、社会主義に共感を寄せながらもその渦の中には入りこまなかった人々である。機関誌発行兼編輯人原真一郎〔霞外〕は一八八〇年生、印刷人大沢興国〔天仙〕とは文学雑誌を通じて知りあったらしい。原が編輯実務から早くに退いたのは、成功雑誌社との兼務で多忙をきわめたからだった。原を助けて編輯にたずさわったのが白柳武司〔秀湖〕で八四年生、原と同じ早稲田に学んでいる。病で倒れなければ深く関わったはずの松岡悟〔荒村〕は、白柳らと社会主義学生による早稲田社会学会を組織している。白柳の友人で山口義三〔孤剣〕は八三年生、松本君平校長の東京政治学校に学んで普通選挙と社会主義を主唱した。

さきに示した、直行団創立事務所を築地二丁目二〇番地においたのが誤報でなければ、亀之助が平民社の外をとりまく団体に賛同したとも、また創刊当初機関誌を印刷しながら社名を秘したとも、いずれも推測ならなりたつ。

四　亀之助の裁量

1　社をめぐる紛糾

国光社が小学校教科書の版権を譲渡した帝国書籍は、調停者高瀬が引き継いだ。商号を五車堂と改めた再発足は一九〇三〔明治三六〕年一二月だった。まだ帝国書籍の販売権が取消されていなかったり、見込のある岡山、京都、和歌山、宮城、兵庫、山梨へ出張を分担したほか、貧しい家庭へ半価で売ったり施本する案を立てるなど、なんとか売捌いて資金を回収しようとしていた。大みそかに福岡、長崎へ派遣されたのが、金港堂から五車堂へ拾われた、のちの東京証券取引所理事長藍沢弥八だった。

慌ただしい歳晩が明けると、今度は前社長西沢之助が不服を申し立ててきた。教科書会社再編にあたって高瀬は先には調停者だったが、今は当事者だ。申し立てをはじめは掛合といっていたのが、やがて談判とかわった。二月、高瀬日記には西対橋本問題を協議する記事にまじり、対露戦捷報道が増えてきた。戦時下にあって、国光社をめぐって新旧社長が争っていたのだ。

そして三月、「昨今国光社重役側より橋本へ談判ノ件アリ、未決云々、同人ハ四面ヨリ攻撃ヲ受ル姿也」、交渉のなかみを日記は明かさないが、西が持つ雑誌『日本赤十字』を買い取るについて、その額を橋本は高過ぎると拒んでいたようだ。ともかく、同誌は西から橋本へ渡った。当然、編輯者、発行者、印刷者は国光社社員にかわるはずだが、すんなりとはいっていない。

一九〇四（明治三七）年
五月　一日発行　一三六号
編輯兼発行人　東京市京橋区南伝馬町一丁目七番地　鴨島実
印刷人　東京市京橋区南槙町二十番地　鈴木耕太郎
発行所　東京市京橋区南伝馬町一丁目七番地　日本赤十字発行所
五月一五日発行　一三七号
編輯兼発行人　東京市京橋区築地二丁目二十一番地　鴨島実
印刷人　東京市京橋区築地二丁目二十一番地　河本亀之助
発行所　東京市京橋区築地二丁目二十一番地　日本赤十字発行所
六月一五日発行　一三九号～
編輯兼発行人　東京市京橋区築地二丁目二十一番地　橋本忠次郎
印刷人　東京市京橋区築地二丁目二十一番地　河本亀之助
発行所　東京市京橋区築地二丁目二十一番地　日本赤十字発行所

西の門人である鴨島実は、いったん国光社へ入ったかにみられたのが、右のとおり締め出されている。西にとって我慢ならなかったのが、つぎの公告で明らかになる。

八月　一日発行　一四二号

弊所々長西沢之助辞任に付き今般阿多広介襲任せり此段稟告す

追て本誌は爾後益々改善を加へ日本赤十字機関たるの実を挙げ斯業の進捗を図り他方には赤十字叢書をも発行し以て読者諸君多年の芳志に酬ゐん事を期す／明治卅七年七月　日本赤十字発行所

日本赤十字発行所所長であった西を追出して、阿多に代えたのだ。弁護士北井波治目によると、「国光社創立者にして株主たる西沢之助氏より弁護士伊藤和三郎氏を以て拾万円横領の告訴をする如き事に到」ったのだ。警視庁へ呼び出されたのは橋本ではなく高瀬が先だった。七月二六日「前八時警視庁ニ出頭、第一部第一課也、傾〔頃〕日西沢之助橋本忠二郎を告発す、右本年一月中葛藤を生し漸く解決せり、十万円問題也、一度落着、西氏所持の赤十字雑志を国光社へ高価ニ売却し、調停済みたりと聞しニ、再び問題として告発せしと云、余は当時の事実を尋られ之に答へたり、この問題十日の菊なるべし」。橋本が召喚されたのは二九日で、八月五日に国光社へ検事が臨検して、帳簿を調べたと高瀬日記にある。公刊されている高瀬日記は一〇月末までだから、その後を知るには続刊を待つほかにない。

北井にもどれば、「債権者七十七銀行頭取大野清敬氏仲介に入り、拾万円は国光社の収入に認むる事となりしも国光社の株の大部分は橋本氏所有し、株式会社と云へ個人経営も同様にて当時七十七銀行側として大野清敬氏監査役たり」としているから、火種がなくなったわけではない。

2　山本瀧之助『地方青年』

国光社が新旧社長によってもめている間にはさまるのが、一九〇四〔明治三七〕年六月一〇日、山本瀧之助『地方青年』出版である。亀之助にとって、さらに裁量が大きくなっていく時期にあたる。

①沼隈の青年

亀之助は慶応三年備後国沼隈郡今津村に、山本は六年おくれて一八七三〔明治六〕年、同じ沼隈郡だが数里へだてた草深村に生まれた。ともに向学心に富む長男だった。両親と弟らをかかえた亀之助は、学歴を私塾大成館で了えた。山本の家はわずかな農地しか持たず、職工に出る父の稼ぎを頼りにする暮らしだから、小学校から先へは進めなかった。村にうずもれる暮らしに堪えがたい亀之助は、兄事する高島平三郎を追って東京に甲斐ある仕事を求めた。

高島や亀之助と同じように、学ぶのを好みながら進学できない山本が役場雇になったのは八八年、このとき十六歳だった。なかまとつくった雄弁会祝詞は山本が執筆した。「夫レ国会ノ開設ハ目前二十ケ月ニ切迫シ、憲法ノ発布ハ又之レヨリ早カルベク、立憲ノ政体ハ漸ク基礎ヲ固クシ、中央集権ノ弊ヲ除キ、地方分権自治ノ制度ハ正ニ明年ニ迫リ、其他内治ニ外交ニ実ニ変遷活動多事極マルモノト云フ可シ」。

亀之助が大成館に学びつつ小学校助教をつとめたと同じように、山本もまた小学校雇になるのだが、本意ではなかった。役場雇は村制が動き始めるまでで用済みとされ、年給二十四円、月二円の小使なら雇うと言い渡されていたのだった。東京へ出たい思いはつのる。役場のなかまと取り寄せていた雑誌『日本人』で知った志賀重昂へ食客依頼の手紙を認めたがかなわず、親の望みにしたがって就いた仕事だ。八九年、山本十七歳、亀之助は小学校を辞し、本家経営の郵便局につとめたころである。

村にとどまる山本は、小学校へ通えないまま過ぎたり、小学校を出たあと学ぶ場をなくしている青年の暮らしを知っていた。二十一歳になった九三年、村の新年宴会席上で、尋常小学校卒業生が学校や役場からかえりみられないまま、若連中というなかまにひき入れられていく様を憂え、少年会を設立する意見を述べた。

千百余戸ある村に小学校は三つ、山本が勤めていたのはそのなかで一番小さく百名足らずしかいない、しかも山本は准訓導であった。校長をさしおいて、村内三校卒業生を組織しようなぞ僭越のかぎりであるのを、やがて身にしみて悟る。郡長や県官、内務省、文部省の官僚ら、要職につく人びとへ建言して素志を貫く事の運びかたは苦い思いをもとに身につけていった。さらにいえば、村から離れられない山本が中央とむすび、各地をつないで在村青年を支え育てるやりかたは、この少年会に見いだせる。遺稿『青年団物語』の一節「日清戦争と少年会」に、草鞋を集めて献納し感謝状を贈られたのに続けて、青少年向き雑誌講読を村内、隣村に呼びかけて世話をし、投書によって各地少年会間の気脈を通じようと試みている。

沼隈郡における小学教員の先覚は高島平三郎だった。子どもを教え育てるのは学校だけではなく、村ぐるみでするものだと考えた高島は、青年男女や老壮年が寄り来る場にするため、夜学などを勧めていった。高島の教え子は八八年に青年共進会をつくって、青年団のさきがけとなったのである。「明治廿七八年頃には、草深（村名）の山本といふ人が、会の仕事を見に来られ」たとは『広島県沼隈郡神村青年団光栄誌』にある。

山本瀧之助による『田舎青年』著述は、都会に学ぶ学生だけが青年ではなく、その数百倍におよぶ田舎青年を励ます、つまり己れを鼓舞するものだった。附録に全国六百九十余の青年会一覧をかかげた『田舎青年』出版には、もうひとつ目的があった。本を作れば両親が喜ぶ、その喜ぶ間に事情を告げて学校をやめ、幾年にもわたってなやんだ眼病を治療するために東京へ出る、これだった。出版費用は、父が田畑を質入れして工面した。九六年五月に世に出たが、秋ごろから母は床に伏し、病が篤くなると、勧められる縁談を断りきれずに結婚する。出版は、結局は離郷をあきらめるのとひきかえになった。

②亀之助とのつながり

青年団づくりを全国にひろめていこうとする『田舎青年』を認めたのは、新聞日本記者五百木（いおき）良三だった。書評でとりあげて推奨したばかりでなく、一八九九（明治三二）年一二月三〇日、沼隈生の名で山本が呼びかけた読者組織日本青年会設立を後押しして紙上を開放した。時を経ずして五百名におよぶ読者が加わったという。以後日本附録たる週報が、山本ら各地青年会の動向を伝えて支えたのである。松山の人五百木は記者として日清戦争従軍日記をおくり、その俳味が編輯者正岡子規を動かしたとされる。飄亭の号をもつ。

その五百木のはからいで、山本が眼病治療を受けるために上京を果たすのは一九〇一年九月だった。五百木が話をつけていたのは、日本最初の眼科学者とされる東京帝大医科大学河本重次郎と、尾道出身で雑誌『医海時報』を経営していた田中義一だった。すぐさま手術をしなくてもよいと診断された山本は、五百木が寄稿するその雑誌編輯にたずさわる道をひらかれた。田中宅に寄宿して、編輯を手伝い、訪問記者となって働き、そこで軍医総監石黒忠悳（ただのり）の知遇を得た。

山本と亀之助とのつながりがはっきりしているのは、山本が帰郷してから雑誌編輯経験を活かして発行した『沼隈時報』改題『吉備時報』である。三年五月二八日発行の九号に、第四回特別賛助員／河本亀之助君（東京）、第七回賛助金／一金壹円（東京）河本亀之助君、と披露された。賛助を申し出るきっかけをさぐれば、ひと月まえ四月二八日発行八号「墓碑めぐり（二）冠山三吉先生之墓」がある。冠山がひらいた大成館で亀之助が教えを受けたのを知った山本がこれを送り、亀之助が返礼として賛助金を寄せたと考えてよかろう。山本在京のおり、すでに亀之助と面識を得ていたのかもしれない。

亀之助とつながりができると、六月二八日『吉備時報』一〇号は、新刊寄贈欄で、第五回内国勧業博覧会重要物産案内／是れ東京河本亀之助君の寄贈にかゝる、と紹介した。山本二著めの出版は、曲折をへて亀之助が窓口となって国光社から発行するにいたる。

③国光社刊『地方青年』

一八九六（明治二九）年出版『田舎青年』につづく『逆境青年』は、すでに九八年に初稿をものしていた。上京をひかえた一九〇一年七月二二日の日記に東京新声社から発行したい望みを書きつけている。相談したのは五百木だったが、良い返事をもらえなかった。逆境にあるのは山本その人だ。費用と出版元にゆきづまっている間に、『逆境之青年』と題する本が出版された。やむなく『地方青年』と改めて、学生書生と丁稚若連中との間にはさまれた青年である地方青年の役割を論じようとした。ふたたび動き始めたのは三年だった。

八月にはいると、日本紙上で知りあった、播磨雲門寺住職関弘道と手紙をやりとりするのが繁くなった。出資依頼と応諾であり、一〇月一日、京都書肆ふしみ屋がひきうけてくれるという報に接した。この年いっぱい、出版に向けて山本は、関ら知友と原稿をやりとりし、五百木に序文、石黒に題字を依頼する。しかし、明けて四年一月一〇日に白紙にもどってしまった。そこで一二日に亀之助に見積りを頼む手紙をだす。

ところが山本は、亀之助からの返事に不平を言いつのった。発売元で愚図〳〵する、と。出版部長友部伸吉が去ったあと空席であったにしろ、総務と営業両部長は、それぞれに権限を持っていたはずで、山本と交渉する窓口となっていた印刷部長亀之助は、そこにふみこむためらいがあったらしい。もうひとつ山本が案じていたのは、日露開戦だった。国事多難な時節に、不要不急ととられないか、やきもきする言葉が日記に書き連ねてある。

亀之助から校正刷が届き始めたのは二月一六日だった。山本は二一日に松永から電報をうった。「インサツタノム。カネイマヲクル。ヤマモト」。山本はもう出来あがった気になって、『吉備時報』三月一五日発行一八号から、自著広告を載せはじめていた。そこへ関から、教員が発行署名者になるのはだめだろうと、心配する便りがきた。亀之助が山本から周旋を頼まれたのは、この件だけではない。前年にいったん出版が白紙にもどされたので、序文を得るのも仕切り直しである。亀之助は、五百木や、久保田文部大臣、陸羯南に頼みなおしている。

印刷がたてこんでいたか、関の跋文に手間どったか、発行は六月一〇日、山本が受け取ったのは一五日だった。著者兼発行者は山本瀧之助だから、教員署名者一件は支障なかったことになる。印刷者河本亀之助、発行所株式会社国光社、つまりは自費出版物を国光社が発行元となって販売することで、亀之助が決着をつけたのだ。

山本はさっそく知友に送った。たくさん手紙を書いた。皇太子献上を考えた二七日まで十数日の間、毎日のように発送作業をすすめた。しかし手応えがない。七月六日ようやく二通、七日九通、八月に入っても来るべき手紙が届かない、と嘆いた。

3 週刊『平民新聞』堺美知追悼記事

新旧社長がもめているころ、亀之助は平民社にひき寄せられていった。それは、赤十字看護婦として広島病院で任務にあたっていた妻テルが、週刊『平民新聞』を持っていたのでわかる。テルからその切りぬきを示されたのは、戦地で貫通銃創を負った松本恒吉だった。広島病院に収容され、一九〇四（明治三七）年八月一九日から二九日までつづった療養日記をのこした。のちに国光社から出版する『征露土産』に収めたものである。

今夜〔八月二二日〕電燈の下に日記を書いて居ると、看護婦の一人は来りて其処に病衣を縫ふのである〔。〕それでだん〴〵話し合ふて見れば、彼女は東京築地であつて二三年前に東京赤十字社の看護婦養成所を卒業したので、此度召集せられて此処に服務してをるのであると。

自分がよく日記を書く事を見てか、

『貴君其日記を御本になさいましな、是非出版したいものです。若しお手数ならば私の極く能く知つた者が其方の事許りやつて居りますから、原稿さへ借〔貸〕して頂きますれば印刷いたさせます。』

なんだか大分に熱心らしい。

『ナニそれ程価値のあるものではない。』

といへば、

『イーエ、私は屹度面白い事であらうと思ひますの、なぜなら実地をお踏みなさつたお方がお筆まめにお書きになつたものですもの、一体新聞や雑誌のは話を聞いて書いたのですからね。どうしても物足りませんわ。』

といよ〳〵以て御熱心である。


あくる二三日の日記に、担当の看護婦六人の名をみな覚えたとあり、昨夜親しく話したのが河本てる子嬢だと明かした。テルが出版をうながすにつき、私の極く能く知った者に任せよとは、亀之助しかない。念頭には、通俗宗教談発行所や、二ケ月あまり前に亀之助が窓口となって山本瀧之助『地方青年』を出版したことがあった。

二四日に、松本はテルから新聞の切りぬきを手わたされる。

午前は読書午後は昼寝したるに、河本看護婦は一片の新聞切抜きを自分に示したのである。寝ながらに見れば、境〔堺〕枯川氏の夫人の永逝を、幸徳秋水氏によつて記されたる一文がある、其内に『嗚呼道子夫人、気高く美しかりし彼女、沈着きて言葉少く、而も極めて同情に富めりし彼女、彼女は如何にして其良人と其幼児とを捨て丶逝きしや、』又『其病勢甚だ宜しくなかつたにもか丶はらず其貧乏は随分に酷かつたにもか丶はらす、其心細さ、其淋しさ、其苦しさの如何許りと思ひやらる丶の境遇にあつたにもか丶はらず、予は彼女が曾て一語の愚痴を溢すのを聞かなかつた、曾て一滴の涙を拭ふのを見なかつた』などといふ文字がある。あ丶此切抜を、之れを今の時も身に離さずに持つて居るのは如何。頗る感動を与ふべき事ではあるまいか。自分は此切抜を読んで暫時恍惚と目を閉ぢたるに、いつか不思議にも妙なる音楽が聞かれて奇しき香の煙を浴びせられ、むら〳〵と一個の天使を認めた。気高く美しく、沈着きて言葉少き而も極めて同情に富める道子夫人の化身でもあらうか、否々はや此人は此世に棲むべくもあらぬが、併し此切抜きを自分に示したる其人はなにやら道子夫人にも劣らぬ清く優しき女性なるらしく思はれたのである。全く此女性は清浄に潔白であらねばならぬ。一体看護婦の職務は神聖にして精灑なるものだ。此処に真心を込め力を盡してひたすら戦に傷き戦に病めるものを労り看護しつ丶ある事さへ殊勝なるに、此間にも此切抜きをして身を離さぬといふは、其心事の如何に高潔にして其情緒の如何に濃厚なるや。思ふに嬢の看護には幾多の病者は、生くべし。あ丶あ丶卿等こそ、まこと生ける天使ならんよ。

切りぬきは三日前の二一日付週刊『平民新聞』だった。堺の妻美知を道子と誤ったもとは幸徳による追悼文であり、松本はそれを違わず写し取ったのがわかる。念のためにその記述を重ねあわせておく。

嗚呼道子夫人、気高く美しかりし彼女、沈着きて言葉少なく、而も極めて同情に富めりし彼女、彼女は如何にして其良人と其幼児を棄てゝ逝きや
此春枯川が入獄する前から、其病勢甚だ宜しくなかつたのにも拘らず、其貧乏は随分酷どかつたのにも拘らず、其心細さ、其淋しさ、其苦しさの如何ばかりと思ひやらるゝ境涯に在つたのにも拘らず、予は彼女が曾て一語の愚痴を溢すのを聞かなかつた、曾て一滴の涙を拭ふのを見なかつた、唯だ其衰弱の日に増し甚しく成り行く状を見たものは、如何に彼女が心中無限の悲痛を包んで居たかを察せずには居られなかつた

堺美知が亡くなった神奈川加藤病院は、直行団をつくり、平民社の財政を支えた加藤時次郎経営にかかる。加藤は美知の療養や娘真柄の養育にもあたって、堺とつきあいを深めていた。
療養日記を出版する話には河本看護婦と名を明かしながら、看護婦にして基督教信者に言いおよぶと、松本は配慮をみせた。テルが切りぬきを示した翌日、八月二五日である。

看護婦にして基督教信者であつたので、看護婦と基督教問題が談ぜられた。其要旨に云ふに、一

体看護婦といふと基督教といふ事が聯想せらるゝのであるが、今の赤十字社看護婦には基督教信者は至つて稀にして、而も其者も一般からは敬して遠ざけられて、自身も反つて秘して談ぜずという情況であるが、基督教信者たる看護婦の言ふ所も亦聞くべしである。其語る処に依ると、〔重病者や伝染病者を看護する困難・略〕初めが程こそは同情あり熱心ありても、終には嫌悪して其職を去るか、然らざれば同情も熱心もなき看護婦となる事である、茲に至つて同情と熱心とを保持し此天職を自覚して此天職に楽しまんとするには、どうしても人間の力殊にかよわき婦人の力を以てしては為し能はざる事であるから、即ち神を信じ神の力に依るに外ならずと。かくてこそ其高潔も認められ、其心中も察せられて其人が奥ゆかしいのである。

看護婦にしてキリスト教信者とは、テルだろう。他の看護婦には語れぬ信仰談をなしたのは、前日の切りぬき一件があったからと考えてよい。非戦に立つ『平民新聞』そのものが、口にするのをはばかられただろうから、テルとはふみこんだ話をしていたのだ。

松本は、藤岡緑野教会牧師を招いた禁酒演説会を開いて自らも公徳禁酒との演題で登壇していた。時は開戦前夜、四年一月一六日、つまり松本が戦傷を負う半年前、所は郷里長幡小学校、村長や戸長が召集した聴衆三百、長幡小学校長は非常の大酒家なりしが此の度断然禁酒し此の運動の中堅となりし、と伝えられた。発起者には篤信の人がおり、県境の川を渡って一里半余を元日の早天祈禱会に歩んで出かけたというから、松本が教会員でなかったとしても、そうした人と親しく交わっていたのだ。

さて、亀之助が平民社から受注したのは、週刊『平民新聞』だけではなかった。対露非戦によってしだいに孤立に追いこまれていくと、部数が伸びなやむのを補うために、啓発冊子平民文庫の発行を試みたのだが、その多くを国光社が印刷した。しかし、本誌ともども発売禁止処分を受けて差押えられれば、発注した平民社からの支払いが滞るのは予期されるところで、重ねて言うに上得意ではなかった。

4　小泉三申主宰『経済新聞』

亀之助が国光社支配人だとするのは小泉策太郎〔三申〕だ。日露戦争好況をとらえ、「株式、米穀、商品、三取引所の活ける商業の報道機関」をめざして、一九〇四〔明治三七〕年一一月に『経済新聞』を週刊で発行した。小泉はのちに印刷所を自営するとき、創業をふりかえって印刷発注の困難を想い起こしたなかでマネージャー河本君を語る。

印刷所を何処にすべいか、とは経済新聞創業の劈頭に、社中が尠からず苦心した問題であつた、固より此広い帝都だから印刷所の数は雨る程有るが、それを選擇すると扨思ふやうには行かない、彼か是かと較べた所で、築地の国光社、此処なら設備も完全、社長もマネージヤーの河本君も我輩の知人、殊に勘定もこせつかないと云ふので交渉を試ると、大に快く相談が出来、即ちそれと定まつて、一昨年〔一九〇四年〕の十一月上旬に初号を出した。

ところが受注は三号で終わる。右につづけて小泉が言うには、普通の雑誌とちがって週刊ではあっても相場の動きを逃さず伝える、生きの良さを売りものとしていた。土曜に相場をみて編輯にかかり、日曜の遅くとも午後三時には刷り上げて発送にかかる、いわば日刊新聞なみに作業をすすめなければならなかった。国光社はそうした新聞印刷に慣れていなかった。国光社の苦労を気の毒に思った小泉はやむをえず、かつて万朝報を印刷した明教社に頼みこんで、一一月二八日付四号から発行した。

その『経済新聞』一週年紀念号発行まぎわに明教社が火事で焼ける。本紙とは別だて紀念号を印刷したのが秀英舎と国光社だった。さて本紙印刷をどうするか。それを再び引き受けたのが亀之助で、およそ七ケ月、小泉が自前の印刷会社を創めるまで受注したのだ。それが三協印刷株式会社で『経済新聞』印刷をはじめるにあたり、再び小泉は亀之助を語った。

広い東京に、只この小さい経済新聞の印刷を安んじて托される所は二三ケ所に過ず、殊に此方が進む位の所なら先方も繁昌、おまけに忙しい盛りの年末とあるから納まりが附かない、其時の艱難辛苦は言語に絶した、ソレを国光社の河本君が気の毒がつて、無理にもやれぬ事は有るまい其れ程困るならモウ一度骨を折てみようと引受けてくれたので地獄で仏の感想で再び其処へ持込み、爾来今日に迨んだといふのが、経済新聞の印刷歴史である

亀之助を吾輩の知人という小泉がどこでつながりを持ったかをさぐれば、『経済新聞』創刊一年前に国光社が印刷をひきうけた週刊『平民新聞』にゆきあたる。小泉の友人幸徳伝次郎〔秋水〕だ。平民社を支えたひとりの小泉が、戦争景気にわく兜町を根城に経済情報紙でひと旗あげたのだった。幸

徳の妻千代子「小泉三申氏の追憶」は、人となりをこうしるす。

三申小泉策太郎氏がこの世を去られてから、すでに十年余りの年月が過ぎ去つて居る。小泉氏が幸徳秋水と刎頚の交りのあつたことは、余りにも世間周知のことであるが、秋水の死後〔大逆事件処刑後〕、私までが直接間接並々ならぬ世話になり続けて来た。曾て『中央公論』に掲載された誰れかの『小泉策太郎論』の中に、小泉氏が私に米塩の代を恵まれて居る由が書いてあつたが、事実秋水の死後、この世の生活に悩まされ続けた寄る辺ない私は、図々しくも悪濃いまでに小泉氏の袖に縋つた。しかしその都度、何時も私に救済の手を差し延べられたばかりではなく、思ひ掛けない時に多額の金子を恵与されたことさへ屢々あつた。過ぎ去つた曾ての日を回顧する時、五十年来の鴻恩を心から感謝すると共に、無量の感慨の中に追憶を新たにせずには居られない。

小泉が病のため創刊号へ寄稿を果たせなかった週刊『平民新聞』とは、形といい週刊発行といい、姉妹紙の感あるのが『経済新聞』だった。亀之助が請けおったのは週刊『平民新聞』印刷一年間の経験からだろう。両誌、両者に関わりをもつのが早稲田社会学会や直行団の一員で、『直言』編輯にたずさわっていた白柳武司〔秀湖〕である。後年編んだ小泉の全集解題にこう書いた。

『経済新聞』は普通の新聞紙を二つ折にした大きさ〔四六 - 四倍〕で、前年の月も同じ十一月十五日に創刊号を出した『平民新聞』と全く同型、週刊といふところまでが全く同じであつた。

曾て板垣の『自由新聞』社に机を並べて仕事をし、一篇の連載小説を半分づ丶分けて作り合ひ、一椀の天丼を仲よく分けて舌鼓を打つた秋水と翁とが、十年流離萍逢の後、一方が有楽町の黴くさい大名長屋で第二インタナシヨナルのむしろ旗を押立てれば、他方は兜町の熱鬧場裏に金儲虎の巻の金看板を揚げる。有為転変、はかり難きは人間の運命とはいへ、これはまた余りにも皮肉な浮世の相だ。それにしても、『平民新聞』と『経済新聞』とはその編輯振りがよく似て居た。如何にもよく似て居た。巻頭論文の組方、短評の置所、漫録・雑報・の追込みまでがそつくりそのまゝに出来て居た。

5　週刊『平民新聞』筆禍

国光社が印刷した『経済新聞』は一九〇四〔明治三七〕年一一月七日創刊、その前日発行週刊『平民新聞』五二号発売頒布禁止命令が下されたのは九日だった。秩序壊乱の罪を問う新聞紙條例第三十三條に違犯するとされた記事は、「小学教師に告ぐ」「所謂愛国者の狼狽」「戦争に対する教育者の態度」三篇だった。さきに二〇号「嗚呼増税！」によって同じ條例が適用され、発行兼編輯人堺利彦が軽禁錮二箇月の刑に服していた。

今度の筆禍における厳罰方針は控訴公判で明らかになった。第三十三條よりきびしい第三十二條によって、発行人、編輯人、印刷人、さらに印刷器〔機〕械没収、つまりは国光社にまで累が及ぶに至るのだった。

第三十二條　皇室ノ尊厳ヲ冒瀆シ政体ヲ変壊シ又ハ朝憲ヲ紊乱セントスルノ論説ヲ記載シタルトキハ発行人編輯人印刷人ヲ二月以上二年以下ノ軽禁錮ニ処シ五十円以上三百円以下ノ罰金ヲ附加ス／本條ヲ犯シタル者ハ其犯罪ノ用ニ供シタル器械ヲ没収ス

一二月一〇日に開かれた控訴公判において、検事によって印刷器械特定のため証人喚問が申請された。国光社印刷部門の責任者はいうまでもなく亀之助である。二四日に開く第二回公判に、証人として亀之助召喚が決まった。病気療養中の亀之助を、検事が出向いて訊問した事実は、次の公判報道にのこる。

去廿四日東京控訴院に於て第二回公判開廷、証人国光社印刷部長河本亀之助氏病気にて出廷せざりし為め、裁判所は検事の申請に依り、受命判事をして証人の病床に就き訊問せしむる事と為せり、午後再び開廷、裁判長より証人訊問の結果につき読み聞かせありしに、検事は証人の指定したる其器械を差押へられたしと申請し、裁判所は直ちに其手続に及びたり、それより引続き開廷して弁論に入るにつき弁護人と検事との間に多少の論争あり、結局延期して一月六日開廷のこととなれり

明けて五年一月六日、国光社所有の十六頁摺印刷器械没収の判決がくだった。被告幸徳伝次郎は一三日、演説会で印刷業者に及ぼす多大の恐慌をうったえた。「今後の印刷業者は印刷の依頼ある毎

に一々原稿を検閲して法律に抵触するや否やを鑑別せざる可らず、若くば依頼者より印刷器械の代価に相当する保証金を預り置かざる可らず、印刷業者が斯る危険不安の地に陥ることは、露国と申す野蠻国の外、廿世紀の世界には類例なき所なればなり」。弁護人花井卓蔵、卜部喜太郎、今村力三郎は、没収は不法だと主張した。刑法に、犯罪供用の物件は犯人の所有に係り又は所有主なき時の外之を没収することを得ず、と規定している、印刷器械が国光社所有なのは明らかだから、被告人の所有物でも無主物でもない、と。

しかしながら大審院は二月二三日に上告を棄却して、刑は確定した。発行兼編輯人西川光次郎は軽禁錮七箇月、罰金五十円、印刷人幸徳伝次郎は同五箇月、五十円、国光社の印刷器械は没収と決まった。国光社印刷部長亀之助にとって業務上の実損もまた、これによって動かぬものとなった。堺が書いた三月二四日の平民日記によると、印刷器械は公売にかけられて二百五十一円で払い下げられている。新聞一部三銭五厘の価格から想定すると、限られた読者の専門紙だから、現在の駅売り新聞より割高と考えて一部二百円とすれば、百五十万円ほどになる。

6　印刷器械没収余波

記事によって印刷器械を没収されるおそれがあれば、印刷業者は受注をためらう。同業者は週刊『平民新聞』の版型が四六四倍判で十六頁刷器械で印刷していたのを報道によって知っていただろうから、いくらの損失であるのかすぐにそろばんをはじいていよう。そのとおり、秀英舎が、友誌『社会主義』の印刷を断わっていた。『社会主義』の前身は、秀英舎佐久間貞一が与るところ大きかった労働組合期成会機関『労働世界』である。もとの主宰者片山潜は渡米のために、その編輯や、渡米事業、幼稚園事業のみならず、子どもの養育にいたるまでを山根吾一夫妻に托したのである。山根は平民社社員であったが、片山の請をうけてまる二ケ月で退いていた。断られ困惑した山根は国光社に持ちこんだ。頼んだ相手は、小泉策太郎が我輩の知人という、マネージャーの河本君、にちがいない。一九〇四（明治三七）年二月三日号は囲み記事にいきさつを記した。

> 平民新聞朝憲紊乱云々の判決の為め国光社印刷器械没収されんとの記事万朝紙上に出たる為めに十一月二十一日／秀英舎は雑誌社会主義の印刷を断り来る／国光社為めに義を見て為ざるはとの勇気を以て吾人の印刷を引受られたり此の雑誌は之が為めに蘇生したるものなり

義を見て為せざるはといえば、およそ二十年ほど前に沼隈郡で開かれた教育祭における亀之助演題はこれだった。山根からの急な求めに応じた国光社は、それ以降も印刷を請けおった。

山根は新聞記者や小学教員をへて二年に石川正作が経営する東洋社の記者となり、著書『オルガン使用法及修理法』をもつ。石川は国光社で編輯にあたったほか、教科書採定をめぐる事件に関わり、新聞記事には社員とするものもあった。のちに国定教科書翻刻会社東京書籍社長になり、教科書蒐集につとめて東書文庫の基をきずいた。亀之助、山根、石川、ともに慶応三年生まれだった。

平民社同人は、秀英舎が『社会主義』の印刷を断わり、国光社が引き受けたのを知っていたはずだ。紙上日誌には、堺利彦が暮れの二八日に、国光社から鶏卵一籠到来したと書いている。平民社への陣中見舞は、印刷器械没収処分を招いた五二号事件ばかりか、五三号共産党宣言訳載筆禍事件、社会主義協会禁止、平民社創立一周年紀念園遊会開催禁止、さらには演説会中止解散があったためであろう。

新聞そのものの発行は、支援者である医師加藤時次郎によって続けることができた。週刊『平民新聞』六四号を以て五年一月二九日に廃刊、その一週間後に加藤が主宰する社会改良団体直行団機関誌を、発行所を直行社、発売所を平民社とする週刊新聞『直言』二巻として再出発させたのだ。しかも週刊『平民新聞』とは同じ版型にしていた。看板かけかえだった。

直行団機関誌だった『直言』を印刷していたのは秀英舎だった。『社会主義』に続けてこちらも断わっていた。請けおったのは国光社である。印刷部長亀之助は縁を断たなかったのだ。社総体からすればさしたる損失ではないと社長が判断したのか、役員も止めなかったのか、それとも亀之助が押しきったのか、よくわからない。

こうした国光社にたいする印刷器械没収の賠償を、平民社はどのように考えたか。公売されてしまった印刷器械の弁償をはたすには、やはり一括払いのゆとりはない。五月一四日、誌上において、五箇月分割を基金募集によってしのごうと読者にうったえたのだった。

斯くて吾人は今僅に運動基金五百数十円を有せり、而して国光社には毎月（五ケ月間）五十円の賠償を為さゞる可らず、平民社には毎月五十円或は百円の補助を為さゞる可らず、而して猶他に共産党宣言事件に於て二百四十円の罰金を払はざる可らざるの虞あり、是れ吾人が敢て同志諸君に急訴する所以也公売価額二百五十一円を賠償すると明言した平民社は、その五ケ月のちに解散した。

7　亀之助と平民社をめぐる人々

平民社が国光社に賠償金分割払いを始めた一九〇五〔明治三八〕年、平民社をめぐる人々に関わる著書や雑誌を、国光社は印刷した。

七月二日発行『荒村遺稿』は、労働運動や社会主義運動に関心を寄せた松岡悟〔荒村〕が若くして亡くなったのを追悼して、知友に出版費用を募って編まれた。松岡は同志社中学の恩師安部磯雄を慕って早稲田大学高等予科に進学、安部の導きで社会主義協会に入会、早稲田社会学会を発起した。編纂兼発行人白柳武司を早稲田で知り、印刷人山口義三とは演説会で出逢った。大町桂月の門弟田中貢太郎が評するに、平民社時代に社会主義に投じた書生の中で、山口孤剣、白柳秀湖、松岡荒村の三人は頭角を抜いていた、とする。

『荒村遺稿』が発売頒布の禁止と刻版差押え処分を受けたのは、発行から一週間ほどたった七月一〇日だった。「国歌としての『君が代』」が安寧秩序をみだすとされたらしい。印刷した国光社へ担当官が来たとき、立ちあうのは当然ながら亀之助である。工場では、何ごとかというより、またかと息をひそめて遠巻きにしたと想像する。白柳らは、すでに大半を発送しただろうから、差押え分の返金は少なく、国光社へ支払いが滞ることはほとんどなかったと考えられる。それにしても綱渡りにはちがいない。

国光社への賠償を終えるはずの十月、平民社は解散した。つき動かしたのは講和反対運動だった。領土割譲と賠償金獲得要求を満たさずして講和を結ぶ政府に、屈辱講和の声をあげた。増税と徴兵にひきあわぬ講和條件を伝える新聞報道への不満は、九月四日に大阪、調印がおこなわれた五日に東京、日比谷公園で開かれた国民大会で高まる。治安警察法によって禁止を命令された大会はおよそ三万人を集め、内相官邸や国民新聞社に迫り、市街電車、交番を襲った。戒厳令が布かれて報道が制限され、在京日刊紙をはじめ週刊新聞『直言』また停刊処分を受けた。国光社印刷器械没収のもととなった筆禍事件で軽禁錮七箇月に処せられていた西川が二六日に出獄するのを待ち、一〇月九日に解散式をおこなったのだ。

しかし、白柳と山口が相談して創刊を決めた雑誌『火鞭』の印刷発注をみると、国光社ことに亀之助への配慮をうかがわせる。二号まで日本印刷が印刷、一一月一〇日発行の三号から国光社が印刷し、印刷者には亀之助がなった。つなぎに終わった日本印刷は、山口が七月一五日に平民文庫の一冊として発行した『社会主義と婦人』を印刷した会社だった。これはわずか三日後に発禁処分をうけている。危ないと予期したものは日本印刷に発注し、『火鞭』が二号まで無事出せたのを確かめてから国光社に委ねた、そうつごうよく推察する。

この『火鞭』印刷を引き受けた一一月には、旧平民社員による社会主義二誌をも国光社が印刷を始めた。ひとつはキリスト教社会主義者石川三四郎が木下尚江や安部磯雄に支えられた月刊『新紀元』であり、ひとつは凡人社を興した西川光次郎と山口義三らによる半月刊の『光』である。平民社解散後、幸徳伝次郎は渡米、堺利彦は研究に専念、新たな担い手となった第二世代が矢面に立った。翌年堺が創刊した『社会主義研究』も国光社が印刷したから、国光社は平民社系印刷会社と半ば誤解される理由はここにある。

『火鞭』『新紀元』『光』と国光社が印刷を始めた五年一一月、もう一誌、竹久茂次郎〔夢二〕が編輯に携わった『ヘナブリ』を逸することができない。一一月一〇日創刊、一二月三日二号から『ヘナブリ倶楽部』と改題、竹久が関わる五号まで国光社が印刷した。改めてのべる。

五　国光社退社

金尾文淵堂は一九〇七〔明治四〇〕年に『仏教大事典』予約出版でつまずいて店をたたんだ。そのために亀之助と弟俊三は職を失った。俊三は金尾文淵堂店員、印刷を請けおった国光社印刷部長亀之助は引責退社した。

1　金尾文淵堂主　金尾種次郎

金尾の家業はもと大阪心斎橋に店をかまえる仏教書肆であったが、文学に親しみ思西の号をもつ種次郎は、発行した文学雑誌をとおして平尾徳五郎〔不孤〕やその友薄田淳介〔泣菫〕、角田謹一郎〔浩々歌客〕らと交誼を深めていった。初めて出版した文学書は薄田の詩集『暮笛集』だった。「赤の輪郭との二度摺四六版の横本、装幀は赤松麟作氏の油絵風のものを石版十数度摺にして色の絹糸で綴ぢ」た仕上がりを思いどおりだと自足する金尾は、もうけより美しい本をつくりたいがために本屋をいとなんだ。石塚純一著『金尾文淵堂をめぐる人びと』口絵に色刷で書影を収めてあるのは、装幀や挿画にくふうをこらして美しい本をつくるのに力を注いだ金尾の業績を伝えるためである。

しかし凝ったつくりは元手がかかる。売れたにしても次の美本にもうけを注ぎこむから、端からみれば危うい自転車操業そのものだった。一九〇四〔明治三七〕年に大阪から東京へ出てきたのは、文学書を広く手がけたかったからだろうが、巷のうわさでは、大阪朝日懸賞小説当選作大倉桃郎『琵琶歌』の出版権ひとつを携えただけ、新橋駅を降り立ったとき懐には僅か一円四十銭、と、まことしやかに伝えられる。確かなところでは、召集を控えて郷里玉島に在る薄田への借用証二百三十五円が残る。ただし返された形跡はないそうだ。署名帖『芝蘭簿』に金尾は、「信仰　仏／希望　出版業者として完全に／長短　短、ぐづぐづすること／最幸　本が出来て来たとき／最非　原稿を人にとられたとき」、と書いた。本が好きでたまらないのを自認している。

その金尾が、一〇月三日に有楽町の平民社へ手みやげ住吉踊をもって訪ねていた。大阪住吉大社にまつわるみやげだから、東京へ着いたばかりだったようだ。平民文庫の一冊、木下尚江の小説『火の柱』はこの年春に出版され好評をもって迎えられているから、筆達者が多い平民社へあいさつに訪れたか、児玉伝八〔花外〕『社会主義詩集』発禁のあと、金尾を励ます同情録を『花外詩集』に寄せてもらったお礼かたがた訪れたのだろう。

金尾が明くる五年二月に東京で出版を始めてから、印刷を発注したのはほとんど秀英舎だった。国光社へきりかえてゆくのは一一月で、京橋区五郎兵衛町へ移転してからだった。皇居外堀に架かる鍛冶橋東詰で、築地本願寺向いにある国光社からさほど遠くなかった。荷車を人がひく時代だから、書肆からすれば印刷所は近いにこしたことはない。平民社解散後に版権を得た木下尚江『良人の自白』など、六年に十五点、七年、亀之助退社までにも同じ数ほど発注しており、秀英舎よりかなり多くなっている。ほかにも雑誌『早稲田文学』を六年から、同じく『日本及日本人』を七年から国光社で印刷させている。

『早稲田文学』発行元となるについて、内情を明かしたのは当初編輯にたずさわった近松秋江だ。世間から見限られている己の信用を回復しようとして、島村抱月に泣訴したという。島村は坪内逍遥後継と期待され、英独に学んだ人、五年九月に帰国すると東京日日新聞月曜附録文芸欄を担当するかたわら『早稲田文学』再興計画にあずかったのだ。根負けした島村が出した條件は、編輯を一任すること、編輯費二百円を月初めに渡すことだったと伝えられる。

2　金尾文淵堂店員

店員に高い学歴ある若者はいなかった。なにしろ月給十余円だ。そうではありながら、金尾がのぞむ才能ある人材だった。

河本俊三は亀之助の弟、国光社が印刷した平民社発行誌あるいは冊子と、平民社を支援した木下尚江の著作出版を金尾がもとめたつながりから、結びついたのだと考えられる。薄田鶴二は、金尾が大阪で発行した文学誌『小天地』編輯者である兄泣菫の詩集発行を縁として入った。安成におくれて店員になった荒畑寒村は往時を想い起して、薄田泣菫の弟で陸軍の下士あがりが、満州軍総司令部電話係として従軍したおりの軍談一席に興じたさまを描いている。中村春雨夫人の弟安井とまでわかっている店員は、岡山出身で、キリスト教伝道師になった蔵太だろう。姉孝子は、お茶の水女子高等師範学校に勤務するバイオリニストだった。この四人については、店員時代をおもいおこした回想などを見つけられなかった。

かなりくわしく書き残しているのがふたり、安成二郎と中山三郎である。金尾文淵堂が発行する『早稲田文学』と『日本及日本人』二誌を担当した店員が、長府藩士の子、大館中学を中退して東京へ出た安成二郎だった。『金蘭簿』に書きこむよう金尾に頼んだのが安成だ。安成は原稿を国光社へまわす係で、二誌責任者は、『早稲田文学』が相馬御風、『日本及日本人』は井上亀六だったという。締切までに原稿をまとめて届けてもらえないので、組や活字指定を安成がしたこともあったそうだから、亀之助とは顔なじみになったはずである。月給は十三円、のちに示す別の回想に十五円で働いたと書いている。

安成と国光社とは、それ以前から細くはあるがつながりを持っていた。国光社が印刷した、火鞭会、早稲田社会学会、トルストイ会機関である文学誌『火鞭』を通じてだ。火鞭会を発起したのは安成ではなく、直行団員だった山口孤剣と白柳秀湖のふたりだが、白柳の早稲田人脈が輪を広げていった。安成二郎の兄貞雄や宮田暢である。貞雄は在学した早稲田の図書館で週刊『平民新聞』廃刊号を読んで感ずるところあって以来、早稲田社会学会に入って白柳や宮田を知ったのだ。『火鞭』発行にあたっては、宮田の兄脩が与った。成女学校に勤める宮田脩が主宰したトルストイ会には、貞雄も加わっている。

長男貞雄は早稲田進学を許されたのに対し、二郎は中学中退後すぐに働きに出た。金尾に勤めるきっかけになったのは、宮田兄弟のまたいとこである内田魯庵のもとでした筆耕だった。「先生の使いで京橋の書肆金尾文渕〔淵〕堂へ行ったがそれが縁で「あの使ひに来た青年を店員に欲しい」と言はれ、私は文渕〔淵〕堂の店員になり、出版書の奥付の広告や新聞広告を書くことになった」のだ。安成は金尾文淵堂を通じて縁を結んだ人々を折にふれて書き記しているが、一九〇七〔明治四〇〕年、亀之助退社をひきおこした破綻のあと再び勤めたらしく、ために記憶ちがいが回想に埋めこまれている。たとえば、九年に出版された内田訳『二人画工』の筆耕料を「京橋五郎兵衛町金尾文渕〔淵〕堂にて貰ひたり。それが縁になり、同年、予、文渕〔淵〕堂店員となり、月給十五円を得」たとしているのだ。別のところでは「大正三〔一九一四〕年、内田魯庵先生の縁にて書肆金尾文渕〔淵〕堂の店員とな」ったとも書いた。当人が書いたものを鵜呑みにできない一例である。ただし、店員に亀之助の弟がいたと書きとどめたのは安成の功である。

店員であったころをくわしく語ったもうひとりが中山三郎だ。神戸教会で書記をつとめていたころ知り合ったのが永代静雄で、同志社から早稲田に学んで佐藤緑葉を知った永代をめぐり、店員安成と中山はことに親しみをましていくのだ。

3　店員中山三郎と国光社

中山三郎は一八八四〔明治一七〕年生まれ、津和野藩士だった父を十二歳にしてうしなった。養父のもとで高等小学校を卒業して、兵庫県庁につとめたころ神戸教会で信仰を得、書記となった。牧師宅に寄寓したのだが、教会改革に関わったがために居場所をなくす。

私の最も畏敬した〔て〕ゐた淡路の病詩人一色白浪兄に事を相談し、兄も私にひどく同情して、東京の中村春雨氏に私の事を依頼してくれられた。春雨氏は一面識はないが、私の同郷の先輩である、そして文学者であり作家である、私も上京して然ういふ方面に一歩でも近づくことが出来たら非常に幸福だと思つた。

中村は、かつて大阪毎日新聞懸賞小説に当選したとき、金尾が出版したつながりをもっていた。金尾に話をつけた中村から一色に電報で連絡があり、年末おしつまっての急報にためらった中山を一色が励まして、住込の小僧兼番頭に雇われた。一九〇五年暮、初仕事は再興『早稲田文学』発送荷作りだった。

その中山は店員になってわずか三ケ月、二十三歳にして百芸雑誌社を興した。確認できた出版物は『百芸雑誌』二冊と、文学雑誌『火鞭』が諸氏への設問回答をあつめた『恋愛観』一冊あわせて三点で、いずれも国光社が印刷し、印刷者を亀之助がつとめた。百芸雑誌社の所在地は金尾文淵堂と同じ、東京市京橋区五郎兵衛町二二番地だったから、軒先を借りて出版したことになる。国光社社員である亀之助が、通俗宗教談発行所から雑誌を出しているのと同じだ。

『火鞭』は三号から国光社が印刷した雑誌で、平民社をとりまく青年が編輯にたずさわった。白柳秀湖、山口孤剣、宮田暢、安成二郎の兄貞雄らだ。金尾文淵堂と平民社とを結びつけたのは、荒畑寒村や安成二郎だとする説があるが、荒畑が店員だったのは数ケ月にすぎないし、安成が中山を評して、営業を担当してずっと世間知りだったというように、番頭をつとめた中山こそ実務に長けていた。出版と販売で平民社と関わり、印刷を担った国光社とつながりをもっていたのは中山だ。その中山が平民社に集う人びとへ尊敬の念を、晩年こう語っている。

そのころの運動に最も活躍し、又は非戦論を唱えた人を挙げて見ましても、内村鑑三、安部磯雄、矢野文雄、片山潜等の老先輩といい、木下尚江、幸徳秋水、加藤時次郎、堺枯川、西川孝〔光〕次郎、大杉栄、山川均等の中堅どころといい、いずれも人格の香り高く、今なお想起して懐しさ、親しさを感ぜしむる人ばかりでありました。従ってすべての調子が上品であつて、大きい輪廓があつて、人を引きつける力が十分にありました。苟くも斯かる思想運動をリードする頭目は、やはり斯うした人格を有する、所謂「人物」でなければならぬことを痛切に思わせるのであります。

わけても西川光次郎〔不惑あたりから光二郎〕に親しみを覚え、運動から離れて修養を重んじた西川が自働道話社を興して機関誌を発行すると、その読書会に夫婦ともども参加し、誌友拡張をたすけるなど交誼を厚くしている。

中山経営百芸雑誌社にもどす。『恋愛観』出版には、発行所表記について亀之助がふりまわされた感がする。編輯にあたったのは火鞭会宮田暢、上篇は『火鞭』誌上に載った回答を再録、下篇はそれに加え『丁酉倫理会講演集』から兄脩らの論文を採った。当初、六年三月初旬に金尾文淵堂から発行する旨、『火鞭』誌上で予告された。国光社が印刷し亀之助が印刷者となってからだ。それが中旬にる。

延び、発行予定日が消え、定価三十銭とだけ定まった。ところが、金尾文淵堂から定価三十銭と定めた広告を載せた同じ号に、百芸雑誌社から同じく火鞭会編輯『両性問題』を同じ定価で出版するという広告を併載したのだ。『火鞭』読者からすれば、金尾文淵堂『恋愛観』は六月一日に、所在地も同じ百芸雑誌社から出版されたらしいのを、四日以降に在京各紙広告をとおしてはじめて知ることにな

国光社としては、雑誌広告は顧客の指示どおり載せればよかろうが、『恋愛観』奥付表記は確定してから印刷して製本にまわさなければならない。亀之助は現場に待ての指示を出しつづけたか、あるいは金尾文淵堂と刷ってしまったのをあわてて百芸雑誌社に差し替えたりしただろう。そこからさきは亀之助の与り知らぬことではあるけれども、発行元を金尾文淵堂だとかんちがいしたのが、百芸雑誌社の広告に苦言を呈した当の丁酉倫理会だ。百芸雑誌社が、丁酉倫理会の恋愛観を集めたと広告したのに対し、会とは関係なく数名の会員による論文が収められただけである、と断わって新刊紹介をしながら、金尾文淵堂刊と誤ったのだ。

中山にとって図書初出版には、亀之助をまきこんだこうしたごたごたがあった。ただし意気はさかんで、各紙に広告を載せた。金尾が指南したからだろう。日本、万朝報、東京日日新聞、東京朝日新聞、東京二六新聞、それに国光社が印刷している社会主義中央機関『光』である。売行きはあて外れだったらしく、これ以後百芸雑誌社から出版したのを確かめ得ない。

へこたれぬ中山は、わずか二ケ月をへた六年七月末に京華堂書店として再出発し、印刷を国光社にゆだねた。いずれも印刷者は亀之助だ。舟橋水哉『倶舎哲学』、三宅磐『都市?』、一色義朗〔白浪〕

『頌栄』、水野龍『南米渡航案内』、である。このうち一色の宗教詩集は、金尾へ橋渡ししてくれた恩返しとなる。いずれにせよ、金尾に頼った出版である。

国光社とのつながりはそこまでで、七年に出版した伊藤銀月『現代青年論』は博文館印刷所、直行団員だった原霞外が日刊平民新聞に連載した、新派講談をまとめた『船来乞食』は印刷所を記さず、発行者印刷者ともに中山三郎であった。五月に発行したこの二点で終わったようで、『早稲田文学』五月号に載せた京華堂書店近刊書目の幾点かは、金尾文淵堂から出版された。金尾文淵堂書目に組み入れられたのだ。やがて母屋の金尾文淵堂そのものがぐらつくのは、『仏教大辞典』予約出版がつまずいたためだった。

それにしても、中山が興した二書肆と金尾文淵堂の発行点数は少なくなく、杉本書店や梁江堂（のち杉本梁江堂）、それに前川文栄閣との発売元契約、さらには版権譲渡など頻繁であったのをふりかえると、止まれば倒れる店主金尾種次郎ゆずりの自転車操業だった。

4　仏教大辞典予約出版の頓挫

金尾の祖は仏教書肆だったから、文学書刊行だけでおわるつもりはなかったようだ。金尾の腹案は、日本文学中にあらわれた仏教術語を、四六判数百頁の小辞典にまとめるというものだった。これを文学士鈴木暢幸に持ち込んだのが一九〇六（明治三九）年で、秋には予約募集の見本を作るところまですすんだ。鈴木と往来のあった望月信亨に編輯依頼したのだが、ここから企画がふくらんでいく。望月の提案によって四六倍判本篇千五百頁、これに二、三百頁の仏教大年表を附す、と改められた。

予約を募る一二月末にむけて、金尾は作業を着々と進めていき、新聞に広告を載せた。予約期限を七年二月一〇日、製本期限を七月末日と予告したのである。払込方法によって予約特別販価を六円から八円に設定し、正価十五円は期限の二月一〇日の広告に示した。こうして予約が四千に達したので、二月二五日から一ヶ月間、二次募集をおこなった。製本期日をそのままにしたが、頁は二百ふえて千七百、販価も九円にあげた。

望月が諸方に依頼した原稿は、四、五月ごろには幾千項目と集まってはいても、「余りに皆簡にして義を尽さず、又重複あり矛盾あり、文体も区区にして一定する所」がなかった。ここで望月は方針のあやまりに気づき、雑誌編輯と同じようにはいかないのを悟って、小辞典から大辞典への転換を図る。そうなると予約金をつぎこんでなお編輯費は足らぬ。望月が金尾から受けとる金が、六、七月には滞りはじめた。中途で放りだすわけにもいかず、望月は借金をして急場をしのいだ。金尾は、冬に大阪の同業者に出資を依頼するから編纂を続けるように望月に乞うた。

ふりまわされたのは出版を支える用紙、印刷、製本、販売などの受注業者だ。予告された製本期限七月末日を過ぎると、読売新聞は八月二日、「既に大部分は某活版所にて印刷中の由なるが発行の期は尚二三ケ月を要す可し」と報じた。某活版所が国光社であるのは、一〇月七日に万朝報が、仏教大辞典はどうなるか、と題する記事にかかげた債権者一覧によって判る。

負債の総額は約六万円に達したりと聞くが其中の主なるものは左の如し
△金九千円国光社△金一万円大阪杉本書店△金六千円前川文栄閣△金四千円田原洋紙店△三千円

植木製本所△金千五百円弘報堂△金千五百円京華社△□〔欠・金〕三百円秀英舎△金百円伊藤銀行△金一万九千円仏教大辞典予約金
文淵堂の主人金尾種次郎が是等の債権者に対する態度は頗る不埒横着を極め何れも憤慨せざるはなき中にも植木製本所の三千円の如きは、金尾が植木に約手の裏書をさせて高利貸より金を引き出したるものにて、植木は是れが為に高利貸より責められ、差押へをさるゝと云ふ騒ぎに幾度となく金尾に談判を試むれど酢の蒟蒻のと云ひ脱れて真面目に対手とならぬに非常に迷惑し居れり、此外に又木村五郎吉と云ふ木版印刷師は、文淵堂より受取るべき金四十八円に対し会計河本某なるものが主人金尾の代理として東海銀行の小切手を振り出したるに、早速銀行へ行きて見れば預金は一文もないとの事

国光社より多い一万円の大阪杉本書店とは、金尾が金策にはしった同業者で、綱島梁川、木下尚江の著作版権を金尾から得て杉本梁江堂と改めた書肆だった。六千円の前川文栄閣は金尾がしばしば借用におよんで、杉本と同様の取引をした。記事にはまた、金尾の代理として会計河本某が小切手を振り出したとあった。国光社から木版印刷の仕事をまわしたので、元請けとして亀之助が会計事務を肩代わりしたのだと思われる。別の記事には、肩書きを国光社会計部主任兼支配人としている。

5　辞表提出

一九〇七〔明治四〇〕年七月末日、『仏教大辞典』製本期限は守られなかった。金尾文淵堂が発行元

となり、亀之助が印刷者であった『早稲田文学』は、一〇月一日号社告によって、発行所を本社に引取る旨が宣せられ、印刷所を国光社から日清印刷に替えた。『日本及日本人』も、一〇月一日号から印刷所を国文社、発売元を隆文館に改めている。金尾文淵堂発行雑誌はその破綻によって、印刷した国光社も契約破棄されたのだ。九月二〇日号に印刷所を国光社に代えると予告した『黒龍』が、もとどおり国文社に印刷させたことから、亀之助をあてにしていたのがわかる。亀之助退社は、国光社にとって小さくはなかった。

一〇月はじめに国光社印刷職工が起した同盟罷工は、遠因に亀之助の辞職があったと万朝報が報ずるところである。仏教大辞典はどうなるか、を掲載した同じ七日の同頁、隣り合わせの記事だった。全文をかかげる。

五日午前十一時国光社の職工が工場に暴込みし事は昨報の如くなるが其原因は元会計部主任兼支配人の河本亀之助が或仕事を請負ひしに先方が金を支払はぬより重役間に押着起り其結果河本は辞職せしが此際職工一同は何故河本を辞職せしめしかとて同盟罷工を企て其後河本の後釜に堀源太が入りて印刷部監督の松岡清之助（廿八）を会計部幹事と為して月給を増たるに職工等は松岡一人を増給して我等の月給を上ぬは怪からぬと云出し印刷部職工卅人は去月廿八日に松岡に増給を迫りしに去二日増給の件は不許可と定りしより印刷部職工卅人は鉛版部職工十人鋳造部職工三人と相談して再び歎願せんとて印刷部職工卅名の内高岡次郎吉熊沢源次郎等九人が代表者となり三日に松岡迄増給歎願書を出したるに松岡は岡沢印刷部主任にも相談せず職工等に何の返事もせ

ざれば職工等は三日四日の両日協議の為欠勤したるに四日夜に至り右九名及び鉛版部の十人鋳造部の三人が松岡の独断にて解雇せられしかば代表者九名は松岡を殴打せんと決議し一昨日午前十一時工場に乱入し代表者の一人大野愛男は会計部にて松岡を殴打したるに巡査急報に接して駈附け大野を取押へたり、其後同社より示談となし大野は直に放免となり昨日文選部の者印刷部の残廿一名にて仕事を始めしも捗取らず未だ不穏の模様あるより同社より其筋に依頼して巡査を借受け警戒を怠らず又一方には秀英舎の印刷部幹事岩崎福松が頻りに調停策を取り居れりと云ふ

調停にあたった秀英舎の岩崎福松は、一九〇一年発行『かまくら及江の嶋』印刷人だった。亀之助が国光社印刷工と第二回遠足会を記録した冊子である。当時は同僚であったらしく、住所を同じ築地一丁目一八番地としていた。後年にとんで縁のついでをいえば、紛擾の当事者の一人松岡清之助は、亀之助が出版業洛陽堂主として出版した『夢二画集　都会の巻』を印刷した公木社主その人である。

万朝報と同日、読売新聞も、職工の不満が待遇だけにあったのではなく、「実際の原因は先月辞職せる河本某といふ事務員ありて賃金の値上げよりも実は其河本が会社と折合悪しく遂ひに退社したるに同情を寄せたる結果なりと推測せるものも」あったとし「河本退職一件より斯る紛擾を醸せりとするも河本をば再び事務員に採用するが如き事は出来ず」と書いた。亀之助は事務員にされてしまった。万朝報にあるとおり、亀之助後任堀源太はかつての支配人だった。事務員にかえて元支配人をすえるはずがない。

こうして亀之助は退社した。負債九千円による引責辞任を、追悼録は金尾存命に配慮したか、出版

業者某と記すにとどめた。関寛之、高島平三郎ともにそう濁した。

関寛之「河本亀之助氏の生涯」

然るに君は自己の高潔なる心事を以て人を推すの良性あるにより、出版業者某を信じて、之が為に自己の許す範囲の有ゆる便宜を与へたるに、彼の失敗により、会社の免ける損失に対し自ら責を引き、十有余年苦心経営に成れる国光社を、極めて冷酷なる待遇の下に潔く辞するに至れり。辞表提出は明治四十年九月にして、全く関係を絶ちしは翌四十一年なり。君が退社は極めて公明正大にして、背信によりて君が厚き友情を売られしによる。然るに君は其後も尚ほ彼に同情を注ぎたり。嗚呼君は仇敵をも憐む基督の愛を体得せるなり。君が退社を聞くや、職工等は悉く休業して進退を共にせむとせるも、君は彼等に其非なるを懇諭せり。

高島平三郎「追悼録」

後、国光社を去るに至つたが、それは決して、君に何等の後めたい事のあつたのでは無い。君の性格として自己を以て人を計る故、或る出版業者に同情して、君の権限内に於て出来得る便宜を与へてやつたのに、其の出版業者の失敗から、会社の受ける損失が君の上に影響し、終に、君は多年苦心して築き上げた活版所を、冷酷なる待遇の下に潔く退いたのである。

関が記すところでは、辞表を提出した一九〇七年九月からなお、全く関係を断つ八年まで、残務整理にあたった。

国光社発行図書の印刷署名人が亀之助から守岡功に代わったのは一〇月八日発行木村伸子『刺繍教科書』がはじめで、雑誌『女鑑』は一一月三日発行一七年一一号から同じく守岡に交代した。『女鑑』誌における竹久夢二との関係は改めて述べる。

山根吾一経営『社会主義』改題『亜米利加』は年明けあたりまで国光社で印刷している。印刷器械没収事件によって秀英舎から断られたのを引き受けて以来のつながりは、亀之助退社に至ってなお山根が次を見つけるまで保たれたのだった。残務のひとつである。

6　俊三と獅子吼書房

誠文堂新光社社長小川菊松は、一九五三〔昭和二八〕年に『出版興亡五十年』を著わした。この人は一八八八年東茨城郡川根村生まれ、丁稚奉公からのたたきあげで永く出版業界にあっただけにその消息に通じていた。出版文化へ貢献した金尾文淵堂〜予約出版法制定の動機も作つた、と題した章をもうけて、一九〇七〔明治四〇〕年秋に破綻した金尾文淵堂店員の身の振りかたに言い及んでいる。

金尾文淵堂は遂に不渡手形を出してオジギをした。「仏教大辞典」だけは切りはなして、兵書出版書肆の武揚堂小島棟吉氏に、債務弁済の代償として譲渡し、発行を引うけてもらつたが、その他は自分で処理しなければならぬことになり、いろ〳〵手を尽くしたが、情態が悪いだけに再起が出来ない。しかし店員六、七名は約五カ月間一文の給金も貰わずに、復活に懸命の協力をした。その頃の店員気質であるが、実に美しいものであつた。金尾氏も万策つきて、二葉亭四迷の「平凡」の発行権を金三百円で如山堂今津君に売り、これを一同へ涙金として分配して、店を畳んでしまつた。

薄田鶴二、中山三郎、安成二郎、河本俊三、安井蔵太、荒畑寒村は職を失った。荒畑が一〇月に、吉弘白眼が社長をつとめる大阪日報記者になると、安成は荒畑を追いかけて社長宅に寄寓して同紙記者となった。中山は八年早々友人永代静雄とふたりで大阪へ会いに出かけているが、俊三にそのゆとりはなかったようだ。中山は永代よりひとあし先に東京にもどったとされるから、東京に残った薄田と俊三が南小田原町に下宿をさがして開業準備を進めていた。

その頃私は、金尾文淵堂の残党薄田鶴二（泣菫の令弟）河本俊三の二人と、三人相組んで獅子吼書房といふ書店を開業、京橋区築地本願寺裏の南小田原町に三人同宿の居を構へてゐたのであるが、それは牛込柳町の多摩川館といふ下宿を引払つて間もないことであつた。

これは中山三郎（のち泰昌）が、田山花袋の小説『縁』へ書きこんだ中で語られた。田山が弟子にとった岡田美知代と恋人永代静雄をモデルにして自然主義文学の代表作とされる小説『蒲団』を著わして以来、連作したひとつが『縁』で、神戸教会で知り合った永代の友人中山が登場する。虚実とりまぜて歪められたことへ憤る思いが書きこませたのだ。

獅子吼書房から薄田泣菫の文集『落葉』出版にこぎつけたのは、八年二月二〇日だった。一二月一五日薄田淳介、鶴二共編『名家書翰集』まで六点のうち三点が泣菫著作、しかも発行人はすべて薄田鶴二だった。安成は応援にまわった。瀬沼夏葉『チェホフ傑作集』を企画したと回想にある。新刊発行はその年限りらしいが、翌九年三月に『落葉』再版を出したという。俊三は獅子吼書房解散のあと、兄亀之助がはじめた事業をたすけるが、それがいつかははっきりしない。洛陽堂発行図書印刷者として現われるまで、どこで働いていたかのかもわからない。

7　『出版興亡五十年』代筆者中山三郎

出版文化へ貢献した金尾文淵堂～予約出版法制定の動機も作つた、において五ケ月無給で働いた店員をえがいた小川菊松『出版興亡五十年』には、消滅した著名出版社～活躍した思い出の数々、と題する章がある。二十五社のひとつに洛陽堂がとりあげられた。

洛陽堂＝築地にあつた教科書印刷所の国光社の支配人河本亀之助氏が、同社を退社して創めた書店で、雑誌「白樺」同人の著書や、高島平三郎氏の心理学等、良い本を出版し、氏の歿後は氏の実弟河本俊三氏が、神田で古本店経営の傍らこれを継続し、某氏の「基督教」の図書を出版し非常に売つたものである。河本亀之助氏とは交友が極めて少なかつたので記憶がないが、舎弟俊三氏とはしばしば会つた。書生肌ではあつたが、商売には熱心な方であつた。

この本を代筆したのが小川より四歳年長で業界のうらおもてに通じた中山三郎であるのを知れば、

読みかたが変わる。清田啓子「資料紹介　花袋「縁」中の一モデルの証言」あとがきに、わたしの義務かと思う、と前おきして中山の略歴を記したしめくくりに、こう明かされた。

戦後はのんびりと質素に暮し、小川菊松著「出版興亡五十年史」のゴースト・ライターをつとめたりして、昭和三十三年十二月二十五日、肺炎で亡くなった。／この中山三郎（泰昌）はわたくしの外祖父である。

古稀をむかえようかという中山が、越しかたゆく末をおもい、小川の回想にしのばせるように、逸してはならぬ事どもを著したのが『出版興亡五十年』だった。功はいくつもあるが、河本兄弟についていえば、ひとつに金尾文淵堂で働いた俊三ら店員が語らなかった事実を、中山の名を出さずして後世に伝える役を果たした。もちろん行間には、私慾にはしることなく、ただただ美本をつくるのを生きがいとした金尾種次郎の人となりを伝えている。もうひとつ、洛陽堂という出版社があったのを書き残した。神田で古書店を営んだのは俊三ではなく、のちにキリスト教を普及する図書を出版した哲夫だったのは措き、共に店員として働いた中山だけでなく、小川もまた同業者として俊三に会っていたのがこれで分かった。

この項を閉じるにあたり、小川が見て来たようには書けないはずの逸話をひとつかかげておく。

金尾氏が、これと見込んだ原稿には、あらゆる手段を講じて、つかみかゝらんとする執念と、その機敏さには、大に学ぶべきものがある。大正の初期、渡辺霞亭氏が大阪朝日新聞に「渦巻」を掲載し初めるや、隆文館が早速その発行に関して交渉に行くと、まだ掲載三、四回目であつたに拘わらず、金尾氏はその先を越して、菊版二三頁の見本組を作り、渦巻のカットまで入れて持参し、発行を懇請していた。所が隆文館の使者は、文淵堂の最初からの番頭さんをやつた中山君で、ハタと当惑してしまつたとの事であるが、同じ交渉に行くのにも、組見本まで作つて行くという機敏さは、一寸真似の出来ないことである。

金尾が幾度めかの倒産をしたので、発行権は隆文館に移った後日譚をはぶく。

六　千代田印刷所

1　創業と金尾種次郎

国光社へ辞表を出したのが一九〇七〔明治四〇〕年九月、残務をかたづけて全く関係を断ったのが八年、亀之助の日記を手許において追悼録を編んだ関寛之によれば、父の死が印刷所開業を決意させたように読み取れる。

君が生涯の第四期は来れり。創業時代は来れるなり。国光社にして若し君が意の如く経営せられしならば、或は君は一介の会社員に止みしならん。退社は却りて創業を生みしなり。

明治四十一年十月二十六日、厳父を喪ふ。日記に曰く、

「我を生みし父は今将に幽冥の人とならんとす。而して幾多の歴史を後にして、何等苦心に思ふ事なくして、眠るが如くにして逝けり。噫………。」

君は国光社を辞してより、四十一年末、遂に意を決して自ら独立の印刷所を麹町区麹町二丁目に営み、翌四十二年準備全く成りて、二月二日より事業に着手す。千代田印刷所これなり。洛陽堂印刷所の前身たり。

一九〇八〔明治四一〕年、活版業界は不況のあおりを受けていた。一二月二九日東京朝日新聞によると、秀英舎や築地活版製造所、それに国光社など大きな活版所はまだよいとして、臨時出版をあてにした小活版所は青息吐息だという。見込みがあって創業したというよりは、つぶしは利かぬと腹を括った感がする。

千代田印刷所所在地は麹町二丁目九番地、皇居半蔵門外に位置する。四谷に至る麹町通に面した一画で、となりに麹町署があった。印刷所名は皇城の地にちなんだと思われるが、もうひとつ代表者藤田千代吉に重ねていたかも知れない。一四年ごろ藤田が病気によって退くと、亀之助の弟俊三が代表となり、洛陽堂印刷所に改めているのだ。亀之助と藤田とは共同経営者ではなかったかと推察する。というのも、亀之助が用意した開業資金では足りないからだ。

追悼録によれば、蔵書三千余冊を売り払って得た六百金をもとにしたという。平民社の筆禍事件で公売にかけられた十六頁刷印刷器械は、二百五十一円だった。となれば、中古で二台買える額にすぎ

ない。六百円は資本の一部に充てたにすぎず、工場、活字、用紙などに要した費用を工面しなければならなかった。藤田もまた出資したと考えるゆえんである。とはいえ、老父母と弟妹のために実入りの多くを費やしてきた亀之助が蔵書を手放す意味を、高島平三郎は重々承知していた。「自己の享楽というては、殆んど絶無といふ程に、素朴の生活をして居たが、天性好める蒐集癖のみは、継続して居た」のだ。

蔵書を売って開業資金にあてるしかないのを亀之助に教えたのが、ほかならぬ金尾種次郎であるのを、三十年余りのちに明かしたのは宇野浩二『文学的散歩』である。宇野が事情に通じたわけは、亀之助と関わるくだりで述べるとして、金尾の指南をぬきだす。

さて、前の章に述べたやうに、その頃（明治四十一二年頃か）築地印刷所の重役をしてゐた、河本亀之助は、金尾をあまりに信用し過ぎて、金尾に大きな穴をあけられたのが元で、築地印刷所を引いて、洛陽堂といふ出版屋になつた。しかし又、河本が、洛陽堂をはじめる時に、その資本として、蔵書を売る智慧をつけ、その相談をしたのも、前に書いたやうに、金尾であつた。

亀之助退社をめぐる誤伝のもとをつくったはこの回想だ。築地印刷所の重役は、国光社印刷部長あるいは会計部長、支配人であり、退社後洛陽堂創業は、先に千代田印刷所を開業をして併営、というのが事実だった。宇野が金尾と親しくなるのは後年なので、再興金尾文淵堂が千代田印刷所に仕事をまわしたのには通じていなかった。洛陽堂創業までに三点、創業後に二点ある。

仏教大辞典破綻による各社負債をかかげた新聞報道に、九千円国光社、三千円植木製本所とあったが、千代田印刷所が色刷をひきうけた『愚禿親鸞』は、洛陽堂創業直前一一月一六日に出版された。製本は植木瀧蔵とある。植木製本所主人だろう。金尾のいわば罪ほろぼしにつきあう亀之助のほかに、植木もまた連なったとみる。

しかしながら再興金尾文淵堂は、盤石とはほど遠かった。宇野が早稲田で得た友人広津和郎が、自伝に当時の金尾を伝えている。父柳浪が新聞に連載した小説を出版するにあたり、金尾が装幀の相談をするために広津宅をたずねたときのことだ。連載前篇最終回が八年一二月三日、単行本出版が一〇年一月一日だから、相談は九年晩秋から初冬にかけて、洛陽堂創業前の千代田印刷所に仕事を持っていったちょうどその時期にあたる。

一方の広津とて、柳浪ら硯友社の時代は去り、田山花袋ら自然主義文学が迎えられる世に移っていたから順境にはない。出入の米屋への払いが滞ったために和郎が初めて一升買いに出かける、という自伝前章に続いて金尾を思い出すのだ。

> 本の装幀などの相談で、私も父の書斎に呼ばれて行つたが、私を驚かしたのは、前に見た金尾とはまるで別人のように彼が変つていたことであつた。今は大阪ぼんちという風采は何処にもなく、番頭縞のよれよれの木綿の羽織と著物を著て、しばらく理髪しない五分刈の髪が、櫛を使わないためにぼさぼさと立つているし、余り髯の生えない質の顎に、一本々々数えられる程度に、ところまんだらに無精髭がのびていた。唯近眼鏡をかけた眼が、昔のように人なつこくにこにこして

いた。そして顔付は前より薄汚れていたが、案外年を取つていなかつた。

出版にこぎつけたものの金尾はなかなか印税を払わない。和郎は使いに出されて麹町区平河町五丁目五番地に金尾を訪ねる。

赤坂見附上から三宅坂の方へ坂を下つて行くと、左手に麹町通の方へ抜ける道がある。その道を麹町通の方へ曲ると、直ぐ左側に路地があり、その中に格子戸を並べた長屋建ての家が続いているが、金尾文淵堂はその長屋の一軒であつた。最初は金尾文淵堂というからにはちやんとした店構えの家であろうと思つて、表通ばかり探したものだから、なかなか見つからなかつたが、念のためと思つて、路地の中に入つて見ると、意外にも、一軒の格子戸の上に金尾の表札を見つけたのである。私はその家を見た時、ここに印税の催促に来るのは、相当難儀なことだと感じたものであつた。

あとは広津にゆずる。

2　印刷発注者

金尾種次郎が蔵書を元手の一部に充てるのを教えて、亀之助が千代田印刷所を開業したのは一九〇九〔明治四二〕年二月二日だった。金尾が亀之助に仕事をまわした一〇月一日発行『新秋』ま

明治四十二年九月二十六日印刷
明治四十二年九月二十九日發行

（非賣品）

著者兼發行者　東京府荏原郡大崎町百八十三番地　高島平三郎
印刷者　東京市麹町區中六番町二十五番地　河本龜之助
印刷所　東京市麹町區麹町二丁目九番地　千代田印刷所

高島加壽子追悼録『涙痕』書影〔高島平三郎私刊　高島禎子氏蔵〕

で、磯部甲陽堂や楽山堂書房が亀之助に発注していた。ほかにもあろうが、発行所を調べる手だてはあっても、印刷所となると出会い頭をあてにするしかない。

調べたかぎりでいえば、いちばん早く亀之助に仕事をもちこんだのは磯部甲陽堂で、おもに娯楽ものを手がけ、落語集や声曲文芸叢書として、端唄、長唄、清元、常磐津集などを出していた。徳田秋声著『多恨』は開業二ケ月余の四月発行、ついで九月大倉桃郎『離合』、これは装幀を竹久夢二が手がけた。そのあと一〇月高橋淡水（立吉）『壮絶非絶　白虎隊』とつづく。洛陽堂創業後も、一〇年七月高橋による『勤王志士　奇兵隊』を千代田印刷所が受注しているが、印刷者は亀之助ではなく、藤田千代吉に代わっている。この間、山本瀧之助が『地方青年団体』とほぼ同時に、亀之助を介して磯部甲陽堂から常識カルタを出版したそうだが、この印刷も受注したかもしれない。

亀之助と磯部をつないだかにみえる高橋立吉は、備後松永の出身だった。松永小学校で高島平三郎に教えを受けた。高橋は高島や亀之助と同じように地元で小学校教員となり、志をたてて上京したのも同様、高島は学問、亀之助は印刷と出版、高橋は文筆のみちを選んだ。六年二月『成功』雑誌「教育家高島平三郎君決死奮闘立志談」取材執筆者だった。この年八月、雑誌『教育時論』で知られる開発社から出版した『時代文学史』を国光社が印刷し、亀之助が印刷者をつとめていた。高島を通じて高橋とは面識があったものと思われる。

磯部甲陽堂についで、さらに広文堂書店が高島平三郎著『児童心理講話』一〇月一日刊七版を千代田印刷所にかえていた。初版は五月一八日、三協印刷株式会社が印刷、小泉策太郎が買収した印刷所である。高島の口利きというより、小泉が譲ったような気がする。『経済新聞』の印刷で亀之助にはしばしば無理をきいてもらった返礼だ。

高島が千代田印刷所に頼んだのは、母を追悼する『涙痕』だった。一周忌にあたる命日九月二九日を期して発行、葬儀における各氏の弔詞と、高島がユニヴァーサリスト教会増野悦興（ましのよしおき）の求めで青年教育機関誌『成民』に寄せた追悼文「母の教訓」を収めた。亀之助の友でその上京を上野で迎えた杉江俊夫が、母校同志社図書館に一二月二三日『涙痕』を寄贈しており、現在の同志社大学今出川図書館に所蔵されている。

その一二月に受注したのが楽山堂書房発行高橋淡水著『古今東西今日之歴史』であるのは、偶々であるとは考えにくい。発行者大戸作逸が、かつて竹久夢二が編輯した『ヘナブリ倶楽部』に関わった、築地二丁目二一番地を居所とする大戸三省その人であるなら、同番地にあった国光社社員だろう。

二章　註　印刷業

一　国光社印刷工

1　創立者西沢之助

・西沢之助と川崎又次郎の縁戚については、「西の夫人繁子の弟にあたる川崎又次郎」とされる（『相模女子大学八十年史』一九八〇年）。

・西には門人鴨島実による「西沢之助先生略伝」がある（川崎又次郎編『国光余影　西翁略伝並遺稿』一九四一年西千里私刊）。国家神道確立を説いた折の肩書は神道本局視察員だった（西『陳志』一八八八年・翻刻所収一九八八年岩波書店『日本近代思想大系』五巻）。

・川崎が門下生となった副島種臣の生涯を追ったのが草森紳一で未完の評伝がある。文学誌『すばる』には一九九一年七月から九六年一二月まで、『文学界』に二〇〇〇年二月から三年五月、さらに『表現』（京都精華大学表現研究機構）に「明治十一年の文人政治家副島種臣」を七年七月に開始したものの二回めの八年五月が絶筆となった。

2　印刷部

・国光社印刷部を発行雑誌に明記したのは一八九二（明治二五年）年二月下旬だが、明治一五年創立、資本金三〇万円とする国光社の広告がある（週刊新聞『直言』二巻三〇号一九〇五（明治三八）年八月二七日）。印刷鮮明、期日正確、価格低廉、誠実勉強としながら、印刷部とは記していない。国光社本体創立が明治一五年だったらしい。ただし、雑誌『国光』創刊が明治二二（一八八九）年なので疑問がのこる。

・国光社所在地東京市麹町区平河町五丁目一六番地を住所とするのは、川崎又次郎〔一八九二年宮地厳夫著『祭天古俗説弁義』奥付・発行者〕、西沢之助〔『精華』一八九二年二月号～発行兼編輯人〕、平松寛三〔同号～印刷人〕、山根勇蔵〔同年三月号～編輯人〕がいる。
・印刷部所在地隼町二二番地を明記するのは一八九二年四月二日発行松平定信『退閑雑記』のみ。同年発行宮地厳夫『祭天古俗説弁義』、会沢恒蔵『閑道編』上下とも、印刷者平松寛三の住所が印刷部所在地と同じだった。
・ガス機関を導入した印刷機は、『細川活版所100年の歩み』に拠った〔一九八六年〕、細川活版所初代社長細川芳之助は、元国文社支配人だった。実際に工員として働き労働組合期成会を組織した片山潜は、『ある回想』でその経験を語った〔上巻一九六七年徳間書店・一九二九年～三二年にソビエト連邦で執筆〕。
・国光社によるキリスト教排撃は、一八九一年八月八日創刊『女鑑』「発行の趣旨」に明示されている。欧化政策のもと女学校において、「従ふところの教師は、西洋婦人にして、就く所の学校は、耶蘇教会なり。未一行の書牘だに解し得ずして、先欧語を修め、朝夕の礼節もしらずして、交際を衒らふ。政治、法律学バざる可からず。理、化、哲学究めざる可からず。男子已に国家を経営す、女子豈社会を造成せざらんやと。先輩は之を導き、後学は争ひて進む」、と批難して「女鑑は、貞操節義なる日本女子の特性を啓発し、以て世の良妻賢母たるものを養成するを主旨とす」るのを明らかにした。
・「御断り〔印刷工場新築移転〕」『国光』五巻三号一八九二年一一月二五日

3　経世社併営

・国光社西沢之助が引き継ぐ以前の経世新報社創立事情は、佐々木隆「第一次松方内閣期の新聞操縦問題」によって〔『東京大学新聞研究所紀要』三一号一九八三年〕、「規約、記、活版所収支予算〔経世新報社〕」〔一八九一年一〇月一二日付・翻刻『松方正義関係文書』一一巻所収一九九〇年大東文化大学東洋研究所〕を参照した。終項には「本社会計上ノ監督ヲ受クルハ勿論其他社員ノ進退幷ニ聘傭解雇等総テ指揮監督ヲ受クベシ」とある。松方が渡辺国武に監督不行届きをただした書翰は一八九一年一一月一八日付〔翻刻「渡辺国武関係文書（二）」『社会科学研究』一八巻五号一九六七年三月二日〕。

・日刊『経世新報』発行状況はつぎのとおり。創刊は一八九一年九月九日、九二年三月一二日に一三五号を発行したものの、一三六号は五月一日、そのあと一六九号を六月六日、一七一号が八月七日と途切れた。終刊らしきは九月三〇日二〇三号〔国会図書館蔵〕。「十月以来休刊すること、殆四週」とは『国光』誌掲載「日刊新聞経世新報革新広告」にある〔五巻二号一八九二年一一月一〇日〕。

・経世新報社が創刊した『日本赤十字』発行所の変遷は、一八九一年一二月二九日一号経世新報社、九二年一月二九日二号日本赤十字発行所〔経世新報社と同番地〕、九二年二月二九日三号汽関社〔発行兼印刷人は経世新報社社長中島新一〕、九二年三月一九日四号日本赤十字発行所〔発行兼印刷人中島新一・発行所は汽関社所在地〕、九二年五月一〇日五号日本赤十字発行所〔発行兼編輯人中西正樹〔経世新報社社員〕・発行所経世新報社と同番地〕と定まらなかった。

・国光社、経世新報社、日本赤十字発行所、東邦協会をつなぐ人脈をさぐると、東邦協会創立発起人のひとり陸軍歩兵中尉小沢豁郎は、渡辺国武のいとこ。経世新報社が発行した『日本赤十字』に翻訳を寄稿したほか、発行兼印刷人をつとめた。一八九二年七月九日『日本赤十字』六号と八月一八日七号、経世新報編輯人上田将は前後して発行編輯印刷いずれかの名義人となっている。西が会員となったのは『東邦協会報告』第五〔一八九一年九月〕、他に、陸実、福本誠、志賀重昂、三宅雄二郎、杉浦重剛、花房義質、頭山満、富田鉄之助、大竹貫一、小川平吉、大橋新太郎、嘉納治五郎、松方正義、佐久間貞一、佐野常民、品川弥二郎、東久世通禧らがいた。

・西が引き継いだ紙名は、はじめ経世新報社発行経世新報のまま予告された〔『国光』五巻一号一八九二年一〇月二五日〕。ついで経世社発行経世新報に変わる〔同誌五巻二号同年一一月一〇日〕。所在地はいずれも麹町三丁目九番地だった。一一月二六日、経世社発行経世名で創刊。紙名を経世新聞とするのは『副島種臣全集』著述篇Ⅲ解題〔二〇〇七年慧文社〕で、典拠不祥だが、西に依頼された品川が松方へ送った書翰だろう〔本文引用一八九三年三月二六日松方正義宛品川弥二郎書翰・翻刻『松方正義関係文書』八巻書翰篇（三）一九八七年大東文化大学東洋研究所〕。書翰にある国民協会は、干渉選挙当選議員らで組織した政党、会頭西郷従道、副会頭品川弥二郎。

・品川弥二郎は国光社から出版している。義弟平田東助との共著『商工経済論』で（一八九六年）、発行者成沢唯次、印刷者は亀之助だった。品川の妻は山縣の妹というつながりもあった。
・西は経世社内に日本赤十字発行所をおき、経世直接購読者に『日本赤十字』を贈呈すると広告した（『日本赤十字』一二号一八九三年二月二五日）。日本赤十字社佐野常民の元老院会議発言は、再引吉川龍子『佐野常民』に拠った（二〇〇一年吉川弘文館歴史文化ライブラリー一一八）。

4　小学校教科書出版

・『国光』創刊当初の専売所だった金港堂は（一巻一号～六号、七号～非記載）、当時教科書出版の最大手だった。さらにいえば、そのころ『国光』を印刷した東京築地活版製造所へ、金港堂が出資した都新聞が編輯所をおいており、同紙主筆日置（へき）政太郎を『国光』に招くというつながりがあった。
・国光社検定申請本については、『国光』の久米攻撃と国光社歴史教科書記述に関して詳述した竹田進吾「国光社と歴史教科書」（『歴史評論』七一一号二〇〇九年七月一日）に拠った。
・副島種臣は、国光社の教科書出版に関わった一八九二年に、内務大臣をつとめた。松方内閣の選挙干渉をめぐる品川内相退任をうけてのものである。副島は選挙干渉に関わった地方官処分を求めたので内務官僚と対立し、わずか三ケ月つとめただけでおわった。
・東久世通禧が名義貸しに終わらなかったとは、国光社発行雑誌『精華』に「小学国史と小学修身の経典と教授法」を載せて宣伝した（二六号一八九四年二月七日）。

5　築地移転

・築地二丁目二一番地に落ちつくまで国光社所在地が定まらなかったのを、発行雑誌『国光』発行所記載によって確かめる。

一八八九年　八月　赤坂区新阪町二九番地（創刊号）
一八九〇年　一月　麹町区平河町五丁目二八番地（一巻六号）
一八九〇年　六月　麹町区中六番町五番地（一巻一一号）

一八九〇年一一月　麹町区下二番町一三番地〔二巻四号〕
一八九一年　六月　麹町区平河町五丁目一六番地〔二巻一一号〕
同地が東久世通禧邸だったことについて、「東久世通禧の履歴と家系」に「明治五年二月廿九日　思食ヲ以テ是迄ノ邸宅下賜」とあるのが、築地の邸宅をさすのだろう〔霞会館家族資料調査委員会編纂『東久世通禧日記』下一九九三年霞会館〕。その後隣地百四十坪を買入れたのでさらに広くなった〔日記本文明治十三年六月三日及び八日〕。売主大蔵省少書記官頴川君平は大阪税関長、神戸税関長赴任〔『大阪税関小史』綴込附表一九二〇年及び『神戸税関沿革略史』一九三一年〕。
・一八八九年三月、東久世現住を示すのが盗難記事で〔読売新聞三〇日、東京朝日新聞三一日〕、麻布転居は九〇年一一月に報じられた〔時事新報七日、郵便報知新聞七日、読売新聞七日、ただし旧居を築地一丁目と誤記〕。九三年一月、東久世が引越したあと副島種臣が住んでいるのを知らなかった宣教師ニコライの覚え書は、翻刻中村健之助監修『宣教師ニコライの全日記』〔九巻二〇〇七年教文館〕、読売新聞「年始の門違ひ」は九四年一月一一日、ただし築地二丁目を三丁目と誤記。
・国光社発行雑誌が発行所を築地だと表記するのは次のとおり
『国光』一八九三年八月二五日発行六巻九号～
『女鑑』同年八月二〇日発行四五号～
『精華』同年九月一日発行一九号～

6　印刷業組合加入

・加入が報じられたのは「東京活版印刷業組合報告」一八九四年一月七日下半期定式総会〔『印刷雑誌』三巻一二号同年一月二八日刊〕、出席者大多和勝忠に川崎又次郎代理のただし書きはない。大多和は旧汽関社員で、他に組合役員になったのは、評議員橘磯吉〔『印刷雑誌』六巻七号九六年八月二八日〕、常務員仁科衛がいる〔「東京活版印刷業組合明治三十年度下半期報告」『印刷雑誌』八巻一号九八年二月二八日〕。
大多和が果してきた役割は、経世新報社経営日本赤十字発行所刊九二年九月一五日『日本赤十字』九号～印刷

人、経世社経営日本赤十字発行所刊九三年一月一五日『日本赤十字』一一号～発行兼印刷人、経世社発行日刊新聞経世九三年四月一日一〇〇号～一四六号発行兼輯集人だった。国光社発行図書奥付記載大多和の住所は京橋区南小田原町四丁目一番地である。

・国光社印刷工解雇を報じたのは「東京活版印刷業組合報告（乙第二十八号）」〔『印刷雑誌』四巻六号九四年七月二八日〕

・印刷者の責任は「出版法」が定める〔九三年四月一四日『官報』二九三四号内閣官報局〕。第二十四條／印刷者自己ノ氏名、住所又ハ発行ノ年月日又ハ印刷者ノ氏名、住所又ハ印刷ノ年月日ヲ其発行スル文書図画ニ記載セス其ノ之ヲ記載スルモ日ヲ以テセサル者ハ二円以上三十円以下ノ罰金ニ処ス。風俗壊乱については著作者と発行者に限られ、印刷者は問われない〔第二十七條〕。

・川崎又次郎渡米にかかわる国光社社告は、『女鑑』と〔八五号九五年五月五日〕、『国光』に載った〔一〇巻一号同年同月二五日〕。ニューヨークの実業学校在学生に長与専斎の息程三あり〔在紐育川崎春帆〔又次郎〕「西遊の記(三)」『国光』一〇巻一〇号九五年一〇月一〇日及び同（四）一一号一〇月二五日〕。帰国後の寄稿は、春帆「国の礎／商家の事務」〔『国光』一二巻一号九六年六月一〇日〕。

・印刷機増設による発行遅れを詫びたのは「社告」『女鑑』〔一〇〇号九五年一二月二〇日〕

7　東京活版印刷業組合

・亀之助が印刷業組合の会合に代理出席するはじめは、一八九六年八月一六日上半期定式総会だった〔『印刷雑誌』六巻七号同年八月二八日〕。発言した文選職工をめぐる風潮について山室軍平が語ったのは『私の青年時代一名、従軍するまで』に〔一九二九年救世軍出版及供給部・三四年六版に拠った〕、山室が活版工だったことは『労働世界』五〇号にもある〔一八九八年一二月一日労働新聞社〕。会合における二つめの発言をめぐっては、MM生「活版組合総会所観」による〔『印刷雑誌』七巻二号九七年三月二八日〕。

二　株式会社改組

1　経営の転機

・業界を批判をした論評「時事　小学教科用書の審査」(『国光』七巻六号一八九四年一月一〇日)、「時事」(『国光』七巻一一号同年三月一九日)

・新潟における事件概要は『新潟県教育百年史』明治編にまとめられており(一九七〇年新潟県教育庁)、これを当時の報道にみると「新潟県教科書事件原因」がある(東京朝日新聞一八九七年二月二八日(第二回))。働きかけた側を「屈指の豪農」「国光社の金主」と報じたのは(「新潟県教科書事件」同紙同年三月一〇日(第二回))、裁判記録は書肆国光社員とする(「官吏収賄被告事件／明治三一年第一六号／明治三一年三月三日宣告」『大審院教育関係判例総集成』1刑事・明治編一九九一年エムティ出版)。

・静岡における事件を東京朝日新聞が報ずる直前に、別の記事「副島伯邸に入りし賊捕はる」があらわれた(同紙二月三日)。国光社の教科書を書くとふれこんで妓楼で散財した青年は、「先年仙台の第二高等学校を卒業して去三十年出京し書肆又は活版所へ雇はれ居た」とある。

・川崎又次郎私塾については、古橋茂人『古橋源六郎道紀翁小伝　附財団法人古橋会五十年の歩み』に水戸行資料を収めている(一九九五年古橋会)。

2　改組と日本女学校開校

・株式会社改組申請書は東京都公文書館蔵「明治三十年第六課文書類別・農商(共六十三冊ノ内二十七)会社ニ関スル書類二十五冊ノ一　株式会社国光社発起認可申請書」、登記公告は「商業登記／株式会社登記簿第三冊第一三七号／東京裁判所」(『官報』五一三四号附録一九〇〇年八月一三日)。持株については、稲岡勝「明治検定期の教科書出版と金港堂の経営」所載一九〇一年五月現在『銀行会社要録』五版に拠った(『東京都立中央図書館研究紀要』二四号一九九四年)。国会図書館所蔵本は五版を欠く。

・仙台人脈について、菊田定郷『仙台人名大辞書』によると(覆刻一九八一年仙台郷土研究会内「仙台人名大辞書刊行会・初刊一九三三年)、遠藤敬止は会津藩士、若松城で薩長軍に対峙、仙台藩伊達父子との縁は蟄居を命ぜられた増上寺でむすばれた。慶應義塾に学び渋沢栄一に引き立てられて仙台第七十七国立銀行に派遣された。仙台商業会議所第二代会頭、東華学校に多額の寄附をして新島襄の事業をたすけた（『七十七銀行百年史』一九七九年）。大野清敬は宮城県出身、渋沢の第一国立銀行に入り、第七十七国立銀行発足にあたって、遠藤敬止の勧めで仙台の本店に勤務。東京支店設置や東京株式取引所の出納業務委託にあたって大きな役割を果たした（『東京証券取引所と七十七銀行　九十年にわたるその歩み』一九八四年七十七銀行）。

・西による女学校開校は「日本高等女学校設立の趣旨」（『女鑑』二〇七号一九〇〇年六月二〇日）、沿革は後身『相模女子大学八十年史』（一九八〇年）、学監三輪田真佐子に関して『三輪田学園百年史』本編に記されている（一九八八年）。教員面接における代理校長川崎又次郎は椎名比天「おもひで」（再引『相模女子大学六十年史』一九六〇年・五七年一〇月初出未見）。

3　労働者懇親会

・発起者小野瀬不二人は一九〇〇年一月二八日、社会主義研究会出席（「雑録　第十一回社会主義研究会記事」『六合雑誌』二三〇号同年二月一五日）。三月一〇日普通選挙期成同盟会は、小野瀬不二人、幸徳伝次郎、高野房太郎を幹事に選出した（「普通選挙の天地　普通選挙期成同盟会の集会」『労働世界』五八号同年四月一日）。小野瀬が相談した片山潜の禁止経験は「労働組合期成会大運動会禁止の顛末」にある（『労働世界』一〇号一八九八年四月一五日）。片山はのちに二六主催懇親会に動員実績を誇るが（無署名「日本労働者懇親会余聞」『労働世界』七六号一九〇一年四月一五日）、一方で社説が社会党を非難したのに憤慨して『労働世界』英文欄に反論をかかげた（片山潜『わが回想』下巻一九六七年徳間書店）。

・二六新報による予告は、「十二万人に充とす」（一九〇一年三月二九日）、亀之助が国光社印刷部代表として寄附したのは「第一回日本労働者大懇親会寄附」（同日）、警察による参加減命令は「干渉来る（つゞき）」（四月二日）、これに従い別に園遊会を開くとした靴製造業桜組社長西村勝三は、かつて職工義友会を興した城常太郎の庇護者だった（井野辺茂雄編『西村勝三翁伝』一九二一年西村翁伝記編纂会）。当日黒龍会総代内田甲が祝詞を述べたとの説があるが、「式場にての朗読を略したる祝詞、提出案等」の一部を逐次掲載するあつかいをした（「第一回労働者懇親会祝詞（一）黒龍会総代内田甲氏の祝詞」四月五日）。二六紙編輯長福田和五郎が入会していた黒龍会員については黒龍会『会報』第一集にある（四月一五日）。
・豚追いを回想した活版工誠友会岸上克巳の話は、松尾洋が「岸上克巳老逝く」にのこした（『労働運動史研究』三二号一九六二年七月二〇日）。荒れたもようは他紙が報道、「二六鉄道と団匪の蜂起」（新聞日本四月四日）、「労働者懇親会の騒擾」（都新聞四月五日）。主催者二六社長がいきさつを精しく語っている（『秋山定輔伝』三巻自叙伝一九八二年桜田倶楽部・初出未見村松梢風筆記『騒人』連載一九二六年一〇月〜）。

4　印刷工慰安遠足

・河本亀之助『かまくら及江の嶋』一九〇一年五月二八日私刊
・桜井一義が摘発されたのは一九〇〇年前後の金品授受による、「教科書事件公判（四十四回）」（新聞日本一九〇三年六月一八日）。社会主義協会入会は、一九〇〇年三月二四日神田キングスレー館で開かれた会の席上だった、「会員中村太八郎の紹介に依り桜井一義綾部竹次郎木下尚江の三氏入会」（「雑録　第十三回社会主義協会記事」『六合雑誌』二三二号一九〇〇年四月一五日）。
・一九〇一年二月一五日発行山崎忠和著『文久物語』印刷者河本亀之助／東京市京橋区築地一丁目一八番地、同年五月二八日発行宮内黙蔵『王学指掌』も同じ。

三　社長交代

1　社長橋本忠次郎と高瀬真卿

・西沢之助が社長を橋本忠次郎に一九〇一年七月末に譲ったのがわかる記事は、「教科書事件予審決定書摘要」（東京朝日新聞三年三月七日）、それを裏づけるのが雑誌『国光』終刊で、諸機関所蔵を調べても六月一八日発行二一六号以降を確認できない。国会図書館は以後廃刊とする。西が編輯した国光社教科書『高等小学読本』巻之五修正五版は八月八日に発行されたが、代表者を橋本、印刷者を亀之助と表記していた。国光社整理のいきさつを明かす記事は、「教科書出版者と銀行（続）」（万朝報三年一一月一五日）。
・橋本忠次郎に関わる記述は、佐々久『橋本店の九十年』（一九六八年株式会社橋本店）と『早川智寛翁略伝』

〔一九一八年早川万一私刊〕に拠った。
・高瀬真卿については、長沼友兄『近代日本の感化事業のさきがけ　高瀬真卿と東京感化院』〔二〇一一年淑徳選書1淑徳大学長谷川仏教文化研究所〕、山川菊栄『覚書幕末の水戸藩』〔一九七四年岩波書店〕、高瀬を頼って東京へ出た水戸出身久木独石馬「大正操觚界の追憶（九）羽皐高瀬真卿（三）」がある〔月刊『日本及日本人』一三〇号一九二七年八月一日〕。久木は「羽皐先生の遺稿の中に、仙台人を評した言葉がある」として、仙台福島間馬車路線開設にふれた箇所などを引用した。友部伸吉による高瀬評は久木「水戸党争の正論家　奇才高瀬羽皐を憶ふ」に拠った〔同誌八七号一九二五年一二月一日〕。
・長沼が特記した橿原考古学研究所長末永雅雄は、幾度も高瀬の学恩を記した。『考古学の窓』〔一九六八年学生社〕、『考古ものがたり　一学徒の研究史』七六年読売新聞社〕、「わが師わが母校102 報いなき研学の訓え」『日本教育新聞』〔七七年六月一六日〕、「三恩報謝〈自伝抄〉」読売新聞夕刊〔八一年八月三一日〜九月二四日・所収『末永雅雄著作集』一巻九〇年雄山閣〕、『日本考古学への道』〔八六年雄山閣出版〕。
・橋本による国光社経営は、高瀬日記にかなり精しく書きこまれている〔翻刻・長沼友兄編『高瀬真卿日記　三』二〇一四年淑徳大学アーカイブズ叢書3〕。

2　『女鑑』続刊

・『女鑑』発売元を国光社雑誌部から静思館に移したのは一九〇〇年一〇月五日号からだった。所在地は京橋区木挽町二丁目一二番地で、つぎの一〇月二〇日号からさらに日本赤十字発行所がある南伝馬町一丁目七番地へ移った。
・西退社のころ、高瀬は東久世と国光社「地所之件」につき相談を受け、三月中旬に京都西本願寺へ出向いた。また東久世が国光社へ貸した株券を取戻してほしいと依頼されて、六月十五日に一万六千円を渡した。
・西沢之助退任二ケ月後に発行された『銀行会社要録』によれば、筆頭株主が西だった。発行が五月で、国光社の決算は六月末日、人事に関する登記を七月末におこなった例があるから、一年近いずれがある。同年版の役員は前年夏からのものらしい〔六版一九〇二年五月一一日東京興信所〕。

総株数六〇〇〇　株主人員四〇〇　役員并ニ使用人三三
大株主氏名及持株　西沢之助一九六五　北岡文平〔文兵衛〕五五〇　大竹貫一五五〇　遠藤敬止五五〇　大野清敬一〇〇　成沢武之一〇〇
社長橋本忠次郎　取締役西沢之助　仝遠藤敬止　仝大野清敬　仝川崎直衛　仝古橋源六郎　監査役佐藤三之助
相談役船越衛　仝富田鉄之助　仝大竹貫一

西沢之助女婿大竹貫一は新潟県会議員をへて、衆議院議員をつとめていた。対外硬をつらぬき、三国干渉への反撥から対露開戦を唱えてゆく。『銀行会社要録』次年版から、大竹が去り、西とは尊王敬神によって相通じていた三河の豪農古橋源六郎、芸州藩士の勤皇家船越衛男爵が退いていた。

・川崎又次郎が東筑中学に赴任した期間は、「川崎又次郎／赴任年月明治三五年六月／転退任年月明治三七年九月／職務嘱託〔担当科目非記載〕」昭和三十四年二月現在『東筑同窓会会員名簿』〔一九五九年東筑会連合会〕、三月末に新校舎へ移転しているから、職員補充を図って採用されたのだろう〔『東筑八十年史』一九七九年福岡県立東筑高等学校〕。

3　社業再編　国光書房

・橋本社長のもとで国光社はつぎの陣容となった〔『銀行会社要録』七版一九〇三年五月一九日東京興信所〕。
総株数六〇〇〇　株主人員三七三　役員并ニ使用人四〇
大株主氏名及持株　橋本忠次郎三二二五　遠藤敬止五五〇　佐藤三之助二二〇　西沢之助一三〇　大野清敬一〇〇　成沢武之一〇〇　川崎直衛一〇〇　遠藤精一七〇
社長橋本忠次郎　取締役大野清敬　仝遠藤敬止　監査役佐藤三之助　取締役阿多広介　仝原田長松　仝幸田成行
仝川崎直衛　総務部長阿多広介　印刷部長河本亀之助　営業部長遠藤栄治　出版部長友部神吉〔伸吉〕
・宮崎寅蔵〔滔天〕が孫文支援に失敗した一件は、上村希美雄『宮崎兄弟伝』アジア篇中巻にくわしい〔一九九六年葦書房〕。新聞連載事情は滔天「告白」に〔二六新報一九〇二年一月三〇日〕、「稿完つて後数日、新報社の福田先生来つて余の隠家を訪ふ」とある。

・宮崎が語る清藤幸七郎は、滔天「続三十三年の夢」(『黒龍』七巻二号一九〇七年六月一〇日)、清藤略伝は『東亜先覚志士記伝』下巻に(一九三六年黒龍会出版部)、「号は呑宇。明治五年六月二十一日熊本市坪井町に生る。〔略〕孫文等の革命党志士に対しては絶へず我が朝野の間に斡旋して庇護に努めたが、事多く志と違ひ、一時友人橋本忠次郎と提携して印刷会社国光社を起し、半ば実業界の人となり、四十三年妻清女子を娶つて家庭を造り〔下略〕」とある。印刷会社国光社とは、亀之助退社後一九〇九年に国光社印刷部を独立させ、橋本が社長をつとめた国光印刷株式会社をさすと思われる。ただし役員に清藤の名はない。

・清藤と橋本とのつながりを示すものに、国光社が一九〇二年一〇月に出版した『坤徳』がある。編者清藤正輔の住所は赤阪表町二丁目一三番地で幸七郎と同じ、発行者は社長を引継いだばかりの橋本だった。印刷者は亀之助である。

・『天佑俠』は一九〇三年一〇月二八日新進社刊、大売捌所を国光社と新進社書店とした。奥付欄外に株式会社国光社印刷と記されている。天佑俠団は対清開戦を促す工作をしたとされる。親清の閔氏打倒をはかる東学党と結ぶために動いたのが吉倉や玄洋社の内田甲(良平)、二六新報社鈴木力(天眼)らだった。

・清藤や宮崎らによる『革命評論』(一号一九〇六年九月五日〜一〇号七年三月二五日)は、橋本と国光社へ送られた(発送原簿『宮崎滔天全集』五巻所収一九七六年平凡社)。社会主義者とちがい、被圧迫民族の立場に自らをおいたことは、上村希美雄「『革命評論』研究試論」に指摘がある(『近代における熊本・日本・アジア』一九九一年熊本近代史研究会)。

・清藤による訴訟は、右の試論にとりあげられた。赤坂表町二丁目で起きた事故は一九〇三年一一月八日(「大山侯夫人の馬車老婆を傷つく」と報じられたのは一二月一四日東京朝日新聞)、赤十字病院に四ケ月入院、清藤の交渉をはねつけたために損害賠償を求めたという(四年二月八日読売新聞)。西川生「貴族富豪の馬車(是れ亦殺人の具なり)」は週刊『平民新聞』三六号(同年七月一七日)、控訴棄却報告を収めた「侯爵大将夫人と一老婆との争」は週刊新聞『直言』二巻七号に載った(五年三月一九日)。

・『三十三年之夢』復刊事情は、『宮崎滔天全集』一巻解題(一九七一年平凡社)、校注者島田虔次あとがき

『三十三年の夢』岩波文庫解説（一九九三年）に示されている。

4　小学校教科書事業

・「教科書事件（橋本氏の依頼）」北井波治目『自叙伝』（一九三三年私刊・印刷所国光印刷株式会社）

・有罪判決を受けたのは、国光社、金港堂、集英堂、普及舎、冨山房等、無罪は文学社だけだった（「教科書事件大段落」一九〇四年七月一日東京朝日新聞）。

5　結婚

・一九〇五年の工場職工数調査『京橋区史』二巻一九四二年

・妻テルについて、明治四十一年三月調『初版大日本婦人録』には（一九〇八年婦女通信社）、「明治七年一月三日生／会社員、河本亀〔之〕助夫人／京橋区築地二ノ二〇」とある。

・日本赤十字社看護婦養成所卒業を記したのは、「彙報　第十三回募集準備看護婦生徒卒業者氏名（本社一六名各支部選出模範生徒一六名）」『日本赤十字』七九号（一八九九年一一月一五日日本赤十字発行所）、発行人は、当の亀之助だった。入学当時は『日本赤十字』発行が乱れているため、記事を確かめられない。養成規則（明治二十二〔一八八九〕年六月十四日制定）は『日本赤十字中央女子短期大学90年史』史料におさめられた。編纂のおり発見されたという。

・日本赤十字社が仏教者の協力を求めたについては、北島磯次『日本赤十字社創立者　佐野常民伝』（一九二八年烏犀圓本舗野中万太郎刊）、広島支部の活動は『赤十字物語　日本赤十字社広島支部百年の歩み』（一九八九年）、高山盈が果した役割は、吉川龍子『高山盈の生涯　心の色は赤十字　初代の看護婦監督』に示された（一九八七年蒼生書房）。長男恵太郎は旧福山藩学生会発足当初からの会員で誠之尋常高等小学校初代学校医だった（『誠之百年』一九七五年文京区立誠之小学校・旧藩主阿部家が敷地五十年無地料とし校舎と器具新調費を寄附して開校）。

・テル赴任当時台湾における支部は『日本赤十字社史稿』に一覧がある（一九一一年）。台湾統治を記したのが鶴見祐輔『後藤新平』二巻一九三七年（一海知義校訂決定版『正伝・後藤新平』三巻台湾時代二〇〇五年藤原書店）。

6　通俗宗教談発行所

・編輯兼発行人河本亀之助住所は、創刊号奥付には、国光社所在地である東京市京橋区築地二丁目二一番地としていたが、二号から二〇番地に改めた。通俗宗教談発行所は、創刊号から二〇番地としていた。印刷人並木良雄は『女鑑』印刷人でもあった。六月二五日『通俗宗教談』創刊号奥付に記された並木の住所は京橋区築地二丁目二一番地であるが、『女鑑』当月号は南八丁堀一丁目一一番地だった。同誌九月号から亀之助に代わった。

7　週刊『平民新聞』印刷受注

・帝国書籍株式会社への国光社小学校教科書版権譲渡に関する記事は、「教科書出版者と銀行」や〔万朝報一九〇三年一一月一四日〕、「文教社新重役の顔触れ」がある〔東京朝日新聞同年八月一九日〕。

国光社内情は、深い関わりをもった高瀬日記が語るが、逸話は高瀬〔羽皐〕が主宰誌『刀剣と歴史』に載せたもうひとつの日記「いつまで草」に書きこまれている。友部退社にふれたのは「同（続）〔明治三十六年秋の頃の日記〕」だ〔九四号一九一八年七月一〇日羽沢文庫〕。

・平民社をめぐっては、幸徳の妻師岡千代子が創刊事情を語る「堺利彦氏の面影（附、大逆事件の思ひ出）」〔『風々雨々　幸徳秋水と周囲の人々』一九四七年隆文堂〕。同番地に女子新聞社を移転したもと神田中学講師中川愛氷〔良平〕と国光社『女鑑』主筆とのつながりは、「本社賛助員」からうかがい知れる〔『女子新聞』三八号一九〇三年九月二七日女子新聞社〕。

・直行団事務所を国光社所在番地においた記事は、「社会運動彙報」〔週刊『平民新聞』一号一九〇三年一一月一五日〕、機関誌『直言』印刷受注は、四号まで非記載、五号大和屋印刷部、六～八号近藤商店、一〇号～一四号秀英舎、週刊『平民新聞』を引き継いだ週刊新聞『直言』二巻から国光社印刷部がうけおった。

四　亀之助の裁量

1　社をめぐる紛紜

・東京証券取引所理事長になった藍沢による日本経済新聞「私の履歴書」連載は、一九五九年八月二九日に始まり、五車堂勤務は九月二日第五回、九月三日第六回にふれられた。『私の履歴書』一〇巻に収載されたのは一九六〇年。
・『日本赤十字』編輯兼発行人が鴨島実から橋本忠次郎に代わるちょうどその間、『女鑑』に日本女学校卒業式臨席記事が載り、生徒が二時間立ちづめであるのを「今後此点は最少し寛やかにせられたい」と注文をつけている〔二記者「女学校」『女鑑』一四年七号一九〇四年六月一日〕。

2 山本瀧之助『地方青年』

①沼隈の青年
・山本高三〔瀧之助三男〕編山本瀧之助遺稿『青年団物語』は一九三三年に三回忌記念として出版。私刊を惜しみ『山本瀧之助先生言行録』と改題して、三四年、村田静太郎によって広島県沼隈郡松永町先憂会内山本瀧之助先生頌徳会から再刊された。
②亀之助とのつながり
・女婿斎藤勇は「こうもと　じゅうじろう」とする〔「河本重次郎」『思出の人々』一九六五年新教出版社・初出未見『基督教新報』一九五九年九月一二日〕。
③国光社刊『地方青年』
・山本日記翻刻は、多仁照廣編『青年団活動史　山本瀧之助日記』二巻〔一九八六年日本青年館〕、『地方青年』を日露戦時下に出版するのをはばかった山本は、自序に「国家多難それ所の騒ぎにあらざる如きの今日、これを世に出すに至りては、心中安からざるの思なかるべからず」、衷情を察してほしいと書いた。

3 週刊『平民新聞』堺美知追悼記事

・堺利彦は「美知最後の日記」をのこしている〔堀切利高編解題『平民社百年コレクション』二巻所収二〇〇二年論創社〕。テルをめぐる逸話を収めた『征露土産』は、著者兼発行者松本恒吉、印刷者河本亀之助、発行所国光社として一九〇六年に出版された。
・松本がキリスト教と縁浅からぬのは、「藤岡緑野教会報告（一月分）」記事にある〔『上毛教界月報』六四号一九〇四年二月一日上毛教界月報社〕。『長幡尋常高等小学校沿革誌』をもとにした町史は当日のもようを、正午から七時間に及ぶ演説会に聴衆四百を集めたとする。多野教会と記すが、多野郡役所が藤岡町にあったところからの誤記だと思われる（『上里町史』通史編下巻一九九八年）。
・国光社が受注した平民文庫は、堺利彦編『社会主義入門』、木下尚江『火の柱』、石川三四郎『消費組合の話』、安部磯雄『地上之理想国瑞西』、幸徳伝次郎『社会民主党建設者　ラサール』、西川光次郎『土地国有論』、田添鉄二『経済進化論』、木下尚江『良人の自白』前篇、堺利彦『理想郷』、西川光次郎『富の圧制』再版、西川光次郎『ジヨン・バアンス』再版、志津野又郎『革命婦人』、堺利彦『百年後の新社会』、木下尚江『良人の自白』中篇

4　小泉三申主宰『経済新聞』

・一九〇五年五月発行『銀行会社要録』九版は、支配人を堀源太とする（東京興信所）。亀之助は従前どおり印刷部長。取締役兼出版部長が川崎直衛、総務部長だった阿多広介は顧問役となり、営業部長遠藤栄治は株主に名があるものの、部そのものが廃されたらしい。支配人が総務、営業を担当したと考えられる。
・小泉生「印刷所の事」『経済新聞』八六号一九〇六年六月二五日経済新聞社
・小泉に関する回想は、師岡（幸徳）千代子「小泉三申氏の追憶」（『夫・幸徳秋水の思ひ出』一九四六年東洋堂）、馬場恒吾「小泉策太郎論」（『中央公論』四四年二月特輯号本欄一九二九年二月一日）、白柳秀湖（武司）「巻頭言」『史的小品集』（小泉三申全集四巻一九四二年岩波書店）から引いた。

5　週刊『平民新聞』筆禍

・新聞紙條例は、一八九七年三月一九日公布法律第九号新聞紙條例中改正（『官報』四一一四号同年同月二四日）、平民社が報じたいきさつは次の各号にある。
「発売停止又来る！！」週刊『平民新聞』五三号一九〇四年一一月一三日
「平民新聞五十二号被告事件控訴公判」同五八号同年一二月一八日
「社会主義裁判事件彙報」同六〇号一九〇五年一月一日
「社会主義に対する迫害と其効果（一月十三日神田青年会館に於ける幸徳生演説の大要）」同六三号同年一月二二日

「平民新聞五十二号事件上告趣意書」週刊新聞『直言』二巻一号一九〇五年二月五日直行社
「大審院の判決」同四号同年二月二六日
枯川〔堺利彦〕生「平民社より」同九号同年四月二日

6　印刷器械没収余波

・秀英舎に印刷を断られた山根については、岡林伸夫『ある明治社会主義者の肖像〔山根吾一覚書〕』〔二〇〇〇年不二出版〕に詳述、山根に関しては多くこの著に拠った。国光社が印刷した山根吾一主宰雑誌は、『渡米雑誌』九年一一号一九〇六年一月三日〜、『亜米利加』一二年一号一九〇八年一月一日〔岡林氏提供資料・この間欠号や印刷所名を欄外に記載した裏表紙破損誌あり〕、『亜米利加』一二年二号は裏表紙破損、三号以降は印刷所非記載、すでに亀之助が退社したために国光社の手を離れたと推察。
・石川正作経営東洋社に山根が記者となったのは、「入社の辞」『国民教育』〔七号一九〇二年七月一二日〕、「入社の辞」『女子之友』一一九号〔同月一八日〕、著書『オルガン使用法及修理法』は、硯州の号を用いて出版した。
・石川を国光社顧問とするのが『現代出版業大鑑』一九三五年現代出版業大鑑刊行会〔覆刻一九八八年日本図書センター『出版文化人名辞典』三巻〕。国光社社員とする記事は東京朝日新聞に出た〔一九〇三年四月一六日〕。
・国光社が平民社へ鶏卵を届けた記事は、枯川〔堺利彦〕生「平民日記」〔週刊『平民新聞』六一号一九〇五年一月八日〕、平民社が国光社への賠償金を読者に募る記事は、「運動基金募集」〔週刊新聞『直言』二巻一五号同年五月一四日〕。

7　亀之助と平民社をめぐる人々

・山口、白柳、松岡を頭角をぬく人物と表したのは、田中貢太郎「社会運動に携はつた人々の追想記」〔『中央公論』定期増刊労働問題号一九一九年七月一五日〕、松岡歿後、ふたりによって出版した『荒村遺稿』は天野茂解題による増補覆刻版がある〔一九八二年不二出版〕。発禁処分は「内務省告示第百二十八号」による〔『官報』六六〇八号一九〇五年七月一一日〕。
・山口と白柳による火鞭会発起は、山口義三『社会主義と婦人』白柳序〔一九〇五年七月一五日平民社〕に記され、雑誌『火鞭』を国光社が印刷するまで、東京市神田区三崎町三丁目一番地日本印刷株式会社がになった。一八九七年一一月神田区仲猿楽町四に設立、専務取締役は金長善次郎だった（『銀行会社要録』七版一九〇三年東京興信所）。

五　国光社退社

1　金尾文淵堂主　金尾種次郎

・『暮笛集』装幀を自足した回想は、金尾文淵堂主人「大阪時代の思ひ出話」（『古本屋』二号一九二七年七月一日荒木伊兵衛書店）、文無しで東京へ出るおりの借用証一件は、一九〇五年四月五日付薄田宛金尾書翰（翻刻所収足立巻一「文淵堂・金尾種次郎覚書　大阪時代」『文学』四九巻一二号一九八一年一二月一〇日岩波書店）、薄田の詩集『二十五絃』は金尾文淵堂ではなく春陽堂から出版された。金尾自己評は、店員だった安成二郎が伝える（「芝蘭集」『花万朶』一九七二年同成社）。

・金尾が東京有楽町にある平民社を訪ねたのは、西川（光次郎）生「平民日記」にあり（週刊『平民新聞』四八号一九〇四年一〇月九日平民社）、礼を述べたと推察した児玉伝八『花外詩集』は発売元が金尾文淵堂と東京堂だった（一九〇四年二月一日私刊）。

・神田区西今川町に開業した金尾文淵堂東京書籍商組合加入は「組合記事／加盟」（『図書月報』三巻一二号一九〇五年九月一八日東京書籍商組合）、移転は「組合記事／移転」（同四巻二号一九〇五年一一月二一日）。金尾が島村に雑誌発行引受を頼みこんだのを明かしたのが、近松秋江「早稲田文学の再刊」だった（『文壇三十年』一九三一年千倉書房）。

2　金尾文淵堂店員

・薄田鶴二をおもいおこしたのが、荒畑寒村「赤旗事件の起るまで　続『寒村自伝』」（『前進』三〇号一九〇五年一月一日板垣書店）、金尾文淵堂が京橋区檜物町にあったなど記憶ちがいを散見する。

・安成二郎が金尾文淵堂で働くいきさつや、つながりなど回想しているのは次のとおり。

「三宅雪嶺博士」〔『花万朶』一九七二年同成社〕
「如是閑翁」〔『素面』三九号一九七一年六月一日素面の会〕
「『二人画工』その他」〔『書物展望』五巻一号一九八四年三月三〇日書物展望社〕
「病間漫録Ⅰ　永代静雄の思ひ出」〔『イソラベラ』八号一九五六年三月二五日イソラベラの会・文章世界の会会誌、主筆田山花袋、会員安成二郎〕
「さくらの押花」〔『花万朶』〕
一九〇七年四月八日に安井から贈られた本の扉書きで、安井は「間もなく聖職の方に進んだのではなかろうか」と回想している。一九一六年発行『日本基督教名鑑』には台湾淡水教会伝道師に安井蔵太の名があった〔二版覆刻二〇〇二年皓星社『日本人物情報大系』九七巻宗教編七〕。

・安成二郎が平民社をめぐる人々と知り合うのは、早稲田に学んだ兄貞雄によるところが大きい。貞雄については「文壇諸家年譜（11）若山牧水・安成貞雄」に示されており〔『新潮』二五巻六号一九一六年一二月一日〕、一九〇五年春に上京した弟二郎が兄貞雄の下宿で会ったのが白柳秀湖だった〔安成二郎「『近代思想』五十周年」『自由思想』六号一九六一年七月一〇日自由思想の会〕。

・安成貞雄が関わった『火鞭』寄稿者に、成女学校宮田脩が畝傍中学で教えた小野吉勝〔有香〕、島中雄三〔翠湖〕、早稲田の同期、長谷川誠也〔天溪〕がいた〔岩崎〔小野〕吉勝「十七八年前の事から」『成女二十五年』一九二四年成女高等女学校内此花会、柴田霊山「少年時代の島中氏」森長次郎編『ああ島中雄三君』一九四二年中央公論社、長谷川天渓「僕の在学時代」『文章世界』三巻一四号臨時増刊文章百話一九〇八年一一月一日博文館〕。成女学校には他校が受入れない、堺真柄〔利彦美知夫妻の娘〕、安成くら子〔貞雄二郎の妹〕、大杉あやめ〔栄の妹〕らが入学した〔岩崎吉勝「先輩恩師の片影（四十二）宮田修先生（5）」『柳』九巻一九号一九六三年一一月一日ソオル社〕。

3　店員中山三郎と国光社

・中山三郎の生涯については、羽原清雅「ある編集者の軌跡　明治・大正・昭和三代「中山泰昌（三郎）」を追う」（『帝京社会学』一九号二〇〇年三月）、同「続・ある編集者の軌跡「中山泰昌（三郎）」」に拠った（同二二号二〇〇九年三月）。平民社に集う人々を尊敬した、中山泰昌（三郎）「人格の輝き、道義の光」は（『ほほえむ人生「若き人に贈る生活白書」』一九五一年光文書院）、羽原氏提供にかかる。

・店員になるにあたって世話をした一色白浪や中村春雨については、中山がなした田山花袋『縁』への書込みによる（中山令孫清田啓子氏蔵）。

・中山が発行した『百芸雑誌』は、一号一九〇六年四月一日、二号五月一日刊、編輯者小川多一郎（煙村）が斎藤緑雨に酷似するとは後藤宙外「関西遊覧と京阪諸文士」に書いた（『明治文壇回顧録』一九三六年岡倉書房）。『恋愛観』に丁酉倫理会は関わらぬと苦言を呈したのは、「新刊」『丁酉倫理会倫理講演集』（四六輯一九〇六年七月一五日）、編輯者宮田暢を宮田脩（丁酉倫理会員）、発行所百芸雑誌社を文淵堂と誤認していた。

・京華堂書店広告は、各紙に一九〇六年六月四日から七日にかけて一回づつ掲載された。非掲載を確かめたのは時事新報で他紙は調べていない。京華堂書店ではなく、京華堂の名で出版されたのは三宅磐『都市？』だけだった。

4　仏教大辞典予約出版の頓挫

・金尾文淵堂でしくじった望月信亨は、四半世紀のちに実現した出版においていきさつを明かした（「自序」『望月仏教大辞典』一巻一九三三年世界聖典刊行協会）。

・新聞報道はつぎのとおり。

予約出版広告　東京朝日新聞一九〇六年一二月二六日、万朝報同二八日
販価設定広告　万朝報一九〇七年二月一〇日
内容変更広告　東京朝日新聞一九〇七年二月二五日
「仏教大辞典出来期日」読売新聞一九〇七年八月二日
「仏教大辞典はどうなるか」万朝報一九〇七年一〇月七日三版

5　辞表提出

・国光社印刷工がしめした動揺を報じたのが、「職工国光社に暴込む（後報）」（万朝報一九〇七年一〇月七日三版）、「国光社の同盟罷工　容易に落着せず」（読売新聞同月七日）。同盟罷工の背景を伝えたのは万朝報、読売新聞、待遇改善要求をめぐる悶着を報じたのは東京朝日新聞、やまと新聞、他の東京日日、東京毎日、報知、中央、朝野、国民、都、時事、毎夕、中外商業には記事が見当たらなかった。

・堀源太を国光社支配人とするのは『銀行会社要録』九版と（一九〇五年東京興信所）、東京朝日新聞（「紅療法退治（十）」八年一八日）。後者の記事は利かぬ薬を売ったとする。

・亀之助退社による印刷請負への影響をみると、平民社社員だった石川三四郎が『新紀元』を日刊平民新聞に合同したのち、福田英子とともに創刊した『世界婦人』は、退社前の七月一日号から他社へ切りかえていた。受注そのものが亀之助と深く関わっていたがためだと察せられる。国光社依頼をとりやめた『黒龍』告知は七巻五号（一九〇七年九月二〇日黒龍会）、高木益太郎主幹『法律新聞』はひき続き国光社が印刷した。

6　俊三と獅子吼書房

・中山が書き込んだ田山花袋『縁』は（令孫清田啓子氏蔵）、安成二郎が「後の洛陽堂の弟の河本君」とだけしか言い及ばなかったのを（「病間漫録Ⅰ　永代静雄の思ひ出」『イソラベラ』八号）、俊三とはっきりさせた。

・永代静雄、中山三郎、安成二郎の交友は、清田啓子「資料紹介　花袋「縁」中の一モデルの証言」と（『駒沢短大国文』一〇号一九八〇年三月）、広岡卓三『永代静雄伝』に記されている（『さつき』増刊一九六〇年さつき句会・神戸市立中央図書館および三木市立図書館蔵）。永代と本郷教会員を介して知りあった佐藤緑葉との交友は、佐藤『若山牧水』に示された（一九四七年興風館）。一九〇七年『新小説』九月号に載った田山花袋「蒲団」に憤った中山に、佐藤らが編輯を担当した『新声』へ寄稿を求めて一〇月号に載せたのが「花袋氏の作『蒲団』に現はれたる事実」だった（一七編四号）。依頼したのは編輯者のひとり安成貞雄という（前出清田及び佐藤「早稲田時代の牧水（三）」『若山牧水全集』月報４一九五八年五巻附録雄鶏社）。中央新聞へ入社した若山が、同僚永代に靴を借りた逸話は『樹木とその葉』にある（一九二五年改造社）。

7　『出版興亡五十年』代筆者中山三郎

・清田啓子「資料紹介　花袋「縁」中の一モデルの証言」あとがき『駒沢短大国文』一〇号一九八〇年三月奥付）。

六　千代田印刷所

1　創業と金尾種次郎

・創業当時亀之助は麹町区中六番町二五番地を住所とした（一九〇九年四月一八日磯部甲陽堂刊徳田秋声『多恨』奥付）。

・国光社印刷器械公売を報じたのは、枯川（堺利彦）生「平民社より」週刊新聞『直言』二巻九号（一九〇五年四月二日）。

・金尾種次郎が千代田印刷所に発注したのは、洛陽堂創業前は白柳秀湖著『新秋』（一九〇九年一〇月一日）、内田魯庵訳『二人画工』（同年一一月二八日）、須藤光暉著『愚禿親鸞』（同日）、洛陽堂創業後島村抱月訳『故郷』（一九一二年六月一八日）、与謝野晶子著『春泥集』六版（同年一〇月一日）だった。

・金尾に印税を催促に出かけた広津の回想は、「年月のあしおと　金尾文淵堂」で（『群像』一七巻二号講談社・のち単行本）、長屋があったのは今の砂防会館辺りだろう。

2　印刷発注者

・高島平三郎が松永小で教えた高橋立吉（淡水）は、「教育家高島平三郎君決死奮闘立志談」を書いた（『成功』八巻四号一九〇六年二月成功雑誌社）。『沼隈郡誌』には、「明治五年四月松永に生る通称立吉、淡水は号なり、後居を尾道に移し、同地小学校を卒業す明治二十二年尾道高等小学校雇を命ぜられ二十四年九月御調郡菅野小学校訓導に、同二十六年十一月松永尋常小学校訓導に転じ、在職四年にして三十年呉市小学校に転ず。其後上京して著作に従事し、著書多し、大正十一年十一月十三日東京に於て病歿す。（略・著書一覧）」と立項された。

・増野悦興が代表者となった青年教育機関成民会は、九段中坂下東京ユニヴァーサリスト中央会堂の一施設だった（赤司繁雄『自由基督教の運動　赤司繁太郎の生涯とその周辺』一九九五年朝日書林）。

・千代田印刷所が受注した楽山堂書房主大戸作逸について、東京書籍商組合機関誌『図書月報』につぎの記述がある。

「組合記事　加入」京橋区南小田原町三丁目九番地　楽山堂書房　大戸作逸氏〔八巻一一号一九一〇年八月二三日〕

「組合記事　移転」麹町区麹町一丁目四番地　楽山堂書房　大戸作逸氏〔八巻一二号同年九月二三日〕

「組合記事　除名」麹町区麹町一丁目四番地　楽山堂書房　大戸作逸／◎右は本組合規約第六十一條第一号に抵触するを以て除名す〔一〇巻六号一一年三月二三日〕

三章　洛陽堂草創期　一九〇九年〜一九一一年

洛陽堂と名づけた由来を亀之助にたずねた宇野浩二は、春の巻が売れたよろこびに、亀之助が洛陽の春を聯想してつけたのだと書いているが、書肆名を後からつけたことになってつじつまが合わぬ。四千部を売りつくそうかというころ、散りかかる桜花に思わず口にしたのが洛陽の花だったという亀之助のことばから、宇野はつい結びつけてしまったものと思わせる。

亀之助が関寛之に語ったところでは、洛陽の紙価を騰からしむではなく、洛陽城東桃李花、から採ったそうだ。劉庭之による代悲白頭翁と題する一首は、洛陽城東桃李花、にはじまり、飛来飛去落誰家とつづく。人の世の移ろいを、年年歳歳花相似、歳歳年年人不同、とうたった華やかならぬ漢詩ではある。劉庭之が在野の詩人であったのも亀之助をひきつけたのだろう。

一　洛陽堂顧問高島平三郎

高島が果した役割は、著者であるのともうひとつ、知友や教え子らを亀之助とつなぐことにあった。

1　創業前の著書

ほとんど独学で研究をすすめた高島が、児童研究の草分けと認められるのには、元良勇次郎に教えをうけたのが大きかった。元良は同志社に学んだあと米国に留学して哲学や心理学を修め、帰国して帝国大学に迎えられている。教育には心理学が必要だと、沼隈に在ったころから考えていた高島は、知友をたよって元良が私宅で開いた高島いうところのプライヴエートセミナリーに加えてもらい、基礎を学んだのである。一八九一〔明治二四〕年三月からだという。学習院同僚が経営する牧場に亀之助を世話したときにちょうど重なる。以後五年半におよんだ。後年教育学を講じた哲学館大学後身東洋大学資料には、高島の学歴を福山西町上小学校ではなく、元良勇次郎等ニツキ哲学ヲ修ム、と記されている。

高島が著述に力を入れはじめたのは学習院在職中だった。志すもとは、十七歳にさかのぼるというから、神村小に勤めた年だ。巡回訓導から、高島君は著述をしたらよいと励まされたのが支えになったとふりかえっている。九三年、徳育を重んずる学習院独自の読本編纂にしたがうかたわら、師範学校教科用書を普及舎から出版した。普及舎主は併営する開発社から雑誌『教育時論』を発行し、高島は寄書家として知られていた。

学習院を辞して長野師範で教えること一年半をへても、高島は書肆とつながりを保つ。再び東京へもどった九八年、開発社から『教育時論』連載をまとめた『心理漫筆』を六月に出版、十一月には、帝大に学んだ元良門人と教育研究所をおこして『児童研究』誌を発行するのだが、発売を托したのが普及舎だった。妻どうしが姉妹である松本孝次郎と、もうひとり塚原政次とで創刊したばかりの九九年一月号に、高島を顧問に推薦する所告が載り、教科書編纂にむかうのを示していた。

教育の目的物たる児童の性質未だ明らめられず教育の方便に就て言はんか教授に一定の根拠なく教科書に一貫の精神なし嗚呼教育者に確実の主義信念なくば何を以て国家教育を完うするを得ん児童の性質明らめられずば何を以て教授に一定の根拠を与へ適当なる教科書を作るを得ん教育者が覚悟の浅薄たる教科書編纂者が射利を事とするが如きあゝまた言ふの要なきなり

編纂作業は着々と進み、五月号には普及舎刊教育研究所編『新編尋常読本』と『新編高等読本』広告が載った。高島が研究誌編輯や教科書編纂など出版実務にあたるのは、長野からもどったこの時からだった。ことに普及舎からのれんわけして右文館ができると、これに力を注いだ。九月号から『児童研究』も右文館が発売元になり、右文館編輯所からは小学校用修身書や読本を出版した。右文館はこれとは別に、教育研究所編纂による児童研究文庫と教育的科学叢書を順次出版する計画をたてて、その叢書第壹編『教育的心理学』を高島が著わすのだ。府県師範学校や高等女学校教員講習会教科書あるいは自修用に書かれたこの本は、一七年までに参訂三十九版を重ねるほどに迎えられた。ある師範学校生徒が執筆者に肩書がない不服を教員に問うと、多くの心理学教科書は翻訳がこなれておらず難解であるのに対し、平易にしかも教育に適するよう書かれているから採用したのだとこたえている。

つてをもとに嘱託講師として働くしかない高島は、研究にはげみながら、しばらく右文館で編輯にたずさわった。元良勇次郎は『中等教育倫理講話』前編自序に、高島に助けられたと書いている。しかしながら、ながくは続けられなかった。右文館主須永和三郎が教科書事件で取調べをうけて、業務に障ったためだと察せられる。右文館としてではなく、普及舎に勤めていたときの関わりによる。国光社西社長や船越男爵がからんだ島根県知事金尾稜厳への贈賄において、各社総額二万のうち須永が一万円近くをまきあげられたとは巷のうわさである。裁判がすすめられていた三年四月、『教育的心理学』訂正十七版は右文館から発行されたから、まだそのころは業務を続けていたもののやがて店じまいしたらしく、一七年参訂三十九版発行所は啓成社となっていた。

亀之助が高島の著作と関わりを持ったはじめは、右文館と縁が切れたあたりで、六年に国光社から出版した元文部省体操遊戯取調委員共著『体育之理論及実際』である。発行者は社長橋本忠次郎、印刷者が亀之助だった。これより先、高島は日本体育会にかかわりを持っていた。将校養成予備校である成城学校に川上操六に懇請されてつとめ、のち軍事予備教育をほどこす体操学校で校長になった。高島は同書の緒論と体育史などを担当しているから、共著者の要だった。『体育之理論及実際』につづき、高島の義弟松本孝次郎『家庭に於ける児童教育』を国光社が出版した。

高島は、亀之助がその国光社を退職においこまれたのをいつ聞いただろう。亀之助が千代田印刷所を創業した九年、高島は広文堂書店から、静岡市教育会における講義速記をもとに『児童心理講話』を出版するのだが、はしがきには広文堂主人が高島の友人を介して依頼してきたとある。友人というのを亀之助と推察するのは、六月発行の二版から千代田印刷所にかえたからである。初版は小泉策太郎が経営する三協印刷だったのだ。小泉は国光社支配人だった亀之助に無理をきいてもらった返礼だとは前章にしめした。

亀之助は高島に助けられながら印刷業だけでなく、出版業を手がけようと、夏あたりから、山本瀧之助、竹久夢二と話をすすめて十二月に『地方青年団体』と『夢二画集　春の巻』を出版したのだった。もちろん高島の著書を洛陽堂から出版したい願いは伝えていたはずである。

高島が洛陽堂から幾点か出版するいきさつを語ったのは、竹久夢二遺作集出版記念会席上だった。洛陽堂創業から数えて四半世紀あまりたつ。

私が夢二と知合になつたのは全く洛陽堂の関係です。夢二が初めて売出した頃、洛陽堂から色んな書物を出版した。其洛陽堂の主人と云ふのが河本亀之助と云つて、将来見込みのあると云ふものには、自分の財産を投出してもやると云ふ人である。此人は私の所に始終来て居りましたから、色んな事を指導してやりました。色んな事をしたのでありますが、遂にああ云ふ本屋をやる様になりました。さうして私の本は全部洛陽堂から出さして呉れと云つて来たので、あそこで出すと云ふ事になりました。

2　つなぎ役

児童研究をとおして知った研究なかまは、帝大を卒業して助手になったり、院生となり先々の身分を保障された人たちだった。高島が師範学校や帝国大学を出ていたなら、定まった教職を得て指導と研究をすすめられただろう。長男文雄は、父が別の途を選んであれ丈け努力したら相当の現世的成功者になっただろう、とふりかえった。長野師範から東京へもどってから亀之助が創業するまでに限ってみても、高島が嘱託によって勤めた学校は少なくない。成城学校、成女学校、日本体育会体操学校、日本女子大学、哲学館大学、日蓮宗大学、独逸学協会中学などである。辞したところがあれば、続けたところもあり、洛陽堂から出版するころの高島は、いくつかを兼務する、教授であり講師であった。

しかしながら、ひとつところで勤務を続けられなかった高島は、亀之助の出版事業にとっては、豊かな人脈をもってつなぐ役割を果すことになる。見こまれて勤めた学校で、高島は求めに応えようとしたのだから、慕い寄る教え子は大勢いた。結びつけを強めたのは自宅を開放した楽之会だった。

会の始まりは成城学校の教え子がつくった。倫理の授業だけではあきたらず、牛込矢来町にあった自宅におしかけたのが発端で、これが一八九九〔明治三二〕年春だった。玄関からうかがう者、庭口から書斎へ入りこむ者、曜日をかまわず入れ代わり立ち代わりでは迷惑がかかると日曜に限り、さらに翌年からは月一回に決めたのだ。

会名を定めるよう生徒らに乞われた高島は、論語からとった。之を知る者は之を好む者に如かず、之を好む者は之を楽しむものに如かず、それで楽之会、ラクシクワイとした。楽しみの会と読む人もいたほど、楽しみに終始したという。しかも教え子だけにかぎらなかった。高島が学習院で教えた武者小路公共は、弟実篤を連れて参加した。亀之助が雑誌『白樺』発行元をひきうけるのは、この縁による。

会費をとらぬ、高島持ち出しのこの会は、楽しむだけにとどめず、講師を招いて学びの場にもなしたと葛原しげるが想い起している。福山藩領神辺の儒者葛原勾当を祖父にもつ児童文学者だ。

先生は、次々に、先生の懇意な名士を招いてまで、夫々の専門談を、きかせて下さつた。姉崎博士も、木下尚江氏も、洋行帰りの誰やらも、新学説の彼やらも、来て下さつた。そして、それは日曜一日つぶしの会合であつたので、一同午餐が振れ〔る〕まはれた。きまつて「さつま汁」で、大きな丼一ぱいのおいしさ。必ず二十人以上の男女学生が、たべるわく〳〵、大きなお櫃が三つも四つも運び出された。中には、「さつま汁」のおかはりを、お給仕係の女会員に拒絶されて、自分で、台所へ遠征する心臓ものもゐた。この会員中には、先生の教へ子が多かつたので、学習院出の公達や、信州人が多かつた。五分刈頭の何とか小路△爵の銅羅声も、まだ耳に残つてをれば、武者小路子爵や、新しい村の令弟「あつちやん」や、歌人である太田水穂氏や、東京府立中学校長中での名士になつた伊藤長七氏や、実業家や、若い学者達と皆、同格の親交を結べた楽之会であつた。

姉崎正治〔嘲風〕は倫理学研究会、丁酉倫理会設立者のひとり、丁酉の年、一九〇〇年に発足した。保守的国家主義に対して人格主義を主張し、宗派争いや神学や教理論争以外に人間の道を求めたという。高島は前身の丁酉懇話会を姉崎とともに創立、成女学校宮田脩も丁酉倫理会会員だった。島田三郎が経営する毎日新聞記者木下尚江は、平民社を外から応援した。平民文庫に小説を収め、これを国光社が印刷している。高島が平民社の堺利彦に宛てた手紙に、姉崎が木下著『火の柱』や『良人の自白』を褒めるので取り寄せて読んだと伝えている。「真正に手、巻を釋くに忍びずで、度々喫飯時を過して細君に叱られた。火の柱は今日の女学生には是非一読させたいと思ふ。いづれ纏めて出来る丈け多く買つて僕の教へた女子に分与してやりたいと思つて居る」、とまで称えている。堺が高島の手紙を載せたのが週刊新聞『直言』で、国光社が印刷していた。五年夏である。このとき高島はまだ木下に会っておらず、堺から伝えてくれと頼んでいる。楽之会に招いたのは平民社解散以降になる。

洛陽堂とつながる楽之会人脈からもうひとりだけ挙げるに、独逸学協会中学で高島が倫理を教えた精神科医児玉〔岡崎〕昌がいる。

私は独逸学協会中学校時代に、先生から倫理のお講義を伺つたのであります。学校の講義の外に、当時（明治三十年代）大崎町にあつた先生のお宅へもお邪魔し、楽之会へも度々出席させて戴きました。医科大学へ行つて生理学の永井潜先生のお講義を伺ひ、三年の頃からは、永井先生のお宅で起臥したものですが、よく伺つて見ると永井先生は、高島先生のお弟子で従つて私は孫弟子と分りました。／医科大学卒業後私が、東洋大学へ講義に行つて居るうちに、学生の中で、私のうちに来る二、三の者がありました。是等は私の生徒であると同時に、高島先生の直弟子で且つ曾孫弟子であるのです。して見ると、高島先生は、今では、弟子、孫弟子、曾孫弟子に取り巻かれて居られる訳であります。

児玉昌より一年はやく九年に独逸学協会中学を卒業したのが恩地孝四郎で、高島の倫理を受講しているはずだ。高島が独逸学協会中学に在籍したのは七年から一四年までだった。七年まで勤務した津田左右吉とは在職に重なりがない。しかし、津田が『文学に現はれたる我が国民思想の研究』を洛陽堂から出版するにあたって、謝意を表したひとりが児玉というつながりをもつ。

恩地孝四郎、児玉昌、永井潜、津田左右吉については、亀之助とのつながりを追々述べるとして、亀之助が洛陽堂を創業するころ、高島は出版事業を支える新たな人のつながりを得ていた。内務官僚井上友一である。役人嫌いは、峰是三郎に見出されて広島師範に勤めていたとき、小学校卒に対する居丈高な職務命令によって凝り固まっていた。溶かすきっかけをつくったのは留岡幸助、高島とは同志社出身者を通じて児童研究によってつながりをもち、留岡は井上とは報徳運動と雑誌『斯民』、そして内務省嘱託として感化事業において関わりを深めていた。その留岡が、内務省感化事業講習会講師に高島を推薦し、児童研究を講ずるように働きかけたのだ。往時をふりかえって高島はいう。

内務省では、講師の適否に就いて、或省に照会して意見を求めたさうである。然るに、その回答の中に、高島は何等の資格なく、外国の大学にも学んだもので無い故、不適当であるといふやうな意見が附いて回つて来たさうである。然るに、井上氏は、留岡君の推薦を聞き、この度内務省のする仕事は、資格で講師を選ぶ必要は無い。実際その任に適しさへすればよいといふので、私を頼むことになつたといふことである。

講師として礼をつくした井上とうちとけて話をすることができ、官僚への偏見がなくなったという。この井上に支えられていたのが山本瀧之助だった。山本は、井上の部下や嘱託らによる著書出版を亀之助につなぐ役割をはたすのだが、亀之助にとっては高島にも助言を求めることができるようになった。

3　創業後の編著

亀之助が高島の著作すべてを出版させてほしいと願ったにしても、洛陽堂創業以前から高島は著名な研究者であったから、それまでつながりをもっていた他書肆が離すはずがなかった。さらにいえば高島はあまりに多忙で、著述するゆとりを欠いていた。高島にとって洛陽堂から初めて出す一九一〇（明治四三）年『児童を謳へる文学』は編著だった。資料を集めたのは松永小学校の教え子高橋立吉である。同じ一〇年『現代の傾向と心的革命』は雑誌寄稿や講演論文を集めて成った。雑誌既発表論文や講義録、それに速記をもとにした出版に終始したのだ。

それは研究を系統立てようとした著作でもそうだった。一一年『教育に応用したる児童研究』は、さきに広文堂書店から出版した『児童心理講話』が通俗講話、つまりは初級篇であったのを深めるために、中級篇として出版したのである。序文に、一事に対して研究的興味の生ずるや更に進みて其の詳を知り細を察し深く究め広く渉りて之に組織を有せしめんとするは知識慾の常なり、と記す。さらに凡例は索引について、従来我国の書に於てはほとんどおこなわれなかった、と誇る試みだった。しかしながら系統立てた学術書をめざしながら、この著作は日本女子大学における通信教育会講義録をもとにしており、一部速記をふくんだものにかわりはなかった。

亀之助は高島に新稿をのぞむのは難しいと考えたようだ。開発社刊『心理漫筆』が絶版したままであったのを譲り受けて『心理百話』と改題したのは一二年、そののち講演速記をもとにして数点出版してから、『児童を謳へる文学』と同じように資料集めを知人知友にまかせ、高島がまとめる『逸話の泉』を企画してゆく。

二　初出版　山本瀧之助『地方青年団体』

1　山本と内務省

各地青年へ呼びかけるだけでは限りあるのを悟ったのは、一九〇四（明治三七）年六月に亀之助へ依頼して国光社から出版した『地方青年』が、予期したほど手応えを得られなかったためだろう。郡、県、内務省、文部省へと働きかけなければならないと考えて、山田知事らを訪ねようと日記に書いたのは一〇月一一日だった。一月には広島へ行くことを期したとおり、年明け早々知事や視学、師範学校長、新聞記者らに会って所信を告げた。そうした広島行きの報告かたがた、地元選出代議士井上角五郎に宛てて書こうとしたことがらが、一月二〇日の日記に箇条書きされている。（一）御高志にツケアカリ恐縮。地方に在つて地方を動すは容易にあらず。小生は椽の下にて働けり。／（二）地位の悲しサ、知事訪問ダレも書けず。実地奔走。／（三）一郡の問題にする容易にあらず。／（四）校長、新聞社。ナレド初対面。タマに一度ナレバ。／（五）素志は聯合会。／（六）此の問題、役場に忘却する奇怪。／（七）国債。／（八）一般が指導者をのぞむ。／（九）キ運に会ふは確実。／（一〇）教育会も無勢力故に上京実地奔走。／（一一）知事の話、町村制云々。／（一二）県事業とせはと思ふも。／

存也。

（一三）教育の仕事、教員の無気力は気にかゝる。気力さへあれば早カレ晩カレ事業は出来るものと

国債は対露戦費に応ずるもの、国光社印刷部長である亀之助が請け負った平民社発行週刊『平民新聞』が唱える非戦とは、大いに立場を異にする。筆禍により控訴公判で印刷器械特定のため、亀之助が証人訊問を受けたのは前年一二月、没収判決が下ったのは一月一一日、大審院において確定するのが二月二三日だったから、ちょうど山本日記に重なる時期だった。

郡から県、県から国へと、山本は布石に怠りなかった。帝国教育会内に調査委員を設ける提案をおこなうため、広島県代議員として出席できるよう、弘瀬師範学校長に頼んだ。十分九迄は間違ないとの返事をもらってほどへずして、もうひとりの井上、内務省書記官井上友一から手が差しのべられた。

忘れもせぬ明治三十八年四月二十五日の夜半の事であつた。村役場の小使が戸を叩いて御用がかゝりましたと呼んだ。時は未だ日露戦争最中であつたので、私は慨然として寝床を蹶つて起つた。さて書面を受けて見ると、目下来県中の内務大臣に紹介したいから即刻出県せよとの其の筋からの電報なのである。私は其の前から兀々として青年団に就いて調べもし亦考へもしてゐたのであつたが、時節が今正に到来したかのやうに思はれて、喜び勇んで有りだけの書類の風呂敷包にしてそのまゝ夜道を踏んで出かけた。時の芳川内相は、今の東京府知事当時の井上内務書記官を随へられて時局中の地方状態を視察されたのであつたが、其の時は私の考へを長時間に渉つて最も熱心に聴き取つて呉れられたのが井上書記官なのであつた。私が中央のお方に向つて青年団

の事を直接に話しを致したことが抑も最初なのであつた。

内務省には戦時における地方経営という課題があった。戦費を負い、兵をおくりだす国民のうち六割が農民であるからには、地方青年団体を導く手だてをおろそかにはできなかった。長く内務行政にたずさわってきた井上は、広島県へ視察したおりに山本との面談を望んだのだった。井上友一伝には、「乃ち県衙を通じて、青年会の尽力者山本瀧之助氏に会晤を求め、詳に其の攻究実験せし所を聞き、地方行政の美果を収むるは、先づ自治の訓練を、各地方青年に施すを以て第一基礎と為すとの懐抱、愈確実を加へ、爾来青年会を全国の郡村に普及せしめ、以て青年の気風を一新し、自治事業の健全なる後継者を輩出せしめむと勉め、之が為には百方斡旋、倦む所を知らざるの概あり」とある。

山本が広島県教育会長を兼ねる弘瀬師範学校長にはたらきかけて、八月に開かれる第五回全国聯合教育会代議員となったころ、井上は報徳会創立に動いていた。尊徳歿後、各地で奉じられた至誠、勤労、分度、推譲を柱とする報徳主義を、地方改良運動にとりこむ試みだった。講和條約交渉がすすむさなかに、戦後の民心をひきしめる対策を講じたのである。

九月に講和反対の日比谷事件によって桂太郎内閣が倒れたあと、一一月に二宮尊徳翁五十年記念会を開き、あくる六年四月二三日、報徳会機関誌『斯民』を創刊した。その一編一号彙報欄、篤学力行の青年団に、彼の広島県沼隈郡千年村小学校長山本瀧之助氏の如きは最も熱心に此事を研究し皷吹せる篤志家なり、と紹介されたのである。同欄前項にとりあげられた陸軍歩兵中佐花田仲之助は、二年鹿児島報徳会を設立していた。この人に洛陽堂から出版した著作がある。内務省において地方改良運動をすすめる人々が、後年洛陽堂から編著出版するにあたって、亀之助とつないだのは山本瀧之助だった。

2　青年団中央機関

山本瀧之助がめざすところは、各地で活動する青年団を結びつけることにあった。その位地にあるのを自任してもいた。一九〇五〔明治三八〕年一〇月、文部省松本参事官から青年団体指導改造のため、若連中など組織、活動、弊害等を調査するにあたって、資料提供を求めた先が山本であった。山本から報告した事がらが『官報』に掲げられたのだ。しかしながら、山本が思うとおりに事は運ばない。七年五月はじめ、津市で開かれた第六回全国教育会に広島県代議員として参加、青年団体中央機関設置を提案したが本会議で否決されていた。

山本が青年指導者を念頭において、各地の組織の現状と進むべきみちを明らかにする『地方青年団体』を著わそうと、日記に書きとめたはじめはその年六月一日だった。当月目標をかかげた中にあった。四日前の五月二七日、阿武郡長や山本の尽力によって、第一回沼隈郡青年大会を今津河原に開いたのだが、大阪毎日新聞は、郡内三十の各団体会員約三千人其他を合て来会者無慮一万郡内未曾有の盛会なり、と伝えた。足場を着々と固め、あがった意気が、『地方青年団体』ノ結稿、と書かせたのだろう。

国光社から出版できるように、九月三〇日と一〇月七日に亀之助へ手紙を出したのだが、いかにも時期がわるかった。金尾文淵堂『仏教大辞典』印刷費九千円がこげついたため、亀之助が国光社に辞表を出したのは九月だった。引責辞任がらみで職工が社ともめているさなかだった。山本から話をもちかけられても亀之助にしてみれば断るしかなかろう。山本が一〇月九日と一二月二六日に、当時の大手である博文館から出版する望みを書きつけていても、それはかなわぬ夢であった。

気をとりなおしてぼつぼつと書き始めた八年一〇月一三日に、第二次桂内閣は戊申詔書を発布した。農村再生をドイツに学んだ内相平田東助主導とされる。平田は翌日開いた地方官会議において詔書の徹底をはかった。各地で詔書捧読式が行われ、納税完遂、勤倹貯蓄、町村基本財産造成、農事改良、風紀改善などを目的とする地方改良運動が、内務省や文部省などの指導により行われることとなった。担い手に、町村官吏、中小教員、神主、僧侶、牧師、篤志家など、団体としては、青年団、報徳会、在郷軍人会などから自助努力をひきだそうとしたのである。青年団と在郷軍人会との関係について、寺内正毅や石黒忠悳へはたらきかけた山本にとって、詔書発布は追い風となった。

3　出版交渉

しゃにむに着手したのは一九〇九（明治四二）年一月二一日、熱心に原稿執筆を楽しんだのは五月二五日、三万に及ぶ第三回沼隈郡青年大会のもようを大阪朝日記者長谷川万次郎（如是閑）が取材記事をかかげたのが六月六日、となれば落ち着いては居られない。話をつけるために東京へ行くのを考えはじめた。

二月に亀之助が千代田印刷所を開業したのを知っていたのか、七月には書信のやりとりがみられる。八月二日にはこう書いている。

拙稿の方うまく行けは上京すること。うまく行かねば、他の方面に対してうまく行かす運動をすること。／第一、河本君。第二、秋広君。／それでいけねば取戻して、今秋更に手を入れる。併シ多分月末位に上京の事となるべし。

第二希望にあげられたのは『日本教育』主筆秋広秋郊だった。山本は同誌寄稿者で、社長日下部三之介が全国青年団中央会を組織したのに賛同している。

第一か第二か、山本は、国光社から『地方青年』を出版した実績から亀之助へ働きかけるのをえらんだ。ただしこのとき亀之助はいまだ印刷業者にすぎない。九月から一〇月にかけて、磯部甲陽堂と金尾文淵堂から、それに高島平三郎亡母追悼録と、わかっている限りで三点を受注していた。出版業洛陽堂をおこしたあとに山本から望まれて著作出版をひきうけたなら、そう返事をするはずだ。

だが、山本が亀之助から九月一一日に受け取った手紙には、まとまりかけたるやに候、とあり、一七日に届いた電文は、ハナシスム、コウモト、であった。亀之助が相談した先は記されていない。千代田印刷所では担いきれないと判断した亀之助が、博文館印刷所へ発注する話がまとまったのか、それとも山本が同時にすすめていた常識カルタ出版を磯部甲陽堂へとりつぐ話が済んだのか、ともかくも山本は二四日に東京へ出立した。

麹町区中六番町の亀之助宅に着いたのは二五日、山本は九月いっぱい東京に滞在して内務文部両省へ立ち寄ったほか、序文を依頼する石黒男爵らを訪ねまわった。上京前、常識カルタを送って批評してもらった高島に会ったのが明日発つという三〇日、洋食店で馳走になっていた。一〇月一日夜、見送ったのは亀之助と国府種徳〔犀東〕だった。国府は内務省嘱託で、報徳会発行『斯民』編輯にあたっており、亀之助は同誌へ『地方青年団体』広告をのせた。広告原稿に手ちがいがあったらしく、一二月号とつぎの一月号は洛陽堂書店、二月号から洛陽堂に改められて以後変わらなかった。

4　初出版

創業した洛陽堂にとって初めての出版は奥付によれば、一九〇九〔明治四二〕年一二月一〇日の山本瀧之助『地方青年団体』だった。遅れること五日、一二月一五日に、『夢二画集　春の巻』が出版された。洛陽堂の初出版は夢二だと書かれることが多い。亀之助と著者山本瀧之助、亀之助と竹久夢二とは、同じころ出版にむけて話をすすめていったにはちがいない。わずか五日しかへだたりがない二著を、どちらが先か後かをはっきりさせておくことにどれほどの意味があるかを問わぬとして、ただ事実だけをここに確かめておく。

山本は洛陽堂からいくつか著作を出版し、亀之助が新たにおこした良民社から主宰雑誌『良民』を九年ほど続けた。天野藤男ら青年団運動を通じてえた知友の出版にも関わったほか、天野が雑誌『都会及農村』編輯にたずさわる橋渡しをしている。竹久も同じように洛陽堂からいくつかの編著を出版し、『良民』表紙画や挿画を手がけ、恩地孝四郎ら知友による詩と版画雑誌『月映』発行につながる人脈を亀之助との間に築いていった。山本が亀之助が亡くなるまでつながりを保ち、追悼文をのこした一方で、竹久は洛陽堂から出版を絶えさせて離れていったというちがいはある。しかし、ふたりが草創期洛陽堂を支えた著者であったのは事実である。

洛陽堂初出版という順番の話にもどる。通説は夢二画集だった。洛陽堂と竹久とを強く結びつけて語られるのは、画集が若い人々に支持されたのがはたらいていよう。画集がよく売れたその華やかさだ。それになにより、関寛之による亀之助追悼録が初出版は夢二画集だと書いていた。

千代田印刷所を経営せる内、君は自ら出版業に心を寄するに至り、遂に明治四十二年「夢二画集」を刊行す。これ洛陽堂の処女出版なりしなり。之に続きて間もなく山本瀧之助氏の「地方青年団体」を出版す。洛陽堂の命名が何月なりしかは日記を繙くも明かならず。然れども明治四十二年十二月十三日の欄に、「洛陽堂の初陣夢二画集の入銀に牛島君を労す云々」とあるより見れば、蓋し四十二年後半なり。

亀之助日記にも洛陽堂の初陣は夢二画集とある。奥付表記とちがうのはなぜか。おそらくは、自前の千代田印刷所で印刷したかどうかが鍵になりそうだ。画集を印刷したのは千代田印刷所だった。山本のは、四六判三百余頁を印刷するゆとりがなかったためか、博文館印刷所に発注している。千代田印刷所へひきもどしたのは三ケ月のちで、増補再版したおりだ。博文館印刷所から洛陽堂へ納入されたのが奥付発行日より遅れたのは、山本宅に届いたのが一八日で、発行日から八日後だったのからわかる。画集を予定通り一五日に仕上げていたならこちらが先になる、ここではそうとどめておく。

5　出版以後

一九〇九（明治四二）年一二月一〇日発行『地方青年団体』が、一八日に著者山本瀧之助に届くとすぐさま仏壇に供えた。巻頭に、本書成るや先づ一部を家厳の膝下と慈母の霊前とに供す、としたためたとおりだ。二四日にはさらに二十部届く。山本は二五日からそれを知友に送りはじめた。国光社から五年に出版した『地方青年』とちがって、今度は手応えがあった。はがきや封書がたくさん届けられた。気持にゆとりがあったためか、一年をふりかえっていちばんにこの出版をあげ、先づ成効の年なるべし、としめくくった。

初刷千部は売れた。部数は、三月一五日の増補再版奥付に、自千一―至二千、と記されたのからわかる。この増補にあたって山本は、寄せられた書翰を巻頭にかかげるよう亀之助にたのんだ。「拙著再版に御着手下され候由就ては別紙小松原文相、久保田男、沢柳前次官、徳富先生、横井博士の書簡巻頭に御掲げ被下度願上候　早々／二月二十三日／山本生／河本老台侍史」。

在京各紙「批評の一斑」は、亀之助が『斯民』一〇年四月二六日臨時発刊青年号へ載せた広告に一覧としてかかげてある。

著者が青年団体に関し熱心研究すること二十星霜終に其実験を細述せるもの＝東朝
過去現在の状況を精密に叙述し其美風美徳を力説せり実に参考資料の好手引＝国民
著者が青年団体の改良に心を潜めること二十余年熱誠の局遂に此著を生めり＝報知
始に既往現在の事実を叙し次に目的の如何を研究し終りに其経験を詳述せり＝時事

種々の方面より研究しいかに指導しいかに改善すべき乎を詳述せる有益の書＝万朝
着実にして実際に応用し得べき議論少からず経世家必ず一読せざるべからず＝日々
今や青年団に関する書籍絶無の秋此の好著を見る真に時宜に適すといふべし＝読売
既往現在の状況目的経験を詳述せり国民教育上実に其効果少からざるを信ず＝毎電

字数をそろえるくふうは広告業者の手際か、それとも亀之助が知恵をしぼったのだろうか。

三　竹久夢二

亀之助と竹久は、洛陽堂以前からつながりを持っていた。国光社へさかのぼって順にたどってゆく。

1　投書家時代

竹久と同じ世代で、同じく平民社の社会主義にふれた山口孤剣や白柳秀湖は、十代の頃から投書家として現われ、『新声』や『文庫』によってその詩才や散文の才能を伸ばした。詩と画をつなぐ才によって独自のみちを拓いていった竹久が投書を始めたのは、早稲田実業学校を卒業し専攻科に進んだ一九〇五〔明治三八〕年夏で、彼らよりは遅くすでに二十歳をすぎていた。

当時出版界ことに雑誌界の雄であった博文館は、一般向けには『太陽』、子ども向けには巌谷小波が統括する『幼年世界』『少年世界』『少女世界』などを発行していた。『中学世界』は、竹久が画稿を続けて採用された雑誌だった。編輯者は、巌谷の弟子である西村渚山である。

竹久が「私の投書家時代」を寄せた『中学世界』一〇年六月といえば、洛陽堂から春の巻五千部、夏の巻四千部、くわえて花の巻を新たに出版していた。もっとも勢いがある華々しいときだった。

自然の一角をおさない謙遜な態度で描くのが未成品であるならば、欺かざる感傷を学ばざる囚はれざるアートで発表するのを未成品と言ふのならば、私は、いつまでも未成品でありたい。／私は自分の現今を語る事を好まぬ様に、過去を語る事も亦好まぬ。／然し乍ら、思出すと懐かしい時代であつた。／其頃私は東京の街から櫟林の多い武蔵野の郊外にうつらうと云ふ、大塚の或淋しい町で文学好の友人と自炊生活をして居た。

その下宿に近所の子どもたちを集めて、おとぎ話を聞かせたり唱歌を唄ったりしたのを投書した署名竹久沺「可愛いお友達」は、五年六月四日読売新聞に採用された。ついで回想は画稿の応募にうつる。詩のかわりに画で心を語る、という竹久独自の画業が認められるくだりである。

其頃の雑誌に挿まれたコマ絵は、多く竹に雀とか、雪に犬とか、在来の日本画に用ゐられた、極めて古い題材のもとに描かれて居た。然し私は其麼ものを描く事は好まなかつた。私は自分の周囲から得た印象を其儘描いて、画題などは後からした。それで其頃の挿画としては極めて自由なものであつた。／ところが発表されて見ると、はしなくも其我儘な画が、第一等賞として当選した。其画は「亥の子団子」と云ふのであつた。

手もとに掲載紙誌をおかず、記憶をたよりに竹久は書きすすむので、当選作掲載順や選者があやふやであった。また、画家になるつもりもパンを求めようとしたのではないとしながら、働かなければ食べてゆけぬ境涯を言い、まだもらわずにいた賞金を求めて博文館に出かけ、編輯者西村渚山の知遇を得たと書く。西村によって続稿を求められる逸話をはさみつつ、つぎのように結ぶ。

かくして私の投書家時代は終りを告げたのだ、私の投書家時代は実に短いものであつた。然し今から思ふと、其頃は見残した夢の様な気がする。／其頃の我と感興とは決してしつくり合すると云ふ様な事がなかつた。今日した事でも明日になつて考へると、何か為残しが有る様に思はれる、画にしても、後から思つて描き残した事があるのに気付く。けれど其処にフレッシなナイーブな美があるのだとおもふ。／見残したる夢、書き残したるアート。私はあの頃の事を思ふ度、此書き残したるアートに憧憬がれるのである。／永遠に未成品でありたいと思ふ。

竹久が書いたものは、ありのままの記録ではなく、そのとき思ったまま感じたままをつづっているから、すべて事実だとうけとると誤る。あったことが書かれなかったり、なかったはずのできごとが書かれたりするのは、竹久にかぎらず誰にも多かれ少なかれあるのだが、竹久が確かさにあまり重きをおかなかったようすは折々にふれてゆく。

2　『直言』投稿と国光社

竹久夢二「私の投書家時代」は『中学世界』に求められて書いたのだから、編輯者西村渚山とのつながりにふれれば充分その役を果す。しかし画稿採用のはじめは『中学世界』一九〇五〔明治三八〕年六月二〇日号ではなく、六月一一日週刊新聞『直言』であったのが抜けおちている。

週刊新聞『直言』は、平民社が週刊『平民新聞』を廃刊後、直行社が発行し平民社が発売した後継誌で、これを印刷したのが国光社だった。週刊『平民新聞』筆禍によって、印刷器械特定のために国光社印刷部長であった亀之助が喚問を受けたについてはさきに記したとおり、亀之助は自社印刷物で竹久の作品に接してゆく。

回想から抜け落ちたのは、下宿の友と平民社とのかかわりである。竹久は「私の投書家時代」から二十年をへると、雑誌『現代』の設問「私の最初の借金」に対してはこう回答した。

その頃、私は苦学生で月謝も食費も欠乏してゐた。学友岡栄次郎が二十銭一円と貸して呉れた。彼は金があるのに新聞配達などしてゐた。／マルクス、エンゲルスを教へてくれたのも彼だつた。貧乏の忙しさを教へたのも彼だつた。

岡栄次郎が、竹久とは早稲田実業同級生であったのをつきとめたのは、長田幹雄だった。荒畑勝三〔寒村〕に、長田は確認をとっている。『寒村自伝』はいう。

私はまたしばらく竹久夢二、岡某の二人と一しょに雑司谷の一農家に自炊生活を営んでいたが、岡某も早稲田の文科生で早稲田社会学会の会員、竹久夢二は早稲田実業学校の生徒で、共に平民社に出入する同志であつた。私たちは月初めの金のある間は店屋物などを食い、月なかから金がなくなるとパンと水ばかりといつたお定まりの生活を送りながら、いつも社会主義実現の空想に耽つて奔放な議論を闘わせたり、夜は白浪庵〔宮崎〕滔天の浪花節を聞きによく下町の寄席へ出かけたりした。

平民社のなかまに負けまいと、箱車に平民社発行の新聞や冊子を積んで各地に同志をつのる社会主義伝道行商から帰ったあとの話だ。荒畑出発は四月五日、帰京は五月一三日だった。竹久が「私の投書家時代」で自炊生活をいう大塚の或淋しい町とは、荒畑のいう雑司谷の一農家であり、文学好の友人、が岡某にあたる。

府下北豊島郡高田村〔大字雑司ケ谷〕三一六鈴木ゆき〔雪〕方岡さよ〔小夜〕に宛てた竹久のはがきは九月一五日付で、八日前の日露講和反対国民大会後に起きた日比谷事件にふれたものだった。さよが岡の雅号であることをふくめ、荒畑に確かめた長田幹雄によって解明されている。

荒畑によると、早稲田実業にあまり通わなかった竹久は、国もとからの送金を絶たれたので絵はがきを描いて生活費にあてたという。週刊新聞『直言』への紹介を荒畑に頼んだのはそんな頃だった。『寒村自伝』の続きにこうある。

ある日、一冊の画稿を私に示してこれを『直言』誌上に発表して貰えまいかという。見ると、絵はまだ拙だがアイデアが面白いので、私はそれを平民社へ持参して堺〔利彦〕先生に発表を懇請して同意を得た。『直言』第二十号（六月十八日発行）に載つた、赤十字のマークのついた白衣の骸骨と並んで丸髷の若い女が泣いている絵こそ、実に竹久夢二の絵が初めて発表されたものである。爾後、彼の絵は『直言』から明治四十年の日刊平民新聞までひき続き発表され、夢二の名はようやく世間に認めらるゝに至つたのであつて、彼がとにかく名を成したのはまつたく社会主義のおかげに外ならない。

週刊新聞『直言』二巻二〇号に載った、白衣の骸骨と女性の挿画署名は、夢二ではなく洦で、五日読売新聞初採用散文「可愛いお友達」が竹久洦であったのにつながる。竹久顕彰につとめた夢二会はそこまでは納得したものの、自伝をくつがえす新たな荒畑証言にとまどうことになる。一週前六月一一日発行一九号に載った、署名アサミによる、門前で新聞号外を読む出征軍人の妻らしき女性を描く作品こそ初採用画稿だ、そう荒畑は誤りを正した。

長田幹雄編竹久年譜は署名アサミによる二〇号作品を留保あつかいにしたのだが、その謎は荒木瑞子『夢二逍遥』によって解き明かされた。竹久があこがれた邑久高等小学校同級生に江川洦がおり、アサミと訓ずるのを、縁者を通じて確かめられたのだ。小著は荒木説をとり、週刊新聞『直言』への寄稿の始まりを五年六月一一日発行二巻一九号と断定する。

このように、竹久「私の投書家時代」は、同じ下宿暮らしをした岡栄次郎や後から加わった荒畑勝三と、平民社とのかかわりにふれなかった。あたりまえながら、画稿を採用した平民社の堺利彦は出てこない。『中学世界』編輯者西村渚山に認められて、投書家から常連にとりたてられたと書きながら、その西村が博文館に勤務しつつ堺をたすけて『家庭雑誌』編輯にあたっていたのにもふれていない。社会主義機関紙誌に寄せた作品によって、諷刺画家とみられるのを避けたためだと思われる。

3　竹久と国光社

亀之助が自社印刷物で竹久の作品に接したはじめは、週刊新聞『直言』だった。気にもとめなかったのか、あちこちの雑誌にさし絵を描いている評判には接していたのか、いずれにせよ、わずかの間に編輯者と印刷所責任者の関係になるとは思ってもみなかっただろう。そのひとつが『ヘナブリ』改題『ヘナブリ倶楽部』であり、もうひとつが早稲田文学社『少年文庫　壹之巻』だった。

そのほかにも、竹久の画稿を載せたいくつかの紙誌を国光社が印刷しており、亀之助が接する機会はだんだんに増えていくようになった。

①月刊『スケッチ』

竹久が投書家として読売新聞に採りあげられ、雑誌『中学世界』への応募作品が受賞したころ、月刊『スケッチ』でほめられたのを「私の投書家時代」に書いていた。その月刊『スケッチ』を印刷していたのが国光社である。入選八席「稚児の領」と選外佳作「朝さむ」が載ったのは、一九〇五（明治三八）年一〇月一〇日発行七号だった。印刷人は亀之助だった。

美術と文学をつなごうとした月刊『スケッチ』は、竹久がめざすところに近い。編輯実務にあたった坂井義三郎は、白馬会機関誌にも携わっていた。竹久が西洋絵画を学ぼうとした美術団体白馬会は、洋画排斥の風潮を克服するために、黒田清輝や久米桂一郎らによって一八九六年に結成されていた。会員には竹久があこがれた藤島武二、それに岡田三郎助、和田英作、三宅克己、中沢弘光らが加わった。月刊『スケッチ』寄稿家に重なる。これらの画家は、亀之助にとっては、印刷を請け負った金尾文淵堂発行図書にさし絵や口絵を描いた人々である。

月刊『スケッチ』は、平民社社員西川光次郎とつながりがあった。発行兼編輯名義人日箇原繁、編輯者坂井義三郎や安孫子貞次郎は、西川とともに、内村鑑三のもとで『東京独立雑誌』編輯にあたっていたのだ。内村と袂をわかち社を去ってから、『東京評論』を発行して、共著『人道之偉人』をもつ。坂井は東京評論社同人だったとき、社会事業をすすめた人々を訪問する記事をかかげたが、そこで家庭学校長留岡幸助の知遇をえていた。留岡は、亀之助とは尾道教会におけるキリスト教伝道に関わり、山本瀧之助とは内務省感化事業講習会などでつながりを持つ。坂井はやがて家庭学校事務を与えるようになり、平民社へ立ち寄ったおりは、家庭学校の坂井義三郎氏、と西川に紹介されている。西川を招いて昼食を供したりしたとは堺利彦が書きとめている。

こうしたつながりによって、月刊『スケッチ』には平民社内外の堺利彦、山口孤剣、原霞外、児玉花外、白柳秀湖、大塚甲山、野口雨情らが寄書家に名を連ねていたのだ。竹久にすれば、白馬会と平民社双方につながる雑誌だった。竹久はその後、月刊『スケッチ』が事実上廃刊して古今文学会機関『むさしの』と合同した次の号に作品を寄せている。印刷人亀之助の名は、合同が告げられた号を限りに消えた。坂井が関与しなくなった雑誌から、亀之助は手をひいていた。

②『ヘナブリ倶楽部』

東光園主秋好善太郎がヘナブリ倶楽部をつくって、小説、お伽噺、川柳、短文、和歌、新体詩、俗謡などを募集した雑誌創刊は、一九〇五（明治三八）年一一月一〇日だった。秋好は大分出身、小学校教員についたのち実業に転じて繊維業をおこし、さらに出版業を始めた。時流をつかみとろうとしたのだろうが、創業のいきさつは判らない。これに竹久が編輯者としてかかわった。原稿受け渡しや校正など実務において、亀之助と往き来があったと思われる。

国光社が印刷するについては、竹久とともに編輯にあたった大戸三省が国光社社員であったためだと考えられる。竹久と大戸は、二号から『ヘナブリ倶楽部』と改題した誌上で、詩的エハガキ交換希望を呼びかけており、宛先を大戸は東京市築地二ノ二一、つまり国光社所在地としていた。竹久が編輯から離れたのは、絵はがき交換をめぐる読者から寄せられた苦情によって、端なくも明らかにされた。六年四月発行六号誌上である。

> 夢二君も大戸君も小生の出した絵ハガキに対してまだ返事をよこさんとは失礼千万罪将に斬に処すべしだが今度丈は許す程に早速返事差出すべき事に叱り置く（夢二君は他に御栄転です記者）
>
> 本郷瓢平生

創刊から五号まで竹久が担当したのは、表紙画と口絵や絵はがきなどだった。国光社が印刷したのはその五号までで、右の苦情が載った号は縁が切れていた。雑誌そのものも息切れしはじめており、七号まで月刊を守ったあと八号を三ケ月あとに発行している。これをもって廃刊したのだろう。

③『法律新聞』

『ヘナブリ倶楽部』四月一日号に載った絵はがき交換をめぐる謝罪に、竹久は栄転してすでに去ったとあった。その先は、弁護士高木益太郎主宰『法律新聞』だと考えられる。東京地方裁判所で開かれた日比谷焼打事件の公判傍聴記事に、竹久がさし絵を載せたはじめは、一九〇六（明治三九）年三月五日三三八号である。

これを八十年後に発見したのは京都大学附属図書館司書広庭基介で、竹久と京都とのつながりを地元紙に寄せた。それによると、「夢二はそのほかに特定事件に関係なく、裁判所、監獄の内部、あるいは護送中の被告人を邪険に扱う看手（守）の姿や、傍聴人の表情、新聞記者が退屈してあくびをする様子、差し入れ屋や廷吏の横顔、さらには司法官会議の情景なども描いており、全部で五十点近く」にのぼる。

「夢」あるいは「夢二」と署名したさし絵のはじめは、三月一〇日三三九号からだった。五月一〇日三五二号には、夢二「東京地方裁判所検事局前　召喚人のいろ々々（其一）」と、ゆめ二「同上（其二）」が載っているから、続けて二ケ月は仕事にありつけている。それから半年ほど間があいて、七年二月に足尾鉱山に取材して画稿を寄せた。「法律新聞から足尾銅山騒擾事件の想像画を画いてくれと言つて」、とそこまでで途切れた日記が残されている。その通り、二月一五日発行四〇七号に「足尾大騒擾の光景（其一）」と、「（其二）」が掲載された。

国光社が『法律新聞』を印刷しはじめたのは二年二月一〇日七三号からで、九年二月二〇日五五二号までまる七年におよんだ。同月一八日未明に国光社は工場を焼失しているから、それをしおに印刷所を替えたのだろう。亀之助はすでに退社していた。

④ 早稲田文学社『少年文庫　壹之巻』

『ヘナブリ倶楽部』によって編輯者の竹久と亀之助が関わりを持ったと思われる時期に、竹久は島村瀧太郎〔抱月〕の知遇を得ていた。島村と竹久は早稲田にあって師弟の関係にはない。竹久が早稲田実業に入学したのは一九〇二〔明治三五〕年九月とされる。島村が海外留学生に選ばれて英独に派せられたのはそれより半年早い三月で、帰国は五年九月だった。竹久はそれよりさき七月に専攻科を中退しているから、在学中とは全く重なりがなかった。

島村が留学先からもどって自然主義文学論を主唱するにあたり、再興『早稲田文学』を六年早々創刊したのだが、その編輯に与った中村星湖に、早実を中退して数年たったはずの竹久が七年か八年ごろ島村を訪ねて来たという回想がある。さらに「少年文学〔庫〕」を発行されなかったとするなど、半世紀前の記憶はあやういものがある。島村と結んだのは、竹久の知友で文科に学んだ者だろう。早稲田社会学会の白柳武司か、安成貞雄あたりだろうか。安成なら金尾文淵堂店員だった弟二郎が『早稲田文学』を担当した縁がある。

ともかく竹久は、島村が担当する東京日日新聞月曜附録に作品を採用された。六年に入ってからだ。やがて竹久は一一月一〇日発行早稲田文学社編『少年文庫　壹之巻』の編輯を、小川未明〔健作〕とともに任されるにいたった。発行元金尾文淵堂は印刷を国光社に発注した。編輯人島村瀧太郎、発行人金尾種次郎、印刷者は亀之助だった。

編輯にあたっては日本女子大学校教授に助力を求め、四月に新設された豊明幼稚園を訪問した記事がある。ほかには、たみ子、つとむ、さえ子、とうじ、よし子、という子どもたちの絵やお話を収めて、三宅文学博士のお子さまと紹介している。文学博士は雄二郎〔雪嶺〕で、妻龍〔花圃〕が同校で和歌を講じていた。

教授には三宅花圃のほかに、高島平三郎や、竹久とは早実同窓だった助川啓四郎の従兄渡辺英一がいた。金魚鉢を窺う猫を描いた四コマ漫画を収めたのは、フランスの画家スタンランの素描集『猫』から借用したものだったが、竹久が慕っているのを『夢二画集　春の巻』評で明かしたのが渡辺だった。両者を結びつけて論じられたのが、荒木瑞子『夢二逍遥』である。

二の巻発行予告は『早稲田文学』誌上でなされたが、おそらくは未刊に終わっただろう。このころ進んでいたのが社会主義日刊紙を発行する第二次平民社の結成と、竹久の入社話だった。

⑤社会主義諸誌

竹久がさし絵を寄せた社会主義機関誌のうち、国光社が印刷したのは週刊新聞『直言』と『光』だった。国光社はほかに、キリスト教社会主義者による『新紀元』や『世界婦人』を印刷したが、竹久はこちらには関わっていない。『光』と『新紀元』が合同して第二次平民社をつくるにあたり、社員に竹久があげられていた。一九〇六〔明治三九〕年一一月二五日『光』二八号の記事だ。そうした合同話がすすんでいたころ、運動会とよんだ家族連れのもよおしが行なわれ、記念写真に竹久が収まっている。竹久がマントでくるんでやったのは、演歌師添田平吉〔唖蝉坊〕の息子知道、後ろには知り合ったばかりの岸たまきが立っている。しかし、竹久は平民社社員にはならず、『光』終刊号に示された予定社員一覧から消えていた。

日刊平民新聞は自前の印刷所を設けたので、第二次平民社と国光社は縁を絶った。その創刊号にのった次号以下予定記事に、竹久は諷刺画寄稿家として紹介されている。同紙が命脈を保った正味三ケ月の間に起こった足尾騒擾事件に竹久は、法律新聞社から依頼されて、足尾大騒擾の光景と題して送っているが、第二次平民社から取材のため派遣された西川光次郎は、暴動教唆の疑いをかけられて捕らえられている。代わって現地へ赴いた荒畑にしても、拘束されるのを避けるため、二六新報社の社員証を福田和五郎を通じて入手して取材にあたった。

国光社が印刷した週刊新聞『直言』から『光』、それ以降他社が印刷した社会主義諸誌に諷刺画を寄稿しつづけた竹久は、日刊平民新聞が相次ぐ筆禍によって廃刊を迫られたころ、島村抱月に読売新聞入社を頼んでいた。島村にすれば、一巻しか出せなかった埋め合わせのつもりだろう。島村は、早稲田の文学科講師をつとめるかたわら、読売三面主筆であったから、かつての同僚上司（かみつかさ）延貴〔小剣〕に宛てて手紙を書いた。日刊平民新聞廃刊十日前、七年四月四日付である。

> 拝啓、御無沙汰勝に候、さて毎々人のみ紹介し候が今回もまた〳〵其用にて此書を呈し候、持参者は武〔竹〕久夢二君と申す諷刺画家志願の青年に候、物によつては中々うまく小さいコマエ体の写生画等も得意に候得ば読売の三面に雑報の助として挿むものなど機会あらば御書かせ玉はるまじくや、文章も一寸書け候へば事件を観て文と画と両方書かすといふ場合など適当に御座候、

嘗てヘナブリ雑誌を主宰し居り候人、早稲田実業学校の卒業に候、右当用のみ申上候当人に御会ひの程願上候早々

四月四日　島村生／上司大兄机下

四月七日、竹久は上司（かみつかさ）へ、さきほどは突然御じやまいたし御馳走に相成候奥様へもよろしく御伝へ下され度候、とはがきを書いた。上司の妻雪子は、山口さん、竹久さん、白柳さん入らツしやる、としている。日刊『平民新聞』廃刊に追いこんだ筆禍事件張本人である山口は、入獄を免れない身だった。白柳は無二の親友、上司雪子によれば三人で訪ねたようであり、竹久のはがきからすると、ひとりで出かけたようでもある。

⑥国光社発行雑誌『女鑑』

これまで竹久が寄稿したり編輯したりした各紙誌は、印刷だけを国光社が担ったものだった。国光社が発行し国光社が印刷した雑誌『女鑑』に竹久の作品が採用されるようになったのは、読売入社のころである。『女鑑』印刷人は亀之助だった。

はじめは一九〇七〔明治四〇〕年五月一日号の口絵で、七月一日号から表紙も竹久の絵になった。それから挿絵の採用が増え、一〇月一日号は別の意匠で表紙を飾った。亀之助が印刷人と記される最後である。仏教大辞典予約出版がゆきづまって金尾文淵堂が倒れ、印刷を請け負った責任をとって亀之助が国光社を退職したためだ。一一月三日発行分から印刷人は守岡功にかわった。

印刷人が守岡になってからも、年内は竹久の作品採用に変わりはなかったが、年が明けると表紙は

鏑木清方に交替して、竹久の挿絵は依然多く掲載されたものの、二月一日号は目立って減ってそれをもって絶えた。追悼録にあった「辞表提出は明治四十年九月にして、全く関係を絶ちしは翌四十一年なり」は、右の事情を指すのだろう。

⑦竹久と『絵葉書世界』三好米吉

亀之助国光社退職前後に、竹久が描いた絵葉書が、大阪で発行された滑稽新聞別冊『絵葉書世界』に採用されている。わかっているかぎりで二点、一九〇七〔明治四〇〕年六月号「地塘春草」と八年四月号「汐干狩」だ。大阪平民社森近運平を介しての採用という。本誌『滑稽新聞』に筆をふるったのが宮武外骨、別冊『絵葉書世界』を担当した三好米吉は、宮武に鍛えられ筋金入りとなった編輯者だった。三好が独立して開いた柳屋書店はのちに白樺絵葉書売捌所となって、亀之助とつながる。

滑稽新聞社は、大阪で印刷業を経営する福田友吉と、宮武外骨の共同事業として『滑稽新聞』を創刊し、のち宮武に譲渡された。表紙両わき自尊自戒の惹句に曰く、天下独特の肝癪を経とし色気を緯とす過激にして愛嬌あり、威武に屈せず富貴に淫せずユスリもやらずハツタリもせず。宮武は亀之助と同じ慶応三年の生まれ、終生出版界に在った。反骨の源は若き日に発行した雑誌掲載画が不敬罪に問われ、三年余を監獄に送ったことに求められる。

三好が編輯兼発行人になったのは二年五月二〇日発行二九号からで、大阪西警察署刑事を告発する記事によって官吏侮辱の罪に問われた。徴兵検査を受けたばかりの青年が被告人になって堀川監獄にほうりこまれたのである。宮武の流儀は筆禍のたびに法廷での応酬を『滑稽新聞』にかかげ、加うるに収監日記を収め出獄歓迎会のもようを伝えて抗議を重ねるものだった。三好の獄中記ももちろん載った。

宮武は身内に対しても容赦ない。三好に向けた宮武の怒りの最大のものは、三年一月二〇日四二号、宮武考案による官民賄賂取番附掲載一件だろう。横綱は目下仰山教科書審査員、大手金港堂をはじめ国光社をふくむ教科書会社が一斉捜索された例の教科書事件のさなかだった。宮武は「又々肝癪玉の破裂」と題し、三好が発行名義人辞退を申し出たのに対して、自ら署名人となる変更届を提出すると息巻いて、取り消させた。

三好は発行名義人にとどまりはしたが三月いっぱいまでで、四月五日四六号からは広谷宇太郎に代わった。その広谷も記事掲載をめぐり宮武から、肝癪玉の半破裂、を浴びせられ、九ケ月つとめて退任、四年からは塩谷三四郎に交代した。この間三年八月五日五四号から、三好は印刷人として復帰している。

これだけのことが創刊三周年までに起っていたのである。砂古口早苗『外骨みたいに生きてみたい反骨にして楽天なり』は三十頁を割いて三好の人となりを描いているが、引用された三周年自祝記事を覆刻版にあたり直してみる。

本月本日は我滑稽新聞社創刊より満三年に成るので此一階段に達した嬉しさに、是迄の成効に力ある本社関係の人々を、読者に紹介して、自祝の意を表します

福田二又子〔友吉〕〔略〕

三好幽蘭〔米吉〕

幽蘭子は本誌初号発行後一番がけの投書家で、其二ケ月後から本社員となり、其後一時退社した事もあツたが、間もなく旧に復して今日迄継続し、熱心社務に従事して居るのである、三年の間には同じ社員中に、社金を遣ひ込みし者、又はヅボラのナマケ者などもあツたが、幽蘭子にはサル曲事は寸毫も無く、時々予の持病なる肝癪玉に触れし些事はあツても、忍耐事を破らず、温和にして柔順なること、自ら幽蘭女史と名乗るに適して居る一昨年の夏西警察署ユスリ刑事の一件で、二週間ほど堀川樓に流連をやツた外は、未だ曾て一度も茶屋遊びに行ツた事なく、喧嘩口論をした事もない、唯其道楽とする所は遠足とボート乗り、毎月新刊の図書を購ふ位の事で、絵葉書の如きも既に三千余蒐集して居る、実に当世多く得難い純潔の好青年である

堀川樓といい流連というはもちろん宮武の言いまわしで、編輯兼発行人として被った筆禍をさす。右自祝三周年を経た年の一二月一日八五号に「喜んで入獄す（本社員塩谷氏）」の記事をみるが、この号から塩谷に代わって三好が発行名義人にもどる。この記事がまた新聞紙條例違犯の廉で裁判にかけられるのだった。宮武に鍛えられた三好は、相次ぐ処分に抗議して自殺号とあてつけた終刊八年一〇月二〇日一七三号まで、その任を全うしたのである。

宮武は暴政を抑える手段としての社会主義を擁護した。筆禍裁判攻めによる日刊平民新聞廃刊を惜しみ、『滑稽新聞』七年五月五日号に、葬られたる爆裂弾と題して、山口孤剣の廃刊宣言「君よ泣くこと勿れ」を転載した。これに併せて載せたのが、墓参する女性の後ろ姿を描いた寄書家竹久の挿画だった。ついでに言えば、日刊平民新聞へ最も多くの広告を出稿したのが国光社であった。全七五号

のうち三分の一をしめる延べ二五号に国光社出版図書雑誌の広告を載せた。

亀之助と柳屋書店三好米吉が白樺絵葉書販売でつながるのは、一三年半ばになってからだった。亀之助が柳屋を知ったのは、ともに広告を出した『美術新報』や『現代の洋画』を通じてだろう。坂井義三郎が編輯にたずさわる画報社発行雑誌『美術新報』に亀之助が洛陽堂として広告を出すのは、一〇年一一月からで、一一年になると毎号『白樺』などを宣伝した。坂井編輯の『月刊スケッチ』を国光社が印刷しており、亀之助とは旧知であろうし、洛陽堂を創業してからは『夢二画集』紹介記事を書いてもらうつながりがあった。

三好が古書店柳屋書店を開業するのは一〇年五月だった。『美術新報』へ広告を出す始めは一二年新年号で、柳屋書店のとなりに画報社をはさんで、三倍大の洛陽堂広告がならぶ。『夢二画集』最新刊都会の巻と既刊各巻を宣伝したものだった。四月からは『現代の洋画』大売捌七店のうち、大阪におけるただ一店となった。大阪唯一の美術書店を誇るのは、『美術新報』一〇月号広告だ。

富田溪仙漫遊画帖　山海経／竹坡百画集／風俗集画
大阪に於ける唯一の美術書店柳屋は審美書院、国華社、画報社、東陽堂、聚精堂、芸艸堂、飯田呉服店美術部発行のものを可なり潤沢に取寄せ陳列致して居ります、／こんな空気の中に／白樺、朱欒の新しき匂ひ「現代の洋画」「みづゑ」の美しき色彩は漂よひて趣味の高い書籍や雑誌や一と通りは御取揃へしてあります。

歌麿の錦絵、夢二の絵本共に柳屋の店の忘れがたない懐しみの一つと存じます。

大阪市東区平野町三丁目／柳屋書店

三好の惚れこみようは、ひととおりのものではなかった。

あの頃の私は夢二さんの絵に夢中であつた、どうにもならぬあの絵のなつかしさ、コドモの姿ムスメの顔、山の容ち樹の面影何もかもが好きであつた、それが嵩じて絵を頼みその人にも逢ふやうになつた、其頃の宮崎与平さんの絵一條成美氏の絵なんかも好きであつたがわが夢二さんは明治大正の歌麿であるとさへ思つた程でこの人々の中でも一番のあこがれであつた、当時の私はよく物事に夢中になれた、絵葉書に夢中になり本に夢中になり

と続けた三周年にして三千余をあつめた絵葉書趣味が、滑稽新聞別冊『絵葉書世界』へ寄稿するよう依頼したとみてまちがいない。

4　『夢二画集　春の巻』

①春の巻　出版

洛陽堂創業初仕事である山本瀧之助著『地方青年団体』におくれること五日、亀之助は一九〇九（明治四二）年一二月一五日に『夢二画集　春の巻』を出版した。洛陽堂所在地は千代田印刷所と同じ麹町区麹町二丁目九番地だった。二著奥付にしめされた亀之助の居所は異なる。間に引越をはさんだ

らしく中六番町二五番地から麹町二丁目二番地にかわる。以後発行者亀之助は麹町二丁目二番地を住所とした。発行部数を明記したのは珍しい試みとされる。千部刷った。

二著奥付表記についてはもうひとつ、印刷者がちがった。山本のは博文館印刷所に発注したので、その責任者である山田英二が印刷者になった。竹久のは自前の千代田印刷所だが、こちらは藤田千代吉である。藤田がどんな人で、どのようないきさつで千代田印刷所に入ったのかわからない。千代田印刷所で洛陽堂出版図書を印刷するはじめが、木版画集であったことから、活字製版があたりまえになる以前からの職人だったかもしれない。亀之助の弟俊三が引き継ぐまで、この人が久しく印刷者をつとめた。

『夢二画集　春の巻』は、誌面の余白をうめる絵を集めたものではない。竹久の自序にいう。

私は詩人になりたいと思つた。／けれど、私の詩稿はパンの代りにはなりませぬでした。／ある時、私は、文字の代りに絵の形式で詩を画いて見た。それが意外にもある雑誌に発表せられることになつたので、臆病な私の心は驚喜した。

竹久が独創とする、詩をあらわす画集を出すにあたっては、中身は措き、さきがけをなした小杉国太郎〔未醒・放庵〕や小川茂吉〔芋銭〕の画業があった。版木を再利用した小杉『漫画一年』は春の巻にはじまり、冬の巻、雑の巻、大尾におわり、小川『草汁漫画』は春之部から同じような構成によってなる。

亀之助が竹久に出版をもちかけたのか、竹久が亀之助にもちこんだのか、両者ともにその記録を欠く。亀之助の日記は失われ、竹久に日記はあっても山本瀧之助のようにほぼ継続して備忘に足る精細な記述をのこしていない。山本の日記は実証の裏づけとなる事実の記録であるのに対し、竹久の日記は心情を写しとった随想の類いだから裏づけを別に求めなければならない。一例をあげる。たまきと別れた九年とされる一節である。

〔日附不明・編者長田幹雄註〕／一月振りに東京へ帰り　河本氏を訪問す。／二人別れたことを話す。／お気の毒ですね、私が慰めてあげますと妻君がいふ。／あの人をもあの家をも訪ねようと思つて帰つて見たに、金にならぬ人は訪ねる気にならぬ。

このときに出版話が出たのか、あいさつに立ち寄っただけか、金にならぬ人は訪ねる気がしないというから、亀之助は金になる人だったのか。出版費用は早稲田実業同窓である助川啓四郎が出した。ともかくも竹久が雑誌に掲載された版木を各社からゆずりうけて、集めたのはこの九年発行分であった。

そのひとり『秀才文壇』を編輯していた前田夕暮は、竹久の求めに応じて、秀英舎印刷所に通ってインキで汚れた桜の版木を風呂敷包みにしては飯田町にある下宿に届けたという。小杉が『漫画一年』を版木再利用によって出していたから、亀之助はさほどの無理はないと判断したものと思われる。二、三十年も経た回想ではあるが、恩地孝四郎は亀之助の気持ちを忖度して「夢二君が丹念に集めた版木があつたし、出版に大した費用がかからなかつたし、むろん夢二君の人柄を愛したからでもあつたし、さうして持込まれた版木を生かして出した」といい、宇野浩二は「夢二が、自作の絵の版木を沢山もつてゐる、それを持ちこんで来たのに心を引かれ、また、その絵が好きになり、あまり売れなくても、大した損はしないといふ程のつもりで」出したと、伝聞を書きとめている。いずれも助川が出版費用を出したのにはふれていない。

竹久の版木集めは思うにまかせなかったとは、友人佐藤緑葉が事情に通じている。心に染まないのを出したのがあることも知っていた。夢二画集出版のころ、竹久の日記にしばしば登場する佐藤は、早稲田出身で、安成貞雄らが結んだ北斗会の一員だった。竹久と知りあったのは、日刊平民新聞創刊あたりだろう。直に会した記録はないが、管野須賀宅で開かれた創刊祝いに、管野の夫たる荒畑寒村のほか、山口孤剣、白柳秀湖、土岐哀果、安成貞雄、それに佐藤緑葉が集っている。竹久入社が予告され、結局は挿画など寄稿家となったあの新聞である。

版木がなければ新たに手彫りさせていたとは、飯田町の下宿を訪ねた浜本浩が書いている。工賃が安くて仕事の巧い職人があるときけば出かけたのは一一月だったという。一二月はじめには、出版情報が週刊『サンデー』に流れていた。内情は改めてふれるとして、全文をかかげる。

青年男女の学生間に「夢二式の女」「夢二式の眼」など丶いふ言葉が流行した位、竹久夢二君の絵は青年の間に迎へられ、一種のチヤーミングを以て青年を引きつけた。此集は夢二君が放浪して国を去つた十六の春から今まで描いたうちの選集で、近く麹町二丁目洛陽堂から出版されるさう

だ

夢二式の眼とは、日刊平民新聞が結婚を報じたとき、此頃氏の描く婦人の眼が殊に大きくなりたる、とひやかした竹久の妻岸たまきである。この集を、別れたる眼のひとにおくる、と春の巻をささげた竹久は、新聞広告にもそうした絵をつかった。亀之助ではなく竹久が主導したようすは、『秀才文壇』が「此集を見て、最も愉快に思つたのは、表紙装釘より、内外の全部をあげて悉く自分の手になつたこと」だと明かしている。

②売行き

竹久は『女学世界』や『中学世界』で人気の手応えを感じていたから、売れる見込みはあったはずだ。亀之助はどうか。発行日の二日前、一九〇九〔明治四二〕年一二月一三日、夢二画集の入銀に牛島君を労すと日記に書きとめた。

入銀とは見本を手に取次店へ注文取りに足を運ぶ、小さな書肆の営業活動をいう。最大手博文館は、はがきで大取次店へ知らせた。大取次店は取引正味つまりは定価に対する歩合を特に廉くしてはもらえなかったが、見込で買い取って小売店へ買い切りで売り込んだ。博文館のものは、発行雑誌で宣伝するし時に新聞広告もするのでよく売れたから、小売店は安心して仕入れた。博文館につぐ名だたる業者、春陽堂、実業之日本社、新潮社、有楽社、大日本雄弁会のものなどは、新刊見本を取次店に持っていき、そこで買い切り注文を取ったという。新興洛陽堂はその他大勢である。中山三郎代筆、例の小川菊松『出版興亡五十年』「小売書店の今昔～正味引き下げのキーポイント」がそのころの書籍雑誌販売について記す。

その他の発行所の多くは、新刊が出来ると入銀と称して、新刊披露のため取引正味を平素より、五分乃至七、八歩安くして、買切り注文を取つたのである。この入銀というものは、美濃判奉書紙を立長の二ツに折り、紅白の水引で綴じ、「入銀帳」と筆太に記して、新刊と共に市内小売店と卸店とを歴訪し、小売店は二、三部から五部または十部、卸店は卅部、五十部または百部と書き込んで貰い、買切り註文を獲つたのである。この入銀は再版三版と版を重ねるたびに行う発行所もあり、新年の初売、中元の入銀もあつた。この入銀方法は大正末期頃まで続いていた。

亀之助が牛島君を労したというとおり、洛陽堂にとって二点めの出版だったから、名と顔を覚えてもらう売り込みである。得意先を何軒もたずねては注文をとるという、足でかせぐ営業だから、ねぎらうのは当然だった。

そのうえ亀之助は、新聞広告をうつ書肆は少なかったという時代に、夢二画集を東京朝日新聞紙上で宣伝した。学生の読者が多く、部数でも他紙をしのぐ新聞への広告は、金尾種次郎の入れ知恵によるのだろうか。発行日一二月一五日当日一面に、クリスマスや新年の贈り物に最も適すと、眼の大きな女性の周り四隅に夢、二、画、集の文字を配した。その画は春の巻中扉とは別ものではあるが、「この集を、別れたる眼の人におくる」、当の岸たまきだ。広告料は五号活字一行六十銭、二段十五行ほどだと一回分およそ二十円になる。初版は千部、定価五十銭だから売り切ったとして五百円、やがて読売新聞や万朝報にも広告を出すから、総売上の一割ほどとなる。
　広告した甲斐あって、画集は売れた。発行日からひと月たたぬうちに千部売切れたと夢二日記にある。半年で六版、そこから勢いはややにぶり七版までは三ケ月要し、八版をだすまでに半年、九月末の九版まで同様に半年かかった。これを年内に売り切ったとしてまる二年で九千部となる。月に千部売れていたころ、亀之助は印税を通帳で竹久に渡した。夢二日記にはない。逸話をのこしたのは、浜本浩だった。

　十二月には夢二画集春の巻が出版された。版元洛陽堂主人の河本亀之助氏は、夢二さんが浪費せぬやうにと云ふので印税を貯金にし銀行の通帖〔帳〕で渡してくれた。貯金が出来たことが夢二さんにはひどく嬉しかつたとみえ僕にもその通帳を何度も何度も見せて呉れた。最初の金額は僕の記憶違ひかも知れぬが百五十円だつたと思ふ。それから追つかけるやうに版を重ねたので通帳の預金欄が段々賑かになつたが、一方で払戻欄も同様に賑つたので差引金が残りさうにもなかつた。

　亀之助が竹久に渡した通帳の印税百五十円は、浜本の記憶ちがいではない。定価五十銭三版三千部を売り切って四版にとりかかっている三月ごろなら、売上は千五百円、印税を一割とすれば百五十円になる。
　版木を集めていた竹久を飯田町の下宿にたずねていた浜本は、出版してからも竹久との往き来があり、亀之助とも言葉をかわしていたと思われる。浜本は一八九〇年松山に生まれ、高知の中学から同志社中学へ転入したが中途退学した。竹久と同じく『中学世界』投書家で、編輯者西村渚山に認められて上京し、同誌訪問記者になったのである。亀之助は同志社にあこがれながら、弟妹をかかえる家の事情によって断念したから、中退をもったいない話として聞いたかもしれない。浜本と竹久を結んだのが同志社中学に学んだ堀内清、というのも、亀之助には人と人とをつなぐ糸を思いえがかせただろう。

③反響

宣伝に努めるのが亀之助のやくめで、新聞雑誌へ贈り、新刊紹介や書評を載せるようはたらきかけた。竹久も知友から寄せてもらっている。それとおぼしきは、版木貰い受け先となる寄稿雑誌編輯者で、博文館坪谷水哉に河岡潮風、女子文壇社河井酔茗がそれに応えた。畑ちがいの感ある『教育実験界』主筆日本女子大教授渡辺隈川〔英二〕は、早稲田実業旧友助川啓四郎のいとこで、竹久と親交があった。

春の巻に寄せられた諸紙誌書評や竹久知友の感想、批評は、夏の巻に収められた。ただし抄録だった。俳句文芸雑誌『ホトトギス』をあげれば、「筆者が書き添へて活字に表はした文章、和歌、俳句などはあらずもがなの感がする」や、印刷や紙質を改めるように指摘したところが省かれている。週刊『サンデー』には二度紹介されたのに、一方を二行ぬき書きしたにとどまった。

書評そのものが夏の巻に収められなかったのは『方寸』だった。石井柏亭主宰のこの版画誌は、「廉いから仕方もないが、印刷が随分乱暴であ」り、「線形等其技術に至つては、自由と云ふよりも、素人臭くて幼稚で且蕪雑だと云ふことが当嵌まる」としめくくられている。
こうして抄録、取捨された春の巻評は、つき放すか褒めまくるか、竹久との近さによって評しかたが変わった。近くにあって久しく画業を見続けてきた佐藤緑葉からの私信を、竹久は苦いところを含めて収めている。

更に又技巧にもどつていふと、僕はこの集に見たる君の絵は一般に一昨年あたりのものに劣つてゐると思ふ。君は或は進歩したといふか知れないが、一昨年頃のあの放胆な、無制限な、そして軟らかい筆致はこの頃のものには見られない。僕の耳にした処によれば君の絵を描くなつたといふ人がいくらもある。元より素人の言で、君には君の自信があらうが、僕一個の言とすれば矢張技巧が漸々其の特色を没却せんとしつゝある如く感ぜられて心配にたえぬ。
以上あげ来る処によれば僕はこの手紙に於て少しも君の絵の特色ある処を褒めてゐない。それは長所がないから褒めないのでは勿論ない。長所美所あげ来ればいくらもあるが、僕は今それを云ひたくない。たゞ瞬間の感じ、感興、印象を重んじて深く洞察する事を比較的心がけない君に対して、僕は君の絵の愛好者の一人として苦言を呈したのに過ぎないのである。僕は君と約束してサンデーに於て、又無名通信に於て夢二画集を批評しようと云つた。けれど思ふ処あつてそれは其の担当者に頼み、わざとこの一文を草した次第である。

竹久は夏の巻に、日本の挿絵はその出発点を誤ったのではあるまいかと書いた。挿絵には内と外から描く二種があり、自己内部生活の報告と小説や詩歌の補助とに分けられる。竹久がとるのは自己にあり、これを感傷の記憶だとした。佐藤が衝いた深く洞察する事を比較的心がけないかたむきは、夢二日記にそのままあてはまる。求めて得られるものではない。

佐藤と同じように長所美所を認めて竹久に慕い寄った青年に、恩地孝四郎がいた。のちに亀之助とつながりを深める恩地は、医者になるよう、意に染まぬ独逸学協会学校に通わされていた。竹久と恩地の出逢いについては、両者をめぐる伝記、随想、研究書などいく度も引用されている。けれども、竹久に会いたいがため、恩地が洛陽堂に住所をたずねにやって来た場面は、本書から抜くわけにはいかない。「私は今日学校の帰りを親しい友――やはりあなたの画が好きな――と肩をおし合つて『夢二画集』を見ながら九段の坂を富士見町へ歩いたのでした」で始まる。

　私は洛陽堂で尋ねました、私としては破天荒の事です、白い髭のオヂサンか〔が〕『番地は分りませんがネ、あの招魂社の裏門の前を……』貴兄があの辺にゐるのかと何故か嬉しかつたのです。妹が『そこへ行つて手紙をおいてくれば……』と云ひました、

恩地にこたえた白い髭のオヂサンは、亀之助ではない。亀之助ならば禿頭かその笑顔をいうはずだ。木版刷職人か、藤田千代吉か、番地を知らなくとも場所がわかるとなれば版木のやりとりで竹久とは懇意な人にかぎられる。招魂社は今の靖国神社、裏手に住んでいたというのが麹町区四番町倉島方で、留守であったのか、妹に言われたとおり恩地は手紙をおいて帰った。一二月二一日消印恩地に宛てた

「君と逢つて話しがしたい。遊びに来てくれませぬか」というはがきから知れる。

日を改めて恩地は画家という人に初めて会った。「決して画かきになるつもりのなかつた僕が忽ち、次年春、美術学校を受ける熱意にまで到達したといふのは即ち夢二氏のあるあつたからである」。倉島方には、竹久と別れて幼稚園で働くようになった岸たまきも下宿していた。隣室に引越してきたのが竹久で、両方で驚き縁の不思議にびっくりしたという。岸は倉島方へ恩地が訪ねてきたのにふれている。

四　『白樺』名義発行元

1　創刊

自然主義全盛の文学界に風穴をあけたと評される、武者小路実篤らによる雑誌『白樺』が創刊されたのは、一九一〇（明治四三）年四月一日だった。編輯人正親町公和（おおぎまちきんかず）、発行人河本亀之助、印刷人島連太郎、印刷所三秀舎、発行所は洛陽堂、雑誌を発行するのは初めてだった。白樺同人を亀之助につないだのは、洛陽堂顧問高島平三郎で、武者小路実篤の兄公共を学習院で教えて以来のつきあいがあった。高島が自宅を開放して子弟らの交流の場にした楽之会に、武者小路兄弟は出席していたのだ。

先生が〔牛込から〕大崎に移られてからも、兄と楽之会に行つた。その内に僕も二十五六になつた。白樺を出すことにきめた時も、出版所になつてもらう本屋をさがした結果、僕が先生の処で洛陽堂の主人、河本亀之助氏と知りあつてゐる話を皆にして洛陽堂に出版所になつてもらうことにした。洛陽堂に出版場になつてもらうのを始めてたのんだのは、高島さんの大崎の御家の庭だつたことは今でも覚えてゐる。

寄稿を認めない原則をもつ『白樺』は、市販する同人誌だった。亀之助と白樺同人とが思惑のずれを生ずるもとはここにあった。同人のつごうによって集まる原稿には、多いときがあれば少ないときもある。となれば定価を変えなければならなくなる。原稿しめきり日を守らなければ発行日が遅れ、他雑誌と交換する広告もとりやめざるを得なくなる。ほかにも特価販売割引率と著者の誇りとの兼ねあいなど、さまざまな行きちがいを生ずるもととなった。

武者小路の自伝小説『或る男』には、危うい船出の場面が描かれている。虚構であるからそのまま信ずるわけにはいかないにしろ、いくつか起こるもめごとから推すに、実際にあったと思わせるに足る。文中、彼とは武者小路その人をさす。

「白樺」は矢張り本屋にたのむ方がいゝと云ふことになつて、高島さんの処で洛陽堂の主人の河本亀之助氏にあつて、名義を洛陽堂発行にすることをたのんだ。彼はその時、金がなくなると休刊にして、又金が出来たら出すことにするつもりだと云つた時、それでは本屋の信用にかゝはるから休まないやうにしてほしいと云はれたので、なるべく休まないやうにすると話した。／そして休刊せずに出せるやうに予算をたてることにした。志賀は二百部売れることにして予算をたてた時、正親町や彼は反対した。そんな虫のいゝ予算をたてたら駄目だと云つた。

話を進めた時期を、同人志賀直哉の日記によってさぐると、一〇年一月一〇日に、印刷代のことを聞こうとしたが河本は不在で会えなかったとある。『白樺』印刷代にちがいないので、歳晩か年明け早々には話がついていたことになる。この日夢二日記には春の巻千部売切れと書かれてあるが、洛陽堂としては発行図書二冊に過ぎず、手応えといって未だ感ずる間もないころだった。

志賀は、印刷を亀之助に任せる気はなかった。業界人であるから印刷代を聞こうとしたのだ。洛陽堂発行図書における千代田印刷所の実績はわずかに春の巻一冊しかなく、活字のつまった『地方青年団体』は外注だった。志賀は写真製版や木版も他の業者にあたっている。単なる文芸同人誌にとどまらぬ、絵画や彫刻を紹介する雑誌をめざしていたから、千代田印刷所には頼れないと判断したようだ。『白樺』はずっと印刷所を替えることなく三秀舎で通した。

四月一日創刊にむけて前宣伝となる新聞記事は、三月二五日万朝報に載った。

華族社会の風儀著しく乱れ、浮名を流す貴公子の多い世に、茲に健気なる一団あり、子爵木下利玄（二十五）男爵細川郷〔護〕立（二十八）伯爵嗣子正親町公利〔和〕（三十）子爵令息武者小路実篤（二十六）の諸氏を始めとし学習院出身の公達十余名にて思想と趣味の向上を図るを目的とし、来月一日より月一回宛文芸雑誌『白樺』と云を麹町区麹町二の二洛陽堂より発刊するに決したり元より営利事業ならねバ売れる売れぬに頓着なく、細川男会計主任となり、正親町、武者小路両公達編輯主任となり、有島第十五銀行取締役の令息武郎（三十三）志賀日本醋酸製造会社取締役令息直哉（二十八）氏等も学習院出身の縁故から馳せ加つて目下発刊の準備中なるが、之れにつき武者小路氏ハ『白樺ハ何の必要に応じて生れたかと問はれてハ鳥渡返事が出来ぬが、時を経るに従つて自然に分ります、兎に角同人中に文学、美術、音楽、科学に特別の趣味を有する人々を含んでゐるのハ私等の自負する所です云々』と語り居れり、因に武者小路、正親町両氏ハ元帝国大学に在りしも学校で学ぶより自ら好む所を専問〔門〕的に研究せんとの志から、去四十一年中退学し、以来独逸文学の研究に身を委ね居たるなり

武者小路自伝小説『或る男』は、さきに引用したのに続き「洛陽堂が万朝の記者に饒舌ったので、貴族の坊ちゃん達が文学雑誌を出すと云ふ記事が万朝に出た。いゝ楽みのやうにかいてあつたので皆不服だつた。見てゐるがいゝ、と思つた」と書いた。『或る男』から三十年後、七十翁回想録「自分の歩いた道」はどうか。

洛陽堂の主人が「白樺」のことを新聞記者に話したらしく、学習院のお坊ちゃん達が雑誌を出すと言うことが、新聞に大きく出た。僕達は出たことに一方不愉快を感じた。なんだかサルが人真似をして雑誌を出すのをおもしろがつているようにとれたから。しかし、そのために宣伝がきき「白樺」が初号から思いのほか売れたのは事実だつた。

2　同人による経営

同人は、売捌事務を神田区今川小路全利堂に委託し、八月から東海堂に市内一手販売方を依頼した。寄贈、交換や、批評を求める書籍雑誌類は、すべて編輯事務をとる正親町公和方へ送るよう誌上で告げた。

洛陽堂は『夢二画集』が売れたから『白樺』を創刊できた、これが通説だ。しかし四版を一九一〇（明治四三）年三月一〇日に出したばかりで、総計四千部にそろそろ達しようかというころだった。定価五十銭、四版を売り切って売上は二千円、これに初出版である山本瀧之助『地方青年団体』を千部売りきったとしても、定価六十銭だから加えるに六百円、売上総額二千六百円、今なら一千万ほどだろう。利益が数百万円あったかどうか、それで雑誌経営にのりだす勢いがついたとはいえまい。

名義を貸した同人経営はうまくいかなかった。武者小路自伝小説『或る男』によれば、二年にして負債一千円を生じていた。通号二十一を均すと毎号五十円の赤字だった。

> 「白樺」は第二巻の終りまで白樺同人がその方の責任は一切もつてゐた。第三巻から「白樺」の借金を或人からそれは「白樺」の会計にも関係してゐた彼達の同級生の人だつたが、その人から千円かりて始末をつけて、それから洛陽堂の手でやつてもらふことになつてゐた。

千円を用立てた同級生を、武者小路は五五年、読売新聞連載「自分の歩いた道⑮「白樺」発刊を援けた武郎、護立、光太郎の友情」において明かした。代々肥後熊本藩主であった細川護立（もりたつ）男爵その人である。創刊直前に万朝報が取材した記事に、会計主任と紹介されているから、実務をになうのではない金を出す主任だったのだ。

3　無印税　武者小路実篤『お目出たき人』

白樺同人の著作を洛陽堂が出版するはじめは一九一一〔明治四四〕年二月一三日、武者小路実篤著『お目出たき人』だった。白樺叢書と銘打つのは『世間知らず』からで、志賀直哉、有島生馬〔壬生馬〕らがあとに続く気運が高まったためだった。皮切りが武者小路であったのは、寄稿が最も多かったのと、兄公共の学習院における恩師高島平三郎を介して、亀之助と創刊を交渉したいきさつによる。武者小路にはすでに著書『荒野』があった。志賀直哉の信仰の師たる内村鑑三を通じたものとされる。出版費用四百円は武者小路家を監督する井上馨が出したのを、ながく兄公共によるものと思い込んでいたという。

二作めとなる『お目出たき人』は、洛陽堂から出版するつもりはなかった。世界文芸社から『日向葵』の書名で出版する計画を立てており、創刊四ケ月たったばかりの『白樺』七月号には近刊予告までなされた。武者小路実篤先生著／小説日向葵四六判二百頁余／紙質製本美／価五十五銭郵税六銭／本書に収むるところ「ある家庭」及び「芽出度き人」の二篇、共に長篇佳作。／発行所　神田駿河台／世界文芸社。

ところが予定は七月末に延び、八月にはきっと出す、が秋を過ぎ、一二月号に見合わせを告げた。ここで世界文芸社からの発行を断念している。これを亀之助が引き受けたのだが、出版にいたるまで編輯後記は逐一とりあげた。

一九一〇（明治四三）年一二月号

○無車（武者小路）の単行本「日向葵」の発行は暫く見合せになつた。（T生）

○志賀の五六十頁の小説は今度も出すのを見合はせた。単行本にして出す気があるらしいが、まだ少しなほす所があるのと徴兵で何時出来るか一寸わからない。出来たらすぐ買はないと売切れになりさうだ。自分も日向葵に出すはづの「お目出たき人」だけを簡単な単行本にして五百部許りすつて出すかも知れない。売れさうなら千部する、しかし余りあてにしないで待つてゐてほしい。（以上無車）

一九一一（明治四四）年一月号

○自分の「お目出たき人」は小品五つを附録としてこの二月頃洛陽堂から出す。小品の内三つはまだ何にもに出したことのないものだ。（無車）

同年二月号

○武者の「お目出度き人」は今度こそ出た。有島（壬生馬）の装幀で洛陽堂発行、定価其他は広告を御覧下さい。（シ）

自費出版『荒野』につづく『お目出たき人』について、『或る男』には、「今度は本屋が全部ひきうけてくれた。そのかはり印税は初版は一文も入らない約束で」とある。初版は定価六十銭で千部発行された。高島平三郎に捧げられたのは、小説の下じきになる恋物語につき、結婚申込の使者に立ってもらった礼をこめたためだった。

武者小路は前著『荒野』を出版したとき、小説としての深みに欠けることを自認していた。再び三度『或る男』による。

彼には叙景と云ふものがまるで出来なかつた。彼は自然の美を感じないことはないが、そして叙景のうまいのを見ると随分感心もするが、痛切には感じられなかつた。少くも明確には感じられなかつた。彼には人事のことのやうに風景や、気候や、天候は感じられなかつた。従つて、彼には其処が気がひけた。／それから彼は、平面描写と云ふことが出来なかつた。そしてそれが出来ないことは当時の文壇においては致命傷のやうに思はれてゐた。それも彼には一方気がひけた。／彼に自信のあるのはたゞ真剣にものがかけると云ふ点だけだつた。本当に心を動かさないと筆がとれないと云ふ点だつた。併しそれだつて自己が小さければ他人にとつてそれがなに丶なるだらう。

練り上げて巧みに書こうとせず、気持ちに正直に、あからさまにはき出していくのは、好みがわかれるところ、当年の宇野浩二は、一部若い文学書生を驚かせたと言い、自身は、この作者は他の作家と内面的に全く異なれる世界に生活している、に始まる広告文に反感を持ったという。「シラカバ」は苦労を知らぬ人の総称だとした宇野は、後に『お目出たき人』を、言葉の種類が少なく、無造作に書いているように思われるが、それは武者小路の人柄がなせるもので、真の言文一致に近い文章を創造したことに感心したと書いた。

なお宇野は、広告を著者が書くのは珍しかったと書いているが、前例は『白樺』創刊号夢二署名広告にあった。とすれば、亀之助は画集に発行部数をかかげ、著者が広告文を書くという、出版界に新たな試みをしたことになる。

4 広告と紹介記事

亀之助は、洛陽堂発行図書を宣伝するために新聞雑誌へ広告を出した。けれども、なにより行数にこだわることなく宣伝できるのは自社発行雑誌『白樺』だった。毎号十頁前後載せた広告のうち、洛陽堂は四、五頁を占めた。武者小路実篤著『お目出度き人』なぞは、一頁広告をくりかえし載せた。しかし白樺叢書として続けて刊行されるまでは、何といっても竹久夢二の著作が洛陽堂の主力をなした。創業当初の数年は出版点数のほぼ半ばにおよんだ。

雑誌『白樺』をもつことによってさらに期待できるのは、広告掲載だけにとどまらぬ紹介記事、ふみこんだ評論記事だ。ただし採否は白樺同人にかかる。洛陽堂は名義発行元だったからだ。同人経営によるまる二年ほどの間に、洛陽堂発行図書四十余点数えるなかで、紹介されたのは三度だけだった。

一九一〇年七月一巻四号

夢二画集、夏の巻、花の巻（竹久夢二著）

これはもう自分が批評する余地がないやうである、何処迄も夢二式な点と、悟つてゐない点が嬉しい。夢二式と云ふ言葉の内容が次第に深く大きくなることを切望する。（以上実篤）

同年八月一巻五号

泰西名家の手紙（石川弘編）十八世紀頃の泰西の詩人小説家の書翰数十篇を集めたもの、一人毎に略伝を附けたのは深切な遣り方だが、余り大勢を並べた為に読んだ後で纏まつた感じが頭に残らない。序の一節に「恋愛的書翰は誠に興味あるものなれども、予は聊か思ふ所あるを以て故にこれを避け、特に子弟教訓に関する数篇を訳述せり」云々とある。暑中休暇の読みものにはよからう。（公和）

一一年六月二巻六号

東京の色　柴田流星著　夢二画

東京の重に浮いた家業の色々の女を小説体に書いたものである。文はすら〱して読み好いし、夢二氏の得意の絵もあるから、肩の疑〔凝〕らないものが読み度い時には適当な本であるが何の為めか発売禁止になつたさうである。

5　宣伝誌週刊『サンデー』

寄贈雑誌書籍担当を決めることなく、同人が興味をもったものをとりあげたから、やがて寄贈雑誌書籍欄がなくなり、新刊紹介も熱が入らなくなった。亀之助にとっては、あてにできない雑誌だった。

気ままな同人誌『白樺』に代わる宣伝機関は週刊『サンデー』だった。亀之助はこの雑誌に二色刷で誌面の四半、ときに全面広告を載せた。四六判〔ほぼB6〕の四倍、今日の週刊誌〔B5〕と比べれば二倍の大きさなので、かなり目立つ広告だった。広告出稿に応える新刊紹介は、白樺同人武者小路が夢二画集夏の巻と花の巻をあっさりまとめて片づけたのとちがい、ていねいにとりあげている。

春の巻を二度、夏の巻、旅の巻、秋の巻も二度、冬の巻、野に山に、京人形、都会スケッチと、かなり紙幅を割いた。さらに白樺同人が顧みなかった山本瀧之助『地方青年団体』、高島平三郎『女の心』と『教育に応用したる児童研究』、山口孤剣『明治百傑伝』、良民社『地方青年の自覚』と『英雄物語』、西川光二郎『悪人研究』など拾いあげたのだ。ほとんどが無署名であるが、中易生は宮田暢、秀湖生は白柳武司、社員には宮田を介して安成二郎や山口義三〔孤剣〕がおり、さらに島中雄三〔翠湖〕が入社した。みな『火鞭』に連なる。国光社にあった亀之助が印刷した雑誌である。

週刊『サンデー』を発行する太平洋通信社は、南満洲鉄道初代総裁後藤新平が後楯だった。後藤が台湾総督府民政長官時代に知った森山守次〔吐虹〕に、満鉄機関紙満洲日日新聞を経営させ、内地の橋頭堡として太平洋通信社をおこしたのだった。満洲日日創刊時につとめたのが宮田暢で、森山とは雑誌『新声』による知己だった。佐藤儀助〔義亮〕創刊『新声』が経営難におちいったのを譲り受けたのは、博文館で『太陽』を編輯していた森山、さらにこれを引き継いだのが、熊本英学校から早稲田へ進んだ草村松雄創業にかかる隆文館、ここに宮田が入社したのだった。

隆文館役員平山勝熊は、かつて星亭が発行しためざまし新聞で小泉策太郎〔三申〕と同僚だった。それで小泉が発行する『経済新聞』発行人になったのである。印刷をひきうけたのが国光社マネージャー亀之助、とつながる。もうひとり隆文館役員をつとめた大西勝三は、三協印刷取締役でもあった。『経済新聞』印刷で亀之助に無理を言い、二度助けてもらった小泉が自前の印刷所がどうしても必要だと買収した会社だ。隆文館発行図書、小栗風葉『有情無情』と小川未明『愁人』は、国光社が印刷した。発行者が平山、印刷者亀之助はほどなく退社をせまられた。

辞表を出したころ、宮田が隆文館発行雑誌『新声』編輯を頼んだのは稲門なかまである安成貞雄、若山牧水、佐藤緑葉らで、そのつながりから中山三郎が田山花袋『蒲団』モデル問題抗議文を寄稿したのだった。後年中山が隆文館につとめ、金尾種次郎と出版交渉で鉢合わせした逸話は、源をここに求められる。

亀之助はこうした人脈によって、あてにならぬ『白樺』ではなく、週刊『サンデー』という宣伝誌を持ったのだった。また、後藤新平が後ろに控えていたために、玄洋社杉山茂丸を通して、平民社残党である社会主義者を手なずける自信をもって社員に抱えたことについては、大逆事件前後に筆がおよんだときにふれる。もちろん亀之助に関わる。

五　『夢二画集　夏の巻』から

1　夏の巻　出版遅延

夢二画集の構想は、春の巻を出したとき巻末に示したとおり、冬の巻まで四巻にくわえ、家庭読物夢二画かたりを二巻、つごう六巻だった。家庭読物は、かつて小川未明と編輯にあたり一巻だけにおわった、早稲田文学社『少年文庫』が念頭にあったのだろう。

クリスマスや新年の贈り物用として一九〇九（明治四二）年一二月に春の巻を出したのだから、四季四巻は三ケ月ごとに出版するのが順当である。三月には夏の巻、六月に秋の巻、九月に冬の巻を出して四季四巻を完結する。家庭読物夢二画かたり二巻については、冬の巻のあとにするか、間にはさむか、いずれにしろ一〇年末をめどに、竹久がえがいた構想実現を図れるはずだった。

そのとおり、夏の巻は出版にむけて着々と作業を進めていった。春の巻に使わなかった版木を夏の巻にまわしたほか、諸誌掲載と同じ構想のものを彫り直した作品があり、既発表画の再刻画集だとされる。竹久がすすめる作業にこたえて、亀之助は二月一九日に校正刷を出している。竹久が下宿先の倉島方から、岸たまきへ書いた手紙にそうある。岸は九州枝光に住む竹久の親許にいた。預けていた虹之助を引き取りに行かせていたのだった。この手紙には「下のおばさんがきのふからくたばつて、僕は河本で飯を食つてゐる」と書かれていた。

画集刊行計画がくずれるのは、夏の巻とは別に花の巻を出すと決めたのに始まった。二月二二日、夢二日記にそう書かれており、二三日消印京都堀内清宛はがきで、花の巻という号外号をだすから送る、と知らせた。はがきを投函したその日、二月二三日に竹久は外出中に下宿でぼやを出した。洛陽堂に立寄った帰りにさわぎを知る。夕暮に河本氏来る、と日記にある。四番町にある下宿と麹町二丁目洛陽堂とは、ぼやさわぎがわかるほど近くはないから、竹久が知らせたのだろう。これが新聞だねになった。

三日たった二六日、万朝報はぼやにからむ下宿の娘との醜聞記事、題して痴話は危険だ、をかかげた。竹久は日記に「内縁の妻環を里へやり富士子と云々としてある。愚かなる世の人々よ」と書いたが、不二子との仲を同じ日記に書きこんでいた。うわさにどのような尾ひれがつき、誤解がふくらんでゆくかは、この一件につき、竹久同郷の先輩である正富汪洋が、岸たまきと不二子をとりちがえて思い起しているのをもって例示できる。亀之助は記者や竹久知友にたいして、竹久をめぐってどこまで話せばよいのか気配りをしなければならなくなった。

いずれにしても、火を出した下宿人は追いはらわれる。三月六日消印堀内清宛はがきは、麹町二ノ二洛陽堂方夢二、で出されており、亀之助は竹久の連絡先になっていたのがわかる。というより、下宿にはまだ岸が借りた部屋があるものの、竹久は亀之助宅に寝起きしていたかもしれない。夏の巻あとがきは三月三日付だが、亀之助がしばし居場所を失った竹久を自宅にむかえ、促してあとがきを書かせたとも考えられる。

引越先のめぼしがついたのは六日、「この頃は　細君にはまめなる男にて／愛児にはたのもしき父にて候ぞ」と渡辺英一操子夫妻に二、三日中の転居と、岸たまきと虹之助を呼びもどした新たな暮しを始める報告をした。一〇日には正富汪洋に新しい住所を知らせている。その山元町に移ってから、岸の知人である神近市子が家事手伝いに入った。竹久の親許に虹之助を連れに滞在していたおり、キリスト教会で知りあったのだ。神近は竹久宅から津田梅子経営になる女子英学塾に通う。亀之助は『白樺』発刊のたびに神近に届けたばかりではない。

一週間に一度か二度は洛陽堂の河本氏が版木か版画の校正刷りをもつて来て、二人は二階の画室で長い時間打合せておられた。／この河本氏の洛陽堂からは、雑誌「白樺」も同じ年に創刊された。そして私が苦学生であることを知ると、河本氏は深切に校正の仕事をもつて来て下さつた。報酬は二円か三円程度をその度にもつて来て下さつたが、それでもそのアルバイトは、いつも私が頭にもつていた「先人の道」を歩もうという理念を現実におこのう印象を与えてくれて、何かとても嬉しかつた。

身辺多事の竹久によって、夏の巻は四月一九日発行へとずれこんだ。夢二画集四季四巻を三ケ月ごとに、読者があてに出来るよう出版するのは難しいと亀之助は考えたにちがいない。

2　番外企画　花の巻と旅の巻

亀之助をやきもきさせた竹久の旅は、東京を発つと京都の堀内清に知らせたのが一九一〇（明治四三）四月二二日、着いたのが三〇日だった。「清さんのとつたのを送つたがあのうちの好いのをまあちゃんが撰つて花の巻へ入れてくれ」と岸たまきに頼んだ写真を巻頭におさめる。窓辺でマンドリンを弾く姿の写りを気にしたようすは、堀内宛はがきに残る。三版の時に良い方へかえるとは、五月二三日消印、東京に戻ってからの便りだ。

竹久は京都から金沢へ向かい、右の写真にまつわる一件をふくめて旅の巻に収めた。旅の巻は前半に金沢の旅、後半に富士登山をもとにした画文を配した。時の順にしたがえば、ふたつの旅の間に、別れたる眼の人たまきに捧げた春の巻をはさむのだ。旅の巻を時の順に並べ直すとこうなる。

富士へ――千九百〇九年八月
この夏こそは別れ話も熟して、まあちやんは九州へ旅し、自分はこの高原の村落へ住むで、思ひ残した二人のことや、まだ覚め果てぬ夢を思ひ捨てよふと企てた。数ケ月の後、二人は、他人になつて、御殿場の駅で落合つた。落ち合つたのではない、やつぱりどうかして新しい刺激のなかに生きるか、或は曾て知らぬ別な空気の中に住むで見たかつた。
それで富士へ登つて見よふなどといふ気になつたのだ。
壁をたづねて――千九百十年五月
Cよ。／おん身の生れた金沢の街は、暗い空の下で雨に降られてゐる。〔略〕加賀の女の一人なるCよ。／卿は、母となるにはあまりに子供らしく、恋人となるにはあまりに心が淡は過ぎる。芸術の道をゆく道づれとして、画室を飾る人形として或は適してゐるのだろう。／人形よ。人形よ。／もはや御身に、よき家刀自たれと望まざるべし。賢き婦人たれと願はざるべし。／さらば、人形よ。／この手紙を鏡台の引出へしまつて、お化粧（つくり）でもしたまへ。またの日まで………
――加賀より――

岸との離別を主題としていながら、いさかいを取りのぞいた上澄みを示した。旅立つ前の日記にあるような「不快で〳〵でなぐつた、家を出た」だの、「倦怠の日の長きかな北極の氷の国に二人住むなり」なぞ、さらけ出しはしない。読者を意識した画集づくりは、花の巻に著者肖像を巻頭にかかげ、袂に入れて持ちはこべる小さな判型にしたのでもわかる。四季四巻にはさみ込んだ五月二〇日刊花の巻、七月二二日旅の巻、二巻に仕立てた竹久の意欲作を発表したころが絶頂期といえる。

出せば売れるのがわかった六月、竹久は洛陽堂から出版した画集とは別に、四枚一組袋入り夢二カード第一集をつくった。発行所は山元町竹久宅においた夢二画会、これをつるや画房から発売した。つるや画房は岸の兄他丑が経営する。七月一〇日『読売新聞』は、このごろ女学生の間に人気の中心となっているのは夢二画集と夢二カードだと報じた。

3　帳尻あわせ　秋の巻と冬の巻

秋の巻はどうなったか。亀之助にすれば、竹久が望むように金沢紀行をとりいれた画集別巻をつくり、そのあと軌道を元へもどして秋の巻へすすむ心づもりだった。それで、秋の巻近刊予告を一九一〇〔明治四三〕年六月一七日東京朝日新聞に載せた。三ケ月ごとに読者に届けようとするなら、春の巻を一二月一五日に出版したのだから、半年たったこのあたりだろう。

ところがずるずると先延ばしされてゆく。八月二日万朝報に秋の巻近刊を再び広告したのだが、八月八日東京朝日新聞には、夏の巻五版と旅の巻三版、その既刊分を宣伝しただけで秋の巻にはふれなかった。今度の竹久の多事は、岸を追って出かけた避暑地銚子あしか島で娘に恋をしたのがひとつ、もうひとつは熱を失ったことにある。

八月三一日消印渡辺操子〔夫は英一〕宛

街を歩くとき、夢二といふ字が見えると実にいやです、カードや画集や、もう〳〵あんなものを画くのはイヤです、外国なんかゆかなくても、松の中で寝てゐたとて好いではないか、地図を出して、私は泣いてゐる。／――茂二郎――

九月八日消印恩地孝四郎宛

僕はほんとうに、すべてに別れたいとおもふ、もう、僕の『過去』は忍ぶべからざる『不愉快』だ。僕には曾ては愛しかりし著書がある。僕には名がある、パパ、ハスバンド、ラバー、………………それ等に別れたい。そして、人類の心にいつも響く人情の哀音を聞きたい。暴風の如き人生の底に音もなく流れてゆくいさゝ川に心をやりたい。白き夏の外光に傲りて赤く咲出る花よりも、ほの暗き夕闇の中に人知れず匂ふ月見草の心ゆかしさが好ましいではないか。

九月二三日夢二日記

雑誌の絵をかく、／もう雑誌のゑをかくのがイヤだ〳〵。

九月一八日、まだ出来ていない秋の巻新刊紹介記事があらわれた。例の週刊『サンデー』だった。「秋の巻は尤も清婉幽清の気に富み、恋愛に泣き、煩悶に狂する青春の人をして紅涙を誘ふに足るものがある」。早手まわしの予定原稿を載せてしまったらしい。手もとには刷見本くらいはあったはずで、印刷の仕上がりに不満があったものか、竹久が発行を差し止めたのかもしれない。竹久のていねいな仕事ぶりは、長田幹雄「夢二画集細見」に明かされている。画集の重版は文字どおり、誤植の訂正などにとどまらず、木版差し替えや加除、インクの色を替えたりしている。

読者への約束を守りたい亀之助が竹久をせかして秋の巻を出版したのは一〇月二三日、夏の巻に予告してからすでに半年、新聞に広告してから四ケ月たっていた。週刊『サンデー』は仕切り直しの書評を白柳武司が執筆して、ひと月おくれて掲載した。「素人としての余を以て云はしむれば夢二の画、若き女に対しては十分の同情と熱心とを見得るも、山川草木の自然に対しては些の熱情もなきやう也」。初版部数は三千、これを世評が高いから春、夏の巻千部を三倍にしたととるより、こまめに手直しして版を重ねる熱を竹久が失ったのだと推察する。

冬の巻四千部は、秋の巻からわずかひと月しかたたぬ一一月二二日に出版したが、素人目からしても筆が荒れている。画を持って詩を書かんと新しい試みをもってうって出た竹久はゆきづまりを感じていた。冬の巻巻頭所懐に、初心を改めて確かめ、画壇に独り拠って立つのを表明しつつ、結語は頼りなげに了えている。

心弱き俳優は、観衆があまりに拍手喝采するので、つい好い気になつて芝居を仕過ぎた。／押すな〳〵と口には言ひながら、自身もわつしよ〳〵と凡俗と共に流されてゆく。／読者よ。芸術家のためには、ゆめ〳〵拍手喝采などしたまふな。

冬の巻から六日後、一一月二八日に予告していなかった『さよなら』千部を出版した。竹久がどうしても出したいと望んだものだろう。一二月一〇日には『小供の国』千五百部を矢継ぎばやに出版した。文と画を見開きに配した絵物語だった。春の巻で予告した「家庭読物夢二画かたり」は巻の一を露子と武坊、巻の二を僕のスケッチと題するものだったが、あくまで仮題だったから、当初の計画はなんとか達成できたといえる。しかしながら、帳尻あわせの感をぬぐえない。

六　大逆事件前後　良民社創業

国光社に勤めていたとき、印刷していた週刊『平民新聞』筆禍事件によって、亀之助は証人として喚問を受けた。平民社に拠った社会主義者の多くが処刑される大逆事件は、亀之助が洛陽堂を創業しておよそ一年にして起った。捜査は、天皇暗殺を企てた首謀を幸徳伝次郎だとする予断にもとづく。爆弾製造を試みて実験をおこなったのは管野須賀らで、幸徳にその意志はないとみて事をすすめたのだった。それが、幸徳に関わりをもつ人々にまで謀議に加わったとされ、酒席の放談をも大逆に賛意を表したとし罪を問われたのである。

裁判は三審制をとらぬ。大審院において一九一〇〔明治四三〕年一二月一〇日、非公開でおこなわれた。一一年一月一八日、幸徳ら被告二十四名へ死刑判決を下して結審した。新聞報道は一九日、この日十二名を無期に減刑し、わずか一週のち二四日から二五日にかけて死刑が執行された。連累を免れたのは、大逆が謀られたとされる時期に別の事件で獄中にあった堺利彦や山口義三、石川三四郎、西川光次郎、荒畑勝三、大杉栄らだった。獄中にあって関与を追及され、出獄後も永く尾行によって監視されつづけた。寄書家にとどまり深く関わらなかった竹久にさえ尾行がついたのだった。

亀之助は職を求めても就けぬ山口と西川の著書を、実名、あるいは匿名で出版し、尾行つきで訪れる竹久と企画を練って画集など刊行を重ねていった。一方で、同郷山本瀧之助が内務省による地方改良運動とつながりつつ青年団運動をすすめるのをたすけて、洛陽堂とは別に良民社をおこした。

1　山本瀧之助編輯『良民』創刊

洛陽堂としての初出版『地方青年団体』著者山本瀧之助は、青年団運動をひろめるために、『沼隈時報』改題『吉備時報』を発行していた。しかしながらこれは、もっぱら郷里広島県沼隈郡に読者が限られていた。

亀之助が洛陽堂とは別に良民社をつくり、山本瀧之助個人編輯による月刊雑誌『良民』を発行したのは一九一一（明治四四）年二月、『地方青年団体』出版から一年数ケ月をへていた。亀之助と山本の間で話を進めたはずの一〇年秋から暮れあたりまで、山本の日記を欠いているのでいきさつは明らかではない。千年小学校長から実業補習学校長への転任をはさんで、身辺多事であったためだと思われる。

山本は所用で東京へ出かけたおりは、たいてい亀之助を訪ねるようになっていた。一〇年一一月に第三回感化救済事業講習会に参加した時は、沼隈会に出席しているはずである。山本主宰『吉備時報』一一年一月号にその記事がある。

今春東京に於て、同地に在留せる沼隈郡の出身者及沼隈郡に縁故ある者を以て『沼隈会』といふが組織された、会の目的としては『会員相互の親睦を図り以て東京に第二の沼隈を現出せしむる

（明治四十四年一月一日　吉備時報第八十五號　每月一回一日）
（明治三十五年十一月十七日第三種郵便物認可）

沼隈會

今春東京に於て、同地に在留せる沼隈郡の出身者及沼隈郡に縁故ある者を以て『沼隈會』といふが組織された、會の目的としては『會員相互の親睦を圖り以て東京に第二の沼隈を現出せしむるにあり』とある、詰まり同鄕相親みて故鄕を忘れまいといふにありと見へる、去る十一月下旬本鄕彌生館に於て秋季會を催ほされたが、來會者の中には河本龜之助氏あり（今津村出身、印刷出版業、活版界の一異彩として目せらる）平櫛田仲氏あり（今津村出身、彫刻を以て名聲帝都に喧し）石井資三氏（松永、法科大學生）三島肅三氏（高須、醫科大學生）は幹事の側として開會の辭と會の經過を報告し、其の間に一二の卓上談あり、笑聲は笑聲に和し、薩摩琵琶は尺八に次ぎ、中にも沼隈言葉は沼隈言葉に應じて會の目的たる第二の沼隈は現出された、會員の中には醫師あり商人あり著作家あり銀行員あり官吏あり會社員あり、中にも最も多きは學生にして、從つて話題の多くは小學時代の懷舊談にて、座間『杉田先生』『西川先生』『福原先生』『大内先生』『石川先生』等の名迚りに聞ゆ、今更らながら小學教育者の尊いを思はずには居られなかつた。

（會の事務所は本鄕區西片町十番誠文舍內）

日本青年會

一夕麴町洛陽堂の二界に火鉢を中に四人胡座をかゝ、曰く河村後樂、塚田月里、吉田名川、三十間の基本金があるといふに至つては妙でないか、『日本』は亡び『日本青年』は倒れ、殆んど據り所を失つてから彼是れ十年、それに五百の中二百人はまだ踏み留つてゐるといふサスガは『日本青年會』であるなど〳〵口々に我物を稱賛し合ふ、差し向き第一は名簿の整理であるといふに一致した、基本金の蓄積に就ては、一ッ三宅先生に願ふて原稿を貰つて出版をやつて見ては、との案も出る、神田邊に二界を借りてクラブを作り地方會員の來京に便したいものじやと熱心に話が出る、まだ十時じやまだ十一時じやさと時計を見て終に十二時頃に別れた二幕目は新橋驛待合所、一ト汽車後れたので告知板には山本沼隈君待ちぼけ後樂巴痴寸とある、闇君の話が出る、齋藤君の話が出る、安井君の話が出る、村上君の話が出る、志澤君の話が出る、ナイフまで添へて贈られたる林檎を終に間食嚴禁の禁を破つて靜岡あたりで一ッ剝いだ

会のもようを報じた記事
〔山本瀧之助主宰『吉備時報』八五号一九一一年一月一日　清水幹男氏提供〕

東京沼隈会集合写真
〔前列左から二人めが亀之助　一九一〇〔明治四三〕年一一月下旬於本郷弥生館　村上育郎「温古（五）「河本亀之助追悼録」の紹介（その一）松永沼隈地区医師会機関誌『松韻』所載　河本本家所蔵〕

にあり』とある、詰まり同郷相親みて故郷を忘れまいといふにありと見へる、去る十一月下旬本郷弥生館に於て秋季会を催ほされたが、来会者の中には河本亀之助氏あり（今津村出身、印刷出版業、活版界の一異彩として目せらる）平櫛田仲氏あり（今津村出身、彫刻を以て名声帝都喧し）石井賚三氏（松永、法科大学生）三島粛三氏（高須、医科大学生）は幹事の側として開会の辞と会の経過を報告し、其の間に一二の卓上談あり、笑声は笑声に和し、薩摩琵琶は尺八に次ぎ、中にも沼隈言葉は沼隈言葉に応じて会の目的たる第二の沼隈は現出された、

同じ一一年一月号には、日本青年会の見出しで「一夕麹町洛陽堂の二界に火鉢を中に四人胡座をか」いて、政教社が全国青年の紙上

交流に果した役割をなつかしみ再興を図ろうと座が盛り上がったさまを報じていた。陸羯南経営の新聞日本記者五百木良三が、山本の運動を認めて支援したものの、経営は他へ移ったのを惜しむ。「一ツ三宅〔雪嶺〕先生に願ふて原稿を貰つて出版をやつて見ては、との案も出る、神田辺に二界なりと借りてクラブを作り地方会員の来京に便したいものじやと熱心に話が出る」、この場を提供したのが亀之助だったのだ。これを報じたのはもちろん山本で、話が尽きぬために新橋駅で見送るはずの友に待ちぼうけをくらわせた「山本沼隈君」を登場させている。

今回の上京目的は第三回感化救済事業講習会参加だったが、主宰する内務省で山本は井上友一参事官に会っていた。その折、報徳会機関誌『斯民』とは別に、読者をしぼった『青年斯民』創刊計画を明かされていた。井上は山本に編輯を托したのだが、報徳会では『青年斯民』より『家庭斯民』が先だと方針が変わってしまった。山本の自伝『青年団物語』にこうある。

わたしは折角作つた原稿をそのまゝにするのが惜しい気がしてゐた。幸ひ郷里の先輩で、わたしの『地方青年団体』を出版してくれた洛陽堂主人（河本亀之助氏）が『原稿さへ作れば刷ることはこちらで刷つて上げるといふことなので、〔明治〕四十四年二月『良民』と題して早くも第一号を落〔洛〕陽堂から発行することになつた。今日で謂ふ個人雑誌で『東京便り』までも其実二百里外にゐて、スッキリ一人で書いたもので、これ亦十ケ年間続けて所謂十年一日の如く一つの主張を繰り返した。

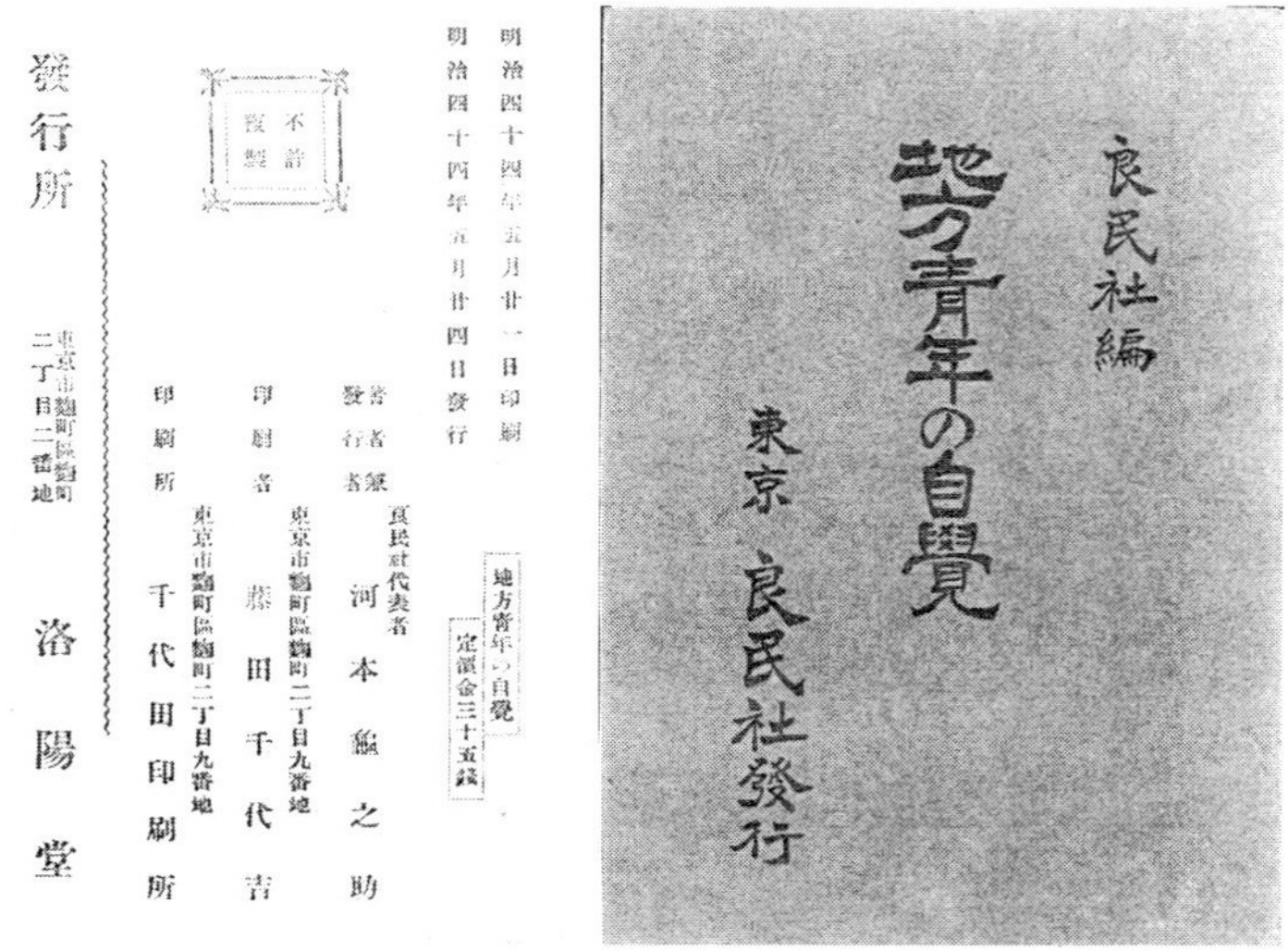

亀之助著『地方青年の自覚』書影
〔実際の執筆者は西川光次郎　表紙は良民社奥付は洛陽堂発行と表記〕

山本日記によると、一一年一月一日に亀之助に封書を送り、二日から『良民』配欄を考えるといった記述が多くなっていく。一九日、幸徳等の死刑宣告を見る、をはさんで創刊準備を着々と進めたようすが伝わってくる。

創刊号発行は二月二一日、発行兼編輯人は東京市麹町区麹町二丁目二番地河本亀之助、発行所は同番地良民社、いずれも洛陽堂所在地である。印刷人は麹町二丁目九番地藤田千代吉だった。一冊四銭、今なら百五十円から二百円くらいだろう。厚かったり薄かったりさまざまな『白樺』とちがって、こちらは九年間およそ二十頁で通した。創刊趣意にいう。

従来青年雑誌の多くは、名は青年雑誌といふと雖も、其の実は必竟学生雑誌たるに過ぎず、特に地方青年会の為めに企たれたりと称するものにありても、尚ほ此の嫌あるを免れざるが如し、『良民』は聊か此の欠点を補はんが為めに創刊せるものにして、要するに地方青年自身が手に取りて自ら読むに適するものを作らんことを志せるなり、其の内容の如きに至りては題名の『良民』の二字自ら之れを示すものあるべく、全く地方の青年に対して最も穏健なる知識を授け及ばずながら其の実践を指導せんことを以て唯一の目的とするものなり。『良民』は如是今僅に初号を出したるのみ、されど其の根底の甚だ深きものあるを自ら言はんと欲するの情に堪えず、願はくは大方諸賢の厚き賛助に依りて、此の目的に自ら副はんことを創刊の辞として特に一言を述ぶるものなり。／明治四十四年二月十一日　良民社

山本瀧之助が決意を語った紀元節のこの日は、明治国家の転換点にあたった。撲滅すべき社会主義者らが主張した貧民の救済に、具体策を講ずるよう命が下されたのだ。『官報』号外「宮廷録事　思召」にこうある。「若夫レ無告ノ窮民ニシテ医薬給セス天寿ヲ終フルコト能ハサルハ朕カ最軫念シテ措カサル所ナリ乃チ施薬救療以テ済生ノ道ヲ弘メムトス」、内帑金百五十万円を資に充てるよう、卿すなわち内閣総理大臣に対して「克ク朕カ意ヲ体シ宜キニ随ヒ之ヲ措置シ永ク衆庶ヲシテ頼ル所アラシメムコトヲ期セヨ」と。大逆事件被告処刑からわずか半月、桂太郎首相は恩賜財団済生会を設立し、官吏に醵金を求め実業家に寄附を促して施薬救療事業に着手した。

官の慈善事業に対して、かつて社会改良団体直行団を組織し、平民社を公私にわたって支援した医師加藤時次郎は、実費診療所を興して中等階層を対象とする社会政策を進めた。加藤には危険思想を

防遏するねらいがあった。これを山口義三や西川光次郎が助け、白柳武司がその経営に深く関わってゆく。大逆事件は平民社をめぐる人々の居場所を少しづつずらしてゆくのである。亀之助のつきあいかたもそれに伴って変ってゆくのだが、山口や西川の尾行が解かれるのはまだまだ先のことだった。

2 良民社刊『親と月夜』

亀之助は月刊誌『良民』のほかに、良民社から小冊子を出版した。創刊号ですでに発行所を良民社として広告したのが阿武信一編纂『親と月夜』だった。亀之助が印刷発行しておらず、山本が阿武の名で出版した尾道版というべきものだった。

山本が阿武沼隈郡長にかわって執筆したのは、その日記一九一一（明治四四）年一月二六日に『親と月夜』寄稿、とあることから判る。また二月五日には尾道活版所へその校正に出かけており、これを八日に亀之助へも発送している。部数千五百、出版費を松永町石井四郎三郎が寄附して成ったものだった。『良民』広告には、地方青年会員への施本用としてほぼ実費で提供するとして見本講読を求めた。家庭の情味と田園の興趣とを味うに足るものをめざして、浄瑠璃、謡曲、昔物語、古文書などから材料をとったとしている。良民社版は尾道版から三ケ月のちに出した。『吉備時報』六月号で前月号休刊をわびるに、他に印刷物を作ったためとしている。

良民社版『親と月夜』は菊判二十頁定価七銭、編輯者広島県沼隈郡役所内沼隈青年会、右代表者阿武信一、印刷人は麹町区麹町三番町五〇番地草木豊次郎、洛陽堂図書を何点か手がける草木活版所の主だった。阿武署名による序文は明治四十四年二月と記されており、尾道版のままだろう。山本の名はどこにもない。

五月六日の山本日記には良民社版が届いたとある。山本には、東京から発信する『良民』を足がかりに青年団活動を充実させるねらいがあった。尾道版は試作の意とともに、『良民』に示した広告の手応えをはかるためだったと察せられる。山本にとって在郷機関『吉備時報』六月号には、「初めは一郡の出版なりしも、終に中央の人の目に触れ、今度新に東京麹町二ノ二良民社より発行致し候」と、『良民』誌と併せて宣伝した。

3　良民社と松本恒吉

①松本家農場

蚕業さかんな埼玉県児玉郡で農業をいとなむ松本恒吉は、一九一〇〔明治四三〕年一一月に『農業福引』を出版した。発行所は松本家農場、東京発売所が洛陽堂だった。農会や青年会の余興に利用してもらうよう、福引の題に語呂あわせした景品を百種かかげた著作だった。評判をよんでひと月のちに版を重ねて、巻末に松本家農場の理想と抱負を五項目あげている。そのひとつに、農界不遇なる青年中特に身体強健勤直勉励にして才識抜群の天資ある進取力行の男子を歓迎して当農場に実習自活して当農場図書館に学修せしめ尚絶えず皷舞し奨励して其立身成業を助力する事、があった。農具改良や種苗販売、図書出版など広く手がけていた。

報徳会機関誌『斯民』は一〇年一二月号新刊紹介欄に、松本著『報徳歌留多』と『農業手引』をかかげ、松本は一一年二月号に広告を載せた。松本著『農業福引』再版と『報徳歌留多』、『所有土地台帳』『小作台帳』『農家業務帳』、それに松本新案登録巡回金庫と共同貯金庫、松本発明特許出願中理想犂がならぶ。

松本が『良民』に広告を載せたはじめは、一一年四月号だった。洛陽堂が東京発売所だった『農業福引』や、『報徳歌留多』、それに共同貯金庫、巡回金庫は良民社が発売元になった。『所有土地台帳』や『小作台帳』は、のちに洛陽堂を発行所として版を重ねるにいたる。

②亀之助夫妻と松本

このように松本恒吉が経営する松本家農場から委託され販売するきっかけは、亀之助が国光社に在社していたときにできた。一九〇六〔明治三九〕年、『征露土産』出版だ。さきに記したとおりである。松本は戦地で貫通銃創を負って広島病院に収容されて日記をつづったおり、看護婦だったテルに出あい、出版をすすめられたのだった。その療養記を収めつつ、ねらいを改め『日露戦役婦人の力　一名陣中婦人之手紙』を洛陽堂が出版したのが一二年一〇月だった。挙国一致は婦人の力が与って大きかったと考えた松本は、そうした著述が多くないのを遺憾としていたのだった。

広島病院療養日記を収めた国光社刊『征露土産』と洛陽堂刊『日露戦役婦人の力　一名陣中婦人之手紙』をへだてる六年の間にはさむのが、戊申詔書発布と大逆事件だった。『征露土産』からまるごと削られたのは、刑死した幸徳秋水に関わる逸話だった。テルが週刊『平民新聞』の切りぬきを示したところだ。その切りぬきには、堺利彦の妻美知を、幸徳が追悼する一文が収められていた。

国光社以来亀之助とつながりを持った松本は、もう一冊洛陽堂から出版した。一八年『新婚初養蚕記』で、妻もと子との合著だった。松本は出征中に妻をうしなっており、もと子は再婚相手だった。

高い養蚕技術をもち、鳥取県の農業技手を務めたもと子は、のちに国際労働機関〔ＩＬＯ〕第三回総会と国際婦人労働者会議に政府側代表委員顧問に任命され、著書『貧者の一燈』をもつ。『埼玉人物事典』に立項されたのはもと子の方で、二三年に夫と死別とだけ記されて恒吉の名はない。

なお山本瀧之助は、一〇年に東京で開かれた感化救済事業講習会に参加したおり松本と知りあっていた。『吉備時報』一一年三月号に、「松本恒吉君は埼玉県の大地主である・昨秋初めて東京にて逢つた時・由来埼玉県の青年団体は労働隊の組織を以て有名なものであるが・と尋ねた所が・その労働隊は自分の創めたものじやとの事」、直話で得た麦作成功例を「青年会事業効果」と題して紹介した。『良民』へ広告を出したのは、亀之助夫妻にくわえ山本ともつながりをもったからだろう。

4　山口義三

一九一一〔明治四四〕年九月、亀之助が編輯兼発行者となった良民講話『英雄物語』を執筆したのは山口義三、これは良民社から出して洛陽堂で発売した。それ以前一月に、山口は実名で『明治百傑伝　第壹篇』を出していたが、これは洛陽堂からだった。亀之助が刑余の山口に手を差しのべた出版である。服役は大逆事件の処刑より三年ほどさかのぼる。日刊平民新聞筆禍事件で一年二ケ月の刑期を終えて出獄したのが八年、わずか半月ののち、東京市電車値上反対の市民大会における兇徒聚集事件による保釈取消によって再び入獄していた。罪状は旗を振って会衆を市会へ押寄せるよう導いた一点にかかる。会衆の暴行を制止にまわった事実は認めらず、大審院において有罪が確定し、一年六ケ月を獄中に送るにいたった。市会へと呼びかけた発頭人西川光次郎は山口より重い二年の刑期だった。

山口が出獄したのは一〇年一月三日、兄事する幸徳に相談した。このいきさつを詳しく書きとめているのは内田魯庵で、宮田脩、暢兄弟のまたいとこだ。

山口孤剣が去年の四〔二〕月出獄した時、刑事は尾行する、取つく嶋はなし、ドウにもコウにも方がつかなくて幸徳の許へ相談に行つたら、僕らの主義が君を誤まらして入獄させたのは実に気の毒だつた、シカシ僕等の運動は迚も何等の効が無いのをツク〴〵悟つたから、僕自身も病気は段々重くなつて余年も無いし、之から宗教上の研究でもして残年を暮さうかと思ふ故、君も今までの社会運動を全くヤメにしてまじめに生活する工風をしたら宜からう、

幸徳は、草村松雄〔北星〕が経営する隆文館を紹介した。評論集『平民主義』を出してくれた縁を頼ったのだが、草村に会っても要領を得ない。どうやら宮田暢の専行による出版だったらしい。宮田は週刊『サンデー』に推薦すると言ってくれた。

就ては警視庁の注意人物で巡査が尾行するやうでは困るから、亀井〔英三郎警視総監〕に会つて頼んで見るゆゑイツソ幸徳一派と絶交してはドウダと云つて、亀井に相談した処が、サンデイ社〔太平洋通信社〕で使用するなら直ぐ警戒を解く故幸徳と絶交しろと云ふ。夫から山口は幸徳を訪ふて精しく事情を語つて、今さらパンの為めに交誼を絶つは心苦しいが事情を察して呉れと云ふと、幸徳は大に喜んで、夫は結構だ、何アに僕等に遠慮する事は無いから、夫ぢやア当分ほとぼ

りのさめるまではお互に往復もしまい手帋も書くまいと云つて別れて了つたさうだ。

山口入社のいきさつを書いたあとに続けて内田は、「之が今度の判決理由書で見ると、既に陰謀計画に着手した時である。此時幸徳が胸中大逆を企て、ゐたとは思はれない。（以上一月二十五日記）」とくくった。幸徳の無実を信じて処刑翌日にしたためたのだ。

話を山口の就職にもどせば、亀井からすれば太平洋通信社には後楯に後藤新平が控えていたから、社会主義者の懐柔に自信があったのだろう。こうして山口は二月には入社し、人物評論「当世百先生」を連載するなど、記者としての仕事を始めたのである。その山口のあとからは親友白柳武司が六月に実業之世界社をやめて入社してきた。目黒の長屋に住む白柳は、並びの一軒を山口に世話していた。幸徳処刑後、妻千代子を山口旧宅に住まわせたのも白柳だった。

このふたりは、獄中生活を終えた堺に週刊『サンデー』への寄稿を求めた。一〇年九月下旬、「二三の友に小銭を貰ツて当座を凌いで居る」ときだった。筆名は郷里馬ケ嶽にちなむ馬岳隠士、翻訳「探偵奇談　予告の大盗」は一〇月に始まる。さらに堺は、戯号貝塚渋六による随想欄「寸馬豆人」を持った。貝塚は収監された千葉監獄の所在地、渋六は、獄飯白米十分ノ四麦十分ノ六と定められていたのからとった。

こうした互助を知った亀之助は、山口孤剣著『明治百傑伝　第壹篇』を出版する。自序に、「本書は元と、其の前半は『当世百先生』と題して週間雑誌サンデーに掲載したるもの、今回書肆の勧誘に従つて後半を添加し以て本書を作す」とある。一一年一月一八日発行、これは大逆事件死刑判決当日、竹久が洛陽堂へ尾行をつけてやって来たその日である。

ここから推測を示す。貝塚渋六は、週刊『サンデー』随想欄「寸馬豆人」に、一一年春三月、山口から米を贈られたと書いた。山口が車力の男にゆだねた奉書には、一、白米三俵、右献上仕候也、山口義三、と認められていたという。

まだ下宿住居の孤剣君の献上物としては、白米三俵はチト不思議であつた、そこで僕は孤剣君の深意を計りかねて、聊か躊躇の気味もあつたが、然し何にせよ貰ふ物に損は無い、下宿住居など、馬鹿にして居ても、故郷から年貢米の千石船でも着いたのか知れぬものをと、兎にかく其儘頂戴した

堺がとぼけた孤剣の深意をおしはかる。山口は生前の幸徳にきちんとした返礼ができなかった。社会主義者としての縁切りまでして入社の世話をしてくれた幸徳への恩義を、無二の友である堺に報いようとした。堺ならば贈られた米を我がものとはせず同志に施すにちがいない、と。

飯椀を叩き落とされ、ようやく週刊『サンデー』に職を得た山口の印税をひねり出したのは、亀之助である。『明治百傑伝　第壹篇』は一月一八日の発行、白米三俵を贈ったのは三月、二二日から二七日にかけて同志が三斗の米の施しを受けたとは、内務省警保局が詳細に把握した記録「社会主義者沿革第三」をのこす。ただしその後再版広告はあらわれず、売れなかった。

5　良民文庫　良民講話

山本主導による小冊子出版は二十頁ほどの『親と月夜』一篇で終わった。百余頁におよぶものは亀之助が企画しており、良民社版『親と月夜』出版に前後する一九一一〔明治四四〕年四月二三日、週刊『サンデー』がその計画を報じた。「麹町二丁目二番地なる良民社よりは、今回良民文庫として、地方青年が品性の修養に資□〔欠字〕、学事の研究に参考となるべき、小冊子を刊行し、廉価にて販売する由也」。これを書いた記者をさがせば、宮田暢、白柳武司、山口義三のうち、洛陽堂から『明治百傑伝　第壹篇』を出版した山口にちがいあるまい。

その一冊めとなる『地方青年の自覚』〔二五八頁の図参照〕は、右の報道がなされた一ケ月後五月二四日に出版された。柴田流星作、竹久夢二画『残されたる江戸』と同じ日である。はじめ良民社編輯部編纂『農業復活の大勢』と予告されたもので、地方問題に関する第一巻としていた。序文に、農業は時代遅れの職業と考え、都会をあこがれる地方青年に、世界各国が農業復活の大勢にあるのを知らしめる書だと告げた。

表紙には『良民』広告のとおり良民社発行と印刷しながら、奥付は発行所を洛陽堂と記した『地方青年の自覚』は、著者兼発行者の欄には良民社代表者河本亀之助の名をあげていた。山本から異議があったものか、単なる誤記か、良民社と洛陽堂に混同がある。編輯部という含みを持たせた予告と、良民社代表者とわざわざ断わって亀之助が著者となったのには、執筆者西川光次郎を伏せたのが因となっている。

西川が満期出獄したのは一〇年七月一七日だった。東京市の電車値上反対運動において煽動教唆した廉で重禁錮二箇年に処せられていた。一年六ケ月の山口義三より重いのは、旗振りか呼びかけ発頭人かの違いにあった。獄中感ずるところあり、翌日より運動からの離脱を宣する『心懐語』の筆を執った。妻文子実母の看護と自身の健康回復をはかるため大垣町へ向かい、八月三一日に脱稿、札幌農学校の旧師新渡戸稲造の序文を得て一〇月一五日に警醒社書店から発行した。新渡戸は西川を社会主義に導いた人物であった。西川は一派を率いてきたから、旧同志の動揺をきたす一方で心機一転を迎える人もいた。

西川にとって差し迫った問題は山口と同じように、暮らしをどう立てるかにあった。雑誌寄稿によってたとえ僅かでも稿料を得られるようにしたのが、週刊『サンデー』記者だった山口か白柳だろう。出獄を待っていたかのように寄稿を求め、八月七日泣虫生「囚人の教誨」が載った。この筆名は五年余り前筆禍事件による入獄を控えたころ、文子への求婚に破れて箱根へ傷心の旅に出たおりに週刊新聞『直言』で用いたものだ。週刊『サンデー』長期連載「悪人にも道徳あり」予告に、「筆者は故あつて其の名を公にする能はざる」のが刑余の身であるためなのは、堺利彦が馬嶽隠士を用いたのと同じである。

西川が著者であるのは、ほとぼりがさめた一五年の洛陽堂広告に記され、それとは別に妻文子も明かしている。本文に小作人欠乏の一例を挙げた、美濃国安八郡南杭瀬村外野区は戸数六十戸にして悉く農家なり、とある外野は、大垣に隣接する文子の郷里だった。

良民文庫の二冊めとなる良民社発行洛陽堂発売、良民講話『英雄物語』もまた、奥付表記を編輯兼発行者河本亀之助としたために、後年著者と受けとめられたが、実際の執筆者は山口義三だった。種明かしをしたのは、またしても週刊『サンデー』である。

良民社から良民講話「英雄物語」といふ四六判の地方青年団向きの小冊子が出た、鋤鍬を持つて働く英雄、算盤を握つて戦ふ豪傑、即ち平和の英雄なるものを平明にして流暢なる文章で綴つたもので謂ゆる健全なる好読物だ、執筆は山口孤剣君、最明寺時頼、青砥藤綱、天竺徳兵衛、神谷宗湛、原田孫七郎、角倉了次、浜田弥兵衛以下二十名の伝記を収めてゐる

山口は洛陽堂からすでに『明治百傑伝　第壹篇』を出版していたから、実名を明かせたはずだった。亀之助が刑余の山口、西川へ仕事を与えたのを、山本に納得させる自信がなかったものと考える。

6　西川光二郎『悪人研究』

亀之助を著者兼発行者として、西川光次郎が良民社編『地方青年の自覚』を出版したのは一九一一〔明治四四〕年五月二四日だった。わずか二ケ月後に、亀之助は洛陽堂から西川光二郎〔光次郎〕著『悪人研究』副題悔悟遷善の事実を出す。週刊『サンデー』連載は一〇年一一月二七日、終わったのが一一年四月九日だった。この日西川は原稿紙二百枚を買い、五月一日に書きおえた。元になる原稿があったため七月二四日に出版できたのだ。連載を知っていた亀之助が持ちかけたとみてよかろう。印刷は自前の千代田印刷所ではなく、麹町区飯田河岸三一号地にある日英舎にたのんだ。同番地に移り住んで雑誌『創作』二月号から編輯にあたった若山牧水が、表の印刷工場では機械の音が断えない、

と書いているからそれが日英舎だろう。編輯兼発行者は佐藤利吉〔緑葉〕で、牧水が旅に出たあと編輯実務にたずさわった。同誌に洛陽堂が広告を載せ、夢二画集を新刊紹介して応えたのは佐藤だと考える。亀之助が日英舎へ発注するにあたって、こうした人々がつないだのだろう。

西川著『悪人研究』に序文を寄せたのは高島平三郎と松村介石で、西川が知りあったのは松村が先だった。『心懐語』を出して社会主義運動から離れるのを宣言した西川が松村を訪ねたのである。「今日までの経歴を知ると、本を書いても出版して呉れる者は無し、雑誌や新聞に従事しやうとしても、雇つて呉れる者無く、如何に其節が変つたと云つても、なか〳〵誰も信じて呉れない」西川に、日本教会と心象会の機関誌『道』編輯をさせた。各界に知名の士を得ていた松村は、キリスト教と儒教の融合を図ろうとして日本教会をおこし、親睦を専らにする道友会や、心象会などを組織した。心象会は松村と平井金三の発起にかかる。平井はユニテリアンの一員で、聖書無謬、三位一体、原罪のいずれをも認めない。社会主義研究会入会、平民社支援において安部磯雄と行をともにしている。平井の教え子には、仏教講演で知られる加藤咄堂や、姉崎嘲風らがあった。

西川が松村を日々訪ね始めると、向いの酒屋が松村に苦情をよせた。見え隠れについて行けとの命を受けた尾行刑事がふたり、いつも酒屋の店先で西川の帰りを待つという。高島平三郎が一一年早春、楽之会に西川を招いたから、同じように尾行を従えたにちがいない。高島が西川を認めたのは左の理由による。序文にいう。

西川君は世人の知つて居るやうに嚮きに熱心な社会主義者として死生の間に出入し如字的に献身

的にこの主義の伝道に従事して居たのである。この主義の善悪は兎に角今日煮え切らぬやうな態度で所謂上手に世を渡るもの、多い時にその熱心には余は少からず感心して居つた。たゞどうかこの熱心をもつと立派な仕事に用ひたらと惜しんで居たのであつたが君は余等の希望を空うせず心懐語を著して社会主義を捨てた所以を明にした。余は之を見聞して啻に君の為めに慶賀したばかりではない実に国家の為めに風教の為めに大に喜んだ。早速人を介して君に来てもらひ余が家にて毎月開会せる楽之会に於て君の心機転変の過程を話してもらつた。その話は実に現代の青年の為めに好個の活きた教訓であつた。この以来余は実に君の男らしき態度とその心事の磊々落々光風霽月の如きに感じて君の前途を祝福して居た。

楽之会に招く使者に立ったのが亀之助だった。これを明らかにしたのは西川で、亀之助歿後二十年を経てからであった。機会がなかったといえばそれまでながら、西川には十年の永きにわたって尾行がついたのを思えば、配慮をうかがわせる。『高島先生教育報国六十年』に寄せた「私の先生に感謝して居る点」において言う。

ソレまで未知の人なりし高島先生は、「心懐語」を読みて、私に共鳴、且つ同情して下され、一日洛陽堂主人河本亀之助氏を使者として、私を其の大崎の邸にお招きの上、先生中心の楽之会で、所感を述べさせてくれました。／先生の此の所為は普通の教育家の考へ方よりすれば、頗る大胆な所為でした。私は先づ之れは、普通の教育家でないと思ひました。

高島を普通の教育家でないとするならば、引き受け手のない西川の著作を出版した亀之助もまた普通の出版業者ではない。もう一人普通ではないなかまをあげれば、週刊『サンデー』に「悪人研究を読む」を載せた孤剣生、山口義三がいた。採りあげないか、数行の紹介で済ませるかできるのに、四十行をもって評した。

亀之助は、さらに西川のこの著作によって、青年画家に装幀家のみちをひらいた。竹久が勧めた恩地孝四郎を起用したのだ。およそ三十年のちに恩地が記す。

A／〔逸題〕逸題といふ本ではない。僕の一番初めに装画した本のことを書くつもりを、その本を失つてゐて題を失つて了つたのである。何でも教化遷善の事実といふ文字がふと浮んで来た。そんな題であつたかも知れない。国家社会主義者であつた西川光二郎氏が転進してたしか義勇教悔〔誨〕師といつたやうなことをやり初めの頃、その経験をかいた本。昔なつかしの洛陽堂刊。四六判五六分厚さの紙装のカバアに面、鬼のやうなのをいろいろかいたのである〔○〕僕、美術学校入りたて位の時か、夢二全盛時代、夢二君がやつてみないかと云はれて初めて公刊本の表紙といふものをかいたのである。明治末であつたらう。

西川を教誨師とする書物が現われるもととなった右の追懐をなしたおり、原本は手許になかった。さらに十余年、出版からは四十星霜をへて再び往時を回顧した一文をあわせて引く。「この本を／私の装本への機縁をつくつた／故竹久夢二にささげる」、『本の美術』にもうけた「装本回顧」の一節で

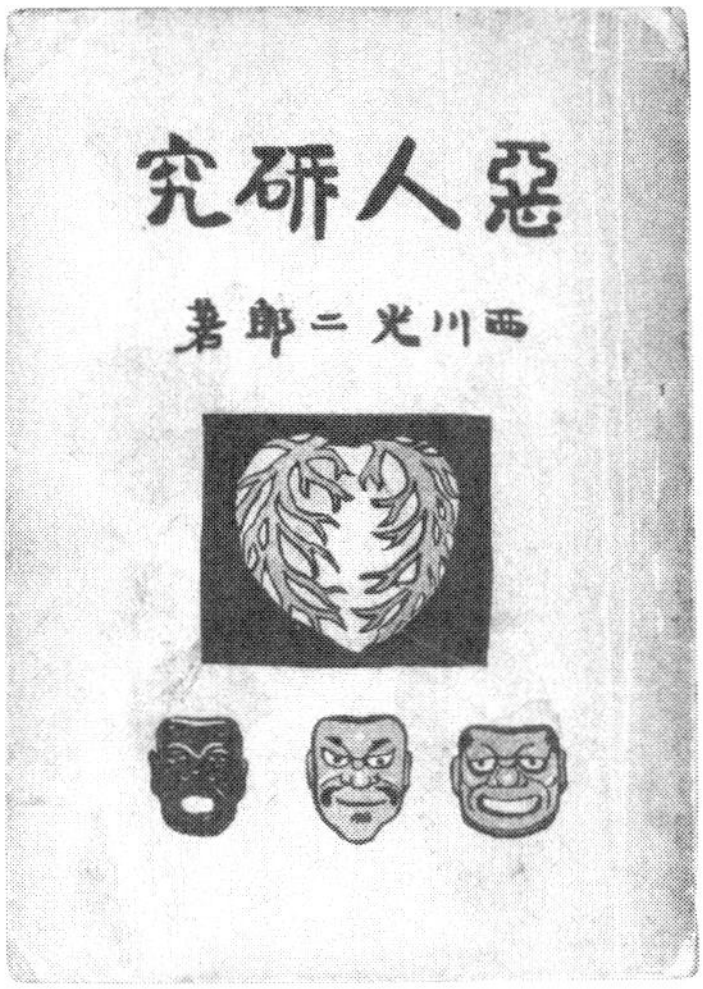

西川光二郎著『悪人研究』書影
〔恩地孝四郎が竹久夢二の勧めで初めて装幀した〕

ある。

竹久夢二に奨められて，夢二本の出版所であつた洛陽堂が試みてくれたもので，明治四十四年刊である．僕の生れ月の七月であつたのも奇遇で，二十歳の勘定になる．字は下手な筆字で，中央に黒角のなかに青赤二色の脈絡をかいた心臓を描きこみ，下に能面の悪尉や武悪やなど三つ並べた稚拙なもの，明治末情緒は成程出てゐる．爾来本好きから続いた装本は業となり，おかげで三十年生計をどうやら立て，おかげで画の方は売らずに勝手な画がかける幸を得た次第である．但し良装は得がたく，悪業を重ね慚愧にたえない．〔原文は横書き〕

亀之助が竹久の木版画稿を採って画集出版を手がけ、竹久が恩地の才能を認めて亀之助に装幀起用を奨め、恩地はのちに青年画家なかまとつくる詩と版画雑誌刊行を願い、亀之助がこれに応えて活動を支える。『悪人研究』はその結びめを成した。

七月二四日の初版についで、再版広告は早くも八月一三日週刊『サンデー』に出た。さらに三版を重ねたとは、翌年三月二三日発行の続編後付広告にある。『続悪人研究』は正編と同じ装幀だが表紙を赤色に改めている。印刷者は正編の日英舎日下主計からもどして、自前の千代田印刷所藤田千代吉がになった。

7 『良民』山本と天野藤男

内務省嘱託として青年団と処女会の指導にたずさわった天野藤男は、一九一三(大正二)年『農村と娯楽』をはじめとして洛陽堂からいくつかの著作を出版し、一五年には雑誌『都会及農村』編輯を任されるのだが、亀之助とつないだのは山本瀧之助主宰雑誌『良民』だった。寄稿は一二年七月、二巻七号から始まる。山本は天野を偲んでこう書いている。

初めて逢つたのは、十年以前確か内務省であつたように覚えております。当時私は些かな雑誌を出して居りました。内務省内の先輩へも送つて居りましたのでそれが偶天野さんの目にも触れたものと見えました其の雑誌へ原稿を書いて送られました。ソンナ事が縁の緒となつたのでありまして、其の内『私は原稿を持つてゐるドコかで出版したいものである』といふような事でしたから『それでしたなら或る書店に紹介しましよう』。彼の処女作『農村と娯楽』が全くそれなのでありました。爾来今日に至るまで、幾十度か一つに話し幾十度か一つに食事し、西と東に別れてゐて幾百十度となく手紙のトリヤリをした事なのであります。

山本が郷村をよりどころに全国の青年団員や指導者にむけて発信したのに対し、天野は内務省に身を置きつつも孝養をつくして帰省をかさね、田園が果す役割を訴えつづけた。

天野は富嶽をのぞむ庵原村に村長の二男として生まれ、静岡中学を卒業してから小学校代用教員をつとめた。上京のきっかけは、内務省地方局に務め、報徳会機関誌『斯民』編輯にあたっていた国府種徳がつくった。一一年一月、国府が興津小学校で開かれた庵原郡青年大会で講演した縁による。会場に展示された「文章暦」という掛図にひかれ、出品者を心に留めていたところ、あくる日その当人が訪ねてきたのだった。

そうしたいきさつを明かしたのは、洛陽堂から出した『農村と娯楽』に寄せた国府の序文である。

七　大逆事件前後　竹久夢二

1　平民社と竹久夢二

一九一〇（明治四三）年から一一年にかけて、竹久の画業に影を落としたのが大逆事件だった。竹久についた尾行は、出入する洛陽堂までつきまとった。

洛陽堂から画集刊行中の竹久は、かつて週刊新聞『直言』をはじめとして社会主義誌に画稿を送り、『大阪平民新聞』や『熊本評論』にいたるまで掲載されてはいたものの、運動そのものには深入りしなかった。平民社周縁の人物である竹久が、このころどのような扱いを受けていたのか、亀之助が新企画を竹久と決めたのを重ね合わせて、日記からぬき出してみる。

一九一〇〔明治四三〕年
九月二〇日　るすに巡査来たれり、と。／笑ふべきかな、余を、なほ社会主義者とおもへるなり、余の心は小さき日本にあらず、／芸術の国なり、
一〇月二七日　高等刑事と称する男二人来る、逢つて話す。
一九一一〔明治四四〕年
一月一五日　洛陽堂へゆく、／主人、よろこび今年は大に戦ふべきことを語る。／雑誌「処女」を出す計企す、
一月一八日〔幸徳〕秋水一派の公判があるとやらで僕にも犬がついて歩く、洛陽堂へゆく道すがらスリのよふな奴がついてくるので、馬鹿らしくてたまらない。おれが虚無党なのだか、何をする男だか、どうして生活してゐるのだか、どんな天分を持つてゐるのだか、それについて何をも知らない奴等に関渉せられるのがシャクにさわつてたまらない、
一月一九日　今日も刑事が外に立つてゐる、おれの髪が長いからだと言ふにいたりては日本の為政者も言語道断だ、
一月二三日「都会画報」を出すことにきめた。

竹久がふれていないのが二月に創刊する月刊誌『良民』で、表紙と挿画を亀之助が依頼したはず

だった。竹久の身辺が穏やかでないさなかに、亀之助はこうした企てをもちかけていた。幸徳が処刑されたのは「都会画報」を出す相談がまとまった翌日だった。竹久宅でおこなわれた通夜に参加した神近市子がそのもようを伝えた。竹久の伝記などに引用されて知られる逸話だ。

竹久の日記とは別に、二日間留置されたとは木村毅『竹久夢二』にある。同郷の知己万代恒志の話として、岸たまきからの知らせで万代が警察署におもむき、副署長ら引見を受けたとされる。ただし、この著作は慎重な扱いを要する。序を寄せた長田幹雄が、「姉松香に関することだけは、一部伝説に基づく、此の作品でのフィクションとすべきであろう」と釘をさし、自序に「家族関係のことは、手を加えると、全作が土台からくずれるので、そのままにしておかざるを得なかつた」と断ったとおり、虚構の上に、竹久を慕う画家や著者ら若者を配して成立つ実名小説と呼ぶべきものだった。取調べを受けて不思議はないとしても、二日間の留置を癒すため九十九里へ出かけるのを万代が見送ったという『竹久夢二』記述の真偽は定かでない。

いずれにしても、用談で出入する竹久が、尾行を従えてやってくるのである。それを迷惑がったかといえば、平民社残党である山口義三と西川光次郎ふたりの著書を幾点か出版したことはさきに記したとおりで、西川につけられた尾行は十年の永きにおよんだ。

2　新企画

一九一一〔明治四四〕年早々、雑誌「処女」と「都会画報」を出すと決めたころ、竹久がかかえていたのは、しっくりいかぬ岸たまきとの仲だった。離婚していながら暮らしを共にしていた岸との別れ話がすすんでいた。一月二一日の日記に、「どうしてこうもおれの絵に彼女は仝情がないのだろう、イヤ己は仝情は欲しないが理解がほしい、せめておれの絵がどう発展すべきものか位ひは妻として知つてくれても好い筈だ」とはき出し、二月四日には「別ればなしに夜もねむらず。生れんとする児よ〔五月一日生不二彦〕、虹之助よ、父は汝等と別れざるべからず」とあり、六日には「家に別れるか芸術に別れるかしなきや、あなたの立つ瀬はないわ。そして私もこのありあまる愛のやり場がないの。／あなたは他の女を愛してゐるときにはもう私なぞ心にうつらないのだもの」と岸の言葉を記した。

亀之助が竹久をはげまして年頭に新企画を決めたものの、うまくすべり出しはしなかった。実際に手を着けたのは、二月二一日創刊、山本瀧之助主宰雑誌『良民』表紙画と挿画で、およそ一年半ほどのあいだこれを描き、やがて恩地孝四郎が引きついでゆく。次が『良民』創刊四日後に出版された『夢二画集　野に山に』だった。

①『夢二画集　野に山に』

前半にこれまでにない油彩画やペン画を収め、後半は中扉に「行人の歌」と題して「旅の青年と都に近き海浜の少女／町の少女／旅の画工／青年／少女／村の少女／若き旅人」によって構成した。竹久を擬した故郷を持たぬ旅人を描く。一見、新機軸をうちだしたように受けとれるけれども、これまでの画集のような数が揃わないためにとった苦肉の策だったようだ。一九一一〔明治四四〕二月二三日の日記には「興のらず、／おしまより手紙きたる、もう一度手紙を下さいとある、／「野に山に」出来る、／此度も急いでだめ〲見るのもイヤだ。／だつて、一昼夜と一日で画きあげて、二日で木版にしたのだもの　しかたがないよ」とある。しま、とは銚子あしか島で恋した人だ。

興がのらぬままに仕上げた『夢二画集　野に山に』は、とにかく年明け初出版なのだが、その新刊広告に加えて、「桜さく国の乙女近刊／都会の巻近刊」とあった。これが新企画雑誌「処女」と「都会画報」だろう。『桜さく国の乙女』は、翌年に二冊発行された雑誌『桜さく国　白風の巻』と『桜さく国　紅桃の巻』とは別物で、白風の巻に『桜さく国の少女』を近刊としながら遂に未刊のままにおわっている。都会画報は『夢二画集　都会の巻』として出版された。市内各所の景物人物を竹久の画風できりとる企画かと察せられるが、気のりがしなかったようですぐには取りかかっていない。

②『絵ものがたり　京人形』

急遽さしはさんだのが『絵ものがたり　京人形』だった。一九一一（明治四四）年二月二四日の日記に「「京人形」にかゝる、／板を一枚かく、／浅草の女、よくかけたり」、三月四日には「朝はやくより京人形の原稿をかく、夜に入つてやう〳〵出来る、車にのり洛陽堂へゆく」とある。出版は三月二六日、『夢二画集　野に山に』からわずかひと月しかたっていなかった。この一巻を世のうら若き母君達におくる、と巻頭にかかげた竹久は、つづく序文に日本回帰を宣言した。

不二の山を持つた日本、サムライを生んだ日本、チヨウチンやトリヰやカミシモやヱヒガサやコツプリやフリソデを持つた日本とアンドのかげで可愛い殿御の帯くけるムスメを育てた日本が好きです。日本に私が生れてゐるといふことや、これが日本の風土だといふことを忘れて、異国の旅人として、ジヤッポンといふ地球の一角を描いてゐる時でも、／………あの山越えて／里へいた／さあとの土産に何もろた／デンデンタイコにシヨウノフヱ／といふ子守唄を思出すと、甘へたいやうな心持になつてほろり　ほろりと涙がこぼれます。

これを、三代の江戸っ子柴田流星の著作装幀挿画を手がけたのと結びつけてよかろう。

③柴田流星

亀之助と竹久が知恵をしぼったその次の手は、生粋の江戸っ子柴田勇〔流星〕の著作を、竹久の表紙画や挿画でかざることだった。すでに一九一〇〔明治四三〕年一二月五日洛陽堂刊、柴田流星『飛行器物語』を竹久が担当していたが、江戸趣味の本ではなかった。つぎが一一年四月二五日『東京の色』だった。竹久は自著広告文を書いたが、この広告を柴田のために書いたか、それとも亀之助が洛陽堂店員に書かせたかあるいは亀之助が筆をとったか、『白樺』に載せたのはつぎの広告である。

（最新刊）／柴田流星著竹久夢二画／東京の色／挿画　下町、山の手各五種表画装幀純東京好み
四六判新装二百五十頁定価六十五銭送料六銭
父祖三代東京に生れ東京に人となり生母亦多摩川の水に産湯して武蔵野の土に実れる穀菜に育まる純なる東京人の血と性とを享けて此間に生れたる著者は正にこれ生粋の東京ッ児なり而かも其が前半の生涯や極めて数奇にして頗る波瀾に富む此人爰に其犀利の眼を挙げて過ぎれる処に随ひ仔細に東京の東京を窺ひ描く不知東京の色彩の夫れ如何に映じたる乎を！夢二氏の画亦東京の色を描て余蘊なし

右の『東京の色』からわずかひと月、五月二四日に『残されたる江戸』を洛陽堂は出版した。ここで竹久は、江戸川朝歌画と表紙に記した。『白樺』広告には装幀純江戸好と、これまでにない作風を言い表した。

柴田流星著　江戸川朝歌画／最新刊残されたる江戸／装幀純江戸好　紙数二百余頁　草画十五葉
　定価七十銭　送料六銭
新造の日本橋に広重の画趣なく老舗の名代料理に板前の腕衰ふ然れば両国の川開きに歌麿の美人を見ず浅草の歳の市に勝文の羽子板あるなし箱寅の指物は中通りの骨董屋に燻ぶり蜀山が風流も駒形にあみ屋の失せたるを如何せん恬くして滅びゆく江戸の俤また何処に是を捜ぬべき著者に一篇無韻の詩あり以て残されたる江戸趣味の数々を偲ぶべし此書即ち神田川の鰻に江戸前の味ひ痩せたるを嘆ち宇の丸の鮨に鮪の赤き詩を想ふ人々に薦むべき哉

新たな境地を竹久にひらかせた柴田は、英文学に通じた江戸趣味研究者だとされる。竹久と同じように『中学世界』の投稿青年で、巌谷小波門下生でつくる木曜会の一員だった。巌谷のもとで『中学世界』を担当したのが西村渚山だったから、柴田と竹久とをむすびつけたのは、西村だったかもしれない。

亀之助と柴田とのつながりがいつ出来たかはわからない。洛陽堂から著作を出版する以前、柴田は左久良書房で編輯に携わり、時事新報社に入って記者になっていた。左久良書房は細川活版所二代目細川芳之助創業にかかる。国光社印刷部時代の亀之助は業界人として細川と面識があったとは想像されるが、営業上のつながりはなかったようだ。柴田は、父の任地なる山陽の一新聞に記者として赴いたという経歴をもつから、亀之助が縁を感じたのかもしれない。

④初の発禁　柴田著竹久画『東京の色』

柴田流星著竹久夢二画『東京の色』は、洛陽堂として初めて発売頒布禁止処分を受けた。原本は未見、発行日が一九一一〔明治四四〕年四月二五日であるのは、斎藤昌三『近代文芸筆禍史』によって知った。「若気の大胆とは云へそれ〔蒐集した発禁本〕を『明治文芸側面鈔』として一冊五百頁前後のものに編輯して頒布したのも、今考へると冷汗が出るような話」と後日斎藤が語った、その第三輯に『東京の色』は収められている。

風俗壊乱の廉によって処分されたのは、発行日から十日ほどたった五月六日だった。売りつくすにはほど遠い。問題とされた箇所は、一部をさしかえ改めて出版された『東京の女』とつきあわせることによってわかる。改訂改題によってなる同年九月二五日刊『東京の女』は現存、表紙には竹久夢二画と明記され、扉絵にBY—T. YUMEZIの署名がある。柴田の自序にいう。

この書題して『東京の女』といふ、篇中首都の女を中心として描いたものが大半を占むるからである。但だ中に二三の単にこれを副景人物として描いたに過ぎぬもあるが、それとて東京の女の一角を窺ひ知るよすがとはなるので、敢へて斯くは命けた。書を著はして題名を撰ぶといふことは、返すぐ〜も難かしいことである。／著者の前書『東京の色』が禁売の厄にあつて茲に五閲月、

今この『東京の女』を公にするを得て、僅かに死んだ児の生れかはつたおもひである。／秋の初め　東京にて　著者

二部構成であるのと各部短篇五作品を収めるのも『東京の色』と変らない。第一部、した町は五篇とも表題を変えただけで、同じ作品を収めた。総見の後→意気張、めみえ→まどひ、十二階下→勤揚句、元吉町→土堤向、一夜→夜の巷という改題である。

第二部、山のては、これも差替えが二篇、表題だけ改めたものが三篇あった。米屋の娘→変り者〔差替〕、暦→五日目、まつり→迷ひ唄、癪→その夜〔差替〕、畜生→牝いぬ、の合わせて五篇から成る。差替え前「米屋の娘」は、愛娘が嫁入り前すでに妊んでいるのを知った老舗主人が、医師に堕胎を持ちかけて断られた当夜急死する話、これを年中けんかの絶えぬ夫婦の話「変り者」に変えた。もう一篇「癪」は、満員電車に乗り合わせた女が癪を装って男を誘うという話、これを病院にかつぎこまれた急患の男にまつわる話「その夜」に変えている。

亀之助と柴田が知恵をしぼって策を練りあげた『東京の女』もまた、同じ処分を受けた。九月二五日刊、三〇日発禁、わずか五日しかたっていない。ほとんど売りさばけないまま反古にされた。亀之助が断ったのだろうか、柴田と竹久が組んだ次作『伝説の江戸』は一二月一三日、洛陽堂ではなく聚精堂から出版された。

しかしながら『夢二画集　都会の巻』と同時に徹夜でこなした『伝説の江戸』は、竹久に自信をあたえた。日記とはがきに示されている。

一九一一〔明治四四〕一一月一二日
帰つたら十二時頃、それから都会の巻へかゝる。夜あけ頃に六十枚出来た、十時頃に河本氏来る、九十六枚かいた。
一一月一二日消印　恩地孝四郎宛
今夜は徹夜して、都会の巻を描くのです、一夜に百二三十枚製造するんです。「家刀自怨じて飢を訴ふ………」つて詩を思出す。
一一月一三日
江戸の伝説〔『伝説の江戸』〕のさし絵をペンにて描く、文よりは数等好し。
一一月一四日消印　恩地孝四郎宛
何だかすこしぼんやりして来た。然し正月には「桜」〔雑誌『桜さく国』〕は出すんだ。昨日も徹夜して、「伝説の江戸」のさしゑを十枚書いた。二三枚好きなのが出来た。いやな〳〵都会の巻も一昨夜徹夜して出来た、一夜漬つていふ言葉があつたつけ。

⑤共著画文集

柴田流星の江戸もの挿画に続く新しい試みは、竹久を慕う青年画家との共著画文集だった。竹久が亀之助に申入れたか、亀之助が水を向けたか、いずれにしても、一九一一〔明治四四〕年六月二六日の出版にまでこぎつけたのが、『都会スケッチ』だった。共著が気分をかえ、次をめざす流れをつくりだした。七月の暑い日、と次の日記は何日なのかを明かさないが、竹久のたかぶりを表わしている。

やあごぶさたと島村〔抱月〕先生の方から声をかけられて困る、奥さんと子供をつれてゐられた、いつか日比谷へいつたのはこの坊ちやんですか、えゝと奥さんがいはれる。／「桜さく国」を出しますといふと／君には信者が随分あるんだから好いと先生がいはれると信者といつて奥さんが笑ふ。／どこへ？　と先生。／別にあてもなく　と私は答へた。／私はそれから浅草へ。／先生は水天宮までおりられた。／七月の暑い日

竹久の気分は恩地に伝わっている。七月二五日付竹久宛に、『都会スケッチ』出版を喜びながら、共同作業が終わってしまった寂しさを感じつつ、「八月に「桜」が出るといふのがかすかに、又私の心を引き立てゝくれ」たと伝えた。これは「桜」となかま内で呼んだ共著画文集『桜さく国　白風の巻』「消息」欄に収められた。一〇月一日に出版したその白風の巻に、竹久は近作と題して今後の抱負を語っている。

○俳画に対して、もつと乾かない、もつとまじめな、もつと自由な、和歌を絵にした二百ページばかりの美しい画集。書名はまだ決つてない。
○も一つは、古い日本の童謡を集めてそれに絵を入れたもの、これも書名は決つてない
○長く予約してある「桜さく国の少女〔乙女〕」は全部木版の極彩色にして今迄の作と違つて自分

の気に入るやうにしたいからまだ何時出るともわかつてゐない。
○「都会の巻」はそう遠くはないと思ふ。／――夢――

この『桜さく国　白風の巻』から、奥付に発行部数を記さなくなった。いやでいやでしかたがなかったという一一月二一日出版『夢二画集　都会の巻』も同様だった。人気にかげりが見えはじめていたからだろう。冬の巻初版四千が頂きだった。亀之助は千部にもどしたか、八百あたりに抑えたかしたものと思われる。対する竹久はあがった意気を保っている。

一九一一〔明治四四〕年九月二八日消印　恩地孝四郎宛
「桜」の次の号は、「紅燈」とでもするかしら。こんどはみんなヱラクなつてゐるやうぢやない？
一〇月二五日消印　恩地孝四郎宛
CHERRY―LANDはうれしかつたうれしかつた。こん度の「桜」はほんとに好いものが出来てほしい。

『夢二画集　都会の巻』と、聚精堂から出た柴田流星『伝説の江戸』装幀挿画を徹夜作業でかたづけている最中、竹久は一一月一四日付恩地宛はがきに、次の「桜」を正月には出すと意気ごんでいた。その『桜さく国　紅桃の巻』は、白風の巻から半年ほどたった一二年三月二一日になってようやく出版された。しかも四六頁から一六頁に減り、定価四〇銭から二五銭に下げられていてもなお割高だった。

八　東京書籍商組合加入

洛陽堂と良民社を併営する亀之助が、東京書籍商組合に加入したのは一九一一〔明治四四〕年夏だった。加入には組合員二名の紹介と二十円の加入金を要した。紹介者のうち一名は評議員でなければならなかったが、誰であったのかは判らない。洛陽堂創業から二年たらず、良民社はまだ半年余りにして、加入できるだけの信用を得たことになる。

同業者組合は、構成業者の利害によって離合する。政府の産業育成策によって各府県に同業組合創立奨励がなされて、東京書籍出版営業者組合が府知事の認可を受けたのは一八八七年だった。その後、任意の組合組織として一九〇二年東京書籍商組合に改組し、さらに七年には書籍販売業者を加えた。組合は政府や議会に対して、出版條例改正の建議をはじめ、鉄道運賃引下げや印刷用紙輸入税免除、営業税法改正、著作権法修正などの請願をなした。同業者に対しては、売掛代金延滞者処分、代金引換郵便物、為替取引違背者処分など細かな規程を設けて紛議の仲介を図っている。

亀之助が洛陽堂発行図書の広告を東京書籍商組合機関誌『図書月報』に載せたのは、一一年六月二五日九巻九号だった。組合記事欄に加入を公示されたのが、つぎの七月二五日九巻一〇号で、「加入　麹町区麹町二丁目二番地　洛陽堂／良民社　河本亀之助氏」とある。亀之助はすぐせり市に出品手続をとるから、販路を拡げたいのが、組合加入の目的のひとつだった。

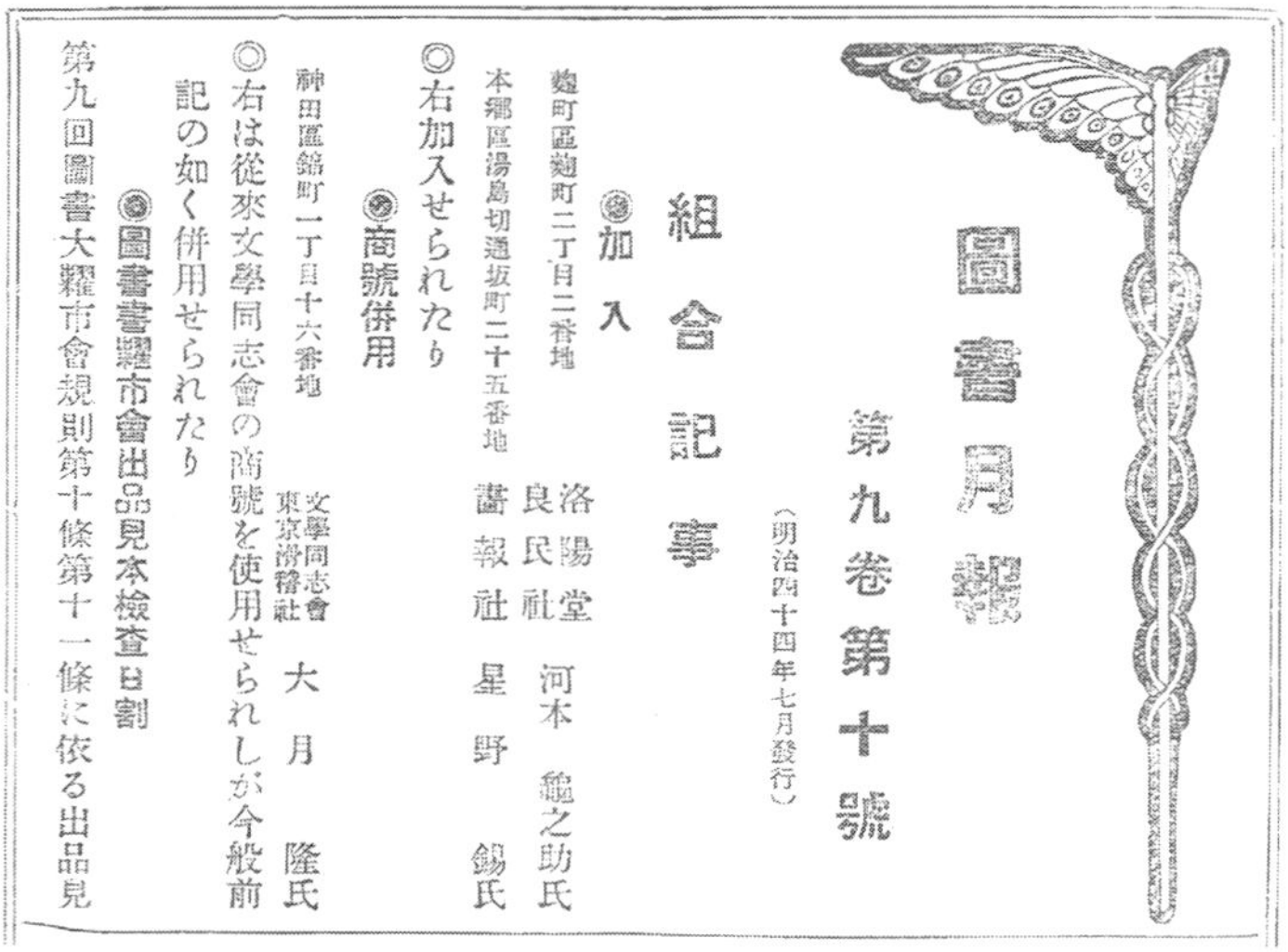
圖書月報
第九巻第十號
（明治四十四年七月發行）
組合記事
◎加入
麹町區麹町二丁目二番地　洛陽堂　河本龜之助氏
本郷區湯島切通坂町二十五番地　良民社
書報社　星野錫氏
◎右加入せられたり
◎商號併用
神田區錦町一丁目十六番地　文學同志會　東京滑稽社　大月隆氏
◎右は從來文學同志會の商號を使用せられしが今般前記の如く併用せられたり
◎圖書書籮市會出品見本檢査日割
第九回圖書大籮市會規則第十條第十一條に依る出品見
第十號　組合記事

東京書籍商組合加入記事

業界にせり市が果した役割を、中山三郎〔泰昌〕代筆、小川菊松著『出版興亡五十年史』によってみる。「書籍商組合の変遷　図書大市、通信市、古本市、紙型市、ゾツキ市の話」と題する章の一節である。

昔は本を扱う者を一様に本屋といい、出版、取次、小売の区別はなかつたが、出版業が発達するに従つて出版、小売の区別を生じ、次で取次業が生れて三者の分業となつた。そして出版業者は自分の出版物を売り弘めて金を早く手に入れようとし、小売業者は多く売れる品を早く安く手に入れようとし、取次業者はその間に立ち品物の需給を円滑にして口銭を稼ぐのである。これらの要求をうまく調和させて行こうというので図書市が生れた。普通に図書市というもの、うちには、新本市、古本市、見切本（残本）市、和本市、原書市、紙型市等色々がある。

新本の大市が東京書籍商組合の大糶市会で、各地から同業者が東京に集まった。当初はフリ手による売り立てがおこなわれたが、安値で競り落されると売主が異議を申し立て、逆にフリ手と売主の結託によって値がつり上げられると紛糾するなどした。もめにもめたフリ式は、亀之助が加入したときにはカード式に改められていた。第九回図書大糶市会は一一年一〇月七日から一週間開催、出品見本検査日割は、洛陽堂良民社加入を報じた『図書月報』にすでに示されており、洛陽堂は八月二三日にふりわけられていた。

亀之助が組合加入した翌月、所在地を同じくする丁未出版社と、かつて尾道教会伝道士であった葛岡龍吉が経営する北文館が新たに加わった。洛陽堂と良民社所在地である麹町区麹町二丁目二番地は、広さおよそ三百六十坪、地目は宅地とある。これだけ広ければ同じ番地であっても同じ家屋だとは限らないが、丁未出版社は七月発行図書によれば同番地、一年後に五番地に移転している。洛陽堂とは麹町郵便局をはさんだ町内への引越だった。丁未出版社土屋泰次郎は、新渡戸稲造主宰『英学新報』改題『英文新誌』に関わったのち、一九〇七年に創業、干支を社名とした。新渡戸『英文武士道』や、桜井忠温『肉弾』を出版した。陸軍士官学校卒業後に旅順攻囲軍に参加して重傷を負った体験を綴った『肉弾』は、戦争文学史に不動の地位を占めたとされる。

桜井の兄彦一郎〔鴎村〕は、生地松山に在ったとき、押川方義によってキリスト教を知って明治学院に進んだ。津田英学塾英語講師のとき、女子教育事情調査のため渡米して、新渡戸の知遇を得た。東京堂出版部門である文武堂から、押川の子方存〔春浪〕と冒険小説で当たりをとっている。

洛陽堂と丁未出版社は、同じころ日本教会松村介石主宰『道』に広告を載せている。洛陽堂は、西川光二郎『悪人研究』に序を寄せた松村とのつながりにより、西川が日本教会入会あいさつを載せた次の号から、西川や高島の著作を広告した。丁未出版社も広告を載せたのは、亀之助が誘ったためだろう。押川方義がキリスト教界における松村の知友であり、『道』寄稿家であったつながりからかも知れない。

丁未出版社と同時に組合に入った北文館葛岡龍吉は、一八九一年に亀之助が尾道から船で東京へ向かうのを見送った人だった。一九〇一年に伝道士を辞して、一〇年六月、安部磯雄『婦人の理想』を手始めにキリスト教界における知友の著作を出版している。葛岡は亀之助より早く松村介石と知遇を得ており、日本教会と心象会の機関誌『道』創刊時すでに会員であった。洛陽堂と北文館がともに西川光二郎の著作を出版するから、同業組合加入をふくめて、亀之助と葛岡が連絡をとりあっていたのだろう。

三章　註　洛陽堂草創期　一九〇九年～一九一一年

・亀之助が語ったのを、宇野浩二ははじめ、「私が、河本に「どうして洛陽堂といふ名を附けたのですか、いい名ですね」と云ふと、頭の綺麗に禿げた笑顔のいい河本は「ちやうど夢二の『春の巻』を出しまして、九段の上を通つてゐますと、頭から桜の花が散りかかつて来ましたので、『春の巻』が売れた嬉しさから洛陽の春といふ言葉を聯想しましたので、洛陽堂と附けたのです」と云つた。」(『文学の三十年』一九四二年中央公論社)と書いたが、一年のちには、「私は、無名の夢二を認めて、無名の夢二の画集を最初に出版した、洛陽堂の主人河本亀之助を知つてゐるが、この夢二の画集を出して、意外に、好評で、すばらしい売れ行きである、と聞いた時、河本は、ちやうど、春で、桜の花の満開の道(三宅坂あたりか)を通つてゐて、思はず「洛陽の花、天下に冠たり」といふ文句を口ずさんだ、と云つた。」(「竹久夢二讃」『書窓』一六巻三号一九四三年一〇月一五日アオイ書房)と改めている。

一　洛陽堂顧問高島平三郎

1　創業前の著書

・児童研究の始まりは、一八九〇年、元良勇次郎、外山正一、神田乃武、それに高島が加わった日本教育研究会だという(高島『教育に応用したる児童研究』緒言一九一一年洛陽堂)。

・元良宅で心理学などを学んだいきさつは、高島「偉人である哲人である(元良先生を憶ふ)」故元良博士追悼学術講演会『元良博士と現代の心理学』(一九一三年弘道館)、期間をしめしたのは『明治聖代教育家銘鑑』(第一編一九一二年教育実成会)。学歴にあげたのは「兼任教員　昭和六年四月二十日現在」『東洋大学百年史』資料編Ⅰ・下(一九八九年)、このとき本務欄は立正大学とあった。福山藩学誠之館とするのは『東洋大学人名録』役員・教職員　戦前編(一九九六年)。

・著述を志した回想は、高島平三郎述「懐旧瑣談(七)先輩の理解奨励」(『児童研究』二八巻一二号一九二五年九月一日児童研究発行所)

・須永和三郎と沿尻為作連名による、普及舎辞任右文館新設「敬告」は明治三二(一八九九)年九月三日『児童研究』二巻一号に載った。右文館存続については、教科書事件により家宅捜索を受けたのが明治三五(一九〇二)

年一二月二七日〔東京朝日新聞二九日、ただし古文館事須永和三郎と誤記〕、高島著『教育的心理学』十七版を明治三六〔一九〇三〕年四月二五日に出版していた。

鈴木武二郎『教科書事件実記』は、広島の自宅より拘引されし金尾稜厳が島根に奉職中各書肆より搾り取りたる金額は実に二万円以上にして中にも神田富山町右文館事須永和三郎方よりは一万円近くの金を捲上げたれば須永は之が為めに殆ど破産せんとする迄に到りたりと、と記す〔一九〇三年文友堂〕。
・高島が黒田寿子と、松本が寿子の妹繁子と結婚していた〔高島「松本孝次郎氏の事ども」『心理学研究』七巻六輯一九三二年一二月一五日編輯東京帝国大学心理学研究室内日本心理学会編輯部／発行所岩波書店〕。
・「推薦の辞／〔高島平三郎君を本書の顧問に推薦す〕」『児童教育』一巻二号一八九九年一月三日教育研究所
・高島著『教育的心理学』を教科書として学んだのは柴田甚五郎、これをもって指導したのは哲学館出身手塚太平〔柴田「恩師高島平三郎先生に感謝して所感を述ぶ」〔『高島先生教育報国六十年』〕。
・元良勇次郎『中等教育倫理講話』前編自序一九〇〇年右文館、二年九版に拠った。
・国光社から『体育之理論及実際』を出版した一九〇六年七月、高島は日本体育会体操学校教頭だった。一〇月に辞任〔『学校法人日本体育会日本体育大学八十年史』一九七三年〕。高島年譜〔『高島先生教育報国六十年』〕には、日本体育会体操学校勤務を一九〇〇年三月一五日、校史は一〇月一日調職員名簿〔都政史料館蔵〕に記されていないので、それ以後とする。一年七月現在教員一覧には、校長吉村寅太郎についで登載されている。吉村は成女学校と兼務、峰是三郎の知己なので、高島赴任は吉村の引きだろう。一一月に高島は、吉村の依頼により成女学校で教鞭をとっている。
・高島『児童心理講話』を印刷したのは、一九〇九年五月一八日初版を三協印刷株式会社、六月一日二版が千代田印刷所、ただし後者は初版発行日を五月二五日としている。千代田印刷所による初版があったかどうかは不明、一一年八月五日一五版は千代田印刷所である〔一五版覆刻は『高島平三郎著作集』六巻二〇〇九年学術出版会〕。
・高島平三郎「夢二を語る　昭和十一年六月八日遺作集出版記念会席上談話筆記より」『書窓』三巻三号一九三六年八月五日アオイ書房

2　つなぎ役

・高島文雄「感謝の辞」『高島先生教育報国六十年』
・川上操六大将懇請についての逸話を記したのは、猪瀬乙彦「高島平三郎先生」、同右。
・楽之会をなつかしむ教え子は多く、『高島先生教育報国六十年』に稿を寄せている。横井忠吉「楽之会の思ひ出」、葛原しげる「明治三十年代から」、それに独逸協会学校生児玉昌「青年の友、高島先生」。同校に関わる資料が「同窓会々員名簿」『独逸学協会学校五十年史』（一九三三年独逸学協会学校同窓会）、「獨協専任教員名簿」『獨協学園史　資料集成』（二〇〇〇年）。

3　創業後の編著

・堺宛高島書翰を載せたのは、堺生「平民社より」で（週刊新聞『直言』二巻二五号一九〇五年七月二三日発行直行社・発売平民社）、高島平三郎君から僕に宛て、左の通りの手紙が来た、に始まる。
・高島平三郎「三十年の回顧」『人道』二九二号一九三〇年二月一五日人道社

二　初出版　山本瀧之助『地方青年団体』

山本瀧之助に関わる基本文献は、多仁照廣編著『青年団活動史　山本瀧之助日記』で（一九八五～一九八八日本青年館）、収めた日記は以下のとおり。

一巻　一八八八（明治二一）年～一八九八（明治三一）年
二巻　一九〇一（明治三四）年～一九〇九（明治四二）年
三巻　一九一〇（明治四三）年～一九一八（大正七）年
四巻　一九一九（大正八）年～一九三〇（昭和五）年

山本に関わる本文記述は、右各巻解題に拠った。歿後八十年記念行事にあわせ序論を附して不二出版から『山本瀧之助の生涯と社会教育実践』と題して、二〇一一年に刊行された。

1　山本と内務省

・山本は随所で井上を語るが、県庁へ呼ばれて熱心に話を聞いてもらったようすは自著『団体訓練』にある〔一九一九年洛陽堂〕。井上の伝記は、内務省嘱託で報徳会機関誌『斯民』編輯にあたった国府種徳が「故井上友一君断片伝」を著わした〔『井上明府遺稿』一九二〇年編輯兼発行者近江匡男〕。同誌が山本を採りあげたのは、無署名「彙報／篤学力行の青年団」である〔一編一号一九〇六年四月二三日報徳会〕。

2 青年団中央機関

・第一回沼隈郡青年大会を報じた大阪毎日新聞記者橋詰良一、戯号せみ郎については、山崎千恵子「橋詰せみ郎とその仕事」にくわしい〔『橋詰せみ郎エッセイ集「愛と美」誌より』一九九〇年関西児童文化史研究会〕。

・戊申証書については『国史大辞典』〔一二巻一九九一年吉川弘文館〕『明治時代史大辞典』〔三巻二〇一三年吉川弘文館〕に拠った。

3 出版交渉

・秋広秋郊には編著『海外苦学案内』一九〇四年博報堂刊がある〔覆刻二〇〇〇年ゆまに書房近代欧米渡航案内記集成二巻〕。山本日記一一月二日に秋広知吉とあるのが秋郊だろうか。

・山本瀧之助遺稿「床次地方局長に知らる」〔『青年団物語』一九三三年編輯兼発行者山本高三〕に、一九〇九年九月の東京行きは、『地方青年団体』出版のためだったとしている。

・山本日記欄外註記は、内務省が主催する講習会に出席したとするが、滞京した九月中には開かれていない。開会式は一〇月一二日だった。

4 初出版

5 出版以後

・増補にあたって山本が亀之助へ寄せた書翰は『吉備時報』七八号にかかげた〔一九一〇年二月二八日吉備時報社〕。初版所載序文書翰は、石黒忠悳、加納久宜子爵、井上友一内務省参事官、潮恵之輔内務事務官からのもの、増補再版はさらに、小松原英太郎文部大臣、久保田譲前文部大臣、沢柳政太郎前文部次官、横井時敬農学博士、徳富猪一郎国民新聞社長から書翰や題字、序文を得て巻頭をかざった。

三　竹久夢二

1　投書家時代

・竹久夢二「私の投書家時代」は、洛陽堂から初めて画集を出版してから間もない頃に書かれた（『中学世界』一三巻七号一九一〇年六月五日博文館）。一九〇五年、各紙誌採用を順にならべる。

六月五日「可愛いお友達」読売新聞日曜附録（署名は竹久洎子）

六月二〇日「筒井筒」「母の教」『中学世界』夏期増刊青年傑作集（「筒井筒」を竹久は一九〇六年夏期増刊当選作「振り分け髪」とする）

一〇月一〇日「稚児の領」「朝さむ」『月刊スケッチ』七号（竹久は「亥の子団子」当選のあと写生から詩想を描くのを試みた作品、選者を三宅克己ではなく中沢弘光とする）

一一月一日『ハガキ文学』懸賞募集応募図案第一等

一一月二〇日『中学世界』冬期増刊号「亥の子団子」

2　『直言』投稿と国光社

・設問「私の最初の借金」に対する竹久夢二回答が載ったのは『現代』一一巻一二号（一九三〇年一二月一日大日本雄弁会講談社）、回答中に語る友人岡栄次郎を早稲田実業同級生とつきとめたのは、長田幹雄「車夫、書生、平民社のころ」で（別冊『太陽』二〇日本のこころ一九七七年九月二四日平凡社）、「早稲田実業の校友会報の名簿に、夢二と同期の、第三回卒業生（明治三十八年三月）のなかに、岡繁蔵という名が見えて、その肩に、栄次郎改と小さく組まれている」と記した。長田が確認をとった荒畑がかつて岡某と書いていたのは、『寒村自伝』で（一九四七年板垣書店）、竹久、岡とともに下宿したのは社会主義伝道行商から帰った後だった。荒畑勝三（寒村）「東北伝道行商日記（六）」に記録がある（週刊新聞『直言』二巻一七号一九〇五年五月二八日）。

・署名アサミに関する夢二会の見解は、「竹久夢二年譜」（長田幹雄『初版本復刻竹久夢二全集解題』一九八五年ほるぷ出版）、解明されたのは荒木瑞子『夢二逍遥』（二〇〇六年西田書店・初出『らぴす』一四号二〇〇一年五月）。

3　竹久と国光社

①月刊『スケッチ』

・月刊『スケッチ』とともに坂井犀水が機関誌を編輯した白馬会については、植野健造『日本近代洋画の成立　白馬会』から引いた〔二〇〇五年中央公論美術出版〕。坂井が家庭学校につとめたのは、「三十年前」『留岡幸助君古稀記念集』において回顧〔家庭学校内留岡幸助君古稀記念事務所〕、平民社とのつながりは、白熊生〔西川光次郎〕「平民日記」〔週刊『平民新聞』五七号一九〇四年一二月一一日〕や枯川生〔堺利彦〕「平民日記」〔同六一号五年一月八日〕に記されている。また、野口存彌『野口雨情　詩と人と時代』に坂井義三郎らと社会主義運動との関係が論じられている〔一九八六年未來社・初出「明治の奔流のなかで　社会主義運動をめぐる一断片」『枯れすすき』一一号一九八二年四月〕。

・月刊『スケッチ』が『むさしの』と合同したことは、古今文学会「急告」にあり〔六巻三号一九〇六年四月一五日〕、竹久が寄稿したのは次の号だった〔六巻四号同年五月一五日・印刷は森田活版所〕。その『むさしの』も、七ケ月にして土地復権同志会機関『めざまし新聞』に同じく合同と称して吸収された〔古今文学会主幹中山鬼骨「『むさしの』購読者諸君！」『めざまし新聞』八号同年一一月二〇日〕。宮崎民蔵発起による土地復権同志会には、弟宮崎寅蔵、民権運動家だった講談師伊藤痴遊が関わり、その居候弟子原霞外が編輯実務にあたった。編輯兼発行人鶴見喜輝、印刷人高島万二郎、新聞社所在地は東京市本郷区根津宮永町三六番地で、かつての古今文学会、そして『火鞭』発行を引き継いだ平民書房と同番地だった。

②『ヘナブリ倶楽部』

・秋好善太郎略歴は『大正人名辞典』下巻に拠った〔一九八七年日本図書センター〕。

・「詩的エハガキ交換希望」が載ったのは『ヘナブリ倶楽部』二号〔一九〇五年一二月三日及び三号六年一月三日東光園〕。返事をよこさぬとの苦情は、編輯局「誌友のをとづれ」〔六号六年四月一〇日〕にあり、この号から印刷は国光社ではなく、神田区旅籠町二丁目一一番地安藤忠容経営広業館にかわった。七号発行は五月一日、八号は八月一日だった。

③『法律新聞』
・竹久寄稿発見者、広庭基介「竹久夢二の法廷スケッチ　明治末の大事件公判中心に人間の冷酷、弱さ描く」〔京都新聞一九八七年一月九日朝刊一七版文化欄〕
④早稲田文学社『少年文庫　壹之巻』
・当時を知る中村星湖の回想は、「青年時代の夢二君」〔月刊『本の手帖』二巻六号特集竹久夢二第二集一九六二年七月一日昭森社〕、『少年文庫　壹之巻』は複製版がある〔一九七四年ほるぷ出版『名著複刻日本児童文学館』第二集〕。
・日本女子大豊明幼稚園新設は、貿易商森村市左衛門の森村豊明会〔弟豊の子明六の名にちなむ〕寄附による〔『日本女子大学校四十年史』一九四二年〕。同大で和歌を講じた三宅花圃、雪嶺夫妻の家族構成は『大正人名辞典Ⅱ』下に拠った〔一九八九年日本図書センター〕。
・二の巻発行予告『早稲田文学』明治三十九年十二月之巻〔一九〇六年一二月一日金尾文淵堂〕
⑤社会主義諸誌
・戸山ケ原運動会集合写真は、『啞蟬坊流生記』巻頭に収められた〔一九五六年添田啞蟬坊顕彰会〕。明治三十九〔一九〇六〕年秋としているが、服装からして晩秋というより初冬だ。また竹久彦乃と誤まっている。竹久が絵はがき店つるやへ出かけて岸たまきと知り合ったのは、竹久年譜によれば一一月、岸は一〇月とする。
・日刊平民新聞が結婚を報じたのは一九〇七年一月二四日六号
・寄書家にとどまった竹久作品一覧は、須山計一「日刊平民新聞と夢二」にあり〔月刊『本の手帖』二巻六号特集竹久夢二第二集一九六二年七月一日〕、長田幹雄がその補訂をおこなった〔同誌二巻七号六四頁同年八月一日〕。
・〔一九〇七年〕四月四日上司小剣宛島村書翰翻刻を収めたのは『抱月全集』八巻一九二〇年天祐社〕。封筒を欠くため、編者は発信年不祥としているが、ヘナブリ雑誌主宰にふれているから六年より後にちがいなく、四月七日に竹久が上司を訪ねていたことから七年だと判断する。竹久らを迎えた上司雪子「簡易生活日記」は『簡易生活』六号にある〔七年五月一日簡易生活社〕。

⑥国光社発行雑誌『女鑑』
⑦竹久と『絵葉書世界』三好米吉
・絵葉書を描くにいたるいきさつは、吉野孝雄覆刻版解題「『絵葉書世界』とその時代」に拠る〔抄録『宮武外骨滑稽新聞別冊　絵葉書世界』一九八五年筑摩書房〕。編輯者三好米吉が宮武外骨によって鍛えられてゆくようすは、「幽蘭〔三好米吉〕獄中日記（一）」〔『滑稽新聞』三五号一九〇二年九月五日滑稽新聞社〕、幽蘭「無（一）」「獄中二十四時」〔三六号同年一〇月二〇日〕、「判決」〔三七号同年一一月一日〕にあとづけられ、怒りをかった「官民賄賂取番附」〔四二号三年一月二〇日〕、「村夫〔宮武外骨〕と幽蘭」〔四三号同年二月二〇日〕、七赤金性男小野村夫「肝癪玉の半破裂」〔五一号同年六月二〇日〕とつづく。ようやくにして認められた三周年自祝記事は、小野村夫子〔宮武外骨〕「表彰記」である〔六五号四年一月二五日〕。
・平民社を認めた転載は、「葬られたる爆裂弾」で〔一三八号一九〇七年五月五日〕、日刊平民新聞二四号からとった〔二月一四日平民新聞社〕。後者へ国光社出版図書雑誌広告を載せているのは、一、五、九、一一～一四、一七、二〇、二五～三〇、三三～三四、四〇、四二、四八～四九、五四、六〇、七一～七二号だった。
・三好が柳屋書店を開業したのは、〔続柳屋の巻〕『柳屋』二五号に拠る〔一九二四年五月一日柳屋画廊〕、竹久への惚れ込みようは、やなぎ生「夢二はんも死にやはつた」であらわされた〔『柳屋』五二号一九三五年五月一五日柳屋画廊・初出未見『食道楽』九巻一〇号〕。

4　『夢二画集　春の巻』

竹久夢二日記と書翰については以下に拠った。
長田幹雄編『夢二日記1　明治40年—大正4年』一九八七年筑摩書房
長田幹雄編『夢二書簡1　明治38年—大正9年』一九九一年夢寺書坊
岸たまき「夢二の想出」は一九四一年から『書窓』に分載、のち栗田勇編『愛と詩の旅人竹久夢二』に、かなづかいを改めて収録された〔一九八三年山陽新聞社〕。
〔一〕一一巻六号四一年七月一五日〔出逢いと結婚〕

〔二〕一二巻四号同年一一月一五日〔長男虹之助出産前後〕
〔三〕一三巻五号四二年六月二八日〔離婚〕
〔四〕一四巻五号同年一二月一五日〔春の巻出版以降〕
〔五〕一五巻四号四三年五月一五日〔第一回夢二作品展覧会〕
〔六〕一六巻五号同年一二月一五日〔港屋開業前後〕

日記、書翰、回想など、書いた当人のつごうで、できごとが取捨されている。洛陽堂をめぐっては、亀之助がわにほとんど残されていないので、つきあわせて確かめられない。

①出版

・出版費用を弁じたのを助川啓四郎が明かしたのは、「夢二の思いで」『羅列』創刊号（一九二五年一〇月一〇日羅列社）、誌影稿影とも玄葉与光『夢二と福島』に収められている（一九八八年私刊・取扱事務局福島県田村郡船引町立図書館夢二ルーム）。

・木版画集については、木股知史『画文共鳴『みだれ髪』から『月に吠える』まで』に拠った（二〇〇八年岩波書店）。版画再利用については無署名「夢二画集（竹久夢二氏著）」がふれている（『方寸』四巻二号一九一〇年二月一〇日方寸社）。竹久が集めた版木を調べたのが、長田幹雄「夢二画集細見」（月刊『本の手帖』二巻六号一九六二年七月一日昭森社）、同「夢二画集　春の巻」（古通豆本『夢二本』一九七四年古書通信社）、手伝った前田夕暮「夢二追想」（『書窓』一七巻二号一九四四年三月一五日日本愛書会）、事情を回顧したのが、恩地孝四郎「夢二の芸術　その人」（『書窓』三巻三号一九三六年八月五日アオイ書房）、宇野浩二『文学的散歩』だ（一九四二年改造社・初出『文芸』九巻四号一九四一年四月一日改造社）。

・版木集めがうまくゆかなかったようすを伝えたのが、「夢二画集春の巻批評　佐藤緑葉氏より」（『夢二画集　夏の巻』後付一九一〇年）、手彫りさせたのを伝えたのは浜本浩「若き日の夢二」（『書窓』三巻三号一九三六年八月五日アオイ書房）

・佐藤緑葉は一九一一年には読売新聞在社、一二年九月から二四年まで万朝報学芸部に勤めた。竹久夢二消息記事にいくつか関わったと考えられる。
・日刊平民新聞創刊を祝う会への参加者は、荒畑寒村自伝に書きこまれている（「日刊平民新聞の創刊「寒村自伝」続編」『前進』四号一九四七年一一月一日）。
・先走り情報が出たのは週刊『サンデー』五四号（一九〇九年一二月五日太平洋通信社内週報社）。
②売行き
・『夢二画集　春の巻』初版一九〇九年一二月一五日、再版一〇年一月二三日、訂正三版二月一六日、四版三月一〇日、再訂五版四月二九日、六版六月一〇日、七版九月一〇日、八版一一年三月二〇日（大阪府立中央図書館蔵八版奥付）
・同九版一一年九月二九日・未見（長田幹雄「夢二画集細見」月刊『本の手帖』二巻六号一九六二年七月一日昭森社）
・亀之助が竹久のために通帳をつくったのを伝えたのは、浜本浩「若き日の夢二」（『書窓』三巻三号一九三六年八月五日アオイ書房）、一九〇九年一一月一八日消印堀内清宛に「君が云つた夢二画集の散つてる室で、夢二先生と左手で夕飯を食つた。君のうわさも出たよ――／以上浜本君　これから僕だ（略）」と書き送った。岡保生編「浜本浩年譜」によれば、戸籍上は翌一八九一年生、以下の記述もこの年譜に拠った（『大衆文学大系』二三巻一九七三年講談社）。同志社中学同窓堀内清が「竹久夢二君と私」で浜本にふれている（『書窓』一〇巻五号一九四〇年一二月二日）。
③反響
・新刊紹介、書評引用一覧
「夢二画集　春の巻」『ホトトギス』一三巻六号一九一〇年三月一日ホトトギス社
「出版界」週刊『サンデー』五七号一九一〇年一月一日週報社／同六二号二四頁二月六日
『方寸』四巻二号三頁一九一〇年二月一〇日方寸社
「夢二画集春の巻批評／恩地孝四郎氏より／佐藤緑葉氏より」『夢二画集　夏の巻』後付一九一〇年

・後年の回想、恩地孝四郎「夢二の芸術　その人」『書窓』三巻三号一九三六年八月五日

四　『白樺』名義発行元

1　創刊

・同人の要である武者小路実篤が、高島平三郎を通じて洛陽堂とつながったのを記したのが、「高島平三郎先生」〔『高島先生教育報国六十年』発行者武者小路公共〕、自伝小説でいきさつを語ったのが、『或る男』〔一九二三年新潮社〕、創刊準備日程を示すのは志賀直哉日記だ〔『志賀直哉全集』一二巻一九九九年岩波書店〕。

・売れ行きにふれた武者小路の回顧は、「自分の歩いた道⑮「白樺」発刊を援けた／武郎、護立、光太郎の友情」〔読売新聞一九五五年六月六日朝刊・同題単行本一九五六年読売新聞社〕、当年の受けとめは、無署名「編輯記事」にある〔『白樺』一巻三号一九一〇年六月一日〕。

2　同人による経営

3　無印税　武者小路実篤『お目出たき人』

・出版費を井上馨が出していたと思いこんでいたとは、武者小路実篤「自分の歩いた道⑩」にある〔読売新聞一九五五年五月二日朝刊〕。

・宇野浩二は「近松秋江論」において白樺派を論じた〔『文章世界』一四巻九号一九一九年九月一日博文館〕。

苦労の経験のない人や、さういふ人の小説よりも、その反対の人や、さういふ人の小説の方が、どうも一段面白いといふことである。常識的だといつて嗤ふ人は嗤へ、僕にはやつぱり身その境にあつて、色々と酸いも甘いも嘗めた人や、さういふ人の小説の方が、何といつても学問や空想でやつてゐるそれ等よりは、どうも沁々した味があると言ひたいのである。根さへ尽きねば、金はあるのだから、決して潰れることのない同人雑誌に、何を書いても、何をしても、別に誰に遠慮はいらない、卑しいことを言ふやうだが、生ある限り鼻の下のお祭りに事欠く憂は少しもないといふやうな境遇では、やつぱし余りい〻、磨きが掛らない、と僕は思ふのである。みながみな、どの作品もみな、さうだと言ふのではないが、一部の白樺諸君の小説は、僕には、どうも、今言つたやうな

状態の下で、さしづめ人間の色んな苦労を材料にすることが出来ないから、書物や空想の方から考へ出しよい、人道主義などといふ主張を材料にした、即、小説本来の目的から言ふと、第二義的なものが多いやうに思へて仕方がないのである。

宇野は三歳で父を亡くし親戚を頼って福岡から神戸、大阪で暮してから早稲田に学んだ。卒業できずに中退、友人広津和郎に紹介されて訳業を得た。新進作家として認められたのも広津による。

・宇野による後年の『お目出たき人』評価は、「武者小路実篤」『文章往来』〔一九四一年中央公論社〕

4　広告と紹介記事

5　宣伝誌週刊『サンデー』

・満洲日日新聞が「満鉄機関紙としてながく満洲における輿論指導の任にあたつた」とは、鶴見祐輔「文装的武備　新聞対策」『後藤新平』にある〔二巻一九三七年後藤新平伯伝記編纂会・新版は『正伝・後藤新平』四巻満鉄時代二〇〇五年藤原書店〕。

・平山勝熊と小泉策太郎がめざまし新聞僚友であるのを、小泉「原さんの遭難から田中総裁の登場まで」に記している〔『中央公論』五七〇号一九三五年五月一日〕。

・宮田暢は安成貞雄追悼文に、『火鞭』、『新声』、満洲日日新聞、週刊『サンデー』を語った〔「親友を失へる淋しさ」『実業之世界』三巻八号一九二四年九月一日〕。明治新聞雑誌文庫所蔵週刊『サンデー』に宮田暢のゴム印が押してあるのは合冊二巻〔一四一～一五〇、一七一～一八〇号〕。

・杉山茂丸は九州日報社主であったとき、後藤の息がかかった森山守次に経営を任せた〔『西日本新聞百年史』一九七八年〕。

五　『夢二画集　夏の巻』から

1　夏の巻　出版遅延

・版木利用については、長田幹雄『夢二本』に拠った〔一九七四年日本古書通信社古通豆本一七〕。校正刷りにふれた封筒を欠くたまき宛竹久書翰を、『夢二書簡1』は、虹之助引き取りにふれていることから〔たまき東京出立は二月十一日夜〕二月に排列した。そこに「明日は精華の少児会」へ出かけるとあり、『夢二日記』二月二〇日「午后より精華学校へゆく、もはや小児の会は終りて」の記述と合致するところから二月一九日発と推定した。
・倉島不二子と岸たまきをとりちがえたのが正富汪洋「夢二君の小学生時代」〔『書窓』三巻三号一九三六年八月五日アオイ書房〕、引越先で手伝いに入った神近市子が「私が知っている夢二」において亀之助に校正の仕事をもらったことを書きとどめた〔月刊『本の手帖』七巻二号一九六七年四月一日昭森社〕。

2　番外企画　花の巻と旅の巻

・花の巻に収めた写真は、京都堀内清「夢二君と私」『書窓』稿末にある〔一一巻一号一九四一年二月二八日アオイ書房〕。
・つるや画房から出した絵はがきは、酒井不二雄編『夢二えはがき帖　月刊夢二カード／月刊夢二エハガキ』に収められている〔一九九三年日貿出版社〕。評判を報じたのは、まさを「「夢」といふ字」〔読売新聞一九一〇年七月一〇日〕

3　帳尻あわせ　秋の巻と冬の巻

・週刊『サンデー』二次にわたる新刊紹介
「出版界　夢二画集（秋の巻）」〔九四号一九一〇年九月一八日週報社〕
秀湖〔白柳武司〕生「出版界　夢二画集（秋の巻）」〔一〇三号同年一一月二〇日〕

六　大逆事件前後　良民社創業

1　山本瀧之助編輯『良民』創刊

・創刊事情を示したのが、山本瀧之助遺稿「『良民』の発刊」『青年団物語』〔一九三三年編輯兼発行者発行所東京市小石川区茗荷谷九十八番地山本高三・複製『山本瀧之助先生言行録』一九三四年広島県沼隈郡松永町先憂会内山本瀧之助先生頌徳会〕。

2　良民社刊『親と月夜』

・山本は十年ほど前すでに「月夜に親子揃ふて縁側で米の飯を食ふ」幸せを語っている（窮鼠「雑報　親と月夜」『沼隈時報』二号一九〇二年九月二二日沼隈時報社）。出版費支援が松永町石井四郎三郎によるとは「青年団年譜」にある（『沼隈郡誌』一九二三年）。

3　良民社と松本恒吉

①松本家農場

②亀之助夫妻と松本

4　山口義三

・刑余の山口が幸徳に相談したのを記したのが、一九一一年一月二五日内田魯庵日記（覆刻『自筆魯庵随筆』近代日本学芸資料叢書一九七九年湖北社・翻刻『内田魯庵全集』別巻一九八七年ゆまに書房）、サンデー入社をつたえたのが、片山潜「編輯局より」（『社会新聞』六四号一九一〇年二月一五日社会新聞社）と、（高島）米峰「人間消息（会の内外を問はず）」（『新仏教』一一巻三号一九一〇年三月一日新仏教社）だった。

・白柳が入社したのは、白柳夏男『脇街道一人旅　白柳秀湖伝』年譜（一九九二年秀湖伝刊行会）、長屋を山口に世話したことは、同『戦争と父と子　白柳秀湖伝』（一九七一年日本商工出版）、刑死した幸徳の妻千代子を山口旧宅に住まわせたのは、師岡千代子『風々雨々　幸徳秋水と周囲の人々』（一九四七年隆文堂）に記されている。

・山口と白柳が出獄した堺に寄稿を求めたのは、堺利彦編『売文集』序（一九一二年丙午出版社）にあり、戯号貝塚渋六のもととなる獄飯米四分麦六分を定めたのが、明治四十一年司法省令第十八号監獄法施行規則第九十四條だった。

・山口から米を送られたのを披露したのは、貝塚渋六（堺利彦）「寸馬豆人」週刊『サンデー』一六二号一九一二年一月二八日文星社（『売文集』所収）、警察記録は「社会主義者沿革第三」（翻刻『続・現代史資料』1社会主義沿革一九八四年みすず書房）

5　良民文庫　良民講話

・泣虫生が西川の筆名であることは柏木隆法氏教示による。
・連載予告「社告」週刊『サンデー』一〇三号一九一〇年一一月二〇日週報社
・西川著と明かした「洛陽堂図書目録」(『白樺』六年一号附録一五年一月一日)、裏づける妻文子による記録は、無署名〔西川文子〕本郷林町時代「(一)(明治四十四年六月ヨリ大正三年一月マデ林町二〇〇)」にある〔『道話』一九五号四一年五月一日子供の道話社〕。
・山口著を明かした無署名「出版界」週刊『サンデー』一四八号一九一一年一〇月八日文星社

6　西川光二郎『悪人研究』

・『悪人研究』続篇の奥付は西川光二郎、自序は白熊西川光次郎と署名するなど混用している。一貫して光二郎とあらわすのは、一九一四〔大正三〕年におこした自働道話社が軌道に乗った不惑あたりからだった。読みもK・NISIKAWA、つまり「こうじろう」とされてもそのままにしてこだわらなかった。兄や姉はみっちゃんと呼んでいるから、もともとは「みつじろう」だった。
・西川の日記を収めたのが無署名〔西川文子〕「茶屋町時代」だが〔『道話』一九四号一九四一年四月一日子供の道話社・所収「西川光二郎のこと」『平民社の女　西川文子自伝』天野茂編一九八四年青山館〕、ぬき書きしたため月が定まらぬ。序を得た松村介石と高島平三郎に関わるところは、次のとおりだった。

〔月非記載〕十九日　日本教会に入会す。
二十六日　大崎高島平三郎氏方に楽之会あり招かれて一場の演説を為したり。
三月三十一日　本所若宮町三十八無料宿泊所を訪ふ。

松村が主宰する日本教会入会は一月一九日と確定できる〔西川光次郎「入会に際して所思を述ぶ」『道』三四号一九一一年二月一日道会〕。高島宅で日曜に開かれた楽之会をみると、二十六日は一月が木曜なので、二月と三月のいずれかになる〔この年は閏年ではなかった〕。西川が尾行をひき連れたのは、西川「何よりも魂の問題が必要」への足堂〔松村介石〕附記で明かした〔『道』三〇五号一九三三年一一月一日道社〕。
・孤剣生〔山口義三〕「悪人研究を読む」〔週刊『サンデー』一四二号一九一一年八月二七日文星社〕

・装幀者恩地孝四郎による回想は、はじめ手許に原本を持たないまま書いた「装書回想」(『書窓』七巻一号一九三九年二月二八日アオイ書房・翻刻所収恩地孝四郎生誕百年記念 恩地邦郎編 恩地孝四郎装幀美術論集『装本の使命』一九九二年阿部出版)、入手してから書いた「装本回顧」がある(『本の美術』一九五二年誠文堂新光社・複製一九七三年出版ニュース社)。

7 『良民』 山本と天野藤男

・天野による『良民』寄稿一覧

内務省地方局「地方改良の要項」二巻七号一九一二年七月一五日

地方局(天野か)「町村民の愛校心」二巻八号同年八月一五日

天野君「庵原村青年会」二巻九号同年九月二〇日

天野藤男君「田舎と都会」二巻一〇号同年一〇月二二日

内務省地方局天野藤男「農村文学」三巻四号一九一三年四月一五日

東京天野生「嫁ぐ思ひしては使はれぬ(若き按摩より得たる教訓)」三巻六号同年六月一五日

・山本による天野追悼「先輩知人の観たる藤男君」『処女の友』五巻二号一九二二年二月一日処女の友発行所

七 大逆事件前後 竹久夢二

1 平民社と竹久夢二

・処刑当夜を伝えたのが、神近市子「私が知つている夢二」(月刊『本の手帖』七巻二号一九六七年四月一日昭森社)、虚構を交えたのが、木村毅『竹久夢二』(一九六八年明治文献)

2 新企画

①『夢二画集 野に山に』

・原色版、写真版、凸版、多色石版を多様にくりひろげたと評価するのが、小野忠重「夢二と恩地孝四郎 本の美術家の系譜」『本の手帖』特集竹久夢二第三集一九六七年四月一日昭森社

・新刊近刊広告万朝報一九一一年二月二三日

②『絵ものがたり　京人形』

③柴田流星

・柴田流星略歴は、斎藤未鳴〔昌三〕編『明治文芸側面鈔』第三輯「東京の色」中扉見返に著者紹介があり〔一九一六年側面社〕、訃報、無署名「柴田流星氏の死去」に〔時事新報一九一三年九月二八日〕、「曾て時事新報文芸欄を担当し穏健の筆精緻の見を以て文壇の注目を惹き居たる柴田流星氏は病気の為め本春本社を辞し爾来専ら静養中なりしが二十七日正午遂に三十五歳を以て麹町区下二番町一二番地の自宅に於て死去したり」とある。他に、岡保生「柴田流星」〔『日本近代文学大事典』二巻一九七七年講談社〕が伝える。当時の消息記事は、無署名「よみうり抄」〔読売新聞一九〇九年一二月二八日〕、「柴田流星氏　は過日時事新報社に入社して同紙の文芸部主任となりたり　書肆佐〔左〕久良書房の顧問たる事は元の如し」。左久良書房創業者については『細川活版所１００年の歩み』が記す〔一九八六年〕。

・山陽の一新聞につとめた経歴を記したのは、柴田流星『唯一人』自序「この書に添へて」〔一九〇九年左久良書房〕

④初の発禁　柴田著竹久画『東京の色』

・発禁処分を受けた『東京の色』収録本は、斎藤未鳴〔昌三〕編『明治文芸側面鈔』第三輯〔一九一六年側面社〕、神奈川県立図書館蔵本は奥付を欠く。地下出版を回顧したのが、「書痴の自伝」〔『銀魚部隊』一九三八年書物展望社・所収一九八一年八潮書店『斎藤昌三著作集』五巻書物随筆三〕、処分日は、自明治二十一年至昭和九年　出版警察資料『禁止単行本目録』に拠る〔内務省警保局〕。同書を紹介したのは、他に「浅草を舞台の文芸シリーズバタバタ下る跳橋」がある〔『浅草』一八九号一九八六年九月一五日東京宣商出版部〕。

・『東京の色』一部差し替えによる再出版『東京の色』は、東京都立中央図書館蔵城文庫の一冊〔受入印６０・１２—７〕。

⑤共著画文集

・予約購読者を同人として迎えるとする恩地孝四郎伝があるが、そうした洛陽堂広告を見出せなかった。また同著には洛陽堂が夢二絵はがきを発行したとの記述もある。岸他丑経営つるや画房版のほかにあったのか不明、ともに典拠は示されていない。誤記だと考える。

八　東京書籍商組合加入

・東京書籍商組合は機関誌『図書月報』のほか、創立二十五周年紀念『東京書籍商組合史及組合員概歴』〔一九一二年〕、『東京書籍商組合五十年史』〔一九四一年〕を発行した。洛陽堂、良民社と同番地に丁未出版社が移ったのは、大隈家編修局編纂『国民教育東京講演』によって判った〔一九一一年七月一日丁未出版社／宝文館〕。同番地の広さと地目は、『東京市及接続郡部地籍台帳』麹町区の部〔一九一二年東京市区調査会〕に拠る。

・『道』誌に寄せた洛陽堂図書広告は、『現代の傾向と心的革命』再版〔三五号一一年三月一日天心社〕、『児童を謳へる文学』〔三六号四月一日〕、『地方青年の自覚』〔三九号同七月一日〕、『悪人研究』〔四〇号八月一日〕、同再版〔四一号九月一日〕、丁未出版社は、特価提供『校訂略本八犬伝』〔四三号一一月一日〕。

・北文館葛岡龍吉が伝道士を辞したのは、「箇人消息」〔『東京毎週新誌』九二五号一九〇一年五月一七日東京毎週新誌社〕、明治卅一年〔一八九八〕十一月調査『基督教名鑑』には「〇備後国尾ノ道久保町百四十四番地（組合）葛岡龍吉」〔〇は教役者又は按手礼ある人〕とあった〔一八九九年教文館〕。

四章　俊三と千代田印刷所　一九一二年〜一九一三年

一九一一〔明治四四〕年夏、亀之助は東京書籍商組合に加入して出版事業は地歩を固めることができた。しかし一二年晩秋、併営する千代田印刷所は、白樺同人志賀直哉をいらいらさせてしまった。小説集『留女』を印刷するのがなかなか進まなかったのだ。創業以来、千代田印刷所を代表してきた藤田千代吉は、病みがちであったようで、洛陽堂図書印刷者から退いたのが一三年三月、四月からは亀之助の弟俊三が藤田に代わり印刷者として奥付に記されるようになった。雑誌『良民』についてみると、藤田を慮ってからか、一二年から外注先に頼って小刻みに印刷所を替えていた。一三年四月に俊三が役をになってからもなお、年内いっぱいは千代田印刷所へはもどさなかったから、俊三は未だ印刷実務に通じておらず、名義上代表をつとめたのだと察せられる。

俊三が果した役割は、金尾文淵堂元店員による獅子吼書房でつちかった編輯実務だろう。一三年晩秋に洛陽堂を移転したのは、亀之助と俊三による再出発だったとみる。麹町二丁目二番地から平河町五丁目三六番地へ移っての初仕事は一二月一日刊、竹久夢二『画集　昼夜帯』だった。俊三による印刷業務については、藤田のあと変転があった『良民』印刷人となるのが一四年九月からなので、それまでは図書編輯で亀之助をたすけ、印刷業務を修業する期間に充てたと考える。

一　夢二人気のかげり

1　引き潮と予告不履行

一九一二〔明治四五〕年、竹久は人気のかげりを実感していた。共著画文集『桜さく国　紅桃の巻』で、いらだたしさをあらわにした。メモ「山彦　附り、かきおきの事」と題していう。

話がわきへそれますが、私の作品をマンネリズムだと評して下さつた審美学者がありましたが、私は私の作品が方言と見えるほどの色彩と、病的と見えるまでに偏波〔頗〕な情緒とを持つて歌つたとて、私は恥ぢませぬ。よしや、私のかきおきが誰にも読めなかつたとて私はさして失望もいたしますまい。したが千万人のうちに一人でも、私のかきおきをよんでくれる人があつてほしいと思はぬでもない。――いや〳〵人に心はかけまいもの。かきおきを受取るのはやはり自分自身であらねばならぬ。嬉しがるのも自分なら、泣くのも自分だ。こんなことを言つたとて詮ない、みんな自分へ帰つてくる山彦。猿は猿とし遊ぶかな。私はひとりで好いんだ。御機嫌ようお猿さん。（草）

定期刊行をめざした同人との共著はこれで終わった。これと前後して和本絵草紙を月刊で出そうと試みる。二月二四日に『桜さく島　春のかはたれ』を、慶應義塾に勤務する永井荷風におくった。三月一四日付礼状がのこる。ともに居所を知らなかったようで、三田文学編輯者永井へは発売所籾山書店へ、礼状は洛陽堂に宛てた往来である。

拝呈未だ御面会の機を得ず残念に存じ居候今回は籾山書店宛にて可愛らしき絵草紙御送付に与り有難くお礼申上候浮世絵を出で丶一種の新味を加へたる御苦心の程殊にうれしく存じ申候小生だけの趣味にては篇中にて炬燵に猫の居る処〔「白い薬」〕と、土塀のかげに小供の群の人買を見て逃げ行く図〔「人買」〕ことに面白く拝見仕候東京の中にてもまだ昔のま丶に残りたる草双紙風の景色も存し居り候。ます〳〵進みて新しき広重北斎の芸術を興されん事切望にたえず候。

永井の書翰が関わるのかどうかは知らず、三月二一日刊共著『桜さく国　紅桃の巻』には、和本『桜さく島』刊行予定を変えて見知らぬ世界を三月下旬、紅燈夜曲を四月下旬板行と告知した。先に予告した三味線のメモ、日本のムスメ、浜のわかれ、には全くふれていない。

三月下旬に出すはずの『桜さく島　見知らぬ世界』は、ひと月おくれて四月二四日刊、これには地獄絵が描かれていた。針の山、三途川、餓鬼道、賽の河原それに阿波の鳴門巡礼歌などで埋められる。しかも紅燈夜曲は取り下げられて、再び三味線のメモ以下、元の企画に戻していた。

このようにして、予告しながら出版されないままに終わった企画が、一二年にはめだつ。これまで、近刊を新聞や雑誌などに予告しはじめてから実際に発行されるまで幾月を経たのか、あるいは未刊のまま終わったのかを一覧にあらわす。

刊行計画と実現状況一覧		予告日と刊行予定月	発行日
一九一〇（明治四三）年			
夢二画集　夏の巻	2/19校正（夢二日記）		4/19
夢二画集　花の巻	2/22企画（夢二日記）	4/1近刊（白樺）	5/20
夢二画集　旅の巻		5/1近刊（白樺）	7/22
夢二画集　秋の巻		4/19近刊（夏の巻）	10/23
夢二画集　冬の巻		4/19近刊（夏の巻）	11/28
さよなら			11/28
小供の国			12/10
一九一一年			
桜さく国の乙女		2/23近刊（万朝報）	未刊
夢二画集　野に山に			2/25
絵ものがたり　京人形			3/26
都会スケッチ			6/26
桜さく国　白風の巻	7/島村抱月に予告（夢二日記）		10/1
夢二画集　都会の巻		2/23近刊（万朝報）	11/21
コドモのスケッチ帖　活動写真にて			12/20

一九一二年

コドモのスケッチ帖　動物園にて		2/24	
桜さく島　春のかはたれ		2/24	
コドモのスケッチ帖　浅草公園にて	3/1近刊〔白樺〕		未刊
コドモのスケッチ帖　日比谷公園にて	3/1近刊〔白樺〕		未刊
コドモのスケッチ帖　植物園にて	3/1近刊〔白樺〕		未刊
コドモのスケッチ帖　学校にて	3/1近刊〔白樺〕		未刊
桜さく国　紅桃の巻		3/21	
桜さく島　見知らぬ世界		4/24	
桜さく島　紅燈夜曲	3/21四月刊〔紅桃の巻〕		未刊
桜さく島　三味線のメモ	2/24三月刊〔春のかはたれ〕		未刊
桜さく島　日本のムスメ	2/24四月刊〔春のかはたれ〕		未刊
桜さく島　浜のわかれ	2/24五月刊〔春のかはたれ〕		未刊

2　印税をめぐるゆきちがい

出版予告をしながら期日を守れず数ケ月半年と遅れたり、未刊に終わったりすれば、読者の信頼をうしなう。亀之助は忸怩たる思いをもっていたと察する。

一方の竹久には、亀之助から岸たまきへ約束の半金しか送られていない不服があった。前年夏の終わりごろ、下谷桜木町上野倶楽部へ移った竹久は、別居していたたまきへ亀之助から送金するよう依頼していたのだ。岸へ宛てた二通の手紙がのこる。

一九一二〔明治四五〕年四月上旬／たまき宛〔封筒欠・翻刻編者原註〕
いら〳〵してゐるうちに日は容赦なくたつてゆく／夜も日も自分の仕事のことに他意ない。／随分しばらく逢はぬような気がしてゐる。／此間あのハカキをうけとつた夜はまんぢりともせずに御身のこと自分のこと考へ明し、翌日、河本へいつてつひ変な顔をして工合がわるかつた。でも小切手は送つたといふことだつたし、金は小切手を送ればともかくもあとはゆけるのだと思つてゐたとの申訳、いえ〳〵それは違ひませう　僕の考へでは小切手の外にまだ二十円なくては立ゆかぬと言つてましたと言つたらば　たまきさんからはそんなことはきかないといふ　然しともかくも渡す金はわたすかねだから都合して出来しだいにおくりますとの結論で別れた。／柳屋の絵もかいたしその外金になることはなんでもやつて見たからそのうちに――そのうちにと　もうほんとに永い間待たせたが／まあそう思ひ　あきらめてゐてくれ玉へ
四月上旬／たまき宛〔封筒欠・同右〕
そうだつたか。おれのために　おまへたちはどんなにか肩身がせまかつたろう。だが、キリストはあらゆるものに侮辱されたけれど、あらゆるものを愛してゐた。それゆへ、あらゆるものより以上の　心のゆとりを持つてゐた。あはれなる世人をば許してやりたまへ。／早く越してくるが好い。〔上野〕クラブでも好いが、とにかく心がけておこう。／河本へもあの手紙を見せてやつた。

／おれたちばかりぢやない、世人はほんとに　現実に面と向つてにらめくらしてゐるよ。／だが、どうせ短い世だ、そう、くよ〳〵思ふなよ。どうせみんな死ぬんだ。

竹久が亀之助に読ませた手紙に、岸がどのように書いていたのかは判らないが、洛陽堂との約束についで岸による後年の回想から推し測ることができる。五月一日不二彦出産あたりから抜きだす。

籍がぬいてしまつてあるので命名は私に相談もせずに一人できめ枝光の親許の戸籍につけてあるとて、不二彦といふ名も竹久の祖父からの手紙で始めて知りました。多分新しい愛人おしまさんのためだつたのでせう。お島さんとの空想的な恋愛にもあきたか吉原の小式部と云ふ角海老の御職に深い深い打込み様でした。何でも目につくものは持つてゆきました。そんな乱脈な生活で産婆のお礼も六日の晩に車で質屋にゆき私が作つてくる有様でした。その生活ももてなくなり、大森に移り洛陽堂から月四十円私に送られる約束で家を持ちました。夢二は当時アパートの急先鋒の上野クラブに移り別居を始めました。木造アパートで新しい人々が嬉びました。大森は当時は静かで別荘地で物価はお高くお用ききの外は歩かぬ位ブルジヨワの住宅地でした。貧乏な私はおつきあひも出来ませんでした。不二彦は弱くて始終山下病院のお世話になり、看護婦をつけるほど重病にかゝりましたので生活費はかさみおまけに洛陽堂からは約束の半分しか金が届けられず、それを得るにも病児を負つて夜十時過までもゆかなければ与へられぬ始末でした。

月額四十円は今ならばいくらに相当するか、定価五十銭の夢二画集を千五百円と考えれば十二万円、二千円とすれば十六万円になる。

洛陽堂としてどれほどの印税を支払わなければならなかったのか、右のゆきちがいがあった時期の重版広告をもとに、全部売り切ったとしての総額を算定する。初版部数は『都会スケッチ』まで奥付に明示されており、重版については確認できないものもあるのでこれを千部と推定した。初版部数を示さなくなってからの部数も千と推定して計算している。竹久の取り分が減る共著には※を附した。

売り上げ推計一覧

		定価〔円〕×発行部数	
夢二画集　春の巻	九版〔初版千〕	0.50 × 1000 × 9	= 4500
夢二画集　夏の巻	九版〔初版千〕	0.50 × 1000 × 9	= 4500
夢二画集　秋の巻	四版〔初版三千〕	0.50 × (3000 + 1000 × 3)	= 3000
夢二画集　冬の巻	三版〔初版四千〕	0.50 × (4000 + 1000 × 2)	= 3000
夢二画集　花の巻	五版〔初版千〕	0.40 × 1000 × 5	= 2000
夢二画集　旅の巻	五版〔初版千〕	0.70 × 1000 × 5	= 3500
夢二画集　野に山に	三版〔初版二千〕	0.07 × (2000 + 1000 × 2)	= 2800
さよなら	再版〔初版千〕	0.70 × 1000 × 2	= 1400
絵ものがたり　京人形	再版〔初版千五百〕	0.40 × (1500 + 1000)	= 1000
小供の国	再版〔初版千五百〕	0.30 × (1500 + 1000)	= 750

都会スケッチ	※0.50 × 1000	= 500
桜さく国　白風の巻	※0.40 × 1000	= 400
夢二画集　都会の巻	0.50 × 1000	= 500
コドモのスケッチ帖　活動写真にて	0.20 × 1000	= 200
コドモのスケッチ帖　動物園にて	0.20 × 1000	= 200
桜咲く島　春のかはたれ	0.45 × 1000	= 450
桜さく国　紅桃の巻	※0.25 × 1000	= 250
桜さく島　見知らぬ世界	0.50 × 1000	= 500
	総額	29450

以上、一九〇九年一二月春の巻創刊以来、一二年四月見知らぬ世界までの総額は二万九千四百五十円、印税一割と考えれば二千九百四十五円だった。以下、仮の話をする。

出版ごとの決裁ではなく、総額およそ三千円の印税を毎月定額にして渡すならば、二十八ケ月で割って百余円の勘定となる。岸にだけ四十円渡し、別居の竹久には支払わなかったと仮定すれば、新刊発行と既刊の重版をこれ以降も続けられる見込がなくとも、未払い分を岸に送り続けて約束を果すべきである。

竹久にも同額を渡していたと仮定したならば、未払いはおよそ七百円になり、竹久に多少多めの六十余円を、岸の分と合わせて百円を渡してきたとするならば完済している。その場合は重版の分だけをそのつど決裁してゆくやり方に変わる。

実際はどうだったのか。ゆきちがいをめぐる竹久と岸の言い分は右のようにのこった。亀之助の側にはない。ただし、春の巻をめぐる出版のいきさつを身近で見た竹久の知友浜本浩が、百五十円の通帳を亀之助から贈られて喜ぶ姿を思い起しているから、当初は版を重ねたのに応じて決済していた。それならば未払い分はさらに減る。

二　夢二画会

一九一三（大正二）年九月に、発起者代表渡辺英一は夢二画会をつくり、事務所を洛陽堂においた。ボストンで第四回夢二作品展覧会を開く渡米資金を集めるための作品頒布を目的とするものだった。竹久を強くつき動かしたのは、前年一一月、京都で開かれた第一回夢二作品展覧会における、ニューヨークブルックリン博物館キュウリンとの出逢いだった。

1　竹久夢二と展覧会

すでに一九一〇（明治四三）年日記巻頭には「今年中行事予記」として「〇夢二画会。製作。展覧会。／〇洋行。」と記していた。夢二画会は、頒布会あるいは夏に刊行を始める月刊夢二絵はがき発行所を自宅に設けたのをさすのだろう。後から書き込んだのでなければ、展覧会、洋行ともに年来の望みだったといえる。それを一二年晩秋実現につき動かしたひとつに、竹久をめぐる青年画家の熱を挙げられる。一〇月一五日から一一月三日まで開かれたヒユウザン会第一回展覧会である。出品者は岸田劉生、万鉄五郎、高村光太郎、斎藤与里、バーナード・リーチらで、万代恒志や田中恭吉という竹久を慕い寄った青年らも加わった。

ヒユウザン会に拠る青年画家を支えたのが、一八八八年和歌山生まれの北山清太郎だ。幼くして父を亡くし大阪の呉服屋へ丁稚奉公に出た北山は、徴兵前後に『みづゑ』に投稿をはじめた。水彩画家大下藤次郎が発行する専門雑誌である。一九一一年二月、水彩画研究所大阪支部代表幹事の一人となって、事務所を自宅に置いた。ほどなく東京へ向かい、大下のもとで五月号から『みづゑ』編輯にしたがったのである。ところが一〇月に大下が急逝、北山が続刊を支えたとされるが、一二年二月号をもって辞した。在任は一年に満たぬ短いものだった。

『みづゑ』を寄贈されたと『白樺』誌上で披露したのは、創刊間もない一〇年七月号だった。大下に師事した白樺同人正親町公和によるのだろう。二誌はやがて交換広告をはじめるのだが、それは北山が独立して雑誌を創刊したころからだった。

『みづゑ』を去った北山が設立したのが日本洋画協会で、雑誌『現代の洋画』を一二年五月に創刊したが、亀之助は北山主宰雑誌にすぐには広告を出さなかった。あまりに手際よい新雑誌発行は臆測をたくましくさせ、北山が『現代の洋画』二号に弁明を載せたくらいである。亀之助は、竹久を慕い寄る青年画家を応援したいと思いつつ、北山の人物を見極めるのにしばらくようすをうかがった感がある。広告出稿に踏み切ったのは、ヒユウザン会第一回展覧会終了直後、一二年一一月六日に北山が創刊した姉妹誌『ヒユウザン』だった。

当時美術界で権威ある展覧会は、文展とよばれた文部省美術展覧会だった。ヒユウザン会が反文展団体と目されたのは、人が緑色の太陽を描いても非としないつもりだと、絶対の自由を要求した高村光太郎や、文展入選作を持ちながら師黒田清輝の働きかけによる受賞であるのを感じとり、画界の本流に棹さすのを拒んだ岸田劉生を担い手としたためだ。何より上野で開かれた第六回文展日程にヒユウザン会展を重ねたうえ、文展会場前で北山がヒユウザン会展のビラまきをしたと伝えられるのだ。

北山はヒユウザン会を支える姉妹誌創刊について、本誌『現代の洋画』一二年一〇月号に、世間の一部から悪く言われても、画家達の一派から憎まれても、世事に鈍い奴だと笑われても構わない、と宣言していた。北山に私心なしとみとめた亀之助は、一一月『ヒユウザン』に続き、『現代の洋画』一二月号への広告出稿をはじめる。以後、ヒユウザンを原音に近づけた改題誌『フユウザン』廃刊後、日本洋画協会が発行元になった時期の『エゴ』とも、『白樺』と広告を交換している。『エゴ』は初期『白樺』衛星誌の雄とされる雑誌だった。

2　第一回夢二作品展覧会

竹久は、京都、大阪、東京での開催を望んでいたらしい。第一回夢二作品展覧会は、一九一二（大正元）年一一月二三日から一二月二日まで、京都府立図書館で開かれた。館長湯浅吉郎は、美術館や博物館がいまだ整えられぬ時代にあっては、図書館がその役割を果すべきだと考えた。陳列室を無料で貸出して画家らを支え、入場料は催主に任せたほか、湯浅が教える工芸学校学生を手伝わせたとは、高梨章「一九一二年の光り　第一回夢二作品展覧会」にある。号半月は、多才多芸な湯浅が奏でるのを得意とする琵琶の別称だという。

白樺美術展は四月にここを会場として開催されていた。東京で開いていたのを京都に移したのには、湯浅と白樺同人をつなぐ第三高等学校教授平田元吉の力ぞえがあった。志賀直哉の恩師だ。美術に関心を寄せた『白樺』は、南薫造と有島壬生馬〔生馬〕の滞欧紀念絵画展覧会を開いて以来、印象派、後期印象派の絵画やロダンの彫刻など西欧美術を紹介しつづけた。『白樺』読者であった竹久は、同人の活動に着目していた。武者小路は竹久から編著を贈られた礼状に、版画展の切符を洛陽堂から受け取ったかと尋ねている。居所定まらぬ竹久と同人とのなかだちを、亀之助が果していたのだ。その白樺主催泰西版画展覧会第一の入場者が竹久だったのを同人が書きとめている。

京都で竹久が第一回展を開くにあたって、湯浅図書館長と竹久をむすんだのは誰だったか。同人志賀直哉は、後年竹久を支えた有島生馬に苦言を呈していることからして、往時から評価していなかったと思われる。その有島もまた第一回展会場でたまたま竹久に会ったのだから、仲介してはいない。亀之助が間に立って、志賀、平田、湯浅をつなぐ手も考えられるが、いかにも迂遠だ。

竹久が頼ったのは、湯浅とは旧知の堀内徹だろう。堀内清の父だ。堀内徹は平安基督教会の会員で、執事をつとめたこともある。後年の名簿には、京都市基督教青年会理事、歯科医、の肩書で載っている。湯浅が牧師として招かれたのは一八九九年五月で、まる二年のあいだ任にあたった。

堀内徹の子清と竹久とは富士登山で相知り、花の巻と旅の巻出版に向けて金沢へ旅したおりに、竹久は京都で堀内宅へ立ち寄っている。花の巻巻頭写真を堀内に撮ってもらったあの旅だ。堀内は、父徹と湯浅とのつながりにはふれず、当時をこうふりかえっている。

明治四十五〔一九一二〕年七月末から一ケ月ばかり京都の私の家〔当時烏丸通出水上ル西入護王神社横〕に〔竹久が〕滞在して居りました。丁度明治天皇崩御の頃でありました。一夕散策の帰途、私に興奮しながら、「僕が明治年間にやつた仕事はもうこれで何人もがをかす事はない」と語り、彼は彼が明治末期に残した数々の作品に対し自信と自覚をもつて心より愛したものである事を喜びのうちに語つたのでありました／〔略〕京都に滞在中に二人は多くの人々を訪ねました。湯浅吉郎（半月）氏はそのお宅が近くにあつた為め数回お訪ねして親交を得、後年夢二個展を京都図書館に於て二回も開催した事も同氏が館長であつた関係もありませう。同志社女学校のミスデントンも数回訪問致しました。お互に相当深い印象を受けられたのでありますが、そこでキユウリン氏に逢ひ渡米を勧告されたのだと思ひます。其他竹内栖鳳画伯鹿子木孟郎画伯等も訪ねました。富岡鉄斎画伯を訪ねたい希望がありましたが遂に実現出来なかつた事は残念でありました。

竹久は、東京歯科医専生堀内清が夏休み帰省中に、徹の旧知でありこのとき府立図書館長であった湯浅に会うために、堀内宅に滞在したのだと推察する。

準備にあたっては恩地孝四郎や田中恭吉らが手伝い、京都へ作品を送る前に自宅で知友を招いて内覧会を開いた。自宅というのは岸たまきが住む牛込喜久井町、兄他丑経営つる屋別宅で、竹久は上野クラブをひきはらって移った家だ。岸はそれまで大森に居住、亀之助から月々四十円を送られるはずが二十円しかなかったというゆきちがいがあった。北山清太郎主宰『現代の洋画』が、第一回展から夢二画会発足まで竹久の動向を伝え続けたのには、亀之助がかかわったようだが証することはできない。ともかく、自宅展を報じた記事によって竹久の意気込みをみる。

竹久夢二氏自宅展覧会（東京）
京都に於て来る二十三日より十二月二日まで開催する事に決まつてゐる同氏の、作画展覧会に先立つて其陳列品の展覧会を氏の自宅に於て小さく開かれた。牛込喜久井町の自宅に知友を招いた公然でない展覧会である、／小さな二室に絵双紙店の様に約二百点もあらうかと思はれる作画を雑然と陳べられたのは一寸変であつた、然し亦た、面白味も別であつた。半切画、パステル、油絵、エッチング、ペン画等で、例によつて氏独特の筆は自由に働いて線の変化、情緒の溢れ出づる、何処で終くべき、兎角の風評はあつても、夢二は夢二として敬すべき点がある、〔〇〕

挿画を載せた雑誌や画集といった印刷出版を通じて支持を得ていた竹久が、水彩、油彩、ペン画、墨絵作品そのものを見せる試みだった。専ら女性や子どもを描いて知られた竹久は、柴田流星著作挿画を手がけて江戸趣味に目ざめていたが、その『伝説の江戸』原画も展示した。
文部省美術展覧会と張り合うように会期を重ねたのは、独学の画家として世に問わんと期するところあったためだろう。さらにいえば、ひと月ほど前に開かれたヒユウザン会展にならった竹久の客気がなしたからだとも思われる。堀内徹に宛てたはがきは、開催三日前の昂ぶりを伝える。

昨日と今日と友人たちを招いてみてもらいました。／なぜ東京でしなかつた〳〵といふけれど、東京は来春です。おかげでだいぶ景気が好いのでよろこんでゐます。／いよ〳〵　二十日の夜八時のでたちます。／なんだか私の初陣はうれしいのです。／何分によろしく。／夢二

岸たまきによれば資金五十円を兄の他丑が出し、会計担当として同行した。堀内も学校を休んで京都へ帰ったのである。

文展入場者を凌ぐ盛況と伝えられるのは、湯浅の教え子だった中沢霊泉の言をもとにしているようだが、竹久の回想に一日数千人は個人展覧会では未曾有というとおり、文展入場者の方が少ないのではなかった。新聞報道によれば、文展は初日土曜が三五一一人、二日めの日曜に四七八五人を集め、二度めの日曜一二月一日は五一一一人に及んだ。十日間の総入場者数は三七八七〇人、前年より六九五〇余人増だった。

少年少女の入場者の多さを注目された夢二展の方は、一日数千人として、同じ十日間で総入場者数は数万に達するだろう。一人五銭の入場料を入れたポケットに穴が明いて、道路にあふれたりしたとはさきの中沢が伝えるところだ。

3　ブルックリン美術館キュウリン

キュウリンは、館蔵品蒐集のため訪日した。当時の紙誌報道では、肩書を米国紐育ブルクリン博物館〔美術館〕長としている。第一回夢二作品展覧会より一週間前に、京都帝大考古学教室で蒐集品を

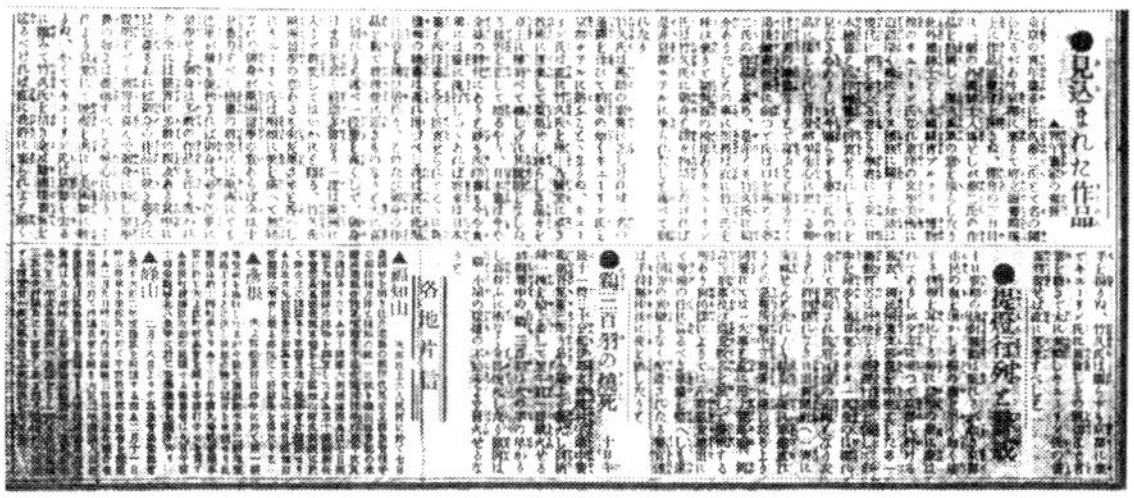

ブルックリン博物館キュウリン来日記事
〔『美術新報』一二巻三号同年一月一日〕

キュウリンが竹久に訪米を勧めたのを報じる記事
〔『大阪朝日新聞』京都附録同年二月一二日〕

見たり、京都府立図書館で開かれた湯浅図書館長が幹事をつとめる京都集古会へ陳列品視察に訪れていた。この事実を明らかにしたのが高梨章「一九一二年の光り　第一回夢二作品展覧会」である。

訪日報告書によれば調査蒐集は九ケ月におよんだとされる。いったん帰米したキュウリンは、再び来日して夢二展三日めに来場、留学経験があり通訳を要せぬ湯浅に、竹久と面談できるよう求めた。キュウリンは竹久と初対面のあいさつを交わし、日を改めてゆっくり話したいと滞在する京都ホテルへ招いたのだ。

キュウリンはそこで、日本画と西洋画とを折衷する作品にめぐりあえたと竹久を称えて、パリへ留学するように勧めた。高梨が示した一九一三（大正二）年二月一二日大阪朝日新聞京都附録に載った「見込まれた作品　青年画家の奮発」は、キュウリンが熱心に説いたようすを記している。記者が取材したのは竹久本人か、竹久がこのとき東京へ帰って不在なら湯浅図書館長か、あるいは竹久が面談に伴ったミスデントンらしき通訳に限られる。

御身が欧洲留学の意あらば余は十分尽力すべし絵画の研究には欧洲にても巴里が最も便利なれば御身は必ず巴里に留学せよ御身は多数の作品を作り置かれたし余には紐育に多数の親友あり其中には富豪もあれば御身の作品に就き懇ろに説明すべく彼等は喜んで御身に対し留学費の如きは提供すべしと熱心に語り、それより食堂にて晩餐を共にし美術談に耽りぬ、

留学するならパリだと話が出たあとは渡欧費用にうつっている。キュウリンは、竹久の絵を友人たちに売ってやろう、そのためにたくさん描いておくように語った。新聞はそう伝えた。ところが、訪日報告書にあたった袖井林二郎『夢二のアメリカ』によると少しおもむきがことなる。

キュウリンは京都で偶然に夢二展を見て、従来のどんな絵描きとも違う新鮮な画法に魅かれ、作品を一点買った上に翌日ホテルに夕食に招いている。成功で身をもち崩しかけたところをどうやらまぬがれている、という夢二評は鋭い。パリへ行きたいのだがアメリカで展覧会をして費用が作れまいか、と持ちかけたのは夢二の方である。出来るだけのことはしよう、と約束したキュウリンは、夢二のアメリカでの可能性を雑誌の挿絵の領域に見ていたようだ。

第四回夢二作品展覧会をキュウリンが館長をつとめるボストン美術館で開くため、渡米費用を募るという夢二画会とは、一年もたたぬ間に話がずれている。ニューヨークがボストンに、渡仏費が渡米

費に、第四回展の項ですべてを解き明かせぬにしろ、調べたかぎりを書きつらねることとして、ともかく第二回展へうつる。

4　第二回展

第二回展は第一回展閉会三日後の一九一二〔大正元〕年一二月五日から八日まで、会場を大阪心斎橋大丸呉服店に移して開かれた。京都が独立した個人展覧会であったのに対し、大阪は館内にもうひとつ羽子板展が開かれており、大丸呉服店の歳末売出しの客寄せにつかわれた感がある。大丸は、開会当日から一日ずらしつつ、在阪三紙に新聞広告をうった。大阪朝日、大阪毎日、大阪時事の順である。

十二月五日より八日まで
第二回／夢二作品展覧会／ペン画　水墨　彩画　水彩画　油絵
十二月十日より十二日まで
現代大家／第二回新画展覧会
十二月十日より年内
年末年始　贈答品陳列会
本然〔年〕特製焼絵羽子板　同東京押絵羽子板
右日割ヲ以テ売出シ申候

広告とは別に、大阪毎日は「夢二画会と焼絵羽子板」と題した記事をかかげて不満を連ねている。曰く、京都に比べて点数が少ない、展示がくすんだ感じで階下の羽子板の陳列に華を奪われており、初日夕方にまだ目録が用意されていない。何よりも竹久に期待していたのは、満都の子女をひきつけた、雑誌や絵葉書でなじんだ美人画や愛らしい子どもの絵だった。見るべき漫画ものが非常に少ないのが遺憾なのだ。記事にあるとおり、京都で残った作品を大阪へ運んだようだが、袖井林二郎は『夢二のアメリカ』で示したキュウリン訪日報告書に収められていた第二回展出品目録と、第一回展とを比べて、十七点油絵があるのに注目している。ここでもキュウリンは作品を購入していた。第一回展ほどではないにしろ、大阪でもそれなりの成功をおさめたようだった。

会計を担当した岸他丑は、貸した五十円を回収してすでに東京へもどっていたが、たまきによれば竹久は年の暮れ押しつまってからだという。

十二月卅日頃だと思ひますが十二時頃雪の降る夜、旦那矢張りこちらですよ、竹久と書いてありますと云ふ声が聞えて来ました。出て見ますと、車夫に荷物をもたせて、夢二が雪の中に立つてゐました。先づ皆の無事を尋ね上り込みました。大きな行李が二個運ばれました。まあお疲れでせう、話はあとでと寝みました。夜ふと起きておれと云ふ人間は駄目な人間だ、赦して呉れと云ひ、此間京都でクリスマスに平和〔?〕教会へ行き、木村清松先生のお話をきゝ、悪いと思つたものは直ぐ改めろ、悔いた人は前に出ろと云はれておれもとうとうクリスチヤンになつたよと申し、それで急に東京に帰つて来たのだと云ひました。お金はいくら残りましたと云ひますと、十五円程ある。どうしてそればかり残したのですと聞きますと春芝居も見なきやならんし春相撲も見なきやならんし残して来たのだと、おれはもう駄目なやつだと泣き出してしまひました。私も泣かされました。／翌日行李をあけると中は玩具と小物羽織紐などで一杯、私には丸帯とお召が二反えり紐など一杯でした。何処へ持つて行つたのか直きになくなつてしまひました。

竹久を乗せた車夫が旦那矢張りこちらですよ、というのは、竹久不在の間にまた引越してしまったかと危ぶんだのを指す。ただし、すべて岸後年の回想である。

5　第三回展

第二回展でも作品を購入したキュウリンは、一九一三〔大正二〕年二月に帰国したようだ。訪日報告書は一二年五月はじめから一三年一月末までにわたるという。京都におけるキュウリンと竹久を報じた大阪朝日新聞京都附録「見こまれた作品　青年画家の奮発」は、さきに引用したのに続けて、こう記していた。

かくてキユーリン氏は京都を去るに臨みて竹久氏を招き余は帰国後書面を送るべければ直に我許に来られよと固く手を握りぬ、竹久氏は図らずも京都に来てキユーリン氏に面会しその親切なる言葉を聴きて大に奮発しキユーリン氏の書面到着せば直に渡米すべしと掲載は二月一二日だから、数日前にこうした別れをしたのだろう。書面とは、ニューヨークにおける作品頒布に関わるものにちがいない。待ちわびる竹久を想像させるのだが、ふた月ほどあと、四月一三日から一七日まで五日間、第二回と同じ大丸呉服店で開かれた第三回展になると、ようすがややおかしくなる。キュウリンに見こまれたのを売りこめば前景気をつけられるはずなのだが、大丸は、二大紙である大阪毎日、大阪朝日ともに広告しなかった。一九日から二八日まで十日間開催した第二回素人画会展覧会と楽焼即席販売は載せた。

第三回展はもともと東京にもどって開くつもりなのは、第一回展のため京都へ発つ前に知友への内覧を報告しつつ、堀内清の父徹に「なぜ東京でしなかつた〳〵といふけれど、東京は来春です」と伝えたのから判る。東京での折衝が不調に終わり、三都開催のもくろみがはずれたのだ。会期中渡辺英一に宛てた葉書と、年明けから折々に竹久の動静を伝えていた読売新聞によると、竹久は病んでいた。

四月一六日消印　渡辺英一宛
水ばかりみてくらしてゐます。／病気して　昔きいたクルマの音がなつかしく　子供の時をおもひだして泪がながれます。／夢
四月一九日読売新聞
竹久夢二氏　目下大阪新戎橋岸沢方に／滞在中なるが病気に罹れり

滞在先は不祥、病床にあって道頓堀川をながめていた。初陣の個人展覧会を成功させるのが竹久であるならば、実入りを遣いはたしてしまうのも竹久である。当然耳に入る竹久の噂を承知の上で、亀之助は夢二画会の事務を担うのだった。

6　夢二画会事務所と第四回展

第一回展でキュウリンに会ってから、竹久が待ち望んだのは帰米したら送ると約束された手紙だ。キュウリンが友人らにはたらきかけてパリで絵を学ぶ費用を提供するから、それまでにたくさん作品を作っておけ、それが大阪朝日京都附録が伝えるところだった。キュウリンがブルックリン美術館へ提出した訪日報告書によれば、竹久がアメリカで展覧会をして費用をつくれないかと持ちかけているから、ともかくその返答を送ったようだ。キュウリンからすれば会場は自館、ニューヨーク、ブルックリン美術館である。

ところが、一九一三〔大正二〕年九月にもうけられた夢二画会は、ボストン博物館で展覧会を開く渡米費用をつくるため、作品を買ってほしいと告げたのである。パリ行きをめざすなら、画会によってその費用に充てたらよかろうが、キュウリンに頼るほうがはるかに多額を得られる見込みがあったのだろう。米から仏へと渡りゆくと企てたものとみえる。それにしてもボストンは唐突であった。

九月一一日に万朝報が報じたのは、本年中に渡米するため準備画会を起し、ボストンで個人展覧会を開くことで、美術館名にはふれていない。同日読売新聞は、来年ボストン博物館で個人展覧会を開く予定だが、秋に館長が来日するから年末までには渡米する、そのために画会を起すのだと報じた。

記者に知らせたのは竹久か、事務所を置くよう頼まれた亀之助だろう。洛陽堂発行雑誌『白樺』同人への紹介依頼は亀之助、画会広告掲載も同様亀之助からだと考える。載ったのは一〇月号だった。

洛陽堂を事務所として夢二画会と云ふものが出来た。夢二氏の画を好まれる方はこの際買はれるのが一番好都合と思ふ。又夢二氏にとつても好都合だと思ふ。氏はこの十二月末に米国のボストンで展覧会をする為に渡米される、その渡米の路金の為に画会を有志の人が起したのだ。くわしくは事務所なる洛陽堂に聞いてもらいたい。

同誌に載せた画会広告は、設置にいたるいきさつと作品頒布をくわしく示している。

竹久夢二氏が今度海外旅行の途に上られるについて、私共氏と親しい者が集まつて画会を起して、なにがしの路金を贈りたいと思ひます。

いふまでもなく、氏はこれまでたつた一人の道を歩いて来られたので、こんどの旅行もその一筋の道のつゞきを進まれるのでございますが、しかし従来愛惜されたこの桜さく島とはまた異つた西の国々の風物人情芸術に氏独特の細かい鋭い観察と玩賞の眼をぬぐはれるとき、そこに必ず新らしい気分と新らしい筆とが動いて、氏が芸術の生命は更に一段の深さと美しさとに波うつことゝ思はれます。

こんな同氏の生涯を画する旅行の門出に作品を汎く頒つて氏の過去を記念し将来を祝するのはま

ことにふさはしいこと、思ひますから、氏の作を愛せられた人又愛する人は私共のこの企てに御賛成下さることをお願ひいたします。／渡辺英一／夢二画会同人
□夢二氏の第四回作品展覧会は、ボストン博物館長キウリン氏の斡旋にてボストン博物館で開かれる計画で、来年渡米の筈であつたのですが同氏の都合で急に出発せらるこれと〔こと〕になりました、それで画会も短期間のことゆゑなるべく速かに申込をお願ひしたいのでございます。
□作品〔は〕なるべく装飾として日本の室内に調和の好いやうに掛軸、掛額、屏風の三種とし、顔料も水彩インクの三種を撰びました。
□作品の取材も申込の節あらかじめ御申出を願へばお望みに近いものが差上げられるかとおもひます。
なほ夢二氏が多年筆慣れて居られる少年少女諸君のために画かれた可憐な掛額を特におすゝめいたしたいのです。
□会費は左の如く定め、申込の際に半金を申受け、残額は作品引渡の時申受けます。
甲種　掛軸　布地拾円／唐紙五円（表装共）
乙種　掛額　大拾円／小五円（額縁共）
丙種　二枚折屏風　金地百円／四尺五寸五拾円／三尺参拾円（仕上り）
□作品は十二月初旬に展覧会を開き最終の日にお渡しいたします会場などのことは追て御通知いたします。
東京市麹町区麹町二丁目二番地洛陽堂　夢二画会事務所／電話番町四二五八、振替東京

夢二畫會

竹久夢二氏が今度海外旅行の途に上られるについて、私共氏と親しい者が集まつて畫會を起して、なにがしの路銀を贈りたいと思ひます。

いふまでもなく、氏はこれまでたつた一人の道を歩いて來られたので、こんどの旅行もその一筋の道のつゞきを進まれるのでございますが、しかし從來愛惜されたこの櫻さく島とはまた異つた西の國々の風物人情藝術に氏獨得の細かい鋭い觀察と玩賞の眼をぬぐはれるとき、そこに必ず新らしい氣分と新らしい筆とが動いて、氏が藝術の生命は更に一段の深さと美しさとに波うつことゝ思はれます。

こんな同氏の生涯を畫する旅行の門出に作品を汎く頒つて氏の過去を記念し將來を祝するのはまことにふさはしいことゝ思ひますから、氏の作を愛せられた人又愛する人は私共のこの企てに御贊成下さることをお願ひいたします。

渡邊英一

夢二畫會同人

□夢二氏の第四回作品展覽會は、ボストン博物館長キウリン氏の斡旋にてボストン博物館で開かれる計畫で、來年渡米の答であつたのですが同氏の都合で急に出發せらるゝことになりました、それで畫會も短期間のことゆゑなるべく速かに申込をお願ひしたいのでございます。

□作品なるべく裝飾として日本の室内に調和の好いやうに掛軸、掛額、屏風の三種とし、顏料も水彩インクの三種を撰びました。

□作品の取材も申込の節あらかじめ御申出を願へばお望みに近いものが差上げられるかとおもひます。なほ夢二氏が多年筆慣れて居られる少年少女諸君のために畫かれた可憐な掛額を特におすゝめいたしたいのです。

□會費は左の如く定め、申込の際に半金を申受け、殘額は作品引渡の時申受けます。

甲種 掛軸	布地	拾圓	(表裝共)
	唐紙	五圓	
乙種 掛額	大	拾圓	(額縁共)
	小	五圓	
丙種 二枚折屏風	金地	百圓	(仕上り)
	四尺五寸	五拾圓	
	三尺	參拾圓	

□作品は十二月初旬に展覽會を開き最終の日にお渡しいたします會場などのことは追て御通知いたします。

東京市麹町區麹町二丁目二番地洛陽堂

夢二畫會事務所

電話番町四二五八、振替東京二〇九一四

夢二画会広告

〔『白樺』四巻一〇号一九一三〔大正二〕年一〇月一日　キューリンの肩書をボストン博物館長とする〕

二〇九一四

夢二画会同人渡辺英一は、日本女子大学に勤める竹久知友であるのは幾度も記した。『白樺』誌上画会広告に発起人すべてを出さない事情は何であったか明らかでない。『現代の洋画』は、竹越三叉、中沢弘光、渡辺英一、岡田三郎助、湯浅吉郎、島村抱月、高島平三郎諸氏の発起としている。長田幹雄編「竹久夢二年譜」は巌谷小波、堀内徹、増田義一を加え、渡辺英一と夢二画会同人を実務にあたった者として除いた。その典拠は示されていない。

『白樺』一〇月号で夢二画会を広告したあと一二月号に載せた詩画集『昼夜帯』自筆広告文には、ボストンどころかアメリカともフランスとも明かさず、ただ世界旅行に出るのだと告げた。

夢二画集／昼夜帯／製本新型美装天金箱入／草画精巧木版及凸版七十八葉／定価金壹円三十銭送料金拾貳銭

私にとつて絵をかく事も、歌をつくる事も等しく自分の生活の創造である。自分の作品は悉く自画像である。母に訴へることの出来ぬ悲哀を覚えそめて酒倉の壁により、指で染めた壁の「らくがき」がやがて私の芸術であつた。しかし今はさうでない。歌へば歌ふほど寂寞に、触るれば触るゝほど孤独になつてゆく。騒がしい音律と色彩との中から、もつれた人情と因習の中から純一な生のまゝの自分——自画像を摑むのがこの頃の私の願ひである。私は今、この一巻を別離の門の紀念として世界旅行の途に上らうとしてゐます。「さよなら」私は幾度この感傷的な言葉を人々と言ひ交はしたことだらう。しかし、今といふ今は自分自身にも別れる時がきたのです。私はこれから見も知らぬ国々へ旅寝して、いろいろな自然や人生を見ることでせう。そしてそのうちから自分といふものをしつかり見出して、淋しげな自画像を、ながく私の作品を見て来て下さつた人々にお送りすることでせう。（夢二）

序でながら私の此度の旅行を紀念するため、私の友人先輩たちが起してくれた夢二画会で私の肉筆のまゝ作品を頒つやうになりました。詳しくは洛陽堂へお問合せ下さい。

フェノロサが東洋部主管をつとめ、岡倉天心が蒐集と整理にたずさわったボストン美術館なら、知る人は多かっただろう。そうではなく、キュウリンはブルックリン美術館に属し、館長ではなく蒐集担当部長格であったとは、袖井林二郎『夢二のアメリカ』にある。竹久がアメリカの美術館ならボストン、と思いこんだか、あるいはつごうのよい思いちがいをしたかとされる。キュウリン訪日や京都滞在を伝えた新聞はすべてブルックリン博物館長で一貫したのに、竹久による回想はすべてボストン博物館長だった。

さて、『昼夜帯』広告においても、問合わせ先は洛陽堂に変わりなかった。夢二画会事務所における実務は注文受付と半金領収であり、問合わせにこたえ、あれこれ連絡にあたるなどあるのだが、竹久の製作は頓挫した。十二月初旬には完成した作品を展覧に供して、その最終日に渡すとの約束だった。ところが、洛陽堂発行雑誌『白樺』への広告、報告はない。伝えたのは新聞で、一二月二八日読売新聞は、申込みが多すぎて注文に応じられないため、世界旅行記念展覧会を来春に延期したと報じた。

7　夢二画会の頓挫

夢二画会の首尾を伝える竹久の日記、書簡とも、この時期だけはほとんど残されていないので竹久の思いはわからない。再三ふれるように亀之助の側にも記録が残されていないから、支えようがなかった亀之助の気持もはっきりしない。

事実として明らかなのは、世界旅行に旅立つ別離の記念として竹久の画集『昼夜帯』を、亀之助は一九一三（大正二）年一二月一日に出版したことだ。これが新作出版の最後となり、一四年一〇月二一日『縮刷　夢二画集』が洛陽堂として最後の出版となった。すでに竹久は洛陽堂から離れはじめていた。

『昼夜帯』よりひと月はやい一一月五日に、竹久は同郷有本芳水の世話によって実業之日本社から恩地孝四郎装幀『どんたく』を出版した。雑誌編輯者と挿絵画家との間柄を越えたつきあいから実現したものだ。ついで一一月一八日には、岡村書店から木版の絵手本を出すとの消息記事が万朝報にあらわれた。上下巻あわせて四百頁ほどと、事情に通じたかきぶりである。書店主岡村庄兵衛については近江出身としかわからない。近江といえば博文館雑誌編輯者巌谷小波や、投書家竹久を見出した中学世界担当西村渚山の出身地である。

消息記事が示したとおり、前編は翌一四年一月七日『夢二絵手本』だった。口絵に愛児虹之助と不二彦の二作品を収める。後編は絵手本の名にふさわしくないと書名を『草画』とかえて四月一〇日に出た。両著とも序文に、感じたままに描けと教えた小学校の恩師をしのぶ。独学で画家の道を切り拓いてきた竹久のよりどころはここに在る。『夢二絵手本』序文で明かした。

私どもは、もはや先人の経験や画法を信ずることは出来ない。自分が最初の第一人でまた最後の一人である。これは自分が一番偉い芸術家だといふはかない誇ではなく、その人でなければ画けない芸術の分野を、各々の人が持つてゐなければならぬといふ事である。さういふ純一な天分を持つた作家は教へたり習つたりして生れるのではない。私は、小学校で鉛筆画の初歩を学むだ外、曾て絵画の先生を持つたことがない、その経験からこの事を言ふに憚らない。たゞ学ぶべきことは自然と人生と、力と愛とである。そして、それは教へられて知るのではなく、見て感じる外はないのである。

自らを奮い立たせんとしたのは、美術界の権威という強く厚い壁を感じていたことの裏返しでもある。これからパリで学ぼうとする画家が口にすることばではない。

歳月を経たのちの記憶をさぐれば、「私が歩いて来た道　及び、その頃の仲間」と自伝小説「出帆」、それに岸たまきの回想に突き当たる。順にさぐると、二四年「私が歩いて来た道　及び、其頃の仲間」には、キュウリンにボストンで展覧会を開くよう勧められたのに続けてこう語った。

何だか外国へゆきたくなかつたのでいまだに約束を果さないでゐる。今にしておもへばあの時が最も好い機会だつたのだ。今は、外国で展覧会をよしやつても、あの頃のやうな純粋な感激を持つことは出来ないだらう。

二七年、主人公を三太郎とした都新聞連載「出帆」には、何だか外国へゆきたくなかった、とは書かなかった。

三太郎の最初の細君は、三太郎が絣の着物に大名縞の袴をはいているような画学生時代に、一緒になった。彼より一つ二つ年上の女だった。姉さんごっこが少しこじれてくる頃までに、どさくさ八年の月日は流れ、彼女はもう三人の男の子を生んでしまっていた。
「あなたは本当に私がいやなんじゃないの、そうだったら、子供なんていつでも始末つけますよ」
家庭生活の競技もだんだんもう決勝点に近づいて来たのだった。勝敗を眼中におかないくせに、勝敗を向うからきめられることを好きでない彼は、外国へ出かける計画をたてた。彼女と子供のために、下町の方に小さい美術店を出させて、旅行券を求めている矢先に、欧州戦争が始った。それを口実に、一つには彼の不精からと、また彼女と別な家に住める心安さから、外国へ出かけることをやめにして、のうのうと納ってしまった。

自伝小説は虚構であるし、回想また必ずしもありのままを語ったとは言えない。外国ゆきは、家庭から逃れるためだという。ここまでは竹久の言い分、つぎに三太郎が彼女とよぶ岸の回想を読むと、流産がもとで寝こんでいたのが一三年、作品を夢二画会応募者に渡す約束をしていたころだ。竹久は医者をむかえにゆくと貯金帳を持って出たまま一ケ月も帰らず、徳田秋江と東北に雪見をして、もどったのが一二月も末にだった。竹久は登楼して遊んで帰宅したのが深夜二時、仮装会を知らせるはがきを読むとさっそく女将姿でけいこを始めた。ところが、竹久の相手で外国青年に扮する堀内清がなかなか来ない。結局はとりやめた。

年末ではあり、稿料を貰ふために画集の出版所である洛陽堂へ私を連れていつてくれ、漸く半額だけを貰つて帰りましたが、夢二は一足さきに帰つてゐて炬燵でふてねでした。堀内とどこを歩いてゐたとノッケに言はれてびつくりしました。受取つて来た金額が少いとてすぐ取りにゆけと無理強ひです。大晦日とて俥はなし、家の外で一夜中立つてゐて夜明けに、行つたが金はなかつたといひ繕つた次第でした。

一二年春、別居するたまきへの送金をめぐるゆきちがいを生じた時、竹久は亀之助にとりついでいた。一三年歳晩、竹久は岸を洛陽堂に連れていき、稿料、おそらくは『昼夜帯』印税を受け取らせた。亀之助とは顔を合わせていないようだ。夢二画集以来夢二画会にいたるまで支え続けた亀之助に、もたれかかるのを気恥ずかしく思い始めたためではなかろうか。

三　雑誌『白樺』経営

1　経営委任

一九一〇（明治四三）年四月創刊からおよそ二年間、同人が経営していた『白樺』は、負債千円をかかえたため、会計担当細川護立が調達して整理したあと、経営を亀之助にゆだねた。発行所名義だけでなく、経営も洛陽堂がになうことになった。武者小路自伝小説『或る男』は、それを一二年からとしている。三巻一号からである。

しかし洛陽堂にゆだねたはずの一二年一月三巻一号編輯後記は、定価を同人が決めているような書きかたをしている。印刷所や製版所から借金取りが押しかけるとなげき、売れれば売れるほど損をするとうったえて、新年号を特価四十五銭に、普通号を三十銭に値上するとした。二月号にも、そのうちに三十銭では安過ぎる号も出るからうめあわせてくれと頼んだり、借金すると少しさもしい気になるなどと、同人経営を示す記述をしていた。四月に京都府立図書館で開く白樺美術展をひかえて、一同気がそぞろであった感がする。

三月号にあらわれたのが、前月まで発行した残本を廉価販売するという広告だ。四月号にも載っている。注文先は武者小路宅、各号挿画表画とその頁数を一覧にしているから、何を売りものにしていたかをうかがえる広告だ。そのほかに、経営を洛陽堂へうつすという編輯後記や同人署名による公告はない。よって、同人経営は三巻二号まで、洛陽堂実質経営は三巻三号からだと判断した。

同人が肩の荷をおろしたのをうかがえる編輯後記が、白樺美術展をおえて京都からもどった六月号と七月号にある。

○洛陽堂の主人が或日の事無車〔武者小路〕に向ひ、「志賀さんは随分よく朝重を聴きに行きますねえ、それも猿廻しの時ばつかりいらつしやるやうです――あなたも二度許お出でになりましたねえ、私なんか遠方から遠慮しながら見てるんですが、志賀さんは構はずずつと前迄行つて目ばたきもせず見ていらつしやいますねえ」と云つて河本さんはベルレーヌもどきの禿頭つるりと撫でた。堀川の日許に来ると高い処から見下したやうな評をした氏の詞は自信が溢れて居る。氏は距離に於ては劣るが度数にかけては志賀よりずつと上の段の朝重好だと云ふ事がわかる。
○志賀と無車が、此間喜んで朝重をきゝに行つて、後の方を一生懸命に振り返つて見ましたが、河本さんは来て居ませんでした。その二三日前に、志賀が里見や仁木〔辰夫・青木直介筆名〕やと行つた時にも、河本さんは見えませんでしたさうです。それで二人は首を傾けました。さうして心配を致しました。「河本さんは病気ぢやないのか知らん」と云ひましたがすぐ又二人はぎつくり首を上に向けて高座を見て居りました。

もうひとつ、経営委任を裏づけるのが、九、一〇、一一月号に載った広告だ。『白樺』に載る広告といえば、文学美術雑誌や画会案内などだった。それが九月号に初めて、特許継合敷物、一名備後広間筵が現われる。芝区柴井町にある畳表、花筵、座蒲団商三藤牧助商店がなぜ『白樺』に、と首をかしげるが、最下段に本店備後国沼隈郡今津村、でなぞが解ける。亀之助出身地、沼隈は特産いぐさで知られる。

2　白樺叢書

同人著書のはじめは、一九一一〔明治四四〕年二月一三日出版、武者小路実篤著『お目出たき人』だった。無印税である。そのあと萱野二十一〔郡虎彦〕、正親町公和、志賀直哉が単行本を出すといわれたが、一一年にはいずれも実現しなかった。それより先に武者小路『世間知らず』が一二年一一月一四日に出た。白樺叢書と銘うったはじめで、『お目出たき人』もやがてその一冊になかまいりする。『世間知らず』は、武者小路が結婚するいきさつを下じきにした小説で、無印税だった『お目出たき人』と異なるあつかいをした。武者小路自伝小説『或る男』には、売れた分の十六円五十銭を受け取ったとしている。定価八十銭、印税一冊八銭としておよそ二百冊分だった。

志賀直哉小説集『留女』出版が動きはじめたのは、その年秋になってからで、洛陽堂が承知したと志賀が日記に書いたのは一〇月一八日だった。志賀は武者小路より二歳年長だったが、留年により学習院では同級となっていた。会社重役である父とは、学習院から帝大へ進みながら定まった職に就かず、文筆にあけくれることや、結婚問題などをめぐって葛藤があった。父の許をとび出たくとも自活はできず悶々として日をおくっていたのだった。

同人のなかで抜きんでた文才を認める編輯者はいた。中央公論滝田樗陰が二月五日に志賀をたずね、春季附録に小説執筆を依頼した。志賀はこれを断わり、他へ出す前には書く約束をしてひきとってもらっていた。それが、さきの結婚問題をまとめた「大津順吉」だった。稿料百円を得た八月二七日、志賀が生まれて初めて得た金を神棚にあげたのが祖母留女(るめ)である。『留女』は自費による。父が出版費を出した。父子がかかえるわだかまりに、放逐という弾みをつけたのは、祖母に捧げられたこの初出版だった。志賀は市内に仮住まいをしたあと、尾道へ転じた。いきさつは、日記が明らかにしている。

一九一二〔大正元〕年一〇月二三日
此朝父に本を出すから金をくれと頼む、／見合はすといつたではないかといふ。少し贅沢な本を作りたいからといふ、考へて置かうといふ、

一〇月二四日
朝前日約束して置いた金を父に貰ひに行つた。父は其時自分について絶望的な事を切りにいふ。自分も腹を立てた。自分は自活する事をひきうけた。部屋へ来ても理由のない涙が流れた。家を離れる事は何んでもない　祖母が可哀さうなだけである。祖母に話したら祖母は怒つた。

志賀や装幀に凝りたかった。武者小路が洛陽堂から出版した二作め『世間知らず』は、仕上がりが良くなかった。見本を手にした一一月一五日、武者小路は志賀に送ったはがきに、製本其他君には不愉快だらう、と書いた。志賀は『留女』をましなものにしたいと青木直介に手配を頼み、洋服の芯に使う麻布を問屋で見つけたとの返事を伊吾〔里見〕ナホスケ連名はがきで得た、それが二三日である。進みぐあいを直に知り得ない志賀は、いらだちをつのらせていた。未投函とされる月不明、武者小

路宛二四日付はがきには洛陽堂への不満が書き連ねてあった。

洛陽堂が延ばしてゐる理由が「濁つた頭」の為めか、或は沙鴎の「松原」を御流れにしたやうな心持でやつてゐるのなら、――色々な事を君にいつたけれども、――僕は本を作りたくない。世話をしてくれた伊吾にも青木にも済まないが、それは今度作る時にそのまゝ廻はせる労力であると思つてゐる。君の鑑定で、若し洛陽堂の躊躇がそれだつたら僕は手紙で断はらうと思ふ。その方が両方に徳だ。廿四日

吹き出た疑心は「濁つた頭」と『松原』にあった。「濁つた頭」は志賀にとって思い入れある小説で、風俗壊乱による発禁をさけるため欠字をほどこしてなお、『白樺』に載せたとき洛陽堂は内務省に呼ばれて注意を受けていた。志賀は何としても単行本に収めたかった。『松原』作者沙鴎は、創刊当初編輯人をつとめた正親町公和で、一一年八月号に洛陽堂のつごうでのびていると報告がなされたあと、立ち消えになったいきさつは示されなかった。

未投函、月不明ながら一二年と推定された右のはがきは、一二年一一月二四日に発せられたらしい。二六日武者小路、二七日里見、同日有島が、志賀に宛ててそれぞれ考えを伝えている。

一九一二〔大正元〕一一月二六日志賀宛　武者小路はがき

本のおくれてゐるのはそんな意味ではないと思ふ。印刷場の主人が病気になつたので、外の家に

たのんだと云つてゐた。それでおくれたのだと云つてゐた。しかし来月には出来るつもりだと云つてゐた。もうくみかけてゐるだらうと思ふけれど、どうか知らない。僕の時も中々らちがあかなかつた。二十日許りまたされた。

一一月二七日志賀宛　里見書翰

洛陽堂にはやりたい気は可なり有るのだと思ふ。事実はシミッタレな印刷所へ頼むので、最初のは主人が病気で印刷が出来ないと云つてイツまでも校正を出さない。そこで他のうちへ原稿を廻したがこれもシミッタレと見えてそれからでも大分になるが今だに校正が出ないわけなんだ。洛陽堂の手でやればとても満足なものは出来ないと思ふ。然しヴルレエヌ〔ママ〕には出したい気があるのだから今さら原稿をとり返すのもどうかと思ふ。こつちでそのへんのことはトテモ云へない。君次第だ。

一一月二七日志賀宛　有島書翰

留女の行なやみは馬鹿〳〵しい事だ　他の本屋にした方がよかつた

千代田印刷所藤田千代吉が病気だと推察したのはこのころだ。動きはじめたのは同人が志賀に伝えてから数日後だった。

一二月二日志賀宛　里見はがき

今朝御ハガキ拝見。仕事御進捗の御様子私のためにもうれし。〔『白樺』〕十二月号自分のを校正して送る。君の校正も引き続いて出て居る様子。青木さんは中々大変らしい。何しろ神経質にやつて居るから苦しさうだが君のためにはい丶と思つて居る。

「最初の著書を／祖母上に捧ぐ」と巻首にかかげ、「祖母の為に」以下十篇を収め、祖母の名をとった『留女』は一三年一月一日に出版された。「濁つた頭」には、『白樺』発表によって「発行者の洛陽堂が二度まで内務省に呼び出されて、その或る部分の為めに好意のある小言を受けた」ため、「自身に余り不愉快のない程度で」六百字ほどを省いたとのただし書きをつけた。

奥付を確かめると印刷者は藤田だから、外にたのんだのは植字だけで、組んでもらったあとは千代田印刷所にもどしたと受けとれる。奥付には製本所名が記された。洛陽堂発行図書にしては異例だから、志賀が指示したのかも知れない。同人は『白樺』編輯後記にこう書いた。

志賀の短篇集「留女」は一月の始めに本屋の店頭に出た。自分は本屋へ行く度によく探がして見る。一寸競べるもの丶見当らない程サッパリしたい丶装禎〔幀〕だと思つて見る。製本や校正などに始めから関係して居た人達は未だ不足を云つて居るが、洛陽堂主人が真面目になつて閉口したゞけあつて、自分達が見るとよく出来たやうに思ふ。

製本や校正等に始めから関係したのは、青木直介と里見弴だった。亀之助が真面目になって閉口したのは、製本所に幾度か足を運んで入念な仕上がりを心がけたのを想像させる。それでも同人はまだ不足を口にした。志賀から新刊を受け取った武者小路は礼状に、「洛陽堂からそんなに僅かきりくれなかつた内の一冊をもらつたのは御気の毒でもあり嬉しくもあつた」と書いた。

志賀は武者小路『世間知らず』と同じように、売れた分の印税を求めたようだ。一月二六日、展覧会にかかった費用二十三円を貸してくれと武者小路と柳宗悦が連名で志賀に頼んだ、その返事らしき柳宛はがきが残されている。三月中旬までに返してほしいとし、「洛陽堂へ出した金がその前に返つてくれれば延びてもい丶が、六ケしさうだ」とある。印税らしいと判断したのは、つぎの志賀宛里見書翰による。

一九一三〔大正二〕年三月二六日志賀宛　里見書翰

先日洛陽堂に君に頼まれたことを云つた。始め二百出たきりあとは一冊二冊とぼつ〳〵あるばかりだと云ふ。そして二百冊の分は君が帰る前柳を通して君へ上げたと云つて居る。百円の方の話しは六月迄にて引きうけた。尚談ずべき余地あらば御一報を乞ふ。

定価一円、二百冊分、印税一割なら二十円、志賀はそれくらいと見こんでいたのだろう。百円の方の話、はわからない。それにしても、これまでみたかぎり、志賀は亀之助と直に交渉していない。そして、『留女』からあと、洛陽堂からは出版しなかった。

「留女の行なやみは馬鹿〳〵しい事だ　他の本屋にした方がよかつた」と一二年一一月二八日志賀宛にもらした有島生馬〔壬生馬〕は、作品集『蝙蝠の如く』出版に迷っていたが、二月一日発行『白樺』二月号編輯後記は二月中に出ると報じ、そのとおり二三日に出版されたのだった。『留女』の仕上がりに不足をいう同人があると伝えたのと同じ号だ。そこに「題は有島自身は「滞欧の日」としたがつたのだが洛陽堂主人が頼んで「蝙蝠の如く」としたのである」と明かしてある。さきに『白樺』に連載した「蝙蝠の如く」は、美術を学ぶため渡欧したとき出逢った青年画家をえがいた小説で、亀之助が書名に推すだけ印象が強かったのだろう。有島代表作のひとつとされる。二月三日、志賀宛有島書翰には「白樺の広告は君の奴をすつかりまねした様なものを作つた　成程一々指図せねばならぬものだと思つた」とあるとおり、同人が「志賀の凝り方とは又違つた凝り方に夫れ〴〵い、ところがあると」評した。

一二年一二月号『白樺』編輯後記に、萱野二十一の戯曲集が三月に洛陽堂から出るわけだ、と一報したあと続報がない郡虎彦戯曲集もまた出版されていない。

洛陽堂が『白樺』実質経営にうつってまる一年、同人の注文はかなり多くなってきた。すでに前年一〇月号には、価格設定をめぐるゆきちがいを生じている。

3　価格設定のゆきちがい

経営をひきうけた亀之助からすれば、月刊誌という定期刊行物は毎号発行日を守り、およそ変わりない頁数、定まった価格で読者に届けたかったろう。良民社から発行した月刊誌『良民』は、毎号およそ二十頁、定価四銭で、毎月十五日発行をほぼ守ってきた。

特集号を組むにしても、出来れば他の月刊誌のような春秋定期増刊にならって定まった時期に値のかさむ特別号を提供したかっただろう。各号奥付脇に記された「注意」には前金払込読者に対しては割引をするものの、拡大号は其の定価に応じて前金より差引く、と告げている。半年なり一年なり払い込んでいる読者は、通常号より高い特別号が多くなるほど前金切れが早まる。発行元からすれば、その通知や入金事務に手間がかかることになる。また発行日を守らなければ、広告を出稿してくれる顧客の信用を失って収入を見込めなくなる。

一方の同人は、伸びやかな個性に基づき、個々の課題に向けた作品をものし、赴くところ自在に特集を組んで読者に問いたいと考えていた。寄稿の増減は同人のつごうにより、西洋美術を紹介する挿画も単色か多色か、枚数も一定しなかった。また同人ではない社外からの寄稿を断っていたから、毎月厚薄さまざまな雑誌を出し続けていた。表紙の体裁は確かに雑誌『白樺』であるが、取次業者にとっては価格がしばしば変わる、いわば単行書が月々運びこまれていたのだった。

同人経営二年間の欠損千円は、売れる見込の発行部数の決めかたや経費に見合った価格設定をしなかったがためだった。一巻本文頁数をみれば、百頁前後の通常号を十八銭、一三四頁七号を二十銭、ロダンを特集した二三六頁特別号を五十五銭にしながら、十八銭をつけた四号が一二二頁、五号が八二頁、九号が一四〇頁とばらついた。

二巻は定価を二十五銭に上げた。附録「濁つた頭」をあわせ一六二頁になった四号を三十五銭、一八〇頁九号と一五四頁一一号を三十銭にした一方で、一七六頁八号を通常号二十五銭、一一四頁五号と一二号も同じ二十五銭で売った。同人に問えば、本文頁数だけでなく挿画の数や入手にかかった費用から算定したとこたえるだろう。

価格設定を同人が不快だとしたのは三巻一〇号、洛陽堂経営いまだ半年余りしかたたぬ一二年一〇月だった。「前号の白樺が高価すぎたので同人一同園地〔池〕を筆頭として不愉快を感じた。この頃の白樺の定価の責任は洛陽堂が雙肩に荷つてゐるのである」。九月号と同じ四十五銭は一月号と四月号だ。四月号は一月号に比べれば割高である。おかしいというなら四月号で、九月号は図版を減らしても本文は増やしている。問題があるのは定価三十銭をつけた通常号の厚薄だ。原稿総量が定まらないから、定価三十銭を一年で七ケ月しか守れなくなっている。問うべきは編輯のしかた、原稿の集めかたである。

気ままな同人に任せておけないと亀之助が動いたのが、経営を任されてまる一年たつ一三年三月だった。武者小路は「今度の白樺を拡大号にしたいと洛陽堂がむきになつてゐる」、里見は「昨日洛陽堂が来て来月は拡大号にするが長編がある相だから半分でも出してくれと云つて迫る」とそれぞれ志賀にうったえた。亀之助は、同人に書くようながすだけで済ませてはいない。小泉鉄宛武者小路書翰に手だてが示されている。

今度の白樺を急に拡大号にすることになつた。
君のノア・ノアがもし清書する人さえあればどうにかなるなら洛陽堂から清書する人を君の処にさし出すと云つてゐる。今の場合、十頁より二十頁がよく、二十頁より三十頁がい丶が。十頁でもたすかる。
もしよかつたら　都合のい丶時を洛陽堂に知らしてくれ丶ば洛陽堂からその時間に人をさし出す。

急がしい最中だと思ふが、拡大号にしないと洛陽堂が困るので力んでいる。よかつたら是非承知してもらいたい。

返事は麹町区麹町二ノ二洛陽堂河本宛にたのむ。

十九日　　　　　　　　　　　　　　実篤

鉄兄

何頁ぐらい出来るかも知らせてほしい。

4　原稿紛失

経営を委任されてから、価格設定や著作出版をめぐっていくつかゆきちがいを生じてきた。委任前に「濁つた頭」掲載で内務省に呼び出されていたが、雑誌発売禁止処分は四巻六号がはじめてである。モーリス・ドゥニが描く裸体画三葉「が其筋の人の神経には風俗壊乱に見へたのださうである。面白い事実だから記念の為に報告する」と非をならしながら、武者小路は向きを変えて言った。

しかし本屋には気の毒だつた。その気の毒な感じに本屋がつけ込んだせいか、或は時候がよくなつたせいか、本号は拡大号になることになつた。本屋の主人が白樺の発売禁止を同人に報告した報告文は六号にのせる価値のある代物だつたが、手許にないからのせるのを見合せる。

六号は巻号ではなく、細かな六号活字による六号雑記で、思うがままを書きつらねた『白樺』の呼びものだった。おそらくは、亀之助が生真面目にしたためた処分をめぐるやりとりを指すと思われる。差押さえられた分はもどらぬから、印刷所、製本所への支払損失にふれずにのみ込んだろうか。

印刷所は創刊してからずっと三秀舎だった。経営委任された一九一二（明治四五）年三巻三号からも、千代田印刷所に戻しはしなかった。その三秀舎が里見の原稿「君と私と」をなくしたのは一三年一〇月、亀之助は印刷発注先がおこした不始末を詫びるため、このころ編輯担当同人であった武者小路に面会を求めた。一一月号に武者小路は、いきさつを大阪の里見に報告した書翰を公表した。

今朝洛陽堂の主人と三秀舎の斯波とが顔色をかへてやつて来た。始め洛陽堂の主人は大変なことが出来ましたと云つて一人だけ入つて来た。顔色がかはつてゐる。その瞬間「何が起つたのだらう」と自分は思つた。印刷してゐる内に不穏なことがあると云ふ理由でさし押へでもされたのかと一寸思つた。勿論そんなはずはないとすぐ思つたが、自分がさうすぐ思つた心理は如何に自分が政府に信用を置いてゐないかを示してゐると共に、如何に自分が心理のうちに自分を危嶮人物に思はれてはしないかと神経質に考へてゐるかを示してゐる。

自分はすぐ「何が起つたのです」と聞いた。すると君の原稿が見へなくなつたのだと云ふ答へだつた。さうして斯波も一緒に来てゐると云つた。斯波は呼ばれて上つて来た。斯波の顔色は洛陽堂の主人以上に変つてゐた。斯波の気持はすぐ自分にわかつた。

里見が書いた「君と私と」連載は一三年四月からだった。私、伊吾は里見、君、坂本は志賀をさす。

東久世は武者小路、北小路は正親町というように白樺同人をなぞっている。雑誌創刊を相談する場面など、同人が読めばそのようすが浮かぶ小説だった。

中篇にはいった六月号は、君、が遊郭へ行くと告白するところから始まる。志賀はこれに不快をおぼえて「モデルの不快」を書く。編輯担当正親町をたずねてそれを手渡したのは六月二一日、二三日「伊吾訪問　伊吾の小説の事を少しいふ。伊吾はどういふワケか、出す筈だつた原稿をよして了つた。(三秀社〔舎〕からとりもどす事に電話をかけた、)」と、志賀日記にある。六月二九日、「白樺出来る

伊吾の物思つたより大変感じがよかつた、自分の心は御世辞を使はれた。その晩伊吾訪問、割りに心持よく話し」た。七月号には坂本、つまり志賀による「モデルの不服」と、里見が電話で取りやめを伝えた筈の「君と私と」中篇続きが載った。

それから、里見は「モデルの不服に就いて」を書き、志賀はその返事をやりとりしたほか、里見の徴兵や志賀の縁談などをめぐる往き来があった。八月、電車事故でけがをした志賀を病院へ運んだのは里見である。一〇月八日「伊吾訪問　「君と私〔と〕」の一部を見た」あと一四日、志賀は城崎へ湯治に出かける。途中、大阪の九里四郎を訪ねるまで里見と同道した。「君と私と」続稿は里見が大阪から送った。武者小路はそれを洛陽堂に、洛陽堂は三秀舎へ渡していた。三秀舎白樺担当である斯波は工場へ渡すよう使いを出した、武者小路書翰がいう小僧である。ところが工場で原稿を受け取る際のきまりである印が押されていなかったのだ。

亀之助にしろ斯波にしろ、あずかった原稿をなくした時にとるべきは、いちはやく直にいきさつを説明し謝罪するという、右の手だてをとるほかはない。武者小路は、里見の原稿受け取りにはかか

わっていないから、なくした責任はない。とるべきは、編輯担当としていきさつをただして知らせるほかにはない。亀之助、斯波、武者小路、当事者三名は逃れずに責任を果している。

斯波は、「どんな小さい小僧迄も原稿の大切なものだと云ふことは十々知つてゐるのだからなくするやうなことはない、きつと捜し出します」と約束した。翌月号『白樺』編輯後記は、原稿が出てこないこと、里見が「原稿紛失」と題した小説をかくつもりであることを伝えた。「失はれた原稿」を博文館発行雑誌『太陽』に載せたのは、三年あまりたった一七年一月号だった。

小説家輪島が紛失した原稿の話として、友人「谷口から受けた印象や影響を、可なり重大な意味をもたせて描かねばならな」くなって雑誌『草』編輯者Dへ送った、とのすじがきは一件そのものを写す。輪島は里見自身、友人谷口は志賀だ。谷口がいやがる過去を書いた小説「君と私と」はいまだ連載中で、紛失したのはその続きだった。臨終の床にある輪島は見舞におとずれた谷口に、原稿を盗ったかと問い質した。家族らにせまられて谷口はこたえる。『草』を刷っていた印刷屋は、事務所と工場が二十間ほどへだたっており、小僧が工場へ届けるのを待ち伏せた谷口は、書き加えるところがあるから貸すように言って原稿を持ち去る、それは心がさせたことで、その日家から外へは出なかった、と。

三五年二月、改造社が白樺同人らを招いて座談会を開いた。出席者は里見や志賀、武者小路、正親町ら九名、社から笹本寅、山本実彦をくわえて総勢十一名におよんだ。話があちこちにとぶうえ、舵取りが確かではなかった。原稿紛失一件については、三秀舎に原稿を渡したと発言した武者小路らがふりかえった。同社発行雑誌『文芸』五月号に載った座談会記事からぬきだす。

志賀　三浦が嫌疑者にされてたね。
里見　二三年たつてから、そんな気持を書いたのが「失はれた原稿」だ。
有島〔生馬〕　未だに分からんかい。
里見　三秀舎でも責任を感じて、三河島とかの紙屑問屋まで調べてくれたんださうだが、たうとう出ず仕舞になつて了つた。

疑いをかけられた三浦とは、『留女』校正にたずさわった青木直介だが、座談会には出席していない。当事者の発言はこれで終わって、三秀舎の担当者が白樺とスバルをかけもちしていた話へ移っていった。

四章　註　俊三と千代田印刷所　一九一二年～一九一三年

・洛陽堂出版図書印刷者藤田千代吉の最後は一九一三年三月二三日西川光二郎『続悪人研究』、河本俊三の最初は同年四月一八日高橋立吉『政治小説　凱歌』および稲葉幹一『体質改良の上より観たる教育期児童之健康法』。
・一九一一年二月創刊、良民社発行雑誌『良民』印刷所は小刻みに替わった。藤田千代吉が病みがちであったため、千代田印刷所で印刷を続けるのが難しかったようだ。奥付に記された印刷人と、実際に印刷した印刷所代表がちがう場合があった。

	印刷所	奥付表記印刷人〔所属印刷所〕
一一年二月一巻一号	不記載	藤田千代吉〔千代田印刷所〕
一一年三月一巻二号～一一年一二月一巻一一号	千代田印刷所	藤田千代吉〔千代田印刷所〕
一二年一月二巻一号～一二年八月二巻八号	日英舎	藤田千代吉〔千代田印刷所〕
一二年九月二巻九号～一二年一一月二巻一一号	不記載	中村政雄〔報文社印刷所〕
一二年一二月二巻一二号～一三年一月三巻一号	不記載	藤田千代吉〔千代田印刷所〕
一三年二月三巻二号～一三年一二月三巻一二号	不記載	草木豊次郎〔草木活版所〕
一四年一月四巻一号～一四年八月四巻八号	不記載	辺藤赤太郎〔千代田印刷所か〕
一四年九月四巻九号～一九年一二月九巻一二号	洛陽堂印刷所	河本俊三〔洛陽堂印刷所〕

・麹町から平河町への移転については、組合より白樺同人の方が先に報じた。
「編輯室にて」『白樺』四巻一一号一九一三年一一月一日
「組合記事　移転」『図書月報』一二巻二号一九一三年一一月一五日東京書籍商組合事務所

一　夢二人気のかげり

1　引き潮と予約不履行

・書翰翻刻『荷風全集』二七巻一九九五年岩波書店

2　印税をめぐるゆきちがい

二　夢二画会

・本章は、井上芳子「「第一回夢二作品展覧会」の前後について」（『竹久夢二展　描くことが生きること』図録二〇〇七年千葉市美術館／夢二郷土美術館／和歌山県立近代美術館）に示された典拠をもとにさぐる。

1　竹久夢二と展覧会

・北山清太郎の経歴は、津堅信之『日本初のアニメーション作家　北山清太郎』に〔二〇〇〇年臨川書店〕、『みづゑ』を『白樺』へ寄贈するには同人正親町公和とのつながりを推察したのについては、「大下先生と私」〔『みづゑ』八一号一九一一年一一月一五日春鳥会〕に拠った。北山が『みづゑ』を去ったいきさつは「みづゑと私の事業に就て」に語る〔『現代の洋画』二号一九一二年五月一〇日日本洋画協会出版部〕。

・若手画家高村光太郎の主張は、「緑色の太陽」〔『スバル』二巻四号一九一〇年四月一日昴発行所、印刷所三秀舎は同日創刊『白樺』に同じ〕、北山が支えたようすを伝えたのが、三並俊「フュウザン会の想出」である〔『造形芸術』二巻一〇号造形芸術社〕。

2　第一回夢二作品展覧会

・高梨章「半月湯浅吉郎，図書館を追われる」を入口にして〔『図書館人物伝　図書館を育てた20人の功績と生涯』二〇〇七年日外アソシエーツ〕、「一九一二年の光り　第一回夢二作品展覧会」にゆき着いた〔『塔の沢倶楽部』創刊号二〇〇一年六月一五日箱根塔の沢福住楼〕。京都高等工芸学校図案科生だった根岸省三は、湯浅と同じ群馬県人会員だったので夢二第一回展会場整理にあたったという〔「インタビュー夢二と私　京都第一回作品展で」『上州路』一〇巻九号特集夢二生誕一〇〇年一九八三年九月一五日あさを社〕。

・竹久宛武者小路書翰を、全集は〔一八巻一九九一年小学館〕一九一五〔大正四〕年一〇月九日付としているが、「桜さく国」の礼状であり版画展覧会への誘いだから四年さかのぼる。『桜さく国　白風の巻』が一一〔明治四四〕年一〇月一日出版、竹久が一〇月一一日に版画展覧会へ出かけていることから、大正四年は誤記だと判断した。第一の入場者が竹久だと書いたのは、記者「版画展覧会」『白樺』二年一一号〔一九一一年一一月一日〕。

・竹久を評価する有島に苦言を呈したのは、志賀直哉『蝕まれた友情』〔一九四七年全国書房〕、荒木瑞子氏のご教示による〔「洛陽堂河本亀之助のこと〔続〕」『らぴす』一六号二〇〇〇年二月二〇日アルル書店〕。有島がたまたま会場で竹久に会ったとは、・有島生馬〔序〕後年の『竹久夢二抒情画展覧会目録』有島序文にある〔一九一八年四月八日・未見〕。

・堀内徹については『平安教会百年史』〔一九七六年日本基督教団平安教会〕、『日本基督教徒名鑑』二版〔一九一六年中外興信所〕に記されている。
・堀内清の回想は、「夢二君と私」〔『書窓』一一巻一号一九四一年二月二八日アオイ書房〕、「私と夢二」〔『医家芸術』一四巻九号一九七〇年九月一日日本医家芸術クラブ〕に拠る。
・自宅展を報じたのは、「十一月の美術界」『現代の洋画』〔九号一九一二年一二月一日日本洋画協会〕、資金を岸他丑が出したとは、岸たまき「夢二の想出」に語る。
・夢二展入場者は、中沢霊泉「夢二第一回展の頃」〔月刊『本の手帖』二巻一号一九六二年一月一日昭森社〕、文展は各紙が報じた。「京都文展の好況」〔大阪毎日新聞一九一二年一一月二六日〕、「美術工芸」〔京都日出新聞一二月三日〕、「京都の文展閉会」〔大阪時事新報一二月四日朝刊〕。高梨章「一九一二年の光り　第一回夢二作品展覧会」引用資料によれば有料二五六三五、無料五四三七、計二三八三四だった〔雑報「文展京都陳列会」『京都美術』二六号一九一二年一二月三一日芸艸堂〕。

3　ブルックリン美術館キュウリン

4　第二回展

・岸たまきが平和教会とするのは、堀内徹が執事をつとめた平安教会だろう。ただし木村清松が牧したのは洛陽教会だった。岸にとって京都といえば堀内父子の関わりが強い教会を思い出すのだろう。

5　第三回展

6　夢二画会事務所と第四回展

・〔発起人を列挙した消息記事〕「西洋画」『現代の洋画』二巻六号〔通号一八〕一九一三年一〇月一日日本洋画協会
・キュウリンをボストン博物館長としたのは、一九一八年抒情画展覧会招待状〔夢二書簡1所収〕、竹久夢二「私が歩いて来た道　及び、その頃の仲間」〔『砂がき』一九四〇年時代社・未見初出『中学生』二四年一月研究社〕、ブルックリン美術館学芸員とするのは、袖井林二郎『夢二のアメリカ』〔一九九四年集英社文庫〕。

7　夢二画会の頓挫

・一九一三年一二月二九日万朝報は、申込多数にふれず、単に来年に延期とだけしか報じなかった。

・有本芳水「夢二と私」〔月刊『本の手帖』七巻二号一九六七年四月一日昭森社〕において、『どんたく』出版いきさつを語る。
・夏川清丸『出版人の横顔』が岡村書店主にふれた〔覆刻二〇一〇年金沢文圃閣『出版書籍商人物事典』一巻・初刊一九四一年出版同盟新聞社〕。
・頓挫を語ったのが、竹久夢二「出帆」〔翻刻一九五七年龍星閣刊自伝画集『出帆』・初出未見都新聞一九二七年連載〕、「竹久夢二年譜」は「この洋行は世界大戦勃発で沙汰やみとなる」と記す。

三　雑誌『白樺』経営

1　経営委任

2　白樺叢書

・武者小路に続く同人著書出版計画は、「六月二十六日の誕生日に萱野も洛陽堂から本を出すかもしれない」同人（無）「編輯室より」〔『白樺』二巻四号一九一一年四月一日〕、「志賀はこの秋単行本をだします」同人（無車）「編輯室にて」〔同八号八月一日〕、「正親町の「松原」は洛陽堂の都合でのびてゐます」〔同〕と挙がった。
・『留女』出版を亀之助が引受けたのを書きとめた志賀日記は、『志賀直哉全集』一二巻に翻刻〔一九九九年岩波書店〕、志賀の才能を認めた同人は、（一記者）として「編輯室にて」に示した〔『白樺』三巻一一号一九一二年一一月一日〕。
・志賀が洛陽堂へ不満を抱いたはじめ、武者小路が自著製本の仕上がりを志賀へ書き送ったはがきは全集にあり〔一八巻一九九一年小学館〕、伊吾（里見）がつくった「直」の印が押されており、これが『留女』奥付に用いられた。志賀がましな布をさがしてほしいと頼んだ青木からの返事は、旧版全集別巻にある〔一九七四年岩波書店〕。
・志賀が『留女』に収めた「濁つた頭」は、『白樺』創刊年九月執筆、ロダン号など紙幅のつごうで掲載を見合せたのち、翌年四月二巻四号に発表した。日記には、「午前武者来る、「濁つた頭」のヌクべき所を調べる」〔一九一一年三月一七日〕、「午前中、「濁つた頭」を直し」〔三月一八日〕、「「濁つた頭」の事について、洛陽堂の人が内務省に呼ばれて注意を受けたといふ事だつた」（四月二二日）と書いていた。当時武者小路は、「志賀の五六十頁の小説は今度も出すのを見合はせた。単行本にして出す気があるらしいが、まだ少しなほす所があるのと徴兵で何時出来るか一寸わからない。できたらすぐ買はないと売切れになりさうだ」と書いていた（「編輯室にて」『白樺』一巻九号一九一〇年一二月一日）。

・月日不祥、一九一二年と推定された、洛陽堂からの返金にふれた柳宛未投函はがきは（全集一七巻二〇〇〇年岩波書店）、一三年一月末ごろ書かれたらしい。一三年一月二六日志賀宛武者小路柳連名書翰に、展覧会費用二三円用立てを依頼している。金を柳に送るよう追い書きしたこの書翰への返事だと考える。

・印税については、部数分ではなく、当初用意された出版費用五百円の残りかも知れない。志賀は後年、武者小路との対談において「五百円かからなかった」と語っている（一九六三年一一月『心』所収・全集一四巻一九七四年岩波書店に拠った）。

3　価格設定のゆきちがい

・一九一二年三月号から洛陽堂経営にうつった。同人が不快に感じたのは九月号※だった。各号価格設定判断材料を一覧に示す。

図版頁数……………多色・単色
本文頁数　＋附録頁……一号は第二巻総目録　一一号はゴオホ附録
他社広告頁数　＋半……奥附上半部広告を半頁と算出

発行月	表紙刷色数	図版頁数	本文頁数	他社広告頁数	販価（銭）
一	二	一・六	一六〇＋二二	一一＋半	四五
二	二	四	一六〇	一二＋半	三〇
三	二	四	一五二	八＋半	三〇
四	二	一・六	一四二	一〇＋半	四五
五	二	四	一三二	八	三〇

六	二	四	一五二	一五	三五
七	二	四	一二四	一一	三〇
八	単	六	八六	一〇	三〇
九※	単	四	一九九	一三	四五
一〇	単	四	一一四	一三	三〇
一一	単	一・七	一八三+九四	一一	六〇
一二	単	四	一四六	一三	三〇

・一九一三年三月、亀之助が拡大号企画を同人に伝えた受けとめは次のとおり
二〇日志賀宛武者小路はがき〔翻刻『武者小路実篤全集』一八巻一九九一年小学館〕
二〇日志賀宛里見はがき〔翻刻『志賀直哉全集』別巻志賀直哉宛書簡一九七四年岩波書店〕
一九日小泉鉄宛武者小路書翰〔武者全集一八巻・三月については「推定は出来ても、不確実の要素をはらんでいる」との印が附されているが、右二通のはがきから断定できる〕

4 原稿紛失

・原稿紛失については小谷野敦『里見弴伝「馬鹿正直」の人生』第三章「志賀直哉との決別」に拠った〔二〇〇八年中央公論新社〕。
・座談会初出『文芸』は未見〔『志賀直哉全集』一四巻所収一九七四年岩波書店〕

五章　洛陽堂印刷所改称以後　一九一四年〜一九一六年

一九一三（大正二）年春、俊三は千代田印刷所藤田千代吉に代わって洛陽堂発行図書印刷者となった。晩秋、洛陽堂は麹町二丁目から平河町五丁目へ移転、さらに明けて一四年二月、千代田印刷所を洛陽堂印刷所に改める。亀之助と俊三が出版と印刷をともに経営するいしずえが築かれた。ただし未だ看板かけかえにとどまり、俊三に獅子吼書房における編輯経験はあっても、印刷実務にはさほど通じてはいなかった。

すき間をうめたのが、亀之助が勤めていた国光社印刷工らしき辺藤赤太郎である。亀之助退社後におこった同盟罷工を報じた読売新聞に、通堂赤太郎という人物が出てくるのだが、辺を通と植字工がとり違え、藤を堂を記者が聞き誤ったとは、穿ち過ぎではないと考える。一四年一月号から八月号まで『良民』印刷人になった辺藤は、住所を千代田印刷所、洛陽堂印刷所と同じ麹町二丁目九番地としていた。ただし印刷所名を記さなかった。洛陽堂発行図書印刷者は俊三が続けていたから、辺藤は八ケ月間だけ、『良民』印刷人に名をとどめた。

この辺藤が印刷人をつとめた『良民』一四年四月号から六月号まで、月映同人が版画作品を寄せた意味については、公刊『月映』でふれる。

一　白樺同人をめぐる人々

1　木村荘八

①美術評論

洋画家であり文筆に長けた木村荘八は、一八九三〔明治二六〕年料理屋いろは牛肉店第八支店に生まれた。総勢三十名の異母きょうだいがあり、荘八また家業をつぐため帳場の見習に就かされていたが、画家へのあこがれを断ちがたく、長兄らの支えにより黒田清輝が教える葵橋研究所に通った。ここで白樺同人と親しい岸田劉生にであう。ヒュウザン会展出品はこのつながりによる。亀之助と木村をむすびつけるなかだちは、日本洋画協会をつくって青年画家を支えた北山清太郎がなした。木村が北山を思い起して、知り合ういきさつをこう書いた。

ぼくはフューザン会の間は家で学資を出して貰うまま、「いろは」にいましたが、その頃日増しに家運の傾くのを見て、お袋に負担をかけることが耐え難くなり、丁度そこへ芸術雑誌の「現代の洋画」が創刊されたのを見て、主管の北山清太郎に手紙を出して、社員に使ってくれと申入れました。

北山君は手紙を見ると直ぐにぼくを「いろは」へ訪ねてくれましたが、ぼくが大屋の中に画架なんぞを立てているのを見て、「君達のような金のある人でないとこれからの洋画は却々難しい。

斎藤与里君も……」と、ぼくの考えの逆の話を初対面早々に切り出しましたから、弱って、「そうではない、その反対なのです」と事情を語り、君の社の社員に使ってくれないかということを頼みました。

北山は快諾した。食、住、それに月五円を給してもらった木村は、『現代の洋画』や『フユウザン』編輯にたずさわり、西欧画家の伝記や美術評論を書いた。一九一三〔大正二〕年八月に『後期印象派』を出版している。共著者は高村光太郎と岸田劉生で、『現代の洋画』一七号を単行書としてあつかったのだった。洛陽堂が広告を寄せたその雑誌によって、亀之助は木村を認めた。『ロダンの芸術観』出版は、一四年春三月だった。『現代の洋画』に連載した「ポール・グセル著ロダン氏芸術観」をもとにした訳書だ。木村は前年一一月に福田和五郎の娘万寿と結婚したばかりである。結婚してからすぐ兵役に就いたが、眼疾によって除隊した木村に、亀之助は出版の機会を与えたのだった。木村は『ロダンの芸術観』を武者小路実篤にささげた。武者小路が亀之助に持ちかけたのかは、自序にふれていないので判らない。二冊めの訳書『芸術の革命』が兄荘太にささげられているのからすると、仲介に立ったのは後に新しき村に入る木村の兄荘太だとも考えられる。小山内薫主宰『新思潮』同人で文壇に知友が多くある荘太は、小泉鉄を通じて『白樺』の年極め読者になっていた。雑誌『白樺』に西欧画家の作品図版に出逢う喜びを、木村はこう語っている。

之等の絵が雑誌「白樺」に出た時に、無論みんな喜んだとは思ひますが、中でも恐らく一番喜んで、そして之等のかなり得がたいゝ版を毎月見ることが出来、同時に簡単に自分のものに出来ることをその時々には馴れてゐるので別に意識しなかつたが、今思へばたしかに心から感謝した、さう云ふ人間の中の一番感じた人間は、僕などは多分その度の格別に強かつた一人だらうと思ひます。

②R堂主人

『ロダンの芸術観』と『芸術の革命』を洛陽堂から出版した一九一四（大正三）年、木村は手狭だった南品川から大崎へと引越す。月の出費は三十円、収入は十五円から二十円で、印税がたまに入ってもならして十円の不足が続く暮らしだった。木村は蔵書を、妻は指輪や衣類を売ってしのいでいた。引越費用をひねり出すのに木村は翻訳の稿料をあてにし、妻は実家へ無心するしかなかった。それを、引越してから六日後に木村が書き上げた実名小説「二度目の転居」で明かしている。

木村は牛込に、新潮社とおぼしきS・T社を訪ねたが主人に居留守をつかわれた。つぎに読売か万朝報らしきY新聞へ、そして電話で在宅を確かめてR堂へと向かう。

運善く主人が自身で出て来ていた。R堂へかけて主人の出ることは今までにも珍らしいことである。自分は又「幸先よし」と思った。電話を切るや否や直ぐに我々はR堂へ向った。其所で自分は改めて今朝S・T社へ頼もうとした訳文を早急にR堂から出版する約束を取り決めた。主人の「来月五日頃おいで下さい」と云った言葉は、自分に直ぐ印税があることを信じさせた。自分はそれを転居費用の勘定の予算に万一を気づかって加えてなかったのを善いことと思った。主人に暗示されても未だ金が確かに手に入るとは信じ得なかったのである。金の入ることを確信して今喜ぶよりも、金の若しもはいらなかった場合に苦しむ方が痛切に自分の仕事に関係するのを知っていたから。それに度々金を要求する自分のR堂主人に対する行為を心ならず思い、且今月はもう印税の無いのが至当と思っていたから。R堂を出たのは夕六時前後であった。我々は直ぐその足で日蔭町の古着屋に向った。

R堂からは当てにしていた十円、Yからはいつもより多く七円を得て一〇月に転居がかなう。S・T社＝新潮社へ頼むのをやめて、R堂＝洛陽堂から早急に出版する約束を取り決めたというのは、数ケ月のち、一五年一月刊『ヴン・ゴオホの手紙』がそれにあたる。

③福士幸次郎『詩集　太陽の子』

木村荘八が初めて洛陽堂から訳書『ロダンの芸術観』を出版した一九一四（大正三）年、亀之助は木村の友人福士幸次郎を紹介されて自費出版を引き受けた。『詩集　太陽の子』である。福士は一八八九年弘前生まれ、木村荘八より四歳年長、兄荘太と同年だった。

父は諸芸に通じたが家貧にして、福士は十歳のとき津軽や秋田など各地で舞台に立った。芝居になじめぬ福士が求めたのは文学であり、支えたのはただひとりの兄や、黒石に生まれた秋田雨雀、弘前出身の佐藤紅緑ら津軽の人だった。佐藤に勘当された息子八郎をひきとったのが福士で、福士が亡くなると当年の詩人サトウ・ハチローは遺族より先に焼香して涙をぬぐったという逸話をのこす。

福士が千家元麿や佐藤惣之助らと始めた雑誌がうまくゆかず、一三年、木村荘八、高村光太郎、岸田劉生らと生活社をつくり、雑誌『生活』発行にこぎつけた。『フユウザン』廃刊翌月だったから、改題誌の体をなした。北山清太郎に引き受けてもらったのだから、つないだのは木村だろう。

書きためた作品をもとにした『詩集　太陽の子』は、木村荘太序、木村荘八装幀による。予告は一四年三月一日発行『白樺』と、三月五日発行『現代の洋画』に載った。発行所生活社、発売所洛陽堂となっている。ただし生活社の所在地が、『白樺』には赤坂一ツ木二十三、『現代の洋画』のほうは府下南品川宿七八五と、異なる。赤坂は荘太、南品川には荘八が住む。

出版はややおくれて四月八日、本文二百五十頁、定価九十銭、発行所は生活社ではなく洛陽堂とかわった。名義貸しである。亀之助は自社『白樺』のほかに、九日東京朝日新聞に広告を出した。一〇日から一段ふやして九段組に変わる最後の紙面だった。

出版費用を負担し、福士の最期を看取った兄民蔵によれば、七百部のうち百部も売れなかったという。しかし福士は詩集公刊によって、萩原朔太郎という読者を得た。つぎのように福士の詩集を認めている。

> 詩人としての福士君は、日本の近世詩壇に於て、非常に深い根を掘り下した、唯一の根柢の功績者である。彼の第一詩集「太陽の子」は、僕等の口語自由詩が出発する最初のものを、最も大胆に創造した。正直に言つて、僕は全く福士君からの感化を受けた。「太陽の子」の暗示なしに、僕の「月に吠える」は無かつたらう。彼の仕事は陰気であり、白秋や露風のやうに花々しくない。けれども僕等の詩壇に於て、彼は根柢の土壌を耕やし、後に来るものが建設すべき、最初の地盤

を掘り下した。それがまた農民らしく、隠れた無言の労働であり、いかにも福士幸次郎にふさはしい。彼は人気のない作家であり、詩集「展望」が夜店で十銭で売られてゐる。悲しい義憤を感ずる前に、もつと深くその懐かしさにひきつけられる。

萩原が『月に吠える』の装幀を、月映同人恩地孝四郎を介して病に伏す田中恭吉に依頼するのだから、結びめに在った亀之助の果したはたらきもまた称えられてよい。

④木村荘八岳父　福田和五郎

木村荘八に美術評論の仕事を与えた北山清太郎は、一九一六〔大正五〕年夏あたりに、美術界から退いて、活動写真、わけても動画にひきこまれていった。北山が木村や岸田劉生ら画家による草土社結成に力をかした最後は、四月に開かれた第二回美術展覧会だった。その出品目録に木村はこう書いたという。

此度の展覧会には自分は家庭のある事情と並びに自分の頭の都合とでわりに少数の新作しか出陳することが出来なかった。それも未完成のものが多い。実は今展覧会のあることは自分の作品の公表に対する間歇熱にとって少し中途半端の時に当りすぎる。然しこのことは前から承知していた。何れにせよ春展覧会のあることは知っていたから。〔略〕余儀ない事情もあったが何しろ自分の画家としての不勉強を物足りなくは思っている。

ある事情とは、一六年早々に岳父福田和五郎が起した、軟弱外交を批難する大隈首相暗殺未遂事件だ。勾引が報じられたのは一月二〇日、その日、福田の母が亡くなる不幸が重なった。爆発物取締罰則違犯に問われ、死刑判決が報じられたのは六月二〇日だった。「儼として死刑を求む／福田下村に対し／爆弾公判に小原検事の／論告頗る峻烈を極む」とは、新聞記事見出しである。七月一〇日の第一審で無期懲役、一一月二一日第二審は懲役十五年の判決が下っている。

五月に始まる木村荘八編絵画叢書刊行は、定まった稿料を与えるために、亀之助がしぼりだした智恵だろう。もとより夫婦の暮らしがなりたつだけの印税を渡せる出版ではなかった。菊半截判およそ二百頁、今の文庫にちかい小型本で、定価は一円ほどの手軽な解説書だった。印税を一割として一冊十銭、百冊売れても十円にすぎない。今の三万円に足るだろうか。第一編は『ボティチェリ』で、緒言には年代順にしたがわず、ふた月に一冊、あわせて十冊をこえるみこみであるとし、次編はレオナルド・ダ・ギンチだと予告した。八月に出版したのは第二編『エル・グレコ』、一〇月に第三編『レオナルド』とほぼ予定どおりに進められた。その巻末に第四編『アルブレヒト・ドュラー』予告がなされたものの、世には出なかった。一九年一〇月絵画叢書ノ四として実現したその前言に、木村は「大正五年の終りから六年の初めにかけて自分はかなり長くデューラーの評伝を書いたが、それは活字にしなかつた。それは元来は叢書の第四編としてすぐにも出版される筈のものであつたが、その時はさう成らずに原稿のまゝ自分の手元に残つた」とことわった。事情を明かしていないが、理由はふたつあろう。ひとつは紙数が既刊三編の二倍余に及んだため、もうひとつは、首相暗殺未遂事件被告女婿の出版に対して、内務省が黙っていたとは考えにくいことだ。

この間における裁判のなりゆきを調べると、一七年三月一三日上告審によって原判決破棄、名古屋控訴院移送、一二月二六日差戻審で懲役十五年、一八年五月二四日大審院の最終審において禁錮八年が確定した。刑が軽くなったのは、一八年三月に爆発物取締罰則が改正されたことに主な理由があるとされる。この間三月一五日に亀之助が木村を訪ねて、『泰西の絵画及彫刻』第五巻編輯をもちかけて五月二六日に出版している。たまたま時期が重なっただけだと言えようか。

『泰西の絵画及彫刻』四巻まで出版されるいきさつと、第五巻から引き継いだ木村と亀之助のつながりについては、時の順にしたがって改めて述べる。

2　加藤一夫

①『ベェトオフェンとミレエ』

一八八七（明治二〇）年、和歌山に生まれた加藤一夫は、迷いながら歩みを続けた人だった。『日本アナキズム運動人名大事典』は、田辺中学で校長を排斥する同盟休校を扇動したとして退学処分を受けたところから始まる。和歌山中学へ編入できたのは対露戦雲たなびくころで、非戦論を唱える青年らがつどう和歌山基督教会に通った。相識ったのは沖野岩三郎、山野虎市、児玉充次郎、杉山元治郎らだった。沖野を追って明治学院神学部に学んだが信仰への疑問にとらわれ、内ヶ崎作三郎の統一教会へ入り、『六合雑誌』編輯にかかわる。加藤は最初はトルストイの翻訳者、紹介者として知られることになったとされる。一九一三（大正二）年一一月文明堂刊『闇に輝く光』はトルストイの戯曲で、出序文を寄せた安倍能成とは、内ケ崎にしたがって『六合雑誌』編輯にあたっていたときに知った。出

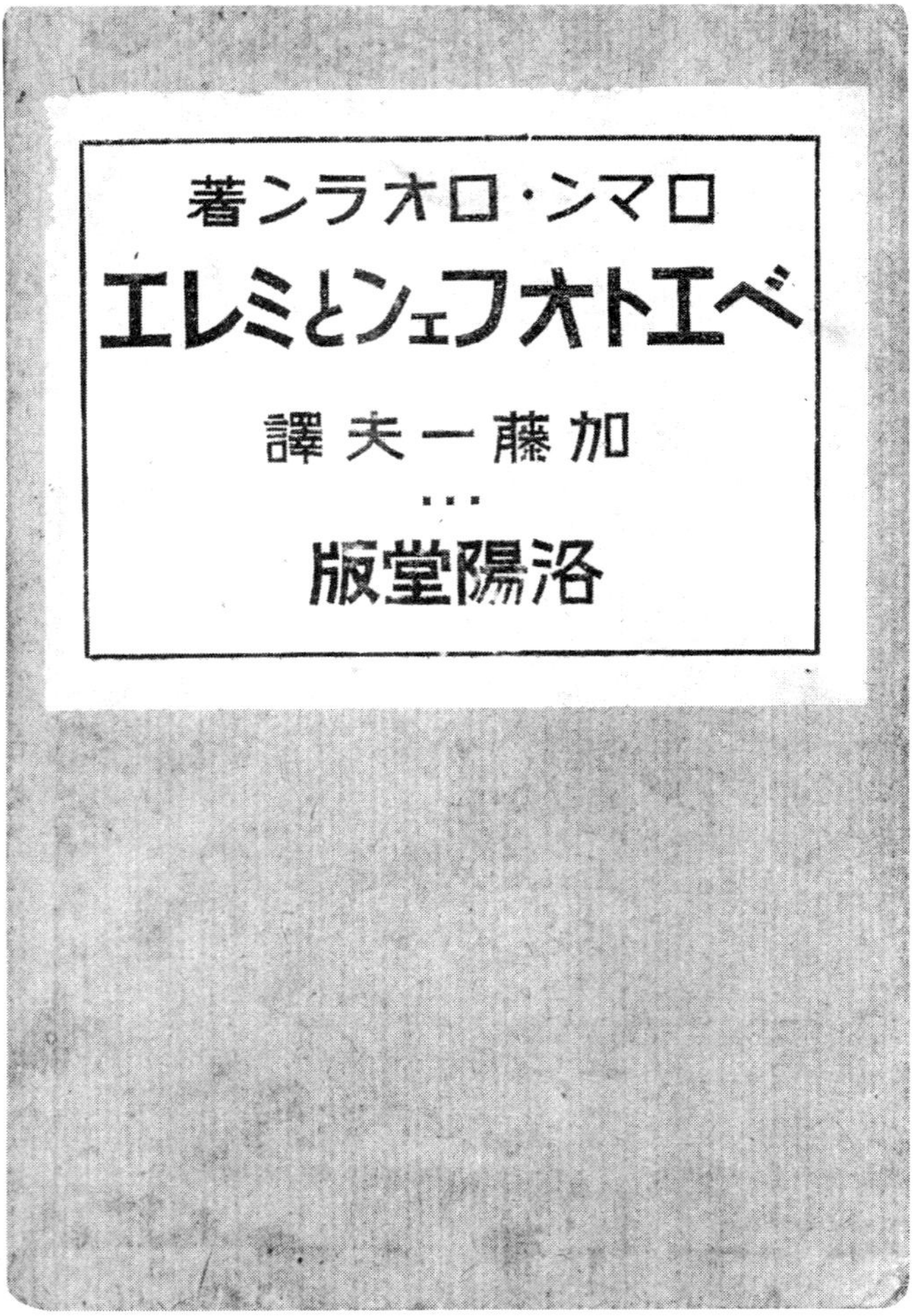

加藤一夫訳『ベエトオフェンとミレエ』函
〔この訳書を始めとして洛陽堂から数多くの著訳を出版しトルストイ紹介者として知られた〕

版後、女学校に職を得たものの、担当する英語をなおざりに授業をすすめたために、親から苦情がふきでて四ケ月で辞職せざるをえなくなった。

いったん帰郷するが、兄たちからはいつまでたっても自活ができぬ者といわれ、郷党からも嘲りをうけた。齢三十に近い無職青年は、農業の手伝いをしつつ働く喜びを知り、いなかの自然から感化されることが多かった。再び東京へ出たのが一五年二月、武者小路実篤を訪ね、その紹介によって四月に洛陽堂から『ベェトオフェンとミレエ』を出版した。この訳書出版にあたっては、亀之助と加藤のつなぎめに武者小路ともうひとり、小泉鉄がいた。その緒言と、四半世紀のちの自伝とを並べてみる。

一九一五年加藤一夫訳『ベェトオフェンとミレエ』緒言

この訳本の出版に際して、特に武者小路実篤兄及び小泉鉄兄の好意を感謝します。武者小路兄は凡ゆる好意をよせられた中にも、その大切なるミレエの輯画から、本書に挿入した分だけを引裂いてまで下さいました。小泉兄は私に原書を貸して下さいました。

一九四一年加藤一夫『み前に斎く』

当時行はれてゐた文学運動のうちで最も私の共鳴してゐた白樺派同人と知る機会を得た。最初に会つたのは白樺の編輯の任に当つてゐた小泉鉄であつたが、彼は私にロマン・ローランのベトウブエンとミレエとを貸してくれた。私はこれを読んで非常に感激したので早速飜訳にとりかゝつたが、その飜訳を白樺を出してゐた洛陽堂が出版してくれることになつた。この訳は英訳の原本もわるかつたのだが私のはなつて居ない。（その後いゝ訳が出たので私のは絶版にしてゐる）それだのにそれは割合よく売れた。それにこの洛陽堂の主人河本亀之助は損得を超越して無名の士を紹介することを楽しみとする種類の人だつたので、同じ年のうちに私の文集「本然生活」も出た。

『み前に斎く』に武者小路の名がぬけ落ちたのは、両名相互の批難応酬をへたからだと考えてよかろう。書きこまれていないもうひとつ、『土の叫びと地の囁き』発禁処分については後述する。さて、損得を超越して無名の士を紹介することを楽しみにすると加藤がいう亀之助は、さらに『我等何を為すべき乎』と題する、加藤を深くつき動かしたトルストイの訳書を同じ一五年に出版した。加藤は右の自伝『み前に斎く』に、もう一度亀之助を語っている。

私ははじめて、神は抽象的な世界には在さずして、具象的な世界に在すことを知つた。言葉をかへて云へば、自然科学的実証主義や哲学的観念では神がわかるものではなく、もつと手近な社会学的な事実や経済学的な事実に対する倫理的要求に立脚しなければならぬことを知つた。更に云ひかへれば、宗教は個人的なものでなくて社会的なものであるのを知つた。
正直に告白して、私はまだ、神を白日のもとに摑んだとは云はれない。その代り、今まで私の重きを置かなかつた社会学や、経済学の部門が急に最も重要なものとして表はれて来た。
何れにしても私は、私の生活を支ふる必要のためもあつたが、かう云つた真理を広く世に示さなければならぬと云ふ要求から、私はこの書の飜譯をはじめた。

夜に日を嗣いで私はこの書の飜譯に努力した。そしてそれはちよつとの間に完成した。この書はよく売れた。思想界の傾向もまたトルストイ的に流れ出した。そのために私は、常に赤字つゞきであつた洛陽堂から印税をまともに払はれたことはなかつたにも拘らず（洛陽堂主人河本亀之助は商売が上手ではなかつた）それでもなほ大に意を強うすることが出来た。と云ふのは、当時文学界に重きをなして居た新潮社は「トルストイ研究」と云ふ専門の雑誌を出しはじめた位だし、その他トルストイに関する著□〔欠字〕があちこちの書店から出版されたからである。

商売が上手ではなかったとは、ひとつに『我等何を為すべき乎』とは対をなす『我等何を信ずべき乎』を挙げられよう。トルストイの人道主義の根柢には信仰があると考えての出版だった。加藤が主宰する雑誌『科学と文芸』編輯だよりに、いきさつが記されている。

一九一六年八月　かずを「病床の編輯室より」
自分も病気がよくなつたらトルストイの「我等何を信ずべきか」（我宗教）を訳さうと思つて居る。矢張洛陽堂から出す。新聞に新潮社からとあつたのは誤りである。あれはたゞ新潮社から出す本屋がきまつて居るのかと問ひ合せに来たばかりを誤つて伝へられたのだ。
一九一六年一〇月　かずを「編輯室より」
「我宗教」は長〔生〕田君のために先鞭をつけられた。自分はこれで今年中の兵糧をこしらへて、ゆつくり大きな創作か思想的の著書をしやうと思つてゐたのに、また〳〵あてがはづれた。生田君が先きに出たのだから、ことに売ることには巧い新潮社から出たのだから自分のはさう沢山は売れないだらう。さうすると最初の予想の半分にも行かないだらう。

生田長江が『青鞜』の名づけ親になったのは、閨秀文学会で平塚明子や青山（山川）菊栄らを教えた縁による。生田訳『我宗教』は一六年九月二〇日新潮社刊、加藤訳『我ら何を信ずべきか』は同年一一月一〇日洛陽堂刊、遅れること五十日だった。洛陽堂が先だったら、さらに読者を得ていただろう。

②主宰雑誌『科学と文芸』

加藤一夫主宰雑誌『科学と文芸』は、一九一五（大正四）年九月に交響社から創刊、発売を天弦堂書房にゆだねた。洛陽堂から四月に『ベェトオフェンとミレエ』、一〇月に『本然生活』を出版しているから、その間にはさまる。

最も多く出資した紀州新宮の人西村伊作は、大逆事件で刑死した大石誠之助の甥である。加藤と西村をつないだのは赤松保羅だった。加藤とは明治学院同窓、西村とは親戚にあたる。新宮から呼びよせて明治学院に転校させたのは沖野岩三郎で、一時加藤のもとに下宿させた縁があった。自分だけの雑誌を出したいのが加藤、絵画建築に興味を持ち科学に通ずる西村は文芸誌にとどめる気はなかった。誌名科学と文芸は折り合っての命名だった。

西村につぐ出資者は尾張藩医の子藤浪剛一（ごういち）で、岡山医学専門学校を出て慶大教授となり、レントゲン学者として知られる。加藤夫妻の媒酌をつとめた藤浪は、生涯にわたりその庇護者となった。二十年ののちに加藤は『貧者の安住』に「藤浪博士」の一節をもうけている。

> 他人を援けるためには彼は惜しみなく与へる。しかし彼自らのために金銭を浪費すると云ふやうなことは決してない。雑誌や新聞の記者または編輯者が、と云ふよりは、出版者や製薬業者等が、彼を利用しようとしても、理由なくして彼等のためによき証言を与へたり、推賞したり、便利を与へてやると云ふやうなことは決してしない。凡ては皆、良心的なのだ。
> しかし私が若し、たゞ彼にのみ感謝して、夫人に感謝することを忘れたならば、それは大なる過ちを犯したものと云はなければならぬ。何故なら、此の賢夫人の好意なくしては、斯くの如き善き友を私は持ち得なかつただらうといふことを私はよく知つて居るからだ。

藤浪の妻は青鞜社発起人のひとり物集和子、発足当初は事務所を物集宅においた。父物集高見は『広文庫』や『群書類従』編者であり、東京帝大教授をつとめた国語学者である。『青鞜』が発禁処分を受けたとき、物集家へ官憲がふみこんだことから父の怒りを買い、そんな仲間に入るのは乱臣賊子の所業だと手厳しく叱られて、その標札を外さねばならなくなったという。藤浪と結婚してからは、表だった関係を断ったとされる。

藤浪には兄と弟があった。ユニヴァーサリスト赤司繁太郎と信仰をともにした兄鑑（あきら）は京都帝大医科教授をつとめた。京大に藤浪ありとの声望により入学した渡辺喜三に、一三年『遺伝之研究』、一四年『人生二百年』という洛陽堂から出版した著書がある。また一六年、『科学と文芸』連載に加筆して洛陽堂から出版した『自然科学者としてのゲーテ』著者小川政修は、もと京大医科助教授で、この時九州帝大医科教授だった。出版にあたり畏友永井潜の助力があったと記している。

永井は、一一年に東京帝大から京都帝大へ出講して藤浪鑑に迎えられており、小川の著書校正にあたらせたのが教え子児玉昌だった。また剛一の弟藤浪由之は洛陽堂から一六年に『ハイネ評伝』を出版、跋を寄せた小酒井不木〔光次〕の恩師が永井であった。『科学と文芸』に寄稿した永井をめぐる人々のつながりについては、白樺同人をめぐる人々には入れにくいので次にまわす。

二　永井潜をめぐる人々

1　永井潜

①永井と高島平三郎

永井潜(ひそむ)は一八七六〔明治九〕年、安芸竹原に生まれた。高島平三郎の教え子で、亀之助追悼録に楽之会代表として誄詞を寄せた。楽之会は高島が自宅を開放して設けた教え子ら交友の場で、武者小路公共や弟実篤が集った。亀之助を使者にたて西川光次郎が招かれ、談話をなしている。永井は西川と同年である。洛陽堂刊西川著『実践道徳簡易入門』は高島の門弟に言いおよび、永井が「今も尚ほ高島先生の其家を訪ふあれば、入浴の時の如き手づから先生の肩を流し、又夜間は話しながら午前の一時頃までも先生の足を揉まるゝと云ふ」と伝えた。

備後松永に勤める高島と、安芸竹原に育った永井とを師弟にむすぶなかだちは、長谷川桜南による浚明館がなした。村人に惜しまれつつ神村小須江分校を去って松永小に赴任した十九歳の高島は、足らざる素養をつちかうために通い、最幼年八歳の永井ははじめ竹原小に入学しながら、新教育に人を得ないと考えた父敬介が長谷川に托したのだった。高島を慕う亀之助は今津村から須江へ休みごとに通っていたが、隣町松永と近くなった高島を訪ねるおりに、神童永井少年を見知ったと察せられる。

高島は、塾生馬越篤太郎をとおして叔父にあたる永井の父へ、漢学でおわらせる非を伝えた。齢而立をすぎ既に郷党に重きをなす父は松永に高島を訪ね、浚明館へ托したのは、学徳を兼ね備えた漢学の師につかせるほうが勝るからだと説いた。高島は、世界の大勢から教育の変遷におよび、普通教育こそ欠くべからざると言い、小学教育者の学力が浅いのは人を得ないからで、良い教師を招いて完全な小学教育を施せとかえした。「医学ト哲学ノ巻首ニ書ス」において高島は「此ノ如クニシテ我語リ彼談ジ、終ニ夜ヲ徹シタルコトアリ」とふりかえっているから、一度でけりがついてはいない。

ついに高島は父敬介を説き伏せて一年にして永井を退塾させ、郷里竹原小学校中等科、広島師範附属高等科に進ませた。広島師範に赴任した高島に信をおいたからだった。そこから福山誠之館、独逸学協会中学、一高、東京帝大に学び独英仏へ留学、一九〇六年助教授に任ぜられたのだ。高島が序文で徹夜論議をふりかえった永井著『医学ト哲学』は八年吐鳳堂刊、亀之助が開業していたら洛陽堂から出版したはずだ。

②亀之助と永井

亀之助と永井が確かなつながりをもったのは、高島が開いた楽之会だろう。一九〇八〔明治四一〕

年九月に高島の母加寿が亡くなったとき、亀之助は参列したはずで、楽之会代表として弔辞を述べた永井とは共にたちはたらいたものと思われる。一周忌にあわせた追悼録『涙痕』は、その弔辞を収め、千代田印刷所が請け負ったから、校正などで往き来があったと察せられる。

永井が洛陽堂発行図書にかかわるはじめは、一九一二年日本児童学会編『児童学綱要』だった。同会はもと日本児童研究会として一八九八年に高島らによって発足し、機関誌『児童研究』を出していた。再編は一九〇二年、ドイツから帰国した富士川游らの参加による。橋渡しをしたのは留学中に富士川と親交をむすんだ下田次郎である。

富士川の渡独は中外医事新報社から派遣されたもので、日本が範とするドイツ医学を調査報道するためだった。富士川は五年に『人性』を創刊する。一八年まで十四年間つづいた月刊誌で、「生物進化の産物としての身体、生物学的身体に起因する精神機能、それを前提とした人類の文化、歴史、社会についての知見と思想を、内外の最新の学術情報や論説を通して発信し」たという。九年には人性学会を組織して、『人性』発行元を裳華房から同学会にかえ、幹事に下田次郎、尼子四郎、それに高島平三郎と永井潜が名を連ねた。いずれも広島出身者だった。

永井だけによる著書の一冊めは一三年七月『生命論』だった。ドイツに学んだ永井は、哲学をもとにした生理学を大学で講じていた。永井に学び永井によって労働科学研究所長となった暉峻義等（てるあきぎとう）は、永井を偲ぶ座談会において、実験をしない生理学者という恩師への批判に対して、生理学が実験的科学であるのを認めつつ、それは学問研究の半分にすぎないとし、思考的手段を全く欠いている生理学の研究者が余りにも多いのを批判して、多くの秀れた実験の成果を読破して独自の生命観をうちたてた師をたたえた。

『生命論』は菊判およそ四百頁で二円五十銭と、安くはなかった。しかし多くの学生が買い求めたといわれるのは、半月後に版を重ねたことからわかる。意を注ぐべきは一五年二月増補三版で、新たにくみ入れたひとつが人種改善だった。背景には、史上はじめて銃後を総動員して多数の戦死者を出した欧州大戦があった。永井は生理学者として民族盛衰の問題にふみこんだ。たとえて云う。いかに磨けばとて瓦は到底瓦だ、玉でなければ光は出ない、磨くべきは材料の選択だと。増補三版と同じころ、『日本及日本人』に「人種改善学の理論と実際」連載を始めて再説している。

ついで洛陽堂から二著めとなる『生物学と哲学との境』は一六年四月出版、ドイツの恩師フェルヴォルンに献ぜられた。「哲学なき日本の科学」と題した章がある。二〇年四月に十版、巻末広告に『生命論』は十二版とあった。

亀之助歿後の二二年、かつて吐鳳堂書店から出版した『医学ト哲学』は、書名をひらがなに改めて洛陽堂が譲りうけ、つごう三著となった。ただ一著『人性論』だけは実業之日本社から出版されている。一六年七月で、『生物学と哲学との境』とは二ケ月ほどしかへだてておらず、亀之助が担いきれずに断わったのかもしれない。永井初期の主著はほとんどを洛陽堂が出版したのだった。

2　書生　小酒井光次

小酒井光次は一八九〇（明治二三）年に生まれた。生母は知らぬ、名古屋で生まれたとほのかに聞く、そう自伝に書いた。父は名古屋西方日光川に沿う蟹江町に、五、六町歩におよぶ田地を持つ自作農だった。自伝はまた継母を大なる恩人と記すのだが、天瀬裕康「小酒井不木論　血に啼く両価性の世界」は、四人の母親の影が作品を読みとるのに大きく与ると指摘する。会いたいと思わなかったという生みの母、夫亡きあと子を他郷へ遊学させたくなかった継母、小酒井三歳にして亡くなった乳母、そして義母、母を四人もつのは、小酒井が愛読した探偵小説作家エドガー・アラン・ポーの境涯に似るという。

村長や郡会議員をつとめた父のひとり子であるから、小酒井は家にしばられた。名古屋で愛知一中に学んだときこの父を亡くしたから、向学心に富む小酒井にとって、六十歳になる継母がその壁となった。自伝は、何といっても継母は私にとっての最も大なる恩人だといい、同窓田村利雄は、無理解なる慈愛（？）と評した。父が生きていたら法律を修めることになっていた小酒井は、母のために医科を選んで折り合いをつけた。東京帝大進学は、三高で英語教師厨川白村が永井潜著『医学ト哲学』を賞讃したのが大きかったとされる。

しかし学資は滞った。宿舎の夕食が六銭したため、四銭でパン半斤を買って済ませたり、参考書を買えないので図書館に通うほかなかったりした。同級生が不自由なく参考書で勉強するのが癪にさわり、ひとりだけ離れて、方角ちがいの文学書に読み耽ったという。思いついたのは新聞小説を書いた稼ぎで参考書をあがなうことだった。

そのような小酒井を三年級から書生として寄宿させたのが永井である。特待生試験に落ちたのを聞いて励まそうとしたものだろうが、人としても認めたはずである。「妻を失い、乳児を抱いて、憂に沈んで居た僕を、君はよく慰めて呉れたことを思ひ出す」と先に逝った小酒井を追悼しているから、永井にはもうひとつの事情があった。

すでに洛陽堂『生命論』の著作ある永井が、小酒井をひきたてて『生命神秘論』を出版したのは、卒業間もない一五年六月だった。卒業前後はまことに多事で、最後の試験三日後に家郷でひとり暮らす継母が亡くなっていた。生前から継母がすすめていた縁談にしたがって、小酒井は鶴見久枝と結婚、これが一月だった。著書は亡き父、亡き継母に捧げられたのである。

これをきっかけに、小酒井は『科学と文芸』と『第三帝国』へ寄稿を始めた。加藤一夫主宰『科学と文芸』は九月一日発行創刊号から、民本主義の論客茅原廉太郎〔華山〕が主宰する社会評論誌『第三帝国』へは、九月一一日発行五一号からだった。

余が小酒井博士を識つたのは、精しくは記憶して居らないが、博士が師事した永井潜博士の『科学と哲学との境』と題する書物を読んで、その独断、妄断に驚いたことが機縁になつたのである。小酒井君はまだ二十代であつたが、永井博士の融通が利かぬとは異つて、八面玲瓏の天才であつた。余は深く之に敬服して『第三帝国』に於いて君の作を紹介した。斯る意味で、余も亦小酒井博士を「発見」した名誉を荷ひ得ると思ふ。

茅原が読んで驚いたという永井の著作はうろ覚えで、『科学と哲学との境』ならぬ『生物学と哲学との境』は一六年四月刊なので、一五年六月小酒井『生命神秘論』より出版は後だった。それより前に永井が書いたのは、一三年七月洛陽堂刊『生命論』、もうひとつさかのぼれば八年一月吐鳳堂刊

『医学ト哲学』だ。すでに永井や富士川游が『第三帝国』へ寄稿しており、亀之助もまた洛陽堂出版図書広告を早くから載せていた。もちろん、永井の『生物学と哲学との境』も、新刊紹介や書評にとりあげられるように寄贈していただろう。ともかく茅原は、小酒井が毎号執筆すると『第三帝国』に披露したのである。

『第三帝国』寄稿に前後して、高島平三郎が『婦人の生涯』を書き上げたおり、校正などを小酒井にまかせていた。出版にこぎつけたのは八月だった。高島は教え子永井を介して小酒井を知ったようだが、新婚の小酒井にわずかであっても報酬をわたすよう、亀之助に頼んでいたのだろう。

小酒井が肺を病んだのはそのころである。転地療養をきめたのが冬一二月で、一七日の日記に、父上母上および河本令夫人の来させたまひしに力を得つやがて十一時の汽車に投じて、江の島片瀬へ向かったとある。これまでのいきさつからして、河本令夫人とは亀之助の妻テルだ。小酒井の義父母とともにテルが見送ったとは、高島や永井と同じようなつきあいを亀之助夫妻がしていたのをしめす。

それに応えた小酒井は、あくる一六年、藤浪剛一の弟由之〔水処〕を亀之助に紹介した。三高、東京帝大で小酒井は医科に、藤浪は文科に学んだ同窓だ。藤浪由之著『ハイネ評伝』へ小酒井は跋「ハイネ評伝の後に」を寄せている。なかで恩師N先生が京都帝大へ赴いたと記すのは、生理学教授が病気療養のため、講師嘱託を命ぜられたためだった。永井は一週間の半ばを京都で暮らすことになる。同地で病理学を教えていたのが、藤浪剛一、由之の長兄鑑(あきら)だった。弟剛一が、『科学と文芸』加藤一夫を支えたというつながりをもつ。

肺を病んだ小酒井は小康を得た一七年、東北帝大助教授を拝命すると同時に衛生学研究のため留学した。しかし英国で吐血、二〇年秋に帰国する。教授に任じられながら病は癒えず、任地に赴くことなく療養生活を送ることになる。一二月に亀之助が亡くなってから、翌二一年「二月十日　受　河本てる／今日も暖かき日也。旧正月の三日目子供の哀もあるべし。庭に出で散歩などす。河本氏からは故亀之助氏の五十日の挨拶也。夜遅く父上来らる」、「二月十六日　発　河本てる」と日記にある。テルが送った一月三〇日発行亀之助追悼録への返礼だ。

東北帝大赴任を断念して病を養いつつも、小酒井は執筆を続け、求められて東京日日新聞に「学者気質」を連載したのは九月だった。犯罪者の心理や探偵小説にかかわるこの随筆を読んだ森下岩太郎〔雨村〕が、編輯する探偵雑誌『新青年』へ寄稿を依頼してから、やがて小酒井は探偵小説家としてあらわれる。その縁をなしたのが江戸川乱歩であるのは、愛読者にとって余りにもあたりまえの逸話なのでここでやめる。

乱歩を愛読熱読する人々があずかり知らぬことだけをつづれば、東京日日連載をおえて二ケ月後に単行本『学者気質』を出版したのは、洛陽堂をひきついだ俊三だった。永井への献詞をかかげたこの『学者気質』は、テルと俊三が、印税をもって見舞金にあてたのだ。

3　書生　児玉昌

三年間永井潜宅においてもらって医科大学に進んだ児玉昌（さかえ）は、それより前に独逸学協会中学で高島平三郎に倫理の講義を受けていた。楽之会に参加したひとりである〔三章洛陽堂顧問高島平三郎2つなぎ役〕。その中学に学んだ医科志望者がたいてい一高をへて帝大進学を果したように、医学者になったのだ。
師永井が児玉をさして、一種の奇人伝に入るべき人物と評したのがうなずける逸話がある。一九〇四〔明治三七〕年九月、週刊『平民新聞』寄附広告に、金二十銭　安芸久芳村　児玉昌氏、という記事にまつわる。一八九二年に生まれた児玉は、このときまだ十三歳なので、郷土史研究者山木茂があまりに若すぎるからと、実兄に問合せたのだった。得た返信を紹介している。

当時、高等小学二年、即ち現今の小学校六年の時、何処より手に入れたか、平民新聞を読み、幸徳秋水の筆阯に感動し―自分は社会主義者になると称し―秋水氏に書翰を送り、一身上の相談を持ち掛けました。秋水氏より書翰を受け喜んでいました。愚弟は学業は兎に角優秀にて常に首席を占め、特に秀才なり、家族の者も将来を楽しみにしていました。特に文筆にすぐれ、感受性は強かった様子です。／秋水氏よりの手紙の内容は存じませぬが、学業優秀であった為め、其の方向に直進、労働運動者には触れなかった様です。併し革新的の性格であった事は事実です。秋水氏よりの手紙の往復ありし年、上京、独逸〔学〕協会中学に入り、将来医師として進む方針でした。上京後も学業は抜群にて終始首席、全甲にて、第一高等学校へも無試験入学、第一高等学校にても終始首席にて、両親の喜びは大辺〔変〕なものでしたが、卒業の年より女関係が出来、頭脳明折〔晰〕を欠ぐに至れるも、大学に入るに至り、従来の成績下向を見るに至りました。元来、文学に進み度意志なしも、両親、兄弟の医学を希望し止まざりし為め、医科に入りし者にて、医師にて医師からぬ精神病を専向〔攻〕し、松沢病院より愛知県立〔精神〕病院長として、六十一

才を最後に長逝しました

亀之助が高島や永井、あるいは直に児玉と話すうちに寄附一件を知ったのか、異才永井の弟子である奇人児玉が、加藤一夫主宰誌『科学と文芸』に連載を始めた「滅び行く宇宙及人類」を洛陽堂から出版する。いまだ大学在学中である。加藤は同誌連載を中止するにつき、洛陽堂主人の懇願により単行本として出版することに決定した、と書いている。

亀之助による児玉の著書出版は、その一六年刊『滅び行く宇宙及人類』ともう一点、一九年に『瘋狂院』がある。おもに巣鴨病院勤務時に執筆したものから成り、事実をもとにした虚構をふくむ。

児玉が関わった洛陽堂出版図書は二点、ひとつは『滅び行く宇宙及人類』と同じ一六年一二月刊小川政修『自然科学者としてのゲエテ』、もう一点は津田左右吉『文学に現はれたる我が国民思想の研究　貴族文学の時代』である。

4　児玉の友　津田左右吉

歴史学者津田左右吉は、後年、皇室の尊厳を冒瀆した文書を出版したとして出版法違犯の罪に問われた。亀之助が出版した『古事記及日本書紀の研究』も含まれており、著者である津田と、洛陽堂から引き継いだ岩波書店主岩波茂雄が起訴された。亀之助存命でなおこれを洛陽堂から出版していたとすれば、七十余歳にしてこうした事態に立ち向かえたものか、裁判については改めて述べる。

津田は洛陽堂から初めて出版した『文学に現はれたる我が国民思想の研究　貴族文学の時代』序文

に、恩人として三人に謝意をあらわした。箭内亙、長谷川誠也、児玉昌である。

箭内とは、津田が師事した白鳥庫吉をつうじて知り合ったようだ。東京帝大で東洋史学を講じる白鳥が、後藤新平にすすめて南満洲鉄道東京支社に調査室を設けさせ、満鮮歴史地理調査部を主宰している。津田や箭内らが部員となったのは、白鳥によるのだろう。箭内は白鳥が退官すると後任教授として講座を担っている。

長谷川誠也〔天溪〕は博文館に勤めていた。津田がある人の紹介で坪内逍遙を訪ねて書肆への推薦をたのんだとあるのは、自社で引きうけかねた長谷川が稲門のつてを頼って紹介したのだろう。坪内はいったん原稿を預ったものの、名のある専門家による著述でも出版は難しかった。「此著者の事だから、何か特色はあるであらうが、名は聞えて居らず、良い嫁入口があればよいがと思つた」けれども、坪内の口利きは成らなかったと思われる。

三人のうち、亀之助と著書出版を通じてつきあいがあったのは児玉だけだった。児玉にとって津田は、独逸学協会中学における恩師だったから、亀之助とつないだのは児玉だと考える。

三 公刊『月映』

東京美術学校に学び、まだ世に知られぬ青年画家田中恭吉、藤森静雄、恩地孝四郎がもとめた詩と版画誌『月映』出版を、三十円位の損ですからとひきうけたのが亀之助だった。一九一四〔大正三〕年から一五年にかけて七輯まで発行したが、月刊をはたせず二百部を売り切るのも難しかった。三人にとって本意ならざる終刊であるが、六輯を亀之助に献じてその恩に報いた。のちに創作版画のさきがけとして評価されるにいたる。

1 『良民』さし絵と月映同人

亀之助が洛陽堂とは別に良民社をおこし、地方青年団体をつなぐために山本瀧之助が主宰する雑誌『良民』を創刊したのは一九一一（明治四四）年二月だった。山本家旧蔵『良民』覆刻の際、表紙や挿絵作者は当初署名がみられた竹久夢二がずっと担ったとされていた。そののち、研究が進むにつれて、竹久からひきつがれていたのが判明したので、時の順に整理しておく。

二巻一号から恩地孝四郎が関わり、竹久作品掲載は二巻八号までで終わったとの指摘は、竹久夢二研究者荒木瑞子「洛陽堂主人河本亀之助のこと（続）」によってなされた。二〇〇二年である。

その二年後、沼隈町生涯学習センター上田靖士「雑誌『良民』の挿絵を見直す」が、山本家旧蔵『良民』調査をもとに発表された。挿絵の画題、サイン・書き判による分類をなし、二巻一号から恩地が作品を寄せはじめたとした。たまたま竹久作品展図録に『良民』に載った三点があるのを見つけた氏が、和歌山県立近代美術館に連絡して香山藤禄（小鳥）作とみなされていたのが、恩地作であるのを確認する作業に結びついたのだった。

誤認のもとは寄贈のいきさつにあった。香山の作品は、はじめ田中恭吉のもとにあった。田中は早世した香山の遺作集刊行をめざす。自刻版画をさきに試みたのが香山、これに続いたのが田中で、香山は『月映』のなかまになるはずだった。その田中が肺を病み、これを恩地に托す。恩地は震災と戦火にあいながら護りぬき、さらに遺族が引き継いで和歌山県立近代美術館に贈った。香山作との誤認は、恩地歿後におこなわれた整理の手ちがいからおこったようだ。再調査の成果は、山本家旧蔵『良民』の撮影誌面を収めて示された。

『良民』／〔前段略〕画家についての記述が一切ないが、サイン（モノグラム）には夢二以外に恩地孝四郎と見られるものなど数種あり、夢二の周辺にいた複数の人物が担当していたと考えられる。晴耕雨読をテーマにした絵がほとんどで俳画的なものが多いなか、第4巻第4～6号（大正3年4～6月）と第6巻1号（大正5年1月）だけに自刻木版画が現れる。

一九一四（大正三）年四、五、六月号『良民』誌にあらわれた版画作品は、自刻自摺版画と詩の雑誌である公刊『月映』にさきだつ機械印刷による試みだった。この間、五月一〇日に洛陽堂が出版した天野藤男『田園趣味』扉をかざった版画作品もまた、同人によると察せられる。自摺と機械刷とできばえがどう違うのか、月映同人とあれこれ話し合いを重ねたのは、亀之助は当然ながら、それに加わったのは、『良民』印刷人をこの年一月号から八月号までつとめていた辺藤赤太郎だろう。

なお、竹久夢二の関わりを左右したのは投書だと考える。創刊以来表紙をかざった竹久による晴耕と雨読を描いた画に対して神奈川の読者から、雨が降ればとて仕事はあって、本を読むひまなぞないという声がよせられた。つまり少々の雨ならば、畑の溝を浚えたり草を刈ったりするし、雨風強ければ家に帰って堆肥をつみかえ、農具の手入れをなし、わら仕事などする。書を読むのは正月か休日かさもなくば夜更けてからだ。晴耕雨読などいうは詩人めいた遊民であり、百姓に生まれて百姓をいやがる今の息子や娘らが憧れる暮らしだから、表紙画にはふさわしくない、そう訴えたのだ。

投書を載せたのは二巻三号で、すでに二号から表紙はかえられていた。亀之助が竹久に投書を示したらしい。しかし、竹久が描きかえた表紙画は、なお女性が本を手にしたものだった。しかも農民ではない。八号までかざったものの、以後竹久が表紙画挿画を寄せるのは絶えた。

そもそも、都会で暮らし続けた竹久にゆだねるのには無理があろう。『白樺』創刊号に竹久は、画集広告にこう書いていた。

長途のたびを終へ、久し振りに新橋へ帰りついて、花瓦斯や、アークランプの明るい銀座街頭に立つた時忘れられた都会の印象は、どんなにフレツシユな感傷を疲れた旅人に与へたらう

2　『月映』前史

絵師と彫師と摺師によってなる浮世絵など木版画は、明治以降写真製版にとってかわられた。時をへて一九〇七〔明治四〇〕年、山本鼎、石井柏亭、森田恒友による、表紙に版画をかかげた文芸誌『方寸』が創刊された。月映同人恩地孝四郎によれば、それは未だ三者分作の中間的な版画だった。恩地は『白樺』がムンクやブレークらの版画作品を紹介した功績をたたえつつ、表紙を木版画でかざった諸雑誌をとりあげた。

そのひとつである文芸誌『仮面』の、表紙、扉、裏絵などを長谷川潔と交代で担当した永瀬義郎は、

日本における浮世絵以後の新興版画として最初の業績だと自負した。『聖盃』改題誌『仮面』は、飯田中学から早稲田に進んだ詩人日夏耿之介らの手になり、洛陽堂は『白樺』や福士幸次郎詩集『太陽の子』を寄贈して新刊紹介を受けている。田中恭吉に版画への関心を惹き出した香山小鳥は、日夏の飯田中学後輩である。このころ新進作家による木版画を活かした雑誌は、『仮面』のほかに『奇蹟』や『とりで』『フユウザン』があり、いずれも洛陽堂をめぐる青年画家と何らかのつながりをもっていた。

こうした流れをうけて大阪朝日新聞が日曜附録に版画特集を組み、これを『現代の洋画』が転載したが、版画に手を染めた論者が否定的意見を表明したことに、やがて『月映』に集う青年画家が発憤するのだった。『月映』前史としては回覧雑誌『ホクト』と『密室』があり、白馬会原町洋画研究所に学んだなかまに加え、これに重なりを持つ竹久夢二を慕い集った青年らによって成ったとされる。その中心が田中恭吉だった。

田中は一八九二年和歌山の生まれ、父はもと紀州藩士で県のさまざまな役職に就いた。旧藩子弟教育機関を前身とする中学で画才を認められたのだが、生母をはやくに亡くし、継母に心底なじめぬ影をひきずっていた。『密室』に「二番目の母から三番目の母まで」を寄せている。『ホクト』と『密室』同人で田中と下宿したこともある大槻憲二は「彼は滅多に心の底をぶちまける事はなかった。常に一重の隔りを置いているように思えた。それは殆んど本能的なものであった」と評して生い立ちに帰した。大槻は画才の限界を感じて『月映』には加わらず早稲田に転じて、のちに心理学をきわめた。フロイト祖述者として知られる。

藤森静雄は一八九一年福岡の生まれ、久留米の中学に進む。先輩青木繁にあこがれて画家を志し、田中、大槻の近くに弟と下宿して東京美術学校へ通った時期がある。

密室同人の作品を持ちよって綴じ合わせたのを回覧しておわらせず、公刊をめざしたのは田中だった。一三年一一月刊五号にそう訴えた。恩地孝四郎が同人に加わったのは、つぎの一三年一二月刊六号からだった。田中とは一年前に、夢二第一回展準備にたずさわり京都へ同行していた。そのころ、基金を積みたてを始めようとしたらしい。年明けて一四年三月一〇日、回覧雑誌『密室』は九号をもって終える。

3　公刊『月映』

一九一四〔大正三〕年三月二一日、恩地孝四郎に宛てた田中恭吉のはがきには、大阪朝日新聞版画特集記事を転載した『現代の洋画』を読んで、「版画をよくけなしてゐたので、余計にむかむかしてきっと　いいものをみせるぞと　ひとり力づけてゐる」といきどおり、三人で始める版画誌名を打診した。

月映（つくはえ／TSUKUHAE）はどう？　わたしは　月映　といふ字づらのすっきりしたのがこのもしい　佛の方で　曼荼羅だの波羅蜜〔密〕だのなつかしい字もある（〔大槻〕けん二はきのふかいってきた）

翌日さらに恩地に宛てたはがきは、藤森静雄を味方につけて迫っている。

刀がとどいたので　きのふは　半日　とぎやさんを二人で、した、こんな仕事は　一緒にやりたくおもふ、おもしろおかしく。
ついちょっとした　ことでも　孝ちゃんだけ遠くにゐるのが　はがゆい
しづをは、その晩　遅くまで刀をつかってゐたので　弟さんが大変こぼしてゐたさうだ。夜ふけに　私の縁の下が　がさがさするので出てみるとしづをが　ランプをつけて　こごんでゐる。机に止木をつくるのだって　木片をさがしてゐたのだった。私にしてもかなり　亢奮してゐる。どうしても　いい　ものがいま、二枚出来る筈なんだから。
名はつくはえにしませう、ね。しづをも　さう　言ってゐたから。

同じ下宿の大槻や隣家の藤森兄弟は池袋、恩地は親もとである麹町に離れて暮らしていた。藤森をたきつけた田中の熱は、誌名つくはえを恩地に同意させる。その藤森が『詩と版画』誌へ載せた回想「版画を始めた頃の思出」に、私輯を始めるときすでに、洛陽堂が公刊を約束していたとあった。

或日私が絵具箱を抱へて帰つて来るのを恭吉は待つて居て恩地との新しい計画を語つた〔。〕それで三人で自刻の木版画集を出そうと云ふのであつた。発行はその当時「白樺」を出して居た洛陽堂が引受けてくれると云ふことであつた。しかしそれも一年位力を充分に養つて後発行し様と語つた。

自分は勿論その新しい仕事を喜んだ。またそうした友情を限りなく喜んだ。そして二人は昂奮して新しい計画を語つた。だがそこに多少の不安もないではなかつた。

「孝ちやんだつて恭吉だつて」初めてだと云ふことは私を励ましてくれた。

この藤森の回想をもとに、亀之助が『月映』公刊を約束したのを、私輯とよばれる三人分だけつくる『月映』を出し始めるしばらく前、三月上旬ごろと推測されるにいたった。

同人のもうひとり、恩地孝四郎は、その時期をはっきり覚えていなかった。ただ、亀之助の言葉を伝えたのは、恩地である。藤森の回想が載った次の『詩と版画』誌に、「版画を始めた頃の思ひ出」を寄せ、元来物忘れの名人だとことわりつつ、談は『月映』に及んだ。

そうした刺激が私に木版を彫らせた。そこで同好三人よつて、私輯の「つくはえ」が生れる段取りになる。三人のうちでは恭吉が一番きようで、なかなかいいものを作つた。（それだから早く死んぢまつたんだ）三人でせつせと作つた。私輯のⅢが一九一四年ＭＡＲＳとなつてゐ、Ⅰにも Ⅱにも椿が、恭吉が特に愛した椿がさいてゐるところでみると初輯は三月だつたらふ。毎月一輯を纏めたものらしい。静雄のシンチヨウゲの記憶（田中と藤森が恩地宅を訪ねた一日）は正に正当であらふと思ふし、記憶のよさに感心する、そして最後の輯が七月になつてゐて六輯であるから休んだ月もあるわけになる。そして月映公刊のだんどりになる「まあ三十円位の損ですからやりませふ」と今は故人洛陽堂主が、興味を以て出版してくれたのだつた。

記憶に自信がないというとおり、確かではなかった。初輯は三月としながら、毎月一輯、七月まで六輯出したから休んだ月がある、というなら初輯は一月のはずだ。実際は初輯四月、月二回出したときがあったのだ。そうした記憶ちがいを措き、七月私輯終刊を語ったあと、そして月映公刊のだんどりになる、という文脈からは、恩地が亀之助に相談したのは夏にずれこむのだ。

三月上旬なのか、夏なのか、亀之助が返事をした時期は確たる史料がない。言えるのは千代田印刷所を洛陽堂印刷所に改めて、印刷業務を滞りなく進めるにはまだ整わぬ時期にあったことだ。この後あくる年の春まで、発行図書のうち三割ほどを外注しているのは、藤田千代吉による千代田印刷所時代から看板をかけかえた洛陽堂印刷所を、名実ともに俊三が代表者となる過渡にあった。

それでも亀之助が相談を重ねたようすは、前に示したように『良民』にあらわれている。辺藤赤太郎が印刷人をつとめていたうち、四月号から六月号まで、いくつか同人による版画作品が誌面をかざったのは、自摺をめざす公刊『月映』にむけて、器械印刷との違いを試す意味をもってのものだろう。五月一〇出版、天野藤男著『田園趣味』の扉におさめた版画もまた、同人作だとみる。

こうして公刊にこぎつけるまで、亀之助と話をつめていったのは、竹久夢二ではなく、月映同人恩地孝四郎だろう。竹久が橋渡しをしたのは、一一年洛陽堂発行西川光二郎著『悪人研究』の装幀と一二年以降の『良民』さし絵で、竹久はすでに一二年九月号からつながりを断っていた。『田園趣味』扉をかざった版画も恩地作品だと考えられるし、洛陽堂発行図書装幀を手がけてゆくのも恩地だった。

公刊にかかわる恩地の回想にもどせば、亀之助とはかなりつっこんだ話をしていたようだ。三十円位の損、というその勘定だ。色刷と本文の頁数によって紙代印刷代を計算し、宣伝、取次など諸経費を加えて定価をはじくところまでしなければ、三十円位の損という返事はできない。部数は二百、予価は三十銭、売り切ったとして総額は六十円になる。諸紙誌に見本誌を送って紹介をもとめる宣伝をふくめた制作実費を、この半分の三十円と考えれば、ほとんど売れない想定にもとづく。それともうひとつ、刊行期間である。

恩地は、はじめから一年限りだと考えていたのではなかろうか。ひと月くりあげて九月に創刊したのは、郷里和歌山へ帰って療養する田中を気づかってのものだが、その公刊『月映』一輯に示した「「月映」についてのさだめ」にある一ケ年間ということばだ。「一ケ年間（若しくば半年間）を通じて、「月映」を見て下さる方を社友とし、一ケ年間に同人自刻自摺の木版画二葉（半年間には一葉）を贈ります」とは、長くは続けられない覚悟を秘めているように感ずる。亀之助はそれらすべてをのみこんで、一年ならば毎輯三十円、一年十二輯分総計三百六十円の損、そう腹をくくってひき受けたのだと推察する。

田中の病は結核だった。咳や痰によって感染する結核には久しく特効薬がなく、不治の病とされた。月映同人のまわりにも命をうばわれた若者が多く、恩地孝四郎や藤森静雄のきょうだい、それに香山小鳥、佐野左司馬らが若くして逝った。人生五十年どころか二十代をも全うできるかどうかあやうい時代にあって、東京を去った田中は、郷里和歌山で限りある生を惜しむかのように作品をつむぎだしたのである。

4　売りこみ

①諸紙誌広告

公刊を果した亀之助が月映同人にできることは、広告による後押しである。洛陽堂『白樺』、良民社『良民』、この月刊二誌をもつものの、読者からして文学芸術誌である『白樺』の方が期待できよう。一九一四（大正三）年九月号に第一輯発行を告げた。

田中恭／藤森静／恩地孝作
未だ幼いけれど大き過きる位なねがひを抱いて、ある自信を持つてやつてゐる仕事の一部として茲に三人の自刻の木版画及詩作を集めて市に上す。何はともあれ見て下さることを希ふ。（同人白）
月刊　自刻木版画集　月映／初輯九月発行
概目・木版画・太陽と花・人生と自然・伴病めり・外十葉
　詩・わが悠久のともに幸あれ・その他
四六倍版仮装毎輯定価30銭
社友をつのる・摘規、一ケ年分「月映」の通覧を予約せられる方を社友とし（代金三円六十銭前金払）同人自摺の自刻木版画二葉を贈る。

亀之助はそのあと七輯まで、公刊『月映』発行のたびに広告をかかげた。自社発行誌『白樺』だから当然とはいえ、もう一誌、『新真婦人』にも広告を載せている。西川光次郎の妻文子が主宰する月刊雑誌である。

亀之助と西川夫妻のつながりについては、すでに幾度もとりあげてきた。高島平三郎が教え子らを招いて修養と交際の場をつくった楽之会へ西川光次郎を招くにあたって、平民社と印刷業国光社とのつながりから亀之助が使者に立ったのがひとつだ。ふたつめは、大逆事件によって幸徳秋水らが処刑されたところ、洛陽堂から名を伏せて西川著『地方青年の自覚』を、さらにようすをうかがいながら『悪人研究』を出版し、装幀に竹久夢二を介して恩地孝四郎を起用していた。さらに、西川文子ら新真婦人会発起者合著『新らしき女のゆくべき道』を洛陽堂から出版したのが一三年だった。

亀之助が公刊『月映』広告を『新真婦人』に載せたのは、一四年一〇月号だ。

本誌に毎号寄稿して下さるみをつくしさんの御友人で美術学校の洋画科にゐらるゝ藤森静雄田中恭恩地孝氏の三氏が主となつて編輯さるゝ木版雑誌『月映』といふ珍らしい同人自刻の木版十数葉其他詩文、他に先輩諸氏の木版も入れられる、月刊雑誌が出る事になりました。木版画集はこれが始めての試みで御座いますから、さぞ趣味深い事と存じます。会費毎月三十銭一ケ年三円六拾銭だ相ですが社友の方々には半年間に一枚づゝ珍らしい木版画を贈らるゝ筈だ相です。

本誌本号の口絵『若き日』は右の月映発行準備に藤森静雄氏が非常に御多忙な時日を御割愛して特に自画自刻して下さつたものです、深く感謝いたします。

毎号寄稿していると紹介されているみをつくしであるが、その始まりは七月、通巻一五号からだった。寄書家みをつくしと亀之助とが知己であったのかは明らかでない。みをつくしは『密室』同人であった池上澪標らしい。ただ、生歿年、本名が明らかでないなぞの人物で、『密室』へは田中恭吉作詞への曲譜や、訳文などを寄せた。『新真婦人』九月号へは、旅先会津若松から「「当地方の婦人連の意気地なしよ」と姉の言葉に候、早く一日も早く、婦人連の目の覚める時の来るのを祈り居り候、新真婦人の御発展を祈る」と、はがきを送っているから、姉を通じて西川文子を知ったものらしい。その通信前段に、木曾路より生国のみすゞ刈る信濃路へ、とある。少ない手がかりはあとひとつ、一五年一月号に「春から夏へ（古きノートより）」と題して、阪神電車から甲山の松を、浜寺にれんげを見たとあるから、みをつくしは、大阪市章からとったのだろうか。

みおつくしが西川文子に紹介した藤森は、この号から『新真婦人』へ毎月作品を寄せた。同じ町内に住んでいたから、西川宅へ届けていたのかもしれない。西川は本郷区駒込林町二〇六番地、藤森の番地はわからないが一五五番地に住む高村光雲宅のとなりだった。年が明けると藤森は、婚約なった恩地に貸家を見つけてやるのだが、それが二〇〇番地で、西川が二〇六番地へ引越す前に住んでいたのとおなじ番地だった。しかも恩地はしばらくしてから二〇六番地へ移る。西川が動坂へ引越すころなので、藤森、恩地、それに西川は、つきあいが浅くなかったようだ。

なお、亀之助は『新真婦人』のほかにもいくつか在京紙誌に贈って新刊紹介をのぞんだはずだが、東京朝日新聞が九月二六日に通りいっぺんながら採りあげている。専門誌としては一〇月四日に『美術週報』が評言を附さぬ新刊紹介をした。これは箏曲家鈴木鼓村が編輯した雑誌で、坂井義三郎主宰画報社発行『美術新報』姉妹紙だ。

②配本　集金

公刊『月映』は一九一四（大正三）年九月一八日一輯につづき、二輯を一一月一〇日に出した。毎月十五日発行は早くもくずれている。その二輯に、二百しか刷らぬので方々の本屋に置かず、さしあたり十数店で販売すると一覧をかかげた。本郷画報社は、『美術週報』と『美術新報』発行所、九段つる屋は、竹久夢二が戸籍上離縁した妻たまきの兄である岸他丑が経営する。東京以外にただ一店かかげられた大阪柳屋は、竹久の絵にほれこんだ三好米吉が経営する美術書店だ。主人三好米吉は竹久とつきあいがあり、二年前に京都府立図書館で開かれた夢二作品展にかけつけた、一番の入場者が三好だった。

亀之助は販路をひろげようと努めるものの、思うにまかせなかったようだ。竹久が呉服橋にひらいた港屋でも扱うのだが、一二月一六日発行三輯を広告した『白樺』によれば、東京市内は十二軒から二軒へっている。そのかわり大阪と京都はあわせて四軒にふやした。京阪で新たにふえた三店は、亀之助が柳屋を通じて契約を結んだのかもしれない。

竹久が岸たまきに任せた港屋は、公刊『月映』創刊のあと一〇月に店開きした。九月二八日、読売新聞に消息記事が出た。題して「夢二夫人の絵草紙店　屋号は「みなとや」」である。

> いつの頃からか夢二式といふ言葉が東京の街にはやつて居ます。その夢二夫人岸たまき子は、今度呉服橋外、業平橋行の電車が通る西側に港屋といふ絵草紙店を十月一日から開店するさうです。

いきな木版絵や、可愛い石版画や、半襟、手拭、風呂敷その外、千代紙、人形等の品々、いづれも店売りにはまだ見ない新らしい味の籠もつたものばかりです。夢二氏はそのうち外遊の旅に出でた丶れるさうです。港屋の女主人は、セルの単衣の濃い色に、白紬に刺繍した帯、こ丶に売出される今様の錦絵から、抜けて出たやうな姿で店開き前の準備に忙しく働いて居られる。

つづけて岸たまきの談話が収められ、かねてから自分で自分の生活をしてみたい望みがあったと伝えている。この記事が出た後、長与善郎が『白樺』誌上で、港屋では毎週一回づつ夢二氏の新らしい木版を板にのぼせて出すと伝え、別に港屋こと岸たまきの名で『白樺』一〇月号に、毎月日をきめていろんな会を催し、一一月に半襟展覧会と木版画展覧会、一二月に羽子板展覧会をひらくと予告した。

港屋開店準備を恩地と藤森が手伝ったとは、藤森の回想にある。毎日呉服橋へ通ったとあり、開店前夜は終電に乗り遅れたため二階の三畳に泊ったという。「店は小さかつたけれど、気持よく、夢さんと恩地君の繊細な感覚で飾られた。そして、前の街路樹には小鳥籠をさげることを忘れなかつた。店にはマダムたまきさんが老舗らしく眉をおとしまげ美しく絵の様に坐つて」客を待った。

公刊『月映』二輯余録に恩地は、自摺版画の二三種は呉服橋際の港屋に並べてあると書いた。一〇月二六、二七日両日に第一回港屋展覧会が催され、竹久のほか、恩地や藤森、岸たまきらの作品が並んだという。

亀之助が広告を手配し、竹久夫妻が港屋で月映同人らの作品を展示して支えれば、恩地と藤森はもちろん販売につとめる。配本と集金だ。恩地は「最初の版画誌のこと」で公刊『月映』をふりかえり、販売毎に書店に持ちまわつて委託したと書いた。これをもとにしたらしき、恩地ひとりが東京市中をまわったとの説があるが、藤森によれば恩地とふたりで歩き、ふたごに間違えられたという。恩地の父からも、孝四郎、帰って来たかとむかえられた逸話をのこしている。

5　反響

一九一四（大正三）年一〇月一日『地上巡礼』は、『月映』をとりあげて紹介した。主宰するのは北原白秋、田中恭吉が憧れる詩人だった。北原が雑誌『文章世界』で長詩選者をつとめていたとき、田中は作品を投稿していた。詩集『邪宗門』を愛蔵し、これを清宮青鳥に生前の形見分けをするよう恩地らに托している。『密室』五号に載せた作品「曇り日の負傷」に、白秋氏の許にさし出して教えを乞おうと思うと附記するほどだった。和歌山で療養する田中のそうした想いをくんで、恩地と藤森が届けたからであろう。北原は田中の詩を認めた。

ここにもなつかしい人たちの集りがある。高貴な心を念々とする私はかういふ難有い心を持つた人たちを見ると涙がこぼれるほど感じ入る。私の友だちだ、この人たちは、この雑誌は田中未知、藤森静、恩地孝三氏の自刻木版とその詩歌を輯めたものである。装幀も極めて渋い。心持のいいものである。木版のなかでは恩地氏の抒情Ⅲの眼玉にハツと驚いた。その他夏日小景の印象の鋭さが私の胸をうつた。他の二氏のも面白い、田中氏の歌には中々いいのがある。物静かなそれでゐて感覚的である。三首を例に引く

なまぐさくひとも笑へはかはゆかり竹のはなさくおそはるのよる
もものみのかゆきうぶげをかきむしりをとこひとりはわらひけらずや
掌のうちにたまむしのありいつしんにのがれむとしてひかるたまむし
（四六二倍版、定価参拾銭、東京麹〔麹〕町洛陽堂）

これに意を強くしたらしき田中は、版画界におけるさきがけとしての自信を、いとこの山本俊一に語った。山本は和歌山徳義中から東京高等師範にすすみ、卒業後群馬県富岡中に赴任していた。『地上巡礼』発行五日後、一〇月六日付山本宛田中書翰にいう。

売れの少ないことは三人がまづ承知でゐるのです、つまりあくまでも群集に支配されないで微力でも自分の信ずる路をやり終せるつもりでゐるのです、所がかう言った象徴的方面での木版画集（自画自刻の）はいまのところ日本（といふと大ゲサだが実際）に初めてだし値段も比較的廉だといふので東京では一部の人から好意で迎へられてゐるやうです

『地上巡礼』によって萩原朔太郎が公刊『月映』を知った可能性が高いとは、井上芳子「郷里で過ごした最後の一年」に指摘されている。萩原が詩集『月に吠える』装幀を田中に依頼し、田中の歿後、恩地に引き継がれて成る、その縁のむすびめとなった。

その一方で、恩地は不評を語った。月映同人それぞれを、田中は抒情的象徴画、藤森は人生的象徴

画風、恩地は表現画風と特性づけ、己の純抽象画、非対象画に対して嘲笑する投書頻々だったとふりかえる。曰く変てこだ、曰く愚昧極まる、と。

亀之助が手配した東京朝日新聞や『美術週報』による新刊紹介は、読者に響かなかった。恩地が回想するような酷評は新聞や雑誌にみあたらぬのだが、ひとつだけ二六新聞一面に大きな記事が載った。九段組二段を二日連載、合せて紙面半ばちかくを占める。筆者涼花はフュウザン会同人だった川上乙次郎だろう。一二年に開かれた第一回フュウザン展に出品した田中は、日記に川上涼花の画を見て自信をなくしたと書いていた。

川上は大阪朝日日曜附録版画展覧会寄稿者だった。版画を軽んずる論者が多かったこの特集は、北山清太郎主宰『現代の洋画』に転載されて、田中が敬愛する木村荘太、荘八兄弟の酷評が奮起させたのだが、川上らの分は省かれていた。その川上が、木版は人間本来の姿には交渉がない場合が多いと切りすて、識見を持たぬ素人を群盲といい美術家である自分たちを群明と自認した。群盲の語は田中の日記にもみられる。竹久、恩地と文展に出かけ、群盲が愚作を讃美するのをみるに耐えなかった、と。往時使われた語をもって涼花「「月映」を手にして（上）」を引く。

「月映」同人等の製作を見ると云ふと、これはたしかに群盲のためにその頭上爆弾投下を行はれたやうなもので少くも個々観想まで分裂させ得やうと云ふ痛快さがある。何だらうと言ふ言葉は異口同音に発しやう。とても従来の約束的理論では解釈困難である事が理解(わか)らう。然しながら群明のためには何等の刺戟をも与ふる力がない。罪なくして配所の月を見る怨みも無い。同人等の言はる丶如く木版を作る上に於て材料特有の長所は遺憾なくとまでは行かぬが大概その辺に愛の根底を置いてゐるのが見える位まで行つてゐる。刀の運びに伴ふ感覚にかなり恍惚としてゐるらしい点が窺はれる。こ丶はたしかに同人等の生命と云つてい丶位重大な問題であらう。これあるが故にまた同人等はその不純な偶発的な智恵を余義なく絞るの外なかつたとも謂へる。あるべき静観が甚しく害されてしまつたのだ。要するにこれでは自刻と云ふ事実に何等の特権が無い。但し田中君のものに対しては或るシツクリしたもの（病的で弱いけれども）を認めてゐる。

田中が文字どおり生命をかけて作品をつむぎだしているのを認めたのではなかった。恩地が試みた抽象表現にしろ共感を寄せてはいない。あくる日に載った「「月映」を手にして（下）」にいう。

僕は何でもやれるものはやつて見るがい丶と云ふ気で自他の仕事を観てゐる。病的でも何でもい丶、その人にシツクリと合つてゐさへすれば僕は未来派や立方体派、幾何画派などの原理を見た上では、それらの根本のものに共鳴互感する。またその作物からも或る点近代人の受けるやうな運動だなと思ふものがある。ただあまり急り過ぎてゐる点は僕でも厭になつてゐる。聞くところによると倫敦に今度新らしく旋風派とか謂ふ画家の団体が出来て、その主張によると印象派以前のすべての画派の作品価値を否認してゐると謂ふ。何はともあれ、日本に於て日本画の表面が動揺してゐる如く彼方に於ては大変な革命になつて居るのだ。さうしてこの表面の動揺と謂ひ、革命と謂ひ、その最初は社会群集の趣味から出発してゐるので、それがやがて各個々想となり

「人間」を出してしまふ事によつて始めて帰趣が定まると言ふものではないかと思つてゐる。この意味に於て、僕は「月映」が発刊の時機を得たものとしてゐる。終りに「月映社」は社友組織と云つたやうな事を望んでゐるらしい。それから画集月刊の外に木版画其他の展覧会を催す積りであるさうな。発行所は洛陽堂、画集は一部金三十銭である。

後年旧フュウザン会同人らが発起した日本美術家協会参加の誘いを受けたとき、恩地は日記につぎのように書いたという。「入るのを誘惑したのは、川上凉花君と親しくなれるかも知れないといふたつたそれだけだ。他は三並〔花弟・密室同人〕に同情したからだ」。

公刊『月映』は売れなかった。時代の数歩先をすすんだからだろうか、各冊に番号をうつ試みをしたところ「愛書家であつた内田魯庵氏が店頭に見て、一寸面白さうだから買ほふといふわけでそのNOを発見し、多分十数番であつたのであらう、こんなに号が重るまで自分が知らずにゐたんならどうせ面白くもなからうとやめたといふ話を氏の甥である画友達の三並花悌君からきいた」とは恩地が思い出していう。

しかし恩地の回想には発行部数にゆらぎがある。二五年には「十一部しか売れないことがあつた」とし、各冊番号をふったという三八年の右の回想から変わって「一番うれたときが十一部」、三九年「一番売れたときが十一部」、五三年「売れた部数は十一部が最高であつた」とひきつがれた。定説になったのは、いちばん売れたのが十一部、だった。これに疑問を呈したのは田中清光『月映の画家たち　田中恭吉・恩地孝四郎の青春』だ。記憶の鮮度をとるべきとしたうえ、公刊『月映』七輯告別号に、既刊合本頒布を呼びかけたおり、一輯が十部余りしか残っていないとしているのを指摘された。ただ、一輯が残らなかったのは、相当数の献本があったためで、創刊号は特に新聞社や雑誌社、それに同人知友に配る数が多くなる。恩地孝四郎宛書翰に、田中がいとこの山本俊一に送るよう依頼したのは、売れたなかには数えない一例だろう。

6　創刊以後

①印刷事情

売れないのは、月刊を守れなかったのも一因になっただろうか。亀之助はこのころ月刊三誌をかかえていたが、定期刊行を守れた順にならべれば『良民』、『白樺』、『月映』となる。『月映』は、一年あまりかけて七輯発行にとどまった。

一九一四（大正三）年九月一八日に創刊し、毎月十五日発行をめざしながら、二輯は一〇月発行をはたせずに一一月一〇日へとずれこんだ。自摺という手作業を大切にしたためではあるが、東京朝日新聞は印刷所のつごうを挙げていた。機械刷の箇所なら、俊三が名実ともに印刷人となった洛陽堂印刷所に責任がある。二輯編輯後記「余録」はこう書いた。

とにかくいろいろの不満はあるけれども、二輯もこふして世に出る、内容にも体裁にも足らないところが多いけれども気長に見てゐていただきたい。

私たちの木版画は自分で摺らなければ気持の出ないものが尠くない。作品のなかからその憾みの少ないもののみを撰みいだしてこふして発表してゆくのだから多少はがゆい。社友の規定は、一つは「月映」維持のため、一つは自摺版画をお頒ちしたいためもうけたものです。その意を諒してなるだけ社友になっていただきたい。
この輯に収めた私の「底のくるしみ」は全部自分で摺った。之はずいぶん激しい労働だつた〔。〕またそれだけ骨折甲斐のないことはない。けれど今後やるかどうか分らない。

一二月一六日発行三輯にも、恩地は印刷が不出来であったのを詫びている。

②亀之助への謝辞

年明けて一九一五〔大正四〕年一月二八日にずれこんだ四輯は、藤森の亡妹に捧げられた。田中の提案による。「是非、静雄の愛に捧ぐべきものだとおもふ、そのゆかりに孝も　その愛妹についての作品をあつめるのがいいとおもふ、そして私も亡友〔香山〕小鳥をそこに一緒に弔はさしてもらつたらなどとかんがへてみる」と、近しい人を失ったことが互いの結びつきを強める向きにはたらいた。田中は、恩地と藤森の間に、気質においてかなり異なる所があるのを気にかけていたのだった。

ひとり遠く離れた和歌山に在った田中に、もう木版を彫る力は残されていなかった。代わって彫ったのは、港屋の木版師村瀬〔錦司〕だった。田中の病勢を慮り、旧作やペン画や詩作を載せていった。そのようにして、五輯までは、月刊を守れずとも、なんとか四十日前後で発行を続けていった。その三月七日発行五輯に、亀之助に感謝する言葉がつづられた。

月映は仮令世にもてはやさるることなくもこの世にあるべき価値は持つてゐる。それにつけても毎月少くない損失を顧みず何も云はずに出版を続けてゆかれる出版者河本氏の厚意を謝したい。

『白樺』に載せた六輯予告に、発行が遅れてしまうのは印刷所にゆとりがある時にしてもらうのを望むから、つまりはていねいにしてもらうためだとしているが、亀之助と俊三が無理を重ねているのを承知していた恩地が気づかったのだとは、六輯が亀之助に献ぜられたことから伝わってくる。四月中旬にできるはずと予告した六輯は、五月五日にずれた。

いま六輯を編むに当つて、私は読者諸氏の心と共に、出版者河本氏の心を謝する。かく云ふは余りに私たちでない他の方々には不遜の様に思はれるかも知れないけれど、もしわれらの読者にして、私たちの作品の公にせらるるを喜んでゐらるるならば、それにより何等かの生命喜悦の心を共にし得るならば、われらの読者も亦、この「もうからない」出版をば疎略には思つて下さるまいと思ふ。そして本輯を出版者におくったことを胥〔肯〕かるると思ふ。私はこの月映の出版が氏に損失を掛けてゐる事をすまなく思つてゐる。そしてせめて損のない程度に売れてほしいと思ふ。我がままな私たちの作で、かく望むのは身知らずのことかも知れないけれどもう少しどうにかなつてもいいと思つてゐる。もう少し我がままを云へば読者諸氏にして知友の間に月映の諸作に親しみを持つ人人があらばお勧めを願ひたいし、又社友にならふと思つてゐられる方があればなるたけなつて戴きたいと思ふ。私たちはいつももつと「月映」のいろいろな体裁等についてもつとよくしたいと思ふけれど更に出版者の負担を増すことを思つて今の所思ひ切らねばならないのを残念がつてゐる。尤も内質さへよければいい様なものだけれども。第七輯からは併し出来得る範囲内でよくするつもりでゐる。

③月映社作品小聚と告別七輯

亀之助に献じた一九一五〔大正四〕年五月五日六輯「余録」の後段で、港屋でささやかな展覧会を開くと予告した。公刊『月映』発行を思うようにつづけられない心苦しさから、読者に向けて出来るのは何かを自問してなさしめたのだろう。五月一〇日に、月映社同人は一六日呉服橋際港屋に自刻木版画小聚をなす、と東京朝日新聞に報じられたあと、六月、七月と会を重ねていった。それも八月、九月、と休んだあと一〇月が最後になった。

月刊『月映』は、七月に開く第三回小聚を前にして縮小計画を発表した。四六倍判を四六判に、定価三十銭を十五銭にあらためるのだから、大きさも値段もまさに半分だった。六輯を五月五日に発行してからすでに二ケ月たっており、誌上で伝えることはできず、『白樺』を借りて告げたのである。後段をひく。

私たちの苦しみがただ一つ作品によりて溶かされてゆくときに、私たちは私たちの生れいでたことに躍ります。いま月映の縮少を報ずるに当つて更にこのことを感じます。七輯から当今「月映」は小形のものとなります。形は小さくなつても従前のものと同じだけの強さを張ることを念じてゐます。その結果がどう現れるか、七月下旬或は八月上旬その出版さるるのを私たち自身も楽しんでゐます。

更新諸綱・体裁四六版／装幀高雅／毎輯手摺／木版三葉／詩十六頁／定価15銭／送料２銭・社友招募・社規申越あらば送付す見本希望ならば貳拾銭送らるべし。／社友は百名に限る／月映社

本郷駒込林町二〇六恩地方／月映発行所　麹町平河町五ノ三六洛陽堂

亀之助への感謝を記した五輯、献ずるとした六輯のいきさつからして、恩地と藤森から亀之助へ申し出た縮小計画だと察する。こうした覚悟をもって予告どおりに七輯を発行できたとしても、六輯からは三ケ月の間があくことになる。しかしそれも出来なかった。七輯をもって廃刊にするとは、九月一一日、月映社小聚を伝えてきた東京朝日新聞に消息記事が載った。一〇月に告別輯を出して廃刊、小集また最後にする、と。

恩地と藤森から申し出たのを諒として、亀之助はせめてものはなむけのつもりだったのだろう、判型をもとどおり四六倍判に、定価を五銭増して三十五銭で発行すると広告した。これも『白樺』誌一〇月号だ。告別七輯発行は一一月一日、六輯から半年をへていた。

恩地は告別七輯後記「別れにのぞみて」に田中から届いた手紙から抜きがきして、消息を伝えた。七月十九日以来氷嚢を昼夜胸にあてて仰臥し、「私の熱四十度を今二三度出れば　私の脈百四十をいま二三十出れば私は亡くなる。私はいますべてをすてて　健康を欲してゐる」田中であった。

息をひきとったのは、恩地が告別輯「別れにのぞみて」を書き了えて印刷に附し発行されるまでの

あいだ、そして港屋で最後の作品小聚を開いているさなか、一五年一〇月二三日だった。

7　田中恭吉遺作集

追悼の意をあらわすに、恩地は自宅に田中の遺作をならべて見てもらい、さらに遺作集刊行を考え、藤森は遺作展開催を図った。日比谷美術館における遺作展覧会目録に収められた遺作集頒布の企てには、四六倍判、部数を百に限り、一月末配本をみこむとした。頒布内規には、市販しないこと、社費二円を支払った者に頒つこと、照会申込はすべて恩地宛と明記された。

恩地による遺作展と遺作集の広告は『白樺』一二月号に載った。もちろん亀之助が誌面を提供したのである。だが予約は思うように集められなかった。恩地は親から月三十円の生活費を送ってもらう身であるため、奔走しても費用二百円を弁ずることはできなかったのだ。恩地の一九一六〔大正五〕年二月二六日の日記に書かれているという。公刊『月映』は三十円の損、と亀之助が引き受けたいきさつから考えれば、二百円は七輯分の出版費用に相当する。亀之助には、遺作集の分を重ねて負担するゆとりはなかったようだ。

恩地は田中恭吉遺作集を出版できなかったのを悔いたという。八十年ののち、和歌山県立近代美術館監修『田中恭吉作品集』出版が実現したとき、そのあとがきにいきさつが記されている。

恩地はこのことを生涯負目として持ち続けていたようで、私〔三木哲夫〕が恩地家に保管されていた恭吉の作品を一括して和歌山県立近代美術館に譲っていただくために、昭和五十四年頃から恩地孝四郎の長女三保子さんをお訪ねするようになった時にも、「父は恭吉さんの遺作集を出版できなかったことを生涯悔やんでいました」としばしば聞かされた。〔寄贈のいきさつ・略〕さて、今回の作品集出版のお話があった時、とっさに思いついたのは、当館が所蔵している大正五年に未刊に終った『田中恭吉遺作集』のために書かれた恩地孝四郎と大槻憲二の原稿を使うことであった。

この二つの原稿は、それぞれのご遺族から当館へ寄贈されたものであるが、もし今回これらを使って出版できれば、およそ八十年前に恩地と大槻の二人が読者に伝えたかった恭吉へ寄せる熱い思いを、現在に蘇らせることが出来るのではないかと考えたわけである。

恩地三保子は寄贈をもちかけられるより前に、亀之助についてこう書いていた。

夢二の初期画集の出版元であり、のちに『白樺』(そして『月映・公刊画集』をも)出版した洛陽堂主河本亀之助氏(こうした出版主は、売れる売れないが第一義である昨今の多くの出版社のみではなかったその頃でも、珍しかったのではないだろうか)のすすめで、父はぼつぼつ装幀の仕事をさせてもらっていた。夢二の強力な口添えがあったことは勿論である。

恩地は、竹久より永く亀之助とつながりを保ってゆくのである。

四　亀之助と加藤好造

1　経営難と宇野浩二の回想

公刊『月映』を世におくりはじめた一九一四〔大正三〕年秋は、作家宇野が知るところでは、洛陽堂にとって経営がぬきさしならぬところまで追いこまれていた。このころ、雑誌『白樺』から挿画と説明をぬきとってまとめた本が出まわったのがそれで、売れ残った旧号処分による。亀之助と新古書をあつかう加藤好造とが関わっていたらしきこの間のいきさつを知るのが、加藤とは旧知の宇野だった。後年、回想していう。

さて、加藤がぞつき屋を利用した本といふのは、幾冊かあるが、その代表的なものは、『夢二画集』（春夏秋冬の巻——全部縮刷合本）と『奏〔泰〕西の絵画と彫刻』である。つまり、いふまでもなく、『夢二画集』は、春の巻、夏の巻、秋の巻、冬の巻と、菊版で、一冊、五十〔八十五〕銭づつで、洛陽堂から出したものであるが、加藤は、その四冊分を、ぞつきに縮刷して、菊半載〔截〕の本として、一冊五十銭で、売り出したのである。又、『奏〔泰〕西の絵画と彫刻』は、固より、洛陽堂発行の、「白樺」を、何百冊か、ぞつきに買つて、その写真版だけを製本したものである。しかし、これは、「白樺」の残本を、十冊分か二十冊かを、何百冊づつぞつきに買つて、製本したものであるから、後の言葉でいへば、限定版で、一冊二円五十銭ぐらゐであつた。つまり、『夢二画集』の合本縮刷本が出たのも、『奏〔泰〕西の絵画と彫刻』が出たのも、大正六

〔三〕年であるから、私が、河本と、加藤の家で、しばしば顔を合はしたのは大正五六年頃である。さうして、この時分に、河本がしばしば加藤の家に現はれたのは、夢二画集の版や「白樺」の残本をぞつきで売る相談のためであつたらしい。その頃は、河本も、加藤も、事情は違ふが、共に、必死に近い状態にあつたらしく、何か相談しながらときどき笑ひ合ふことがあつても、その笑ひ顔が、私には、寂しさうに見えた。

いづれにしても、仮りにこの時分から彼等の仕事が下り坂になつたとしても、河本は先づ出版屋の本道を通り、加藤は出版屋の裏道を通つたやうに、彼等の性格は殆ど正反対であつた。――

宇野の回想にはあいまいなところがある。『縮刷　夢二画集』は一四年一〇月二一日に洛陽堂から出版、五十銭ではなく八十五銭だった。四日たった二五日に再版したあと、一五年一〇月五日に三版、これが洛陽堂版の最後だった。加藤経営蜻蛉館から四版を出したのは一六年一〇月一日である。

宇野が蜻蛉館書店から出版する用向きで加藤宅へ足繁く通うのは二年ほどあとだった。このとき亀之助としばしば会う。亀之助の用件は『縮刷　夢二画集』を加藤にゆずるのがひとつ、もうひとつが『泰西の絵画及彫刻』出版である。それまで亀之助と加藤が交渉を重ねていたのを、今はじまったことと思いこんでいたようだ。順に記す。

2 『泰西の絵画及彫刻』

『白樺』に収めた図版を抜きとってまとめた本が出まわっている噂を、武者小路が公にしたのは

『白樺』一九一四〔大正三〕年一〇月号である。

まだ今こゝにゐる二人（園池、武者）は見たことはないのだが、見た人の話によると、白樺につつた挿画や、挿画の説明を集めて可なり立派な本をつくつて売つてゐる人があるらしいが、それは白樺同人の許しを得てやつたのではないことをこゝにはつきりしておく。誰かしたのか、何処でしたのか自分達は知らない。根気のいゝことをしたものだと話を聞いた時思つた。別にさう云ふ本をつくつて売ることにたち入つて反対しやうとは思はないが、白樺の同人が少しもそれに関係してゐないことをはつきりしてないことには或る邪推が入つて不愉快である。殊に或人の話だと僕の文章をまねて、「我々は……」と断り書きがして如何にも自分達が合本して売つてゐるやうに思はれるやうに出来てゐるさうだと聞いてはいゝ気がしなかつた。ただ白樺の古本をこわして絵だけあつめてゐたのが、ある事情で古本屋に売つたと云ふのなら少しも不服はないのだけれども、あつちこつち、殊に新らしい本屋でも見かけたと云ふ人があるので一寸、こゝに一言する気になつたのだ。本の題も聞いたのだけれど忘れてしまつた。古く自分のかいた紹介には今見ると閉口なのがありさうな気もする。読みなほしては見ないが。

『白樺』は売れなかったようだ。「洛陽堂の主人は少し有名な人にも原稿をたのんでほしいように言ったのを、僕は断った事がある」と武者小路は往時をふりかえって語った。部数を増やすくふうのひとつは武者小路にこばまれた。残本はかさみ倉庫をふさぐ。亀之助が土地建物を所有していたとは思われず、賃料にひびいたであろう。出版業者が残本を安く売り払うのは信用にかかわるので、図書大市にだしたり期間を限って特価販売をしたりする。そのすきまに成りたつのがぞっき屋で、加藤は古書と新刊を扱い出版業をもいとなみ、業界の表と裏に通じていた。

以下当て推量を重ねてゆく。亀之助は加藤に相談をもちかけ、残本をゆずった。加藤は挿画や説明をぬきとり集めて製本しなおして古書業者に渡した。それが一部新刊書店にまで出まわり、白樺同人が知るところとなる。一四年一〇月号に武者小路がはき出した不満が右の引用だ。

亀之助編『泰西の絵画及彫刻』
第一巻絵画函
〔実際の編輯者は白樺同人小泉鉄　雑誌『白樺』残誌処理をめぐって同人との間にゆきちがいを生じた　高島信正氏提供〕

亀之助は闇からもう一度おもてに出して後しまつを図る。挿画の取捨や作品解説、画家彫刻家略伝など編輯を白樺同人に托そうとした。武者小路らはおさまらぬ。そのころ専ら編輯をになっていた小泉鉄が引き受けて出版にこぎつけたのが一五年一一月だった。はじめに亀之助による告知、ついで小泉による編者序文をかかげる。洛陽堂主人白、洛陽堂編纂／泰西の絵画及彫刻広告は『白樺』一一月号に載った。

此の「泰西の絵画及彫刻」四巻は挿画を出来るだけ沢山にして文字は唯簡単な小伝（若し必要あらば解説）位にとゞめて見ることを主とした見るための美術史です。此の企は勿論完全を帰するには大変な事業ですけれども、今は先づ易より難に行くことに致し、出来るだけ廉価を以て愛好の方々に頒ちたく思ひ兼ねて弊堂より出版せる書籍及び雑誌より材料を撰びて第一回の試みを致すことになつた次第です。従つて其の選擇に多少片寄つてる処がないとは申されませんが、それは四巻完結を待つて、幸にして此の出版が愛好の方々の意をみたすことが出来ました場合には重ねて補追一巻（若くは二巻）を出版して愛好の方々を満足させたく思ひます。

なほ此等の編纂に就ては「白樺」の小泉氏に選擇と解説と編輯の大体を依頼しました。又挿画の多数は「白樺」より集めた材料の多いことも勿論です。然しこの画集と「白樺」とは何等の関係なく、相互に責任関係のないものであることを明記してをきます。

洛陽堂主人白

小泉鉄は、一高から東京帝大文科にすすみ、中退ののち第二次新思潮同人になった。一高以来親しかった児島喜久雄を介して武者小路と相識って白樺同人に加わり、洛陽堂からは一三年にゴーガンの訳書『ノア・ノア』、一五年自伝小説『自分達二人』、『三つの勝利』上巻、一八年戯曲『アダムとイヴ』を出版している。

一五年一一月二三日『泰西の絵画及彫刻』絵画篇第一巻序に、小泉は書名をふくめて編者の責任をはっきりさせた。

「泰西の絵画及彫刻」とは此の本の内容を示すものとしては少し大袈裟ではないかと思つたけれども、他に特別に意をみたす気に入つた文字を撰ぶことが自分には出来なかつたので、洛陽堂主人の好みに任せて斯く自分が名付けたのである。〔略〕

なほ此の出版に就て表面上すべての責任は洛陽堂にあるだらうけれど内容に就ての責任は自分の良心からいつて当然自分の背負ふべきものであることも記しておきたい。即ち材料の選択、配列、紹介等はすべて自分の責に任ずべきものである。或は装幀に就ても自分のものとなることと思はれる。何故なれば其等に就てはすべて自分の意志及び意向が自由にみたされつゝあるからである。夫れ故に自分は自分の良心が自分に課する義務感を忠実にみたす自由と喜悦と懸念と不安をも自分に脊負ふのは余りに当然であることを感ずる。然し斯くいふけれども紹介は全く簡単にすぎるものであることを重ねて断つておきたい。今自分には其の時間の余裕も力も全くないからである。／大正四年十一月四日／小泉鉄識略したところには、見るのを主体にしたこと、定価を安くしたこと、『白樺』など洛陽堂出版物から抜き出したものが多いこと、ために偏りがあること、それらを補う巻を予定することが示されている。

小泉は、編輯にあたるものの白樺同人は与り知らぬ洛陽堂の出版事業だと、含みのある言いかたをした。それでも内容について責任は小泉にあるとはっきりさせた。小泉の名は奥付に現われないので、編輯兼発行者河本亀之助が著者としてひとり歩きしはじめて今にいたる。

闇に流さぬ洛陽堂版絵画篇第一巻と同日に第二巻を出版、三巻の予定を四巻に改め、一ケ月のち一二月二三日に第三巻、年明けて一六年一月一日に彫刻篇、四月一日絵画篇第四巻と、予定どおりすんだ。これより二年、一八年五月二六日第五巻上古篇は、小泉をひきついだ木村荘八編輯によって続刊される。美術史的文脈とは別に白樺同人の好みに従って紹介された、と指摘された『白樺』挿画は、ここに並べかえを試みられたのだった。

3　『縮刷　夢二画集』

『縮刷　夢二画集』出版は、一九一四（大正三）年一〇月二一日、竹久にとっては港屋を開店してから二旬ののち、亀之助にとっては公刊『月映』がすべりだし、『泰西の絵画及彫刻』出版準備をすすめているころにあたる。洛陽堂夢二本としては最後になった。新著ではなく、既刊画集をもとに編輯し縮刷したものだ。東京朝日新聞への広告は、発行六日前に載せた。久しく品切れのためとうったえて、分本ならば二円のところ、縮刷合本しかも美装函入り八十五銭で提供するとした。

広告に記した発行所はもちろん洛陽堂であるが、これに加えて売捌を湊屋としている。ところが初版奥付は発行所洛陽堂だけで、再版に初めて東京日本橋呉服橋東詰湊屋と記された。新聞広告と奥付ともに表記は港屋ではなく湊屋だった。誤植を放置したのではなく、絵草紙店を港屋、縮刷画集売捌は湊屋とわけていたのがわかる。

縮刷画集発売が新聞広告六日後になったのは、竹久から亀之助へ序文が届けられたのが遅れたためだ。新聞広告は一〇月一五日、序文は一四日付だった。再版によってつけ加えたり直されたりしたところを（　）にかこんで示す。


はじめて私の集を出したのも今はもう六年の昔になりました。その頃の私と今の私とはいろ〳〵な点で随分と変つてゐる。しかし「春の巻」を出した時も、やはり、街頭の並木が色ばむで、ガラス戸にうつる遠山の色が鮮やかになりまする頃で、街をゆくいきなコックは外套の襟をたて、紫色の靴下をはいた唄女も急ぎ足に過ぎゆく、なんとはなしに心忙（慌）しい季節であつた。この幼い集に、新しいキモノをきせて出すにつけても私の生活の忙（慌）しさと寂しさとを思はずにはゐられない。またこの集の中に画かれてゐる人人のうちにも或は死んだ友人もあり、母となつた人や、音信の絶えて久しい人もある。今は、そのシインさへもさだかに覚えぬ路傍の人もある。何にせよ、みなそれ〴〵の運命を負はされて、どこかで、各々の生活をしてゐるのであらう。逢ふも別るゝも、忘るゝも忘らるゝもみな不思議な人の世の姿である。

この頃、私は、私のある仕事に一段落をつけて、だいぶ身軽るになつたので、別な家に住みたいとおもつて、今日しも、家を探しに出かけた所であつた。男がひとりで、（男ひとりが）自分の住む家を探しに、街裏をとぼ〳〵と歩いてゐるのだと、自分を見返つた時には、うら寂しい、たよりなさを感ぜずにはゐられなかつた。（私は、いつも自分の住む家を探しに歩く時ほど、生活の不安、生命の悲哀を感じることはない。）途中で、画集の序文や装幀のことを頼まれてゐたのを思ひ出して洛陽堂へやつて来た。「春の巻」を刷つてくれた男や、洛陽堂の主人と「その頃」のことを話しながらこれを書いてゐる。／十月十四日（夜）／夢二

初めの画集春の巻を出版したのは九年一二月だから、六年ではなく五年の昔、六年というなら足かけだ。生活の忙しさ、一段落ついた仕事とは、港屋開店を指すのだろうが、死んだ友人、母となった人、音信が絶えた人と同じように名を示さない。家を探したのは亀原から千代田町への転居で、これをふくめて岸たまきからみれば港屋開業前後竹久の暮らしぶりは別のおもむきを呈する。

初夏には那須へ旅、留守はチコ（二男不二彦）には婆やをつけて残し女子大学の幼稚園へ入れました。旅で三ケ月での流産で宿に残され、夢二は福島へ一人立ち、八月末に帰京しましたが、突然京都で約束した女があるとて離縁状を渡され、私は自活させるとて日本橋の呉服橋通りに店を構へ、半襟専門で開きました。それが港屋でした。所が嫁さん話は立消えとなり店へ夢二が入り込んで来、他のいろ〳〵の作品も売ることとなり、初めの約束も崩れて了ひました。そこへ笠井

さんが現はれ親しくなりました。（第二夫人彦乃女）又出入する青年への嫉妬から亀原では眼がとどかぬとて、近くの千代田町へ住居を移しました。店は評判が好かつたのですが、いろ〳〵不始末なので立ち行かず、店の品薄を填めてくれた当時十八九の少年だつた東郷青児氏との間を疑はれ、〔一四年富山泊海岸刃傷事件・略〕〔年明けて一五年〕港屋はいつか夢二の名に変り、笠井姉が代り、私は退いて高田の方に移り、そこではチコと婆やが権利をもち私は戸籍にも認められぬことでした。一番苦しまされた時期です。私の前で女友達との交際も行はれ、私は不二彦を連れて守屋姉の近く千駄谷に遁れました。大正四年です。

女子美術学校に通う笠井彦乃と竹久がつきあい始めるのは開業の後、笠井に宛てた手紙は一四年末のものが現存する最初とされる。作品頒布画会に旅する留守のあいだ、岸と東郷青児の仲を疑う記述は一二月の日記に現われ、わが子や近所のうわさ話を聞いて嫉妬にかられる想いを綴っている。東郷に手を引くよう言いふくめたとは翌一五年二月八日富山から発せられた岸宛書翰にあり、「キヅ口はうみをもちはせぬかと案じてゐる。人の噂などにはかへられぬ　医者に見せてもらふが好いよ」と追伸にあった。たまきの回想で引用をはぶいた、富山泊海岸で竹久につけられた傷である。

竹久は縮刷画集に、ひとり寂しく引越先をさがす途中で序文を頼まれたのを思い出したと書いている。これは、なかなか序文をよこさない竹久を亀之助が呼びよせて、新聞広告掲載前日にようやく書き上げさせたとみる。初版発行部数はわからないが、『新真婦人』一二月号に載せた広告によれば、その日に売りきっていた。再版は四日後だった。「再版について」とするはずが誤植の校正を再び怠って「再版につていい」のままで印刷されている。

自分の仕事の忙しさにかまけて画集の校正刷も見ないのがわるかつた。出来た本を見ると最初の画集を見たときとはまるで印象が異つてしまつたのを遺憾に思ひます。活字と違つて絵になると、一々古い木版から板をおこして、心持の異つたいろんな職人が機械的に刻んでのけるのだから、作者の気持など解らう筈もなし、考へてもゐないのでした。はじめて私の画集を見て下さる方に対して私が無責任だつたことを謝さなければなりませぬ。

再版から三版まではまる一年かかり、一五年一〇月五日に出た。洛陽堂発行、売捌所湊屋を奥付に記した縮刷画集はこの三版で終わった。これをもって亀之助と竹久との出版上の縁は切れ、洛陽堂発行図書からすべて消え去った。いわば竹久に清算を求められたものの、亀之助にゆとりはなく、春夏秋冬四巻をもとに編輯しなおした縮刷版によってひねり出そうとしたのがこの出版だったと推測する。

三版が出る十数日前、竹久は日記につぎのように書いた。一五年九月二二日、銀座で新潮社から出たばかりの自著『三味線草』を購入、店員によく売れますねと愛想を言われて帰宅、扉をたたく者があった、からぬきだす。

そつと見たら、製本屋の小僧だ　奥附をあづけにきた、再版二百！　とはなさけない。おれのものをもう以前のやうに見るやつはないのだ。月末には参百円は入るとおもつたのにあてがはづれた。

発行部数分の奥付に検印を捺すときに印税支払いを求める商習慣があったとは、竹久が笠井宛書翰にしたためている。再版が二百しかないと竹久が嘆いたのはどの本か、これを前段にある絵入小唄集『三味線草』だとする説がある。けれどもそうではなく、一〇月五日に出る縮刷画集三版だったと考える。

なぜなら、新潮社発行『三味線草』は一五年九月の初版から二〇年一〇月まで一三版を重ねており、再版わずか二百とは考えにくいからだ。新著『三味線草』ならば、おれのものをもう以前のように見るやつはない、とは嘆かない。さらに、月末に入ると見込んだ三百円に着目すると、九月発行植竹書院『絵入歌集』の定価が一円二十銭、『三味線草』は九十五銭、『縮刷　夢二画集』三版は八十五銭で、定価合計三円、それぞれ千部、一割の印税でちょうど三百円の勘定になる。縮刷画集が二百しか出なければ七十円ほど減ってしまうのだ。ひっかかるのは縮刷画集三版を竹久は再版というが、初版から四日後に再版しているので、これをあわせて初版と思いこむのはありうることだ。以上は仮説として措く。

余談をひとつ。製本屋の雇い人を、日記のなかで竹久は小僧と呼んだ。白樺同人も『白樺』誌上で小僧と呼びすてにしている。しかし当時洛陽堂をめぐる人々すべてが、あたりまえのように小僧の語を発したのではない。西欧美術書の翻訳者であった木村荘八はちがう。亀之助に編著をもちかけられた「その夜、おそく、小僧さんが本を二十二冊届けてくれた」と書いた。家業である料理店がかたむいて自活に迫られていたとき、雑誌編輯者に起用して下宿の世話もした北山清太郎へ、その恩を事あるごとに公言したのが木村である。

4　蜻蛉館書店加藤好造

①加藤と宇野

宇野が加藤を知ったのは早稲田在学中で、古本屋好文堂主人と客というつながりだった。一九一四（大正三）年ごろからで、亀之助が縮刷夢二画集や『泰西の絵画及彫刻』出版のいきさつには通じていなかった。加藤の家で亀之助にしばしば会うのは、一六年になってからだった。宇野『文学的散歩』をみる。

大正五六年頃から二三年の間、私は加藤と特別に親しく交際した。その事は、私の旧作『苦の世界』の中に、ちよつと書いたから、ここでは省略するが、私が二度目に加藤と親しく交際するやうになつた頃（大正、五、六、七年頃、）加藤は、神保町の裏町（表神保町三番地）に住んでゐて、ぞつき屋をしてゐた。

ぞつき屋といふのは、方々の出版屋の残本を、殆ど新らしいまま、二百部でも、五百部でも、ぞつきに（残らず）買つて、大道商人に卸す商売である。

私が加藤と再び親しくするやうになつたのは、加藤が、ぞつき屋をしながら、蜻蛉館といふ名で、加藤流の出版屋を始める事になつてからである。加藤の出版といふのはぞつき屋を利用した本と当時かなり（殆ど食ふにも）困つてゐた私の生活を幾らか助ける本を出す事である。つまり、加藤はこの二面の性質を持つてゐた。

宇野が私小説『苦の世界』にすべてを明かさなかった加藤とのつながりは、弟子水上勉によればつぎのとおりだった。宇野は家族ふたりをかかえていた。母ときみ子である。きみ子とは『苦の世界』にえがいた、をんな、だ。ふたりを養うには童話を書くだけでは足らず、蜻蛉館書店の雑誌編輯や著訳書出版によって口を糊した。きみ子は、宇野の貧乏をみかねて芸妓屋に売られる覚悟をきめる。ところが直にきみ子は逃げ帰ったので、宇野は支度金踏み倒しを後ろであやつったと訴えられた。宇野は水上潔の変名で身を隠す。宇野に桂庵を紹介したのが、加藤行きつけの待合だった。これが一度で終わらぬ。二度めは加藤が蜻蛉館をたたんだあと、牛込の裏町に逼塞してからだという。

身をひそめていた宇野は蜻蛉館書店から、田丸勝之助の筆名で一六年四月に『誰にも出来る株式相場』を、六月に『誰にも出来る米相場』を出版した。足繁く加藤宅を訪れたがゆえに、亀之助と加藤とのつながりを深く知るにいたったのである。立ちあわなかった数年前の亀之助と加藤との交渉をも、あと知恵で語るあやうさをもつ。

なお、一七年一月に宇野が訳し蜻蛉館書店から出版した『クオレ物語』印刷人は、東京市麹町区麹町二丁目九番地小塩信三、印刷所は同所小塩印刷所である。洛陽堂印刷所と同じ番地だ。亀之助が経営する洛陽堂印刷所を間借りしたのか、同番地にもう一軒小塩印刷所があったのか、洛陽堂印刷所で印刷しながら小塩印刷所名義で奥付に記したのか、ともかくも亀之助と加藤のつながりを裏づける証にはちがいない。

②加藤と洛陽堂図書装本

宇野浩二『文学的散歩』には、まだないがしろにできない記述がある。装幀だ。

なほ、余談ではあるが、加藤が出した『奏〔泰〕西の絵画と彫刻』の表紙は三河木綿を茶色に染めたもので、これは当時は珍しかつたらしく、ある時、岩波書店から人が来て、あの表紙の切れは何ですか、と聞いたので、加藤がその事を答へると、「ありがたう」、と云つて、岩波書店の人は帰つて行つた。それから間もなく出た岩波書店の哲学叢書の表紙はこの三河木綿を茶褐色に染めたものである。また、おなじ頃に、洛陽堂から出版した、柳宗悦の『ヰリアム・ブレイク』の恐らく誰にも見当のつかない表紙の切れは、畳の縁の布を裏返しにして使つたもので、実に丈夫であるが、これもまた加藤が河本に教へたのである。これらが、私が、先きに、加藤が工夫の才能を持つてゐると云つた例の一端である。

宇野と出版によって深くつながる前なので、出版年を確かめつつ調べてみる。加藤が出した『泰西の絵画と彫刻』は未見であるが、洛陽堂版『泰西の絵画及彫刻』絵画篇第一巻なら、三河木綿かどうか判らないけれども、確かに布装で色は茶だ。畳の縁布を裏返したという『ヰリアム・ブレイク』と岩波書店哲学叢書第一巻『認識論』は、同じ布のようだ。その二点と、洛陽堂版『泰西の絵画及彫刻』絵画篇第一巻とが、素人目には似た布装なのである。岡田次郎作訳『涙痕』もそうだ。

宇野が出版年月を明らかにしていないこれら似た布装をほどこした諸書を、順にならべると次のようになる。

〔一九一四年一〇月　一日『白樺』に同人がぞっき本を告発〕
　　　　一二月二三日『ヰリアム・ブレイク』
一九一五年一〇月　三日『認識論』〔岩波書店哲学叢書第一巻〕
　　　　一〇月二八日『涙痕』
　　　　一一月二三日『泰西の絵画及彫刻』絵画篇第一巻

時の順に、宇野が覚えていた逸話をなぞると、はじめに、亀之助が加藤に教えられた畳の縁布を使った『ヰリアム・ブレイク』を出版した。加藤が三河木綿を染めた布装本『泰西の絵画と彫刻』を見て、問いあわせた岩波書店が布装を『認識論』に使った。加藤がくふうした畳の縁布を使った布装や、三河木綿を染めた布装を、亀之助が『涙痕』や『泰西の絵画及彫刻』に活かした。そうなる。

5　哲夫帰国と加藤古本店主人

留学先から哲夫が帰国したのは一九一六〔大正五〕年だった。一七年に古書店を開業したとき、指南をうけたのは、牛込の加藤古書店主人だった。蜻蛉館書店加藤好造にちがいない。哲夫はこうふりかえっている。

「新生堂」の前身

私がアメリカの留学から帰朝したのは、大正五年の秋であった。その当時、長兄の河本亀之助は、麹町で洛陽堂という、現今なら、岩波書店に類する文化、教養系統の出版社を経営していた。〔出版書目・略〕

古書店「新生堂」

私は、その当時、麹町平河町に居住して、しばらくの間、洛陽堂の企画、編集に参加しつつあったが、その翌年、神田神保町の電車通りで、「新生堂」という看板をかかげて、古本屋を開業していた。古本屋という商売には、全く無経験の私であったが、幸い、知人の紹介で、牛込の加藤古本店主人の指導を受けて、この商売について少しずつ勉強しながら、毎日、風呂敷包を背負って古本の買い出しに出かけたり、古書の競り市場にもたびたび行ったものである。開店に際し、少しばかりの資本と、自分が在米中買い集めていた、約千冊ほどの洋書と、海外から輸入した、キリスト教書や、美術書の古本などを加えて、開業したのである。当時の店の位置は神保町の電車通りで、今の都電停留所専修大学前で、富士見町教会からは、九段坂を下れば、直ぐ近くにあったので、植村正久先生は、たびたび店に来られた。また、その当時のキリスト教会知名の先生や、作家、画家なども、この変わりだねの店の顧客であった。作家では、有島武郎、大仏次郎、武者小路実篤、木村荘八氏なども顔なじみの客であった。植村先生には、ビーチャーの説教集（十二巻）とHastings の Dictionary of Religions and Ethics など買って頂いて、これを御宅まで届けに行った時、かつて、先生が渡米された際、宗教書を専門にあつかっている著名の古本屋に、私が案内した時のことなど、思い出話として、夕食の御馳走になったことも記憶にのこっている一つである。

哲夫が開業した古書店新生堂の広告は、洛陽堂発行雑誌『都会及農村』一七年六月号に載っている。

新生堂書店古本売価表
今回下記の所に書店開業仕候、地方愛読者諸君の御便宜を計り新本古本とも誠実懇切を旨として最も敏速に出来得る限り安価にて御取次仕可候左記目録中御入用の書籍御座候へば売価に郵税を添へ御注文願上候／新生堂主人敬白／〔目録・略〕／東京市神田区北神保町二番地　新生堂書店

これと加藤好造のがわの資料をつきあわせる。宇野浩二が加藤を知るきっかけは、その回想に「神楽坂上の郵便局の前で、好文堂といふ古本屋をしてゐた。その好文堂で古本を売り買ひした事から、私は、加藤と知り合ひになつた」のだった。学生だった一二年から三年にかけてである。

哲夫が古書店を開業した一七年、加藤は蜻蛉館書店を経営していた。一七年六月一日刊『近代文芸書翰集』奥付表記は神田区表神保町三番地、宇野は別のところで加藤が神保町の裏町に住んでいたと書き註記にその番地を示しており、牛込区神楽坂とはちがう。牛込の裏町に逼塞したのは蜻蛉館をたたんだ後だった。

哲夫は神田を牛込といい、出版書肆蜻蛉館書店を加藤古本店という。加藤の出版業は、一六年六月二三日刊『誰にも出来る米相場』巻末広告にあるとおり、通信販売や古書ぞっき本を扱う業者であった。営業種目のひとつだから、加藤古本店としてもまちがってはいないが芯をはずした物言いである。そのうえ亀之助であるはずの紹介者を知人という。『泰西の絵画及彫刻』一件をはばかったからこそのことではなかろうか。と勘ぐっておく。

五　『都会及農村』

公刊『月映』が告別輯を発行したのが一九一五〔大正四〕年一一月一日、これに替わるように同月一五日、亀之助は月刊雑誌『都会及農村』第一号を出した。編輯したのは、青年団運動をすすめる山本瀧之助と知己である内務省嘱託天野藤男だった。天野が伝えるに、損をするために始めたというから、亀之助には泥沼からぬけだす気はさらさらなかったことになる。それでも踏みきったのは、寄書家を多く得たからだろう。創業まる六年にしてしだいに厚みを増してきたのだ。

1　亀之助と天野藤男

天野が生まれ育った富士をのぞむ庵原村は、地方改良運動において模範村のひとつとされた。もとは合併前に隣村であった杉山村戸長片平信明が、報徳の教えを篤く信じて、茶や桑、みかん栽培によって村を興したのによる。天野は村長の子、二男だったが、兄が若くして亡くなり、代わって後つぎになった。中学から先は身体が弱かったから進学をあきらめていた。『故郷』には、鍬持たでもいられる身の上といい、父が手入れする庭と花園およそ千坪を、狭いけれども、とことわるのだった。小作の二男だったなら、おそらくは村をはなれて東京で職をさがしただろう。

農が国の基であると考える天野は、農村から人がはなれ都市へ移り住むのを引きとめるため、田園趣味をうったえた。山本瀧之助が天野を亀之助に紹介して、最初の著書となる『農村の娯楽』を出版したのは、一九一三〔大正二〕年九月だった。自序に「世人農村の疲弊を目し娯楽の欠乏に拠ると言ひ、農村の都市集注を見て生活の単調無味に帰せんとするものあり」とのべたとおり、趣味豊かな暮らしを例示するかを思わせた。しかし自序は、都市集注の主な原因はそこにはなく、農村に人口は増えても耕す土地がない、生活難、経済難がもとだとした。土地がないのをさかのぼれば、地租改正によって土地所有を法認されたのに始まる。所有権をにぎったのは地主で、はじかれた小作は小作料が多ければ暮らしが成り立たず、子女は出稼ぎに出るほかになくなった。工場か商家か、都市へ人が流れ出るのは天野がいう生活難、経済難が大きくはたらく。折しも欧州大戦によって戦地での生産が滞り、作れば売れるとあっては、工場の人手は足らず農村から吸い寄せられていく。

天野は、農家に生まれた二男以下が親もとを離れなければならなかったのに通じてはいる。養子か、奉公か、軍人か、分家にしろ一戸一町歩内外の田畑を得ることがたやすくないのを知っていた。そうした境遇にふれながら、経済的方面の救治策としては、地主と小作人の親和を第一にかかげつつ、その先へは踏みこまなかった。それでも『農村と娯楽』に類書はまれだった。文部省通俗図書認定、東京高等師範茗渓会通俗図書選奨をえて一四年三月に三版、一〇月五版と世に迎えられた。

天野は洛陽堂から『農村と娯楽』をはじめ、田園趣味をうたう著書をいくつか出版して、都会をあこがれる男女青年をひきとめようとした。一九一四〔大正三〕年『田園趣味』、『故郷』、一五年『都市より田園へ』、『地方青年団の現在及将来』、そして一一月一五日雑誌『都会及農村』創刊にいたるのだが、同日発行『良民』には、天野藤男編案恩地孝〔四郎〕装幀『田園趣味暦（文章暦十二ケ月）』の広告が載った。一六年には『花と人生』、『趣味教訓　四季の田園』、『農村処女会の組織及指導』を出版した。亀之助は、内務省地方局の一嘱託である天野の主張が、世に受けいれられるように支えていったのである。

天野が一九一五〔大正四〕年二月、洛陽堂から出版した四冊めの『都市より田園へ』に、文章は人格也という一節がある。地方改良の見地からいうと今の文学はむしろない方がよかろうと書き出して、俗悪な図書は淫猥な蓄音器が常にうなっているようなものだと言う。しかしながら書肆は商売を度外におけない。売ってもうけなければ新たな出版はできない。時流に投じ、書生が好む、売れる本をつくる書肆は、料理屋、汁粉屋、焼芋屋と何のえらぶところがないとした。それに続けて、某書肆の主人の言におよぶのだ。

然るに予が知れる某書肆の主人は、嘗て予に謂つて曰く、
書肆自身も趣味を以て出版物に対せざるべからず、只売れさへすればよいといふならば、市中の玩具屋と何ら擇ぶ所なきなり。それでは真の出版業者ならず固より出版業者とて利益を度外とすることは出来ず。さればとて予は俗悪なるものを刊行して利益を贏（か）ち得んと希ひしことあらず。

予が許にも屢々原稿を携へ来つて出版を要請する著者尠からず。時には知名の士も来ることあり。然れども、如何に売れさうなものでも、苟くも予が或趣味に迎合せず、若くは著者の風格態度にして我が意中に反せんか、断じて引受けざるを常とす。予は此態度を以て従来図書の出版を営み以て今日に致れり。行はれたる図書も多けれども、行はれざるものも尠からず、差引いて純益とする所は極めて少々なるは遺憾なれども、俯仰天地に慚ぢず。心地よきこと限りなし。

天野がいう某書肆の主人こそ、九分九厘、亀之助にちがいない。某書肆の主人の言をひきとって天野は、前かけ締めてそろばんはじいていればとて一種の教育家にほかならぬといい、社会教育家、篤志家だとたたえた。

2 創刊準備

創刊にさきだって亀之助は、天野を紹介した山本瀧之助が主宰する『良民』に広告を載せ、読者に寄稿を求めた。月刊、菊判百頁前後で定価は十五銭、今の五百円ほどにあたるだろうか。一九一五〔大正四〕年、『良民』九月号に示した編輯方針はつぎのとおりだった。

御大礼記念創刊／都会及農村／趣味と実益とを満載する国民必読の雑誌出現

農村振興、地方開発に関する図書を上梓して聊識者諸賢の御参考に供し来りたる弊堂は、未曾有の盛儀とも申し奉るべき　今上陛下御即位大礼を行はせらるゝ今秋十一月をトし更に機関雑誌

「都会及農村」を創刊して田園趣味の宣伝に全力を傾注すると共に、都会の真相を紹介して農村生活の参考に供し又は都市田園の比較研考を試み其の完全なる調和発達を策し以て国家の進運に資する所あらんとす。

方今所謂雑誌と称せらるゝもの実に汗牛充棟も啻ならずと雖、都会を背景としたる農村の研究、農村を背景としたる都会の論評を標榜したるもの皆無と謂ふも不可あらず、尚本誌の聊か特長を以て任ぜんとする所は、記事内容の平易簡明にして趣味饒多なる点にして、少年にも、少女にも、男子にも、婦人にも、あらゆる職業とあらゆる階級人士の趣味嗜好に投ずべき、恰も「米飯の滋味」を以て居らんとす。

主義抱負の一端、にかかげられたのは、都市及農村の比較研究／自治、教育、産業の啓発／田園趣味の宣伝／都鄙生活の実況報告／青年会、処女会に関する指導顧問（青年の教養）／一日一善主義の鼓吹／史蹟名勝天然物の保護保存／田園文学郷土芸術の鼓吹発揮／俚歌俗謡の蒐集、改良／農村娯楽の開拓鼓吹／国民性の陶冶訓練／科学と文芸との調和研究／上京学生、青年団に対する斡旋顧問、「都市田園」講演会の開催／地方青年会其他に対する講演若くは講師斡旋／家庭若くは少年少女に対する趣味ある読物の提供だった。一日一善は山本瀧之助が『良民』誌上で主唱、科学と文芸と同題雑誌は加藤一夫が編輯するところ、加藤は武者小路実篤を通じて洛陽堂からトルストイの訳書などを出版した。

『都会及農村』に寄稿して支えたのは、山本瀧之助、内務省の役人中川望や、生江孝之、佐上信一、これは天野につながる人々である。洛陽堂顧問である高島平三郎やその教え子、弟子、洛陽堂から出版した著訳者、白樺同人武者小路実篤やその知友らは、亀之助が天野につないだものと考えられる。洛陽堂から著訳書を発行した人々を挙げれば、右の支援者のほかに、助川啓四郎、松本恒吉、後藤静香、岡田次郎作、杉山元治郎、小酒井光次、石川弘、嘉悦孝子、若林欽、木村荘八、加藤一夫、帆足理一郎らがいた。

3　天野による編輯

『都会及農村』は、まる三年ほど発行されたらしい。一巻は一九一五〔大正四〕年一一月号と一二月号だけでおわり、一六年は二巻、一七年三巻、一八年一二月四巻一二号までは原誌を確かめられる。通号三十八になる。五巻と数えられるはずの一九年からさきは、『良民』や新聞に広告を見つけられなかった。

天野の遺品を引きつぎ保存している静岡市庵原生涯学習交流館には、一七年九月三巻九号までしか収められていない。この号には雑誌改善をかかげる亀之助署名社告が載っており、天野は処女会中央本部への関わりを強めていたから、この時すでに後任山中省二が担っていたものと思われる。天野在任は二年足らずとなる。

①投書募集

亀之助が経営する洛陽堂発行誌『白樺』は、同人の編輯方針によって読者の寄稿をことわった。良民社発行誌『良民』は、山本瀧之助の評論のほか、各地の読者から寄せられた書翰や各紙誌所載評論などを山本瀧之助が取捨して載せた。読者から作品を募集したのは『都会及農村』だけである。創刊にさきだって『良民』誌をかりて募ったのは、小説、新体詩、和歌、俳句や各地通信などであった。当選作には五円以下五十銭以上の洛陽堂図書切符を贈るという。

編輯する天野その人が竹久夢二らと同じように投稿少年だった。洛陽堂から出版した『田園趣味』には、第四章以下、少年の日記、田園日記、小品四篇、田園小説がならぶ。号を白雲という天野は絵心をもち、美術学校受験もした青年である。投稿欄をもうけて読者とつながるのを望んだ天野はこれに力を注ぐのだが、創刊間もない二巻三号、通号五号にしてすでに読者をより分けしなければならなくなっていた。作品を採用され懸賞を与えられるのをあてにする読者は、雑誌に合わせて話しをつくりだすのだ。嘘を書かず、実生活そのまま紙に現わせと釘をささざるを得なくなったのだ。

そうであるから、自誌に投書が増えてうれしいと伝えながら、本誌の特長とするは晴耕雨作、夜作の高尚無二なる青年文壇だから、都会化した妙な文芸にかぶれて生涯を誤ってはいけないと、地についた作品を求めつづけた。投書は娯楽で修養が第一であるのをうったえ、投書を目的にすれば、結局労働が嫌になり投書が好きになり、最後には蛙も食わぬ自称田舎投書文士となつて煩悶すると、繰りかえし忠告したのだ。

それでも、天野最後の編輯と思われる一七年三巻八号にしてなお懸賞募集をかかげ、これまでどおり当選作には五十銭以上五円以下の洛陽堂図書切符又は図書を贈ると読者に告げていた。

②都会非難

天野には『都会及農村』創刊より半年余り前、すでに内務省嘱託として著書『都市より田園へ』があった。農村青年が都会へのあこがれから農業を捨てるのを防ごうと、天野がいう都会、東京の暗部をついた評論をつぎつぎと『都会及農村』に載せていった。なるほど帝国劇場は立派である、歌舞伎座には名優も出よう、しかしながらそれをたのしめる人は限られており、一週間一度の活動写真もむづかしいのだ。二十円や三十円の俸給で家族を扶養していれば、娯楽どころのさわぎでない、と。

評論「軽薄雑誌を排せよ」は虚栄心をそそのかす投書雑誌を非難して、自誌に言いおよんだ。読者にこたえていう。

「都会及農村」はかたすぎる、面白くない、都会のことがかいてないといつた人に、『都会のことはかいてある。都会を悪くいふことが都会のことをかいてある証拠ぢやないか、只銀座の光景を説明してなんになる。浅草の繁華をかいてなんになる。却つて都市集注の裏書をすると同じぢやないか。だから銀座浅草の繁華は生活難の結果だ、同情すべく、憫むべき繁華であると攻撃する。其の為に都会及農村は一部の人よりは悪まれてゐる』と答へた。

そのとおり署名評論「東京振興論」に、人口二百万、世界第六位となった東洋唯一の大都会東京は、銀座日本橋は都市らしい景観であっても、裏通りに入ると別の姿をみせる。雨が降らねばちりあくたが舞い、雨が降れば道はぬかるんで下水があふれる、と書いた。

都市に人が流れこむ元は農村にある。仕事がなければ農民が都市へ移るのは認める。これが大原因であり、近因とする農村から都市へ移り住むその大多数は、農村に於ける落伍者であり、失敗者、堕落者、無為無能者、そうでなければ空手奇利を博せんとする山師、詐欺師だとまできめつけた。原胤昭から「上京地方青年と其の末路」寄稿を求めた天野には、こうした編輯方針を変える気はなかった。そのうちに都会真相号を発行して、都会の内幕を曝露しようといい、なぜか他の雑誌はみな都会のよいところのみ紹介するから農村を愛するがゆえに都会に対しては遠慮しないのだった。

③鋒先と筆致

一九一六〔大正五〕年七月、地方青年団及処女会号巻頭評論「地方青年竝に青年団の奮起自重」は、一、青年団指導の機運高潮す、から始めながら、二、愛と熱とを欠く青年指導者、と続けた。生活難に言い及んだ、三、衣食給食せずして何の公民ぞ、から、四、智識あり自活出来ざる者を高等遊民といふ、に進める。ここで、ある青年と弁士をとりあげた。青年大会で前列に席をしめて熱心に講演を聞いた青年に、弁士は名論に感動したのかとその感想をたずねる。私もあなたの様に演説して全国を歩きたい、百姓が嫌になりました、それが答えだった。ひきとって天野は言う。郡青年大会解散後車を連ねて堂々と歓迎会場なる旗亭に乗込む主宰者や弁士の一行を路上より仰いだ青年は、果して何物を感ずるかと、内務省嘱託である天野には耳にする機会はいくらでもあった。

帰省して得た「村長の見たる地方視察員」は、所謂お役所的、帳簿出し放の横着官吏、非常識の官吏、と実話をならべている。県庁や内務省の紹介で役人が村治等を見に来るが、総じて熱心に乏しい。予定だからやって来たというようにうけとれた。はじめのうちはていねいに応対したが、このごろは助役に当たらせていた。不遜な態度をする役人は、調査事項や質問をごく上っつらであるのが多い、形式を問うて精神を訊ねないのだ。だから村長や村治を監督するよりむしろ官吏当局者の頭を改良し、精神を一新する方が、地方改良の捷径であると言いきった。

六　山本瀧之助と一日一善

良民社は、一九一五〔大正四〕年一一月一五日『都会及農村』創刊と同日発行『良民』を、御大典記念一日一善号とした。一日一善号は年初め一月号につづき二度めの企画だった。『良民』編輯者山本瀧之助にとって、もっとも手応えがあったのが一日一善の勧めである。

1　一日一善

一日一善は、イギリス少年義勇団に範をとった。『良民』誌上に初めてこの語があらわれたのは一九一一〔明治四四〕年九月一巻八号「一日一善日記」だった。筆者は蚯蚓生、山本の筆名である。創刊年をしめくくる一二月一巻一一号に山本は、無署名「『良民』の志に就て」をかかげて、啓蒙ではなく、実行の雑誌であると告げた。

本誌は初めから、読者諸君に対して知識を授けよう諸君を物識りにしようなどの積りは余りありません、唯主として、諸君をして多少たりとも根気強からしめたい、理屈を覚へさすよりは実行の人たらしめたい、これが本誌の元来の志なので有ます、就きましては、筆を執つて居ります私共自身が寝転んでゐてはツマらぬ、唯口サキばかりで他を起さうなどではツマらぬ、及ばず乍も、私共が先づ根気強く実行の人とならねばならぬ、本誌を活かし本誌を良くしますには、私共が常に実践躬行に努めて先づ其の人格を高めるが第一の道である、と斯様に信じ斯様に心懸けてゐる次第であります

読者から一日一善必行団のたよりが寄せられた始めは一二年五月号だった。良民社として一日一善必行団をつくって一二月号に発表する。これは十人ほどの賛同を得て、会員の間で巡回日記によって横のつながりを図るものだった。

一日一善を『良民』誌上で報告すると、各地に賛同者による集いができて次第に広がっていった。大阪毎日新聞がとりあげるまでになったのだ。さらに、山本にとって新聞日本を通じた旧知を再びつなぐ役をもはたした。『良民』一三年七月号に書いている。

自分は今から十幾年前に『日本』新聞紙上で『日本』新聞の青年読者を以つて一つの青年会を作つた、当時の『日本』新聞は一代の人物故陸羯南翁が経営されてゐたので、石に社袮（かみしも）を着せたような新聞であると評されてゐた、会員五百余員、雑誌も出せば地方々々で小集も開いてゐた、所が遺憾なことには、陸翁は死なれる、新聞は他人の手に移る、コレ程の会員も其後多くは離散してしまつた、が併し、今日でも自分の真の友人の大部分は、全く当時の会員中より得られたので、ソコで、甚だ潜〔僭〕越の至りではあるが、本誌も『日本』の万一にもアヤかつて、読者諸君の中心ともなつて、イツもよく言ふ通り、盛に諸君相互の聯絡、即ち横の関係を謀つて見たいもの

と思ふ、知らぬ人との手紙の取りやりは亦愉快なものである、次号からは此の趣旨で、少し宛諸君の住所氏名を本誌に掲げたい。

一三年の山本日記は残されていないので、『一日一善』を一冊の本にまとめようという話が、どう進められたかをあとづけることができない。ただ、筆名蚯蚓生による「滞京十日間」を中央報徳会機関『斯民』に寄せており、一一月一五日からの足取りならつかめる。

一五日「石黒男爵邸」に始まる十日間の日誌に、一六日「晩くまで拙著校正」、二三日「夜拙著稿了」とある。山本が校正作業をおこなったのは、おそらく洛陽堂が引越した平河町五丁目だろう。旧所在地麹町二丁目からは遠くないが、ちょうど移転のさなかだった。一一月一八日発行小泉鉄訳『ノア・ノア』発行所洛陽堂所在地は麹町二丁目、一二月一日発行竹久夢二『画集　昼夜帯』が平河町五丁目なのだ。校正をおえた山本は、一一月二五日朝に亀之助らに見送られて東京を発った。

一二月一五日、『一日一善』は石黒忠悳男爵書翰を口絵にかかげて出版された。巻末附録は実行百題である。卌版を重ねたという広告は、二二年三月二八日東京朝日新聞にのった。

一日一善が読者に迎えられた山本は、一四年には『一日一善日記』を出版した。この日記帳は一冊二十銭で、小学校上級生徒より青年会、処女会、中等学校、在郷軍人会、軍隊、工場、銀行、会社、鉄道従業員等に至るまで孰れの方面にも向かしむるように作ったと宣伝した。

高いところに立って低いところにいる者へ知らしめる雑誌ではなく、横につながりを求める雑誌をつくろうとした山本は、こうした手応えのもとに『良民』第四年をむかえ、読者どうしをつなぐ住所欄をもうけた。その連絡係を自認したのか、六月号に初めて筆名を明かした。編輯後記「要約」稿末に（六月二日脱稿良民生山本瀧之助）と記したのだ。

ほのめかす前ぶれをしたのは年明けだった。ひとつは一月号蚯蚓生「滞京十日間」転載、同じ号巻頭「良民の心事」だった。良民生と発行者河本亀之助が別人であるのをはっきりさせていた。


実を申しますると、本誌の発行部数は未だ多くはありませぬ、丸で申した所で四年此の方毎月収支が償ひませせぬ、月々幾何かの損耗をして居ります、発行者の河本亀之助氏と申しますは、実は私の郷里の先輩でありまして、最初から私の志業に対して同情を持つて居られますので、月にコレ位の損耗で済むことならば、十年でも二十年でも続ける、一向心配は入らぬ、と力を添へて呉れられて居ります、

誌代四銭を五銭に値上げするのを、編輯者良民生から申し出たというのだ。もうひとつ、右の記事によって読者から良民生とは今の今まで河本亀之助氏と信じ居候、と手紙が寄せられたのに対し良民生は、今後とも良民生とは河本氏の事と思ってもらってよい、同氏と小生は同型の人間に候、とこたえていた。

こうして『都会及農村』創刊号と同日発行『良民』五巻一一号御大典記念一日一善号は、巻頭において大礼を祝った。

奉祝／謹みて　御大礼を祝し奉り　聖寿の無窮を深く祈り奉る／大正四年十一月／良民社／執筆者　山本瀧之助／発行者　河本亀之助
数ならぬ本誌も此の盛儀に遭遇し聊か奉祝の誠悃を表せんとしてさゝやかながらも此の記念号を作れり、一日一善は本誌の最も微力を致す所たり、今より後読者諸君と共に益々奮励し、以つて聖恩の万一に酬ゐん所あらんことを思ふ。

山本は、一日一善を足がかりに、模範日、早起を誌上にかかげて、同題著書を洛陽堂から出版するのだが、雑誌『良民』創刊のねらいとはずれていったのを、読者に明かしていた。一七年九月、七巻九号においてだ。

実は本誌は最初青年団体の中心機関を以つて起つたものである、然るに事志と違ふ間に他に随分備はつた青年雑誌が追々見はれて来た、其の後偶一日一善といふ好個の題目を手に入れたので青年団の方は他へ譲つた気持で、今度はコ、を先途と一日一善に就いて尽して見た、幸に一日一善も最早今日となつてはどうやら一人前の物となつたらしい

こと志とちがってきたのは、青年団中央機関を組織する問題だった。各地に自立する青年団をつなぐのをめざしてきた山本にとって、各府県知事を理事長にする動きが一八年に入ってあらわれるとがまんできなくなった。二月号巻頭は「青年団の統一問題」で各地青年団を大根にたとえ、惜しいこと

には根が地面より離れるおそれをうったえた。これは二頁分にすぎぬが、この号には「数百年来雌伏したりし全国若連中の漸く自覚の域に入らんとするや、軍閥家は之を軍閥に利用せんとし、官僚者は之を官僚者に利用せんとし、相計つて県官郡吏を手足とし、隠然たる国家的命令を以て大干渉を下さんとするもの丶如し」にはじまる、十頁におよぶ志沢光郎「全国の青年に檄す」を収めた。内務官僚や陸軍将官に建言してきた山本からすれば、これまでの処しかたをくつがえす見解であるが、特に読者諸君に対して精読を求めたいと断わっての掲載だった。

2　後藤静香

山本瀧之助と香川県女子師範学校に勤める後藤静香をつないだのは、一日一善だった。生徒の『一日一善』感想をまとめて送ったのが、『良民』一九一五（大正四）年六月号に披露された。一七年三月、同校へ講演に出向いた山本は、五月三日に、後藤氏著述を洛陽堂へ申しやる、と日記に書いている。七月一三日に出版した『女教員の真相及其本領』をさす。女性教員が少ないままでありつづければ、その長短なぞ広く論議されはしない。小学教員に女性が占める割合がだんだん高くなり、三割におよんだのには、義務教育年限を六年に延ばして教員が不足するのを、男性より安い給料で採用する背景があった。

帝国教育会がこの問題に関して調査委員会をもうけ、師範学校長や小学校長から回答を得てまとめた報告が、後藤にこの著をなさしめた。女性教員の短所を無遠慮に数えあげているが、いずれも男性からで、女教員の生活を理解しないためにおちいった誤りが少くないのを、養成にあたる女子師範学校教員として黙っておれなかったからだ。

挙げられた短所は何に因るのか、改める手だては何か、とひとつひとつ説く後藤は、教え子から寄せられた私信からひき出すにとどまらなかった。既婚女教員問題には、長崎在任中結婚した妻が女学校裁縫科を担任したおりをふりかえっている。欠勤、遅刻、早退多し、の項に実例として苦い思い出を語った。妻は二児を遺して亡くなり、あとを同じく教員である妹が育て、妻と同じように悩むのだが、昨年妻を入れてから妹は極めて自由になってて解決した、と書いた。

そうではあっても、これまで掘り下げられなかった問題であっただけに、この著書が識者の認めるところとなり、中央へ進出の要因となった、と著作集に収められた年譜は特記する。後藤は社会教化団体修養団本部幹事長に迎えられて上京するが、女子教育に使命を感じて修養団女子部というべき希望社を設立し、一八年六月に雑誌『希望』創刊号を千五百部発行した。これを送ったさきは、長崎と香川女子師範で教えた生徒たち、それに『女教員の真相及其本領』読者であった。山本は『良民』六月号に後藤の事業を紹介して一読を勧めた。一〇月号には、僅に五号にして既に七千部まで伸びているのをたたえた。

後藤は小学校教員鈴木春治が送ってきた手記出版を亀之助にとりついだ。一九年六月刊『悲痛三年』だ。後藤はその序文でいきさつを語った。

敬愛する鈴木兄、私は兄と大きい三つの関係をもちました。その第一は、逝かれた奥様が、私の雑誌『希望』を御熱心に愛読せられ殆ど御遺言の意味に於て私の事業に御厚意を表はされたほどであつたこと、第二は、愛兄の御悲惨なる御境遇を先づ同誌に発表して、壹万貳千の誌友に心から泣いて貰つたこと、第三は、今回同情深き洛陽堂主河本亀之助氏へ御著出版の御取次を申上げたることであります。

五章　註　洛陽堂印刷所改称以後　一九一四年～一九一六年

一　白樺同人をめぐる人々

1　木村荘八

①美術評論
・北山清太郎と知り合ういきさつをふりかえったのは、一九三八年執筆四六年補修木村荘八「私のこと」〔所収一九八二年講談社『木村荘八全集』七巻〕、『白樺』で西欧画家作品に出逢う喜びを語ったのは、「諸兄」〔『泰西の絵画及彫刻』第五巻上古篇目次見返一九一八年〕。
②R堂主人
・一九一四年一一月木村荘八「二度目の転居」〔『創造』五〇号創造社・所収一九八二年講談社『木村荘八全集』八巻〕
③福士幸次郎『詩集　太陽の子』
・一九五六年旧盆一六日一戸玲太郎編「福士幸次郎」年譜〔所収今官一『詩人福士幸次郎』一九五七年彌生書房〕
・一九二九年新潮社『現代詩人全集』一〇巻福士幸次郎集／佐藤惣之助集／千家元麿集月報六「福士幸次郎君について」〔所収『萩原朔太郎全集』八巻一九七六年筑摩書房〕

④木村荘八岳父　福田和五郎

・ある事情とだけ記したのは、一九一六年四月一日～一〇日第二回草土社美術展覧会出品目録「此の展覧会の自分の出品に就て」(『木村荘八全集』七巻一九八二年講談社)、新聞には「首相襲撃犯人／主犯連累悉く就縛」(東京朝日新聞一九一六年一月二〇日)と「福田の母死す／子の入獄をも知らず」という記事が出た(同紙一月二一日)。喪主は、木村荘八の妻万寿の兄実甫、木村とは京華中学同窓だった(木村「以筆帖」・所収講談社版全集八巻一九八三年)。裁判のなりゆきは、「大隈首相暗殺未遂事件　倒閣の方法」に拠った(『日本政治裁判史録』大正編一九六九年第一法規出版)。

・北山清太郎は、一九一五年九月に洛陽堂と同じ平河町五丁目に引越してきた。洛陽堂は三六番地、北山は一一番地(津堅信之『日本初のアニメーション作家　北山清太郎』年譜二〇〇七年臨川書店)、ついでに記せば金尾文淵堂は五番地だった。

2　加藤一夫

①『ベェトオフェンとミレエ』

・略歴は大和田茂「加藤一夫」『日本アナキズム運動人名大事典』(二〇〇四年ぱる出版)、帰郷ののち再び東京へ出たころについては、「文壇諸家年譜」(15)加藤一夫(『新潮』二六巻四号一九一七年四月一日新潮社)に拠る。武者小路批判は、大和田茂「二人のトルストイアン　「新しき村」論争前後の一夫と実篤」にくわしい(『加藤一夫研究』四号一九九二年五月二〇日加藤一夫記念会)。

・ユニヴァーサリストである生田長江は、赤司繁太郎牧師が校長を兼任した成美高等英語女学校や閨秀文学会に関わった。閨秀文学会講義録を金尾文淵堂が発行する計画は、仏教大辞典予約出版がつまずいて実現しなかった(赤司繁雄『自由基督教の運動　赤司繁太郎の生涯とその周辺』一九九五年朝日書林)。

②主宰雑誌『科学と文芸』

・赤松保羅に言いおよんだのは、加藤不二子「父・加藤一夫と『科学と文芸』のこと」(復刻版跋一九八七年不二出版)

・藤浪和子に関わる引用は、森銑三「藤浪和子夫人のこと」（『森銑三著作集』続編六巻五一二頁中央公論社）
・渡辺喜三「恩師藤浪先生に捧ぐ」清野謙次編『藤浪先生追悼録』一九三五年人文書院
・九州帝大医科につとめた木村省三が『科学と文芸』寄稿家だったのは、小川政修とのつながりだと思われる。
・永井潜「藤浪教授を憶ふ」『藤浪先生追悼録』

二　永井潜をめぐる人々

1　永井潜

①永井と高島平三郎
・「故永井潜先生略年譜」（『広島医学』一〇巻七号一九五七年七月広島医学会）は、永井が会頭を務めた同会機関誌のもとめに妻花江が供した資料にもとづく。
②亀之助と永井
・大泉溥「永井潜」『日本心理学事典』二〇〇三年クレス出版
・松原洋子「富士川游と雑誌『人性』」覆刻版解説二〇〇一年不二出版
・追悼「座談会　永井潜先生を偲ぶ」『日本醫事新報』一七九二号一九五八年八月三〇日日本医事新報社
・藤野豊『日本ファシズムと優生思想』第一章「第一次世界大戦と優生思想」に、永井と、内務省衛生局技師氏原佐蔵の項が設けられている（一九九八年かもがわ出版）。

2　書生　小酒井光次

・「自伝」は一九二六年一月中京朝日連載、廃刊によって郷里蟹江に在った幼少まで語って中絶した（所収『小酒井不木全集』八巻病間録及日記一九二九年改造社）。
・四人の母親が作品に影を落したとは、天瀬裕康「小酒井不木論　血に啼く両価性の世界」（叢書新青年『小酒井不木』一九九四年博文館新社）、とりわけ大きかったのが継母で、京都三高から東京帝大への進学をはばみ、苦学を強いた。小酒井はいくたびか、それにふれている。

「京都日出新聞」(『大衆文芸』一巻六号一九二六年六月一日二十一日会)。同紙八十回連載探偵小説謝礼は、一回分五十銭だった。

「苦労の思ひ出」(同一巻九号同年九月一日)。卒業試験を了えて帰郷した翌日に継母は逝去、小酒井名義で預けた銀行が破綻していなければ、ゆうに二人分の大学学資に充てることができたという。

「貧乏の真の味を知らず」(所収『小酒井不木全集』一二巻一九三〇年改造社・初出不祥)。

・永井は小酒井を書生にする以前、高島の息文雄を一九一一年から一二年ごろあずかって、高等師範附属中に通わせていた。当時永井の妻孝子は大病を患っていた(文雄宛高島書翰は猪瀬乙彦「家庭に於ける先生」所収『高島先生教育報国六十年』)。

・永井潜「噫小酒井光次君」を載せたのは、古畑種基が主宰する『犯罪学雑誌』二巻二号だった(小酒井不木博士追悼号一九二九年五月二九日金沢医科大学法医学教室内犯罪学雑誌発行所)。古畑は小酒井の勧めによって血清学を学んだ。警察庁科学警察研究所長をつとめ、帝銀事件、下山事件などの捜査で知られる。同号には、小酒井遺稿「私の敬慕する永井潜先生と三田定則(血清学教授)先生」や、継母に言い及んだ田村利雄「不木小酒井君を憶ふ」も収められた。小酒井が三田に就くにあたっては、永井に紹介状を書いてもらっていた。

・小酒井の才能を認めた茅原華山「小酒井博士」(『内観』一一〇号一九二九年五月・未見)は、つぎの再引令孫茅原健氏執筆提供資料に拠った、「医学博士　小酒井光次」(『ふるほんや』七号一九八七年三月三一日)および『華山追尋　茅原廉太郎とその周辺』(一九九二年朝日書林)。

・小酒井日記は全集に収められている(八巻一九二九年改造社)。

・一九二一年一二月洛陽堂版小酒井不木『学生気質』は序跋がなく、二六年六月増訂春陽堂版自序に「震災のため絶版となり、洛陽堂もそんざいしなくなつた」、「今から見ると随分窮屈な筆づかいがしてあるが、いつ死ぬともわからぬ身体であつたから、可なりに真面目な気持で書き上げたつもりである」と、ふりかえった。東京日日新聞連載「学生気質」と博文館森下雨村については、江戸川乱歩による追悼文「探偵作家としての小酒井不木氏」に拠った(所収全集九巻一九三二年平凡社・初出大阪朝日新聞未見)。

3　書生　児玉昌

・昌を「あきら」や「しょう」とする人名辞典があるが、後藤陽夫「愛知県立精神病院初代院長児玉昌」は「さかえ」であるのを確かめられた（『精神医学史研究』九巻二号二〇〇五年一〇月二〇日精神医学史学会）。養家岡崎に改めたのは一九二四年三月、児玉に復したのが二五年七月、両者を使ったのは帝大卒業後勤務した巣鴨病院と松沢病院在職中で、しだいに児玉で通したという。一九年刊『癲狂院』は岡崎昌著としている。

・平民社へ寄附したのは「平民社維持金寄附広告」（週刊『平民新聞』四三号一九〇四年九月四日平民社）、これを兄に問合せて得た返信は、山木茂「平民新聞と県下の読者」（『芸備地方史研究』八八・八九合併号一九七一年一一月二五日芸備地方史研究会）に収められた。

・小川政修『自然科学者としてのゲエテ』自序に「此書を上梓するに当りては畏友永井潜博士に負ふ所多く、又印刷の校正には児玉昌君の助力を煩した。併せて茲に感謝の意を致す」とある。

4　児玉の友　津田左右吉

・箭内亙（一八七五～一九二六）は、「那珂通世の感化を受けてとくに元朝の歴史を研究し、没後は論文集『蒙古史研究』（昭和五年）が刊行されている。また歴史地理にも造詣が深く、その著『東洋読史地図』（大正三年）和田清による校訂版（昭和十三年）は多くの研究者により愛用された」と『東京大学百年史』部局史一第二節東洋史学（一九八六年東京大学出版会）にある。

・一九五四年児玉昌遺著『コスモス』（未見・翻刻収載一九六五年岩波書店『津田左右吉全集』二四巻）

三　公刊『月映』

1　『良民』さし絵と月映同人

・解き明かされた順にかかげる。

荒木瑞子「洛陽堂主人河本亀之助のこと（続）」（『らぴす』一六号二〇〇一年一月二〇日アルル書店）

上田靖士「雑誌『良民』の挿絵を見直す」（『文化財ふくやま』三九号二〇〇四年五月二〇日福山市文化財協会）

寺口淳治／井上芳子「大正初期の雑誌における版表現　『月映』誕生の背景を探って」（『大正期美術展覧会の研究』二〇〇五年中央公論美術出版）

2　『月映』前史

参照、引用した順に資料をかかげる。

・恩地孝四郎「現代版画の芽生えとその成長」（『日本の現代版画』一九五三年創元選書）
・永瀬義郎「自述伝」（『エッチング』九〇号六頁日本エッチング研究所）
・福士幸次郎詩集「新板鳥瞰（新刊紹介）」「寄贈書籍」（『仮面』一六号一九一四年五月一日仮面社）。日夏が香山の早逝を悼んだのが「Ｄｏｒａｍｕｓｕｃｏ日記抄」（同二巻八号一九一三年一〇月一日仮面社）
・『奇蹟』同人で早稲田文科生舟木重雄の友人には、画家や白樺同人があり（谷崎精二「『奇蹟』の思い出」一九七〇年日本近代文学館復刻版解説所収）、洛陽堂出版志賀直哉『留女』を舟木が評した（『奇蹟』二巻三号一九一三年三月一日植竹書院）。とりで社演劇試演評を木村荘八が『ヒユウザン』に書いた（一号一九一二年一一月六日日本洋画協会）。『とりで』メーターランク号（三号一九一三年四月二六日）の表紙青い鳥と裏絵を描いた清宮彬は、田中恭吉ら『密室』同人清宮青鳥とされる。
・大阪朝日新聞「日曜附録版画展覧会」（一九一三年一一月一六日別刷）、これを抄録転載したのが『現代の洋画』二三号（一九一四年二月一日日本洋画協会）。
・未知草（田中恭吉）「（余録）」『密室』一号（一九一三年五月九日）。『密室』の記述はすべて甲南大学木股研究室翻刻に拠った。
・大槻憲二「田中恭吉小伝」（和歌山県立近代美術館監修『田中恭吉作品集』所収一九九七年玲風書房）
・藤森静雄「往時追想」（『エッチング』九一号一九四〇年六月一五日日本エッチング研究所）
・恭吉（「余録」）『密室』五号（一九一三年一一月一一日）
・三木哲夫編「田中恭吉年譜」（『田中恭吉作品集』）

3　公刊『月映』

・三人が公刊をめざすあたりをさぐる資料は、一九一四年三月二二日恩地孝四郎宛田中恭吉はがき〔翻刻「資料・田中恭吉書簡集」『宮城県美術館研究紀要』四号一九八九年三月三一日〕、藤森静雄「版画を始めた頃の思出」〔『詩と版画』一一輯一九二五年五月一日詩と版画社・編輯者藤森静雄〕、恩地孝「版画を始めた頃の思ひ出」〔同一二輯同年七月五日〕

4　売りこみ

①諸紙誌広告

・『新真婦人』における藤森作品は、一一月一九号に「秋のこゝろ」が載り、一二月二〇号から夜美草の名で藤森の作品が巻頭を飾った。一九号から二三号までの表紙も藤森の画らしい。口絵は一五年四月二四号でいったん途切れ、七月二七号、一六年三月三五号、四月三六号で終わる。

・藤森を『新真婦人』へつないだ友人なぞの人物みをつくしは、『密室』同人だった池上澪標らしいとは、和歌山県立近代美術館井上芳子氏のご示教による。

・藤森が高村光雲〔本郷区駒込林町一五五番地〕の隣に住んだとは「版画を始めた頃の思出」に記す〔『詩と版画』一一輯一九二五年五月一日詩と版画社〕。

・西川文子光次郎夫妻が二〇〇番地に住んだのは、文子「本郷林町時代（一）」に一九一一年六月より一四年一月までとしている。庭は広くてひあたりはよいけれども古い家で、間取りは六畳四畳半二畳だった〔『道話』一九五号一九四一年五月一日子供の道話社〕。恩地が二〇〇番地へ引越したのは一五年三月とされる〔三木哲夫編「年譜」『恩地孝四郎　色と形の詩人』展図録一九九四年読売新聞社／美術館連絡協議会〕。典拠として示されているのは、三月三〇日恩地宛田中書翰が、引越にふれているためだった〔「資料・田中恭吉書簡集」『宮城県美術館研究紀要』四号一九八九年三月三一日〕。しかしそれより先二月一〇日書翰は宛先を二〇〇番地としているから、ひと月半はさかのぼる〔沢田城子「田中恭吉の生涯」所載写真⑭恭吉が使っていた夢二装画「港屋」製の絵封筒と大正4年2月10日付の筆跡『田中恭吉　太陽と花』一九八三年龍星閣〕。恩地年譜がもうひとつ典拠として示した恩地の日記を閲読したらしき田中清光『月映の画家たち　田中恭吉・恩地孝四郎の青春』には、先住者が肺病だっようだ。

たのを知ったため二日かけて消毒したとある〔一九九〇年筑摩書房〕。西川が引越してから、別の人が住んでいた

・西川夫妻が二〇六番地に住んだのは、文子「林町から動坂へ」によれば、一四年一月から一五年七月までだった。家賃十二円、八畳二間三畳四畳半床間違棚地袋つきで座敷があった〔『道話』一九六号一九四一年六月一日子供の道話社〕。ところが恩地が同番地へ引越したのは、日記をもとにした年譜は五月二九日として西川と重なりがある。同じ番地内に二軒家があったとも考えられるが、ともかく『新真婦人』発行兼編輯人及印刷人だった西川文子の住所を調べると、八月一日発行二八号は本郷区駒込林町二〇六番地で、九月一日二九号に本郷区駒込動坂町三二七番地と改められている。ただし新真婦人社は元どおり駒込林町二〇六番地のままだった。西川文子の住所と新真婦人社所在地がともに動坂町三二七番地と記されるのは一二月一日三二号からだった。

未見の恩地日記には五月二九日の項に、引越しに関する記述があるのだろう。荷物を運び入れたとあるのか、物件の下見にとどまるのか判らないが、西川文子の回想は光二郎の日記を引用するなど誤りは少ないと考える。恩地の住所について確認できたのは、田中恭吉の訃を報せた萩原朔太郎と武者小路實篤の返信しかない。一一月二日消印恩地宛萩原はがきは二〇六番地、一一月四日恩地宛武者小路はがきは、引越を知らなかったようでもとの二〇〇番地だった〔和歌山県立近代美術館編『田中恭吉展』図録二〇〇〇年NHKきんきメディアプラン〕。

②配本　集金

・港屋開店準備回想、藤森静雄「夢さんの思出」〔『書窓』三巻三号一九三三年八月五日アオイ書房〕

・配本にかかわる回想、恩地孝四郎「版画余話　C. 最初の版画誌のこと」〔『日本の現代版画』一九五三年創元選書〕、藤森静雄「往時追想」〔『エッチング』九一号一九四〇年六月一五日日本エッチング研究所〕、同「版画を始めた頃の思出」〔前出〕

5　反響

・『文章世界』当該号未見〔参照・田中恭吉年譜〕

・北原白秋が田中恭吉の詩を認めたのは、「寄贈雑誌　月映創刊号」『地上巡礼』一巻二号〔一九一四年一〇月一日

巡礼詩社・覆刻一九八三年日本近代文学館〕、これによって萩原朔太郎が公刊『月映』を知った可能性が高いとの指摘は、井上芳子「郷里で過した最後の一年」〔『田中恭吉　ひそめるもの』〔二〇一二年玲風書房〕。
・山本在籍は『東京高等師範学校一覧』一九一七年〔東京高等師範学校〕に拠る、一九一四年一〇月六日付山本俊一宛田中恭吉書翰は『田中恭吉展』図録に翻刻所収〔和歌山県立近代美術館／町田市立国際版画美術館／愛知県美術館二〇〇〇年和歌山県立近代美術館／NHKきんきメディアプラン〕。
・凉花「『月映』を手にして（上）」「同（下）」〔二六新聞一九一四年一〇月一日及び二日朝刊〕
・愚人日記は、桑原規子「油彩画家としての恩地孝四郎」〔筑波大学芸術学研究誌『芸叢』一三号一九九七年三月〕に拠った。
・恩地孝四郎による『月映』発行部数回想一覧
「工房雑筆2　NO」『書窓』六巻一号一九三八年六月三〇日アオイ書房
「過去捜索」『エッチング』八六号八頁一九三九年一二月一五日エッチング社〔覆刻一九九一年臨川書店〕
「版画余話　C．最初の版画誌のこと」『日本の現代版画』一九五三年創元選書

6　創刊以後

①印刷事情
・読売新聞無署名「新刊批評」は〔一九一五年一月六日〕、三輯を「弥々出で、面白いと云はねばならぬ記者の嗜向は最も恩地氏のものに傾く」と書いた。
②亀之助への謝辞
・一九一四年一二月一二日恩地孝四郎宛田中恭吉書翰〔前出書簡集〕
・田中に代って彫った村瀬錦司が港屋の木版師であるのは、『夢二書簡1』人物注に示されている。日記には、一六年暮れ、竹久の二男不二彦を京都へ連れとどけた人物として登場する。
③月映社作品小聚と告別七輯

7　田中恭吉遺作集

・恩地孝四郎「田中恭吉遺作集の頒布につきて」『田中恭吉遺作展覧会目録』一九一五年一二月〔所載『田中恭吉展』図録二〇〇〇年和歌山県立近代美術館／NHKきんきメディアプラン〕
・恩地孝四郎愚人日記〔所載田中清光『月映の画家たち　田中恭吉・恩地孝四郎の青春』一九九〇年筑摩書房〕
・恩地三保子「青春の軌跡」20〔『図書新聞』一九七八年四月二九日図書新聞社〕

四　亀之助と加藤好造

1　経営難と宇野浩二の回想

・宇野浩二『文学的散歩』一九四二年改造社〔初出『文芸』九巻四号一九四一年四月一日改造社〕

2　『泰西の絵画及彫刻』

・『泰西の絵画及彫刻』書名は、奥付と背文字から採った。扉と『白樺』広告には、及び、としている。
・部数を増やすよう、武者小路に頼んだ逸話は、武者小路実篤「自分の歩いた道⑯ロダンから彫刻届く／北斎の浮世絵と交換に」が伝える〔読売新聞一九五五年六月一三日朝刊〕。
・小川菊松「出版街裏路の儲け話　月遅れ雑誌！新刊のゾツキ物販売と金融」に〔『出版興亡五十年』誠文堂新光社〕、業界の表裏がえがかれている。
・白樺同人が紹介した西洋美術は好みに従ったものとの指摘は、古田亮「近代日本美術の青春期　明治から大正時代へ」に拠った〔『日本近現代美術史事典』二〇〇七年東京書籍〕。

3　『縮刷　夢二画集』

・再版二百を『三味線草』とするのが、長田幹雄編「竹久夢二著作目録　三味線草」〔『竹久夢二』一九七五年昭森社〕、再版年月は不祥、京都府立総合資料館蔵一八年七月二八日九版は、初版印刷日と発行日のあと再版から八版までは記されていなかった。
・縮刷画集四版を蜻蛉館書店に譲ってからあと、六版が三英堂書店／賀集文楽堂、十版が三英堂書店と版元がかわったが、発行者はすべて加藤好造、印刷者河本俊三だった〔長田幹雄「夢二画集細見」月刊『本の手帖』二巻六号特集竹久夢二第二集一九六二年七月一日昭森社〕。印刷所をかえていても、そこだけ元のまま放置したとも考えられる。

4　蜻蛉館書店加藤好造

①加藤と宇野

・水上勉は『宇野浩二伝』に〔一九七三年中央公論社〕、宇野が明かさなかった加藤とのつながりを記したように、宇野は身をひそめた著述を続ける。宇野浩二名では一六年七月一九日家庭物語新集第一巻少女小説『哀れ知る頃』、一七年一月八日訳書『クオレ物語』、一七年五月～八月編輯雑誌『処女文壇』〔未見〕がある。このほか『哀れ知る頃』巻末広告に第二編〔巻〕『小公子』近刊予告があるが、蜻蛉館版が出たのかは不明、六一年鶴書房版だけ確認した〔一九六一年世界童話名作全集〕。

②加藤と洛陽堂図書装本

5　哲夫帰国と加藤古本店主人

・河本哲夫の回想は、「日本キリスト教出版史夜話（8）―新生堂とその時代―」〔『福音と世界』一九巻三号一九六四年三月一日新教出版社・所収一九八四年新教出版社『日本基督教出版史夜話』共著者西阪保治／秋山憲兄〕

五『都会及農村』

1　亀之助と天野藤男

・天野藤男編案、恩地孝四郎装幀『田園趣味暦〈文章暦十二ケ月〉』は現存を確かめられない。

2　創刊準備

・天野が著者と洛陽堂をつないだのは以下のとおり

ウィリアム・ハーバット・ダウソン著楢岡徹訳『独逸の国民生活』一九一四年一〇月

中川望『自治講話　優良村巡り』一九一四年一一月

高島平三郎編『精神修養　逸話の泉』第一編一九一五年
生江孝之『泰西に於ける自治民育美談』一九一五年四月
ポール、ヴェルギエー著岡田次郎作訳『涙痕』一九一五年一〇月

3　天野による編輯

・創刊号発行日は目次と奥付で異なる。目次は一〇日発行、奥付によれば一三日印刷一五日発行なので、一五日を採る。

・『都会及農村』を一巻一号から四巻一二号まで所蔵するのは北海道大学附属図書館〔欠号は二巻二号、所蔵を四巻一一号までとしているが合本五冊めに一二号も綴じ込まれている〕。たいてい裏表紙を剥ぎとって製本され、時にあやまって編輯後記をふくむ奥付頁まで失っている。二巻七号以下は、見開きの目次を残して前付広告も取去られていた。三巻六号所載新生堂書店広告〔米国留学からもどった河本哲夫開業〕は東京農業大学所蔵誌で補った。

①投書募集

・天野が美術学校を受験したというのは、壬生芳樹「天野藤男と田園趣味　天野藤男小伝」〔『清見潟』一〇号二〇〇〇年五月三〇日清水市立中央図書館内清水郷土史研究会〕、投書青年であったのは、天野藤男「中学世界は懐しい友」において ふりかえった〔『中学世界』二一巻一号一九一八年一月一日博文館〕。

・天野は、暮らしに根づかぬ投書を、くりかえし戒めた。
「記者より読者へ」二巻三号一九一六年三月一日／「編輯便り」二巻四号同年四月一日／「編輯便り」二巻一二号同年一二月一日／「編輯後記」三巻四号同年四月一日／「編輯後記」三巻七号同年七月一日

②都会非難

・参照、引用した評論を順にならべる。
「農村青年の要求煩悶（上）」二巻四号一九一六年四月一日
「軽薄雑誌を排せよ」三巻一号一九一七年一月一日

天野藤男「東京振興論」三巻三号一九一七年三月一日
原胤昭「上京地方青年と其の末路」二巻一一号一九一六年一一月一日
「編輯後記」三巻六号一九一七年六月一日
③鋒先と筆致
「地方青年竝に青年団の奮起自重」二巻七号一九一六年七月一日
「村長の見たる地方視察員」三巻二号一九一七年二月一日

六　山本瀧之助と一日一善

1　一日一善

2　後藤静香

・『女教員の真相及其本領』が修養団幹事長に迎えられるきっかけをつくったとは、『後藤静香選集』年譜が示す〔一〇巻一九七八年善本社〕。

六章　雑誌経営の転機　一九一七年〜一九一八年

『都会及農村』は、一九一七（大正六）年九月から、創刊以来編輯にあたった天野藤男にかわり、山中省二がその任についた。翌月、洛陽堂は『白樺』経営を同人に返す。また、加藤一夫が主宰する『科学と文芸』の発行元を、一八年一月から引き受けた。

一　『都会及農村』編輯者交替

1　洛陽堂主河本亀之助「本誌の改善に就て」

一九一七（大正六）年九月一日発行『都会及農村』三巻九号は、洛陽堂主河本亀之助「本誌の改善に就て」を載せた。全文をかかげる。

諸先輩の御指導と読者諸君の御後援とに相俟ちまして本誌は月毎に発展致しまするやうになりました事は、私及編輯者に於きまして、厚く感謝致す所でございます。

本誌は今日迄の経過に付て見まするると、未だ整はざる点が多いやうに思はれます、之は私及編輯者に於きましても幾重にも御詫び致さねばならぬ次第であります、本誌の主義主張に就きましては、已に申上た事もございまするから別に繰返して申上ぐるまでも無いことでございまするが、只一言本誌は営利を目的するものに非ざる事、何処までも社会のために何物かを貢献することを以て其使命を為す事、之が即本誌経営の理想であること丈を書き加へて置きたいと存じます、貧弱なる本誌の内容に対して、世間の知己或は先輩諸先生から度々御注意にも預〔与〕りました、併し乍ら私達の不馴なる結果遂今日迄寧ろ苦痛の間に幾月も〳〵経過したやうな次第でございます。

如何なる雑誌を作つたなら、社会の其一方面でもい﹅から利益を与へ□〔欠字〕事が出来るだらう乎。如何なる読物か世上の人々に迎へられるだらう乎といふことは等しく雑誌経営者の研究する所なのであります、されば本誌を発行するにつきましても、其主眼たる都会と田園の連絡──に其基礎を置き其方面に対して研究するやうに力めて参りましたが、何分にも、前に申上げた如く、まだ〳〵思ふやうな雑誌は作ることを得ずして今日あるに至つたのであります。

本誌内容改善の時期が参りました。多年行詰つたものが其の殻を破つて出づべき機会に始めて遭遇したのであります、私達は此機会を得てどんなにか悦びもし、又満足に存じた事でせう、これからは充実せる内容と、読んで実のある諸篇を皆さんにお目にかけることが出来る事と信じて居ります。私達は此秋の豊かなる稔の前にひたすらに歓喜するものであります。

斯道に造詣深き諸先生が今後本誌のために直接筆を取つて下さると云ふ御承諾を得ましたと同時に熱心なる斯道の研究者の幾人が直接又間接に編輯を監督して下さる事となりました事が、第一に報告すべきこと、存じます。

本誌の主義主張に御賛同下さる方には、何時でも悦んで本誌を開放しますから其発展機関として御利用下さい、本誌の経営に就きましては唯精神的に献身的にと申上ぐる他に説明の辞がございません。何卒今後共一層の御助力を仰ぐ次第でございます。

終に望んで諸先輩并に読者諸君の御健康を祈り上ます。


改めるべきはどういった記事を指すのかが伝わらぬ社告である。編輯者や寄稿者を傷つけまいとしる配慮がはたらいているので明快にゆかぬ。そのとおり執筆者を明かさない同人による後記も、前段は同様な書きぶりで芯をはずした。終項にいたってようやく、ふつうの青年雑誌のようになっていた読者文芸欄を改め、懸賞をなくしていこうという方針をしめした。

翌月号にも懸賞募集にとかくの非難があったことにふれ、それに代わる、執筆者、読者、編輯記者とをつなぐ欄をもうける意向を伝えた。新たな編輯方針は山中省二のもとで進められてゆく。天野を助けて編輯に関わってきた山中へ引き継がれたのだった。

2　新編輯者山中省二

一八八六〔明治一九〕年、東京で生まれ仙台に学んだ山中省二は、文学に関心が高く、同人誌を刊行し、新詩社社友となり『明星』に歌を寄せていた。原阿佐緒入社をさそったといわれる。河井酔茗主宰雑誌『女子文壇』において原は、与謝野晶子選和歌で天賞をあたえられていた。同じく与謝野に見出された三ケ島葭子は、新詩社同人として『スバル』に歌を寄せ、さらに『青鞜』を発表の舞台にした小学校代用教員だった。山中が『都会及農村』へ寄稿を求めたのが原であり、三ケ島であった。

①原阿佐緒

原阿佐緒と同郷の庄子勇が、結婚によって原家を継いだのは一九一四〔大正三〕年だった。画家をこころざす勇は阿佐緒をともなって東京暮らしを始め、子をなしたが、産後の療養のために阿佐緒だけが帰郷したのに、勇はかえりみなかったという。姑との確執が伝えられる。

原は一七年三月に再び上京して三ケ島葭子を訪ね、本郷の書店で働くと告げた。三ケ島が日記に書きとどめている。ややあって勇とよりをもどして同居、山中省二の弟登がこれをあやぶむのは六月一〇日、三ケ島が原に誘われて勇に三年ぶりに会うのが七月一日だった。このとき勇はカンバスに向かって、生活のための絵を描いていた。それが同人誌『嬰児』表紙絵だったという。山中省二は『嬰児』同人、原勇とつないだのは、山中登らしい。勇と登は歌誌『水甕』同人だった。

山中省二が編輯する『都会及農村』へ原阿佐緒が寄稿したのはこの年一〇月で、この号に夫である勇も、恩地孝四郎とともに挿画を寄せた。目次には「いさみ」とかながふってある。原は一八年七月号にもう一篇寄せたようだが、組版がすんでから原稿が届いたから翌月にまわすとあるものの、八月号には載らなかった。原より『都会及農村』に深くかかわるのは、友人三ケ島葭子である。

②三ケ島葭子　倉片寛一

三ケ島葭子は『都会及農村』一九一七〔大正六〕年四月号から寄稿をはじめていた。亀之助「本誌の改善に就て」が載った九月号、ついで一〇月号とつづく。天野藤男を助けて編輯にたずさわっていた山中省二が、同じ町内に住む三ケ島に依頼したものと思われる。さきに麻布区谷町に住んでいたのが山中省二、艶子夫妻だった。同居していた省二の弟登が世話をして、三ケ島が近所に引越してきたのだった。八月六日三ケ島日記に、登が『都会及農村』を持って訪ねてきたと書いているのは、九月号への寄稿をうながすものだったようだ。

三ケ島には、文通を重ねたすえに結ばれた倉片寛一との間に、巣鴨村で生まれた娘みなみがあった。三ケ島は教員をやめ、倉片は赤坂三会堂にある水産会で雑誌編輯の職を得ていたとはいえ薄給だった。後年みなみが編者となった母三ケ島葭子日記から暮らしぶりをよみとれる。

一九一七〔大正六〕年四月二五日

今日は月給日なのでK〔夫倉片寛一〕は俸給を貰つて来た。二十三円のうち前月の借金と諸払とを差引くと一円八十銭しか残らない。それで私は毎日六銭の薬と六銭の卵とを欠かす事が出来ないのである。Kはおれは一ヶ月おかずなど食はないでもいいといふ。その上二食なのである。

麻布区谷町は三方に丘をのぞみ、文字どおり谷に在った。娘みなみは、丘の上の霊南坂教会、その向うのアメリカ大使館など一帯の略図を附して町のようすを伝えている。一番低い谷底に住むのが最低所得層の庶民、一段高い線上に中間層、更に一段高い線上に金持ち、そして一番高所には、外国の公邸、富家の別邸、ホテル、宮家邸と層をなしていた。

山中や三ケ島夫妻が住むこの町は、大工や左官、工場の勤め人が多かった。町の真ん中にある銭湯から路地を入った五軒長屋、七畳ひと間が三ケ島宅だ。窪地のはしだから少しばかりの庭先は高い石垣になっており、いつもじめじめした感じがしたと、娘みなみはいう。

山中が三ケ島夫妻に『都会及農村』編輯協力を頼んだのは一〇月二一日、日曜、亀之助が山中宅に出かけて話をつめたのが一一月四日、これも日曜で雨が降った。

一〇月二一日

Kはおひる前山中さんへ行つて午後二時まで話して来る。いよいよ私達は都会と農村の訪問記者になるわけである。私は所謂名流婦人に御目にかかつて見聞をひろくする機会をえたのを喜ぶと同時に私のやうなものでも訪問記者になれる時が来たのかと滑稽に思つた。

一一月四日

山中さんの家へ洛陽堂の主人が来たのでKは話しに行つた。そのあとえん子さん〔山中省二の妻〕がお昼の仕度をするのだから手伝つて貰ひたいと言つて来た。私はすぐに行つた。雨が降つて山中さんの勝手は軒下の樋が破れてゐる為にひどく水がはねこんだ。私は表までお使ひに行つて来た。五目ずしを作つて出す。燈火のつくまでゐて帰る。Kもその頃まで話してゐた。

五目ずしをふるまうしたくを始めるころから燈火がつくまでというから、晩秋しかも雨天とはいえ、かなりじっくり話しこんでいる。編輯者山中省二に求めた改善の手だてのひとつ、三ケ島と夫寛一を訪問記者に起用する話はこれでついた。天野が関わったのは九月号までで、一〇月号から山中に引き継がれたという推測は、おおよそこれで裏づけられた。一二月号には山中らしき無署名編輯後記に、編輯局に手がそろった楽しさを語っている。

年明け一八年一月号には、名を明かさぬ編輯者が山中の消息を伝えている。そのとおり二月号に山中の号波泉による「雪の故郷に帰りて」が載った。留守をあずかって編輯をすすめたのが、亀之助とじっくり話しこんだ倉片寛一だろう。このあとも倉片の署名記事がみあたらないのは、勤務先である水産会に副業をはばかり、裏方に徹したからだと思われる。三ケ島日記一月五日には「Kは休み、家にて「都会と農村」の原稿を書く」とあった。

③婦人欄創設

山中が書いたと思われる一九一七〔大正六〕年一一月号無署名論文「処女会」に、留保つきではあるものの婦人のすべてが良妻賢母たるべきとは思わぬと、内助をのぞんだ前任者天野とはちがう見解がしめされている。また、一八年五月号山中省二「地方処女及処女会の為に」は、処女会中央部発会式を冷静にとりあげている。官僚や名士を理事、後援者に得て統率する中央部をつくることに疑問をなげかけた。中央部設置は、欧州戦争を意識している。交戦国の婦女は出征した男らの後に立って働いた。そのように総力戦でのぞんだ欧州各国と同じように強要しやうとしても困難だと、目ざすところをあやぶんだ。稿末には、一部の人々の感情を害することになりはしないか案ずるとことわり、前途を祝すとしめくくりながら、中央部設置にはたらいた前任編輯者天野に向けたかのような書きぶりだった。山中が登用したのは自立をめざす女性であった。

山中が望むところを汲んだ三ケ島葭子が、編輯に関わったはじめは、一八年三月号婦人欄創設だろう。その婦人欄にかかげられたのが、吉屋信子「子供の寂しさ」だった。同じ号にのった波生「『赤い夢』の著者に」は、亀之助が山中に贈った吉屋新著をとりあげたのだ。

これに三ケ島が与った確証はない。ただ、三ケ島は吉屋を知っていた。これより二年前、生田花世宅で開かれた『女子文壇』〔このころは『処女(をとめ)』と改題〕誌友の集まりである。吉屋は後年「三ケ島葭子の一生」を書いているが、表題のとおり生涯をなぞったもので、吉屋自身にはふれておらず、誌友の集まりで三ケ島に会った話も記されていない。生田は筆名長宗我部菊子で知られた投書家、のち同誌記者に採用された。『青鞜』寄稿をきっかけに春月と結婚、三ケ島にとって『女子文壇』は歌壇選者与謝野晶子に認められ、編輯者河井酔茗に励ましを受けた恩顧ある雑誌だった。吉屋には散文投書が一篇ある。

④水町京子

病みがちだった三ケ島は、思うように動けなかったのだろう。代わるようにして『水甕』同人である歌人水町京子が編輯に加わったのは、定価を十八銭にあげた一九一八〔大正七〕年五月号からだった。山中省二「地方処女及処女会の為に」をのせた号で、報告は六月号においてなした。水町に望んだのは、家庭欄や婦人欄の充実だ。

水町京子〔安永みち〕は一八九一年高松生まれ、東京女子高等師範に入学すると、作歌が課せられて尾上柴舟の添削を受けた。和歌山県立高等女学校勤務のとき、尾上による『水甕』創刊に際して同人となった。二十七歳だった。東京にもどって淑徳高等女学校に転勤したのが一八年で、『都会及農村』にかかわるのである。

ここまでは水町自記によったが、そこにふれられていないのは『青鞜』寄稿だ。『都会及農村』には、『青鞜』に作品を寄せた三ケ島葭子や原阿佐緒、吉屋信子がかかわりを持った。その水町が加わって、誌面は変わった。新潟で開かれる全国図書館大会に向けて編まれた一八年六月読書と図書館号編輯後記に、水町は、これを機会に婦人と読書について考えたいと書いた。家事や裁縫や料理をくふうして時間をうみだし、自分のことは自分でしまつする習慣を家族全体につけさせれば、もっとゆとりができる、例をしめしながら読者に語りかけた。

一番いけないことは、単に本をよむといふことで婦人を批難する鞭である。或る私の友達は田舎の旧家に縁付いた。帯をしやんとしめてゐるといつて批難された。時と場合を考へない講談本の耽読などといふのなら自ら別である。私は、はたの人が女に本をよませる気になつてほしいといつも思つてゐる。

水町はまた右に続けて、都会に求めても得られない「ほんたうに健全な進歩した婦人は、日本の婦人のお手本にすべき立派な婦人は」、「きよらかな空気の中に、豊かな太陽の恵を受けてのびのびと育つてゆく村の婦人達」であるとした。

⑤亀之助と柳田国男

貴族院書記官長で民俗学者の柳田国男日記に、山中省二が出てくるのは一九一八〔大正七〕年秋だった。九月二一日土曜、新渡戸稲造宅で開かれた郷土会に、「都会と農村」の山中省二君も来る、とある。山中に連れられて亀之助が柳田を訪ねるのは、半月ほどたってからだった。一〇月六日、日曜だ。

山中省二君洛陽堂の主人河本亀之助君を伴ひ来る　おもしろい出版事業の話をきく　此店でうれる本は高島氏児童研究、永井博士生命論などなり　又津田君の国文学研究のこと

用向きは『都会及農村』への寄稿依頼だと考えられる。さらに半月のちの二二日、編輯実務者である山中が柳田宅へ出向いていた。それによって一一月号と一二月号に「村を観んとする人の為に」が載った。

郷土会を毎月開くようになってから九年ほどになりながら、一定の目的でまとまった時日を村の調査に費した事がまだ一回もなかったので、八月に十日かけて神奈川県津久井郡内郷村を踏査した報告だった。さしたる成果をあげられなかったということの報告は二回で終わったようだが、それが『都会及農村』終刊に重なった。一二月号は無事一年を送るにいたったことを感謝し、つぎの計画を楽しみにすると締めくくりながら、そのあと新聞や雑誌広告に『都会及農村』をみつけられない。

二　『白樺』経営辞任

一九一七〔大正六〕年九月から天野藤男に代わって山中省二が『都会及農村』編輯をになうと、洛

陽堂が発行するもう一つの雑誌『白樺』一〇月号をもって経営を辞任することになった。白樺同人と洛陽堂両者の声明をかかげる。『白樺』編輯責任者としては小泉鉄が、亀之助が異議なく申し出に同意したと書いている。

今度或る都合で再び『白樺』を同人の手でやることになつた。洛陽堂も同意した。それで白樺は本号限りで洛陽堂とは全く関係がなくなるわけだ。そして十一月号からは全く同人の経営となる筈だ。途中から今まで洛陽堂の手に経営せられて来たこと、今度洛陽堂が白樺の独立に異議なく同意してくれたことに対して同人は多年の労を謝したいと思ふ。

愈々独立した上は同人の経営として恥かしくないものにしたいと思つてゐる。自分達の気に入つた自由な立派なものにしたいと思つてゐる。今迄は本屋にみすく損をさせたくないといふ遠慮もずゐ分して来たが、是からはそんな遠慮や、誰に気兼ねするでもなく勝手なことをして自分達の満足することの出来るものを作つてゆきたいと思つてゐる。

此の際も少し多数の月定め読者が出来ると好いと思ふ。なつて頂ける方は自分の処に知らしていただきたい。

編輯や出版やすべてのことは先づ差詰め僕の処でやることになつた。従つて発行所も僕の処になる筈だ。夫れ故十一月号以後の雑誌に関する用件はすべて自分の処に宛てゝ通知して貰ひたく思ふ。

白樺の經營者たる事を辭するに就いて

洛陽堂主人　河本龜之助

今度白樺の經營を復び白樺同人の手にうつすに就き舊經營者として洛陽堂の態度を明にし度いと思ひます。

洛陽堂主人は文壇に新しい生命を鼓吹せんがために白樺同人の素質に信頼し、當時まだ弱々しかつた白樺の經營を引きうけたのは今から七年程前でありました。爾後今日に至るまで十年一日の樣に白樺の發達を望んで、その間可なりの苦心と努力とを捧げて來たつもりであります。そして近頃になつて同人諸君の健闘が其效を奏して白樺同人の氣勢の頓にあがつたこと、及び經營上に於てもやつと目鼻がつく樣になつたことに非常な喜びを感じて居りました。しかるに今度突然白樺同人から雜誌經營を自分達でされる由申傳へられましたので、いさぎよくその旨を承諾したのであります。

今白樺と別れることは實際愛兒に別れる樣な氣がしますが、白樺同人が自分達で經營されると云ふことには別に何等の異議を持ちません。たゞ益々發展して末長かれと願ふばかりであります。

終りに小生の不才のために、白樺同人及び天下に幾多の不快と不滿とを與へた事であらうと思ひますので、玆に罪を謝し經營辭任の挨拶の辭に代へたいと思ひます。

大正六年十月一日

白樺経営者辞任あいさつ〔本誌にはさみこまれた一枚ものちらし〕

亀之助の弁は、本誌には収められず、一枚ものの別刷ちらし、つまり附録として公表された。雑誌『白樺』は同人以外の寄稿を断わっていたから、こうした扱いになったものと考えられる。洛陽堂主人河本亀之助「白樺の経営者たる事を辞するに就いて」全文をかかげる。

こうして一〇月号までを洛陽堂が発行し、一一月号から白樺社に移った。両者ゆきちがいにいたる遠い原因、近い原因をさぐっていく。

1　ゆきちがいの近因

①有島武郎著書出版

一九一七〔大正六〕年春にはまだ白樺同人と洛陽堂との間に、経営を移す話は出ていなかったはずだ。有島武郎が初めての著作を洛陽堂から出版する契約を結んでいたからだ。五月一一日有島日記には『お末の死』と『死と其前後』の出版を契約するとあり、同日足助素一宛に、来月初旬には多分洛陽堂から出るだろうと書き送った。しかしそのあと日記には出版の進みぐあいにふれず、七月に入ると新潮社と交渉を始めている。一〇日に依頼があり、一一日中根駒十郎と相談した。一九日吹田順助宛書翰には、著作集第一集として九月中旬に出版されると伝えた。店頭にならぶのは、それよりひと月あとだった。

こうした出版のいきさつについて、新潮社主佐藤義亮はちがう言いかたをしている。

大正六年の八月頃、作品集の出版を申込んだところ、有島氏は、大へん感激して快諾された。それには、かういふ訳がある。／有島氏は著作集を出さうと思つて、まづ、白樺派のものをよく出してゐる麹町の×××に交渉したところが、直ぐ断られてしまつた。更に日本橋の×××に申込み、可なり待つたが何の返事がない。そこで自分のものは出版的価値がないのかと考へてゐた時、新潮社が進んで交渉に来て、而も一切の條件を容れたのだから、感激性の強い人だけに大いに喜ばれたのである。そして、／有島氏が書いた物は必ず新潮社から出す。新潮社が出版業をやつてゐるうちは、売れても売れなくとも必ず出版する――／かういふ堅い約束をしたのである。

麹町の×××は白樺派のものをよく出した、つまり洛陽堂だ。しかし右の有島日記や書翰にあるとおり、亀之助が直ぐに断わったというのは事実ではない。また、二書肆に断られた出版を八月ごろ有島に申出たとしているが、さきにみた通りひと月はやい七月のことだった。有島の出版を断わったと佐藤がいうもう一軒、日本橋の書肆は春陽堂をさすのだろう。一一月二七日に春陽堂主人が訪ねてきたと有島の日記にあるが、それは新潮社から出版されたあとだった。

このころ新潮社は新進作家叢書を編んで、白樺同人とのつながりを深めていた。武者小路実篤『新らしき家』、志賀直哉『大津順吉』、里見弴『恐ろしき結婚』、有島生馬『暴君へ』それに長与善郎『結婚の前』を収めている。佐藤の右腕である中根駒十郎は、この叢書を五月から刊行開始し、長与を訪ねたのは夏だと書いた。個人著作集出版の用件で有島武郎宅へ出向いたのは七月一〇日だった。

新潮社の本は売れた。一〇月二一日吹田順助宛書翰に記されたとおり、千三百部を二日めに売切り二版にかかっていた。有島の著作集は五巻まで新潮社から出されたのだが、さきの書翰にある足助素一が興した叢文閣へ引継ぐよう有島が求め、佐藤との間でいくたびも協議を重ねたという。叢文閣は洛陽堂を引きつぐようにして、以後有島ら白樺同人の著作を出版している。佐藤義亮の回想は、有島氏の友人某氏への版権譲渡をめぐって、若い社員がいきりたつのをなだめたようすと、後に新潮社に復したのに言い及んで「『有島武郎著作集』のいきさつ」をむすぶ。

有島と亀之助の間に契約を結んだあと、何らかの折り合いがつかなくなったのを新潮社が聞きつけて、すきまにうまく入り込んでまとめたというのが真相だろう。手柄話を盛り上げる脚色をほどこして、洛陽堂が直ぐに断わり、春陽堂はなかなか返事をしなかった、と仕立てられたのではなかろうか。

②特価販売

ゆきちがいを生じたのは、有島が新潮社と交渉を始める一九一七〔大正六〕年七月あたりからだった。武者小路実篤によれば、ひきがねは同人に断わりなくおこなった白樺叢書の廉売にあるという。武者小路の言い分からみる。『白樺』一〇月号、つまり双方が経営ひきつぎを語った号だ。

有島兄弟から白樺を洛陽堂の手からはなして又自分達でやることに賛成して来た。もう一度我々は熱心な白樺同人になりたく思つてゐる。こゝに自由がある。白樺の盛衰が物質的にもぢかに我々の頭にぶつかつてくることも望んでゐる。今のまゝでゆくと白樺にたいする我々の愛がさめ兼ねない。洛陽堂が白樺叢書を無相談に、そして減価の仕方が下品に露骨なので、志賀と柳と自分の我孫子連中が不服をもつたのが近因だ。それに洛陽堂はこの一、二年来屢々白樺をやつてゐることを恩に着せる調子を見せ出したのが遠因だ。二三年前まではそんなけぶりは見せなかつた。洛陽堂の主人はいゝのだが、そのうちに居る或る男の人がいけないのだ〔と〕云ふ人もある。ともかく自分達の手でやる処までやらうと云ふことになつた。小泉も賛成した。長与も不服はないと云つた。しかしいつから自分達の手でやるかは洛陽堂と相談しなければならない。とも角、洛陽堂とは喧嘩せずに別れ話をしたく思つてゐる。

武者小路が近因とする値引き販売は『白樺』九月号に亀之助が載せた広告をさす。創業五周年を期して一五年秋から始めたのだが、経営があやしくなったころである。それから数えて三年めだった。特売期間は九月一〇日から一〇月三一日まで、洛陽堂発行図書全部を値引きした。雑誌広告一頁分という紙幅のつごうで白樺叢書など一部を載せて、これとは別に詳細目録を用意していた。

武者小路の著作はおよそ八掛け、ほかはそれより値引きしている。減価の仕方が下品に露骨だと言いつのるのは、半額にした木下利玄の歌集『銀』や、小泉鉄による訳本などをさす。木下は志賀宛のはがきに、白樺を洛陽堂からはなして自分達でやる事は賛成だ、勝手の割引は僕もいやだった、と書いている。

洛陽堂が同人だけにこの扱いをしたのかを調べると、右の『白樺』九月号広告に半額値引きは二点、加藤一夫『本然生活』と中山昌樹『文芸復興の三大芸術家』が定価一円を五十銭にしていた。加藤や中山は、不服を言いつのってはいないようだ。『白樺』九月号広告による苦情を受けてのものか、一一日東京朝日新聞広告には半額を五点あげている。他書肆を調べると、半額以下で売ったのは、一五年から一六年にかけて、金尾文淵堂、東亜堂出版、実業之世界社、至誠堂をあげられる。

以上のとおり、廉価販売はめずらしくはなかった。同人に無断で特価販売をしたという言い分については、そうした契約や商慣習があったかどうか明らかでないため判断を留保する。しかし、百点をこえる図書特価販売のつど、著者すべてにあらかじめ了解をとりつけていたとは思われない。

2　ゆきちがいの遠因

重ねて不平をならしたのは武者小路だった。洛陽堂としての発行最後になる一九一七〈大正六〉年一〇月号に、恩に着せる調子を見せはじめたのが遠因だ、としていた。同人経営となって初めての白樺社発行一一月号にさらに言葉を重ねていう。

前号に洛陽堂の主人の名で「白樺〔の〕経営者〔たる事〕を辞するに就〔い〕て」はあまり気持のいゝものではなかつた。自分は早速、白樺と洛陽堂の関係を出〔き〕るだけ正直にかいて見た。二十枚あまりになつた。しかし商人にとつてあまり正直なことを発表されるのは迷惑かと思ふから発表は見あはせることにする。あの文句では、白樺同人が、景気のわるい間洛陽堂にやらして、やつと骨折つて景気をよくして洛陽堂がよろこんでゐるととりあげられた。随分ひどい仕方だが、いさぎよくゆづつたと云ふ風にとれる。さうとつて小言を云つて来た人もある。しかし事実は、洛陽堂は今年になつてから、反つて白樺同人に反感を見せた。洛陽堂の弟に柳が逢つた時、柳が「都会と〔及〕農村」のことをきいたら「景気がわるくつて困ります」と云つて、すぐあとで「しかし白樺よりはましです」と余計なことを云つたのは今年になつてからだ。それをきいて自分達はいゝ気はしなかつた。それから僕も刊行会のことで腹を立てさせられた。それから気持のよくない影口もきいた。発売禁止になつた八月号は志賀や柳や園池の処には発売禁止になる迄、送つてこなかつた。その後さいそくしてやつと送つて来た。長与と武郎さんは洛陽堂から本を出すことを断られた。(二人はそれにさう不平は起さなかつたが)。要するに洛陽堂は白樺をやつてゐることに喜びを感じてゐたのなら、その喜びをかくしすぎてゐた。よろこんでゐるものをとり上げるやうなことは同人には出来ない。もつとはつ切りさせたいこともあるが、この位にしておく。

『都会及農村』に三篇寄稿した武者小路がいう遠因に亀之助の弟が出てきた。編輯をたすけていた哲夫ではなく、すべての雑誌図書印刷名義人である俊三だろう。長与が出版を断わられたというのは新潮社から出た『項羽と劉邦』だろうか。有島については前に記したとおり、契約したあとに解消したいきさつをもつ。一つまた一つと洛陽堂の非を重ねてゆく武者小路の文脈では門前払いのように受けとれる。そして「この位にしておく」と締めくくったはずの項にそのまま続けていう。

三四年前迄は洛陽堂は白樺をやつてゐるのを傲〔誇〕りにしてゐてくれた。そして心からよろこんでくれた。だから自分達も洛陽堂の主人に随分愛を持つてゐた。今でも当時を思ふと、愛を感じる。牛島と云ふ人もい丶、人だつた。
当時を思ひ出すと、洛陽堂に今でも愛をもつ。〔刊行会など武者小路の近況三項目・略〕
自分が金にキタナイやうに思つて不快に思つた人がゐる。自分はさう云ふことを弁解したり自慢したりすることを耻ずる。どうせわかること丶思ふ。
白樺には七年前からのさう沢山ではないが借金がある。洛陽堂は月々それを少しづ丶返すはづで返さなかつた。友人から借りたので、友人は少しもさいそくしないからでもある。洛陽堂が白樺をいさぎよく同人の手にわたさなければならない元因は、半分以上其処にある。しかし洛陽堂が返せなかつたことには自分達は別に不服はもつてゐない。こつちも四五年の間少しもさいそくしなかつたのだから、無理はなくもある。しかし同人の方が金にキタナイやうに世間に思はせるやうなことを公けに発表するのは少し無神経だと、同人は話しあつた。默つてゐれば一番利口だつたのだ。

借金千円を用立てたのは細川護立だった。武者小路によれば、負債をそのまま洛陽堂にうつしたことになる。武者小路はまた、同人の方が金にきたないように世間に思わせるようなことを公けに発表するのは少し無神経だ、と書いた。亀之助による辞任の弁をさがすと、経営上においてもやっと目鼻がつくようになった、あたりになろうか。ほかに金にまつわるくだりは見当たらない。その白樺同人が雑誌や叢書でつくった借金を返すには、洛陽堂は雑誌や叢書を売ってもうけを出すしかない。他の図書販売で得た利益で穴うめをしたりはしない。

亀之助の言い分である、経営上の目鼻を検証してみる。雑誌『白樺』残本処分については、ぞっき扱いに関わる『泰西の絵画及彫刻』出版一件があった。宇野浩二が見た蜻蛉館書店加藤好造と亀之助の深刻な相談は、売れ残った『白樺』の挿画を集めて西洋美術解説書『泰西の絵画及彫刻』に仕立て直すものだ。これこそ、返済にあてる心づもりからひねりだした苦肉の策だった。

なぜなら白樺叢書は売れなかったからだ。二十点のうち最も多かったのが武者小路で八点、ついで小泉鉄が訳書をふくめて五、長与善郎が三、この三人で八割を占めた。わずか一点の志賀直哉は洛陽堂が自費出版を引き受けずとも、その文才を早くから広く認められたから他書肆が著作を刊行してゆくのだった。

最も多い洛陽堂から出版した武者小路は、読者が数百ほどで、『心と心』は初版を売りきるまで九年かかっている。自信を持ちはじめたのは一六年三月に『後ちに来る者に』を出すあたりだった。個人全集に載せてもはずかしくない仕事をしている自負は、志賀や里見や長与とともに、新潮社『新進作家叢書』に迎えられるようになっていたのだ。

来年は日本の文壇はきつと面白いと思ふ。恐ろしいものが出かけてゐる。他はともかく自分達の内から。前借しておいてもきつとかへして見せる。利子をつけて。ある作などにあらはれたよさがどうしてわからないのだと云ひたい。自分は白樺の第一巻第一号に十年後を見よと遠慮して云つた。来年は八巻だ。十巻目（九年後乃ち約束より一年前）の四月には前借は立派に返して見せる〔。〕白樺の同人やその他の友人にその時は是非頭をそろへてもらいたいと思つてゐる。もう過去の話はよさう。之からだ之からだ。今に見ろ、今に見ろ、今に見ろ。（一九一六年十一月下旬）

一七年一月、武者小路の『或る青年の夢』をもって白樺叢書刊行を了えるのだが、自分の名前の上には流行児と云うような形容詞がつくようになった、と書いたのは『白樺』三月号だった。その号で武者小路は、五百五十の読者を見こんだ自分の刊行会をつくると宣言したのだ。

今回の経営ひきもどしに関してばかりでなく、白樺同人は武者小路を筆頭に不服を『白樺』に憚ることなく書き連ねた。定価のつけかた、雑誌発行遅れによる交換広告のとりやめ、叢書刊行の交渉、進みぐあいなど合せれば数百行に及ぶだろう。そうした苦情の当否は、印刷所三秀舎が原稿紛失した際における亀之助の責任のとりかたを含め、これまで関係資料を示してできる限り明らかにしてきた。何しろ亀之助のがわには、全文を引用した別刷ちらし「白樺の経営者たる事を辞するに就いて」一枚しか遺されていないのだ。これを複製し附録に収めた『白樺』覆刻版発行者の見識を称えなければならない。

3　経営辞任後

①引きつぎのゆきちがい

同人の手に返したのは一九一七〔大正六〕年一一月号からだが、読者への予約金返還と顧客名簿引きつぎのゆきちがいを生じていた。洛陽堂がわの言い分はこれまでのように遺されておらず、同人による編輯後記が伝えられるばかりである。次の一文はおそらく、実務にあたっていた小泉鉄によると思われる。一八年一月号にある。

洛陽堂に払込まれた方に申しますが、洛陽堂からは十一月号以後の雑誌代に対して一切会計を引継ぎませんから、十一月号以後の雑誌代は改めて白樺社に払込んで下さい。洛陽堂は全然此方へは何等の通知もせずに、読者の方に直接前金の残金を返したらしく思はれます。兎に角洛陽堂から一切の帳簿等の引継を受けませんから何が何だか少しも解りません。唯読者名簿だけは此方から人をたのんで写して貰つたので漸く発送が出来たのです。夫れ故若しかしたら不完全かと思つてゐます。月定めの読者にて不着の方があつたら知らしてもらへば嬉しく思ひます。（編輯）

予約購読者からすれば、残金はそのまま洛陽堂から白樺社へ引きつがれるのを当たりまえと考える。

手続きはいらないはずだ。新たな申込は二度でまになる。それでも返金されたらしいというのだから、読者から同人へ一報があったのだろう。とすれば、同人のがわには予約購読の新規手続作業がひとつのこった。

もうひとつ、購読者名簿引きつぎはあって然るべき事務手続だった。これを洛陽堂のがわにたって考えれば、雑誌と図書の顧客には重なりがあるために名簿を手放せなかったと考えうる。白樺叢書など同人らの著訳書はそれまでどおり新聞や雑誌に広告をかかげて販売を続けていたのだ。

名簿引きつぎは洛陽堂に責任があるけれども、前金に応じた通常号と特別号をつりあいよく発行する営業努力は、すべて同人にかかってきた。同人から寄せられた原稿をすべて当月号に載せるのをやめ、翌月まわしにするなど調整をおこなう場合もあると断わり、通常号の頁数に偏りを少なくするなど努めはじめたのである。しかし、対独戦後の物価騰貴によって定めた前金ではたちゆかなくなる。読者からの苦情が編輯者に届く。これまでは同人が洛陽堂に浴びせていた不平だった。釈明の矢面に立たされたのは同人だった。

やむなく前金計算を改めると告げざるをえなくなったのは苦情が寄せられて半年後だ。洛陽堂経営時代の『白樺』は特別号の発行回数とその厚薄にばらつきが大きく、前金不足の精算がわずらわしかった。これを改め、拡大号発行回数とその定価を抑えるよう見直して、前納直接購読者には割引特典を与えることにしたのだ。洛陽堂の実務を見知っていたのだろう。

ほどなく、最も多量に書いた武者小路は、食客的生活をぬけだして農業による自足をめざし、新しき村創設に力をそそぎ始める。初期の同人がそれぞれの道を歩み、『白樺』はしだいに「編輯室にて」

すら載らぬ号が出はじめるのだった。

②白樺同人の著訳書と洛陽堂

亀之助がわにひきもどす。手をひいたのは雑誌『白樺』経営であって、著訳書を重版するにあたっては個別の交渉によって対処した。柳宗悦『ヰリアム・ブレイク』の場合は、洛陽堂から他へ移った例をなす。一九一九〔大正八〕増補再版の原稿執筆のため柳が訪れた、避暑地から『白樺』へ寄せた通信にこうある。

初版は凡そ二年足らずして絶版になつた。丁度その頃から起つた大戦の余弊が凡ての経済界に変調を来した。余の本もその原価に於て出版する事が不可能になり然もそれは多大な費用を要した。最近三年の間、未知の人々から屢々本の捜索を要求された。余は古本屋にも依頼し、又古本の買戻しを「白樺」でも広告したが応じてくれる人は一人もなかつた。話によれば今古本の市価は原価の倍になつた。自分は止むなく再版を出す事に決定した。
初版は洛陽堂で出したが、物価が騰貴してゐる為に最近にその再版を出す見込みが立たないと通知された。且つ「白樺」との関係上洛陽堂で出す事も思はしくないので今度は出版所を変更した。初版で用ゐた写真版の原版の借用を承知してくれた洛陽堂に厚く感謝してゐる。再版を叢文閣で出す事にほゞ決めたのは今年の二月頃だつたと記憶する。

古書買戻しを読者に求めたのは『白樺』二月号誌上だったから、すでに叢文閣に移して再版するのを決めていたことになる。
その柳より早く、洛陽堂から離れようとしたのは一七年一月に脚本小説集『播かれたる種』を出版した近藤経一だった。『白樺』一八年九月号自著広告に近藤はこう書いた。

此の本は今から丁度一年半程前に五百部自費出版したものです。そしてその時から約半年位の間に本屋の手で二百部ばかり売れました。がある事情があつて今から一年程前に残りの全部を本屋の手から私の方に引きとつてしまつたのです。その時からづつと私は何時か時があつたら私の手でこれを売りたく思つて居たのですが私自身が東京に居なかつたのでそのまゝにしておいたのです。所で今度私は仙台の三年間の生活をおえて東京にかえつて来たのでこの機をつかまえてこの本を売り出したいと思ふのです。

残部をひきとった一年ほど前とは、亀之助経営辞任の時期にちょうどかさなる。のちに劇作家となった近藤経一は、京華中学五年のころから武者小路実篤に近づいたという。『播かれたる種』出版は二高在学中だったのだ。序文に武者小路への謝辞がある。自費出版の交渉のため武者小路を通じて亀之助に会ったとは、別のところで近藤が書いている。そこに右の著作引きあげの件らしきことへの不満をほのめかしているのだが、前段をふくめてそのまま引く。自費ではない初出版にこぎつけるまでの心情を明かした一文だ。『白樺』二〇年一月号に載った。

自分は今度いよ〳〵天佑社から『第二の誕生』を出版する事になつた。（此の雑誌が出来る時分にはもう本は出来てゐるだらう）なぜ『いよ〳〵』などと云かふ〔ふか〕といふなら、今までにも自分の本が出て、出るといふ事は幾度も話だけはあつて、或る人などには出もしない本が出て居る様に思はれて居る様な事もあつた位だから。とにかく実際今日まで自分と本屋との間には自分の馬鹿も原因をして、随分いろ〳〵のゆきさつがあり、その為めに自分はいろ〳〵の不快な目にも会つた。そんな事は今更こんな所へ書いたつて始まらない事かも知れないけれど、何だか自分は今、自分の最初の本が出来る今、そのいろ〳〵の行きさつを全部はつきり書いておきたい様な気がする。

何故だろうそれは自分にもよくは分らない。然し、恐らく自分があんまりその事に関して馬鹿の数々をして来たので、それを書いてしまはないと何だか気がひける様な気がするのだろう。書いてしまつたらセイセイするだろうと思はれるからなのだろう。

とにかく自分は書く。そしてそれは恐らく自分の或る弱点を露骨にあらはして居る点で或る人々には可なり興味のある『短篇』と云つてもいゝ様なものになるだろう。自分も又何時かはそれを読むで自ら戒め、又何時かは自ら笑ふ様な時があるだろうと思ふ。自分と本屋との交渉の始つた一番の最初は、今から丁度まる三年以前、自分が自分の最初の創作集『播かれな〔た〕る種』を出そうとした時だつた。そしてその時自分は武者さんの紹介で武者さんの所で洛陽堂の主人に会ひ、出版の事を話した。これは自費出版だつたから別に問題はなかつた。たゞその後金銭上の事でどうも少しひどすぎる事があつたが、それについて細い事は略す。

近藤が慕う武者小路ならばこのぐらいにしておく、と書きながら筆をはしらせるけれども、近藤は進めなかった。これまた一方の言い分だけで、亀之助が残したものはない。

近藤は右の引用の三倍ほどをついやして、このあと出版交渉のいきさつを語っている。はじめは玄文社からの申出で、それに近藤が注文をつけたがためにこじれて破談になった。次いで新潮社に近藤は、自分の本を全部新潮社から出版してくれないかと申し入れる手紙を送るのだ。新潮社はさきに白樺同人作品集『白樺の森』『白樺脚本集』を出版していた。しかし返事をもらえない。三つめの天佑社から依頼がありようやく話がまとまり胸をなでおろす。大半は新潮社から袖にされたくやしさを言い連ねたもので、筆を執らせたのは誇りが許さなかったからだろう。翌月『白樺』二〇年二月号で近藤はいう。

先月号に僕が六号〔活字による雑記〕で書いた「自分と本屋」といふ記事の中、新潮社に関した部分で、僕が新潮社に出した手紙に返事が来なかつたのは、その手紙が途中で失くなつたからだつたのでした。此の事は先日新潮社の中根氏がわざ〳〵来られての話でよく分り、僕がその事から受けて居た不快は、すつかりなくなりました。両方のため此処に事実を報告しておきます。

果して新潮社の番頭中根駒十郎の許に手紙は届いていなかっただろうか。天佑社からの出版が決まるのを待って、足を運んで手紙の一件を伝えれば、近藤の気をしずめることができる。洛陽堂から自費出版一冊を出しただけの近藤を新潮社が相手にするかどうか、中根が出向いたのは穏便な断りかたをするひとつの例にすぎないと思われる。

こうして洛陽堂から離れた同人がいたが、武者小路は『お目出度き人』を重版している。二〇年一〇月に三版、亀之助歿後二一年四月に四版を出した。小泉鉄は、訳書『ノアノア』を洛陽堂から改訳して再版すると予告したのは『白樺』二二年四月号だった。実現はしなかったものの、つながりを保った例をなす。

4 『泰西の絵画及彫刻』続刊と木村荘八

大隈重信首相暗殺未遂事件で、木村荘八の岳父福田和五郎の刑が、爆発物取締罰則改正によって軽減される見込みとなった一九一八（大正七）年春、亀之助は『泰西の絵画及彫刻』続刊を木村に持ちかけた。雑誌『白樺』売れのこりから図版をぬきだし、解説をつけた『泰西の絵画及彫刻』は、同人に相談をしないで事を運んだために行きちがいを生じたいきさつはさきに記した。

いまや『白樺』経営は同人にかえして半年たつ。しかも未だ売れのこりを始末しきれていなかった。同人小泉鉄が引き受けた四巻までを継ぐのは誰がよいのか、同人と親しくしかも美術史にくわしいとなれば、木村しかいなかった。

木村は出版のいきさつを率直に語る。そのなかに亀之助が何を願い、どのような本を出したいのかが伝わってくる。ことに『泰西の絵画及彫刻』続刊となる第五巻序文は、とりわけくわしい。亀之助を知るたいせつな証言として、できる限り引用してゆく。

三月十五日の午後でしたが、突然洛陽堂の主人がやつて来て、雑誌「白樺」の第七年三月号から第八年十月号までの間に出てゐる挿絵を編纂して、先に小泉君のやつたことのある、「泰西の絵画及彫刻」の続刊をこしらへてくれないか、と云ふ相談をかけられました。僕は無論やれると思つたし、やりたいとも思ひました。解説（?）にかく文のことがチラと頭に浮んで、河本氏の話しをきいてゐながら、愉快に亢奮した。

その夜、おそく、小僧さんが本を二十二冊届けてくれた。早速二階へ持つて行つて、材料を一通り見て見ると、ステキなものなので、これはすばらしい、いゝ仕事だと思つた。

実は此のすぐ前に、何れオランダ〔阿蘭陀〕書房から出版になる筈の、子供の為めの美術史（或ひは芸術史、歴史の順を追つて、主に美術と美術家のお話しを書いた「ニール河の草」と云ふ本）を仕上げたばかりだつたのです。で、頭が誂へ向きに、系統立つて、美術のことを考へられる様になつてゐた。それで、材料を一眼見通すと、之れはかう云ふ風に編纂すると面白く行くな、と云ふことが、浮んだ。解説（?）にかきたいこともバラバラ断片的に浮んで、時々、此の頃は殊に右京山で午後景色を見て感じる様な、変に生きた、仕事にかゝる前の湧く様にやつて来るいゝ感じを感じました。

之れはものになると思つて、うれしかつた。

木村は適任だった。快諾を得て亀之助が届けさせた二十二冊は、第七巻三月号から第八巻十月号、つまり洛陽堂発行最終号まで二十冊のはずだから、参考書をつけ加えていたのかもしれない。木村の序文には、亀之助がくわしく描かれているので、先のつゞきを読む。

然し一応白樺の人達に話さうと思つて、改めて僕から相談しました。白樺の人達――の中で僕がそんなぶつきら棒な用事の手紙を突然かける程度にいつも識つてゐる、武者君や柳君、小泉君、長与君達は、みんな気持のいゝハガキで、早速やるとい丶と云つてくれた。二三日みんなのやるとい丶、やるとい丶と云ふハガキが、つゞくので、何だかうれしくなつて、お影で（?）却つて少し頭の調子が狂つて、初めはすぐにも仕事にか丶るつもりだつたのが、イヤにぐれて、存外これは思つたよりうまく行かないかな、と云ふ様な頼りない気がし初めました。〔自画像を描くため編輯作業をしばらく放置・略〕

或る用事で洛陽堂にハガキを出した返事に、主人が自分からやつて来て、〔四月〕二日の夜、図書館から帰るとその来訪で、久しぶりで乗気に本の話しをした。主人は早く出来る方がい丶様に云ふし、中々熱心だ。僕も共鳴して、「僕は十日までにやると云つたら八日迄にはやるくせだから」などゝい丶気になつて話した。

それから今日になるわけですが、今日は殆んど丸一日図書館づめで、少し気になる事があつたから先きにムーテルの本でゴヤとドラクロアのことを見た。〔知見の広がる面白さ・略〕

亀之助にすれば、経営を同人にもどした『白樺』残本を倉庫の肥やしに放っておくわけにはいかなかった。事情をのみこんで前を向いて語れるのは、機微に通じた木村だった。

最後に、云ふまでもないことですがお断はりします。此の本の挿絵は、主に前記白樺から、それに、洛陽堂既刊の書物から適宜の挿絵を再録し、少し、改めて入れたいと思つたものを新製しました。然し、本文は別に挿絵に縛られません。挿絵を縛りません。勝手にかける様にかきます。で、別に、「挿絵に就て」と云ふ蛇足の様なものを所々に入れて、本文と挿絵との間にあり得るチグハグを補ひます。

それから、これも気になるから矢張り念の為めはつきり書いておきますが、此の本は洛陽堂が僕に頼んで、僕が、やれるし、やりたかつたし、やつてもいゝと思つたので、結局勝手にこしらへたもので、たま〳〵白樺に使つた版が洛陽堂に使はうと思へば使へる程度においてあつたのでそれがここに使はれたわけで、白樺の人は僕からかう云ふ話があると伝へて、初めてこの本の出版計画を知つた程、それ程、この本と雑誌「白樺」及びその同人とは直接にも間接にも関係ありません。で――何だかすつかり前刊第一篇の小泉の序の受け売りでおかしいが、兎に角、此の本を出版に就ての責任は表面上すべて洛陽堂にあるわけだけれども、内容に就ての責任は、殊に本文に就ては無論絶対に僕の進んで背負ふ可きものであることは、当然です。（大正七年四月四日午前）

編輯兼発行者となった亀之助は、木村にこのようにして任せた一方で、『白樺』に代わる雑誌『科学と文芸』発行を引き受けたのだった。

三　『科学と文芸』経営引きつぎ

亀之助が『白樺』を手放した一九一七〔大正六〕年一〇月、のこる発行雑誌は二つあった。一一年二月創刊の良民社『良民』と一五年一一月創刊の洛陽堂『都会及農村』である。ともに農村だけでなく都市でも読者を得ていたとはいえ、厚みを増してきた高学歴の若者をとりこむには『白樺』に代わる雑誌を必要とした。出版業者として月々新刊重版図書広告を載せる機関を保つためだったと思われる。

1　トルストイ民話集

一九一五〔大正四〕年から一六年にかけて亀之助は、牛込で独居自炊生活をおくっていた加藤一夫の著訳書四点を出版した。一六年三月、加藤は藤浪剛一の媒酌によって小笠原小雪と結婚、高田鶉山に移って半反ばかり畑を借りて野菜づくりを始めた。加藤のもとへは各地から青年が慕いたずね、編輯を助けたりした。加藤が企画したトルストイ民話集一般人叢書六編を手分けして訳した、坪田譲二や砥上常雄はそうした青年である。

この叢書を、加藤は自力で出すつもりだった。『科学と文芸』一六年五月号にその計画を知らせている。

今二つ交響社の新計画がある。一つは露西亜語の研究会だ。これは読書研究会の拡張だ。他はトルストイの短篇ものを五銭乃至十銭位のパンフレットにして出版することだ。自分はこれを「一般人叢書」として成るべく多くの一般人民に読ましたいと思つて居る。これは自分の芸術対社会生活の問題からの当然の帰結として成さねばならぬ事の一つなのだ。トルストイの書いたものは概して一般人向きであるから先づ最初にそれを撰んだのであるが、これがうまく行けばトルストイのものばかりでなく色々の人のものをも出したいと思ふ。そして自分達でも沢山書き度いと思つて居る。

しかし計画は思いどおりには進まなかった。次の号には多忙をかこち、さらにその翌月号は多忙にくわえて金がないとこぼし、百円あれば手を着けられるから、どこかの本屋から出そうかとも考えていると書いた。ほどなくして、創刊以来加藤を支えてきた西村伊作がはなれ、あとに来った人見東明と共同経営にうつす。なんとか費用をひねりだして第一編を出版したと読者に伝えたのは、その改題誌『近代思潮』一二月号誌上だった。五銭か十銭で提供したいと廉価普及をねらったものの、三十五銭ほどにはね上がる。やむなく二十五銭に下げて売らなければならなかった。

人見と共同経営した『近代思潮』も三ケ月しか続かず、一七年一月号で終わって二月は休刊した。本誌がそうであったから、叢書続刊はとどこおる。見るに見かねたのか、それとも加藤が頼みこんだのか、引き受けたのは亀之助だった。加藤一夫訳『愛ある処に神あり』一般人叢書第一編を、一七年二月に洛陽堂版にあらため、第二編から第六編までをわずかひと月、三月までに出版した。復題『科学と文芸』三月号に近刊予告された加藤の小説『若き伝道者の悩み』は、ついに洛陽堂から出版されなかったから、その埋め合わせであったと思われる。

2　一九一七年の『科学と文芸』

加藤の個人経営に移してから、一九一七〔大正六〕年五月号に加藤が書いたロシア二月革命にふれた評論が発禁処分をまねいた。「トルストイは革命運動を何う見たか」である。

囊日、新聞社の政治部に務めて居る自分の一人の友人が自分に書を寄せて、トルストイが革命に就いて何う考へたか、一体露西亜の革命とトルストイとは何麼関係があるのかと質問して来た。トルストイと露西亜革命と何麼関係があるかと云ふ様な時論的問題は、自分には左程興味がない。しかしトルストイが革命を何う見たかと云ふことには興味がある。一体、吾々が真の生活をするためには現代文明はレブオリユーシヨンの洗礼を受けねばならぬものであらうか。それともレブオリユーシヨンは要のない、寧ろ害のあるものであらうか。

かう云ふことに就いて自分の意見をのべると、神経過敏な政府から雑誌の発売禁止を命ぜられる恐れがあるから、欧州の何れの政府も自由に読まして居るトルストイの思想を紹介するだけで満足しなければならぬ。（まさか日本の政府だつて外国の手前そんな野暴なことは出来ない筈である）誤解のない様に云つて置くが、自分がこれを云ふのは革命を鼓吹するためでなく、反てこれ等の暴動の火の手を抑圧せんがためである。

反語ではなく、このときの加藤はそのとおり反社会主義者であった。発禁と印刷所火災によって六月は休刊したため、次の七月号で処分をくだした警保局長の頑冥に加藤はおどろく。この七月号が六二頁、八月号は半減して三〇頁、加藤一夫による個人経営に転じたつぎの九月号は一九頁となっていた。同人と考えが異なったのではなく、けんかをしたのでもなく、全く経済上のつごうから同人制をやめたのだ。続く一〇月号は一八頁、一一月号一九頁、読者の寄附をうったえたがどれほどの力となりえようか。

一〇月号に亀之助が載せた広告は、加藤の最新刊『トルストイ一日一想』ほか既刊書と洛陽堂図書秋季大特売一覧である。『白樺』前月号に載せ、白樺同人の不評をかって経営辞任のひきがねとなった廉売広告だ。その一〇月号と一一月号は小塩印刷所に代わっている。一七年一月宇野浩二訳『クオレ物語』蜻蛉館書店刊、を印刷した印刷所だ。所在地は麹町区麹町二丁目九番地、洛陽堂印刷所と同番地だった。想像をめぐらせば、三〇頁からわずか一九頁に減った九月号を刷った秀光堂印刷所が、先細り雑誌を不安に思って断わったのだろう。困った加藤が亀之助に相談したのかも知れない。

こうしたことから考えて、亀之助は加藤の雑誌経営の実状を知らなかったとは言えまい。それにくわえて、『科学と文芸』が先細りとなってゆく一一月に洛陽堂が出版した加藤の著書が発禁処分を受けたのだ。

3 『土の叫びと地の囁き』発禁

出版業者である亀之助にとって、交響社が発行する『科学と文芸』一九一七〔大正六〕年五月号の筆禍はまだ対岸の火事であろうが、一一月に洛陽堂が出版した加藤一夫著『土の叫び地の囁き』となればひとごとではない。安寧秩序をみだすとして発売頒布処分を受け、直にふところにひびく問題になってはね返ってきたのだ。これは、諸紙誌掲載評論をまとめたものだった。発表時に不問とされながら一冊にまとめたら処分を受ける不当を、加藤は『科学と文芸』誌上でならした。洛陽堂が発行を引き継いだ最初、一八年一月号である。

昨年十一月の半頃であつた。自分は自分の今迄に書いた論文や詩を集め、「土の叫び〔と〕地の囁き」と題して洛陽堂より出版したところ、その本がまだ大売捌所に着いたか着かないうちに突然警視庁の役人が来て、発売禁止の旨を伝へ、製本を没収して行つたばかりでなく、印刷に用ひた紙型全部をまで奪つて行つた。

これは実に自分にとつても洛陽堂にとつても意外な事であると云へば余りに意外であつた。何となればその本に収められた文章は皆一度、科学と文芸を初めとして、中央公論、新潮、読売、六合雑誌、トルストイ研究、その他の諸雑誌に掲載したものであつて、何れの雑誌もみな無事に検閲官の検閲を通過したものだから、勿論発売禁止などは無想だにして居なかつたからである。

加藤は内務省警保局に担当者をたずねた。亀之助同道とは書いていない。

同君は早速自分の請ひを容れてくれて、「土の叫び〔と〕地の囁き」のうちから「汎労働主義と実生活」「都会生活と田園生活」の二文及び「流れゆくもの」と云ふ詩の三篇を取除かねばならぬこと、及びその他は各文に於て四五行乃至十行位の不通過の場処を示してくれた。かくして全部で五六十頁ばかりも除かねばならぬのである。

「汎労働主義と実生活」は二年ほど前の『科学と文芸』に載せていた。その冒頭に示したとおり、一個の遊民たる自覚から、人はみな労働者であるべきだと主張したのだった。警視庁に呼び出されて注意を受けた加藤はこのときをふりかえり今を思う。

一昨年の三月に書いた「汎労働主義と実生活」と云ふ文章のために、自分は一度警視庁によばれた、探偵みた様な格好をした人から、「こんなものを書いては困る、以後注意せよ」とお叱りをうけたことはあつた。けれど、真実を云ふとその一文は自分の新しい生活の基調をなすものゝ表白であり、今度の本の根本思想でもあるので、何うしてもそれを取除くわけには行かなかつた。それも絶対にいけないと云はれたのなら仕方なく止めるとしても、たゞ注意せよ位であつたのだから勿論何等の差支えがないのだと思つて居たのである。

警視庁で担当者に理由を問いただしても内務省へ行けというばかりで回答を得られなかった。咎められたのはおそらくつぎのくだりだろう。

実際今日の社会ほど不公平な社会はない。一方に於いては主君、政治家、宗教家、芸術家、商人、官吏など、云つた遊民が贅沢三昧に耽つて居るかと思へば、他方には百姓、漁夫、職工、事務員、小僧、丁稚、給仕、女工など、と云つた様な労働者が不断に不休に働かねばならぬ。前者は後者の生産したものを消耗する役割の人々である。後者は前者の消耗するものを前者のために生産しなければならぬのである。もし後者にして前者からその正当な報酬を得んか、そこにかゝる悲惨なる労働と貧窮と器械化とは生じないであらう。而も彼等はこれを得ないのである。後者はたゞ前者（即ち遊民）のために働くのである。前者はたゞ、彼等の生産を消費して彼等の精力を奪ふのである。

加藤が始めた半農生活は、社会主義者から、トルストイ流の田園主義者、野菜畑のままごと、と非難された。「汎労働主義と実生活」には社会主義者への批判があった。

君は社会主義者だと云ふ、そして労働者の味方となつて富裕階級や権力階級を破壊するのだと云ふ。併し君のために労働者の蒙つた恩恵は何処に在るか。労働者がもし幾分にても自己の権利を伸張し得たとするならば、そは多くの場合、君等の力であるよりも彼等自らの力によつてゞある。そして自分の何よりも不思議に堪へない事は、富者権者遊民を非難する君等自身が、自らの非難する階級に属する人々であることである。何故に君等は自ら労働者とならないか。

洛陽堂刊『土の叫びと地の囁き』発禁処分にもどる。以上が取り除けといわれた二論文のひとつ「汎労働主義と実生活」で、もうひとつが「都会生活と田園生活」としていた。これは天野藤男主宰洛陽堂発行雑誌『都会及農村』に三年前、一五年一二月号に寄稿した「都会生活と農村生活」の誤記である。削るよう指示されそうなところを一つぬきだす。

もし今日の如く、ある者は労働者、ある者は資本主、もしくはある者は農民、ある者は都会民と云つた様な誤れる分業が行はれないで、人民が凡てみな労働者となり農民となり漁民となつたならば、恐らく人類の進歩は今日の数倍にのぼつて居たであらう。何故ならばそこには労力――即ち生命――の浪費がないからである。農民や労働者の生命が都会人や資本家のために浪費されることがないからである。

浪費を、別のところでは盗用とも書いていた。問題とされたもう一篇「流れゆくもの」と題する詩の初出誌は判らなかった。ともかくも加藤は改版を決めた。

紙型をふくめて、まだ大売捌所に着いたか着かないうちに没収されたという『土の叫び地の囁き』は現存する。加藤の手許に遺された発禁初版本が加藤一夫生誕百年記念会当日併設展示されていた。ほかにも幾冊か処分をかいくぐっているから、亀之助が発売前に著者へ渡すにふしぎはない。

原本を確かめ得たのは神戸大学所蔵のもので、前身神戸高等商業学校の蔵印があった。学校が書籍商を通じて購入したとは考えにくいが、寄贈印はない。奥付発行日は一九一七年一一月一四日、印刷日は同月一〇日とある。これまでの洛陽堂出版物は、例外なく発行と印刷の間は三日なのに、これは四日あけている。小説に仕立てるなら、役所が休む日曜をはさむという作為である。印刷日にした一〇日は土曜、出版日は日曜を加えて四日後、一四日水曜にくり下げる。その間に加藤が亀之助から受けとった何冊かを関西の知友に送り、ほとぼりがさめたころ図書館に寄贈されたと妄想をふくらませることはできる。

4　洛陽堂経営『科学と文芸』

亀之助はほんとうに『科学と文芸』経営がうまくゆくと考えていたのだろうか。わずか二十頁足らずの個人雑誌で、しかも『土の叫びと地の囁き』は発売頒布禁止処分を受けている。出版業にとって著訳書が売れぬのは倉庫にかかえる費用がかさむとしても、発禁と紙型没収は全く経費を回収出来ぬ痛手となる。雑誌をとおして加藤をめぐる人々が洛陽堂を支えてくれるのを期待したのだろうか。それにしてはあまりに漠とした望みである。

ともかくも亀之助に経営をゆだね、厚さが十倍ほどになった一九一八〔大正七〕年一月号に、加藤が語るところをみる。

何よりも先づ報告しなければならぬのは、科学と文芸が今度洛陽堂の経営にうつゝたことである。

最初洛陽堂では、白樺を失つたのでその代りになる雑誌をほしいと云ふので自分に、科学と文芸とをやらせてくれと云はれたが自分の方では折角科学と文芸を自分一己の自由なるものとして売れても売れなくてもいゝものにしてやるつもりにしたところだから、もつと自分でやり度いと思つたので、別に新しい雑誌を出したらいゝだらうとすゝめ、洛陽堂の方でもそのつもりになつて居たのだがその後色々の都合で、到頭、科学と文芸をやる事にしたのだ〔。〕自分としても結局それの方がいゝ様に思ふ〔。〕第一新しい雑誌を洛陽堂から出して、自分がその世話をするとなると、その雑誌と自分の雑誌のために精力を二分しなければならぬ、それに自分の生活上の仕事なんかして居ては雑誌の方にも力が注ぎかねるし、第一自分を養ふ事が出来ない。それ故にこれを一つにして仕事をせばめる事が肝要である。

第二には、自分の雑誌を洛陽堂でやつてもらうとなると、自らその熱心の程度にも大差があるだらう。さうすれば一生懸命になつて自分の本統の仕事としてやる事が出来る。

そんな事で、どうしてもそれはいゝ事の様に思ふそれにまた紙面を刷新し、大きくして行く上にも自分ではやりきれないが、洛陽堂でやればやれる。従つて雑誌も成長が出来るわけだ。

発行兼編輯人は、東京〔市〕麹町区平河町五丁目三六番地河本亀之助、発売所を同番地の洛陽堂においた。注文、払込、広告申込など、その他経営に関する一切を洛陽堂がになうとする一方、交換雑誌や新刊紹介の書籍寄贈は編輯所交響社、加藤方へ送れとした。印刷は洛陽堂印刷所でも同番地の小塩印刷所でもなく、同区飯田町二丁目五〇番地秀光舎〔旧称秀光舎印刷所〕にもどした。

同人の顔ぶれはつぎのとおりだった。加藤による紹介をみる。

今度同人になつて呉れた人々は、従前の福田〔正夫〕百田〔宗治〕高野〔孤龍〕等の外に、小川未明、野村隈畔、沖野岩三郎、賀川豊彦、中山昌樹君等がある〔。〕小川君は主として小説の方に活躍してくれる筈であるし、野村君は哲学の方面に、賀川君は科学及び社会学の方面に、中山君は詩の方面に沖野君は宗教や小説の方面に各々その専門と特意の方面に活動してくれる筈である。

加藤が明治学院神学部でともに学んだ中山昌樹と洛陽堂については別にふれるとし、数多く寄稿した同窓賀川豊彦は、留学先の米国から帰って神戸で伝道を再開していた。寄稿家のうち明治学院と縁ある人物は、加藤を進学にみちびいた沖野岩三郎がある。

沖野は、大阪朝日新聞社屋新築記念懸賞小説二等当選を果したばかりだった。選者幸田露伴、内田魯庵、島崎藤村による得点は平均八十一で、一等野村愛正に一点及ばぬだけだった。この小説『宿命』は大逆事件で刑死した親友大石誠之助をめぐる作品であるため、改作を強いられて連載は九月に始まったばかりだった。連載中に起ったのが米騒動で、沖野は神戸と賀川に思いをいたした。

社会問題に関わらなくなったキリスト教界にあって、期待される新人は、沖野が言うに、極端なるほど熱狂な賀川と、冷静温厚な杉山元治郎だった。杉山とは和歌山教会で知りあっていた。杉山は、一五年七月『農村経営の理想』と、一六年八月『農家経営の実際』の二冊を洛陽堂から出版していた。後年、賀川、杉山の両名が日本農民組合結成に相携えて力をつくす。

亀之助が『科学と文芸』をうまく経営できるように望みをかけたのは、こうした人脈だったろうか。

5 『土の叫びと地の囁き』改版と半年間の『科学と文芸』経営

亀之助は改版広告を、発禁のいきさつを公にした『科学と文芸』四巻一号、すなわち洛陽堂経営に移した最初の号に載せるなどしたが、実際の発行は一九一八〔大正七〕年四月一六日にのびる。五ケ月かかった。改版序文をすべて引く。

「土の叫び〔と〕地の囁き」は発行早々、未だ店頭の陳列場にのぼらぬ間に発売禁止の厄に逢ひ、紙型まで没取せられた。これは実に意外であつた。一度雑誌に出たもの丶多い本書がか丶る始末に及ぶだらうとは毫も予期しないところであつたからである。
自分は自分の生命の子が日影を見ずして葬られしを悲しまないでは居られぬ。同時にまた此の書を発行して呉れた洛陽堂に損をかけたことをすまなく思ふ。そこで洛陽堂主人とも色々と相談の結果、改版して今一度出版する事にした〔。〕「汎労働主義と実生活」其他の二篇を除かなければならなかつたことを残念に思ふが、その代り小説を入れておいた。ところどころに〇〇の多いのも此の書を日影に出すために止むを得ない仕わざであつた。しかし聡明な読者諸君は自分の心もちを察して呉れる事と思つてひそかに自らを慰めて居るのである。／千九百十八年一月／中野にて／加藤一夫発禁処分をすこしも予期しなかったとは当局にむけての物言いだ。削除を指示された「汎労働主義と実生活」に代えて小説「竹」を、「都会生活と農村生活」には小説「弥助爺の死」、口語詩「流れゆくもの」には評論「新興の露西亜よ」をさしかえている。さしかえ頁数に変わりはないから総頁も四百十六のままだった。伏字も、文字の分だけを○に代えるのだから、頁数は動かない。紙型没収を予期してひそかに組版を解かずに残していたと勘ぐる。

加藤による『科学と文芸』読者への改版出版報告は六月号にずれた。そしてこれが洛陽堂経営による最終号となった。十八頁に細った雑誌を引き継いで十倍あまりに増やしたけれども、印刷費高騰が続いたため、百数十頁を保てず八十余頁に減らしていた。印刷所は三月号から大成社にかえていた。洛陽堂発行『都会及農村』が三月号から印刷を発注した印刷所である。

半年間の洛陽堂による経営から、交響社にもどした七月号で、加藤はこれ以上損をかけられなかったと報告した。それによって洛陽堂から月々渡されていた編輯料がなくなり、当月から占部楢男が経営した。

経営難はもとからわかっていたことだ。交響社にもどしたものの、七月号と八月号を出して休刊する。つまり廃刊である。のちに加藤は出版業春秋社経営に加わったが、亀之助とのつながりを断つことはなかった。一九年『民衆芸術論』、二〇年『産業的自由　其の理論及実際』、二一年『トルストイ短篇選集』を出版している。三つめの『トルストイ短篇選集』は、亀之助歿後、俊三の手になる。亀之助によって出版された一般人叢書を編んだものである。

6　加藤一夫をめぐる人々

トルストイアンを自認していたころ、加藤は洛陽堂から訳書を出版できたことにより、新潮社が研究誌を出しはじめ、関連書がいくつかの書店から出版されたのを思い起こしていた。そのなかで、「常に赤字つゞきであつた洛陽堂から印税をまともに払はれたことはなかつたにも拘らず（洛陽堂主人河本亀之助は商売が上手ではなかつた）それでもなほ大に意を強うすることが出来た」と語った。一九一五（大正四）年、文集『本然生活』出版にかかわっては、「洛陽堂の主人河本亀之助は損得を超越して無名の士を紹介することを楽しみとする種類の人」だとも書いた。だから加藤は、亀之助に知友をつなぐ役めも果たしたのである。

①中山昌樹

一九一五（大正四）年一〇月、亀之助は中山昌樹の訳書『アッシジの聖フランチェスコ』を出版した。中山は例言で、友人加藤一夫の尽力と、亀之助の利益問題を離れての厚意によって出版できたこと、挿画を武者小路実篤と柳宗悦から借りるについても洛陽堂主人を通してだったと謝意を表した。加藤が亀之助に口添えして訳書出版にいたったのだが、その加藤にして白樺同人小泉鉄から原書を借りて、四月に『ベェトオフェンとミレエ』を出版したばかりだった。洛陽堂から出版していたのはその一冊だけで、二冊め『本然生活』出版にむけて作業が進められているさなかだった。亀之助が加藤を認めていたから、友人中山をも容れたのだ。

加藤は『科学と文芸』に中山による新刊書を紹介し、附言して亀之助をたたえた。

因に自分のこゝに一言して置き度いことは洛陽堂主人河本亀之助氏の出版に対する立派な態度である。この書は大部ではあるし、且つ同時に他からも出版されると云ふのであるから如何なる出版業者も出版を躊躇すべきは当然であるが、自分達がこの本が世界的又永遠的の書であると云ふことを云つたので、利害問題に関せず、訳者の努力及び読者への尊き贈物として出版して呉れたのである。

中山の主たる訳業は『ダンテ神曲』で、一七年一月に地獄篇、二月煉獄篇とダンテ詩集『新生』、四月天国篇と、集中して出版した。

日本におけるダンテ受容史を、新生堂版『ダンテ全集』復刻版解説によってたどると、一九〇一年上田敏『詩聖ダンテ』と翌年の森鴎外『即興詩人』が、欧州近代文学の源であるのを知らしめたとされる。山川丙三郎は敬虔な信仰の立場から、鴎外の文体からも学びつつ厳密な訳業を完成したとされる一方、二一年中山昌樹『詩聖ダンテ』と同年黒田正利『ダンテとその時代』は、上田、森両名にふれなかったという。覆刻版解説者剣持武彦は、中山の訳業を、山川ほど訳業においては厳密でなく、黒田ほどイタリア学においては深くないように見えるが、英米の学者たちのキリスト教研究文献に広く通じ、キリスト教の基本文献を、精力的に訳出したことにおいて右に出るものはなかったとした。しかもギリシア文化とルネサンス文化への幅広い関心を持っていたから、ダンテの解釈においても柔軟な自由な見地を持ち得た、と。

十巻におよぶ新生堂版『ダンテ全集』は、関東大震災の後に、亀之助の弟哲夫が出版した。

②**上沢謙二**

児童文学者上沢謙二は、幼くして母をなくし、十五歳で日本銀行の見習となった。二十七歳にして初めて著したのが、一九一六〔大正五〕年二月刊『耶蘇伝』一巻である。上沢を導いたのは序文を寄せた日本橋教会日曜学校長辺見由太郎、上沢は同教会員だった。出版のいきさつは上沢が巻頭言に記している。加藤をわずらわし、亀之助を通じて武者小路に挿画を借りたが、知友ではなかった。

さほど深くは識らぬという加藤が助力をおしまなかったのは、日本基督教会という同じ教派からだろうか。中山昌樹にしろ、つぎにふれる山本秀煌にしろ、加藤とは明治学院同窓であり、日本基督教会で牧師をつとめ、亀之助また麹町教会員であったから、親しみをおぼえたのかもしれない。ともかく、上沢が勤務の合間に三年ほどかけてキリスト伝を著わし、大塚小一郎が再稿を通読して所見を述べ、従弟妹が浄書や校正にたずさわって成ったのだ。

上沢は『耶蘇伝』につづいて、翌一七年から児童向け物語集を出版する。日曜学校に供するものらしい。八月第一集『又逢ふ日まで』にはじまり、二二年七月『愛こそ凡てを』まで十集を数えた。過半を恩地孝四郎が装幀を手がけたとは、上沢がはしがきで明らかにしている。上沢は二〇年に児童教育研究のため渡米し、二三年州立ワシントン大学教育科を卒業したから、七集以降は留学先から送られた原稿によって成った。

③**山本秀煌**

山本秀煌（ひでてる）は、一八五七年丹後峰山の生まれ、大阪東教会牧師を辞して一九〇七〔明治四〇〕年に東京へ出て、明治学院神学部教授となった。日本キリスト教史研究の先駆者として知られる。

その『日本キリスト教史』上巻は、山本が六十一歳になった一八年四月洛陽堂刊、加藤の名を例言に特記している。下巻は六月に出版された。亀之助歿後の二二年一月『近世日本基督教史』まで洛陽堂によって主著三点が世におくられた。このころ山本が拠っていた高輪教会史に、歴代牧師や牧会協力者として山本や中山昌樹の名をあげている。

余談ながら、戦災によって焼失した麹町教会は、土地売却による資金を充てて、合併した高輪教会に麹町記念館を建てて現在に至るという。

④龍田秀吉

亀之助が『科学と文芸』発行元になったのは一九一八〔大正七〕年一月から六月だった。その最終号を出したころ、五月二五日に高島平三郎編『逸話の泉』第二編を出版した。一五年四月の第一編からまる三年たつ。加藤を介して龍田秀吉が材料をあつめ、高橋立吉が加筆して成ったと、高島が序文に書いている。加藤が龍田を紹介したのは、『科学と文芸』発行元になってくれた亀之助への返礼であった感がする。

同誌読者だった龍田秀吉は、加藤が結婚する前、京都から訪ねてきて、炊事や雑誌編輯にたずさわっていた。そののち龍田は一九年に、大阪朝日新聞創立四十年記念文芸募集懸賞長篇小説に応募して、選外佳作第一席となった。娘慶子は新聞切りぬきを見せてもらった思い出を語る。一等当選作品は吉屋信子「地の果まで」だった。龍田が後年羽仁もと子吉一夫妻のもとで『婦人の友』を編輯したとき、吉屋を起用したという。

六章　註　雑誌経営の転機　一九一七年〜一九一八年

一　『都会及農村』編輯者交替

1　洛陽堂主河本亀之助「本誌の改善に就て」

2　新編輯者山中省二

・小野勝美『原阿佐緒の生涯　その恋と歌』一九七四年古川書房

①原阿佐緒

・倉片みなみ編『三ケ島葭子日記』下巻一九八一年至芸出版社

・秋山佐和子『うつし世に女と生れて　原阿佐緒』二〇一二年ミネルヴァ書房

②三ケ島葭子　倉片寛一

・山中宅は麻布区谷町五八番地、三ケ島宅は六三番地、分筆された六三ノ一らしい〔一九一二年東京市区調査会『東京市及接続郡部　地籍地図』上巻麻布区六・覆刻一九八九年柏書房『地籍台帳・地籍地図〔東京〕』五巻地図編1〕。

山中宅を谷町五七番地とするのは『都会及農村』三巻八号編輯後記だけ〔一九一七年八月一日〕、誤記と思われる。

・肺を病む三ケ島は出雲橋にある平民病院に通っていた。経営する加藤時次郎はかつて平民社を支え、社会改良団体直行団を興して発行していた『直言』を、廃刊に追いこまれた週刊『平民新聞』に譲った。後継週刊新聞『直言』第二巻とともに、亀之助が勤める国光社が印刷したのを、亀之助は山中宅で三ケ島らに語ったかどうか。

・倉片みなみが思い起す谷町は、「三ケ島葭子覚え書き（十）谷町をめぐる物音」〔『野稗』六二号一九九一年一一月野稗の会〔編集兼発行人倉方みなみ〕と「谷町の家と今思うこと」〔『短歌』三五巻一〇号一九八八年一〇月一日角川書店）がある。
③婦人欄創設
・吉屋信子「三ケ島葭子の一生」（初出『小説新潮』一九六五年四月未見・所収『ある女人像　近代女流歌人伝』一九六五年新潮社）、『女子文壇』へ寄稿したのは、栃木町吉屋信子「蒲団」（八巻七号一九一二年七月一日女子文壇社）。
④水町京子
・水町京子自記履歴は「水町京子作品集」『現代短歌全集』五巻所載一九五二年創元文庫
⑤亀之助と柳田国男
・「大正七年日記」『定本柳田国男集』別巻第四（新装版）一九七一年筑摩書房

二　『白樺』経営辞任

1　ゆきちがいの近因

①有島武郎著書出版
・英文日記は、翻訳を収めた『有島武郎全集』一二巻（一九八二年筑摩書房）、書翰は『有島武郎全集』一三巻（一九八四年）から引いた。
・新潮社がわは、佐藤義亮「出版おもひで話　『有島武郎著作集』のいきさつ」（『新潮社四十年』一九三六年新潮社）、中根駒十郎「駒十郎随聞14　長与先生の思い出」（『図書新聞』五七四号一九六〇年一〇月一五日図書新聞社）
②特価販売
・志賀直哉宛木下利玄九月一六日付書翰（翻刻『志賀直哉全集』別巻志賀直哉宛書簡一九七四年岩波書店）
・九月一一日東京朝日新聞広告にある洛陽堂図書半額販売例
『欧州戦争美談　涙痕』、高山秀雄『田園訓』、宮武徳治『日本農業道徳論』、都会及農村編輯局『英国の田園生活』、桝本卯平『産業帝国主義』、鈴木半三郎『米国々民性の新研究』

・半額以下廉売図書をふくむ東京朝日新聞掲載広告
一九一五年二月二日「金尾文淵堂十周年記念部数限定大廉売」、二月九日「東亜堂出版名著選定特売」、九月二七日実業之世界社
一九一六年一月一四日「至誠堂出版創業七週年記念」、九月二二日東亜堂書房

2　ゆきちがいの遠因

・武者小路著書売れ行きに関する記述
『心と心』『生長』印税〔武者小路実篤自伝小説『或る男』一九二三年新潮社〕
『生長』再版〔無車「六号雑記」『白樺』六巻一〇号一五年一〇月一日〕
『心と心』再版〔実篤「六号雑記」同一二巻五号二一年五月一日〕
武者小路実篤「虫よき本の広告、及び其他」同五巻一二号一四年一二月一日
『わしも知らない』残部〔無車「六号雑記」同六巻三号一五年三月一日〕
『向日葵』〔無車「六号雑記」同六巻八号一五年八月一日〕
・武者小路の自信に関し『白樺』に寄せた記述
武者小路実篤「雑感」七巻二号一六年二月一日
無車「六号雑記」七巻五号一六年五月一日
無車「六号雑記」〔新進作家叢書〕七巻一二号一六年一二月一日
武者小路実篤「雑感〔流行児〕」八巻三号一七年三月一日
実篤「六号雑記〔刊行会〕」八巻三号一七年三月一日

3　経営辞任後

①引きつぎのゆきちがい
・同人に通常号頁数調整のため原稿翌月まわしにすると告げたのは、同人〔小泉〕「編輯室より」〔九巻三号一九一八年三月一日〕、販価が高いという読者から苦情を寄せられたのが、同人〔小泉〕「編輯室にて」〔四号四月一

日〕、前金計算を改めると読者に断ったのは、同人（小泉）「編輯室にて」〔一〇号一〇月一日〕。

②白樺同人の著訳書と洛陽堂

・中学生のとき武者小路に近づいたのは、西垣勤「近藤経一」によって知った〔『日本近代文学大事典』二巻一九七七年講談社〕。

・小泉鉄『ノアノア』改訳出版は、予告から一年余りたった二三年で、文川堂書店と白樺社を発売所、文川堂書店小川鉄之助が発行者となった。

4 『泰西の絵画及彫刻』続刊と木村荘八

三 『科学と文芸』経営引継ぎ

1 トルストイ民話集

2 一九一七年の『科学と文芸』

3 『土の叫びと地の囁き』発禁

・処分記録は、自明治二十一年至昭和九年出版警察資料『禁止単行本目録』内務省警保局〔覆刻一九七六年湖北社〕、原本現存を示すのが『加藤一夫研究』三号前付〔一九八九年一一月三〇日加藤一夫記念会〕、現在所蔵機関は、大阪府立中央図書館〔受入れは敗戦後一九四六年九月二一日〕、神戸大学附属図書館、福岡県立図書館〔未見・国会図書館サーチで検索〕、それ以外の市町村立図書館にも所蔵されているかもしれない。

4 洛陽堂経営『科学と文芸』

・賀川豊彦「腹這ひして見た蜃気樓」鷲山弟三郎編『明治学院五十年史』一九二七年

5 『土の叫びと地の囁き』改版と半年間の『科学と文芸』経営

・沖野岩三郎「日本基督教会の新人と其事業」『雄弁』九巻一二号一九一八年一一月一日大日本雄弁会

6 加藤一夫をめぐる人々

・加藤一夫『み前に斎く』一九四一年龍宿山房

①中山昌樹
・一夫「新刊紹介」『科学と文芸』一巻三号一九一五年一一月一日交響社
・『ダンテ全集』一〇巻剣持武彦解説一九九五年日本図書センター
②上沢謙二
・国際児童文学館編『日本児童文学大事典』は、上沢謙二物語集を新生堂が一九二五年から三一年にかけて出版したとする〔一巻一九九三年大日本図書〕。河本哲夫が亀之助を引き継いで編輯しなおしたうえで新生堂版を出したのは確かだが、それより前、一七年から二二年にかけて洛陽堂版があった。恩地孝四郎装幀は第二～第四、第七～第十まで六点ある。第二を国際児童文学館、第三～第四を三康図書館、他は国会図書館が所蔵。
③山本秀煌
・『高輪教会百年の歩み』一九八二年日本基督教会高輪教会
④龍田秀吉
・龍田慶子「『科学と文芸』の合本のこと」『加藤一夫研究』二号一九八七年一二月三〇日加藤一夫研究会

七章　亀之助経営の最後　一九一九年〜一九二〇年

一　吉屋信子

吉屋信子の両親は長州萩出身、官吏である父雄一にしたがい転居をくりかえした。荒畑勝三〔寒村〕著『谷中村滅亡史』のなかで強制立退きを指揮する下都賀郡長その人である。父が谷中村にとどまって職務にあたっていたとき、生まれて間もない子を病死させた母は、土下座して詫びたという。吉屋は男尊女卑のしつけを受けて育った。良妻賢母を求める母の意に沿わぬ読書好きの娘は、雑誌への投書を重ね、『少女世界』編輯者沼田笠峰らに認められることで文筆の道を選んでゆく。

一九一七〔大正六〕年暮れに『少女物語　赤い夢』を洛陽堂から出版したあと、いったん亀之助と吉屋とのつながりは絶えた。まる二年をへると矢つぎばやに五点、亀之助歿後さらに一点、洛陽堂は吉屋作品を出版した。ところが、二三年に吉屋はそのすべてを絶版にして、新潮社などに版権を移した。これまで幾度もふれたように、亀之助が語ったものは残されていない。吉屋による回想をもとに探るしかないのだが、どこまであてに出来るのかを確かめながらいきさつを明かしてゆく。

1　亀之助とつないだ人物

『少女物語　赤い夢』を出版してから五十年ほど後に、吉屋信子が巖谷大四と対談した記録からそのいきさつを抜きだし、年譜と重ねあわせてみる。

対談

教会の牧師さんが私の童話集を出したらというので「白樺」や「泰西名画集」などを出した洛陽堂に紹介して下すった。印税なしなら出せるからというので最初の私の童話集が出ました。

年譜

大正六年（一九一七）／二十一歳〔満年齢〕

兄忠明が東京帝大を卒業、大倉組の日本皮革会社に入社し、ソ満国境の森林調査に出発した。一人になった信子は四谷のバプテスト女子学寮に入舎し、玉成保母養成所（ベラアルウィン経営）に通学する。四谷の教会に通い、若い橋本正三牧師に出会い、その日曜学校で子供たちにお話をする。

忠明はきょうだいの中でただ一人妹信子の才能を認め、父母のもとを離れて東京でともに下宿して学ぶ機会を与えていた。四谷浸礼教会は一八九〇年に創立され、彰栄幼稚園、東京学院、バプテスト女子学寮と密接な関係をもっていた。

橋本正三は兵庫県豊岡の生まれ、一一年東京学院〔現関東学院〕入学、一四年日本バプテスト神学校に進み一七年卒業、池田バプテスト教会牧師となった。池田は大阪の池田浸礼教会講義所だろう。一六年ごろ橋本の所在は「在神学校、東京牛込佐門阪〔坂〕東京学院内」だから、四谷浸礼教会に関わりをもったと考えられる。当時神学校は小石川区表町伝通院辺り、四谷浸礼教会は簞笥町にあった。しかし、橋本の著作を亀之助が出版するなどのつながりは見出せない。つなぐとすれば、吉屋が童話を寄せた雑誌に関わりの深い沼田藤次〔笠峰〕か高島平三郎となる。

①沼田笠峰

笠峰沼田藤次は兵庫県神崎郡中寺村の生まれ、代々名主をつとめた家の長男だった。東京で教育学と倫理学を専攻したのち、雑誌編輯にたずさわる。洛陽堂から一九一七〔大正六〕年に『若き婦人の行くべき道』をはじめ四点を出版した。頌栄高等女学校に招かれるあたりまで数年間にわたるものだった。

『若き婦人の行くべき道』は、雑誌編輯にたずさわった博文館の巌谷小波にささげられ、くわえて日本女子大学校学監麻生正蔵と高島平三郎の序文を得た。麻生を日本女子教育界の権威として尊敬し、高島を心の師として常に敬慕していると、はしがきに記している。

洛陽堂顧問高島平三郎と沼田をつないだのは、六年五月、上野公園で開かれた教育学術研究会主催こども博覧会だ。沼田は同会幹事だった。教育学術研究会は、教育の学理を研究し、その研究にもとづいて実際を指導しようと雑誌『教育学術界』を発行した。小学校教員に多くの読者を得たという。発行元同文館主森山章之丞が五年三月に沼田を起用して創刊したのが雑誌『日本の家庭』だった。こども博覧会を宣伝したのはこの雑誌である。沼田は教育学術研究会幹事と『日本の家庭』編輯者として運営にかかわったのだ。

日本女子大学講師高島平三郎は、賛助員のひとりとして名を連ねた。名義貸しにおわらず、数々の私蔵品を出展して協力したのだ。『日本の家庭』臨時増刊こども博覧会号は、高島らが出品した展示図版を収めたほか、特に賛助を得た人物略伝を載せた。その少年文学界の泰斗巌谷小波につづく、児童心理の研究家高島平三郎、をとりあげたのが沼田だった。高島について、「一度お目にかゝつたものは、さながら十年の知己のやうに、よく胸襟を開いて語つて下さるので、心から敬服の念を起すのであります」と書く。出展のうちあわせや準備作業などをつうじて、沼田と高島はいくたびも言葉をかわしたはずだ。

同文館における雑誌編輯の仕事が沼田を高島にむすびつけ、もうひとり巌谷小波を知ったことで、やがて博文館に勤めるようになった。巌谷は諸雑誌編輯を統括する立場にあった。一〇年二月当時の編輯局員座席図をみると、沼田のとなりに机を並べたのが西村渚山だった。西村は、『中学世界』や『文章世界』を担当して、竹久夢二を見出して作品発表の場を与えた人物だった。

沼田が開いた『少女世界』読者会によって、吉屋信子や北川千代らの作家をうむのだが、力あったのは妻ふくだった。沼田が同文館で編輯していた『日本の家庭』やこの『少女世界』寄稿家で、筆名松井百合子によって各誌に少女小説を発表していた。その小説は、おとぎ話風の読物から脱して、学園を舞台にした少女小説のさきがけをなしたと評されている。

吉屋信子が童話集『少女物語　赤い夢』に収めた十六篇のうち、博文館発行雑誌への寄稿は『幼年世界』五篇だった。同誌担当は武田櫻桃四郎〔鶯塘〕で、病のために辞したのは一七年とされる。同僚が編輯する雑誌に載る吉屋の作品を、沼田が気にかけていたとは充分考えられることだ。

②高島平三郎

ところが、書名にした「赤い夢」を掲載したのはコドモ社発行雑誌『良友』だった。画雑誌『コドモ』の姉妹誌で、一九一六（大正五）年一月に創刊された。同社顧問をつとめたのが高島平三郎なのだ。つながりをさぐると、コドモ社主木元平太郎は独逸学協会中学で図画教師をつとめた、倫理を教える高島とは同僚であった。

吉屋にとって初出版である童話集だから、収める作品を選ぶには迷ったと思われる。思い出深いものなら、栃木の女学校生徒であったころ『少女界』に投書して受賞した「鳴らずの太鼓」だろう。しかしそれを採らず、連載を終えたばかりの『良友』二作のひとつを書名にしたのだ。『良友』に顧問高島平三郎の訓話が載りはじめた一七年、吉屋の「幼年小説　赤い夢」が六月から八月まで三回、ついで九月から一一月まで「お伽話　銀の壷」が連載された。洛陽堂から『少女物語　赤い夢』を出版するのが一二月二八日だ。

仮に吉屋の記憶にちがいはないとして、対談にあるとおり洛陽堂を紹介したのが牧師だったなら、神学校を卒業したばかりの橋本正三より、すでに洛陽堂から出版を重ねた人物を考えたほうがよかろう。中山昌樹や加藤一夫は亀之助とはつきあいが長い。日が浅い人を挙げれば、一七年八月一日子ども向け物語集『又逢ふ日まで』と一二月八日『夜半にひとり』出していた上沢謙二、一〇月一日に『子供の友　一日一話』一月の巻を出版した田村直臣がいる。

つまるところ、亀之助と吉屋をつないだのは高島ではなかろうか。

2　大阪朝日新聞懸賞小説「地の果まで」

一九一七〔大正六〕年一二月二八日『少女物語　赤い夢』出版のあと、亀之助と吉屋のつながりはしばらく絶えた。推しはかれば、吉屋にとって不本意な仕上がりだったからだろう。雑誌に発表したときには、さし絵をふんだんに載せて、幼い子どもたちに読みやすくするくふうがなされた。洛陽堂に任せると、挿画三葉をおさめただけで、あとは活字ばかりの本文だから、子どもたちが手にとって読みたい気を起こさせにくい出来である。どのような本に仕上げるかは、著者と出版者は話し合いを重ねるはずだから、初出版の吉屋に遠慮があったかも知れない。それよりも、無印税が吉屋の誇りを傷つけていたと考えられる。投書家であったころは、作品が認められたばかりでなく多くの賞金をかちえていたし、寄稿を求められるようになってからは稿料を得ていた。

それがまる二年たつと、洛陽堂は次々と吉屋作品を出版していった。二〇年に五点、亀之助歿後二一年に一点だ。洛陽堂と再びつなぐきっかけとなったのは、大阪朝日新聞懸賞小説「地の果まで」だった。創刊四十周年を記念する文芸創作懸賞募集は、一九年一月二五日朝刊一面に載った。小説は現代家庭もの十五字百行百五十回分、一等賞金二千円、二等千五百円、他に創作短篇とお伽話をつのっている。五十年ほどのちの回想「懸賞小説に当選のころ」にはこうある。

その〔東京朝日読者だった〕私が大阪朝日のその懸賞小説募集を知ったのは、津田英学塾に居た親しい友が当時の同紙の一隅（いちぐう）にある英文ニュースを学習用に取っていたからだった。

／（どう、これに応募なさいよ）／彼女は指さしてその新聞を拡げてすすめた。私はそのころすでに少女小説と童話を書いていた。けれども大人の小説を書きたくてたまらないのをその友に話していたからである。

しめきりは半年先の一九年七月末、当選を知らせる電報を受けとったのが一二月二二日、発表は翌二三日だった。連載は二〇年元日にはじまり、選評は遅れて一月一八日日曜文芸欄にのった。巌谷大四との対談で吉屋は、当選作を印税を出して出版する話がもちかけられたという。

「屋根裏の二処女」を「地の果まで」が落選したら出しましょうと思って書いていたから、ずいぶんその当時は書いたものですね。ところが朝日に当選したら、洛陽堂から印税を出しますといってきました。それが印税をもらった初めてです。

屋根裏の二処女とは、吉屋ともうひとり、吉屋に懸賞応募を勧めた友人をさす。吉屋とは基督教女子青年会宿舎の、屋根裏部屋で知り合っていた。吉屋は童話集を出版した洛陽堂から『屋根裏の二処女』をも、とは考えていなかった。越山堂から出版するとのうわさが、一二月一七日読売新聞に出た。越山堂はこのころ生田花世の夫春月の著作を出版していたから、吉屋がつてを求めたようだ。火のないところの煙ではなかろう。それが洛陽堂に収まったのは、吉屋が最善ではなく次善で手をうったためだと思われる。日記にはそうあるらしい。一九年の分は前半分のみ入手したいう田辺聖子は、『屋根裏の二処女』出版についてこう書いている。

洛陽堂が印税なしでいいなら出版してやろうということになっていた。屈辱的だけれども、それでもいい、と信子は思った。

屈辱的とは、さきの対談にはないことばだ。うけとめかたの真偽はおき、大阪朝日の連載をおえるまでの間、亀之助は吉屋の作品を、一月二五日『屋根裏の二処女』、それからわずか三週間ほどたった二月一三日に『花物語』第一集と第二集を出版した。吉屋が「花物語」を書きつづけたのは東京社発行雑誌『少女画報』だったが、その編輯顧問をつとめたのがこれも高島平三郎だった。単行本となった『花物語』は、少女らに読み継がれた小説だった。田辺聖子は空襲から避難するおりに防空壕に持ちこんでおり、のちにふれる吉武輝子も愛読していた。

ついで洛陽堂から出版したのは一九年三月一日、童話集『野薔薇の約束』だった。書名をとったのは、最初の童話集『少女小説　赤い夢』と同じく、コドモ社発行雑誌『良友』寄稿作品からである。そして一〇月一五日に『地の果まで』、亀之助歿後二一年四月一六日『花物語』第三集を俊三が引き継いで出版したのだった。懸賞当選作者の作品なら売れると見込めるのは当然として、亀之助は吉屋に礼をつくすつもりはあっただろう。

3　『地の果まで』洛陽堂版と新潮社版

一九二〇（大正九）年一〇月一五日に洛陽堂が単行本『地の果まで』を出版するまでには曲折があった。元日から六月三日まで連載されたその間、文芸書肆がいく人も吉屋をたずねてきた。そのひとつが新潮社だった。懸賞小説選者のひとりで、好意ある評をなした徳田秋声が、新潮社から出版できるように世話してもよいと吉屋に手紙を送ったのだ。連載中の三月一四日に、徳田から興津に療養中だった吉屋が受け取った書翰を、吉武輝子『女人　吉屋信子』が示している。

先日は御無理を申上げたところ早速御承引下され　新潮社も大悦びにござ候　就いて小生より一応洛陽堂へお断り致すべき筈かとも存じますが　貴女より御手紙が行つたのなら　其でよろしいかと思はれます　その上洛陽堂より何か申しまゐり候はば　小生より交渉すべく候　小生は目下引きつづき寝たり起きたりにてやはり流感であつたらしく　捗々しき健康状態（三字不明）御本沢山御恵贈少し手すきになり次第拝見致し度　楽しみをり候　厚く御礼申上げ候／東京も大分春めき居候　貴女も御病後のよし折角御摂生祈入り候　自然御上京のをりは御立寄り下され度お待申候／先はお礼旁々　匆々／徳田秋声／吉屋信子様

三月一日には二冊めの童話集『野薔薇の約束』を洛陽堂から出版して、つごう五点を数えていた。しかしながら一四日までに、吉屋が『地の果まで』の出版を洛陽堂に断わるつもりであるのを、徳田は知っていたことになる。

四月一二日に吉屋が本郷森川町にある徳田邸を訪ねたおり、どのような話があったかはわからない。

結局は印税を支払う条件をしめした洛陽堂に落ち着いた。田辺聖子によれば、『屋根裏の二処女』の印税を支払うから、『地の果まで』もうちで出させてほしいといったそうだ。百円支払われたという。五月一五日洛陽堂刊『花物語』第二集五版巻末広告に、吉屋の既刊五点をならべて、「大阪朝日新聞懸賞一等当選／長編小説地の果まで（近刊）」と宣伝していた。

洛陽堂『地の果まで』初版は、秋田県立図書館、国会図書館所蔵本のいずれも奥付を欠く。神奈川近代文学館が所蔵する三版によると、初版一〇月一五日、再版一〇月二〇日、三版一〇月三〇日だった。売れたのだ。

吉屋にとって不本意な洛陽堂版を出してから二年あまりのち、念願の新潮社版を実現させた。装幀はかつての月映同人藤森静雄が手がけたものだ。その二三年一月三〇日改定出版序文に吉屋はいう。亀之助歿後ではあるが、先まわりしてここに記す。

なつかしい『地の果まで』私の始めての著作よ！　思ひ出つきぬ『地の果まで』よ！
お前は御本になつてから間もなく一年ほど病気になつて世に姿をかくしてゐましたね、その原因はお前が大阪朝日新聞の懸賞小説に一等入選の栄を得た時に（千九百二十年）お前の出版を望む本屋の方達がたくさんありました、そのなかで私は一番貧しい一番本の売れないと言ふR堂に同情して子供じみた義侠めいた気持でお前の出版を託しました、けれども世間知らずの女学生そのまゝの私の考へは直ぐに裏切られました、そして私は自分の可愛ゆい著書の運命を思つて泣きました、私の胸を傷つけつゝ、悪い状態のもとにお前達が置かれてあるよりはと私は悲しい心でR堂で出版してゐた私の著作物全部、お前を始め皆一時絶版しました。それからお前の妹達の花物語と屋根裏の二処女は民文社から新しく世に送られ、そして一番のお姉さんのお前は幸ひにも新潮社から今晴々しく新しく装はれて前よりも内容に於いて賢こくと、のへられて世に送り出されることになりました、おめでたう！　私は心からお前を祝福します。〔略〕／千九百二十二年冬／信子／しるす

4　絶版事情　吉屋信子をめぐる人々

新潮社版『地の果まで』改版序文に、著作物全部を一時絶版するとしたが、数ケ月前、一九二二〔大正一一〕年一一月二〇日を最後にして俊三が引き継いだ洛陽堂は出版を終えていた。再びもどされることなき絶版だった。

一番貧しい一番本の売れないというR堂に同情して、子供じみた義侠めいた気持にさせたのは誰か。売りかたがうまい新潮社につながる徳田秋声はまず除かれる。洛陽堂やコドモ社、東京社顧問である高島平三郎を第一にあげたいが、吉屋の回想になぜか現れてこない。吉屋のまわりに在って、同情や義侠の心を起させる生きかたをした知友は誰か。

以下まったくの推測をつらねる。亀之助と著訳書や雑誌発行で深くかかわった加藤一夫のまわりに、その鍵をにぎる人物がいる。婦人矯風会ガントレット恒子のもとではたらき、吉屋が同世代女性作家として意識していた大橋房子だ。洛陽堂から『地の果まで』出版予告が『花物語』第二集巻末に出た五月、読売新聞が大橋を二度記事にした。ひとつは新人を紹介する連載する六回め、矯風会の明星と

報じられた。

大橋房子女史は、青山女学院在学中、既に世間的に名を知られてゐた。婦人矯風会が大正七年に、論文『貞操論』を募集した時に、応募婦人の諸稿中、女史の作は確に一頭地を抜いてゐた。女史が今日矯風会の役員たる素因も、此の論文にある。〔略〕其『イスラエル物語』は、学院卒業前後の著述である。「大朝」の懸賞お伽噺にも当選し、近くは論文集『葡萄の葉〔花〕』が出版されるといふ。

大橋をとりあげた二つめが、その『葡萄の花』出版記念会を報じる記事だった。

大橋房子さんが『葡萄の花』と云ふ感想文集を出版されましたので其の記念会を〔二〇年五月〕二十九日夜／万世橋の　ミカド楼上で催しました、暗緑の城の中に孤独の静寂に生き、果てしない憧憬に生きるやうな濃いピンク色の洋装に輝いた房子さんを中心に、与謝野晶子さん御夫妻、有島武郎さん、加藤一夫さん、吉屋信子さん／堺まがら〔真柄〕さん、沖野岩三郎さん其他の友人達が集まつて房子さんの勇ましい世の中への門出を喜び合ひました

出版記念会のもようを吉屋は回想しているが、大橋とは別のO氏出版祝賀会としている。

ふささんは青山学院英文科を終った大正八年の六月に児童向けの『イスラエル物語』を基督教の刊行書専門の警醒社から処女出版された。その同じ年の十二月にわたくしは『大阪朝日新聞』の懸賞長篇に『地の果まで』が一等当選して翌年一月から朝刊に掲載された。ふささんとわたくしは一つちがいの年齢だった。その時からわたくしは彼女を意識した。

翌年の春、初めて彼女に会う機会が来た。万世橋ぎわのレストランの階上でO氏の出版祝賀会があった。童話と少女小説を書き、やっと新聞の懸賞小説に当選したばかりのわたくしになぜその会の通知が来たかというと、どこかでO氏に会ったことがあるためだった。そしてその著書をサイン付きで贈られると義理がたくわたくしは出席した。

ところがやはりふささん大橋房子さんも見えていた。薄いオールドローズの服装で色白のふっくらした知的な美しさのもの静かなひと、直覚的にそのひとと思うと、すぐ沖野岩三郎氏がわたくしたち二人をひき合わされた。沖野氏はユニテリアン教会の牧師だったが四十歳を過ぎて作家に転じられたのは、先年『大阪朝日』の懸賞小説に当選したのがきっかけだった。

わたくしが昨年同じその新聞の懸賞小説に当選した時、すぐ祝いの手紙と自著を贈られ、そして訪問された。

会場万世橋、出席者沖野岩三郎は、新聞記事と吉屋回想とが一致する。吉屋は大橋と初めて会ったこの日に有島武郎を紹介され、婦人公論波多野秋子と大橋が青山学院同級だったことにも回想でふれている。となれば、O氏出版祝賀会場で大橋に初めて会ったのではなく、大橋房子『葡萄の花』出版記念会で沖野や有島らと同席したのだ。

さて沖野が吉屋に懸賞小説当選を祝ったのは、同じなかまとしてだった。沖野は一七年一二月、大阪朝日新聞社屋新築記念懸賞小説二等「宿命」当選者だった。大逆事件に材をとった小説「宿命」は、単行本自序に、大半が新聞に載せなかったもので、のこりにも筆を入れていると断っていた。もちろん発禁を防ぐためだった。

大橋の出版記念会に出席した与謝野晶子夫妻は、沖野にとって恩人だった。著書『生を賭して』巻頭にいう。一九一〇年から八年間ほど、沖野にとって恐怖の時代を支えたふたりに捧げると。一〇年は大逆事件捜査の年、新宮教会牧師だった沖野が親しくまじわった大石誠之助は一一年に処刑されている。沖野も家宅捜索や取調べを受け、ながく尾行がついた。与謝野寛はさきに新詩社同人として新宮で開かれた講演会のために訪れ、大石や沖野と知り合っていた。大逆事件の被告に、平出修を弁護人として紹介したばかりか、沖野が作家として歩む支えをなしたのが与謝野夫妻だった。

同じ懸賞小説当選者とはいえ、沖野と吉屋との間には白虹事件をはさんでいる。米騒動に関する報道禁止措置をとった寺内正毅内閣に関わるものだ。内閣を弾劾する関西新聞通信社記者大会雑感記事に、白虹日を貫けりとの、国に内乱が起こる天象を意味する文言があるのを咎められたのだった。発売頒布禁止より厳しい発行停止をまぬかれるため、朝日新聞編輯綱領を発表して恭順の意を示してようやくしのいだ事件だった。沖野と親しい加藤一夫主宰雑誌『科学と文芸』を、亀之助が一八年から半年間発行を引き受けた話があるいは沖野から吉屋に伝わっていたかも知れない。

大橋出版記念会当日、吉屋とともに出席したもうひとりだけあげれば、堺真柄は、大逆事件以後社会主義の灯をまもりぬいた利彦を父にもつ。真柄はのちに女性でつくる社会主義団体赤瀾会の一員となる。これに加わったのが、かつて少女世界編輯者沼田笠峰夫妻による読書会に集った北川千代である。鳥越信は北川の少女小説をこうとらえる。

日本の少女小説は、吉屋信子に代表されるように、哀愁や感傷を軸に成立してきたが、千代はそうした催涙的センチメンタリズムを拒否した少女小説を追求した。外見は少女小説のスタイルをとりながら、その中で千代がとりあげた主題は、貧富の問題をはじめ、真の幸福とは、真の愛とは、といったいわば生活主義、あるいは社会派的な問題意識だった。

こうした人々のなかにあって、吉屋信子には、ある覚悟を要したはずである。人と人とのつながりを大切にしたならば、同情して子どもじみた義侠めいたとする気持から、亀之助に出版を任せたのではなかろうか。

しかしながら、著書すべてを一時絶版とは穏やかならぬ。雑誌『白樺』をめぐってあれこれあった武者小路実篤でさえ、再版、三版と、亀之助歿後まで細々とながらもつながりを保った。洛陽堂から幾点も出版しながらすっぱりと縁をたち切った例は、竹久夢二しかない。

吉屋が新潮社版自序にいう、洛陽堂から出した著書が胸を傷つけつつ悪い状態のもとに置かれていたとは、何を指すのか。これまた真意をはきだしている日記をもとにしたらしき、田辺聖子の記述によよる。

大正九年という一年はいっぺんに本が五冊も出た年であった。『屋根裏の二処女』『花物語』の一、二巻（発売たちまち増刷している）『地の果まで』それに童話の『野薔薇の約束』——みな洛陽堂の刊行だが、印税の支払いその他で洛陽堂に不明朗な点があったらしく、信子は腹を立てて神経衰弱になりそうだった。翌大正十年には著作の版権を洛陽堂から引き上げている。『地の果まで』は新潮社から出すことにきめ、以後、信子と新潮社の間に交誼が生れる。

5　吉屋にとっての稿料印税

著者と出版者とのつながりを保つのは、いうまでもなく稿料や印税である。ここで情誼をはさむかどうかは双方のかってだが、これまでみたとおり、亀之助は若い著者の才をのばし育てるのに甲斐を見出した。恩地孝四郎は、損を覚悟した詩と版画誌『月映』刊行に感謝した。天野藤男は、著者の風格態度が意に反したならば出版を断るという某書肆主人のことばを伝えた。木村荘八は久しく美術書編著を引き受けた。加藤一夫は新潮社のように売りかたがうまくない亀之助に、『科学と文芸』や著訳書刊行をゆだねた。滞る支払いをこぼしつつ、亀之助の人がらを読者に伝えた。

吉屋信子によれば、亀之助の人となりは論の外におかれた。男尊女卑の家に育った吉屋は、男をしのぐ稼ぎによってわたりあわなければならないと考えたようだ。致命的な経済不如意を信子は生涯知らない人ではなかったか、とは田辺聖子による吉屋評だ。「地の果まで」当選を報じた記事をみた往年の受けとめはこうだった。

元日の好天気のひざしのなかで本紙の初刷を拡げると眼にぱっとついたのは（新聞小説募集。入選作に一千万円）の大きな文字だった。／（あら、ひどい！私の時の賞金はたった二千円ぽっちだったわ、朝日もケチン坊だったもんだ）と一瞬うらめしく思ったが、それは現在の貨幣価値での錯覚で、まだニセ札が出るほど千円が下落しなかった大正九年の金二千円はそうとうのものだったにちがいない。／それに私は賞金が欲しくて応募したのではなく、賞金は十円でも五円でもあるいはタダでもよかった。目ざす目的は私の書いた作品が大新聞に毎日活字になって現れるという、その天にも昇る喜びをぜひ実現させたくて夢中だった。

亀之助は一七年、『都会及農村』編輯者山中省二を助けるに、倉片寛一、三ケ島葭子夫妻を起用した。大日本水産会に勤めて機関誌編輯にあたっていた倉片は月給二十余円だった。年収三百円にとどかぬ額だ。

吉屋は賞金を受けとると、すぐ欲しくてたまらなかった蓄音機と洋楽レコードを買った。くだって円本の時代、新潮社『現代長篇小説全集』に収められた「地の果まで」と「海の極み」二作の印税は二万円、これを欧州旅行につかって見聞を広めた。進学者がきわめて少ない大卒でさえ、初任給七十円といわれる。持ち家にあこがれ、稿料や印税をつぎこんで建てたのは、官吏だった父の度重なる転勤によって定まった住まいがなく、落ち着かなかったためだと吉屋はふりかえった。亀之助が出版業をいとなむ間、長くつきあいを続けた恩地孝四郎、木村荘八、加藤一夫、それに山本瀧之助といった人々とは報酬に対する考えかたがちがったのだ。

新潮社版『地の果まで』序文にもどる。洛陽堂に同情して託した自分の可愛ゆい著書の運命を思って泣き、絶版にしたのは世間知らずの女学生そのままの考えが裏切られた、というのを鵜呑みにはできない。関わった人々が書いたものと突き合わせなければ、何があったのかを知りえない例を二、三あげる。

ひとつはすでにふれた、大橋房子著書出版記念会だ。つぎにあげるのは、吉屋と三ケ島葭子が同席した生田花世宅における催しである。三ケ島によれば、一五年一〇月二四日、『女子文壇』誌友の集まりで吉屋を知った。この人は文章世界や新潮で盛んに投書しているそうだが、私は読書をしないのであまり知らなかったと日記に書いた。病み上がりの岡本かの子が遅れてやって来たとつづく。秋山佐和子による三ケ島伝は、その折り生田が吉屋に『青鞜』に何か書いてほしいと促し、二篇寄稿につながったとある。

吉屋は「三ケ島葭子の一生」に誌友会をとりあげていない。生田宅で岡本に会ったとは、「逞しき童女　岡本かの子と私」に書いた。一度は訪ねてみたいと思いつづけた『新潮』誌友投稿欄選者中村武羅夫に、近所に住む生田花世に会うよう勧められて同道し、生田宅を訪れた岡本と偶々対面できたという。この日、中村、生田、岡本の三人に初めて会ったとする。

三つめは竹久夢二を港屋に訪ねた話だ。宇都宮から東京へ出て暮らし始めた一五年、文学少女らに連れられて行ったという。秘めた大望は、竹久編輯雑誌に少女小説をのせ、さし絵も描いてもらうことだった。吉屋年譜には、兄忠明といっしょに竹久を訪ねたとある。一方、『夢二書簡』には、竹久が吉屋に港屋を手伝ってくれぬかと幾度も宇都宮に送った手紙が収められている。

吉屋が語ったり書いたりする時、幹と枝葉をそのままに現しているとは限らない。世間知らずの女学生そのままの考えで、洛陽堂に同情して『地の果まで』を出版したというのは枝葉だ。枝葉をそのように染めたのには、大橋房子や沖野岩三郎ら、吉屋をめぐる人々が与った。幹は日記にあり、田辺聖子が印税の支払いその他で洛陽堂に不明朗な点があったらしくと書くなかの、印税支払いそのことが最も大きかったのだと判断する。時をへると、幹に別の枝葉がとりつけられたり、幹そのものが取り替えられたりして『青鞜』寄稿や港屋手伝いなど真相をわかりにくくするのだ。

6　出版者と著者　木村荘八の場合

吉屋信子はこうして著作を絶版にして縁を断った。出版者である亀之助と、著者である吉屋とが、本をつくるのにどんな考えをもち、どのように話しあって進めたのか、書き残されたものはない。亀之助と木村荘八の場合なら、木村がいきさつを精しく書き込んでいた。亀之助が一九一七〔大正六〕年に『白樺』経営を同人に返し、それまでの残本から図版をぬきだして『泰西の絵画及彫刻』を続刊する相談のおり、小僧さんが本を二十二冊届けてくれた話はすでに記した。吉屋が懸賞小説に当選するまで無印税での出版を求められ、屈辱を感じていたと同じころ、一九年から二〇年あたりの亀之助と木村との間で話し合われたことは、ここに書きとめる値うちがあろう。

『泰西の絵画及彫刻』続刊にめどがたった一九年、こんどは中断していた『絵画叢書』続刊を亀之助がもちかけた。まとまったデューラー評伝を書きたかった木村は、亀之助にその意向を伝えて、二〇年九月に『宗教改革期之画家　デューラー』を出版したのだ。いきさつは「此の本の成り立ちと特に第二部を作るに就て」に書きこまれた。

洛陽堂からはよく宗教的又は哲学的思想乃至人物を取り扱つて書かれた書物が出てゐる。此の自分の本は特にさう云ふ出版の系統の中へこの一冊をも交へやうとして書かれたものではないのだが、本の出来た結果は、恐らく洛陽堂のものとして此所に又さう云ふ傾向に従ふ新刊のものが出来たことにはなると思ふ。又それが洛陽堂主人の好みでもある。

自分は一体此の本を上梓するに就て、初めには二三冊既刊の本でバラバラに書いたデューラー評伝を新たの統一のもとに一冊にまとめ、洛陽堂から自分のいつも出してゐる「絵画叢書」の最新篇に加へやうかと思つた。然しその為めにまとめた原稿は存外厚く、且、挿絵も沢山に入れたいと思ふ。いつも叢書に入れてゐるその平均数よりは二分ノ一倍程数を増したいと思ふ。

そのことを洛陽堂主人に交渉して見た。

主人はそれを別に不服とは云はなかつたが、寧ろ積極的に話を代へて、自分の家からは哲学的又は宗教的——概して思想的の書物がかなり出てゐる。此度のデューラーの本は、どうせ絵画叢書にしては厚く且挿絵も多いのならば一層新規に版を大きく、出来れば内容も今云つた自分のところからよく出る思想的の書物のやうにして、出して見ては如何がと云ふことだ。

自分は書店がその考へなれば型の小さいいつもの叢書よりは今度は大きく自由なその方がいゝと思つた。——つまり洛陽堂主人の好みに任せた。内容についても主人の望みは不自然でなく果せると思つた。

一体此の本を絵画叢書の一つとして出したいつもりの時には第一部「デューラー評伝」だけを上梓する予定でゐたのである。前記のわけでそれを此の本だけ単独に大型の本にするからは、改めて本文（つまり内容）には第二部の追補を加へやうと思つた。

極く自然に追補できる「考へ」も亦「書いたもの」も僕にあつた。

それで此の本はかくの如く「泰西の絵画及彫刻」でもなく、「絵画叢書」でもない。別の一冊の書物となつた。そして結局自分のいつもの本とは多少ちがふが、然し如何にも「洛陽堂から出さうな本」になつた。それは一体洛陽堂主人からの好みで受動的に成立つたものではある。が、今改めて原稿をまとめてから顧みると、又之れは自分もかうして出しておきたい一つの好ましい本である。

自分はかうしてデューラーに就ての内外四方からの考へをすつかり此の機会でわりに大きな一冊の本にまとめ得たことを、喜んでゐる。〔略〕／（大正九年五月二十五日、この日第二部編成の系統立つ）

『絵画叢書』が菊半截判にたいして、この本は菊判、つまりは二倍の大きさだった。これが亀之助と木村との話しあいを重ねて成った最後の本である。この年一二月に亀之助が亡くなってからは俊三が、洛陽堂廃業のあとは哲夫が興した新生堂から木村の著書を出版しつづけた。

二 『良民』終刊

1 井上友一急逝

創刊から九年めの一九一九〔大正八〕年三月、編輯者山本瀧之助は日記の始めという目標五項目をあげたなかに、良民相談ノコト、と書いた。当月の日記には誰にどんな相談をしたかの記述はない。ただ、定期刊行を守れず遅れがちになっていたことは誌上に明かされている。

毎月一五日発行の『良民』が一九年に山本宅へ配達されたのは、日記によると一月号が一月二七日、二月号が三月四日だった。読者もおそらく三月に入ってから二月号を手にしていただろう。山本は三月号で読者に詫びた。活版所の申訳けを聞けば無理からぬように思うと、かばっている。

印刷所はほかならぬ洛陽堂印刷所、印刷人は俊三である。賃上げ出来ぬために人手が足りぬのか、あるいは罷業に悩んだか、仕事が立て込んだのか。三月一日に洛陽堂は山本の著作『団体訓練』を刊行、これも洛陽堂印刷所が担ったから、無理からぬと言わざるをえなかったものとみえる。副題を青年団と小学校及少年団とするその著書に序して、山本はひとまず完結したようだと思いをつづった。内務省とのつながりを得るきっかけをつくってくれた、井上友一東京府知事に献じた、しかも亀之助にとって山本最後の著書となった一冊だった。

読者に詫びた三月一五日づけ三月号は、いつ山本宅に届いたか。四月四日の日記に明日の仕事として良民発送を挙げた。亀之助から届けられてから、知己へ送りなおす意らしい。つぎの四月一五日づけ四月号は、五月一日に届いた。ここまでで瀧之助日記から到着記事は絶える。度々遅れるのであきらめたのか、それとも面倒になって届いたのを書かなかったのだろうか。読者にたいして放ってはおけないためか、六月に東北へ巡講におもむくおり、東京に着くやいなや真っ先に洛陽堂を訪ねている。午前中数時間は洛陽堂にとどまった。毎月一五日発行を守れない『良民』は当然話柄にのぼったろう。

ここまでは洛陽堂印刷所と発行元良民社、つまり亀之助がわの問題で、つぎは山本の気力にかかわる。いったんは持ち直しながら再び遅れはじめた一〇月号にいう。

弊誌も近来再び遅刊勝ちに相成り、特に一向精神這入らず、これでは済まぬ事といつも存じ居候。折角沢山原稿頂戴致居候へども、それを一々原稿用紙へ書きかへること一人もの、私に取りては大の骨折に候。略ぼ二十二字詰に再三再四願申上置候。

気がぬけてしまい編輯作業に身が入らぬぐちのもとは、三月便りと十月便りをはさむ六月、『良民』産みの親ともいうべき内務官僚井上友一をうしなったためだと察する。山本は六月二日に洛陽堂を訪ねた二日のち東京府知事である井上に面会したのだが、東北での巡講を終えて東京へもどる一二日に急逝した。つい三ケ月前、『団体訓練』序文に井上との出あいをかかげたばかりなのに、今『良民』に追悼文を書くとは思ってもみなかっただろう。

井上が創刊にたずさわった『斯民』は、もちろん追悼記事でうめたが、留岡幸助は、井上が山本を気づかったようすを伝えている。

今青年団で有名になつて居る山本瀧之助君が、内務省の井上さんの室にやつて来た時、丁度私も其所に居た。山本君は都合によると東京へ出て来て仕事をしようかといふやうな話があつた。井上さんは山本君の顔を熟と視て言はれるのに、君は栄養不良だからもつと旨い物を食はぬといかぬと、頻りに勧めて居られた。将来国の為に働く人であるから、身体を大切にせよとの意味であるけれども、栄養不良だから滋養分を取らぬといかぬといふことを、初対面〔?〕の人に言ふといふのは、少しく無遠慮でもあるやうに思はれるが、親切の人であるから、親切の余り無遠慮が出るのである。

山本を支えた井上の急逝が、『良民』続刊へ注ぐべき気力をそいだ一因ではないかとの推測は以上でおえる。

2 『良民』終刊

山本瀧之助旧蔵誌をもとに覆刻された『良民』は、井上友一東京府知事歿後半年、一九一九〔大正八〕年一二月、九巻一二号をもって終刊したとされる。しかし、明けて二〇年の日記に『良民』をめぐる記述がある。一月二七日、終日役所、良民の原稿も書く、これは年改まり一〇巻に達したはずの原稿だ。二月一六日、明日、乗杉氏へ良民の事相談、乗杉とは文部省普通学務局課長である乗杉嘉寿(のりすぎかじゅ)だ。のちに社会教育課となる普通学務局第四課長として、猪突的に社会教育振興に邁進したため、油乗杉篤学官と陰口をたたかれるほどだった。山本がこの人ならばと見こんだ乗杉と果して相談できたのかどうか、日記には書かれていないが、三月二〇日、良民廃刊とあるのを読めば、それが不調に終わったのがわかる。

昨今意気消沈の気味あり。形勢下り坂にやと思はるゝあり。先づ／良民廃刊。鉄青講話不景気。巡回講師手当削除。郡立学校不相変不振。／思想も理解出来ず。実行も衰へる。信念も定まらず。唯自分のツマラヌを感ずるのみ。コンナ事にては此の夏の講演も危まる。

ところが、四月に入ると、五日に配欄を考え、六日に体裁内容を、八日に原稿をかき、九日に原稿を送る、との記述がある。これを最後に『良民』にふれることは絶えた。原稿は良民社すなわち洛陽堂主亀之助のもとに届いたのか、それとも乗杉が受け取ったのか、一〇巻は数号発行されたものの失われたか、それとも原稿のまま印刷に付されず世に現れなかったか、謎のままのこった。

わかっているのは山本の気力が衰えてきたこと、これは山本を支えた井上東京府知事を失ったのがひとつ、もうひとつは右の日記にある思想も理解出来ず、であろう。前年井上の葬儀のあと、日記には山本が進めてきた青年団活動をおびやかす新思想を知ろうとするすがたを散見する。

六月二三日「机の上の書物は、曰く過激派、曰く教育哲学概論、曰く民族〔衆か〕芸術論」、六月二六日「明日の仕事／デモクラシー読書」、一〇月二二日「昨今デモクラシーを読む」」、一〇月三〇日「しきりに時代思想など考ふ」、一一月一二日「夜は郡長宅に十九人程社会問題の話をきく」と続く。明けて二〇年三月二〇日「思想も理解出来ず。実行も衰へる。信念も定まらず」があらわれ、五月五日「新思想は分らず。困まったものなり」とあった。
廃刊は山本のがわのこうした事情に、亀之助の不調も重なった。

3　見舞

亀之助病臥より一年前、高島平三郎大患があった。一九一九〔大正八〕年九月二三日山本瀧之助日記には、洛陽堂から手紙で高島の病状を報せてきたとある。ところが、恢復した高島にかわるようにして亀之助が病の床に臥した。赤十字病院での療養は、妻テルが看護婦をつとめていた縁による。テルと同僚であった看護婦や医員が、亀之助の医療看護にあたった。いつ入院したのかは不明ながら、二〇年一一月、すでに入院していたことは、追悼録に収められた哲研河本亀之助遺詠、在渋谷赤十字社病院聞明治神宮鎮座祭号砲有感、からわかる。明治天皇、昭憲皇太后を祭る明治神宮の竣工は一九年七月、境内整備は二〇年、全国青年らの勤労奉仕によってなされた。鎮座祭は一一月一日に執り行われていた。

洛陽堂編輯長関寛之が見舞ったとき、枕もとには聖書が置かれてあったという。

> 君病革れるの報に接して赤十字病院の一室に訪れしとき、枕頭にバイブルを置き天に向ひて君が十字を切りしとき、余は既に君が天命の近づけるを感じたり。然れども余は尚ほ回春に一縷の望を倖せしなり。

山本が小包で見舞を送ったのが一一月一三日で、長野講演に向かうおりに赤十字病院に立寄ったのが十日後だった。

二十三日　午前十時着。洛陽堂行。大坂西村さんあり。午後二時頃、赤十字へ見舞ふ。半は意識不明なり。帰り早く寝る。

二十四日　朝、石黒さん玄関にて逢ふ。鉄青訪問。益冨さん不在。文部省乗杉さんと雑誌を話す。川本氏に面会。実業学務局訪問。内務省水曜会にてよばれる。田沢理事と同車にて協調会。それより国民新聞社と五百木氏共に不在。別院へ行き、七時頃迄大奔走。天野氏と洛陽堂主人を見舞ふ。

西本願寺別院である築地本願寺において青年団神宮代参者大会が開かれていた。これに同席した天野藤男と二人で見舞ったのだ。見舞のようすを山本は、沼隈郡松永町先憂会機関『まこと』にも寄稿した。

私が上京して病院に見舞つた頃は、モウ早や意識が幾分鮮明を欠いでゐたかのようでありました。眼も余程朦朧としてゐられたのであります。其の中から笑顔を作つて「御飯を一つに〔一緒に〕……………」といつて呉れられました。

引用前段には、山本を支えた石黒忠悳が亀之助を見舞ったとの記述がある。

> 「洛陽堂主人は珍らしい人格者である」とはいづれの方面でも聞いて居りました、私は東京に出ますと、いつもよく石黒子爵のお内へ出入りするのであるが、子爵はお目にかゝる毎に「近頃洛陽堂はどうかな」といつては、経営上のことなどを苦にして頂いてゐたのである。子爵は故人の病を赤十字病院に見舞つて頂いたのでありますが、それが突然のことであつたので、看護婦達はウロタへ騒いで廊下は火事でも起きたのではないかといふほどのケタ、マしさであつたとのことであります。赤十字社の元老、前の社長といふのでありますから一同が驚いたに無理はないのでせう。

石黒忠悳（ただのり）は軍医総監、陸軍医務局長をつとめ、赤十字社の事業、ことに財政に力をつくした。佐野常民社長の出費をいとわぬ事業拡張に異を唱えたようすは、回顧録におさめられている。地方社員の老爺老婆の手を握り、零細の金を集めた事を思えば、滅多に無駄遣いはしたくなかった、と語っている。

石黒が日本赤十字社長に就いたのは一七年二月、前任花房義質は内紛の責めを負って退いていた。在任三年余、副社長平山成信に引き継いだのが二〇年九月だったから、亀之助を赤十字病院に見舞ったのは退任してからわずかに数ケ月しかたたぬ前であり、前社長突然の来訪に現場が大あわてしたのはやむをえまい。

三　葬儀・追悼

1　麹町教会

看護の甲斐なく亀之助が亡くなったのは一九二〇〔大正九〕年一二月一二日、葬儀を平河町三丁目にある日本基督教会麹町教会でおこなうとの広告は、亡くなった翌日、一二月一三日の東京朝日新聞朝刊に載った。

洛陽堂主／河本亀之助儀／永々病気之処養生相不叶十二日午前一時赤十字社病院に於て永眠仕候間此段謹告仕候也／追而葬儀は来る十二月十四日午後二時途中葬列を廃し麹町区平河町三丁目九番地日本基督教会に於て執行可致候（電車麹町三丁目下車）／大正九年十二月十三日／東京麹町平河町五の卅六／妻　河本てる／弟　同　義一／弟　同　俊三／弟　同　哲夫／親戚総代　大戸省吾／友人総代　高島平三郎／永井潜／西村豊太／山本瀧之助

日本基督教会麹町教会は、洛陽堂とはさほど離れていなかった。洛陽堂所在地隼町二〇番地から平河町五丁目三六番地の亀之助宅までは数十米、平河町三丁目九番地の教会とは数百米へだてるばかりだった。一八七七年創立当初は麹町一丁目にあったが、火災によって平河町に移転していた。洛陽堂を創業してから、その教会へ亀之助は足を運ぶのが稀になっていたという。

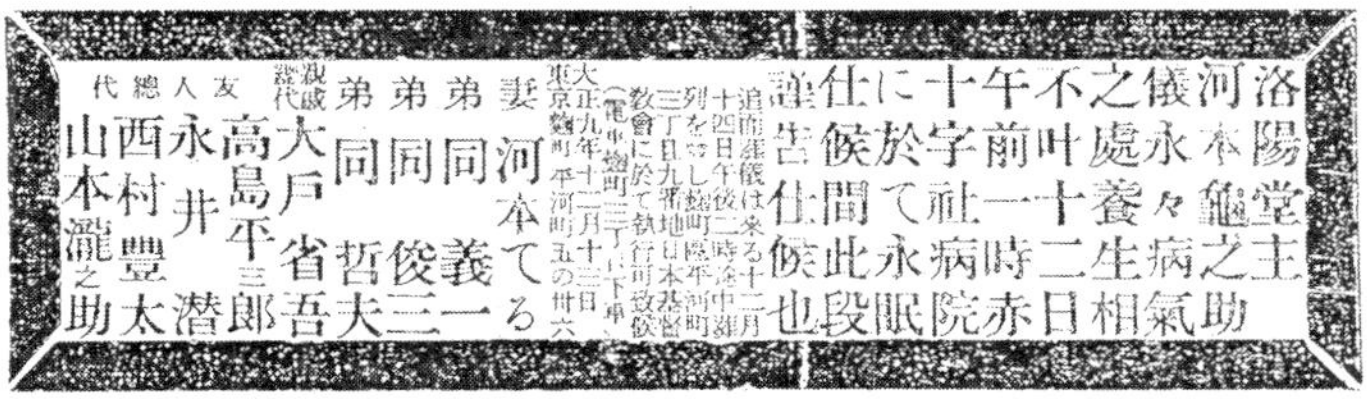
洛陽堂主
河本龜之助儀永々病氣之處養生相不叶十二日午前一時赤十字社病院に於て永眠仕候間此段謹告仕候也
追而葬儀は来る十二月十四日午後二時途中葬列を廃し麹町隠平河町三丁目九番地日本基督教會に於て執行可致候
（電車麹町三丁目下車、）
大正九年十二月十二日
東京麹町平河町五の卅六
妻　河本てる
弟　同　義一
弟　同　俊三
弟　同　哲夫
親戚總代　大戸省吾
高島平三郎
友人總代　永井潜
西村豊太
山本瀧之助

葬儀広告〔東京朝日新聞〕

世人之を見て或は君の信仰の薄らげるなきかを疑ふ。これ君を真に知らざればなり。晩年の劇務も固より其一因なりしならんも、真に人格なき牧師等との交驩を厭ひしと、形式の末よりも実の信仰を重しと為せるが故なり。されば君は毎朝聖書を読み、神に禱り、些かも信仰怠らざりしなり。

葬儀広告に名をつらねた人たちはみな参列したと思われる。亀之助の四妹三弟のうち、俊三と哲夫には度々ふれたが、明らかでなかったのが義一である。多磨霊園にたてられた河本家之墓にもその名を刻まれていないので、歿年不祥、あるいは他家を嗣いだのかも知れない。親戚総代大戸省吾は、府中町の在、福山基督教会員だった。友人西村豊太については判らない。山本瀧之助が赤十字病院へ見舞ったとき、立ち寄った洛陽堂に大坂西村さんあり、と日記に書いたのがこの人だろう。

2　追悼録

追悼録は妻河本テルの名で、一九二一（大正一一）年一月三〇日に発行された。奥付にたずさわった人が記されている。

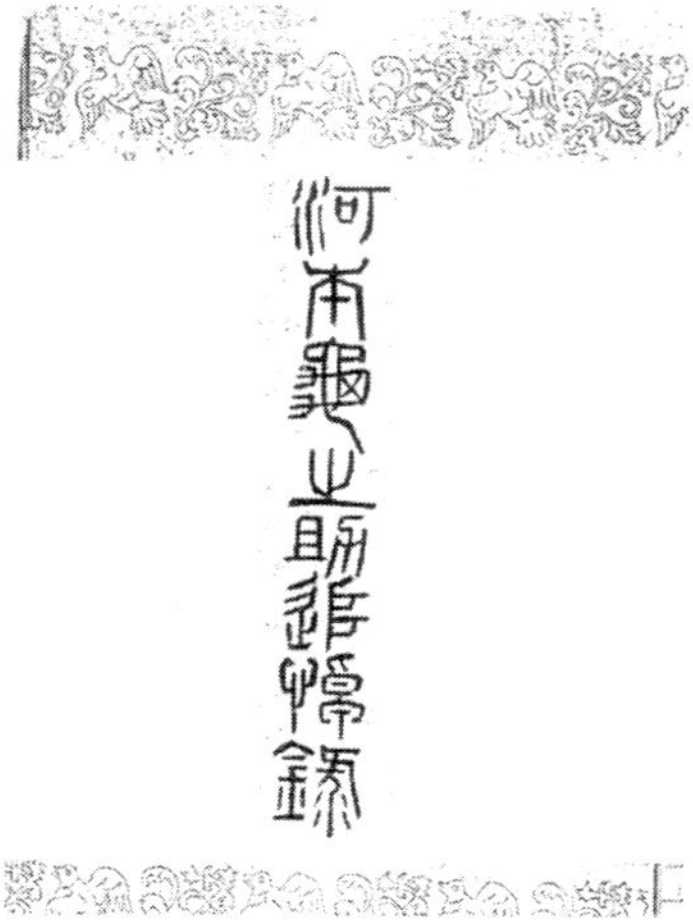

追悼録書影〔恩地孝四郎装幀〕

編輯　関寛之／装幀　恩地孝四郎／題字　前田剛二／木版　山岸主計／印刷　小塩信三／製本　駒崎福之助／函　児島甚太郎

装幀者恩地孝四郎は、亀之助生前に洛陽堂発行図書装幀を手がけ、歿後も葛原しげる著少女小説『姫百合小百合』にかかわった。

小塩信三は一七年に洛陽堂印刷所と同じ麹町二丁目九番で小塩印刷所を営業し、蜻蛉館書店刊宇野浩二著『クオレ物語』と、加藤一夫主宰雑誌『科学と文芸』を先細りであったころ印刷した。追悼録奥付に示された印刷所は洛陽堂印刷所なので、雇い人になったのかもしれない。

亀之助略伝は編輯担当関寛之により、誄詞を永井潜、追悼文は高島平三郎と帆足理一郎が寄せた。

①関寛之

追悼録を編輯した関寛之は東洋大学における高島平三郎の教え子で、一九一四〔大正三〕年に卒業、初めに千代田高等女学校に勤め、のちに母校で心理学を教えた。『児童学概論』を出版するのは一八年一〇月だった。高島らが手がけた児童研究の歴史はようやく三十年、しかしそれまであらわされた報告や著作には全体を俯瞰するものがなかった。この概論に期待した高島は校閲をしたうえ序文を寄せた。

関の自序には、高島だけではなく多大の便宜を与えてくれた洛陽堂主に対して謝意を表した。亀之助が関の身の上を高島から聞いていたからだろう。関は一二年に三十一歳の二兄、一三年に三十四歳の長兄、東洋大を卒業した二年後の一六年に二十一歳の妹、一八年には父をなくしていた。

初めて自著『児童学概論』を出版した一八年から、関は洛陽堂で編輯に関わっている。一二月刊高島編『逸話の泉』第五編に記された。一九年六月に刊行を始めた高島監修『国民教養　智識の泉』第一編で示された分担は、思想的方面が関だった。洛陽堂編輯長になるのはその年秋ごろで、研究誌に寄稿した関の評論に洛陽堂編輯長と肩書を記したのが九月号、それらしい役を果たしたのをうかがわせるのが、一〇月刊村尾節三編『童謡』だ。日本児童学会員である村尾が、各地におもむいて伝承をあつめたもので、関につないだのは序を寄せた同学会の高島だと思われる。

亀之助は一八年一〇月『児童学概論』から二〇年六月『児童学に基づける宗教教育及日曜学校』まで、関の著書を五点出版した。

私は、更に第二の私情を〔第一の私情は相次いだ近親の死〕告白しなければなりませぬ。私は、本書ともに五冊の著書を有してゐます。未熟なる私がこれだけの多数の著書を有することに就いて、私は平生甚だ心に慚ぢてゐるのです。当初私は、処女作として「児童学概論」を出したとき、この次には更に此書に研究を加へて、次第に心血を濺いだ大著になしたいと心に誓つた。然るに私はそれを裏切つてしまつたのです。併しこれは、自分の都合を以て斯くしたのではなく、著書を有する人の誰もが経験する如く、出版者との人情上の箝よりして次第次第に斯くなつてしまつたのである。故に私は、わが良心より著書濫造の詰責を受けんことを非常に恐れてゐるのです。そこで私は、過去に於ける態度を厳として立てなほして、飽まで当初の意思を貫徹せんため、「児童学概論」を除く其他の諸著は之を絶版又は全部改删しようと思つてゐるのです。それに第二の方法として、私は本書を以て「児童学概論」の次に公刊した努力の作とし、本書を以て第二期の著作の初頭たらしめようと思つてゐるのです。故に本書の次には、初め心に誓つたことの第一歩の実現として、「児童学概論」に更に幾多の研究を加へ、上中下三巻約二千頁の書物とする予定をもつて、既に着手してゐるのである。是に私が広告めいたことを書いたのは、決して他意があるのではなく、著者としての良心を披瀝し、且つ本書が私の努力及び素志に対して如何なる地位にあるかを陳べよう為めであります。

関は亀之助の温情に甘んずることなく、濫作のそしりをおそれ、絶版又は全部改删せんと誓って学究の良心を示す。六点めに『応用児童学　児童之身体』を出すのだが、これが二〇年一二月一八日付、一二日に亀之助が亡くなったあとだった。発行人は正されることなく、そのまま河本亀之助となっている。最後は二二年四月一五日『児童学要領』、発行人は亀之助の事業を引き継いだ俊三だった。

②永井潜

楽之会会員総代永井潜による誄詞は、亀之助と語った一日を想い起こしてはじめた。

河本君、何時であつたか、君と二人で笑つて語つたことがあつた、我れ若し君に先ちて逝かば、君は必ず我が小さき躯の上に涕を濺いで心より弔詞を述べて呉れるであらう、君若し我に先ちて逝かば、我は必ず君の尊き霊に愛惜と頌讃と感謝の意を捧げるであらうと。図らざりき、今其時が来た。而かも余りに速に来たのである。

亀之助と永井が笑って語り合えたのは幾年前のことか。いまや永井の身辺はまことに多事で、葬儀に参列し、誄詞をささげたわずか一週日のちに、ある調査報告書を提出していた。一九二〇〔大正一九〕年一二月二一日付、宮中某大事件に関わるものだった。

永井ら東京帝国大学教授五名が調査報告を嘱託されるおおもとは、元老山縣有朋による皇太子妃婚約への介入にある。色覚遺伝をおそれて婚約辞退をもとめたのである。色盲の語は、事件当時にあってあたりまえのように使われた。根強い偏見のうえになる。色感覚の違いは、色盲、色弱を総称して色覚異常といい、その医学用語がそのまま使われたのは、色に対して盲という誤解をあたえた。

ことは、山縣が前赤十字病院長から聞き知ったのに発する。それによると、眼科専門で色覚遺伝の研究者である軍医が学習院の医官を命ぜられたおり、偶々姻戚にあたる島津公爵家と久邇宮家の間にそうした疾患遺伝のおそれがある事を発見した。これを上官である軍医学校長に内談、ついで宮内当局者におよんだのだ。山縣は久邇宮に辞退をはたらきかける一方、学術上の確説を探究せよと文相に委託した。これを受けたのが東京帝国大学医学部長佐藤三吉だった。

一二月二一日に提出された調査報告書は、署名順に東京帝国大学医学部教授佐藤三吉、同河本重次郎、同三浦謹之助、理学部教授藤井健次郎、最後に医学部教授永井潜とならぶ。専攻をみると、佐藤は外科学、河本は眼科、三浦は内科、藤井は遺伝学と植物学、永井は生理学だった。

外科の佐藤と内科の三浦は、宮内省御用掛の経歴から選ばれたのだろう。色覚遺伝の専門は、眼科の河本、遺伝を講究する三浦と永井で、連名しんがりの署名者であることから、報告書を執筆したのは永井だったと推察する。永井は早くから優生学に関心があり、著書をもつ。

報告の結論は、遺伝のおそれをのこすとした。これに服しがたい久邇宮がわの動きは原敬日記にある。このとき首相だった原は、石原次官から報告書の写しを年改まった二一年一月二六日に得て、東宮侍講杉浦重剛が頭山満らにもらし浪人どもが利用するところとなって怪文書を発した情況をつかんでいた。行政上捨ておきがたいと、二月二日に宮相を招いたのである。

原は、怪文書の標的は長州閥の雄山縣有朋で、久邇宮の姻戚島津家の力が増すのをはばむための画策だと解した。山縣、久邇宮双方の側とも表には出ぬ動きをしたから、真偽定かならぬ風聞がとびかった。「某志士団より同志に贈りし信書」は、宮内省が遺伝調査を求めるように諮ったのを東京帝国大学教授永井医学博士とした。ついで「御破約の首唱者は山県公なるが其実現に努力し画策するものは清浦枢副にして医学方面の担当者は元の陸軍々医石黒忠悳子なり」とするものもあった。赤十字病院に亀之助を見舞った石黒である。

その石黒が宮相に上申書を提出したとの説は田中惣五郎『北一輝』にあり、これを松本健一が採っている。再説したのが『昭和史を陰で動かした男　忘れられたアジテーター・五百木飄亭』だ。飄亭五百木（いおき）良三は、破談の非をならした「上山県老公書」の押川方義、大竹貫一ら六名連署のしんがりとなった。五百木は新聞日本記者として日清戦争従軍日記をおくり、その俳味が編輯者である同郷正岡子規を動かしたとされる。山本瀧之助にとっては大の恩人で、同紙上に青年団を鼓舞し、山本を東京にまねいて眼病治療をうけさせるとともに、雑誌『医界時報』編輯にあたらせた人物である。山本がのちに『沼隈時報』改題『吉備時報』を発行し『良民』編輯に携わるもとは、その経験にある。山本が治療を受けた医科大学河本博士は、さきの報告書にある河本重次郎だ。一八八九年に留学から帰ってすぐ教授に任じられている。

二一年二月一〇日、宮内省は皇太子妃内定に変更がないと発表し、中村宮相辞任によって決着をはかった。同年七月、文部省の用務をもって東京に出た山本は、亀之助亡き後の洛陽堂に宿泊、四日、石黒に招かれて「夕飯をよばれる。某重大事件の成行を聞かされる」とのみ記した。

永井潜は亀之助を追悼するさなか、こうした宮中某重大事件の渦の中にいたのである。さらにいえば、山本瀧之助にとって知友知己こそ深浅さまざまな関わりを持った。河本重次郎、石黒忠悳、五百木良三、杉浦重剛、一連の文書を山縣に託された田中義一は、陸軍少将のとき『社会的国民教育　一名青年義勇団』を著わし、青年団を国家に組み入れるのに力を注いだ。山本日記にしばしばその名をあらわす人物だった。

③高島平三郎

神村小須江分校に高島を訪ねたのが相知るはじまりだった。高島十七歳、亀之助十五歳、高島が作った文や詩を亀之助はひとつのこらず書き写して持った。キリスト教を説いたのは高島、牧夫、新聞売子、陸軍歩兵中尉の書生、国光社印刷所と、職を世話したのもすべて高島だった。亀之助が国光社を退き、千代田印刷所を創業してから書肆洛陽堂と良民社を始めると、十年あまりにわたって事業を支えた。

だから高島は、「余は河本君とは、殆んど四十年の交りで、二人の生活から一方を全く切り放すことは、どうしても出来ぬ程の深い関係があつたのである」と追想録に書いた。しかも高島は、父を失ったためひとり福山にのこされた母を東京へひきとるおり、伴い来たった鈴木テルと亀之助を結んだのだ。高島と亀之助とがこうしたつながりを保てば、妻どうしも親しみを増す。高島が内務省に依嘱されて宇治山田へ講演に赴くと、妻寿子はテルを誘って多年の宿望である伊勢神宮参拝をはたしている。この逸話を記したのが寿子追悼録だ。寿子が亡くなったのは、亀之助追悼録を七七忌にあわせて発行したわずか十日後だった。テルは亀之助につづけて寿子を看病したのである。

亀之助は子を生さなかったが、高島には六人の子があった。長男文雄が生まれると研究心と子ぼんのうは、文雄日記を『婦女新聞』に連載するのにつながった。社主福島四郎に、縁戚にあたる元良勇次郎が教えたのだ。わが子の発育と研究、著述は高島にとって一体のものであり、洛陽堂から初めて出版した『児童を謳へる文学』には、三女若菜子の笑ひ初めたる後五日東京大崎の僑居望岳荘の明窓下に記す、と序文に書いた。加登田恵子「わが国における児童学の誕生と高島平三郎」は、『高島先生教育報国六十年』に高島が記した謝辞をひいている。

私は、学問に於ては、失敗した。自分の予期した、十の一をも成就することは出来なかつた。弁疏するに似るけれども、是れは、真に、研鑽の余力を得ることが出来なかつたのである。私は、貧しき武士の家に生れ、丁度明治維新の急変に遭ひ、父祖よりは、何等の遺産も受けずに、六人の子供の教育の為めに殆んど総ての精力を耗尽して、専攻の学術に、多くの力を効すことが出来なかつたのである。

加登田は引用しなかった後半を軽視した、とするのは大泉溥「高島平三郎の人と業績をどうとらえるか　日本心理学史の問題として」だ。

私の終生の願は、自分の学問事業を以て、国家と世界とに寄与することであつた。併し、不幸にして、失敗した事は、既に述べた通りである。将来、私の子孫たるものは、如何なる学問事業に従事しても、何時も、自分及び自分に直接関係ある少数の者の為だけでなく、必ず我が皇室国家と、世界人類との為めを計る事を忘れず、私に代つて、よくその志を成さんことを、望んで止まぬ次第である。

児童研究者としての評価をたなあげして、ぬき出すとすれば、つぎのくだりだろう。

古の宗教家や、学者が、生涯独身で通したことの理由が、体験に由つて、明になつた気がする。私の後に来る人に、警告するが、父祖伝来の財産、若しくは、適当なる保護者無くして、学問・芸術・宗教等の研鑽と、子孫の教育とを、併せ完うせんとするならば、宜しく私に鑑る可きである。

男子三人はみな帝国大学を卒業させ、女子三人は高等女学校まででよいとするので結婚させたと語って、高島は重ねていう。産無き者が独力でこれだけの教育を施すために、ほとんど自分の全力を注いだ、と。寿子には良妻であり賢母であるのをもとめたから、学費はすべて高島にかかったのだ。

高島はかつて広文堂書店から出した『児童心理講話』をおぎない、『教育に応用したる児童研究』を中級編として位置づけて洛陽堂から出版しながら、上級編を亀之助生前にはまとめられなかった。亀之助からすれば、高島に負担を強いることなく、もっぱら編者として『逸話の泉』に関わってもらった。第一編は一五年に出せたが、これでも重荷だったか第二編は一八年まで間があいた。それから順調にことがはこんで一九年五月には区切りとする第十二編まで、東西両様にわたり逸話三千をおさめ、五千頁におよんで完結した。

ひと月たった六月にはじめた『国民教養　智識の泉』は、高島は編者でさえなく統括する監修者とし、編者を亀之助、実務は思想的方面関寛之、政治経済的方面河本哲夫、歴史地理科学逸話其他一切高橋立吉にたよった。こちらはほぼ月刊で一一月に第六編で完結、二〇年に入って久々の速記録『応用心理十四講』ときびすを接するように『精神修養　逸話の泉』第十三編から続刊している。八月第二十編が亀之助存命の最後、第二十一編は年明けて二一年一月、二月にもう一編出して終わるから、亀之助を引き継いだ弟俊三が残務を整理したのだ。高島は、じっくり腰をすえた研究書を亀之助に出版させたかっただろう。

④帆足理一郎

追悼録刊行に与ったのは高島平三郎とその教え子である関寛之、永井潜だが、ひとり帆足理一郎は高島とのむすびつきがなかった。渡米して南カルフォルニア大学で英文学、シカゴ大学大学院で神学を学び、一九一八〔大正七〕年に帰国した。『都会及農村』四月号に「航海を了へて」を寄稿している。そののち早稲田大学で宗教教育を担当し、同校基督教青年会学生寮舎監と同青年会理事長をつとめた。キリスト教信仰においては自由主義をとり、民主主義思想をもっていたことによって、度々早稲田大学の教壇を去らなければならなかった。

洛陽堂から『宗教と人生』を出版したのは、留学中の一六年九月だった。海老名弾正主筆『新人』誌へ寄稿した評論を収めたもので、帆足の友人である哲夫が橋渡しをしたのだろう。亀之助とのつきあいは短いが、亀之助を友としたのが帆足だ。畳敷き生活に反対する帆足にしたがって、机と椅子を買いこんだ逸話につづく、後半全文をかかげる。

> 彼は出版業者として、事業其者よりも書籍が好きであつた。彼は本の印刷や装釘などに非常な苦心をして呉れた。新刊が出る毎に、恰も著者自身が感ずるやうな悦びを、他人の著書に感ずる人であつた。私の著書を河本氏は何時も自分の著書見たやうに取扱ひ、其製本屋から送つて来た新刊を手にして、如何にも満足さうに眺めてゐるのであつた。
> 彼は敢て大家や名望家の門に走らず、若き思想家達で、真面目な人でさへあれば、何んでも引受けて出版してやりたいと云ふ義侠心に富んだ人であつた。彼れは常に良書を刊行して世道人心を

裨益したいと云ふことを、終生の使命だと感じてゐる人であつた。彼れの逸話を聞く処によれば、彼が出版業を営むに至るまで、嘗め盡した艱難は、彼をして立志伝中の人物たらしむるに余りあるほどのものである。此業を始めた後にも、いろいろな窮迫困難と戦つて、今や漸く其地盤を固め得た時に、俄に病は彼を其業務から奪ひ去つた。惜いことであつた。私は彼れの早世を哀まざるを得ない。

彼れの如き正直な、彼れの如き真面目な、彼れの如き温厚な、彼れの如き親切な、彼れの如く友情の艶かなる紳士が出版業者として日本にありしことを、私は常に誇りとしてゐたのである。彼は貨殖の為めに事業を営まず、常に良書の出版其者に生活の歓びを感じて其日を送る理想の人であつた。洛陽堂は一個の特色ある書店として世間に知られ、『所謂堅いもの』を出版する書店として名を得てゐたことは、彼れの堅実なる人格と見なければならない。彼れは、「損しても良書を出す」と云ふ武士的の商人として、永へに我が日本の出版界に一個の美はしき人格者たるの印象を止め、永へに出版業者の亀鑑として彼れの遺業を慕はしめるであらう。

彼れは、実に懐かしき慕はしき人物であつた。私は商人としてでなく友人として常に彼の交誼を得、厚意を辱うせしことを茲に感謝し、彼れの美はしき魂に永への祝福豊かならんことを祈らざるを得ません。

⑤恩地孝四郎

竹久夢二をめぐる人々のなかで、亀之助追悼録にかかわったのは装幀をになった恩地だった。恩地が洛陽堂を訪ねたのは十年前にさかのぼる。画集に感動して、作者竹久の住所を教えてもらうためだった。竹久を介して亀之助とつながりをもち、西川光二郎著『悪人研究』装幀を二十一歳にして初めて手がけ、『良民』に挿画をよせて、やがてひきついだ。それが公刊『月映』にむすびついたのである。

これが七輯で終えたのと、『都会及農村』創刊とはおなじころだった。亀之助は恩地に表紙画や挿画などを頼むつもりだったろう。恩地は同人田中恭吉遺作集を何としても出したいと心をくだいていながら、出版費をあつめられなかったのだ。『都会及農村』表紙をかざるのはしばらく後になったが、埋め合わせするかのように、恩地に装幀をたのんだ洛陽堂発行図書はこのころからふえていた。結婚を許されてから借家を転々とする恩地は、何かと物入りなのを亀之助が知っていたからだと思われる。引越先のひとつ麹町区中六番町七番地は、亀之助が千代田印刷所を創業したころに住んだ町だった。その二五番地は七番地と背中あわせである。たまたまだろうか。

装幀の仕事は薄謝であったのはまちがいない。後年、自作を選んでかかげた際、恩地はこう書いた。

本がすきで初まつた装本である．少年と青年の間ごろからやり初めて，うそみたいだが当今還暦まで，三十年を超へる装本業である．但し本文にかいた通り装本業といふものは一本では成り立たない．あれやこれやでどうにかこの年まで過して来たが，家計の主柱を成してゐたのは装本であつたから，数にしたら相当なことになる．よくどのくらゐ表紙をかいたかときかれるが，本人甚だゆきあたりばつたりだから，いくらあつたかなどは分らない．何だか申訳ないみたいなもの

である．おかげで画の方は勝手放題な我儘なものをかいてゐられる．〔原文は横書〕

これに続けて、注文に追われてただ筆を動かしているだけのこともあったと語り、令息はまた、おれはえかきでなくて字かきだ、との自嘲を伝えている。さきがけをなす洛陽堂装幀本は、署名や編著者による序文跋文で明かされたものが十六点ある。画調や字体が恩地らしいものが、それとは別に百十余点かぞえられる。

亀之助は、装幀だけでは失礼だと考えたものか、公刊『月映』を終刊してから、恩地との間でふたつの企画を練った。画集は潰え、育児書は成った。

画集企画を伝えるのは萩原朔太郎と室生犀星が創刊した詩誌『感情』である。平明な通俗の日用語をつかって感情を率直にあらわそうとしたとは、萩原がいう。萩原は詩集装幀を、恩地を介して生前の田中に頼んだ縁があった。恩地は『感情』へ表紙画を寄せただけではなかった。自分の詩がこの世に存在してもいい、と自信を持ったのはこの詩誌による。

亀之助が詩誌発行所感情詩社へ図書寄贈をはじめたのは、一九一七〔大正六〕年末だった。一八年一月号に室生が『動物の智慧』新刊紹介記事を書いた。同じ号、同じ室生が伝えたのが、四月ごろ洛陽堂から恩地の画集が出るという消息だった。亀之助とどのような話をすすめたのか、室生によれば恩地は、『感情』に作品をまとめて発表してから改めて洛陽堂から出版するとしている。それが九月だと予告しながら先延ばしするについては、室生ではなく恩地自ら伝えたのだった。費用がかさむためだ。画集につかう洋紙が高いからだろうか、『感情』誌へ一七年二月に生まれた愛児三保子をうたう詩を幾編か寄稿していた恩地に、亀之助は育児本執筆をすすめた。一九年三月に編者序文をあらわした恩地は、『感情』四月号で読者にこう伝えた。

> 九月に僕が詩集を出すそうだが、それは自分でも出すそうだといつてもいい位、不確なのだから、分らない。室生がかいてくれたのはいいが少し早すぎたに違ひない。僕はいまさまざまの仕事に追はれてゐる。やりたいことが後から後からと湧いて来て、そして力が足りない。実に焦れつたい。身体が続かないことは実になさけない。いま自分のやつてゐることは多分他から笑はれさふなことだ。ああ〔る〕知人のかいたものに助力したのであつて、それは自分のもつとやりたい仕事は阻止してゐたが、それをやつたことはやはり自分をよくした。それとは児童哺育に関する小冊子で、来月中には本にならふ。読者のうち愛児を持つ人があればよんでほしいと思ふ。自分にいろいろな点で及ばなかつたが併し熱心にかいたものだ。後になつて考へると妙なことが自分にぶつかつて来たものだと思ふ。そして又、自分の幼児の科学に対する性向が甦つて来る様だ。僕が絵をかき詩をかき彫刻をやり、そして又今科学的傾向の本をかいたわけだから、下らない奴は笑ひ草にするだろう。凡て馬鹿らしい。

編者序文に、二十世紀は児童の世界というエレン・ケイをたたえ、児童は児童であり、成人の未発達なものではないと記す『幼児の世界及育児』科学と人生叢書第五巻は、予定どおりにはいかず、出版は八月にのびた。右の予告で恩地はもっぱら育児に関する小冊子といい、幼童とその補育、を書名に考えていたとする。それが下編育児の実際となり、知識に重きをおいた上編を豊かにするよう求めたのが亀之助らしい。恩地による小引に、出版者の希望で改題したことを云ひそへておく、とことわったのから推した。それで、小冊子におさまらず、四百頁におよんだのだ。亀之助は、恩地が多才であるのを知ったひとりである。恩地は、画集出版はできなかったけれども、亀之助追悼録装幀によって生前の交誼に報いたのだった。木版を担当した山岸主計は、萩原朔太郎『月に吠える』に名があるから、恩地が誘ったのだろう。なお恩地は、亀之助歿後も洛陽堂図書装幀を続けた。

恩地は父のへそまがりを気にいっていたという。紀州徳川藩士だった父は士族とならず平民で通し、西南戦争による勲功にみあわぬ叙勲を断わり、式部職に任じられると正論を貫いた。この家長のもとで画家を志した恩地はまた、たしかに父の血を受け継いでいる。

⑥竹久夢二

洛陽堂から出版した点数が恩地よりはるかに多い竹久は、亀之助が亡くなるころ東京にいた。前後一年半あまりにわたる日記を欠くものの、亀之助を知る人に宛てた手紙やはがきが残されている。亀之助が入院していた一九二〇〔大正九〕年一二月五日に浜本浩へ、葬儀がとりおこなわれたあと一八日に、有島生馬へ宛てた二通だ。浜本は、春の巻を出版するため版木集めをしていた竹久を下宿にたずね、画集が売れ始めると竹久に通帳を見せてもらった人物だった。竹久がむだづかいしないように、亀之助がつくった通帳だ。有島は白樺同人として亀之助を知る。共に知るふたりに宛てて、亀之助を気づかうひとことを用向きに添えてはいなかった。

当時改造社京都支局長であった浜本に宛てた手紙から、そのころ竹久が書肆や印刷業者らとどのようなつきあい方をしたのかをうかがい知ることはできる。竹久は清文堂大槻笹舟の義妹薫葉を慰問するよう頼んでいた。大槻は夢二封筒や用箋を印刷した業者であったが、竹久が訪ねてからほどなくして急逝した。遺された薫葉へは、計画した仕事をそのまゝにすることを惜しいと思い、志をついでどうにかしたいと伝えていた。竹久描くところの京都名所を清文堂から出版する計画である。すでに相当以上の金や材料を提供しており、その額千円におよぶ事情を知るのは、大阪で美術商をいとなむ柳屋三好米吉だった。

三好は竹久の絵にほれこんで屋根看板の揮毫を所望し、京都府立図書館における第一回作品展へ一番に入場して絵を買求め、港屋へ出かけ、このころは大阪の呉服店で開く展覧会のため竹久を寄留させていた。京都名所絵は一枚もできず、金をつぎこんだまま返らぬのに義憤を感じたのが三好だった。三好は、薫葉や老母や幼い子どもたちのために、清文堂がつくって柳屋で売った夢二封筒や用箋即売会を開く。これに苦情を申したてたのが竹久だった。私は純商人だが相手は芸術家と商売人の両刀使ひだので私の方がいつも割りが悪かつた、そう嘆いたのはもちろん三好である。竹久から三好へは、震災後無事であるのを伝えた便りが最後だというから、即売会一件で心が離れたのだろう。

ふりかえれば、竹久が別れた妻岸たまきへの仕送りが少ないと亀之助へ追加を求めたのは一二年春だった。洛陽堂から出版した最後は、一四年秋『縮刷　夢二画集』、一五年秋三版を出したあと版権を螞蛉館加藤好造にゆずったから、これで洛陽堂と縁は切れていた。二〇年冬、亀之助の葬儀に列席せずとも、追悼録は知己である高島平三郎がしきっていたから、竹久が申出れば受けいれられただろうが、そうはしなかったと考える。著者竹久にとって亀之助は一出版者であった。

3　山本瀧之助

山本瀧之助による追悼文は、追悼録に収められてしかるべきものだった。しかし、追悼録は高島平三郎が世話をしてまとめたためか、かかわったのは関寛之、永井潜、帆足理一郎、装幀者恩地孝四郎ら東京に住む知友にかぎられた。

山本が亀之助を偲んだのは、郷里で発行された『まこと』一九二一〔大正一〇〕年四月号誌上だった。赤十字病院に見舞うくだりをさきに引用したが、それを除く亀之助の言葉を伝えた、のこり全てをかかげる。

故人と私とは一と通りの間柄ではなかつたのであります。

「良書を出したい」これが故人の唯一の志であつたものと見えます〔。〕出版した所で売れさうにないものであつても、「我が国でも此の種のものは是非一部はなくてはならぬ」など、いつては随分大部ものを出版して果して、売れないで空しく庫に積み重ねられたことを私はよく見て居ります。「無名の士を社会に紹介したい」といふことも故人の有難い志であつたのであります。私は二三の人の原稿をお世話したのであつたが、其の中で或る一人は「私は何等の肩書がないから都合が悪いこと丶思ふ、先輩何の某が俺の名前で出してもよいと申されてゐるから、其の辺は洛陽堂にお委せします」といふことであつた。其の先輩といふは所謂知名の大家である。所が故人は、「殊更に表面に大家の名を用ひるなどは好まぬ。名のない方が却つてよい」といつて、一青年の手になつた大部ものを雑作なく引受けられたのであつた。コンナことは、普通の出版業者の到底及ばない点であらうと思はれます。

〔石黒忠悳による見舞・略〕〔山本瀧之助による見舞・略〕

私は東京に行きますと、いつも故人のお内にお世話になつてゐました。お台所で一つに御飯を頂き、一つに枕を並べて休んでゐたのであります。「河本さんは亡くなられた」と思ひ出します度毎に、私自身の境涯も終焉に近いたかのやうな淋みしい気がします。

無名の人を世に出したいという河本の心意気が、どういった著者にどのように向けられたのか。山本が亀之助に紹介して出版にいたった二、三の人をさぐると、山本自らが明かした天野藤男、寺岡千代蔵、著者が自序に山本への謝意を記した後藤静香をあげうるが、いずれも数百頁にとどまる著作であって大部ではない。ここではこれまでふれなかった寺岡についてだけ、亀之助やテルに会ったのを山本が書きのこしているので、記しおく。

寺岡は『漁村教育』自序に、「私が居常深く私淑せる一先輩が、この着眼を諒とせられ絶えず親切なる激励と、綿密なる指導とを与へられた事を厚く感謝」する、と名を伏せて謝意を述べた。漁村の現状を寒心に堪えずとし、教育に結びつける方策をさぐったこの著書は、山本と同じ沼隈郡の離島走島（はしりじま）における小学校勤務にもとづく。寺岡の先輩が山本であるのは、山本瀧之助日記一六年一一月二三日の項「午後、寺岡君来訪。身の上の事、「漁村教育」を話す」とあるほか、原稿に加筆し、校正を手がけた記述を散見する。関わりの深さを知ることができる。

寺岡友助を無二の親友とする山本は、弟千代蔵とも二十年来のつきあいがあった。一八年一一月に流行性感冒によって亡くなった寺岡を追悼するなかで、山本は洛陽堂とのつながりにふれた。

〔一八年八月東京における青年団指導者講習会最終日の前の晩、青年団中央部主催による参加者慰労会のあと〕時は夜に入つて築地一帯の美しい夜の景色が窓から這入る君と私とは其中に立ち交じつて緩談に時を移して帰りは歌舞伎座の前で一つに電車に乗つた。「アレが帝国劇場コ、が「桜田門」と談しつゝ、〔二〕平河町の洛陽堂に帰つた、洛陽堂は君の著を出版した所で主人河本氏は今津村の人。寺岡君とは初対面である。併し君は講習会場へ帰るのを急いで、二三十分の後私は麹町の電車通りまで見送つて出た。私は其の夜十一時ので静岡滋賀の方へ行つて、四五日して再び東京に帰つて見ると、今鞆に着いたといつて君から葉書が来てゐた、寺岡さんは帝劇へお連れしようと思つて段々と引き留めたけれど、到頭帰つてしまはれました、と河本夫人の話であつた。君は講習会が済むと翌日一日を農商務省と文部省へ行つたゞけで、半日も東京を見物しないで直ぐに帰つたのであつた。

寺岡は初対面の一八年八月、『都会及農村』当月号まで五回投稿していたから、亀之助とは手紙を通じて旧知であった。

寺岡滞京中、山本は青年団育成に関わる人々に紹介していた。田中陸軍中将、『漁村教育』に序文を寄せた道家農務局長、鶴見水産局長、井上友一東京府知事、下村文部省参事官らにひきあわせ、山本が歩んだ道を寺岡にも拓こうとしたのだった。

4　武者小路実篤

武者小路実篤が亀之助を偲んだのは一九二一〔大正一〇〕年『白樺』五月号だった。洛陽堂から脚本と対話集『心と心』を十年ぶりに再版するという報告記事である。

この際自分は洛陽堂の前の主人の河本亀之助君の死んだことを惜み、同氏と白樺のことその他で一時的に気まづい思ひをしたことをすまない気がしてゐることを云つておく。同君はいゝ人だつたこと、、よき思ひ出のみ今頭に浮んでゐることを書いておきたい。

初版は一三年一二月だった。武者小路が再版予告をしたのは『白樺』二〇年一月号、確かめ得た三版によれば、二〇年一一月に再版された。亀之助が入院していたころだ。二一年五月号において武者小路が十年ぶりに再版するというが、実際にはまる七年半をへた二一年六月一日三版だった。その三版に、四月一八日付で書かれた序文「再版に際して」がおさめられており、亀之助について五月号よりくわしく書いていた。

この本が再版になつたので当時のことを思ひだす。

この本は十年前に出したもので、まだ僕が結婚しない前だ。当時自分は麹町元園町に居た。その後半年程して結婚し、それから、下二番町、鵠沼、千駄ケ谷、小石川我孫子に引越して歩いて、今は日向にゐる。

この本は少くも五六年の間、千部が売りつくせなかつた。最近まで売りつくせなかつたらう。しかも自分はこの内の多くのものを、金の為と、又皆によんでもらいたい為と、たのまれて断りにくかつたのと、理由が一緒になつて、いろ〳〵の本にのせた。桃色の室や対話の内の二三は何処へものせない。その他は五六冊の本に分けてのせた。

このことは何と云つても気がひけるが、云ひわけはしたくない。この本が再版になることをよろこんで下さる人があれば幸福だと思つてゐる。

自分はこの本の再版を出すのにさいして、故河本亀之助君を思ひ出す。白樺のあることで、感情のゆきちがいがあつて、自分は書かなくつてい、ことを書いたことがあることは一方自分は云ひわけをもつてゐるが、河本さんのことを思ふとこのことは気がひける。

自分は河本さんにたいして今はい、思ひ出だけがのこつてゐる。河本さんが死ぬ前に、自分は河本さんとの関係を気持ちよくしそして喜んでもらへるやうにしたいと思つてゐた。しかしその機会が来ない内に河本さんはなくなつた。未亡人の方に。〔一〕自分はこの際あらためて、お詫びし、厚意を感じてゐることをはつ切りさせる。

過去における、自分の清くない思ひ出、他人に少しでも不快を与へた思ひ出は、今の自分にひけ目をあたへる。そのひけ目を自分はなくしたく思つてゐる。

自分はまだその力を十分に持つてゐないことを耻ぢる。

自分はこの本が再版されるに際して、他の本でよんだものが多いのをがつかりする人にいく分かでもより少なくがつかりしてもらいたい望みから、自分の回想その他をかき加へて見ることにした。

自分は明治十八年（千九百八十五年）五月十二日に生れた。〔以下略〕

雑誌『白樺』創刊を目前にしたころ、新聞社の取材に亀之助が応じたのをはじめとして、定価の設定、刊行遅れによる交換広告の扱い、印刷会社による原稿紛失の一件、売れ残りから抜いた挿画ぞっき本の出版、白樺叢書廉価販売の値づけなど、問題はいくつか起こった。そのつど、白樺同人、わけても武者小路が誌上でつごう数百行はくだらぬ苦情を書き連ねた。一方の亀之助が発したのは、『白樺』経営辞任あいさつだけにとどまる。専ら同人の寄稿に限っていた本誌上ではなく、間にはさみこむちらし一枚にすぎなかった。軒先を借りた釈明だった。さらに武者小路は、同人経営に移した誌上においても追いうちをかけて言い及んだ。気をしずめるまでにかなりの時を要し、亀之助が入院していた二〇年一一月『心と心』再版においてではなく、歿後二一年六月三版にしてようやく謝意を表したのである。

武者小路の心境を写すものとして、中村亮平の著書出版を挙げうる。中村は、武者小路と日向に新しき村の土地探しに歩き、家屋敷を売って家族ぐるみ入村した人物である。亀之助が亡くなったあとに、洛陽堂から三著を出版した。『心と心』三版より半月早い二一年五月刊『芸術家之生涯　柊の花』序文において、出版にあたって謝意を表した人物にもちろん武者小路実篤をあげているが、殊更に深い感銘を得た、と特記したのは木村荘八だった。

もうひとつ、二二年一二月九日付に示された序文によって、心境を推し測ることができるのでここにかかげる。

「或る青年の夢」その他を今度又新潮〔社〕で出すことにした。之は四五年前からの約束であつたが、前の出版所の洛陽堂で版を重ねてゐたので遠慮してゐた。洛陽堂からは二千五百出たわけだが、近頃、僕の印の押してない本を時々見かけると聞いたが、その部数はいくつ位ゐあるか知らない。どうせ知れたものと思ふ。自分は「或る青年の夢」は当時多くの人によんでもらひたかつた。しかしそれは望めなかつたが、よろこんで下さつた人も多かつたことをよろこんでゐる。

5　今津村における追弔会

武者小路が亀之助に謝意を表してから半年をへた一九二一〔大正一〇〕年一〇月、今津村で亀之助追弔会が開かれた。山本瀧之助日記に、一六日「朝、松永へ出る。午後一時、蓮花〔華〕寺の河本氏追悼会へ出る」とあった。郡役所がある松永町から歩いて十数分で今津村へ着く。先憂会発行誌『まこと』に記事があった。

追弔会／故洛陽堂主人河本亀之助氏の追弔会は今津村及松永地方を中心とせる氏の旧友によりて十月十六日午後一時今津村蓮華寺に於て執行せられたり。

河本本家が西国街道今津宿本陣で、蓮華寺は脇本陣だった。山本がたずさわった沼隈郡の徴兵検査会場だった。亀之助追弔会は先憂会同人らによって開かれたものと思われる。

先憂会発起人のひとり湯川大三郎〔白汀〕は、「回顧三年」にこう語っている。生れ育った地に暮らしてゆく者として、郷土を研究し、郷土を純化し、郷土を向上させ、郷土を発展させなければならぬ、それが国家に尽すにつながる、と。湯川はこのとき小学校に勤務する青年、同志村田静太郎〔露月〕は郡役所に勤める青年だった。

郷地に生きる創立者十余名から会名撰定をたのまれ、先憂後楽の句から命名したのが西川国臣で、郡役所をおく松永町長だった。この人が松永小校長をつとめていたころ、郡西部の同僚らと催した教育祭演壇に、高島平三郎や亀之助とともに立っている。青年らが興した先憂会を支えたひとりが山本瀧之助だった。小学校を了えたあと、教育の支えのない青年らを指導する郡立実業補習学校長の山本は、郡役所に籍をおいた。校舎をもたず郡内を巡回して指導にあたる山本は、いうならば村田の同僚であった。

『まこと』は、沼隈郡内で活躍する人々だけでなく、東京在住の沼隈郡出身者をも誌上に紹介した。生前の河本は今津村出身者として、彫刻家平櫛田中〔田中倬太郎・養家が今津村在〕とともに、折々にその消息がとりあげてきた。拾い出す。

一九一四年一〇月一〇日「編輯局より」

河本家之墓〔多磨霊園二二区一種三八側〕

◎本会客員たる熊野学校長高山秀雄先生農村青年の為めに「夜学読本」を編纂し今回より東京洛陽堂より発売する事と相成り候先生の周到なる用意は幾多青年夜学読本中最も完全せるものにして吾人の推奨して措かざる処、切に講読あらんことを希望仕り候。定価上下巻共各貳拾五銭に候。

一九一五年二月一〇日「消息」

▲山本瀧之助氏　本郡立実業補習学校長山本瀧之助氏の新著「着手の箇所」をば近々東京洛陽堂より出版せらるゝ筈

一九一八年一月一日「沼隈の新人物　◎今津村」

▲河本亀之助　教科書出版所たる国光社支配人たりしが現に東京書肆洛陽堂主人なり。

一九一八年一月一日「消息」

◎寺岡千代蔵氏（走島）　同氏は漁村教育に多大の興味を有し多年漁民指導に従事せるが今回「漁村教育」と題する冊子東京洛陽堂より出版せられたるが此の種の著書としては嚆矢にして漁村開発に志すも

の、必読の良書として歓迎を博しつゝあり
一九二〇年一月一〇日露月記「沼隈之新人物　◇今津村」
〇河本亀之助　教科書出版を営業せし国光舎〔社〕支配人たりしが、現に東京書肆洛陽堂主人たり
一九二〇年六月一〇日記者「沼隈一百人」
三三、河本亀之助（今津）
　裸一貫で飛び出して教科書出版を営業する国光社の支配人迄切り上げたが、感ずる処あつて独力で洛陽堂を起し、図書出版を始めたのが大いに当つて今日の大を致した訳である。逸話の泉が多大の歓迎を受けて隆運の度を一層高めた
一九二一年一月一〇日「消息」
▲河本亀之助氏（今津）　東京書肆洛陽堂主人として出版界に重きをなせる氏は舊臘十二日遂に永眠せらる享年五十三立志伝中の一人者を失ひたるは可惜。
一九二一年四月一〇日山本瀧之助「立志伝中の一人者／故河本洛陽堂主人に就て」

こうして郷土と出身者をつなぐ先憂会によって『沼隈郡誌』が編まれ、人物篇に亀之助がとりあげられたのだ。本書はじめに、にかかげた。

河本亀之助　慶応三年十月二十一日今津村に生る。幼にして同村大成館に学びしが、在学中学大

いに進み小学校助教となり今津・松永・高須等に教鞭を執る。後今津郵便局の事務員たりしが、明治二十四年如月二十七日奮然として東都に出づ。上京当初は牛乳配達、新聞売子等の苦役をなせしが、国光社印刷所の設置せらる、や入りて雇となり励精怠らざりしを以て年と共に要職に挙げらる。明治四十一年故ありて退社、翌四十二年千代田印刷所を創設せしが同年末洛陽堂と命名して出版業を始め今日の大を致す。大正九年十二月十二日日本赤十字病院に逝く。享年五十四。

七章　註　亀之助経営の最後　一九一九年〜一九二〇年

一　吉屋信子

・荒畑寒村『谷中村滅亡史』初刊一九〇七年〔翻刻一九九九年堀切利高校訂岩波文庫〕

1　亀之助とつないだ人物

・対談は、吉屋信子／巌谷大四「対談　年輪の周囲」〔『風景』六巻四号一九六五年四月一日悠々会〕、年譜は、吉屋千代編「年譜」〔『吉屋信子全集』一二巻一九七六年朝日新聞社〕。後者に記された四谷教会と橋本正三牧師については、古谷圭一「第二次世界大戦後の四谷教会」〔『バプテストの宣教と社会的貢献』関東学院大学キリスト教と文化研究所研究叢書二〇〇九年関東学院大学出版会〕、片子沢千代松「橋本正三」〔『日本キリスト教歴史大事典』一九八八年教文館〕、一九一六年『日本基督教徒名鑑』中外興信所〔覆刻二〇〇二年皓星社『日本人物情報大系』九七巻〕をもとにした。

①沼田笠峰

・同文館社史は沼田入社を一九〇五年三月とする〔『風雪八十年　同文館創業八十周年史』一九七六年同文館出

版)。『日本の家庭』創刊当月であるから、これをもって入社と扱われたと考えうる。ただし退職年月が空欄なので、失われた在職記録を補うため、はっきりしている担当雑誌創刊年月を書きこんだだけかもしれない。教育学術研究会幹事の名が同会編同文館発行『教育学術界』に現われるのは三年九月号、同誌記者としてのはじめは五年一月号だった。高島平三郎略伝を載せた『日本の家庭』三巻四号臨時増刊こども博覧会号は一九〇六年五月二〇日刊。

・博文館入社を一九〇六年とするのは『頌栄女子学院百年史』(「頌栄の教育に携わった人々(5)　沼田藤次」一九八四年)、典拠は示されていない。坪谷善四郎編著『大橋佐平翁伝　附録博文館小史』(翻刻一九七四年栗田出版販売株式会社新社屋落成記念出版)に収められた座席図によれば、編輯員の顔ぶれは、石井研堂、大竹小舟、押川春浪、浮田和民、長谷川天溪、前田晃、田山花袋、松原岩五郎、久留島武彦らだった。

・沼田夫妻が開いた読書会については、永井紀代子「誕生・少女たちの解放区　『少女世界』と「少女読書会」」(奥田暁子編『女と男の時空』日本女性史再考V闘ぎ合う女と男　近代　一九九五年藤原書店)にくわしい。

・『幼年世界』に掲載された吉屋信子童話を、年譜は六篇とするが、一九一五年三月号「文鳥と絲車」は見当たらなかった。編輯者武田略歴は、藤本芳則「武田桜桃」による(『日本児童文学大事典』一九九三年大日本図書)。

②高島平三郎

・木元平太郎は慶応元年六月生まれで、高島と同年、一九一四年にコドモ社をつくり月刊絵雑誌『コドモ』を発行した。本邦初とされる(『現代出版業大鑑』一九三五年現代出版業大鑑刊行会)。独逸学協会中学在職期間は、木元が一八九八〜一九一六年、高島は一九〇七〜一九一四年だった(「獨協専任教員名簿」『獨協学園史』資料集成二〇〇〇年)。

・吉屋が『良友』に童話を連載したのは、二巻六号〜一一号一九一七年六月一日〜一一月一日だった(二作めの表題「お伽話　銀の壷」は最終回だけ「おとぎばなし　銀の壷」)。

2　大阪朝日新聞懸賞小説「地の果まで」

・懸賞小説にかかわる回想は、吉屋信子「懸賞小説に当選のころ」上下、二回分ある(朝日新聞一九六三年一月一九日および二〇日朝刊〕。
・日記を参照した評伝は、田辺聖子『ゆめはるか吉屋信子　秋灯机の上の幾山河』（上）〔一九九九年朝日新聞社・初出未見一九九三年一〇月～九四年三月『月刊Ａｓａｈｉ』九四年四月八日～九八年一二月一八日『アサヒグラフ』〕。
・洛陽堂版『花物語』のうち、重版のようすが判ったのは第二集で、初版二〇年二月一三日、再版二月二五日、三版三月八日、四版四月一六日、五版五月一五日である〔神戸市立中央図書館蔵〕。一年後の新聞広告には第一集九版、第二集七版とある〔東京朝日新聞一九二一年五月六日朝刊〕。

3　『地の果まで』洛陽堂版と新潮社版

・新潮社版装幀者が藤森静雄であるのは、東京朝日新聞広告に拠る〔一九二三年二月一一日朝刊広告〕。藤森がこの年制作新潮社封筒の意匠をもゆだねられたのを、和歌山県立近代美術館展示によって知った〔「版画・図案・オブジェ」展二〇一三年三月九日～五月一九日〕。

4　絶版事情　吉屋信子をめぐる人々

・大橋房子をとりあげた読売新聞記事は、「諸方面の新人（6）円味ある新婦人／大橋房子女史／矯風会の明星」〔一九二〇年五月四日朝刊〕と、よみうり婦人欄「『葡萄の花』の／出版を記念し／大橋房子さん／の友達ち集る」〔同年五月三一日朝刊〕。吉屋が出版祝賀会を回想したのが、「東慶寺風景／ささき・ふさこと私」だ〔『自伝的女流文壇史』一九六二年中央公論社〕。
・沼田夫妻が開いた読者会に集った北川千代を評した鳥越信引用文は『日本児童文学大事典』からとった〔一巻一九九三年大日本図書〕。

5　吉屋にとっての稿料印税

・持ち家にあこがれたとは、「すまい」〔『白いハンカチ』所収一九五七年ダヴィド社〕、借家住まいの三ケ島が生田花世宅で開かれた誌友会で吉屋に出会ったとは、倉片みなみ編翻刻『三ケ島葭子日記』〔下巻一九八一年至芸出版社、葭谷のぶ子と表記、編者註によって吉屋信子の宛字とされる〕、及び秋山佐和子『歌ひつくさばゆるされむか

も　歌人三ケ島葭子の生涯』（二〇〇二年ＴＢＳブリタニカ）において示された。
・誌友会をとりあげぬのが、吉屋信子「三ケ島葭子の一生」（未見一九六五年四月『小説新潮』・所収一九六五年『ある女人像　近代女流歌人伝』新潮社）、生田花世宅で会ったのは三ケ島ではなく、岡本かの子であるとは、「逞しき童女　岡本かの子と私」（未見一九六一年春季号『小説中央公論』・所収一九六二年『自伝的女流文壇史』中央公論社）で、三ケ島の回想とはかみあわぬ。
・同じできごとであるはずが、当事者双方がちがう書きかたをしたのが、吉屋信子「続　私の見た人47　竹久夢二　上　宵待草」（朝日新聞一九六三年六月四日朝刊）、吉屋千代編「年譜」（『吉屋信子全集』一二巻朝日新聞社）、対するに、吉屋信子宛竹久夢二書翰一九一五年六月一三日、六月二二日二便、六月二四日、七月四日（『夢二書簡』１一九九一年夢寺書坊）。

6　出版者と著者　木村荘八の場合

二　『良民』終刊

1　井上友一急逝

・留岡幸助「予の観たる井上明府（上）」『斯民』一四年八号一九一九年八月一日

2　『良民』終刊

・乗杉嘉寿については、『東京芸術大学百年史』（東京音楽学校篇二巻二〇〇三年音楽之友社）、宮坂広作『近代日本社会教育史の研究』（一九六八年法政大学出版局）を参照した。

3　見舞

・山本瀧之助「立志伝中の一人者／故河本洛陽堂主人に就て」『まこと』一一巻四号一九二一年四月一〇日先憂会

三　葬儀・追悼

1　麹町教会

・麹町教会は、一九二三年大震災によって崩壊したあと、仮会堂で牧したのが賀川豊彦、病気辞任のあとをうけたのが中山昌樹だった。空襲により再建会堂を失ったために高輪教会と合併するのは五二年、高輪教会敷地に麹町記念館が設けられたのが五六年だった〔『高輪教会百年の歩み』一九八二年日本基督教団高輪教会〕。
・親戚総代大戸省吾は、広島県／日本聖公会／福山基督教会　広島県備後国福山町字米屋町／会員数六四／大戸省吾　府中町〔『日本基督教徒名鑑』二版一九一六年中外興信所〕

2　追悼録

①関寛之
・高島平三郎監修『国民教養　智識の泉』編輯分担は、政治経済的方面は亀之助の弟河本哲夫、歴史地理科学逸話其他一切が高島の松永小学校における教え子高橋立吉だった。
・編輯長という肩書を記したのは、「日本太古の児童生活」(下)『教育学術界』三九巻四号目次一九一九年九月一日同文館
②永井潜
・伊藤善規「色覚差別」『部落問題・人権事典』二〇〇一年部落解放・人権研究所
・宮中某重大事件関連資料『現代史資料』(4)国家主義運動（一）一九六三年みすず書房
③高島平三郎
・高島寿子と河本テルが伊勢神宮参拝をしたのは、三重県奥田大三「回顧」、テルが寿子を看病し末期の水を手向けたのは、高島平三郎「幼き子供等に」に記された〔亀岡豊二編高島寿子夫人追悼録『久遠の寿』一九二二年東京芸備社〕。
・加登田恵子「わが国における児童学の誕生と高島平三郎」は、つぎのように評価した。高島は、子どもを自然観察する中から、実証的帰納的に論を組み立てる志向性がみられる。そうした学問の方法は、既存の概念や自説にあてはまるものを選んで実証的に見せる落とし穴があり、高島もぬけ切ったとは言えぬ。しかし児童研究誕生期における重要な牽引者のひとりだ、と〔『教育に応用したる児童研究』復刻版解説一九八五年日本図書センター

『日本児童問題文献選集』二九巻)。

・大泉溥『高島平三郎著作集解説』は、加登田に対し、本文引用箇所を無視ないし軽視したと、波多野完治が「小さい大人の児童観」典型としての高島批判にふれないのを指摘した(二〇〇九年学術出版会『学術著作集ライブラリー』六巻)。波多野は『子供とはどんなものか』で高島著『児童心理学講話』をとりあげ、大人の心理学の体系をそのまま子どものなかに移したもので、児童心理学独自の体系をなさないとした。子どもを子どもとして見ようと努力しながら、大人のなかの子ども性を見るにとどまった、と(一九三五年刀江書院・一九九一年小学館波多野全集七巻に拠った)。

④帆足理一郎

・品川力「奥村長則　夕暮れの中の古本屋さん」(『古書邂逅　本豪落第横丁』一九九〇年青英舍)には、哲夫とシカゴ大学同窓としている。哲夫が学んだのはカルフォルニア大学だった(新教出版社後任社長秋山憲兄氏提供河本哲夫自筆略歴)。菱川精一調「市俄古大学日本人倶楽部名簿」(『市俄古学苑』八号一九一七年八月五日)は、旧現会員を網羅しているが哲夫は載っていない。

⑤恩地孝四郎

・恩地が『都会及農村』表紙画を担当したのは、一九一六年二巻八号から一七年三巻三号まで、挿画は三巻九号、一〇号に寄せた。寄稿は、一六年二巻二号に「農民の生活を取材としたる絵画」がある。

・武者小路実篤『向日葵』跋に、「装幀は「彼が三十の時」と同じく恩地孝氏を煩はした」とある。恩地は『彼が三十の時』を郷里和歌山で療養する田中恭吉に送った。礼状は「しかしまた君が新居に移って　経済上多忙な中から　このことをされたについて　済まなく思ふ　それだけに又　一層の身に沁む　大切にしてゆっくりよまうと思ふ　ありがたうよ」と綴られていた(一五年三月三〇日付「資料・田中恭吉書簡集」『宮城県美術館研究紀要』四号一九八九年三月三一日)。

・「自作装本選の初めに」『本の美術』一九五二年誠文堂新光社

・令息恩地邦郎「恩地孝四郎の遺したもの」(『恩地孝四郎版画芸術論集　抽象の表情』跋一九九二年阿部出版)、

大正七（一九一八）年より三十数年間定規とペンを駆使して書き続けた、とする。
・恩地邦郎編『恩地孝四郎　装本の業』に書影をおさめた装幀本はつぎのとおり（一九八二年三省堂）。序文や跋文で恩地装幀を明かしたものに註記した。
一九一五年武者小路實篤『向日葵』（跋）
一九一六年長与善郎『彼等の運命』（序）
一九一六年武者小路實篤『後ちに来る者に』
一九一六年長与善郎『求むる心』
一九一六年加藤一夫『我等何を為すべき乎』
一九二〇年馬場睦夫訳『ボォドレェル詩集　悪の華』
右をもとにして編まれたのが「恩地孝四郎装幀作品目録」恩地孝四郎装幀美術論集『装本の使命』で、三点追加している（一九九二年阿部出版）。
一九一五年加藤一夫『本然生活』（扉画にK．ONCHIと署名）
一九一六年吹田順介訳『ヘッベル傑作集』
一九二一年正富汪洋『ゲエテとシルレル』
・恩地装幀明示一覧
一九一五年
武者小路實篤『彼が三十の時』（『向日葵』跋）
高島平三郎『婦人の生涯』（扉）
中山昌樹訳『アッシジの聖フランチェスコ』（扉）
岡田次郎作訳『涙痕』（扉画署名K．ONCHI．）
天野藤男編案『田園趣味暦（文章暦十二ケ月）』（未見・『良民』五巻一一号広告）
一九一六年

天野藤男『花と人生』〔緒言〕
天野藤男『趣味教訓　四季の田園』〔緒言〕
一九一七年
上沢謙二編『夜半にひとり』物語第二集〔はしがき〕
一九一八年
上沢謙二編『幼なけれども』物語第三集〔扉〕
上沢謙二編『知らぬ御国へ』物語第四集〔一一月二〇日東京朝日新聞広告〕
一九二〇年
上沢謙二編『暁のみ空より』物語第七集〔はしがき〕
上沢謙二編『嬉しまぼろし』物語第八集〔はしがき〕
一九二一年
小島茂雄『哲学的三詩人』〔九月二〇日東京朝日新聞広告〕
一九二二年
葛原しげる『姫百合小百合』〔序〕
上沢謙二編『母のふところ』物語第九集〔はしがき〕
上沢謙二編『愛こそ凡てを』物語第十集〔はしがき〕

・日記引用は、恩地三保子「恩地孝四郎　青春の軌跡」22に拠る〔『図書新聞』一九七八年五月二七日〕。
・三木哲夫編年譜には、一九一八年九月「洛陽堂から版画集『幸福』の出版を計画するも延期」とする。典拠に『感情』一六号二二号をあげるが、書名は該誌記事にない〔『恩地孝四郎　色と形の詩人』展図録一九九四年読売新聞社／美術館連絡協議会〕。日記に書名を書いているのだろう。
・恩地が詩作に自信を持ったと書いたのは「消息」〔『感情』三年一〇月号通号二三〕、室生は恩地が詩集を出すとは「編輯記事」にある〔同四年三月号通号二五〕。

・洛陽堂からの画集出版にかかわる記事
室生「編輯記事　恩地の画集は洛陽堂から四月ころに出る。いいものが出来ることと今から期待してゐる」『感情』三年一月号一九一八年一月一日〔通号一六〕
室生「編輯記事　恩地の画集号は五月にした。いま製版したりしてゐる。約二十葉ばかり集まる予定で、いちど感情で発表して洛陽堂から改めて本にして出すさうだ」『感情』三年四月号同年四月一日〔三月は休刊したので通号一九〕
室生「編輯記事　恩地は小田原で静養中。九月には立派な画集を洛陽堂から出す。いつれ詳報する」『感情』三年七月号同年七月一日〔通号二二〕
恩地「編輯記事　洛陽堂からの画集は出版費ばかり高くて、いいものの出来そうもない今はやめた方がいいと思つて当分延ばすつもりだ」『感情』三年九月号同年九月一〇日〔八月は休刊したので通号二三〕。出版に至らなかった画集『幸福』からぬき出した作品を、翌一九年、日本創作版画協会展に出品した〔三木哲夫編「恩地孝四郎年譜」新装普及版『恩地孝四郎　装本の業』二〇一一年三省堂〕。
・育児本出版予告〔恩「六号」『感情』四年四月号一九一九年四月一日通号二八〕、出版報告〔恩地「六号」四年一一月号同年一一月一五日通号三三〕
⑥竹久夢二
・やなぎ生〔三好米吉〕「夢二はんも死にやはつた」『柳屋』五二号一九三五年五月一五日柳屋画廊〔初出『食道楽』九巻一〇号・未見〕。三好が即売会をいつ開いたかは不明、一九二一〔大正一〇〕年六月、大槻笹舟の墓参りに出かけた竹久は、永井かね代に宛てて「大つきさんのおかみさんは里へかへされたらしい。おつ母さんといふ人はいやな人だし、妹はあの通りの人なので　かなりいやだつた。柳屋は不幸があつていつしよにいつてくれないので京都へはひとりでいつたのだ。」と伝えた。即売会に苦情を申したてた後かも知れない。

3　山本瀧之助

・寺岡千代蔵校長在任一九一二年五月～一九一八年一一月〔「燧洋尋常小学校」『沼隈郡誌』一九二三年先憂会〕、

兄弟とつきあいがあったとは、山本瀧之助「寺岡千代蔵君を憶ふ」に記す（『まこと』八巻九号一九一八年一二月一〇日沼隈郡教育会、発行所先憂会は財政難により一八年七月八巻六号から沼隈郡教育会に譲渡、復したのは一九年五月九巻五号だった）。スペインかぜを報じた大阪毎日新聞は、「何故に小学教員の死亡率高きか／文部当局の研究改善を要す」との記事を掲げた（一九一八年一一月二三日）。

・無名の一青年の大著とは、欧州諸国の児童保護事業を紹介した、七百頁におよぶ内務省嘱託岡村準一『児童保護の新研究』だろう。先進イギリスと後進ドイツ両方の勢力による植民地の再分割を目指す帝国主義戦争が勃発した一九一四年に出版された（覆刻版古川孝順解説『日本児童問題文献選集』三四巻一九八五年日本図書センター）。

4　武者小路実篤

・武者小路実篤「再版に際して」『心と心』三版自序一九二一年六月一日洛陽堂（神奈川近代文学館蔵）
・武者小路実篤「序」『或る青年の夢』武者小路選集四巻一九二二年一月一〇日新潮社

5　今津村における追弔会

・一九一九年七月六日山本瀧之助日記「昨日通り、午後四時迄検査場行き。□□□徴兵忌避につき」
・湯川大三郎（白汀）「回顧三年」『まこと』四巻七号三週年記念号一九一四年七月一〇日先憂会

八章　歿後

1　後継　洛陽堂・洛陽堂印刷所

洛陽堂から一九二〇（大正九）年に出版された図書は、すべてその発行者を河本亀之助と記していた。つまり一二月一二日に亡くなったあとの二点は、生前のまま奥付を組み直さなかった。明けて二一年から発行者は弟俊三に代わる。東京書籍商組合への届出は三月号にのった。

移転　麹町区隼町二〇　洛陽堂　河本俊三君
相続　一、洛陽堂河本亀之助君死亡セラレ嗣子俊三君相続セラレタリ

発行所在地はすでに二年前の一九年に隼町二〇番地に移しており、奥付にそう記していた。組合に正式に届出たのがこの時であったようだ。俊三が戸籍上でも後継ぎとなったと受けとれる。

印刷者だった俊三が発行者になったから、新たな印刷者には奥村紫樓が就いた。一二年夏ごろから洛陽堂印刷所に勤めていた人である。『夢二画集』増刷に追われていた時期にあたる。洛陽堂が東京書籍商組合に届けた記録から逆算した。

規約改正後
氏　名　店　主　勤続年数　表　彰　年　月
奥村紫樓　洛陽堂　十年六月　大正十二年一月

組合による表彰は雇人奨励規定にもとづくもので、一九〇〇年に制度を定めた当初は三等に分けられていた。一等は勤続二十年以上、二等は同十五年、三等は十年以上だったが、二三年に等級を廃し、七年以上の勤続者を表彰すると改めている。待遇改善を求める労働運動の高まりによって印刷工が定着しなくなったのに対応するための措置だと思われる。ただし奥村にかぎっていえば、規約改正のときちょうど勤続十年に達していたから、表彰資格を得ていた。

奥村紫樓が洛陽堂印刷所に勤めるきっかけが、どこにあったのかは判らない。しかし、奥村、河本、両縁戚につながりができたのは確かだ。たとえば紫樓の弟長則（ながのり）に次の回想がある。

私は十六の時、神田〔?〕の洛陽堂と云ふ出版屋を振り出しに奉公をはじめて、銀座の夜店へ出てまゐりましたのは、大正十二年の五月で、これが独立のはじめで、最初の日は銀座六丁目の警醒社と云ふ聖書を売つている店の前に、古本屋を出しました。

奥村長則と河本哲夫とのつながりを、本郷ペリカン書房主品川力が書いている。

関東大震災で丸焼けになった私は、しばらくの間、銀座尾張町にあった叔父の大勝堂時計店に世話になった。店の前には毎晩かかさず夜店が出て、そこの古本屋の若き主人は、震災以前神田神保町の新生堂書店の番頭さんをしていた奥村長則君だった。この新生堂主人の河本哲夫氏は、雑誌「白樺」の発売元になっていた洛陽堂の弟さんで、シカゴ大学で帆足理一郎と同窓〔?〕で、そのよしみでか帆足理一郎の著書を多く出版した。

2　一九二一年　洛陽堂をめぐる紛議

亀之助を継いだ俊三によって、一九二二〔大正一〇〕年に三十八点、二二年に二十四点を洛陽堂から出版した。これまでなじみの編著者、高島平三郎、木村荘八、帆足理一郎、吉屋信子、沼田笠峰、加藤一夫、中山昌樹、津田左右吉らにまじって、初めて顔を出す人々があらわれる。無名の人を世に出すという、亀之助の遺志を継いだものと思われる。雑誌発行は亀之助存命のときすでに廃していた。

俊三が引き継いだ二一年に、洛陽堂をめぐってもめごとが起っていると聞きおよんだのは、山本瀧之助だった。七月一日、「洛陽堂行き。店の主人より紛議をきく。夜、洛陽堂へ泊まる。文部省で仕事する」とある。紛議は、すでに『地の果まで』出版をめぐり先回りして述べたとおり、吉屋信子に関わる。日記をもとにした田辺聖子が二一年のことだと書いている。洛陽堂からは最後となる『花物語』第三集は、四月一六日に出版していた。最後の新聞広告を出した七月二一日まで、吉屋の著作発行元は洛陽堂であった。

このころ進んでいたと思われるのが、「海の極みまで」長期連載企画だ。前作「地の果まで」を大阪朝日懸賞小説に応募したときは、物心ついてから東京朝日の範囲の土地ばかりに住んでいたので、たやすく紙上の自作を読めなかった。望みがかなって、ようやく東西両紙に連載できることになったのだ。予告記事は、山本が紛議を聞いた二日のちの七月三日、東西両紙に載った。大阪朝日をみる。

目下本紙に連載読者の大歓迎を受けつゝある東都文壇の耆宿徳田秋声氏の小説『断崖』は数日の内に終局を告げる。次いで新たに連載する小説は

海の極みまで　吉屋信子作／蕗谷虹児画

吉屋信子女史は曩(さき)に本社の懸賞小説に応募し一等当選の栄冠を贏ち得て一躍閨秀作家としての名を文壇に知られた『地の果まで』の筆者、特に此の編を草せんがため相州鵠沼に居を移して静かに想ひを練り、筆を行る。『地の果まで』が洋画なりとすれば、これは丹青の匂ひもかぐはしき日本画。精緻なる女史の観察眼によつて現代世相をやはらかに解剖し、うるはしき涙と同情とを以て不可思議なる運命の児の行末を心ゆくまでに描かんとするもの。画は東都斯界新進の虹児氏、清新にして魅力ある筆致は血のあたゝかき子女を悩殺せしめずにはおかぬ。ともに新聞紙上稀に見ることを得るもの、切に愛読を賜へ。

大阪は徳田秋声「断崖」、東京は上司小剣「東京」を受けての連載である。徳田は吉屋の大阪朝日懸賞小説「地の果まで」を高く評価した選者で、新潮社から出版する話をもちかけた。その新潮社中

村武羅夫が、連載を書くためにしばらく鵠沼に来ていたと記憶していた。吉屋によれば、徳田が鵠沼海岸の東屋旅館に保養しているのを見舞ったとする。滞在していた大杉栄に誘われて、卓球をした旅館だ。

吉屋は何年であるのかを書いていないけれども、一二年であるのは、秋に宇野浩二が十日ほど執筆のため滞在したおり、大杉らが居たとしているのから明らかだ。吉屋が見舞ったのは、わざわざ東京から出かけたのではなく、新聞小説を執筆するために鵠沼に在って同地東屋旅館に立寄ったのだろう。こうしたことから、東西両紙へ「海の極みまで」を連載するには、徳田の口添えがあったのをうかがわせる。

七月一〇日から東西朝日新聞に連載をはじめた「海の極みまで」にさし絵を描いたのが蕗谷虹児〔一男〕だと、予告記事にあった。竹久が画才を認めた蕗谷と組んで、童話集『黄金の貝』が民文社から出版されるのを、同社発行雑誌『児童の世紀』が広告したのは八月一日創刊号だった。二集以上隔月続刊を予定し、同社以外からは刊行しないとことわった。その第一輯を四六判二百頁、定価一円十銭、最新刊としている。

書名は、一年半ほど前に洛陽堂から出版した『野薔薇の約束』に収められた一篇と同じであった。洛陽堂が吉屋の著作新聞広告を出した最後が七月二一日、八月一日発行雑誌に民文社から童話集新刊広告が出る。著書に収めた作品を他社から出版するときに再録する例は、何年か前に武者小路と洛陽堂との間であった。他社での原稿二重売りが問題とされたから、山本が聞いた紛議とは、絶版とこの童話集発行に関わるものだったと考える。

そのためか、民文社『黄金の貝』出版は遅れた。一〇月六日になってもまだ近刊だという消息記事が万朝報に出た。「新著「吉屋信子童話全集」を京都の民文社から近刊す可く第一輯は「黄金の貝」と決定」とは、二ケ月前に最新刊広告を出したにしては妙だ。

それではいつ出版されたのか。吉屋年譜によれば明くる二二年四月、新聞広告を調べると七月二二日に出ていた。発行所を民文社に移した『花物語』と併せての広告で、重版数をみると洛陽堂版から累計したようだ。民文社と吉屋とのつながりはよく判らない。民文社は、さきに民衆文化出版協会出版部として書籍を出版していた。

なお、「海の極みまで」のさし絵を描いた蕗谷虹児の自伝小説に、『児童の世紀』表紙画を手がけたとある。稿料は相場が二、三十円であったのに百円出すといわれ、何かの間違いかと訊ねたら、成城小学校長沢柳政太郎は蕗谷のために特にはずんだと答えたそうだ。さきの『児童の世紀』は、大正新自由教育を同校児童読物研究会が編輯に参画して創刊した雑誌だった。

3　洛陽堂の一九二二年

①東京まこと会

在京沼隈出身者の親睦団体東京まこと会は、一九二二〔大正一〇〕年に結成された。発起人のひとり小林八三郎〔杏村〕は田尻村の出身で、郷村に在ったときは先憂会鞆支局をつくり、上京して鉄道青年会本部に勤務してからは東京支局開設に奔走した。山本瀧之助が駅講話にたずさわるのは、小林が鉄道青年会創立に力あった益富政助につないだためらしい。山本日記に小林や益富が出てくること

先憂会上京団歓迎会集合写真
〔三角飾り右下めがねをかけた人物が俊三でこのとき東京まこと会評議員だった　『まこと』一二巻六号一九二二〔大正一一〕年六月一〇日先憂会村田露月旧蔵清水幹男氏提供〕

から察せられる。

二一年先憂会機関『まこと』七月号は東京号をうたい、東京まこと会第三回例会のもようをくわしく報じていた。会場は本郷西片町にある旧福山藩子弟の寄宿舎誠之舎だった。特記してはいないが、会長は一三年から移り住んだ高島平三郎である。誠之舎長を辞するまで二十余年を過ごした。この東京号に六月現在の東京現住郷土人名簿が載っているが、俊三はまだ連絡をとっていないのがわかる。「河本洛陽堂　麹町区平川町五ノ三六／書籍出版業　今津」と記されており、隼町二〇番地へ発行所を移してから久しいのに正されていない。

俊三が先憂会東都見学団を迎えた東京まこと会に出席したのは、二二年五月一六日だった。六月号には「先憂会東都見学団／北陸の曠野を走つて／花の都へ／一行十三名から二十名へ／見学日数十日／裏日本から表日本へ」の見出しがおどる。俊三は九名を数える東京まこと会評議員だった。

記念写真に写る俊三の顔は豆つぶほどであるが、ただ一つしか得られなかった肖像だ。

②創業十五週年紀念特価販売

創業十五週年紀念と銘うった特価販売は、一九二二（大正一一）年九月一日から一〇月三一日までの二ケ月間にわたる。洛陽堂創業は九年、初出版は一二月一〇日山本瀧之助『地方青年団体』だったから、あやまりない宣伝をするならば十三週年とすべきだった。生まれ年を一歳とする人の齢と同じ数えかたをしても、二二年は創業十四年にしかならない。洛陽堂印刷所の前身千代田印刷所創業に向けた準備をはじめた八年末からすれば、ようやく足かけ十五年になる。

この特価販売を終えてから俊三が出版したのはわずか三点で、一一月二〇日を最後とするのだった。うがった見かたをすれば、在庫一掃処分だ。俊三の思いを忖度すると、自転車操業はもやはこれまで、店じまいに向けて最後のひと花を咲かせるのに、これを企てたのではなかろうか。それならば十三は法事の忌年にあたるためこれを避け、出版業をめざして印刷所をつくる準備を始めた時から起算しよう、と。俊三は兄亀之助の遺志を尊んだとしておく。

十五週年紀念特価販売あいさつ文は二種ある。新聞広告とは別に用意された詳細目録とは、字句に十箇所ほど異同があるが、文意に変わりはない。九月二八日東京朝日新聞と一〇月四日読売新聞それぞれ朝刊一面に載せた。

世はをしなべて平和の御恵に浴し大正ははや十有一の秋を迎へました。文化の光は昭々として東西の障壁を破り偉大なる思想は筆紙によりて現はれ其の渇仰者は書籍を巡つてをります。一般社会と出版界との接触は此の機より密なるはなく出版業者の自覚と責任とを要求すること今より大なる秋はありませぬ。出版は文化運動の中心であり書籍は社会教育の機関であらうとは私共の私かに信ずる所であります。微力ながら弊堂が此の自覚の下に出版界に立ちましてから本年は恰かも十五週年に当ります。其の間或は利害を抛つて良著刊行の犠牲となり一向に此の自覚の実現に努めましたが幸に江湖各位の多大なる御援助を得ること丶なりまして　兎に角特色ある出版物を有する書店として洛陽堂の名目を皆様に記憶して頂きましたのは弊堂の過大の光栄と致す所であります。恰も開業十五の秋に際しまして弊堂は此御厚情に酬ゐんがため平年よりも更に低廉の特売価格を以つて目録記載の良書を天下に供給せむと致してをるのであります。幸に続々御注文の栄に接しますなら欣栄の至りであります。

読者にむけた告別の辞と受けとる深読みは措き、特価販売を終えてからあとに出版広告をしたかどうかをさがすと、読売新聞にはなかった。読売より多く出稿していた東京朝日新聞は、一一月一五日、二三日、二六日をもって終わった。明けて二三年元日に店名だけ年賀広告「賀正　東京出版業（いろは順）（博報堂扱）／麹町区隼町二十番地／洛陽堂」を出して絶えていた。

③破産

破産と書いたのは、洛陽堂編輯長であった関寛之だ。一九二五（大正一四）年一二月、広文堂刊

『玩具と子供の教育』序文で明かした。

最初余が玩具の研究を公にしたのは大正八年一月一日であつて、「玩具と教育」といふ書名の下に之を刊行した。然るに書肆破産の厄に遭ひ、重ねて震災によつて紙型の全部を烏有に帰した。その後各方面の読者から再出版を慫慂されたことは一再にして止らない。併し七年の歳月は流れ、余の玩具に対する研究と随つて之に対する考とは大いに変化してきた。

一八年一月一日刊『玩具と教育』は、まさに洛陽堂が版元だ。編輯長をつとめ、亀之助追悼録を編んだ人であるから、その言に信をおける。裏づけらしき俊三の動きは、東京まこと会ができてから沼隈出身者の消息を伝える機会をふやした『まこと』でうかがえる。

創業十五週年紀念特価販売をしたのは二二年一〇月号、二三年一月号に「河本俊三氏（今津、洛陽堂主）堅実なる書籍の出版者として熟知せらるる洛陽堂は、その基礎愈々堅く、売行益々盛なり。十二月初旬氏は大阪地方に出張されたり」と報じた。これは金策にちがいない。

俊三の大阪行きに加えて、もうひとつだけ、破産をにおわせるのが、山本瀧之助日記だ。つながりが次第に細くなってゆくのである。洛陽堂から出版した最後は、一九年三月『団体訓練』だった。これは、青年団に関する卑見これにて完結、とする著作だった。その後、青年団と少年団とのつながりに関して補訂する必要を感じて、二一年五月『少年団研究』を出版するのだが、これは俊三経営の洛陽堂からではなかった。修養団出版部だった。修養団は、蓮沼門三ら東京府師範学校在学生の創始にかかる修養教化団体で、後藤静香は洛陽堂から『女教員の真相及其本領』出版後に本部へ入った。修養団から出版した年を締めくくる山本日記「大正十（一九二二）年回顧」に、「洛陽堂へ印税交渉」とあるのは、新刊を出していないから、旧著重版に関するものになる。

二二年になると、山本が洛陽堂に泊まる記述が少なくなり、修養団本部を宿とするようになった。洛陽堂へはただ立ち寄るだけの記事が現われる。この年四度めが十二月で、俊三が大阪へ向かうと『まこと』に報じられたころだった。明けて二三年四月五日、洛陽堂へ調印して送るとは、清算の意ではなかろうか。七月八日洛陽堂より拙著送付とあり、早起五冊、地方青年団体五冊、模範日五冊、一日一善講話四冊、着手の個所五冊、団体訓練四冊、一日一善五冊、しめて三十三冊を受け取っていた。

4　一九二三年　震災

七年前の一九一六（大正五）年秋にカルフォルニア大学を了えて帰国した哲夫は、麹町平河町に住み、しばらくのあいだ洛陽堂の企画編輯にたずさわった。神田神保町に古書店新生堂を開業するのは一七年だった。在米中に買い集めた千冊ほどの洋書、輸入キリスト教書、美術書をもとにした店だ。その広告は亀之助が『都会及農村』に出した。顧客にはキリスト教界の植村正久ら知名士のほか、大佛次郎、有島武郎、武者小路実篤、木村荘八らがいた。破産にはふれずに、震災被害のようすを書きのこしたのは、俊三ではなく哲夫だった。

さて、私の兄、亀之助は、日本の文化向上のための召命を受けた一出版者として、また、良きキリスト者として、大正九年の秋、病のため、五十四年の地上の生涯を終えて、主の御許に召された。私はこれを機会に、洛陽堂から退いて、いよいよ、キリスト教書専門の販売と出版に専念しようとしたが、そのやさき、あの関東の大震災に出会って、商品家財の全部を、あとかたもなく焼いて、全くの無一物となってしまったのである。勿論、洛陽堂も、その際、書庫、店舗、印刷、製本工場の全部を灰に帰してしまっていた。しかし私は間もなく、再興の資金を集めて、友人達の援助を受けて、もとの焼跡に、小さなバラックを建てて、いよいよ、キリスト教専門の出版に乗り出した。それが大正十二年の十月であった。

店舗とは発行所麹町区隼町二〇番地をさすのだろうか。それともそれ以前の所在地だった平河町五丁目三六番地か、両方を書庫、倉庫としていたのか、製本工場は取引先か自前かも、この記述だけではわからない。印刷所は麹町二丁目九番地で、創業以来変わっていなかった。

哲夫の新生堂は、すぐ出版に乗り出したとしているが、それは古書店のほうだろう。一〇月一二日読売新聞に「焼跡で真先きに／売れたのは聖書／而もお得意は労働者達」との見出しで取材記事があった。

神田古本屋町の焼け跡へ真先に古本店を復活させたのは旧洛陽堂の主人の実弟河本哲夫氏で北神保町の新生堂がそれだ焦土の上で第一番に誰が何を買ったか「それは印半纏を着た労働者風の青

年で一冊廿銭の古い聖書を買つて行きました九月廿八日のことです」それから一週間位の客は殆どすべてが労働者で一円以下の安い物ばかりが売れた、講談や小説の古雑誌が彼等に喜ばれるであらうといふ予期に反して有島武郎氏訳の「リビングストン伝」内村鑑三氏の地人論や「クリスト信徒の慰め」などが腹掛の丼に収められた、最近漸く学生が一日二百名位づゝ来るが漁るものは大抵教科書、受験用書、辞書類である主人河本氏は加州大学の出身で芥川龍之介、宇野浩二の諸文士にも知られ同窓の学友にも篤志者があつてこんどの罹災に深く同情し神戸からは早速バラツクの店を建てゝ呉れる仙台からは蔵書三千冊を無條件で送つて呉れるといふ有様で古本屋町第一の先駆をなし得たのもこれら学友の後援かあつたからだと氏は敬虔に感謝してゐた

新生堂はその後、かつて洛陽堂が出版したキリスト教関係書を引き継ぐ。洛陽堂の事業は、仮営業所を大阪に移して続けたとは、岩田準一の回想にある。竹久夢二の弟子を任ずる岩田宛て一一月一五日付、洛陽堂の来信をもとにしたという。「河本氏は大正九年十二月十二日に死亡、令弟俊三さんが暫時業務を委任されてゐたが、やがて退き、相続戸主には大阪府堺市の紅露長三氏三女房江さんが立つた。該書店は大正十二年の震災以後、大阪に仮営業所を移してゐたけれど遂に閉店した。（大正十二年十一月十五日附、筆者に宛てた洛陽堂の来信による）。相続戸主をめぐる手がかりとなるのは、とうとうわからずじまいだった。一九八六年河本家宛、八十三歳の猪瀬房江書翰だ。抄録が、縁者村上育郎によって松永医師会誌に収められている。（ ）は同氏による註。

「河本亀之助」は私の伯父（実母の兄）であり養父でもございますが、すばらしい人柄であり、真の意味のクリスチャンで、私の永い人生でこんな頭の下がるような人物に会った事はなく、私の誇りであり、私の八歳～十七歳父の死までこよなく愛され、その人柄が短い少女時代ではありましたが、父亀之助の人格に触れたあの十年は、私の永い人生の支へになっていたと思ひます。（略）／「洛陽堂」は彼が苦労して遂になしとげた出版業社で当時は有名で、武者小路初め志賀直哉他白樺グループと言はれてをります彼等を世に出したのが「白樺」であり洛陽堂社長河本亀之助なのです。（略）／損得なしに隠れた作家を世に出すため努力しての一生で、これからと言ふ時五十四歳で昇天、私は学校を一学期間休んで病院（日赤）通ひいたしました。（略）

亀之助の四妹のひとりが紅露長三と結婚、その三女が房江だった。紅露長三は伝道士あるいは牧師で、古く一八九一年一月九日の『基督教新聞』に、小弟儀伝道ノ為左ノ所へ移転仕候／備後国府中教会内紅露長三、とある。亀之助が、高島平三郎を頼って東京へたつ直前の記事だ。

備後府中町と亀之助縁者とはつながりが深い。このほかにも、葬儀広告にあった親戚総代大戸省吾は、府中町の人で福山基督教会員だった。府中町に近い甲山町出身である亀之助の妻テルは、同じ教会員だったのではなかろうか。わかったのはここまでである。

5　津田左右吉事件

亀之助は享年五十四、もし存命であったなら七十余歳にして津田左右吉著『古事記及日本書紀の研究』出版によって起訴されたはずだった。一九四二〔昭和一七〕年、第一審において、出版法違犯に問われた津田著岩波書店発行四点のうち、かつて洛陽堂から出版した『古事記及日本書紀の研究』だけが有罪とされたのだ。津田をねらい撃ったのが蓑田胸喜で、事件には洛陽堂をめぐって少なからぬつながりを持つ人物が深浅さまざまにかかわった。

①前ぶれ　森戸事件

ひとりが、洛陽堂から二著を出版した上杉慎吉だ。上杉は一九一九〔大正八〕年二月に東京帝大生による国家主義団体、興国同志会をつくった。欧米の新思想の研究と運動をめざす新人会に対抗するものとして結成されたという。

上杉は穂積八束に師事し、穂積退官後にかわって憲法講座を担当した。天皇主権説を唱えて、天皇機関説に立つ美濃部達吉と対立した。一九年夏、皇国精神復興運動の名のもとに、全国遊説をおこなったが、世間の反響はあまりなかったという。洛陽堂から一一月に、在学生五百名を集めたという「興国同志会」の一項をもうけた『暴風来』、一二月に『国体精華乃発揚　真正日本乃建設／挙国一致乃提唱』を出版するのは、上杉にとって巻き返しのためと受けとれる。自著にいきさつを語らないので、洛陽堂となぜつながったのかは明らかでない。岳父の兄早川千吉郎が報徳会創立者のひとりで、内務官僚井上友一や中川望、それに留岡幸助ら、山本瀧之助、天野藤男と連なる人脈があったのだろう。

局面が変わるのは上杉二著めを出版した直後の一二月下旬、東京帝大に新設された経済学部助教授森戸辰男がその機関誌『経済学研究』二〇年一月創刊号に発表した、論文「クロポトキンの社会思想の研究」追及だった。これを学術研究ではなく政治宣伝であると問題視して、発売禁止ばかりでなく排斥を求める運動をおこしたのだ。一月一四日東京朝日新聞の見出しにはこうある。「帝大の森戸助教授／休職を命ぜらる／無政府主義の研究から／留学生も沙汰やみ／学者の窮屈さを痛嘆」。

森戸辰男は福山藩士の二男、藩校誠之館の後身福山中学〔現誠之館高校〕を出た。高島やその教え子たる医学者永井潜と同窓にあたる。しかも書道教師門田重長は、高島が十四歳のおり、福山西町上小学校授業生のかたわら漢学詩文を学んだ師であった。さらには、森戸がキリスト教に出あったのは、米屋町の教会だったという。日本聖公会福山基督教会だ。のちに文部大臣や広島大学学長を歴任した森戸が、幼時の日曜学校時代から中学時代まで米屋町の教会で教えを受け、後年の人間的成長に大いに影響を及ぼしたと、教会設立百周年記念式で述べたという。

朝憲紊乱の廉で発行人大内兵衛とともに起訴され、大審院において安寧秩序紊乱による有罪が確定、禁錮三箇月の刑に服している。亀之助が亡くなったのは、森戸下獄中だった。

②津田左右吉事件

上杉慎吉が結成した興国同志会において、文科を代表したのが蓑田胸喜だった。興国同志会が学内の論議をぬきに、総長と面談し文部省へ陳情に赴くなどしたことが、学生ことに新人会の反撥を受けた体験をもつ。蓑田は上杉のもとを離れて、興国同志会設立時の指導者のひとりであった歌人三井甲之に師事した。一九二五〔大正一四〕年原理日本社をおこし、東京帝大教授らを院外と議会で糾弾して、著書を発禁にし、休職や免官にする運動を進めた。

蓑田と政治家とを結びつけた組織は、五百木良三が発起し三二年一二月に結成した国体擁護聯合会がある。三三年、判事など司法関係者が治安維持法違反に問われると、原理日本社は『日本総赤化徴候司法部不祥事件　禍因根絶の逆縁昭和維新の正機』と題する冊子を発行、これをもとに政友会が国会で追及した。

三三年二月一日、衆議院予算委員会の質問に立ったのが沼隈出身の宮沢裕、「東洋鉄鋼株式会社々長法学士にて政友会総務小川平吉氏の女婿である宮沢裕氏（金江村出身）は井上角五郎氏の後を継いで政友会に打つて出で」とは、『まこと』消息記事にあり、四年後二八年から六期連続当選を果たした。岳父小川平吉が蓑田の盟友だった。宮沢の質問をきっかけにして、事挙げされたうちのひとり、京都帝大の刑法学者瀧川幸辰が職を失った。宮沢は東京まこと会評議員だった。二二年五月に先憂会東都見学団を迎えたおり、同じ評議員の俊三とともに参会している。総理大臣をつとめた喜一は長男、二男弘が広島県知事、参議院議員であったのは、郷里の人々がよく知るところである。

こうした原理日本社蓑田胸喜らにねらいうたれたのが早稲田で教える津田左右吉だった。津田は一六年に洛陽堂から『文学に現はれたる我が国民思想の研究　貴族文学の時代』以下、武士文学の時代、平民文学の時代上巻、中巻、それに『古事記及日本書紀の研究』を出版していた。こればかりでなく、洛陽堂から出版した他の著者にも関わりをもっていた。

津田の数ある著作のうち、四〇年二月一〇日に発売禁止処分を受けたのは、『神代史の研究』、『日本上代史研究』、『上代日本の社会及思想』、『古事記及日本書紀の研究』の四著だった。いずれも岩波書店発行だが、『古事記及日本書紀の研究』は右に記したとおり、もともと一九年八月に洛陽堂が出版したものだった。控訴審から弁護をつとめた海野普吉が伝えるところは、つぎのとおりである。

火をつけたのは、河合〔栄治郎〕事件の場合と同じく蓑田胸喜で、司法省に乗り込んで、津田博士の著書の中の問題点を論じた『原理日本』を示して、「これをほうっておくのか。ほうっておくのは、君らも皇室に対して津田と同じ考えだからか」とどなり立てるので、司法省も持て余して、ついに津田左右吉を起訴することになった。

こうして皇室の尊厳を冒瀆する文書を出版した罪を問う出版法第二十六條にふれるとして、著者津田左右吉と発行人岩波茂雄が起訴されるのだ。洛陽堂を初版とする『古事記及日本書紀の研究』で問題とされた箇所をぬきだす。

畏クモ　神武天皇ノ建国ノ御偉業ヲ初メ　景行天皇ノ筑紫御巡幸及ビ熊襲御親征、日本武尊ノ熊襲御討伐及ビ東国御経略並　神功皇后ノ新羅御征討等上代ニ於ケル　皇室ノ御事蹟ヲ以テ悉ク史実トシテハ認メ難キモノト為シ奉ルノミナラズ　仲哀天皇以前ノ御歴代ノ　天皇ニ対シ奉リ其ノ御存在ヲモ否定シ奉ルモノト解スルノ外ナキ講説ヲ敢テシ奉リ〔略〕畏クモ現人神ニ在マス　天皇ノ御地位ヲ以テ巫祝ニ由来セルモノノ如キ講説ヲ敢テシ奉リ〔略〕畏クモ　皇祖天照大神ハ神代史作者ノ観念上ニ作為シタル神ニ在マス旨ノ講説ヲ敢テシ奉リ〔略〕

予審決定をうけた四二年五月二一日の第一審で、四点のうち『古事記及日本書紀の研究』だけが有罪とされた。津田は、さきの海野弁護士につぎのように語った。歴史は科学であり、科学である以上、実証的検証に基づかねばならぬ。しかるに『古事記』『日本書紀』は伝説、物語を集めたもので、それを全部歴史的事実とみるのは誤りだ。皇位継承の点でも疑問がある。これらの点を、自分は純学術的研究書として書いたもので、その見解の当否は学問の世界で決せらるべきだとしていた。

津田がねらいうたれたのは、東京帝大法学部講師に招かれたためであった。「津田事件の第一審で陪席判事だった山下朝一は「蓑田は、津田が早稲田にいるならば何も問題にしなかったのだが、東大の法科の先生になったので許せなくなったのだ、と私に語っていた」といっている」。その真偽は措くとして、この裁判は意外な決着をむかえる。控訴審公判が一年余にわたって開かれなかったため、時効成立により免訴となった。その言渡しは四四年一一月四日、本土空襲のさなかであったから、裁判どころではなかろう。蓑田ら原理日本社の追及が力を失ったのは、大学行政や大学そのものが蓑田のいう方向に動いていったからだとされる。

しかし津田は四〇年に職を失っていた。存命の亀之助がこうした事態に立ち向かえたかどうか、心労を慮られる。

八章　註　歿後

1　**後継　洛陽堂・洛陽堂印刷所**

・俊三が発行者を継ぐ境目

関寛之『応用児童学　児童之身体』一九二〇年一二月一八日発行者河本亀之助／印刷者河本俊三／洛陽堂印刷所
沼田笠峰『わかき婦人の思想生活』同年同月一九日発行者以下同右
稲垣末松『美学汎論』一九二一年一月二〇日発行者河本俊三／印刷者奥村紫楼／洛陽堂印刷所
高島平三郎編『精神修養　逸話の泉』二一編同年同月同日発行者以下同右
・発行所所在地は、一九一九年三月一日山本瀧之助『団体訓練』まで平河町五丁目三六番地、同年四月一五日大谷霊泉『遺言』から隼町二〇番地にかわった。
・俊三に代って印刷者になった奥村紫楼が、洛陽堂印刷所に勤め始めた時期を推定できる資料は、「東京書籍商組合規程ニ依ル授賞者氏名録」(『図書月報』二二巻六号一九二四年六月一五日東京書籍商組合・再録一九三七年『東京書籍商組合五十年史』)
・奥村紫楼の弟長則に関わる資料はふたつ、安藤鶴夫編銀座今昔Ⅰ聞書七題／奥村長則述「夜店はるあき」(所収木村荘八編著『銀座界隈』一九五四年東峰書房・奥村長則令息ご示教)、と品川力「奥村長則　夕暮れの中の古本屋さん」(『古書邂逅　本豪落第横丁』一九九〇年青英舎)

2　一九二一年　洛陽堂をめぐる紛議

・吉屋信子が洛陽堂から最後となる『花物語』第三集広告を載せたのは、沼田笠峰『女学校時代』(一九二一年五月六日)、東京朝日新聞(同年七月二二日朝刊)、『赤い鳥』(七巻一号第三周年記念号同年七月一日赤い鳥社)
・吉屋が新聞連載に向けて鵠沼に滞在したのにふれたのは、中村武羅夫『誰だ?花園を荒す者は!』(一九三〇年新潮社)、宇野浩二『文学の三十年』(一九四二年中央公論社)、吉屋は執筆にはふれず、徳田を見舞ったと書いた「私の見た人」(10)朝日新聞一九六三年二月一五日朝刊)。
・『黄金の貝』広告は東京朝日新聞に出た(一九二一年七月二二日朝刊)。定価一円、送料八銭、『花物語』は第一集十四版、第二集十二版、第三集四版とあり、洛陽堂初版から数えているようだ。
・民文社前身は、松原寛『現代人の芸術』を出版した民衆文化協会出版部のようだ(一九二一年三月／発行者薗川四郎」)。民文社からは二二年に西村伊作『生活と芸術として』、その娘西村アヤ創作集『青い魚』などを出版した。

・さし絵を担当した蕗谷虹児による自伝小説は『花嫁人形』(一九六七年講談社)、竹久夢二が『少女画報』編輯者水谷まさるを紹介してくれたとある。同誌「花物語」さし絵に試用されたのは二〇年五月号(中村圭子「日本の出版美術における蕗谷虹児」刈谷市美術館編『魅力のモダニスト　蕗谷虹児展』二〇一一年NHKプラネット中部)、好評をもって迎えられたのは、竹久が「描く柔らかな筆致の線よりも、虹児や(高畠)華宵が得意とした、ペンによる硬質な線に、人々は新鮮な魅力を感じるようになったから」とされる(同)。蕗谷はその後吉屋作品装幀に関わる。新潮社版『海の極みまで』、交蘭社版『花物語』『憧れ知る頃』と続く(「紅児から虹児へ」増補新版『蕗谷虹児』二〇〇七年河出書房らんぷの本)。

3　洛陽堂の一九二二年

①東京まこと会

・小林八三郎が東京まこと会をつくろうとしているとは、「消息」『まこと』六巻一号(一九一六年一月一日先憂会)に報じられた。

・高島が、第三回東京まこと会例会場誠之舎に移ったについては、「吾が家を語る(到着順)高島平三郎」『福山学生会雑誌』八八号(一九三九年七月一〇日)にある。

②創業十五週年紀念特価販売

・新聞広告とは別につくられた詳細目録は小川都弘氏公開画像にある。

③破産

・山本瀧之助が洛陽堂に立寄ったのは、日記によれば三月一六日、四月一六日、六月二九日、一二月九日だった。

4　一九二三年　震災

・河本哲夫「日本キリスト教出版史夜話(8)新生堂とその時代」『福音と世界』一九巻三号(所収一九八四年西阪保治/秋山憲兄共著『日本基督教出版史夜話』新教出版社)

・岩田準一「竹久夢二追憶記」『女性時代』六巻九号一九三五年九月一日女性時代社〔所収一九七九年岩田準一『竹久夢二　その弟子』桜楓社〕

・震災後、東京書籍商組合員商号一覧に洛陽堂はないが、良民社（麹）は残っていた〔『図書月報』二二巻五号一九二四年五月一五日東京書籍商組合事務所〕。事情は不明、良民社は『良民』終刊によって廃業したと考える。組合へ届け出るのを怠ったためだとしておく。

5　津田左右吉事件

①前ぶれ　森戸事件

・竹内洋「帝大粛正運動の誕生・猛攻・蹉跌」佐藤卓己共編『日本主義的教養の時代　大学批判の古層』二〇〇六年柏書房パルマケイア叢書二一

・上杉重二郎「おやじ（9）上杉慎吉／国粋主義者の心奥」に、「母方の祖父は三菱長崎造船の高名な技師であったが、母は小学三年のとき祖母の兄早川千吉郎の家に預けられた。早川は三井の大番頭、後に満鉄の社長（当時は総裁といわなかった）となった人」とある〔『朝日ジャーナル』五巻四八号一九六三年一二月一日朝日新聞社〕。

・森戸が教会設立百周年記念式で述べた話は、土肥勲「備後福山におけるキリスト教伝道史（Ⅱ）」が収める〔『文化財ふくやま』二八号八六頁一九九三年六月八日福山市文化財協会〕。

②津田左右吉事件

・「衆議院議員候補者／確定せるもの五名」宮沢裕『まこと』一四巻一号一九二四年一月一〇日先憂会

・津田が洛陽堂につないだのは、一九二一年佐久間操『カアライルの思想及評伝』〔「はしがき」に「有益なる助言と親切なる便宜とを与へ」とある〕、二二年亀倉順一郎『趣味の西洋史』〔「はしがき」に「厚い御尽力を添うした」と感謝されている〕。

・松岡英夫『人権擁護六十年　弁護士海野普吉』一九七五年中公新書406

・一九四一年三月二七日東京刑事地方裁判所予審判事中村光三「予審終結決定　理由」〔翻刻一九七六年みすず書房『現代史資料』42「思想統制」〕

略年譜

慶応三年　一歳　大政奉還　王政復古の大号令
一〇月二一日　福山藩領、備後国沼隈郡今津村〔現在広島県福山市今津町〕に膳左衛門ダイの長男として生まれる。西国街道に沿った地に分家した膳左衛門は、今津宿本陣の本家に準じた公務にあたった。本家は、ながく庄屋をつとめた。
慶応四年／明治元年　二歳　戊辰戦争　五箇條の誓文
一月　九日　今津村に駐屯した長州藩兵、未明に福山へ進軍し城下で戦闘、夕刻同盟和親の約を締結する。
明治二年　三歳　版籍奉還
明治三年　四歳
明治四年　五歳　戸籍法　廃藩置県
九月二二日　今津本陣河本保平宅、旧藩主引留め一揆の襲撃をうけて焼失する。
明治五年　六歳　戸長設置　学制　太陽暦採用
この年からか　自邸に開かれた寺子屋で学ぶ。
一八七三〔明治六〕年　七歳　徴兵令　地租改正　遣韓使派遣をめぐり参議辞職　内務省設置
一八七四〔明治七〕年　八歳　民撰議院設立建白　台湾出兵
一月　三日　鈴木テル、広島県世羅郡甲山町に生まれる。
三月　私塾大成館主宰三吉傾山〔熊八郎〕、初代今津小学校長を兼務する〔七五年八月に退任〕。
一八七五〔明治八〕年　九歳　同志社英学校設立
一八七六〔明治九〕年　十歳　廃刀令　金禄公債証書発行條例
このころから　五年ほど大成館において三吉傾山に学ぶ。
一八七七〔明治一〇〕年　十一歳　西南戦争

一八七八〔明治一一〕年　十二歳　郡区町村編制法・府県会規則・地方税規則
一八七九〔明治一二〕年　十三歳　教育令
この年　大成館三吉傾山が病歿したため、養嗣子冠山に学ぶ。
一八八〇〔明治一三〕年　十四歳　国会期成同盟　教育令改定
一八八一〔明治一四〕年　十五歳　開拓使官有物払下中止　大隈重信参議罷免　国会開設の詔
九月　高島平三郎〔慶応元年江戸福山藩邸に生まる〕、安部（あんべ）家納屋座敷を仮校舎とする沼隈郡神村小学校須江分校に転勤、福山に両親をのこし単身赴任する。
このころ　小学校助教となり、須江に高島を訪ね薫陶を受け、やがてキリスト教を信仰する。
一八八二〔明治一五〕年　十六歳
一八八三〔明治一六〕年　十七歳
四月　高島、沼隈郡松永小学校に転勤し、漢学塾浚明館に学ぶ。九歳の少年永井潜を知る。
八月　父膳左衛門所有の瓦葺二階建に今津小学校が移転する。
一八八四〔明治一七〕年　十八歳　華族令　松方緊縮財政不況
一八八五〔明治一八〕年　十九歳　内閣制度創設　教育令再改定
一八八六〔明治一九〕年　二十歳　師範学校令・中学校令・小学校令・諸学校通則　万国赤十字條約加盟
一〇月　六日　沼隈郡教育会において「義を見て為ざるは勇なきなり」の題で演説をなす。
一八八七〔明治二〇〕年　二十一歳
このころ　小学校を辞し、本家が経営する今津郵便局事務員となる。
三月　高島、広島県師範学校附属小学校に勤める。
八月　大久保真次郎が、尾道布教の礎となる教会仮会堂を設ける。同志社に学ぶ留岡幸助が、今津村の小学校で説教会を開く。
九月二六日　福山にて高島平三郎の東遊を知る。

一〇月一九日　高島、高等師範学校教授掛補助として赴任する。
一二月　　今津村に講義所を設け、尾道教会から伝道士守田幸吉郎を招いて布教にはげむ。
一八八八（明治二一）年　二十二歳　市政・町村制
四月二七日　同志社文学会への会友入会が報じられる。
六月二〇日　布教報告を『基督教新聞』に投稿し掲載される。
九月　八日　高島、学習院傭教師となる。
一八八九（明治二二）年　二十三歳　帝国憲法発布　内閣官制
五月三〇日　杉江俊夫の同志社文学会入会が報じられる。
七月三一日　『DOSHISHA文学会雑誌』へ寄稿した「青年ノ希望及ビ信仰」が掲載される。
八月　一日　国光社を興した西沢之助が、皇室中心国体尊崇雑誌『国光』を創刊する。
一八九〇（明治二三）年　二十四歳　府県制・郡制　教育勅語　第一回帝国議会
一二月　　初代岡山市長をつとめた縁戚花房端連を訪ね、添書を得て神戸に職を求める。
一八九一（明治二四）年　二十五歳
二月二七日　高島を頼って東遊の途につき、尾道から乗船する。
三月　二日　新橋をへて上野着、高島宅にて書生杉江俊夫の迎えをうける。
三月　四日　高島の紹介で、学習院同僚三宅夫妻経営の牧場に住込み勤務する。
春　　新聞売子に転ずる。
夏　　星亨らが企図した北米移民事業に応募する。
八月　八日　国光社が女子教育雑誌『女鑑』を創刊する。
一二月二九日　松方正義首相を後ろだてにした経世新報社（のち西沢之助経営）、『日本赤十字』を創刊する。
この年　　高島の紹介で、福山出身の陸軍歩兵少尉川崎虎之進の書生となる。
一八九二（明治二五）年　二十六歳　　久米邦武筆禍　松方内閣選挙干渉

二月一一日　国光社が少年子弟教育雑誌『精華』を創刊する。
このころ　高島の紹介により、西沢之助妹婿川崎又次郎が麹町区隼町二二番地に開設した、国光社印刷部に就職する。
三月　高島の父賢斎、福山にて逝去する。
四月　高島、母加寿をひきとるおり、鈴木テルを伴う。
七月三〇日　旧福山藩学生会入会を機関誌に報じられる。通常会員（在京之部）四月十日以降入会者　麹町区平川〔河〕町五丁目十六番地国光社　河本亀之助
一一月二五日　国光社印刷工場を、麹町区隼町二二番地から、赤坂区赤坂田町二丁目一五番地へ移転するため、『国光』が発行期日遅延を公告する。
西、破綻した経世新報社を引き継いで経世社を併営、政論日刊新聞経世と、経世社内日本赤十字発行所から『日本赤十字』を発行する。
一八九三〔明治二六〕年　二十七歳
一月　一日　経世紙に、年賀広告「経世社内　河本亀之助」と、国光社発行修身教科書広告が載る。
八月　国光社、平河町五丁目一六番地とは別に築地二丁目二一番地〔旧東久世通禧邸・現在中央区立京橋築地小学校敷地半部〕にも事務所を開設する。
夏　高等商業学校生〔一橋大学前身〕杉江俊夫、安芸竹原にキリスト教伝道をおこなう。
一〇月　国光社、築地二丁目二一番地に移転する。
一八九四〔明治二七〕年　二十八歳　対清国開戦
一月　七日　国光社印刷部、東京活版印刷業組合総会において加入が報告される〔代表川崎又次郎〕。
一二月二七日　初めて国光社発行図書印刷者となる〔三輪田真佐子著『女子の本分』〕。
一八九五〔明治二八〕年　二十九歳　下関講和条約締結　三国干渉　台湾総督府條例

五月　『女鑑』所載社告により、国光社が四部門をもうけているのが判明する〔編輯部、会計部、図書部、印刷部〕。
六月二一日　国光社川崎又次郎、米国へ向け出航する。
一八九六〔明治二九〕年　三十歳
七月　五日　国光社、小学校教科書事業をすすめるため教育者向け雑誌『国光叢誌』創刊、その印刷人となる。
八月一六日　東京活版印刷業組合総会に国光社印刷部代表川崎又次郎の代理で出席し、文選職工の改良に関して発言する。
九月　高島、学習院を辞して長野県師範学校傭教師となり、家族とともに赴任する。
一八九七〔明治三〇〕年　三十一歳　足尾鉱毒事件調査委員会設置　労働組合期成会結成
二月　国光社、新潟県の小学校教科書採用をめぐる贈収賄にかかわる。
三月　一日　東京活版印刷業組合総会に国光社印刷部代表川崎又次郎の代理で出席し、組合内規の建議に賛成するも否決される。
五月二二日　国光社近隣、京橋区役所火災により三日間休業する。
六月一八日　西が併営する日本赤十字発行所『日本赤十字』五〇号から発行兼印刷人となる〔一九〇二年二月一五日一〇七号まで〕。
一八九八〔明治三一〕年　三十二歳　活版工同志懇話会結成　社会主義研究会結成
四月　二日　高島、長野師範を辞して帰京する。
一八九九〔明治三二〕年　三十三歳　高等女学校令　小学校教育費国庫補助法　活版工組合結成　普通選挙期成同盟結成
一〇月二八日　鈴木テル、赤十字社看護婦養成所を卒業する。
一九〇〇〔明治三三〕年　三十四歳　治安警察法
二月　静岡県の小学校教科書採用をめぐって、国光社の醜聞が新聞に報道される。

四月　　国光社、株式会社に改組し、西が筆頭株主となる。
六月二一日　西、日本女学校設立を東京府知事に願い出る。
一〇月一八日　日本女学校開校、西病中につき川崎又次郎が校長代理をつとめる。
一九〇一〔明治三四〕年　三十五歳　黒龍会発会　社会民主党結社禁止　日本赤十字社條例
三月二九日　国光社印刷部を代表して二六新報社主催第一回日本労働者大懇親会に酒料五円寄附と報じられる。
四月一五日　総勢二十四人で鎌倉江の島へ、国光社印刷部第二回遠足をおこなう。
五月二八日　遠足記録『かまくら及江の嶋』を刊行する〔奥付記載住所は築地一丁目一八番地〕。
七月　　西に代って、仙台の実業家橋本忠次郎が国光社社長に就任する。
九月一九日　国光社印刷部新築落成を新聞に広告する。
一九〇二〔明治三五〕年　三十六歳　日英同盟
二月一五日　西が日本赤十字発行所を国光社から切りはなしたため、『日本赤十字』一〇七号をもって発行人を退く。翌月号から新たな編輯兼発行人に、西門人鴨島実がつとめる。
三月　五日　『女鑑』二四八号に国光社印刷工場を披露する。
三月二〇日　『女鑑』二四九号に西が国光社と関係を断つと公告する。
このころ　西が快癒し、川崎が校長代理をつとめていた日本女学校に復帰する。
四月二〇日　『女鑑』二五一号に国光書房が国光社出版図書雑誌を取り扱うと公告する。
六月　　川崎が、東筑中学〔福岡〕に赴任する。
七月　五日　『女鑑』二五六号に国光社印刷部を披露。
八月　　西が女子大学設立趣意書を発表する。日本女学校教師師岡須賀子義弟である幸徳伝次郎〔秋水〕や、普通選挙期成同盟会を通じた知友二六新報社小野瀬不二人が賛成者に名を連ねる。
八月から　国光書房発行図書、宮崎滔天『三十三年之夢』など三点の印刷者となる。
一一月　国光社、小学校教科書版権を帝国書籍に譲渡する。

一二月二二日　小学校教科書採択をめぐる贈収賄事件一斉捜索が国光社におよぶ。
一九〇三〔明治三六〕年　三十七歳　国定教科書制度　平民社設立
二月　国光社、東京印刷業組合に代表を川崎又次郎から橋本忠次郎へ変更すると届け出る。
三月　日本女学校第一回卒業式をおこなう。
四月一九日　向島八州園跡に国光社春季運動会を男女職工三百余人の参加により開会する。
このころ　鈴木テルと結婚する。
六月二五日　通俗宗教談発行所をつくり、雑誌『通俗宗教談』編輯兼発行人として創刊する〔築地二丁目二〇番地〕。編輯実務はカトリック東京教会司祭前田長太〔越嶺〕があたる。
一一月一五日　国光社、堺利彦〔枯川〕と幸徳伝次郎が創立した平民社の週刊『平民新聞』創刊号から印刷を開始する。
一九〇四〔明治三七〕年　三十八歳　肺結核予防令　対露開戦　社会主義協会結社禁止
一月二六日　国光社員、小学校教科書事件贈賄容疑で告発される。
五月　一日　橋本社長が旧社長西から『日本赤十字』を譲りうけ、一三六号より日本赤十字発行所を南伝馬町一丁目七番地〔静思館〕から築地二丁目二一番地〔国光社〕へ移転する。
五月一五日　同誌一三七号印刷人として復し、退社までつとめる。
六月　山本瀧之助『地方青年』を国光社から自費出版する窓口となる。
七月　橋本社長、旧社長であり現株主である西から、経営をめぐり告訴される。
八月　妻テル、広島病院において戦傷者松本恒吉を看護し、週刊『平民新聞』誌掲載幸徳秋水による堺利彦亡妻追悼文切抜きを示す。松本による療養日記を、のちに国光社から『征露土産』を出版する〔一九〇六年〕。
九月一五日　川崎又次郎、東筑中学を辞して下関商業に赴任する。
一一月　七日　国光社、小泉策太郎経営『経済新聞』創刊号から印刷開始。

一二月一〇日　週刊『平民新聞』五二号筆禍控訴公判において、犯罪供用器械没収処分に関わり、検事から国光社員の証人喚問が申請され、二四日第二回公判証人として召喚が決まる。
一二月二四日　病床審問が行われる。
一九〇五〔明治三八〕年　三十九歳　講和反対日比谷焼打事件　韓国統監府・理事庁官制　東北地方大凶作
六月　竹久夢二が新聞雑誌に投稿した作品が掲載され始める。国光社が印刷する週刊新聞『直言』へは、平民社員荒畑勝三〔寒村〕が仲介する。
一二月二三日　大審院において上告棄却判決が下され、国光社の印刷器械没収が確定する。
一〇月　九日　平民社解散
一一月　国光社、旧平民社員らによる『火鞭』『新紀元』『光』『社会主義研究』など、印刷を始める。
金尾種次郎、京橋区五郎兵衛町へ移転し、国光社へ印刷発注を始める。
一九〇六〔明治三九〕年　四十歳　日本社会党結成　東京市電車値上反対市民大会騒擾事件　南満洲鉄道株式会社設立
一月　金尾文淵堂が島村抱月編輯『早稲田文学』発行元となり、国光社に印刷を発注する。
四月　金尾文淵堂店員中山三郎が発行する『百芸雑誌』を国光社で印刷し、その印刷者となる。のちに中山が興した京華堂書店発行図書も印刷を引きうける。
一二月　金尾が新聞紙上で『仏教大辞典』予約を募る。
この年か　弟俊三が金尾文淵堂店員になる。
一九〇七〔明治四〇〕年　四十一歳　日本社会党結社禁止　文部省第一回美術展覧会
五月　印刷人をつとめる国光社発行雑誌『女鑑』に、読売新聞に在社する竹久夢二の作品が採用される。
九月　金尾文淵堂予約出版『仏教大事典』印刷費がこげついた責任により、国光社に辞表を提出する。
九月一五日　印刷人をつとめた『日本赤十字』二一五号から守岡功に交代する。
一〇月　退社を一因とする、国光社印刷工による同盟罷工が新聞に報じられる。

一九〇八（明治四一）年　四十二歳　　戊申詔書
この年　　国光社との縁を断つ。
　　　　　金尾文淵堂店員だった弟俊三が、薄田鶴二、中山三郎とともに書肆獅子吼書房を開業する。
九月　一日　下関商業首席訓導川崎又次郎、高島平三郎を招いて講演会を開く、演題「修養について」。
一〇月二六日　父膳左衛門が逝去する。
年末　　印刷所開業に向けて準備する。
一九〇九（明治四二）年　四十三歳
二月　二日　麹町区麹町二丁目に千代田印刷所を開業する。
四月一八日　現住所を東京市麹町区中六番町二五番地とする。
一二月一〇日　創業した洛陽堂から山本瀧之助著『地方青年団体』を初出版する。
一二月一五日　竹久と早稲田実業同窓助川啓四郎の費用で『夢二画集　春の巻』を出版する。
一九一〇（明治四三）年　四十四歳　　大逆事件検挙　韓国併合　帝国在郷軍人会発会
一月　三日　東京市電車値上反対兇徒聚衆事件による一年半の刑期を終え、山口義三が出獄する。幸徳秋水に相談し、絶縁することで週刊『サンデー』記者の職を得る。
四月　一日　洛陽堂を発行名義元とする同人経営雑誌『白樺』を創刊する。
七月一七日　山口と同じ事件で二年の刑期を終えた西川光次郎が出獄する。出獄後ただちに執筆した『心懐語』を警醒社書店から出版して、社会主義運動からの離脱を宣言する。
一九一一（明治四四）年　四十五歳　　警視庁特別高等課設置　辛亥革命
一月一八日　大逆事件により、幸徳秋水ら二十四名に死刑判決を受ける。同日、山口義三が週刊『サンデー』に載せた人物評論をもとに、『明治百傑伝　第壹編』を出版する。
一月二四日　二五日にかけて幸徳秋水らが処刑される。
二月一三日　白樺同人として洛陽堂初の、武者小路実篤著『お目出たき人』を出版する。

二月二一日　併営良民社から、山本瀧之助主宰青年団機関誌月刊『良民』を創刊する。表紙画挿画を竹久がになう。
二月二六日　高島平三郎の使者として、楽之会に西川光次郎を招く〔あるいは三月二六日か〕。
四月二五日　柴田流星著竹久夢二画『東京の色』、風俗壊乱によって発売頒布禁止処分を受ける。
五月二四日　著者兼発行者として良民社編『地方青年の自覚』を出版する〔実際の執筆者は西川光次郎・発行元表記は表紙良民社奥付洛陽堂〕。
七月二四日　西川光二郎『悪人研究』出版、竹久夢二の勧めによって恩地孝四郎が初めて装幀をする。
七月二五日　東京書籍商組合加入が機関誌に掲載される。
麹町区麹町二丁目二番地　洛陽堂／良民社　河本亀之助氏
九月一五日　編輯兼発行者となって良民講話『英雄物語』を出版する〔発行元良民社・発売元洛陽堂、執筆者は山口義三〕。
九月二五日　発禁処分を受けた柴田流星著竹久夢二画『東京の色』を、一部さしかえ『東京の女』と改題して出版する。

一九一二〔明治四五〕年　四十六歳
一月　『良民』二巻一号から、挿画に恩地孝四郎が加わる。
三月ごろ　『白樺』同人が経営を洛陽堂に委ねる。
四月　印税をめぐり竹久とゆきちがいを生ずる。

一九一二〔大正元〕年
一一月一四日　武者小路実篤『世間知らず』を白樺叢書と銘うって出版する。武者小路はこのころ志賀直哉に『留女』出版を勧めるが、千代田印刷所藤田千代吉の病によるためか、印刷に遅れをきたす。志賀は出版費をめぐって父とのいさかいを起し、尾道暮らしを始める。

一九一三〔大正二〕年　四十七歳　憲政擁護運動

一月　一日　白樺同人志賀直哉著『留女』を出版する。
三月二三日　西川光二郎『続悪人研究』をもって、印刷者藤田千代吉の任を終える。以後、亀之助の弟俊三が洛陽堂発行図書印刷者となる。
七月一五日　高島の教え子永井潜著『生命論』を出版する。
九月　竹久が渡米する資金を集めるため、作品頒布を目的とする夢二画会事務所をおく。
九月二四日　山本瀧之助の仲介により、内務省嘱託天野藤男著『農村と娯楽』を出版する。
一〇月　一日　白樺同人が『白樺』に、挿画抜き取り本流通のうわさを書く。
一一月一五日　平河町五丁目三六番地への移転記事が東京書籍商組合機関誌に掲載される。
一九一四（大正三）年　四十八歳　対独参戦
三月　木村荘八の美術評論著訳書出版が始まる。
四月　機械刷りの仕上がりを試すためか、『良民』に、恩地孝四郎ら月映同人の版画作品を載せ始める。
九月一八日　田中恭吉、藤森静雄、恩地孝四郎、美術学校生三名による自刻版画雑誌『月映』を創刊する。
一〇月　一日　『月映』広告を、経営誌『白樺』や、西川文子主宰『新真婦人』に載せる。
竹久が、元妻岸たまきに絵草紙小物店港屋を開業させる。
一〇月二一日　洛陽堂として竹久作品最後となる『縮刷　夢二画集』を出版する。
一九一五（大正四）年　四十九歳　対華二十一箇條要求　即位の礼
四月　加藤一夫の著訳書出版が始まり、トルストイ紹介者として知られるようになる。
五月　五日　月映同人によって『月映』六輯を献ぜられる。
五月二五日　東京雑誌組合加入が機関誌に掲載される。
麹町区平河町五の三六（白樺／良民）洛陽堂
九月一〇日　洛陽堂図書秋季大特売を一〇月末日までおこなう、以後毎年実施する。
一一月　一日　『月映』七輯をもって終刊する。

一一月一五日　大正天皇大礼を期し、内務省嘱託天野藤男編輯による『都会及農村』を創刊する。
『良民』御大典記念一日一善号を発行する。
一一月二三日　『白樺』残本からぬき出した挿画をもとに、白樺同人小泉鉄に編輯を依頼した『泰西の絵画及彫刻』出版を開始する。
一九一六（大正五）年　五十歳
二月　上沢謙二『耶蘇伝』を出版し、児童むけ物語集十編刊行につなぐ。
秋　末弟哲夫留学先のアメリカから帰国する。
一九一七（大正六）年　五十一歳
一月　武者小路実篤『或る青年の夢』をもって白樺叢書刊行を終える。
中山昌樹訳『ダンテ神曲』出版を始める。
五月一一日　有島武郎と『お末の死』、『死と其前後』出版契約をむすぶ〔その後新潮社から出版〕。
六月　一日　弟哲夫が神田神保町に古書店新生堂を開業、『都会及農村』に広告を載せる。
九月　一日　『都会及農村』に「本誌の改善に就て」を掲げる。天野藤男に代わって編輯を山中省二が担当。
一〇月　一日　『白樺』十月号から経営を同人にもどし、同日付「白樺の経営者たる事を辞するに就いて」一葉を同号にはさみこむ。
一〇月二一日　『都会及農村』新編輯者山中とともに、倉片寛一、三ケ島淑子夫妻を訪ね、編輯協力を依頼する。
一一月一四日　加藤一夫『土の叫びと地の囁き』発売頒布禁止処分を受け、製本図書と紙型を押収される。
一二月二八日　吉屋信子『少女物語　赤い夢』を出版し、『都会及農村』編輯者山中省二に贈る。
一九一八（大正七）年　五十二歳　シベリア出兵　米騒動　新らしき村
一月　一日　加藤一夫主宰雑誌『科学と文芸』四巻から経営、半年のちに辞す。
三月一五日　木村荘八を訪ねて『白樺』残誌処理のため、『泰西の絵画及彫刻』続刊編輯を依頼する。
四月一六日　『土の叫びと地の囁き』さしかえ改版を刊行する。

九月二一日　『都会及農村』編輯者山中省二と柳田国男を訪ね、寄稿を依頼する。
一九一九〔大正八〕年　五十三歳　ヴェルサイユ講和條約
一九二〇〔大正九〕年　五十四歳　戦後恐慌　宮中某重大事件
一月　一日　大阪朝日新聞懸賞小説当選、吉屋信子「地の果まで」連載が始まる〔六月三日まで〕。
三月一四日　懸賞小説選者のひとり徳田秋声が、吉屋に新潮社が出版を引き受けたのを知らせ、吉屋が洛陽堂に断わったかどうかを確かめる。
一〇月一五日　吉屋信子『地の果まで』を出版する。
一一月二三日　山本瀧之助が天野藤男を伴い、赤十字病院に見舞う。
一二月一二日　渋谷日本赤十字病院にて逝去する。
一二月一四日　告別式が麹町基督教会堂においておこなわれる。
一九二一〔大正一〇〕年　歿後　郡制廃止法
一月三〇日　妻テル、『河本亀之助追悼録』を発行する。
三月一五日　洛陽堂移転及び相続が東京書籍商組合機関誌に掲載される。
移転　麹町区隼町二〇　洛陽堂河本俊三君
相続　洛陽堂河本亀之助君死亡セラレ嗣子俊三君相続セラレタリ
四月一八日　武者小路実篤、生前のゆきちがいを詫びる『心と心』三版序文を執筆、六月洛陽堂から出版〔発行者俊三〕。
七月　一日　山本瀧之助、洛陽堂において紛議をきく〔吉屋信子全著作絶版に関わると推測〕。
一〇月一六日　郷里今津村蓮華寺において追弔会が開かれ、山本瀧之助出席。
一九二二〔大正一一〕年
五月一六日　弟俊三、東京まこと会〔在京沼隈出身者の親睦団体〕評議員として、先憂会東都見学団をむかえる。

九月　一日　俊三、洛陽堂創業十五週年特価販売を一〇月末日までおこなう。
九月　七日　母ダイが亡くなる。
一一月二〇日　伊藤堅逸『理想的宗教教育論』をもって洛陽堂最後の出版となす。
一九二三（大正一二）年
四月　五日　山本瀧之助、調印書を洛陽堂へ送付〔既刊書印税清算に関わるものと推察〕。
九月　一日　関東大震災、末弟哲夫経営古書店新生堂焼失、洛陽堂も書庫店舗印刷製本工場すべて灰燼に帰す。
一〇月　弟哲夫、キリスト教専門出版社新生堂を焼跡に創業する。
一一月一五日　洛陽堂発信岩田準一宛書翰に、堺氏紅露長三三女房江が相続戸主となった旨したためられる。
一二月一七日　広島県沼隈郡松永町先憂会発行『沼隈郡誌』人物編に立項される。
一九二七（昭和二）年
三月二三日　弟俊三が亡くなる。
一九三一（昭和六）年
六月一〇日　妻テル、山本瀧之助頌徳会に寄附する。
一九四二（昭和一七）年
五月二一日　津田左右吉著書出版法違犯事件、東京地方裁判所において『古事記及日本書紀の研究』〔洛陽堂→岩波書店〕の記述に関して有罪判決をくだす。
一九六一（昭和三六）年
一二月一六日　妻テルが亡くなる。
一九七七（昭和五二）年
六月二九日　新教出版社長をつとめた弟哲夫が亡くなる。

発行図書初版一覧

訳本原著者名は出版表記のままにした。
＊恩地孝四郎装幀と推測する図書
※原本所在を確かめられなかった図書。出版を伝える雑誌などを註記した。

一九〇九〔明治四二〕年
山本瀧之助『地方青年団体』〔序石黒忠悳／加納久宣／井上友一／潮恵之輔〕
竹久夢二『夢二画集　春の巻』

一九一〇〔明治四三〕年
竹久夢二『夢二画集　夏の巻』
高島平三郎『児童を謳へる文学』〔画竹久夢二〕
竹久夢二『夢二画集　花の巻』
石川弘『泰西名家の手紙』〔序浮田和民・年譜によれば竹久装幀〕
竹久夢二『夢二画集　旅の巻』
同六枚袋入り発行年月日発行所不記　※長田幹雄『夢二本』古通豆本
竹久夢二『夢二画集　秋の巻』
竹久夢二『夢二画集　冬の巻』
竹久夢二『さよなら』〔包紙書名ＳＡＹＯＮＡＲＡ〕
柴田流星『飛行器物語』〔副題少年実物教育・画竹久夢二〕
竹久夢二『絵伽　小供の国』
高島平三郎『現代の傾向と心的革命』

一九一一〔明治四四〕年

山口孤剣『明治百傑伝　第壹篇』〔序森山吐虹／倉辻白蛇〕

武者小路実篤『お目出たき人』

竹久夢二『夢二画集　野に山に』

同二十枚袋入り発行年月日発行所不記　※長田幹雄『夢二本』古通豆本

高島平三郎『女の心』附録嫁と姑〔画竹久夢二〕

竹久夢二『絵ものがたり　京人形』〔扉書名絵ものかたり〕

柴田流星『東京の色』〔画竹久夢二〕

阿武信一『親と月夜』〔広島県沼隈郡役所内沼隈郡青年会編／右代表者阿武信一・執筆者山本瀧之助〕良民社刊

志賀龍湖『北條時頼遺著　六十六州人国記』附録遺訓〔序志賀重昂／塚原澁柿〕

河本亀之助『地方青年の自覚』〔著者兼発行者／良民社代表者河本亀之助・執筆者西川光次郎〕〔発行所表記・表紙良民社／奥付洛陽堂〕

柴田流星『残されたる江戸』〔画江戸川朝歌〔竹久夢二〕〕

竹久夢二編『都会スケッチ』〔共著者宮武辰夫／田中順之輔／久木DON／恩地孝四郎／竹久夢二・序恩地孝四郎〕

杉江俊夫『新案カード式金蘭簿』※『白樺』七月号広告

西川光二郎『悪人研究』〔扉副題悔悟遷善の事実・序高島平三郎／松村介石・装幀恩地孝四郎〕

河本亀之助『英雄物語』〔編輯兼発行者河本亀之助・執筆者山口義三・発行所良民社／発売所洛陽堂〕

柴田流星『東京の女』〔画T．YUMEZI〕

竹久夢二編『桜さく国　白風の巻』〔共著者DON／つねし／度畏水／弘光／芋銭／シゲル／孝四郎／ちづる／三郎／幸／博／ひくち／清市／白衣〕

高島平三郎『教育に応用したる児童研究』

荒浪清彦『国民処世鑑』附録八大女流之修身観〔題字三島毅・序辻新次〕
竹久夢二『夢二画集　都会の巻』
石川弘『基督の青年訓』〔序原田助〕
西川光二郎『実践道徳簡易入門』〔序松村介石〕
竹久夢二著『コドモのスケッチ帖　活動写真にて』

一九一二〔明治四五〕年

下沢瑞世『英峻青少年発展史　教育修養亀鑑』〔序高島平三郎〕
下沢瑞世『都会に於ける美的児童研究』
竹久夢二『コドモのスケッチ帖　動物園にて』
竹久夢二『桜咲く島　春のかはたれ』
リギヨル『日本青年の将来』〔訳者前田長太か〕
佐藤緑葉『青い夜と花』※『詩歌』二月号／広告同三月号及び『劇と詩』三月号
竹久夢二編『桜さく国　紅桃の巻』〔共著者恩地孝四郎／竹久夢二／三味線草／久本ＤＯＮ／田中未知草／名倉
ちづる／辻愛造／宮武辰夫〕
竹久夢二『桜さく島　見知らぬ世界』
高島平三郎『家庭及び家庭教育』
平瀬龍吉『富と発展』
高島平三郎『心理百話』〔元版一八九八年開発社『心理漫筆』〕
助川啓四郎『地方自治体の政治』〔序高田早苗〕
石川弘『家庭に於ける児童教育の理論及び実際』〔表紙表記原著米国ケーラス博士／日本高島平三郎校閲并序／
日本石川弘訳／補訳時田田鶴子〕
石川弘『学校家庭訓話通俗孝子伝』〔題字石黒忠悳〕

一九一二〔大正元〕年
花田仲之助編『先帝勅語奉旨報徳唱歌』〔作歌芳賀矢一／作曲南能衛〕
日本児童学会編『児童学綱要』〔共著者元良勇次郎／倉橋惣三／富士川游／永井潜／高島平三郎／藤井秀旭／唐徳光徳／石川貞吉／右代表者小田平義〕
松本恒吉『日露戦役婦人の力　一名陣中婦人之手紙』〔歌皇后／皇太子妃・序大山捨松／鍋島栄子／三輪田真佐子〕
武者小路実篤『世間知らず』白樺叢書
一九一三〔大正二〕年
志賀直哉『留女』〔扉書名るめ〕白樺叢書
有島生馬『蝙蝠の如く』白樺叢書
西川光二郎『続悪人研究』〔表紙書名悪人研究続編・自序署名白熊西川光次郎〕
以上印刷者藤田千代吉／以下印刷者河本俊三
高橋立吉『政治小説　凱歌（かちどき）』
西川文子合著『新らしき女の行く可き道』〔共著者宮崎光子／木村駒子／代表者西川文子〕
稲葉幹一『体質改良の上より観たる教育期児童之健康法』〔序校閲者古瀬安俊／高島平三郎〕
白樺絵葉書※『白樺』五月号広告／六月号広告売捌所柳屋書店
水野義三郎『児童叢書　一歳より廿一歳に至る小供の生活』〔原著英国ムーレー／高島平三郎閲〕
田結宗誠『小児の育てかた』〔唐沢光徳閲〕
報徳塾編『報徳実践修養講話』〔花田仲之助述／編者代表橘宗利〕
永井潜『生命論』
天野藤男『農村と娯楽』〔序新渡戸稲造／横井時敬／国府犀東〕
渡辺喜三『遺伝之研究』〔序和辻春治／富士川游〕

小泉鉄訳『ノア・ノア』白樺叢書〔原著ポオル・ゴオガン〕
以上 洛陽堂所在地麹町区麹町二丁目二番地／以下 同区平河町五丁目三六番地
竹久夢二『画集 昼夜帯』〔画集太陽のめぐみ／詩集夜咲く花〕
山本瀧之助『一日一善』〔石黒忠悳書翰〕
武者小路実篤『心と心』白樺叢書
太政官本局訳『日本西教史』上巻下巻〔版権譲受〕
武者小路実篤『生長』白樺叢書

一九一四〔大正三〕年

前田長太『パスカル感想録』〔序浮田和民／猪狩史山〕
以上 千代田印刷所／以下 洛陽堂印刷所
前田雪子『フランス文豪小品』〔序和田垣謙三／巴里『コメデイア』紙記者松岡曙村〕
木村荘八訳『ロダンの芸術観』
福士幸次郎『詩集 太陽の子』
高島平三郎『心理学上より観たる日蓮上人』
天野藤男『田園趣味』〔徳富蘇峰書翰／序国府犀東〕＊
木村荘八訳『芸術の革命』
木下利玄『銀』白樺叢書
山崎延吉『農村教育論』
岡村準一『児童保護の新研究』〔序井上友一／高島平三郎／三宅鑛一〕
山本瀧之助『一日一善日記』※山本瀧之助年譜
井上亀五郎『農家の簿記』
天野藤男『故郷』

高山秀雄編『農村青年夜学読本』前編後編〔校閲山崎延吉〕
佐上信『地方自治の改善』
楢岡徹訳『独逸の国民生活』〔原著英国ウイリアム、ハーバット、ダウソン〕
竹久夢二『縮刷　夢二画集』
中川望『自治講話　優良村巡り』
長与善郎『盲目の川』白樺叢書
渡辺喜三『人生二百年』〔序谷本富／松下禎〕
武者小路実篤『わしも知らない』自家出版洛陽堂印行　※小学館版全集一八巻著作目録
石川弘『田園生活』＊
桝本卯平『自然の人小村寿太郎』〔序杉浦重剛〕
柳宗悦『ヰリアム・ブレーク』白樺叢書

一九一五〔大正四〕年

嘉悦孝『怒るな働け』
三田谷啓『外へ、外へ』
木村荘八『ヷン・ゴォホの手紙』〔奥付署名ゴッホの手紙〕
天野藤男『都市より田園へ』〔題辞尾崎咢堂〕＊
田尻稲次郎『地下水利用論』〔序近藤春夫〕
太田黒元雄『評論兼紹介　現代英国劇作家』
武者小路実篤『彼が三十の時』〔装幀恩地孝四郎〕
高島平三郎編『逸話の泉』第一編
　以上　印刷者河本俊三住所平河町五丁目三六番地／以下　平河町五丁目一番地および三六番地
生江孝之『泰西に於ける自治民育美談』

小泉鉄『自分達二人』白樺叢書
鈴木多吉『農村諸君』＊
加藤一夫訳『ベェトオフェンとミレエ』〔奥付署名ベェトオフェン並にミレエ〕
　以下　印刷者河本俊三住所平河町五丁目一番地
平塚光貴『忠孝』
木村荘太訳『癡人の懺悔』〔原著アウグスト・ストリンドベルヒ〕
山本瀧之助『青年修養　着手の個所』〔題辞石黒忠悳〕＊
小泉鉄『三つの勝利』上巻
小酒井光次『生命神秘論』〔序永井潜〕＊
木村荘八『近世美術』
杉山元治郎『農村経営の理想』〔序山崎延吉〕＊
木村荘八訳『ミケルアンジェロ』〔原著ロマンローラン・新聞広告共訳者長与善郎〕
天野藤男『地方青年団の現在及将来』〔序尾崎愕堂／高島平三郎〕
山本瀧之助『地方青年団体』訂正四版
福鎌恒子『奥様とお女中』〔序高島平三郎〕
高島平三郎『婦人の生涯』
武者小路実篤『向日葵』〔装幀恩地孝四郎〕
向井虎吉『学校体操の原理及び教授法』〔序羽田貞義／高島平三郎／川瀬元九郎〕
中山昌樹『アッシジの聖フランチェスコ』〔序パウル、サバティエ・装幀恩地孝四郎〕
宮武徳治『日本農業道徳論』〔序横井時敬〕＊
加藤一夫『本然生活』〔恩地孝四郎画〕
岡田次郎作『涙痕』〔原著ポール、ヴェルギエー・画恩地孝四郎〕

天野藤男編『田園趣味暦　文章暦十二ケ月』〔装幀恩地孝四郎〕※『良民』一一月号広告
高山秀雄編『農村婦女　家庭教本』
洛陽堂編『泰西の絵画及彫刻』絵画篇第一巻〔編者小泉鉄・編輯兼発行者河本亀之助〕
洛陽堂編『泰西の絵画及彫刻』絵画篇第二巻
高山秀雄『田園訓』＊
畔上賢造『悲哀より歓喜まで』＊
洛陽堂編『泰西の絵画及彫刻』絵画篇第三巻
中山昌樹『文芸復興の三大芸術家』＊
加藤一夫『我等何を為すべき乎』

一九一六〔大正五〕年

洛陽堂編『泰西の絵画及彫刻』彫刻篇
小泉鉄訳『スタルコツド』ストリンドベルグ著作集第壹巻
長与善郎『彼等の運命』白樺叢書
上沢謙二『耶蘇伝』〔序大塚小一郎書翰／辺見由太郎〕＊
薄田泣菫『茶話』
天野藤男『花と人生』〔装幀恩地孝四郎〕
関竹三郎訳『神人論』〔原著ソロウィヨフ〕＊
武者小路実篤『後ちに来る者に』白樺叢書
洛陽堂編『泰西の絵画及彫刻』絵画篇第四巻
山本瀧之助『実践一日一善講話』
児玉昌『滅び行く宇宙及人類』〔序永井潜〕＊
都会及農村編輯部訳『英国の田園生活』〔原著Ｈｅｎｒｙ　Ｈａｒｂｏｒ〕＊

永井潜『生物学と哲学との境』
桝本卯平『産業帝国主義』
塚本弘『トルストイ民話集』＊
木村荘八『ボティチェリ』絵画叢書第一編
小泉鉄訳『ストックホルムの殉教者』ストリンドベルク著作集第二巻
木下四郎一『哲学汎論』＊
中村秋人『田園趣味　花園生活』＊
石川弘『農村道話』＊
天野藤男『趣味教訓　四季の田園』
篠崎彦三郎訳『アダム以前』〔原著ジャックロンドン・序内ケ崎作三郎〕
前田貞次郎『聾画人二承・十方舎一丸』〔序高島平三郎〕
　以上　印刷者河本俊三住所麹町区平河町五丁目一番地／以下　平河町五丁目一番地および隼町二〇番地
長与善郎『求むる心』白樺叢書
海老名弾正編『戦後文明の研究』＊
　以上　印刷者河本俊三住所平河町五丁目一番地および隼町二〇番地／以下　隼町二〇番地
鈴木半三郎訳『忠義の哲学』〔原著ジョサイアロイス／序吉田静致〕＊
木村荘八『エル・グレコ』絵画叢書第二編
杉山元治郎『農家経営の実際』＊
河合三郎『不用意が招く愛児の死』＊
武居芳成／吉岡頼吉『日本産業大地誌』再版〔元版尚文館書店〕※『良民』八月号広告〕
竹中繁次郎『転地療法　山と海』＊
津田左右吉『文学に現はれたる我が国民思想の研究　貴族文学の時代』〔序坪内逍遙〕

山本有三訳『死の舞踏』〔原著ストリンドベルグ〕
帆足理一郎『宗教と人生』＊
富士川游『金剛心』
木下四郎一『倫理綱要』＊
天野藤男『農村処女会の組織及指導』＊
赤木桁平『芸術上の理想主義』
鈴木半三郎『米国国民性の新研究』＊
木村荘八『レオナルド』絵画叢書第三編
新城和一『ドストイエフスキー』
吹田順助『ヘッベル傑作集』
加藤一夫訳『我等何を信ずべき乎』〔原著トルストイ〕＊
畔上賢造『生命の一路』＊
藤浪由之『ハイネ評伝』〔跋小酒井不木〕＊
高山秀雄編『農村婦女　家庭教本』
武者小路実篤『小さき運命』白樺叢書
名越国三郎『初夏の夢』
小川政修『自然科学者としてのゲエテ』〔校正児玉昌〕＊
栗原基『霊光録』＊
宮崎喜八訳『近代音楽家評伝』〔原著ロマン・ロラン〕

一九一七〔大正六〕年

高橋立吉『稼穡伝』〔目次書名農界五大偉人稼穡伝〕＊
近藤経一『播かれたる種』

中山昌樹訳『ダンテ神曲』地獄篇＊
津田左右吉『文学に現はれたる我が国民思想の研究　武士文学の時代』
沼田笠峰『若き婦人の行くべき道』〔序麻生正蔵／高島平三郎〕＊
武者小路実篤『ある青年の夢』白樺叢書
中山昌樹訳『ダンテ神曲』煉獄篇＊
加藤一夫訳『愛ある処に神あり』一般人叢書第一編〔原著トルストイ・第二編以下同じ〕＊
中山昌樹訳『新生』ダンテ詩集＊
内山賢次訳『殺人者の懺悔』一般人叢書第二編＊
砥上常雄訳『三人の隠者』一般人叢書第三編＊
土肥政勝訳『侵入』一般人叢書第四編＊
加藤一夫訳『村の三日間』一般人叢書第五編＊
桝本卯平『自然の人』＊
坪田譲二『コーネー・ヴシリエフ』一般人叢書第六編＊
松本恒吉『所有土地台帳』五版〔元版松本家農場〕※『良民』三月号広告
松本恒吉『小作台帳』五版〔同〕
竹中繁次郎『生物学上より観たる死の現象』〔序永井潜〕＊
渡辺吉治訳『ロダンの生涯と芸術』〔原著カミイユ・モークレール〕＊
中山昌樹訳『ダンテ神曲』天国篇＊
大塚小一郎『広く深き基礎に』＊
蓮実長／野辺保共編『農村青年　実用文範』＊
山本瀧之助『模範日』〔石黒忠悳題辞〕＊
藤本慶祐『平叙日本仏教』〔序沢柳政太郎／高楠順次郎〕＊

高橋信『養生の話』＊
黒田啓次訳『世界自然科学史』〔原著ジーグムンド、ギュンター〕〔序校閲藤浪鑑酒井佐保／比企忠／山本一清〕
小河原忠三郎『農村社会学』〔序坪井九馬／建部遯吾〕＊
後藤静香『女教員の真相及其本領』〔題辞高木兼寛／序沢柳政太郎／井上哲次郎／北爪子誠〕
若林欽『面白い科学の話』
上沢謙二『又逢ふ日まで』物語第一集〔画荒木芳男〕
加藤一夫訳編『トルストイ　一日一想』
若林欽『新案料理法』〔題辞序田尻稲次郎〕＊
田村直臣『五十二の礎』
田村直臣『子供の友　一日一話』一月の巻
若林欽『海の自然科学』〔序松村任三／山崎米三郎〕
山崎米三郎『我国民性としての海国魂』〔序坂本俊篤〕＊
加藤一夫『土の叫びと地の囁き』＊
山崎米三郎『軍艦旗の下にて』＊
田村直臣『子供の友　一日一話』四月の巻
上沢謙二『夜半にひとり』物語第二集〔装幀挿画恩地孝四郎〕
洛陽堂編集部編『動物の智慧』興味ある科学第一編〔奥付著者河本亀之助・巻末続刊広告叢書名表記興味深き科学書〕
若林欽『今昔船物語』〔題辞島村速雄／校閲近藤基樹／序竹内平太郎〕＊
吉屋信子『少女物語　赤い夢』＊
一九一八〔大正七〕年
寺岡千代蔵『漁村教育』〔序道家斎〕

高崎能樹『母の為め　子供の心』〔序高島平三郎〕＊
若林欽／広政幸助共訳『青島から飛出して』〔原著グンテル・プリッショー・序松岡静雄〕＊
蓮実長『修養道歌日訓』〔題辞平田東助／序沢柳政太郎〕＊
帆足理一郎『哲理と人生』＊
山本瀧之助『早起』〔題字石黒男爵〕＊
松本恒吉／松本もと子共著『新婚初養蚕記』＊
山本秀煌『日本キリスト教史』上巻足利末葉より安土桃山時代の終まで
洛陽堂編『泰西の絵画及び彫刻』第五巻上古篇
山本秀煌『日本基督教史』下巻関ヶ原戦役時代より徳川中世まで
高島平三郎編『逸話の泉』第二編
原口亭『山脈縦横記』〔序虚子／荻田才之助〕
洛陽堂編『泰西の絵画及び彫刻』第六巻中世篇の一
帆足理一郎『人生詩人ブラウニング』＊
菊池清『朝鮮金剛山探勝記』＊
高島平三郎／山本源之丞共訳『家庭及学校に於ける児童生活の研究』〔原著ドラモンド〕＊
高島平三郎『増補縮刷　心理学上より観たる日蓮上人』＊
山本瀧之助『縮刷　着手の箇所』〔題字石黒忠悳〕
洛陽堂編『泰西の絵画及び彫刻』第七巻中世篇の二
津田左右吉『文学に現はれたる我が国民思想の研究　平民文学の時代　上』
高島平三郎編『逸話の泉』第三編
関寛之『児童学概論』〔序校閲高島平三郎〕＊
三島通陽『若き旅』

上沢謙二『幼なけれども』物語第三集
上沢謙二『知らぬ御国へ』物語第四集
西田宏訳『帝王教育思想史』〔原著ヴィルヘルムミュンヒ・校閲吉田熊次〕
鳥潟豊『通俗肺病の予防と療法』〔序樫田十次郎〕＊
原正二『動物界の挿話』興味ある科学第二編＊
平山常太郎『日本に於ける帰化植物』＊
高島平三郎編『逸話の泉』第四編
高峰博『家庭に於ける婦人の覚醒』〔序富士川游／辻村靖子〕
原正二『天界の神秘』興味ある科学第三編
高島平三郎編『逸話の泉』第五編

一九一九〔大正八〕年
新城和一訳『ドストィエフスキイ感想及印象』
高島平三郎編『逸話の泉』第六編
関寛之『父母教師のため　玩具と教育』＊
英義雄『蜘蛛の生活』〔序賀川豊彦／畔上賢三／富助一／加藤一夫〕＊
太田透『黴菌と日常生活』科学と人生叢書Ⅳ〔叢書旧称興味ある科学〕
高島平三郎編『逸話の泉』第七編
高島平三郎編『逸話の泉』第八編
山本瀧之助『団体訓練』＊
高島平三郎編『逸話の泉』第九編
大谷霊泉『遺言』＊
関寛之『輓近の児童研究』

帆足理一郎訳『教育哲学概論　民本主義と教育』〔原著ジョンデュウイー〕
高島平三郎編『逸話の泉』第十編
高島平三郎編『逸話の泉』第十一編
高島平三郎編『逸話の泉』第十二編〔目次標題精神修養逸話の泉〕＊
鈴木春治『悲痛三年』〔序福来友吉／多田鼎／松波仁一郎／三浦修吾／小西重直／後藤静香〕＊
加藤一夫『民衆芸術論』＊
洛陽堂編『泰西の絵画及び彫刻』第八巻近古篇
沼田笠峰『わかき婦人の結婚と自覚』
洛陽堂編『国民教養　智識の泉』第一編＊
新城和一訳『ロオレンの少女』〔原著モオリス、バレス／エミイル、ヹルハレン〕
新城和一『真理の光』
上沢謙二『残るおもかげ』物語集第五編〔画荒木芳男〕
上沢謙二『ふるさと近し』物語集第六編〔画荒木芳男〕
関衛『天候と人生』＊
洛陽堂編『国民教養　智識の泉』第二編＊
関寛之『現今児童救護の実際』＊
藤森賢三訳／恩地孝四郎編『幼児の世界及育児』科学と人生叢書Ｖ＊
洛陽堂編『国民教養　知識の泉』第三編＊
津田左右吉『古事記及日本書紀の新研究』
洛陽堂編『国民教養　知識の泉』第四編＊
山本秀煌『西教史談』＊
村尾節三編『童謡』〔序高島平三郎〕＊

洛陽堂編『国民教養　知識の泉』第五編＊
木村荘八『デューラーの手記』絵画叢書ノ四
木村荘八『ヂオット』絵画叢書の五
馬場睦夫訳『ボオドレエル詩集　悪の華』附散文詩
中山昌樹『聖アウグスティヌス懺悔録』＊
上杉慎吉『暴風来』
洛陽堂編『国民教養　知識の泉』第六編＊
岡崎昌『癲狂院より』
木村荘八『少年芸術史　ニール河の艸』
上杉慎吉『国体精華乃発揚真正日本乃建設　挙国一致乃提唱』
高峰博『伝説心理　幽霊とおばけ』
伊藤堅逸『児童宗教教育の基礎』
帆足理一郎『国民生活の改造』

一九二〇〔大正九〕年

高島平三郎『応用心理十四講』
高島平三郎編『精神修養　逸話の泉』第十三編〔奥付書名逸話の泉〕
木村荘八『後期印象派』上巻絵画叢書の六
木村荘八『後期印象派』下巻絵画叢書の七
吉屋信子『屋根裏の二処女』＊
高島平三郎編『精神修養　逸話の泉』第十四編
吉屋信子『花物語』第一集＊
吉屋信子『花物語』第二集

加藤一夫訳『産業的自由　其の理論及実際』〔原著カーペンター〕
稲葉幹一『我子の職業選択』〔序三田谷啓〕
吉屋信子『野薔薇の約束』童話集
高島平三郎編『精神修養　逸話の泉』第十五編
上沢謙二『暁のみ空より』物語第七集〔装幀挿画恩地孝四郎〕
上沢謙二『嬉しまぼろし』物語第八集〔装幀挿画恩地孝四郎〕
中山昌樹『詩聖ゲーテ』
岸部易太郎訳『悪鬼艶物語』〔原著アーサー・ライダー〕＊
高島平三郎編『精神修養　逸話の泉』第十六編
木村荘八『ファン・アイク兄弟』絵画叢書の八
岩崎重三『天才児と低能児』
新城和一『心霊の輝き』
正富汪洋『恋のゲエテ』
高島平三郎『家庭心理講話』
関衛『水の自然と人生』
高島平三郎『精神修養　逸話の泉』第十七編
関寛之『児童学に基づける宗教教育及日曜学校』
本多良静訳『生物学上より観たる心』〔原著フェルボルン〕
松山淳訳『伝説のライン』〔原著ロイス・スペンス〕
高島平三郎編『精神修養　逸話の泉』第十八編
高島平三郎編『精神修養　逸話の泉』第十九編
岩崎重三『進化論者ダーキン』＊

高島平三郎訳『精神修養　逸話の泉』第二十編
山村暮鳥『ちるちる・みちる』童話集
木村荘八『宗教改革期之画家　デューラー』
内山賢次訳『トルストイ青年時代の日記』
吉屋信子『地の果まで』
尾沢慶忠訳『花の智慧と蘭』〔原著モオリス・メーテルリンク／チヤールス・ダーウヰン〕＊
新城和一訳『触手ある都会　エミイル・ヹルハレン詩集』＊
正富汪洋『豊麗な花』詩集
中山昌樹訳『基督に倣ひて』〔原著トマス・ア・ケムビス〕＊
依田今朝蔵『日本風土を主としたる保健衛生論』〔序門野幾之進〕
関寛之『応用児童学　児童之身体』
沼田笠峰『わかき婦人の思想生活』＊
以上　発行者河本亀之助印刷者河本俊三／以下　発行者河本俊三印刷者奥村紫楼
一九二一〔大正一〇〕年
稲垣末松『美学汎論』
高島平三郎編『精神修養　逸話の泉』第二十一編
高島平三郎編『精神修養　逸話の泉』第二十二編
小川隆四郎訳『勝つ民と負くる民』〔原著ヱドモンド、デモリン序内村鑑三・感想畔上賢造〕＊
正富汪洋『ゲエテとシルレル』＊
木村荘八『ギリシア』絵画叢書の九
帆足理一郎『哲学概論』
藤浪水処／馬場睦夫共訳『湖上の美人』〔原著ウオルタ・スコット〕

佐久間操『カアライルの思想及評伝』＊
内山賢次訳『チエホフの手紙』
吉屋信子『花物語』第三集＊
岩崎重三『進化論者ヘッケル』
沼田笠峰『女学校時代』＊
中村亮平『芸術家之生涯　柊の花』〔序木村荘八〕
伊藤堅逸『宗教心理学』〔序高島平三郎〕
小川隆四郎訳『愉快なる人生』〔原著ジョン・ラボック〕
野尻清彦訳『先駆者』〔序ロマン・ロオラン〕＊
能田太郎訳『伝説のスラブ』〔伝説上編チェコ下編ウクライナ〕
加藤一夫編訳『トルストイ短篇選集』
荻田才之助『島』
税所篤二『ポール・セザンヌ』
竹田雨水『ミレー伝』
石井賚三『電燈電力電鉄及屎尿公営に関する新研究』
小島茂雄訳『哲学的三詩人　ルークリシヤスとダンテとゲーテ』〔原著サンタナヤ・東京朝日新聞広告は装幀恩地孝四郎とする〕
福原武訳『現代語に全訳せる古事記』
木村荘八『美術画集　セザンヌ』
板倉武『最近医学　治病と看護』
木村荘八『生活と美術』
帆足理一郎『社会と新人』

中山昌樹『詩聖ダンテ』＊
松田明三郎訳『見えざる王としての神　近代人の宗教』〔原著ウェルズ〕
木村荘八『美術画集』第二編デューラー
津田左右吉『文学に現はれたる我が国民思想の研究　平民文学の時代　中』
杉江俊夫考案『実用家計簿』※東京朝日新聞広告
小酒井不木『学者気質』＊
大野芳麿訳『科学より観たる信仰の本質』〔原著オリバア・ロッヂ〕＊
国井通太郎『救ひを要する人々』
中村亮平『聖者の生活　荒野の光』〔倉田百三序曲〕
木村荘八『エル・グレコ』美術画集第三篇

一九二二〔大正一一〕年
山本秀煌『近世日本基督教史』
中山昌樹訳『ダンテ神曲　全』＊
本多良静訳『印象派の人々』〔原著テオドル・デユーレ・後記木村荘八〕
亀倉順一郎『趣味之西洋史』
高崎能樹『鈴蘭』
関寛之『児童学要領』＊
平田華蔵『精神検査法』＊
永井潜『医学と哲学』改版〔序元良勇次郎／高島平三郎〕
葛原しげる『姫百合小百合』〔装幀恩地孝四郎〕
皆田篤実訳『人間苦の解決　ヨブ記の研究』〔原著マクラウド〕
小川龍彦訳『愛と智慧との言葉』〔原著トルストイ〕

内山賢次訳『エミール教育論』（原著ルソー）＊
稲垣末松訳『美学各論』（原著テオドル・リップス）＊
上沢謙二『母のふところ』物語第九集（装幀挿画恩地孝四郎）
上沢謙二『愛こそ凡てを』物語第十集（装幀挿画恩地孝四郎）
藤井曹太郎『人間道』＊
越智真逸『理論実験　生理学解説』（序校閲永井潜）
亀倉順一郎『趣味之西洋史』下巻
太田水穂『記紀歌集講義　記紀万葉以外の上代歌』
中村亮平『死したる麦』
村田四郎『新約聖書　ルカ伝講解』＊
中村順三『米国史講話』
木村荘八『近代絵画』
伊藤堅逸『理想的宗教教育論』

おわりに

発行図書一覧に示したとおり、ふれなかった著訳者は多い。探ることができたのは、出版をめぐって亀之助とのかかわりを書き残した人に限られる。それが高島平三郎、永井潜、山本瀧之助、竹久夢二、恩地孝四郎、武者小路実篤、天野藤男、木村荘八、加藤一夫、吉屋信子といった人たちだった。すでに広く知られていた著者は高島だけで、亀之助がめざした、まだ認められていない青年、わけても学究を世に送りだす役を果すことはできた。巣だちをよろこび楽しみはすれ、大成した人による稼ぎをあてにしなかったので、店は大きくならなかったし続けられなかった。大きくする気はないから、払いを良くしてさらにたくさん売ろうとせず、離れてゆくのを止めはしなかったのである。

幕閣を輩出した藩領に生まれ、薩長など雄藩による新政府がすすめた学制にそむくように父は私塾に学ばせてそれが最終学歴となり、親が望まぬキリスト教を信仰しながら永く勤めたのが敬神尊王家が経営する国光社印刷部だった。前半生をなぞれば、印刷業と出版業を自営する後半生はおおよそ察せられた。

しかし、調べるのに確かな手だてをもたなかった。河本本家は今津本陣所在地と照らし合わせて電話帳でさがし、「か」、の頁にないのであきらめかけて思い直し、「こ」、の頁で見つけたのに始まる。高島平三郎令孫宅も、家族を載せた古い人名辞典をたよりにたぶん東京に住んでおられるだろうと電話帳を二十二区分さがして、同名おふたりにたどり着き、それぞれ同旨の手紙でお尋ねした。

ここから先は半ば出あい頭のようだった。山本瀧之助や月映同人にかかわる多くの資料は、人と人とのつながりから思いもかけずして送られてきた。静岡市庵原生涯学習交流館でみつけたのが、山本瀧之助と天野藤男が亀之助を赤十字病院に見舞う一文だった。天野藤男の遺品を引継ぎ保存された中にあった。また、吉屋信子が洛陽堂から発行した図書を絶版したのを知ったのは、古書店へ注文した新潮社版『地の果まで』序文によってだった。

このように、たまたまたどり得た資料は少なくない。書き始めてから知ったものもある。国光社に高瀬真卿が出入りしていたのは、『刀剣と歴史』に連載された「羽皐半面録」で知っていたのだが、それとは別にのこされた日記翻刻がそのひとつだ。水戸の図書館で読むと、出入りしたどころではなく経営に深く関わったのがわかった。編纂された淑徳学園へ出向いて求めてから、新旧社長による経営についてかなり書き直した。これまで置きどころを定めにくかった細切れ情報が、然るべき落着き先に収まったのだ。翻刻出版分は未だ亀之助退社年におよんでいないから、社内事情をもっとくわしく知り得るだろう。となれば、まだまだ調べのこしは多いはずだけれども、ひとまとめできた分を明らかにしておけば、とにかく次につながる。

本書を著わすにあたって支えてくださった方々は、『洛陽堂雑記』にそのつどご披露申し上げたとおり、再掲をひかえるのをおゆるし願いたい。雑記は、下調べしたことがらを順にならべて二〇〇八年二月より一四年二月までまる六年間三二号を発行して、問い合わせをするときに添え、進みぐあいの報告をおこなった小冊子である。

最後に、本書の出版を強くおすすめ下さった、フリー編集者の高橋輝次氏と、燃焼社の藤波優社長に心より感謝申し上げる。

人名索引

兄　安成貞雄　142,144,216,227,
245
箭内亙　388
柳宗悦　348,476,478,484,485,490,505
柳田国男　470,471
山川〔青山〕菊栄　92,93,376
山縣有朋　64
山木茂　386
山岸主計　544,558
山口孤剣〔義三〕115,137,138,142,
144,206,213,219,227,244,253,260,
263-269,272,277
山中波泉〔省二〕438,462,464-471,
530
妻　山中艶子　466,467
弟　山中登　465,466
山根吾一　135,153
山根勇蔵　73,74
山本瀧之助　119-125,162,191,195,
197-205,226,238,244,254,255,
257-261,263,267,269,274,278,389,433,
434,436-438,442-448,530,535-542,
560-562,566-569,582-
585,587,589,590,594
山本秀煌　507,508

【ゆ】

湯浅半月〔吉郎〕
27,320,322,324,325,335
湯川白汀〔大三郎〕567

【よ】

与謝野晶子　464,469,525,527
吉川顕正　62,198
吉倉汪聖　100
吉武輝子　521,522
吉屋信子
469.470,508,514-532,582-585

【り】

リギョル　110

【わ】

若山牧水　245,269
渡辺隈川〔英一〕217,231,247,250,
318,330,333,335
妻　渡辺操子　247,250
渡辺国武　64,65
渡辺素一　99
割石忠典　19

増野悦興　163
松岡荒村〔悟〕115,137
松岡清之助　150,151
松方正義　43,64,65,67,68
松村介石　270,290
松本孝次郎　188
松本恒吉　124-128,261-263,438

【み】

三浦直介 → 青木直介
三ケ島〔倉片〕葭子　465-470,530
三木哲夫　413
水町京子　469,470
三並花弟　407
峰是三郎　20,21,22,24,26,36,41,105,195
蓑田胸喜　594-598
三宅捨吉　39-41
三宅雪嶺　217,257
宮崎滔天〔寅蔵〕99-101,210
宮田暢　144,145,244,264,267
　兄　宮田脩　142,193,264
宮武外骨〔小野村夫〕220-222
三吉傾山〔熊八郎〕8-10,15
　養嗣子　三吉冠山　9,10,122
三好米吉〔幽蘭〕220-224,314,401,559
三輪田真佐子　74,82,97,114

【む】

武者小路実篤　192,193,234-243,321,341-345,348,351-355,365,373,378,416-420,431,437,438,475-481,485-488,490,505,528,563-566,584,590,593
　兄　武者小路公共　192,193,234,239,378
村瀬錦治　409
村田静太郎〔露月〕567,569
室生犀星　556,557

【も】

物集〔藤浪〕和子　377
望月信亨　147,148
本木昌造　60
元良勇次郎　188,189,550
守岡功　153,219
守田幸吉郎　27,29,30
森戸辰男　594,595
森山章之丞　516
師岡須賀子　82,94
　父　師岡正胤　82
　妹　師岡千代子 → 幸徳千代子
門田重長　12,595

【や】

安井蔵太　141,142,154
安成二郎　141-144,154,155,216,244

羽原清雅　182,183
浜本浩　227,230,558
原阿佐緒　464,465,470
　夫　原〔庄子〕勇　465
原霞外　115,147,213
原亮一郎　103,112
早川智寛　92

【ひ】

東久世通禧　58,69-72,79,83,91,93,97
久木独石馬〔東海男〕 92,93
土方久元　93
人見東明　493
平井金三　270
平出修　527
平櫛田中〔田中倬太郎〕 256,567
平田東助　201
平野富二　60
平山勝熊　244,245
平山成信　67,68,541
広津和郎　160,161
広庭基介　215

【ふ】

蕗谷虹児　583-585
福士幸次郎　367-369,392
福田和五郎　86,99,218,365,370,488
富士川游　380,384
藤島武二　213
藤田千代吉　158,159,162,225,233,258,274,309,346,347,363,396
藤浪鑑　377,378,384
　弟　藤浪剛一　376-378,384,492
　義妹　藤浪和子 → 物集和子
　弟　藤浪由之〔水処〕 378,384
藤森静雄　388,393-395,397-400,402-404,409,412,413,523
船越衛　59,92,107,190
古橋源六郎　七代義真　80,81
　　　　　　八代道紀　80,81

【へ】

辺藤赤太郎　363,390,396

【ほ】

帆足理一郎　438,544,553,554,560,582
細川護立　236,238,341,480
堀源太　151
堀内清
231,246-248,321,322,324,330,340
　父　堀内徹　321,322,323,330,335

【ま】

前田越嶺〔長太〕 109-111
前田夕暮　226
正富汪洋　247

【な】

永井荷風 310,311
永井潜 17,194,195,378-387,471,542,544,546-549,553,560
　父　永井敬介 379
中川愛氷〔良平〕113,114
長田幹雄 209-211,251,277,335
長沼友兄 92
中根駒十郎 474,475,487,488
中村敬宇〔正直〕12,41,42
中村星湖 216
中村春雨〔吉蔵〕141,144
中村武羅夫 531,583,584
中山三郎 142-147,154-157,228,245,288
中山昌樹 477,502,505-508,518,582
永代静雄 143,154
　妻　永代〔岡田〕美知代 154
長与善郎 402,476,478-480,490

【に】

新島襄 26,35
ニコライ 71,72
西沢之介 56-59,62-75,79-84,91,93,94,96,97,103,110,113,116-118,190
西川国臣 17,18,21,567
西川光次郎〔光二郎〕100,134,138,145,213,218,244,253,258,263,267-273,277,290,378,396,399,555
　妻　西川文子 268,399,400
西村伊作 376,493
西村渚山 207-209,212,281,337,517
西村豊太 542,543
新渡戸稲造 268,289,290,470

【ぬ】

沼田笠峰〔藤次〕514,516,517,528,582
　妻　沼田ふく 517,518

【ね】

根本正 101

【の】

乗杉嘉寿 537,538,540

【は】

萩原朔太郎 368,404,556,558
橋本正三 515,516,518
橋本忠次郎 91-94,97,99-104,108,109,111-113,115-118,129,190
長谷川桜南〔恭平〕16,379
長谷川如是閑〔万次郎〕201
花田仲之助 199
花房端連 36
　息　花房義質 36,67,541

105,162,202,380,550
　父　高島賢斎　11,13,16,18,37,41,105,380,550
　妻　高島〔黒田〕寿子　105,106,550
　息　高島文雄　191,550
高瀬真卿　92-99,101-103,108,109,111-113,116,118
高梨章　320,325,358
高橋淡水〔立吉〕　17,162,163,196,552
高村光太郎　238,319,320,365,367
高山秀雄　568
高山盈　107
竹久夢二　139,153,162,163,191,203,204,206-220,222-228,230-234,242,243,246-254,267,272,273,275-286,309,310,313-326,328-333,335-340,389-393,396,399,401,402,405,414,421-426,444,517,528,531,554,555
　妻　竹久たまき → 岸たまき
龍田秀吉　508
田中恭吉　319,322,369,388,389,392-395,397-400,403-406,408,409,412-414,555,556
田辺聖子　520,521,523,528,529,532,582
多仁照廣　178,293
田村直臣　518
田山花袋　154,160,245

【ち】

近松〔徳田〕秋江　141,340

【つ】

津田左右吉　194,195,387,471,582,593,594,596-598
土屋泰次郎　289
坪内逍遙　141,388
坪田譲二　492

【て】

寺岡千代蔵　561,562,568
寺口淳治　454
暉峻義等　380

【と】

東郷青児　424
徳田秋江 → 近松秋江
徳田秋声　162,522,524,583,584
徳富蘇峰〔猪一郎〕　27,32,205
富田鉄之助　81
留岡幸助　26,27,29,195,213,536,594
友部鉄軒〔伸吉〕　93-95,98,109,113,123

佐藤緑葉　143,227,232,233,245,269
里見弴　345-348,351,353-356,475,480
佐野常民　66,67,107,541
沢柳政太郎　69,205,585

【し】

志賀直哉　235-237,239,240,309,321,342-349,353-356,475-478,480,593
品川力　581
品川弥二郎　65,67
斯波　353-355
柴田流星　243,267,280-284,286,323
島村抱月　141,216,218,219,285,312,335
清水橘村　95
清水幹男　255
白柳秀湖〔武司〕115,131,137,138,142,144,206,213,216,219,227,244,252,260,265,267,268

【す】

吹田順助　474,475
末永雅雄　92
杉江俊夫　38-42,45,57,163
杉山新十郎　8,9
杉山元治郎　371,438,502
助川啓四郎　217,226,227,231,438
薄田鶴二　141,154,155
　兄　薄田泣菫〔淳介〕139-141,154,155
鈴木春治　448
鈴木テル → 河本テル
須永和三郎　190

【せ】

清田啓子　156
清宮青鳥　403
関寛之　89,105,152,157,204,539,544-546,552,553,560,588
関弘道　123,124
千家元麿　367

【そ】

副島種臣　58,65,69-72,79,80,97
袖井林二郎　326,328,336
園池公致　351,417,478

【た】

高木益太郎　104,215
滝田樗陰　343
高島平三郎 11-29,36-45,56,59,105,106,119,120,152,155,159,162,163,187-197,202,203,217,234,235,239,241,244,270-272,335,378-380,384,385,399,438,471,516-518,521,539,542,544,545,549-552,559,567,582,586,595
　母　高島加寿　11,13,16,18,37,41,

人名索引

被伝者河本亀之助をのぞき、おもに本文から幾人かをとりあげた。弟俊三のように、「しゅんぞう」か「としぞう」か明らかでない人名があるので、親族をひとくくりにして排列した。

【あ】

青木〔三浦〕直介　344,345,347,356
赤司繁太郎　185,377,450
秋広秋郊　202
秋好善太郎　214
阿多広介　94,98,109,113,118
姉崎嘲風　193,270
阿部磯雄　137,138,145,270,290
阿部正桓　4,5,8
天瀬裕康　382
天野藤男　203,274,275,390,396,433-436,438-441,462,465,467,468,471,499,529,540,561,594
荒木瑞子　211,217,389
荒畑寒村〔勝三〕141,144,154,209-212,218,227,253,514
有島武郎　237,238,431,473-476,478,479,525-527,590,592
　弟　有島生馬〔壬生馬〕239,240,321,345,346,348,349,356,475,476,558
　弟　山内英夫 → 里見弴
有本芳水　337
阿武信一　200,260

【い】

五百木良三　121,122,257,540,548,549,595
生田花世　469,531
生田長江　375,376
池上澪標 399,400
石井憲吉　37,38
石井竹荘〔四郎三郎〕16,260
石井豊太　37,38
石川正作　135
石川弘　243,438
石黒忠悳　107,108,122,123,201,202,444,540,541,548,561
石塚純一　140
一色白浪〔義朗〕144,146,147
井上角五郎　197,596
井上哲次郎　62,110
井上友一　195,198,199,257,535-538,562,594
井上芳子　404
岩崎福松　90,151
岩田準一　592
岩波茂雄　387,597
巌谷小波　206,207,281,335,337,516,517

【う】

上沢謙二　507,518
上杉慎吉　594,595
上田靖士　389
牛島　204,228,229
内ケ崎作三郎　371
内田政雄　16,28-30
内田魯庵　143,264,265,407,502
内村鑑三　62,145,213,239,592
宇野浩二　159,160,187,227,241,242,415,416,427-430,432,480,495,544,584,592

【え】

江戸川乱歩　385
遠藤栄治　99,101,109
遠藤敬止　59,81

【お】

大石誠之助　376,502,527
大泉溥　551
正親町公和　234,236-238,243,319,343,345,354,355
大久保真次郎　27
大隈重信　15,58,370,488
大倉桃郎　140,162
大沢天仙〔興国〕 114,115
大多和勝忠　73,74,77
大槻笹舟　559
　妹　大槻薫葉　559
大槻憲二　92-394,414
大戸作逸　163
大戸三省　164,214
大戸省吾　542,543,593
大野清敬　59,81,118,119
大橋〔佐々木〕房子　524-527,531,532
岡栄次郎　209,210,212
岡田三郎助　213,335
岡田次郎作　429,438
岡田美知代 → 永代美知代
岡本織之助　28
岡本かの子　531
小川芋銭　225
小川菊松　153,155,156,228,288
小川恒松　37,38
小川平吉　86,596
小川未明　216,245,502
沖野岩三郎　371,376,502,525-527,532
大給恒　66,67,107
奥村紫樓　580,581
　弟　奥村長則　581,582
小塩信三　428,495,501,544
小田勝太郎　45
恩地孝四郎　194,195,203,226,233,234,251,272,273,278,284,286,322,369,388-391,393-400,402-410,412-414,435,465,507,529,530,544,554-558,560
　娘　恩地三保子　414,556

【か】

片塩二郎　61
片山潜　61,84-86,135,145
桂太郎　87,199,201,259
加藤一夫　371-377,387,437,438,462,477,492-505,507,508,518,524,525,527,529,530,544,582
加藤好造　415,416,418,427-433,480,559
加藤〔加治〕時次郎　114,127,136,145,259
加登田恵子　550,551
金尾種次郎　139,140,146-149,151,153,156,157,159-161,217,229,245
嘉納治五郎　36,39,45
神近市子　247,248,277
上司小剣　218,219
亀井英三郎　264,265
鴨島実　84,94,97,117
萱野二十一 → 郡虎彦
茅原華山　383,384
香山小鳥　389,390,392,397,409
河井酔茗　469
川上涼花　405,407
川崎三郎 → 北村三郎
川崎虎之進　44-46,56
川崎又次郎　56-59,73,75,78,80-84,94,97

【き】

岸〔竹久〕たまき　218,226,228,229,234,246-250,277,278,313-315,317,318,322,324,329,339,340,401,402,423,424,559
　兄　岸他丑　250,322,324,328,401
岸田劉生　319,320,364,365,367-369
北井波治目　101,102,118
北川千代　517,528
北原白秋　368,403
北村〔川崎〕三郎　65
北山清太郎　319,320,322,364,365,368,369,405,427
木下利玄　477
木下尚江　138,140,141,145,149,193,194
木股知史　299,454
木村荘八　364-371,405,421,426,427,431,438,488-491,529,530,532-534,566,582,590
　兄　木村荘太　365,367,368,405
キュウリン　324-326,328-331,334,336,338
清藤幸七郎　99,100

【く】

陸羯南　123,257,443
草村北星〔松雄〕244,264
葛岡龍吉　37,289,290
葛原しげる　192,544
窪田次郎　7
久保田譲　123,205
久米邦武　69
倉片よし → 三ケ島葭子

夫　倉片寛一　465-468,530
娘　倉片みなみ　466,467
黒田清輝　213,320,364
黒田寿子 → 高島寿子

【け】

剣持武彦　506

【こ】

小泉三申　129-132,135,163,190,244
小泉鉄　351,352,373,419-421,444,472,476,477,480,488-491,505
幸田露伴〔成行〕174,502
幸徳秋水〔伝次郎〕82,84,112-115,126,127,130-134,138,145,253,258,262,264-266,276,277,386,399
妻　幸徳〔師岡〕千代子　82,131,265
河本亀之助
妻　河本〔鈴木〕テル　103,105-108,124-128,262,384,385,539,542,543,550,561,562,593
養女〔姪〕紅露房江　592
父　河本膳左衛門　1,8-10,157,158
母　河本ダイ　1,25,30
弟　河本義一　542,543
弟　河本俊三　139,141,154-156,158,225,309,363,385,408,410,478,479,521,524,534,535,542,543,546,552,580,582,586,587,590
弟　河本哲夫　430-433,506,534,542,543,552,553,581,582,590,591
本家六十二代　河本惣四郎　36
同　六十三代　河本保平　5,36
同　六十四代　河本幹之丞　37,38
河本重次郎　121,547-549
郡虎彦〔萱野二十一〕343,349
国府犀東〔種徳〕203,275
小酒井不木〔光次〕378,381-385,438
小杉未醒　225,226
児玉〔岡崎〕昌　194,195,378,385-388
後藤静香　438,447,448,561,590
後藤新平　108,244,245,265
小林峰蔵〔峰三〕28
小松原英太郎　68,205
近藤経一　485

【さ】

坂井義三郎　213,214,223,400
堺枯川〔利彦〕112-115,126,127,138,145,193,211-213,253,262,265,266
妻　堺美知　126,127,262
娘　堺真柄　127,525,527,528
佐久間貞一　61,73,77,85,89,134
桜井一義　90
佐古口早苗　221
佐藤義亮　244,474,475

〈著者紹介〉
田中　英夫（たなか　ひでお）

1949年名古屋生まれ。初期社会主義研究会　休眠会員
著書　『ある離脱』1980年風媒社
　　　『西川光二郎小伝』1990年みすず書房
　　　『山口孤剣小伝』2006年花林書房

洛陽堂 河本亀之助小伝
損をしてでも良書を出す・ある出版人の生涯

二〇一五年十一月十五日　第一版第一刷発行
二〇一六年　四月十五日　第一版第二刷発行

©著者　田中英夫
企画・編集　高橋輝次
発行者　藤波優
発行所　㈱燃焼社
〒543-0035　大阪市天王寺区北山町三—五
TEL　〇六—六七七一—九二二三
FAX　〇六—六七七一—九四二四
振替口座　〇〇九四〇—四—六七六六四
印刷所　㈱ユニット
製本所　㈱免手製本

ISBN978-4-88978-117-5　Printed in Japan 2016